Die Hessen-Bibliothek
im Insel Verlag

Regionalbewegungen und Heimatdiskussionen deuten darauf hin, daß auch in der Bundesrepublik die Diskussion um die regionale Identität und Kultur der Bürger begonnen hat. Die Bundesländer betrachten sich immer weniger als rein administrative Einheiten, sie betonen ihre historische und politische Eigenständigkeit. Die Hessen-Bibliothek *möchte zu dieser Entwicklung einen Beitrag leisten mit Büchern, die bisher vernachlässigte kulturelle, sozialgeschichtliche und politische Aspekte darstellen und analysieren sollen. Die* Hessen-Bibliothek *will auch ein Impuls sein für in Hessen lebende oder an Hessen interessierte Künstler und Wissenschaftler, sich mehr als bisher mit den Problemen des Landes zu beschäftigen.*

Politische Kultur und politisches System in Hessen

Herausgegeben von Jakob Schissler

Insel Verlag

Umschlagabbildung: Holzstich
Einzug des Reichsverwesers Erzherzog Johann
in Frankfurt am 11. 7. 1848

Erste Auflage 1981

Quellenhinweise am Schluß des Bandes
Satz: LibroSatz, Kriftel
Druck: Nomos Verlagsgesellschaft, Baden-Baden
Printed in Germany

Inhalt

Jakob Schissler: *Einleitung*

1. Politische Kultur und politisches System: Sichtweisen in der Politikwissenschaft

Dieser Band mit Beiträgen zur Geschichte, Politik und Kultur in Hessen firmiert unter den Begriffen »Politische Kultur« und »Politisches System«. Diese Begriffswahl versteht sich nicht von selbst, sondern verlangt nach einer Begründung. Wenn die hier versammelten Beiträge einem systematischen Ansatz der politischen Theorie zugeordnet werden, dann geschieht dies aus zwei Gründen. Zum einen sollen die Beiträge einer modernen, heute in der Wissenschaft verstärkt angewandten Klassifikation zugeordnet werden, um damit ein bestimmtes Verständnis ihrer Aussagen zu akzentuieren. Zum anderen soll die Regionalforschung und das Interesse an lokaler Politik auf den Ansatz der politischen Kultur hingelenkt werden, weil sich in ihm möglicherweise zentrale Probleme besser formulieren lassen.

Der Systembegriff, wie er insbesondere von dem amerikanischen Politologen David Easton[1] entwickelt wurde, dient in dieser Edition vorwiegend einem klassifikatorischen Zweck. Er erlaubt es, Arbeiten zur Politik in Hessen danach zuzuordnen, ob sie sich mehr mit den Problemen des Inputs in das politische System (politische Anforderungen und Einstellungen, politischer Willenbildungsprozeß), der internen Verarbeitung von Problemen im System selbst einschließlich der institutionellen Rahmenbedingungen oder seiner Output-Leistung (Entscheidungen, Leistungen und Probleme) beschäftigen. Da die hier versammelten Beiträge freilich nicht im Rahmen von theoretischen Modellen angefertigt wurden, fügen sie sich in die Klassifikation nie absolut ein. Dennoch ist der Grad der Übereinstimmung von Analysen mit dem Klassifikationsschema überraschend hoch.

Der Begriff »Politische Kultur« umschließt in dieser Einleitung und in der Edition den Begriff des politischen Systems[2]. Politische Kultur wird mithin so breit gefaßt, daß sie als ein nachgeordnetes System des kulturellen Systems verstanden werden kann. Dadurch wird es möglich, die »geistesgeschichtliche« Entstehung Hessens (Struck), die Werteimplikationen von Problemen des arbeitenden politischen Systems und den Bereich von Kultur und Kulturpolitik innerhalb des Rahmens »Politische Kultur« zu versammeln.

Begriff und Forschungskonzept der »Politischen Kultur« haben in den letzten Jahren eine gewisse Popularität erhalten[3], weil sie die Forschungsperspektive erweitert und angeregt haben, und andererseits, weil sie die einzelnen Sparten der bisherigen politischen Werteforschung, die in Ideologieforschung, öffentliche Meinung, Soziologie von Institutionen und Normen, politische Psychologie u. ä. Felder ausdifferenziert und zum Teil feindselig gegeneinander abgeschottet waren, wieder zusammengeführt und gezeigt haben, daß die politische Werteforschung eine Einheit darstellt, die lediglich aus Gründen des Forschungspragmatismus in sehr viele differenzierte Problemfelder aufgespalten ist.

In der amerikanischen Forschung, die seit 1957 allmählich anfing, mit dem Begriff »Politische Kultur« zu hantieren[4], bevor dieser Mitte der sechziger Jahre in den USA sehr populär wurde, hatte eine Verengung des politikwissenschaftlichen Interesses stattgefunden. Es wurden insbesondere die Einstellungen der Bürger gegenüber dem politischen System gemessen. Dieses Vorgehen impliziert eine starke Aufwertung verhaltensorientierter Ansätze in der Politikwissenschaft. Die ersten Ergebnisse über vergleichende Einstellungen in mehreren Ländern erbrachten dann auch einen Siegeszug dieser Forschungsmethode[5]. Die zentralen Definitionen, mit denen der Umfang des Begriffes »Politische Kultur« bestimmt wurde, gingen von der subjektiven Einstellungssphäre aus. Einerseits wurde Politische Kultur verstanden als die Summe der »Einstellungen, Meinungen, Werte und politischen Fähigkeiten«[6], die das Individuum gegenüber dem politischen System aufweist, andererseits wurden aber auch die schichtenspezifischen und subkulturellen Einstellungsmuster als Elemente politischer Kultur anerkannt. In den Forschungen zur politischen Kultur in den USA wurde die zweite Dimension allerdings nie sonderlich forschungsrelevant.

Neben dieser auf die Wertevorstellungen und -realisationschancen der Individuen und Gruppen abzielenden Perspektive gibt es eine globalere Definition des verhaltenstheoretischen Ansatzes: »Die politische Kultur einer Gesellschaft besteht aus einem System empirischer Einstellungen, expressiver Symbole und Werte, die die Situation definieren, in der das politische Handeln stattfindet.«[7] In dieser Definition wird dem Bereich der Einstellungen ein bestimmter Platz innerhalb des Feldes »Politische Kultur« eingeräumt; Symbole und Werte sind zwar immer noch auf den expressiven Hintergrund des Individuums bezogen, sie können aber davon bereits abgelöst und als Objektivationen von Kultur verstanden werden, die in Interaktionen und Kommunikation ein eigenes verselbständigtes Regelsystem ausbildet[8]. Auch der Teil der Definition, der sich als Grenzdefinition der »Situation« versteht, in der »politisches Handeln« stattfindet, weist über den engeren Rahmen verhaltenswissenschaftlicher Orientierung hinaus und erlaubt, politische Kultur als eine Sinnkategorie für politisches Handeln in situationsspezifischen Kontexten zu verstehen.

Die Kritik des Paradigmas versuchte in den vergangenen Jahren, diese Erweiterung des Konzeptes zu betreiben. Es kann bei dieser Umorientierung freilich nicht darum gehen, den Wert der verhaltensorientierten Forschung zu schmälern – sie bleibt nach wie vor der Kern einer Forschung zur politischen Kultur –; es geht vielmehr darum, zu enge behavioristische Ansätze wieder mit interpretativen Forschungsansätzen anzureichern[9].

In der deutschen Tradition der Politikwissenschaft bedeutet dies auch, historische Arbeiten verstärkt im Kontext der Werteforschung zu berücksichtigen. Die beiden zuvor benutzten Definitionen politischer Kultur müssen dahingehend erweitert werden, daß jede Wertimplikation im politischen Handeln, in den Verfassungen und den Institutionen als Element von politischer Kultur aufgefaßt und analysiert werden kann. Die Einschränkung des Forschungskonzeptes hingegen wird immer darauf hinauslaufen, bei allen als politisch definierten Phänomenen nur den Werteaspekt als dem Bereich der politischen Kultur zugehörig zu definieren.

Haben sich die Forschungen zur politischen Kultur bisher überwiegend auf der Ebene des Nationalstaates bewegt, so kann der Begriff politische Kultur in der Regionalforschung dazu anregen, die spezifischen Gegebenheiten eines subnationalen Gebildes bzw. einer eingrenzbaren Lokalität auf die ihr inhärenten politischen Werte zu befragen. Das seit Jahren wachsende Interesse an der Regional- und Lokalforschung hat sicherlich viele Gründe; sie können hier nicht erörtert werden. Lediglich auf einen Problemkomplex soll hier hingewiesen werden, nämlich auf das gestiegene Interesse in Teilen der Bevölkerung an den regionalen Lebensbedingungen.

Durch die Industrialisierung wurde der Raum, d. h. die Region, das Territorium, in übernationale Wirtschaftsräume verstärkt eingefügt[10]. Dieser anhaltende und sich in der Nachkriegszeit drastisch beschleunigende Prozeß führte dazu, daß der Raum als eine dem Individuum oder den Gruppen angehörende Lebenswelt in seiner Bedeutung rapide abnahm[11]. Die Gratifikationen des Industrialisierungsprozesses erwiesen sich andererseits nach einer langen und für die Betroffenen überaus schmerzlichen Anlaufphase[12] im Hinblick auf Wohlstandssteigerung, Lebenserwartung und allgemeinen Lebensstandard als beträchtlich. Um der unmittelbaren ökonomischen Not zu entgehen, die die Bevölkerung in Deutschland im und nach dem zweiten Weltkrieg noch einmal drastisch selbst erlebte, gab und gibt es bis heute keine überzeugende Alternative zur Industrialisierung und Kommerzialisierung unserer Lebensverhältnisse. Erst in den späten sechziger Jahren dieses Jahrhunderts tauchten sowohl Krisenerscheinungen in der Abfolge des industriellen Progresses als auch Krisenphänomene im Bewußtsein bestimmter Bevölkerungsgruppen auf. Ein zentrales Motiv von Protest gegen die bestehende Industriegesellschaft war von Anfang an der spezifische Gebrauch, den das Industriesystem vom Raume machte. Da insbesondere die Verkehrssysteme die Räume dynamisiert und zu einem Zeitfaktor transformiert hatten, blieben für eine spezifisch individuelle Raumerfahrung nur noch begrenzte Chancen. Der Raum scheint aber nicht bruchlos in das Gefühl der Zeitkonsumierung überführbar zu sein[13]. Nur ein Teil der Gesellschaft, vor allem der, der in industriellen Ballungszentren lebte, ließ sich an die Substituierung des Raumes zugunsten von konsumptiven Lebensstandards, erhöhtem Einkommen und schnellerem Lebensrhythmus gewöhnen[14].

Aus anderen, dem Kulturbürgertum der attraktiven Mittelstädte zugehörigen Schichten und aus einem akademisch ausgebildeten neuen Mittelstand rekrutieren sich hingegen die Fürsprecher einer Neubewertung des Raumes. Diese mit beträchtlicher Definitionsmacht hinsichtlich der die Öffentlichkeit interessierenden Themen ausgestatteten sozialen Schichten verurteilten an der Industriegesellschaft vor allem, daß sie dem Raum die Qualität des Identifikationsobjekts nehme und von daher Defizite in der personalen und sozialen Identität der Menschen hervorrufe. Der Vorwurf, so plakativ er häufig dem Industriesystem entgegengeschleudert wird, hat durchaus seine Berechtigung. Freilich muß berücksichtigt werden, daß das Industriesystem in erster Linie materielle Werte befriedigt und daß erst mit deren relativer Befriedigung, gemäß dem Modell gestiegener Erwartungshaltungen plötzlich in mittelständischen Schichten die Bedürfnisse nach postmateriellen Werten sich entwickeln können[15].

Außer all den Problemen, die mit dieser neuen geistigen Grundhaltung in den mittelständischen Schichten der westlichen Industriestaaten für die praktische Politik verbunden sind, darf man den Anstoß zum Nachdenken über den Raum, in dem wir leben, nicht unterschätzen. Es hat sich im akademischen Bereich und in Teilen der Öffentlichkeit ein regionales Interesse entwickelt, das in wissenschaftlichen Arbeiten über Kommunalpolitik, im Interesse der Öffentlichkeit an regionaler Kultur, praktisch an nichtindustriell gefertigten Gebrauchswerten und symbolisch in Heimatgefühlen seinen Ausdruck findet. Auch diese Edition verdankt ihr Entstehen diesem allgemeinen Interesse an der Region. Ohne einer regionalen Identifizierung vorschnell das Wort reden zu wollen, soll die Edition vielmehr dazu dienen, exemplarisch Arbeiten zur Region Hessen dem Publikum vorzuführen, um damit den Denkprozeß über die vielfältigsten Bereiche des politischen Systems und der politischen Kultur Hessens anzuregen. Erst durch viele Einzelarbeiten, die gleichsam als Mosaiksteine Begriffe wie regionale Identität u. ä. ausfüllen könnten, wäre an eine verbesserte Bewertung des Charakters jenes Lebensraumes zu denken, der seit 1945 das Bundesland Hessen ausmacht.

H. Bausinger hat in seiner Studie zur politischen Kultur in Württemberg treffend argumentiert, daß nur dann, wenn der lokale und je spezifische regionale Mikrobereich eines Landes in seiner Sinnbedeutung erfaßt ist, auch gehaltvolle Aussagen über eine regionale politische Kultur gemacht werden können[16]. Auf Hessen angewandt bedeutet das, daß noch eine Fülle von Untersuchungen ausstehen, bevor gehaltvolle Aussagen zur politischen Kultur in Hessen gemacht werden können. Bausinger warnt davor, nur solche Überlegungen über Regionen anzustellen, die eher allgemeine Phänomene der Industriekultur ausdrücken. Diese Warnung erscheint durchaus berechtigt; jedoch stehen Mikroanalysen häufig, angereichert mit sehr viel Lokalkolorit, in der Gefahr, eine Welt zu reproduzieren, die in dieser traditionalen Farbenprächtigkeit auch nicht mehr existiert. Die regionale politische Kultur ist geprägt durch das Ineinander und die Spannung, die zwischen funktionalen Handlungserfordernissen der modernen Industriegesellschaft und lokalen Traditionen, die zum Teil ihre Ursprünge den absolutistischen Staatsvorläufern der heutigen Bundesländer verdanken, bestehen.

2. Forschungsdesiderate der sozialgeschichtlichen Regionalismusforschung

Um diese Mischungsverhältnisse zwischen lokalen Traditionen und Strukturmerkmalen von modernen Industriegesellschaften überhaupt erfassen zu können, müßte die Industrialisierung und die Entstehung der Arbeiterschaft in den Industrieregionen und Ballungsräumen Hessens stärker als bisher untersucht werden. Denn von diesem Prozeß sind auch die Entwicklungen von handwerklichen, kleinbürgerlichen und bürgerlichen Kulturen zentral beeinflußt und geprägt worden. K. Tenfelde hat diese Forschungsperspektive präzise angesprochen: »Lokal- und regionalgeschichtliche Untersuchungen zur Arbeiterbewegung werden auch künftig ... ein Forschungsdesiderat mit dem Ziel bleiben, Zusammenhänge zwischen Industrialisierung, sozialem Wandel und sozialer Bewegung zu präzisieren und wesentliche Problemfelder der organisierten Arbeiterbewegung »von unten« zu erhellen ...«[17].

Unterschiedliche Forschungsansätze haben es sich in letzter Zeit zum Ziel gesetzt, die Lebensverhältnisse der Bevölkerung »von unten« zu analysieren. Methoden, Ansätze und erste Ergebnisse liegen bereits vor. Die deutsche historische, sozialwissenschaftliche und auch anthropologische Forschung hat den internationalen Forschungsstand, insbesondere den englischen, den US-amerikanischen und den französischen noch nicht eingeholt[18]. Arbeiten, die in der Folge von Thompson oder Gutman Sozialgeschichte betreiben, haben hierzulande noch Seltenheitswert[19]. Die Sozialgeschichte in der Bundesrepublik hat in den letzten Jahren zwar beachtliche Ergebnisse erzielen können[20], die allerdings zusammengenommen noch nicht jene Dichte erzielt haben, die im angelsächsischen Raum und in Frankreich erreicht wurde und dort auch den systematisch verfahrenden Sozialwissenschaften ein solides Fundament für ihre Hypothesenbildung liefert.

Während die Industrie- und Arbeiterkulturforschung für Bayern, Baden-Württemberg, das Ruhrgebiet, Berlin, Hamburg und Bremen schon einige Fortschritte gemacht hat, ist eine vergleichbare Forschung zum Ballungsraum Rhein-Main, zur Arbeiterkultur in Hessen, zum ländlichen Raum, zur Protoindustrialisierung, zur Alltagswelt, zu den Essens- und Trinkgewohnheiten u. ä. für Hessen nicht in Sicht[21]. Industrialisierungsstudien über Hessen oder Forschungen zur Arbeiterbewegung sind methodisch weitgehend konventionell angelegt, d. h. sie untersuchen die Industrialisierung von der technischen Seite her, nicht aber von der Seite der Bevölkerungs-, Schichten- und Kulturentwicklung her. Die Studien zur Arbeiterbewegung im besonderen sind eher an der Partei- und Gewerkschaftsentwicklung interessiert, d. h. sie folgen vorwiegend einer Logik der Forschung von Prozessen der Organisationsbildung[22].

Erst wenn für Hessen detaillierte Studien im vorn bezeichneten Sinne vorliegen werden, kann die historische Dimension der politischen Kultur sowie deren strukturelle Ausprägung besser auf den Begriff gebracht werden. Solche Studien sollten durch kulturanthropologische Ansätze ergänzt werden, um damit sowohl die Dimension der Persönlichkeit, die politisch relevanten Aspekte dieser Persönlichkeit als auch die sozialen und politischen Gruppierungen der hessischen Bevölkerung plastischer erfassen zu können.

Wenn solche Ergebnisse der Fachwissenschaften zu diesen Problemlagen zur Verfügung stehen werden, können auch die bereits in reicherer Auswahl vorhandenen Ansätze und Ergebnisse der Politikwissenschaft, wie sie zum Teil in diesem Band schon versammelt sind, mit den Mikrostudien zu gehaltvollen Aussagen verbunden werden.

3. Politische Kultur in Hessen

Trotz der skeptischen Bemerkungen zur sozialgeschichtlichen Forschung über Hessen, kann diese Edition mit einem hervorragenden Beitrag über die kulturelle Genese Hessens beginnen. Es handelt sich dabei um einen vorwiegend ideengeschichtlichen Beitrag. In vorsichtiger begrifflicher Abwägung nennt Wolf-Heino Struck (1.1.) sein Thema die »ideenpolitische Vorbereitung« des Landes Hessen. Obwohl die Gründung des heutigen Landes Hessen erst 1945 durch die amerikanische Besatzungsmacht erfolgt, kommt den »ideenpolitischen Vorbereitungen« ein wichtiger Stellenwert zu: Die »Hessische Frage« wurde in zum Teil recht unrealistischen politischen Wertvorstellungen politischer Gruppierungen im Hessen des 19. Jahrhunderts lebendig gehalten und blieb damit als eine politische Forderung zwischen 1815 und 1945 erhalten. Struck weist auf, wie der Gedanke, daß es eine räumliche und bevölkerungsmäßige Einheit in Hessen gibt, nach der französisch-napoleonischen Besetzung Deutschlands allmählich aus dem Erwachen des bürgerlichen Selbstbewußtseins hervorging. Dieses Selbstbewußtsein war, der Situation Deutschlands entsprechend, sowohl auf die deutsche Einheit als auch mit zunehmender Intensität auf die hessische regionale Identität bezogen. Freilich war man sich keineswegs darüber im klaren, was zu Hessen gehören sollte. Diese Unsicherheit blieb bestehen; sie hat sogar bis in die dreißiger Jahre dieses Jahrhunderts noch zugenommen. Der Anstoß zur Betonung der hessischen Eigenständigkeit entsprang einer eigenartigen Rückwärtsbewegung, die allerdings das stärkste Vehikel für die Tradierung der Idee von einem eigenständigen Hessen werden sollte: der hessischen Rechtspartei[23]. In dieser aus dem Protest gegen die preußische Annexion Kurhessens und der damit verbundenen Mediatisierung des Fürstenhauses entstandenen Bewegung wurde gegen den preußischen »Modernismus« und Zentralismus und die usurpatorischen Akte Bismarcks nach 1866 revoltiert. Die Rechtspartei versuchte, die legitime Herrschaft des »von Gott« eingesetzten Fürsten gegen die »unmoralische« Legitimation durch die »Volksherrschaft« zu verteidigen. Historisch war einer solchen Bewegung, die nie sehr zahlreiche Anhänger anzog, zwar keine Erfolgschance beschieden; aber indem diese Bewegung auch nach dem Tod des exilierten Fürsten die Identität des originär Hessischen für das Volk und gegen die preußische Okkupation festhielt, leitete sie die Idee einer hessischen Identität zwischen den Großmächten in die moderne Zeit der rapiden Industrialisierung hinüber. Seit den 90er Jahren nahm sich dann allerdings auch die Arbeiterbewegung der hessischen Einigungsideen an. Diese formierte sich aber nun in einem Raum, der nicht mehr mit dem dynastischen Volksdenken der Rechtspartei identisch war, sondern der von dem Wirtschaftsgebiet Rhein-Main und den hier artikulierten Bedürfnissen der Arbeiterbewegung ausging. Die Arbeiterbewegung vollzog somit in ihrem räumlichen Identitätsdenken eine vergleichbare Wendung in die Moderne, wie sie die Gewerbetreibenden und das Bürgertum in Kassel und Frankfurt schon nach der Bismarckschen Annexion vollzogen hatten: Das Bürgertum konnte mit den dynastischen Vorstellungen nichts mehr anfangen[24], da es funktionales Wirtschaftsdenken, wie es der Zollverein und der Norddeutsche Bund forderten, einem traditionalen Raumdenken vorzog. Obwohl die Arbeiterbewegung im Unterschied zum Bürgertum aus Gründen der demokratischen Orientierung großdeutsch dachte, näherten sich bis in die zwanziger Jahre dieses Jahrhunderts die generellen Raumorientierungen doch soweit an, daß wirtschaftspolitische Überlegungen die Oberhand gewannen. Fortan war die aus der Rechtspartei heraus entstandene politische großhessische Einigungsbewegung nach 1918 gezwungen, mit den neuen Raumvorstellungen zu konkurrieren. Sehr bald erwies es sich, daß das Wirtschaftsdenken bei allen Gruppierungen dominant geworden war. Der Frankfurter Wirtschaftsraum, der einerseits über Nassau hinaus nach Koblenz und Trier reichte, im Süden bis nach Baden und im Osten bis Fulda sich erstreckte, entwickelte einen solchen Sog, daß in Nordhessen allmählich Bedenken gegen die südhessische Konzentrationsbewegung laut wurden.

Kassel orientierte sich selbst weiter nach Norden, um ein eigenes Gravitationszentrum zu bleiben. Der Nationalsozialismus hat dieses moderne Raumdenken nicht zu einer gelungenen Synthese bringen können. Erst die amerikanische Besatzungsmacht, in Absprache mit Teilen der bisherigen Funktionselite, einte Kurhessen, Hessen (Darmstadt) und Nassau, jene drei großen Kerngebiete des historischen Chattenlandes. Sie tat dies in einem Moment und getragen von der Zustimmung der Betroffenen, als ökonomische, funktionale Gründe schon andere Lösungen nahezulegen schienen.

Die Entwicklung Hessens in der Bundesrepublik hat der Entscheidung der amerikanischen Besatzungsmacht recht gegeben: Hessen wurde in der

Bundesrepublik ein Mittler zwischen Nord und Süd und hat auf diesem Wege die alte, vormoderne räumliche Identität wiederbelebt. Was freilich die unterschiedlichen Entwicklungsbedingungen der einzelnen Regionen angeht, so zeigen die Probleme der Regionalreform der siebziger Jahre, daß hier auch heute noch Probleme bestehen, die allerdings unterhalb eines Zweifels an der gesamthessischen Identität liegen. Struck schließt seinen Beitrag mit den Bemerkungen Kasimir Edschmids, »daß Hessen im Süden noch etwas vom Licht des Mittelmeeres habe und der Norden schon herb die Farben spiegelt, die auch über der Nordsee liegen.« (S. 73) Diese Charakterisierung bringt den Status eines Mittlerlandes in poetischer Weise zum Ausdruck. Strucks instruktiver Beitrag zeigt, wie politisches Bewußtsein und politische Identitätssuche in Hessen mit dem Prozeß der Säkularisierung und der industriellen Modernisierung sehr eng verbunden sind. Die Ideen geistiger Wortführer und Eliten erlangen in diesem Prozeß zentrale Bedeutung, weil sie ermöglichen, die Orientierung der Bevölkerung von dem vorpolitischen Untertanendenken der Voraufklärung allmählich abzulösen und neue Bewußtseinsformen zu entwickeln. Für diesen Prozeß ist es unerheblich, ob die Ideen als solche »fortschrittlich« oder »reaktionär« waren. Überraschend ist, wie sehr die im 19. Jahrhundert sich ausprägenden ideologischen Denksysteme, untersucht man sie in ihrer raumzeitlichen Verwendung, den Bezug zur konkreten Lebenswelt wiedergeben. Heute sind die allgemeinen politischen Umweltorientierungen, wie die liberalen, die konservativen und die sozialdemokratischen Weltbilder bereits zu elaborierten Ideensystemen geworden, deren historischer Bezug im Vergleich zu den Ideen des 19. Jahrhunderts schon um ein vielfaches abstrakter geworden ist. Überraschend ist auch, daß in den 150 durch die Untersuchung abgedeckten Jahren die Akzente hinsichtlich dessen, was unter Raum oder regionalem Weltbild zu verstehen ist, sich sehr unterschiedlich ausprägen können. Ging das erste Verständnis des Raumes noch von einem gegen die Dynastien gerichteten diffusen bürgerlichen Einheitsdenken der Region innerhalb des Nationalstaates aus, so wurden in der Folge neben dem historisch-räumlichen Weltbild sprachliche Raumbezüge in lokaler und regionaler Differenzierung entwickelt und schließlich wurde in wirtschaftspolitischen Raumbezügen gedacht. Diese Unterschiede zeigen, daß die Sicht des Raumes äußerst dynamisch und durch spezifische Weltsichten geprägt ist[25]. Wie stark der Nationalsozialismus eine Zäsur bedeutete, erweist sich, wenn die für Hessen relevanten regional-spezifischen Sichtweisen nach 1945 thematisiert werden. Der Nationalsozialismus hatte eine Fülle von konservativen, dynastischen und religiösen Themen einfach dadurch diskreditiert, daß sein der »Rettung« des Althergebrachten dienender Versuch in kontraproduktiver Weise den deutschen Nationalstaat sowie die gesamte Kulturleistung des deutschen Raumes künftig ideologisch vorbelastete. Sofern die alten Themen wiederbelebt wurden, erlangten sie nach 1945 nicht mehr ihre alte Aktualität. Die Notlage nach dem 2. Weltkrieg, die Machtübernahme durch die Siegermächte, taten ein übriges, um das reine Überleben der Bevölkerung in ihrem Lebensraum zum zentralen Thema der Nachkriegszeit zumachen. Für die hessische Raumkontinuität hatte diese Themenorientierung neben der bereits erwähnten überraschenden Zusammenfassung aller bisherigen hessischen Staaten zu einem Bundesland das Dominantwerden des wirtschaftsräumlichen Denkens zur Folge. Der Zwang zur »Aufbauarbeit« nach 1945 tat ein übriges, um diesen Zug am Raumdenken zu verstärken. Psychisch und symbolisch korrespondierte zudem diesem Denken eine Haltung in der Bevölkerung, die trotz aller ideologischen Fragmentierungen die Solidarität der vom Kriege Betroffenen aktiv auf die Solidarität der Aufbaugeneration übertrug – eine Solidarität, die bis in die sechziger Jahre auch für die Kohäsion der Wirtschaftswundergesellschaft sorgte.

Wolf-Arno Kropat (1.2.) weist diese Solidarität an vielen Einzelbeispielen auf. Sein Beitrag belegt zugleich, daß 1945 ein Neuanfang insofern war, als die politischen Parteien nun erstmals in Deutschland höchste Legitimation erhielten. Das Erstgeburtsrecht des Beamten- und Militärstaates war eindeutig gebrochen: Die Hessische Verfassung spiegelt diesen Tatbestand exakt wider. Kropat zeigt, daß das Parteiensystem die Bewährungsprobe zwischen 1945 und 1949 glänzend bestanden hat. Er rückt auch einige einseitige Interpretationen der deutschen und hessischen Nachkriegsentwicklung in einigen in den letzten Jahren entstandenen Arbeiten über die Sozialisierung[26] und die Parteien nach 1945 in Hessen[27], denen es nicht gelang, Maßstäbe von heute und Kontext von damals unvoreingenommen abzuwägen, zurecht. Insbesondere weist er auf, daß es ein gravierender interpretatorischer Mißgriff ist, die CDU von 1945 als eine vorindustrielle, rückwärtsgewandte Partei zu charakterisieren. Vielmehr legt Kropat Wert darauf, den Konsens von CDU und SPD hinsichtlich der Planungs- und Lenkungsfunktion der wirtschaftlichen Tätigkeit des neuen hessischen Staates zu betonen. Nur diese gemeinsame Basis kann erklären, warum die CDU dann auch dem Sozialisierungsartikel der Hessischen Verfassung zustimmte. Die SPD war die radikale Partei nach 1945, die KPD war zwar noch nicht von Moskau direkt gesteuert, sie war aber im Unterschied zur Sozialdemokratie sozial- und wirtschaftspolitisch viel zurückhaltender als die SPD. Die sich anbietende Große Koalition zwischen SPD und CDU war die Kombination der damals modernen Parteien zur Führung der Regierungsgeschäfte in Hessen. Einzig die LDP (FDP) als klare Partei des Wirtschaftsliberalismus bildete eine sachliche Opposition. Die größten Erfolge erzielte diese bürgerlich-sozialistische Koalitionsregierung in der Ermöglichung einer pragmatischen Wirtschaftspolitik, die bereits vor Währungsreform und Marshallplan die Weichen für den späteren glänzenden Aufstieg des Landes stellte.

Die Entnazifizierungspolitik war für einen forcierten Elitentausch im politisch-administrativen System nicht unwichtig. Ebenso kann die damals intendierte Schulpolitik, deren Bestrebungen auf die Schaffung einer »deutschen Einheitsschule« (Gesamtschule) hinausliefen, nicht deshalb als unwesentlich abgetan werden, weil sie nicht verwirklicht wurde. Vielmehr wurde damals die Legitimation für ein Modell erworben, das dann später von SPD und FDP realisiert werden konnte. Die CDU, die anfangs diese von der Besatzungsmacht USA angestrebte Schulreform mit ihren Kultusministern trug[28], legitimierte und stabilisierte erst später, als die soziale Basis der neuen Parteigründung CDU sich herausbildete, das bisherige Schulsystem. Die sozialen Intentionen und Interessen mußten sich nach 1945 erst ausbilden. Wer diese Prozesse als »Verrat« oder als »Restauration« bezeichnet, wie dies in den letzten Jahren oft genug geschehen ist[29], verkennt grundlegend die Konstellation der ersten Anfangsjahre. Auch viele andere politische Maßnahmen der damaligen Großen Koalition sind, wie Kropat aufzeigt, gescheitert. Damit ist aber nicht erwiesen, daß das Scheitern nicht doch Langzeitwirkungen zeitigte, die vielleicht für die Zukunft Hessens und der Bundesrepublik wichtiger waren als ein vordergründiger Erfolg von holzschnittartigen Politikentwürfen.

Kropats Beitrag kann dazu anregen, die Aspekte aus dem Zusammenhang der Lebenswelt und den konkreten politischen Möglichkeiten von damals in undogmatischer Weise neu zu erforschen und einseitige Interpretationen zu korrigieren.

Als Leistung des staatlichen Neubeginns verdient besonders die Hessische Verfassung hervorgehoben zu werden. Um Perzeptionen der Verfassungsjuristen zum Zeitpunkt der Verabschiedung der Verfassung zu dokumentieren, ist der Kommentar von Walter Jellinek hier abgedruckt (2.1.1.). Seine Ausführungen zeigen, daß die Voranstellung der Gleichheitsidee in der Hessischen Verfassung als Programm damals in der kleinen politisch interessierten Öffentlichkeit durchaus verstanden wurde. Jellineks politische Folgerung hinsichtlich der Bedeutung der Hessischen Verfassung besitzt bis zum heutigen Tage Gültigkeit: ». . . eine Verfassung, wie die besprochene, (hat) neben ihrer unmittelbaren Aufgabe als Staatsgrundgesetz ihre Bedeutung als Anregerin zu staatsrechtlichem und politischem Denken ... vor allem aber zwingt die Verfassung zum Nachdenken über das Wesen der Demokratie.« (S. 125) In dieser Tradition der politikwissenschaftlichen Exegese dessen, was die Verfassungsentwicklung in der Bundesrepublik bedeutet und welche Bezüge hierbei durch Rekurs auf die Hessische Verfassung zu erbringen sind, ist besonders der Marburger Politologe Wolfgang Abendroth hervorgetreten[30].

Wie Thilo Ramm in seiner Verfassungsinterpretation hervorhebt (2.1.2.), ist die Hessische Verfassung zwar im »Schatten der Geschichte geblieben« (S. 126), zugleich bietet sie eine an Bedeutung zunehmende »Fülle von Interpretationsmöglichkeiten für das Grundgesetz« (S. 145). Viele Formulierungen der Hessischen Verfassung blieben zeitgebunden, der innere Aufbau der Verfassung ist in vielem nicht ausgereift oder nicht überzeugend organisiert. Dies alles tritt jedoch hinter die grundsätzliche Bedeutung zurück, die der Hessischen Verfassung zukommt. Diese nimmt sogar zu, seit die Internationalen Menschenrechtspakte 1966 verabschiedet wurden, die 1976 in Kraft traten.

Da die Hessische Verfassung die völkerrechtlichen Regelungen bedingungslos anerkennt und die Menschenrechte selbst in den Vordergrund des Verfassungsauftrags stellt, fällt ihr hiermit die Aufgabe zu, die Ordnung des Grundgesetzes zu beleuchten. Die Hessische Verfassung stellt einen Bruch mit der Tradition bisheriger Verfassungen in Deutschland dar, die den Staat als die staatsrechtlich bedeutsamste Institution im Zentrum der Verfassung verorteten. Im Gegensatz dazu stellt die Hessische Verfassung, wie Ramm hervorhebt, die Beziehung zur französischen revolutionären Verfassungstradition her, indem sie den Menschen ins Zentrum der politischen Verfassung eines Gemeinwesens rückt: Die Menschen- und Bürgerrechte sind das Zentrum der Hessischen Verfassung, und in diesem Kontext kommt dem Wert Gleichheit die zentrale Rolle zu. Daraus folgt, daß die sozialen und wirtschaftlichen Rechte, im Gegensatz zu den Menschenrechten, »gesetzlicher Beschränkung und Gestaltung« unterliegen. Daraus wiederum folgt im nächsten Schritt, daß die Sozialordnung vor der Wirtschaftsordnung rangiert. Dem Art. 38, im Unterschied zu dem spektakulären Artikel 41 (Sozialisierungsartikel) kommt für die grundlegende Konzeption der Sozial- und Wirtschaftsordnung größte Bedeutung zu: Er regelt den Zusammenhang von »Freiheitsprinzip und Sozialismus«. So interpretiert Ramm: »Die wirtschaftliche Betätigungsfreiheit und das Eigentum sind ... nach der Hessischen Verfassung nicht mehr die Basis politischer Freiheit; sie erscheinen aber auch keineswegs als deren selbstverständliche Gegner und Gefährder.« (S. 132) Indem die Hessische Verfassung somit versucht, individuale Menschenrechte, Steuerungskompetenz des Staates und Leistungsfähigkeit des ökonomischen Sektors in eine günstige Kombination zu bringen, kann man sie als eine für moderne Industriegesellschaften in hohem Maße gelungene Synthese bezeichnen. Gleichwohl ist die Realität der Entwicklung von Staat und Gesellschaft in Hessen von 1946 bis heute nicht in jeder Hinsicht von dieser Idealkombination gekennzeichnet. Der Verwirklichung des Anspruchs, daß die Gleichheit der Individuen das zentrale Menschenrecht sei, wurde in vielen Konflikten in der hessischen Politik – am spektakulärsten in der Bildungspolitik – jedoch in hohem Maße Rechnung getragen. Die Affinität des politischen Systems in Hessen zu Lenkungs- und Planungsaufgaben ist evident und wird im folgenden noch zu thematisieren sein; der ökonomische Sektor wurde gar in einer Weise gefördert und strukturiert, daß man folgern kann, daß das Eigentum für den Zweck der Leistungssteigerung des Gesamtsystems funktionalisiert und effektiviert wurde. In moderner Weise hat die Verfassung dabei auch solche Probleme wie Mittelstandsförderung und Familienschutz berücksichtigt.

In welcher Weise die Verfassung neben dieser sozialpolitischen Ausrichtung das demokratische Modell konsequent umsetzte, belegt in besonderer Weise die Stellung des Landtages. Diesem wurde, wie schon Jellinek klar hervorhob, von allen Verfassungsorganen die legitimatorisch wichtigste Bedeutung beigemessen. Im Unterschied zur Weimarer Verfassung, die der Exekutive qua Notverordnungsrecht die ausschlaggebende Befugnis zuwies, setzt die Hessische Verfassung ganz klar die Prioritäten für das parlamentarische System. Der Hessiche Landtag hat sich seiner Bedeutung in den über 30 Jahren seiner Existenz bewußt gezeigt. Damit steht nicht im Widerspruch, daß durch einige Entscheidungen des Bundesverfassungsgerichtes der Landesregierung Handlungsfreiheit auch gegenüber dem Parlament zugebilligt wurde. Auch vom Hessischen Staatsgerichtshof wurde hinsichtlich der Informationspflicht der Landesregierung gegenüber dem Landtag entschieden, daß »der Landtag nicht das Recht hat, über Initiativen und Planungen der Landesregierung unterrichtet zu werden, weil der Regierung ein nicht ausforschbarer Diskretionsbereich zusteht.«[31] Dies hat den Hessischen Landtag nicht davon abgehalten, eine hohe Kompetenz in der Haushalts- und Finanzpolitik zu entwickeln und selbst unter den Bedingungen der bundespolitischen Aushöhlung der Länderkompetenz mit Hilfe des Instituts der »Großen Anfrage« sowohl relevante landes- als auch bundespolitische Probleme diskutieren zu lassen[32]. Damit erfüllt der Landtag seine Aufgabe, der parlamentarischen Artikulations- und Öffentlichkeitsfunktion nachzukommen[33].

Wenn in der kritischen Öffentlichkeit über den Funktionsverlust des Parlaments[34] räsoniert wird, dann ist eine solche These bei genauerer Berücksichtigung des realen und komplexen politischen Prozesses nicht zu erhärten. Der Hessische Landtag hat immer als »Resonanzboden des Zumutbaren«[35] fungiert, d. h. er vermittelte Zielprojektionen der staatlichen Politik mit Bedürfnissen der Bevölkerung. Eine solche Produktion von parlamentarischer Öffentlichkeit ist nicht bedeutungslos, bedenkt man die Wirkung, die z. B. ein Institut wie die »Große Anfrage« schon vorab für die Perzeption und Gestaltung bestimmter Politiken seitens der Exekutive verlangt. Der Hessische Landtag hat in dieser Beziehung, den Stil exekutiven Handelns transparenter zu machen, eine herausgehobene Funktion in der Bundesrepublik erfüllt, die seiner exponierten Stellung in der Verfassung gerecht wird.

Für das politische Klima in der Bundesrepublik und in besonderem Maße in Hessen wurde jedoch gegen Ende der sechziger Jahre deutlich, daß »die Gemeinsamkeit der ersten Stunde« (Strelitz) in ihrer Substanz aufgezehrt war. Die Solidarität der Nachkriegsgesellschaft ließ sich nicht unbegrenzt aufrechterhalten. Seit den späten sechziger Jahren wird die Bundesrepublik und insbesondere wiederum Hessen durch einen eher konfrontativen politischen Stil geprägt[36]. Viele Faktoren tragen zur Erklärung dieses Sachverhaltes bei: Der Grundkonsens in der deutschen Politik nach 1945 war in erster Linie ein negatorisches Zweckbündnis gegen den Nationalsozialismus und die kommunistischen Staaten. Er schuf eine Atmosphäre der Gemeinsamkeit, die in dem Moment nicht mehr trug, in dem eine neue Generation »junger« Politiker die politische Bühne betrat, für die die Nachkriegszeit nicht mehr die formative Phase in ihrer Persönlichkeitsentwicklung darstellte. Dieser Sachverhalt kann funktional interpretiert werden: Nichtsolidarische Lebensverhältnisse, die sich interessen- und konfliktbetont artikulieren, können dazu dienen, gesellschaftliche und politische Verhältnisse auf ihre Belastbarkeit hin zu testen. Bleibt man bei dieser funktionalen Interpretation, dann ist es vergleichsweise uninteressant, wer die Konfrontation startete. Für Hessen war es sicherlich nicht unwichtig, daß 1970 die große Rathauskoalition in Frankfurt zerbrach[37]. Die jüngeren Politikerriegen in den Parteien neigten gegen Ende der sechziger Jahre stärker den extremeren ideologisierten Positionen ihrer jeweiligen Parteien zu und bewirkten damit einen Druck auf das Gesamtsystem, der schließlich während der siebziger Jahre zu einer zunehmend ideologischen Polarisierung geführt hat, wenngleich in der konkreten politischen Arbeit noch immer konsensuale Ergebnisse angestrebt werden.

Aber nicht nur die Denkformen der politischen Eliten hatten sich gegenüber der Situation der Nachkriegszeit verändert, auch die konkret anstehenden politischen Probleme änderten sich rapide seit der Mitte der sechziger Jahre. Zu ihrer Lösung bzw. Regulierung reichte der Rekurs auf die neoliberale Politik im Stile Ludwig Erhards nicht mehr aus. Fraglich ist auch, ob in den späten sechziger Jahren eine pragmatische sozialdemokratische Politik noch die Durchschlagskraft besessen hätte, die sie in den fünfziger und frühen sechziger Jahren hatte.

Hinsichtlich allgemeiner Modernisierungstendenzen beschritt die Regierung des Ministerpräsidenten Osswald neue Wege. Bildungspolitik, elektronische Datenverarbeitung, Landesplanung und Umweltschutz wurden vorangetrieben, freilich ohne dem Druck der Probleme schon gerecht werden zu können. Gegenüber den oft einfachen und durchschlagenden Lösungen der Adenauer- und Zinn-Epoche konnte die Politik der siebziger Jahre weder in Hessen noch irgendwo sonst Äquivalente erbringen. Die Bevölkerung hingegen hatte gegen Ende der siebziger Jahre ihre Erwartungshaltungen in den westlichen Staaten soweit gesteigert, daß sich die Schere zwischen dem durch Politik Machbaren und den Erwartungen an die Politik immer weiter öffnete[38]. Ein solcher Zustand führt zu mehr oder minder offenem politischem Protest bzw. zu genereller Unzufriedenheit.

Die Unzufriedenheit mit den objektiven Gegebenheiten des Industriesystems wurde seit Ende der sechziger Jahre von der protestierenden Studentenjugend artikuliert; die Proteste griffen jedoch recht bald auch auf die anderen Schichten der Bevölkerung über. In Hessen wurde die Unzufriedenheit in den bürgerlichen Mittelschichten zum markantesten Merkmal der siebziger Jahre. Als Reaktion auf den Studentenprotest, besonders an hessischen Universitäten, und auf das gegenüber dem sich allenthalben verschärfenden Problemdruck sinkende Image der regierenden hessischen Sozialdemokratie, die zudem durch symbolisch aufreizende Gesten in der Schulpolitik Widerstand selbst provozierte, entwickelte sich die CDU hier rascher als im übrigen Bundesgebiet von einer selbstzufriedenen liberalen Honoratiorenpartei zu einer straffen, mit modernen Methoden geführten zentralisierten Volkspartei. Der Wahlerfolg der hessischen CDU von 1974, der die CDU mit 47,3 Prozent der Stimmen zur stärksten Partei in Hessen machte, deutet auf eine durchaus politisch dramatische Entwicklung hin. Die Entstehung mittelständischen Protestes auf dem liberal-konservativen Flügel und auf dem ökologisch-linken Flügel des Parteienspektrums führt dazu, daß die Wahlarithmetik, wie Hans-Dieter Rönsch (2.2.1.) aufweist, immer komplizierter, der Ausgang von Wahlen damit offener wird. Nach einem letzten Einbruch der SPD bei den Kommunalwahlen von 1977, bei der einige der großen Städte, wie z. B. Frankfurt, an die CDU fielen, hat sich die SPD in der Landtagswahl von 1978 wieder stabilisiert. Die CDU hat allerdings, absolut gesehen, noch ihren Stimmenanteil in der Landtagswahl steigern können; der prozentuale Anteil ist jedoch leicht abgesunken. Da die Ergebnisse für die beiden großen Parteien sehr nahe in der Mitte der vierzig Porzent-Marge liegen und mithin »grünes« oder »populistisches« Protestverhalten nicht unwichtig ist, sind hier Prognosen schwer zu stellen. Auch die Politik von Ministerpräsident Börner ist im Kontext äußerst schwer zu handhabender Strukturprobleme der nachindustriellen Gesellschaft angesiedelt, die einerseits zu ökologischem Umdenken zwingt, andererseits aber auch noch verlangt, den industriellen Progreß zu steuern und regulieren zu können.

Industrie-, Energie- und Umweltpolitik werfen Probleme auf, für die es im gegebenen Zeitpunkt nur Lösungen gibt, die nicht absolut befriedigen können. Abgekoppelt, bzw. in eigentümlich indirekter Weise mit diesen Sachproblemen verbunden, stehen die kulturellen Probleme, die sozialstrukturell sich im politischen Oszillieren des soeben angesprochenen neuen Mittelstandes ausdrücken. Neue Wertorientierungen in diesen Schichten erschweren die Durchsetzung von Politik, erhöhen unter Umständen jedoch auch langfristig gesehen die Bereitschaft zum politischen Engagement in der Bevölkerung[39].

In welcher Weise in dieser Situation allgemeiner Unbestimmtheit die Parteien versuchen müssen, mit Hilfe eines zentralen Wertbegriffes Mehrheiten zu integrieren, zeigt die Analyse der Entstehung des Slogans der hessischen CDU zur Landtagswahl 1974 durch Werner Wolf (2.2.2.). An Wolfs Beitrag wird deutlich, wie sehr der populäre Vorwurf an die Parteien, sie manipulierten den Wähler, an der Sache vorbeigeht und wie wichtig die wissenschaftlich sachrationale Planung eines Wahlkampfes ist, der die diffuse Stimmung in der Wählerschaft in einem zündenden Symbol zusammenfassen muß. Die Akribie, mit der die Parteien ihre politische Semantik auswählen, präzisieren und durch wissenschaftliche Methoden verbessern, hat aber auch zur genau kalkulierten ideologischen Polarisierung der Parteien in der Bundesrepublik, und besonders im Bereich der Bildungsreform in Hessen beigetragen.

Die wissenschaftlich beratenen Volksparteien werden hier unter Umständen in Zukunft zu neuen konsensualen Formen finden müssen, um nicht disfunktionale Ergebnisse durch Überideologisierung zu produzieren. Analysiert man nämlich die Einstellungen und Meinungen der Bevölkerung hinsichtlich ihrer Erwartungen an die Politik genauer, dann ergibt sich eine Fülle von Möglichkeiten der Anpassung der Politik an die Lebenswelt der Bürger, die keineswegs von der Politik nur Konfrontation zwecks Einbindung in das jeweilige politische Lager erwartet, sondern die auch nach Bestätigung in ihrer sozialen Umwelt verlangt und die in vielfältigen Problem- und Lebenslagen des Alltags hohe Zufriedenheit verrät. Die Überbetonung empirisch ausmachbarer Unzufriedenheitspotentiale hat häufig diese Zufriedenheitsdispositionen in individuell bedeutsamen Lebensbereichen überdeckt. Die Einstellungen der Bevölkerung sind komplexer, als bisher häufig angenommen wurde.

So kann Konrad Schacht mit neuesten Einstellungsdaten belegen (2.2.3.), daß die Bürger generell und grundsätzlich mit ihrer hessischen Lebenswelt (Heimat) zufrieden sind. Auch die Bevorzugung eines eher auf Kontemplation gerichteten Lebensstiles im Vergleich zu einer aktionistischen Lebenshaltung stützt generell die Hypothese, daß Zufriedenheit mit dem »Gegebenen« vorherrscht und daß nach Zeiten von zum Teil hektischen Veränderungen jetzt die Bedürfnisdispositionen auf Bilanzierung des Erreichten abzielen. Dieser generelle Befund wird auch dadurch bestätigt, daß Schacht keine signifikante Polarisierung der Bevölkerungen im Rhein-Main-Gebiet im Vergleich zu der des übrigen Hessens hinsichtlich einer Achse: postmaterialistische versus materialistische Werte ausmachen kann. Vielmehr sind grundsätzliche Werteübereinstimmungen im gesamten Hessen gegeben. Lediglich am Aufweis spezifischer privater Werte (Einkaufsmöglichkeiten, Schulwege u. ä.) sowie am Vorhandensein einer kritischen Haltung gegenüber dem politischen System sind Unterschiede zwischen Einstellungen im Rhein-Main-Gebiet und im Resthessen zu konstatieren. Dies führt Schacht zu der interessanten, gegen Inglehart gerichteten These, das Bewußtsein neuer Mittelschichten im Rhein-Main-Gebiet mit Hilfe von Theoremen aus der Angestelltensoziologie zu interpretieren. Er kommt aufgrund dieses Ansatzes zu drei signifikanten politischen Potentialen in Hessen: Den Traditionalen (Stammwähler der Parteien), den machiavellistischen Individualisten (neue Mittelschicht) und den sozialen Dienstleistungsberufen (Postmaterialisten). Es wird von besonderer Bedeutung für die politische Kultur der achtziger Jahre sein, wie diese Gruppierungen auf die von Schacht benannten neuen Konflikt-Issues reagieren werden: Die Konflikte der siebziger Jahre um Schulpolitik, um Arbeitgeber-Arbeitnehmer-Politik verlieren an Bedeutung im Vergleich zu den Auseinandersetzungen um Ökologiefragen (s. auch Beitrag von E. Thielemann) und um ethnische Polarisierungen (Gastarbeiter, Ausländer). Brisant an diesen Konfliktformationen dürfte vor allem auch sein, daß ihre Austragungsmodalitäten noch nicht so in Organisationen und Parteizusammenhänge integriert sind, wie dies bei den bisherigen Konflikten der deutschen Nachkriegsgesellschaft der Fall war.

4. Politikbereiche

Es gehört zum Instrumentarium moderner Politik, die Einstellungen der Bevölkerung zu allgemeinen und spezifischen politischen Fragen zu ermitteln. Dies bedeutet freilich nicht, wie es eine kulturpessimistische Kritik interpretieren könnte, daß auf der Grundlage dieses Datenmaterials dann die Bevölkerung im Sinne der Regierung manipuliert würde. Vielmehr sind die Einstellungsdaten nur eine Informationsgröße unter anderen im komplexen Entscheidungssystem. Nicht immer kann sich die Politik an den in den Einstellungen der Bevölkerung sichtbar werdenden Wünschen und Bedürfnissen orientieren; die sachbezogenen Entscheidungen liegen häufig auf ganz anderen Bezugsebenen als es etwa Einstellungen im Pro und Kontra ausdrücken.

Politik im interventionistischen Sozialstaat ist an langfristigen Strukturentscheidungen bzw. an Maßnahmen zur Schadensvermeidung orientiert, die auf der Ebene privater Sinndeutung sich nicht unbedingt widerspiegeln. Für die im demokratischen Hessen in den letzten 35 Jahren durchgeführte Politik können allerdings allgemeine Grundorientierungen eruiert werden, die nicht zufällig die Motivation und die Strukturierung der Landespolitik bestimmt haben. Wie Kropat und Ramm gezeigt haben, waren CDU und SPD in Hessen beide der Meinung, daß der staatlichen Gesamtplanung nach Artikel 39 HV eine grundsätzliche Priorität im Handeln der hessischen Exekutivorgane zukommen sollte. CDU und SPD sind dann in Hessen – aus einsichtigen Gründen der Repräsentanz ganz unterschiedlicher sozialer Schichten – ihren Weg ab 1950 nicht weiter gemeinsam gegangen. Vielmehr muß für Hessen auf die besondere Bedeutung der sozialdemokratischen Kontinuität hingewiesen werden. Diese Sozialdemokratie, die über eine lange Zeit durch den progressiven, aber zugleich pragmatischen Stil des Ministerpräsidenten Zinn repräsentiert wurde[40], hat der hessischen Politik ihr Markenzeichen aufgedrückt. Die Idee einer die gesamte Landesentwicklung befördernden Planung war in den Reihen der hessischen SPD wohl stärker ausgeprägt als in anderen Bezirks- und Landesverbänden der deutschen Sozialdemokratie. Eine anspruchsvolle und differenzierte Geschichte der hessischen Sozialdemokratie, die auch diese Dimension umfassen würde, steht noch aus. Es darf aber wohl ebenfalls vermutet werden, daß die Affinität der SPD in Hessen zur Planung sich nach der Verabschiedung der Verfassung noch verstärkt hat, während der konkurrierende Partner aus der Stunde Null, die CDU, später und auch heute noch aus Gründen ihrer sozialstrukturellen Verankerung Planung nur in sehr selektivem Sinne versteht.

Es kann an dieser Stelle nicht darum gehen, die Leistungsfähigkeit von Planung in der Politik grundsätzlich zu beurteilen[41]; festgehalten zu werden verdient aber, daß die in dieser Edition versammelten Texte, die die »Entscheidungen, Leistungen und Probleme« des politischen Systems in Hessen zum Gegenstand haben, deutlich aufzeigen, daß die Wohlfahrt der hessischen Bürger, wie es die Verfassung vorschreibt, das faktische – und nicht nur das ideologische – Ziel dieser Politik war. Sicherlich ist die Wohlfahrt der Bürger nur ein Datum in der allgemeinen Policy-Planung und jenseits der Intentionen der Planung können Resultate sich durchsetzen, die den Willen aller Beteiligten in absurder Weise verzerren. Das Umweltproblem hat sich zum Beispiel in dieser Weise als eine nichtintendierte und nicht rechtzeitig erkennbare Größe im Prozeß des gerade in Hessen eindrucksvollen wirtschaftlichen Aufschwungs erwiesen.

Es ist allerdings nicht nur der Wert der generellen Wohlfahrt der Bürger allein, der durch die spezifisch dynamische Art und Weise der hessischen Landesplanung ausgefüllt werden sollte. Vielmehr wurde dieser Wert von der hessischen Sozialdemokratie immer in einer Weise modifiziert, die ihr und dem Land eine spezifische Note in der Bundesrepublik gegeben haben: Die hessische Landesplanung diente dem Ziel, eine sozialdemokratische Idee von Gleichheit zu befördern. Der Gebrauch des Begriffes Gleichheit in Gesellschaften, die offensichtlich durch große Einkommens- und Vermögensunterschiede und andere Schichtungsmerkmale gekennzeichnet sind, führt jedoch meist zu großen Mißverständnissen. Was damit gemeint sein kann, ist folgendes: Aufgrund der fehlenden bürgerlichen Revolution in Deutschland sowie der Dominanz obrigkeitsstaatlicher Werte, haben sich historische Ungleichheitsstrukturen hier länger als in anderen westlichen Industriegesellschaften erhalten. In Hessen aber wurde von Anfang an eine Politik bewußter Modernisierung auf allen Ebenen des sozialen, kulturellen und politischen Lebens betrieben, die zur Folge hatte, daß in diesem Land im Vergleich zu den übrigen Flächenstaaten der Bundesrepublik »zugeschriebene Positionen« und Werte[42] am raschesten und am intensivsten aufgelöst und säkularisiert wurden. An deren Stelle traten bürgerliche Leistungswerte und sozialdemokratischgewerkschaftliche Solidaritätswerte. Das impliziert, daß die Menschen trotz aller im Verlauf der sozialen Interaktion erfolgenden Schichtung und Differenzierung grundsätzlich erst einmal aufgrund ihrer personalen Existenz als gleich angesehen werden. Freilich wurde dieser Prozeß nur tendenziell durchgesetzt. Startvorteile aufgrund traditionaler Vorteile gibt es immer noch und wird es auch in Zukunft geben. Die hessische SPD war auch in ihrer Politik des sozialen Ausgleichs pragmatisch. Wichtig ist aber, daß das Modell sozialdemokratischer Egalität, das die Sozialdemokratie in Hessen stärker prägte als andere Gruppierungen dieser Partei, die Bürger nicht nur einer bürgerlichen Gleichheitsvorstellung der Chancengleichheit ohne Berücksichtigung der Resultate überließ, sondern daß durch die Anwendung dieses Modells im Sinne sozialdemokratischer Gesellschaftspolitik auch die sozialen Defizite des historischen Entwicklungsprozesses (etwa der traditionell abgestufte Zugang zu Bildungschancen) ausgeglichen wurden.

Die hier versammelten Policy-Beiträge befassen sich nur mit einem Teil der Aktivitäten der hessischen Politik. Insbesondere was eine umfassende Beurteilung der hessischen Landesverwaltung angeht, bestehen noch viele Lücken in der Forschung. Erst eine multiperspektivische Analyse einzelner Politiken wird Aufschluß darüber geben können, ob die vorliegenden Resultate die Aussagen über die politische Kultur in Hessen erhärten.

Sowohl der Beitrag von Regina Bohne (2.3.1.) als auch der Vortrag des früheren hessischen Staatssekretärs und späteren Landwirtschaftsministers Tassilo Tröscher (2.3.2.) bestätigen die Hypothese, daß die Planung aller Lebensverhältnisse im Sinne eines »Sozialen Liberalismus«[43] zu den Grundorientierungen hessischer Politik gehörte. Bohne beschreibt in ihrem Beitrag anschaulich den Aktivismus der Aufbauphase in den fünfziger Jahren, wo die Sozialdemokratie in Hessen mit dem Bau von Gemeinschaftshäusern einen entscheidenden Schritt zur Anpassung der ländlichen Lebensverhältnisse an die modernen technischen und kulturellen Möglichkeiten initiierte. Das Motto dieser Politik: »Soziale Aufrüstung des Dorfes« drückt zugleich die Agressivität und den Optimismus jener Zeit aus, der sich darauf gründete, daß es grundsätzlich möglich sei, die Lebensverhältnisse der Menschen nicht nur der neuen Zeit anzupassen, sondern auch grundlegend zu verbessern. Das Dorfgemeinschaftshaus sollte Ersatz für verlorene traditionale Bindungen bieten und zugleich die Steigerung individueller und gemeinschaftlicher Lebensgestaltung ermöglichen. Wie die Autorin hervorhebt, hat die katholische Kirche in Hessen den Wert dieser Institution, die Neues und Altes zu einer Einheit integrierte, nach einigem Zögern erkannt und in für sie günstiger Weise zu nutzen verstanden. Die gleiche Wertkombination drückt sich in der von Tröscher favorisierten Agrarstrukturpolitik aus: Modernisierung soll die bisherigen Betriebsformen in der hessischen Landwirtschaft konservieren; sie soll diese aber auch auf ein neues technologisches Niveau bringen. Tröscher warnte dabei eindringlich vor einem Modernitätsbegriff, der die radikale Kommerzialisierung der Agrarproduktion verabsolutiert. Vielmehr ist auch für Tröscher Agrarpolitik eine gesellschaftspolitische Infrastrukturpolitik, die sich bei der Hilfe für einzelne Landwirtschaften an den Strukturdaten des Dorfes, an der Dorferneuerung, an den Entwicklungsbedingungen der Region auszurichten hat. Diese für Hessen im Vergleich zu den anderen Bundesländern damals außerordentlich erfolgreiche Politik wird von Tröscher zudem noch unter Berücksichtigung der EWG-Bedingungen und – tempora mutant – der Nord-Süd-Problematik reflektiert. Die dynamischen, vom ganzen Optimismus der hessischen Agrarstrukturpolitik getragenen Ausführungen laufen dann auch auf die Forderung hinaus: »Der Begriff ›Landeskultur‹ muß wieder im weitesten Sinne lebendig werden!« (S. 230). Die hessische Landwirtschaft wurde durch sozialdemokratische Strukturpolitik außerordentlich entwickelt; der Optimismus von 1966 ist allerdings auf der Strecke geblieben. Sowohl hinsichtlich der Verzahnung der nationalen Landwirtschaften in der EG als auch hinsichtlich der Bindung der Produktionsüberschüsse unserer Landwirtschaften an die Bedürfnisse der dritten Welt sind sonderlich bemerkenswerte Erfolge in der Politik seither nicht zu verzeichnen. Vier Jahre nach Tröschers Rede überlagerte die Umweltproblematik, die auch im Agrarsektor ihre Alarmsignale deutlich hören ließ, die Leistungsbilanzen der bis dahin erfolgreichen Strukturpolitik: 1970 wurde das Landwirt schaftsministerium zum Ministerium für Landwirtschaft und Umweltschutz umgewandelt.

Mehr noch als die Landesstrukturpolitik mit ihrem Ziel der Verbesserung und Modernisierung der Lebensverhältnisse wurde die hessische Bildungspolitik von der Leitidee der Gleichheit geprägt. Hessische Gesamtschulpolitik, Hochschulpolitik und Rahmenrichtlinienerlasse führten nicht nur in Hessen zu einer Polarisierung im Meinungsspektrum. Je schwieriger es für den Bürger dabei wurde, die Flut der Informationen über diese Politik noch zu verarbeiten, um so nachdrücklicher wurde eine Wertentscheidung von ihm gefordert. Dies war wohl auch nicht zu vermeiden, ging es doch letztlich bei diesen Reformen um tiefgreifenden Wertewandel, bei dem der Einsatz weltanschaulicher Positionen unvermeidlich war. Tatsächlich sind die Maßnahmen der Bildungsreform nicht alle mit einem gleichen Maßstab zu bewerten. Der Planungsfetischismus in der Curriculumplanung hat bis heute keine sonderlich überzeugenden Ergebnisse erbracht[44]; die Rahmenrichtliniendiskussion ist für die Reformer – nimmt man alles in allem – nicht günstig verlaufen[45]. Eine fundierte Analyse der Hochschulreform steht noch aus. Sie dürfte jedoch wohl kaum zu dem Ergebnis gelangen, daß es sich bei der Hochschulreform um ein gelungenes Reformwerk handelt, das sowohl der Effizienzsteigerung der Wissenschaften als auch der Verbesserung der Ausbildung der Studenten diente. In der Reform der hessischen Hochschulpolitik – soviel läßt sich jetzt schon sagen – wurde nicht, wie es in der offiziellen Legitimierung dieser Politik hieß, der Wert Gleichheit optimiert, sondern es wurden notwendige wissenschaftsinterne Regulierungsfunktionen außer Kraft gesetzt, die einer beliebigen Politisierung einiger Fachbereiche und einer unkontrollierten Cliquenwirtschaft Vorschub leisten. Diese Politik fand Mitte der siebziger Jahre ihr Ende; wie das Beispiel der Gesamthochschule Kassel und die Konflikte um die Besetzung des Präsidentenamtes 1980 aber zeigen, hat der gegenwärtige Hessische Kultusminister auch heute noch mit Folgeproblemen einer verfehlten Reform zu kämpfen.

In der Beurteilung der Schulpolitik, die bis zum gegenwärtigen Zeitpunkt von den beiden großen politischen Blöcken in Hessen immer in politischen Kontroversen hochgespielt wird, scheinen sich die Resultate allmählich zu verdichten. Hier wird die Beurteilung wahrscheinlich auf eine Bestätigung der Kontinuität der gesamten hessischen Reformpolitik hinauslaufen. Sowohl die Förderstufenentwicklung als auch die Gesamtschulpolitik können beachtliche Erfolge vorweisen. Jörg Ziegenspeck (2.3.3.) weist in seinem Beitrag auf die wichtige Initiativfunktion der hessischen Schulpolitik hin, als in diesem Lande 1955 die erste Förderstufe errichtet wurde. Auch im Vergleich zu den anderen Ländern ragen die hessischen Förderstufen durch höhere Konsistenz in ihrer Organisation und durch eine konsequente, langfristige Perspektive in ihrer Funktion hervor: »Die hessischen Landesregierungen haben in den vergangenen Legislaturperioden immer wieder deutlich zu machen versucht, daß für die Ansprüche, die eine Demokratie an ihre Bürger zu stellen hat, die Schule gar nicht gut genug sein kann. Entsprechend hoch sind die Forderungen an eine demokratische Leistungsschule. ... Die Förderstufe in Hessen verfolgt diese Ziele beständig.« (S. 251). Das Problem mit den hessischen Gesamtschulen besteht darin, daß eine grundsätzliche begrüßenswerte Reform unter zu hohem Zeitdruck durchgesetzt wurde. Wie Udo Kollatz, der ehemalige Staatssekretär im Hessischen Kultusministerium, deutlich gemacht hat[46], gehören zu einer Reform Erprobungs- und Vorlaufphasen, in denen die Beteiligten und die Betroffenen sich an das

Neue gewöhnen können. Bei der Einrichtung der Gesamtschule wurde diese reformerische Weisheit vernachlässigt; das Resultat kann sich jedoch im Rahmen des gesamten Landes sehen lassen: »Die Hessen haben«, wie Hans Werner Kilz in seinem »Spiegelbuch« resümiert (2.3.4.), »quasi stellvertretend für die Gesamtschule in der ganzen Bundesrepublik Fehler gemacht, die sich dann andernorts vermeiden ließen. . . . Sie haben mit der Gesamtschule früher bildungsarme Regionen . . . erschlossen und insgesamt den sonst benachteiligten Gruppen, etwa den Arbeiterkindern und der Landbevölkerung, Aufstiegsmöglichkeiten in der Schule verschafft.« (S. 267). Wie die vom Bildungsforscher H. Fendt im Raum Wetzlar erstellte Evaluationsstudie über hessische Gesamtschulen aufzeigt, ist das Ergebnis komplexer Art und geht nicht in einer schlichten Pro- oder Kontra-Formel auf. Die Gesamtschule im Wetzlarer Raum ist als sehr erfolgreich anzusehen, sie richtet sich jedoch in ihren Zielen an den Leistungsstandards des herkömmlichen Gymnasiums aus. Erst einige Jahre der ruhigen Entwicklung werden genauere Kriterien zur Beurteilung liefern, denn es ist schwierig, eine Reform im Stadium ihrer Durchsetzung zu evaluieren[47].

Eine solche Schutzbehauptung ist freilich nur bei solchen Reformen legitim, bei denen zum gegebenen Zeitpunkt eine Kosten-Nutzen-Analyse nicht klar erfolgen kann. Diese Einschätzung ist wiederum von einer normativen Sichtweise abhängig. Auch die Beurteilung der großen hessischen Planungsvorhaben ist von dieser Ambiguität hinsichtlich der Erfolgsbewertung gekennzeichnet. Es ist äußerst vordergründig, die Neustrukturierung des hessischen Planungssystems seit der sozialliberalen Regierungskoalition von 1978 als ein Scheitern der Planung, als Steuerungsverzicht oder gar als Prozeß der Entdemokratisierung darzustellen[48]. Vielmehr muß gesehen werden, daß die hessischen Planungssysteme immer auch Experimentierfelder zur Verbesserung staatlicher Steuerung gewesen sind und daß Experimente an gewisse Leistungsgrenzen ihrer Instrumentarien stoßen können. Der äußerst materialreiche Beitrag von Jochen Schultz zur Wiesch (2.3.5.) zeigt in überzeugender Weise, welche Probleme Planungsinstrumente aufwerfen. Er analysiert den Hessenplan von 1951, der vor allem der Rekonstruktion nach dem Kriege und der Eingliederung der Heimatvertriebenen diente, den Großen Hessenplan (GHP) von 1965 sowie den Landesentwicklungsplan von 1970. Dem GHP ging das Hessische Landesplanungsgesetz von 1962 voraus. Letzteres war auf traditionale Raumordnungsplanung ausgerichtet, während der GHP darüber hinaus Investitionsplanungen beinhaltet. Mithin waren im GHP die Zielprojektionen anspruchsvoller geworden. Es erwies sich als außerordentlich schwierig, die Interdependenzen der einzelnen Infrastrukturen analytisch zu erfassen (S. 274 ff.). Um eine innere Plankohäsion wenigstens ansatzweise zu erreichen, mußte der an der synoptischen Plantheorie orientierte GHP entpolitisiert werden. Dieses Verfahren führte freilich nur zu begrenzten Erfolgen, nämlich zu einer horizontalen Ressortkoordinierung. Es fehlte die vertikale Koordination mit den Planungsregionen. Dieser Schritt wurde dann ab 1970 mit der Etablierung des Landesentwicklungsplanes nachgeholt. Hierdurch wurde das Planungssystem entscheidend verbessert, weil es zentralisierte Entscheidungen mit regional-parlamentarischer (»demokratischer«) Gegenstrom-Mitwirkung verband. Bei verbessertem Instrumentarium des gesamten Planungsvorganges war aber der ganze Planungsprozeß in diesem Zustand äußerst schwerfällig geworden. Es stellten sich gerade auf dieser elaborierten Stufe von Planungskompetenz die Fragen nach Kosten und Nutzen. Als ein unbezweifelbar positives Resultat solcher Suchprozesse darf wohl gelten, daß sie einer »Verbesserung der politisch-administrativen Problemverarbeitung« (S. 278) dienen.

Wenn die Landesregierung 1978 eine Kehrtwende machte, dann zeigt dieser Schritt zuallererst, daß auch Planung nicht als verselbständigte »politikfreie«, wenngleich äußerst intellektualisierte Spielwiese anzusehen ist, sondern daß politische Machtprozesse auch den Wirkungskreis der Planungssysteme abstecken. Die Kritik an der Planungsskepsis der gegenwärtigen Landesregierung vernachlässigt diesen Sachverhalt und geht sogar so weit, die durchaus demokratisch legitimierten Prozesse des Parteiensystems als undemokratisch zu apostrophieren und vom Gegenmodell einer regionalen »Basisdemokratie« aus zu kritisieren[49]. Planung unter Beteiligung der Betroffenen ist zwar wünschenswert, sind politische Entscheidungen jedoch schnell und gezielt zu treffen oder können sie auf dem Wege inkrementalistischen Verwaltungshandelns bearbeitet werden, dann ist ihre Konzentration bei einer in demokratischen Verfahren zustande gekommenen Exekutive nicht eo ipso bereits illegitim. Die Entscheidung zwischen den diversen Modellen staatlicher Planung muß pragmatisch getroffen werden. Die Hessische Landesregierung hat sich 1978 für die Auflösung der regionalen Planungsgemeinschaften entschieden, sie überweist deren Aufgaben an die Regierungspräsidien und hat die Abteilung Landesentwicklung aus der Staatskanzlei ins Ministerium für Landwirtschaft und Umwelt versetzt. Über Vor- und Nachteile dieser Entscheidungen wird zu gegebener Zeit zu befinden sein.

Daß organisationsoptimale Lösungen politischer Problembereiche nur apolitisch zu konzipieren sind und daß konkrete Lösungen immer durch das Primat der Politik bestimmt sind, zeigt auch die Arbeit von Hans Zinnkann (2.3.6.) auf[50]. Hier wird deutlich, welche komplizierten Prozesse bei der Neuorganisation eines gegenwärtig so wichtigen Politikfeldes wie des Umweltschutzes mit Notwendigkeit ablaufen, bevor die Instrumente von Verwaltung und Politik greifen. Auch in der politisch-administrativen Umweltschutzorganisation hat Hessen eine Vorreiterrolle übernommen. Sieht man die gesamte Komplexität der Organisationsprobleme in einer Synnopse, dann wird klar, daß die nach wie vor virulenten »Umweltskandale« nicht vordergründig bereits als Scheitern der Umweltverwaltung anzusehen sind. Ohne hier einzelne Fehler von Politikern oder Beamten zu rechtfertigen, ist doch hervorzuheben, daß der zeitliche Vorlauf, den interventionsstaatliche Bürokratien in der heutigen Zeit haben müssen, damit ihre Maßnahmen greifen, überraschend groß ist. In einem eigentümlichen Kontrast zu dieser bürokratischen Zeitperspektive stehen die durch die Medien verstärkten kurzfristigen Erwartungen der Bevölkerung. Es fragt sich, ob das Auseinanderklaffen beider Zeitperspektiven nicht ein grundsätzliches Problem für das Verständnis der gegenwärtigen Probleme der Industriegesellschaft aufwirft. Nicht nur in der Umweltpolitik kontrastieren Leistungsfähigkeit von politisch-administrativem System und Erwartungen der Medienöffentlichkeit. Der eklatanteste Fall des Konfliktes zwischen diesen beiden wichtigen Elementen des politischen Systems ist in Hessen im gegenwärtigen Zeitpunkt im Energiebereich auszumachen[51]. Edgar Thielemann (2.3.7.) analysiert das Dilemma des Hessischen Ministerpräsidenten Börner, der kurzfristige Entscheidungen mit langfristiger Wirkung, nämlich die Versorgung Hessens mit hinreichender Energie, treffen muß und dabei gezwungen ist, das Ergebnis von Konsensprozessen in der Öffentlichkeit und in seiner Partei, der SPD, nicht abwarten zu können. Während in diesem Politikbereich in der Öffentlichkeit häufig der Eindruck erweckt wird, als seien Entscheidungen nicht erforderlich und erst im »rechten Augenblick« mit kurzfristiger Erfolgschance zu treffen, geht die Politik (in Hessen, in der Bundesrepublik, in Frankreich und anderswo) davon aus, daß schnell entschieden werden muß, weil die Planungszeiträume immer größer werden und spätere Optionen als gering anzusehen sind. Thielemann zeigt auf, wie der Zusammenhang zwischen sachlicher Politik und Meinungsforschung sich gestaltet. Da in vielen westlichen Demokratien die »fortschrittlichen« Parteien über Mitglieder und Funktionskader (z.B. die Demokratische Partei in den USA) verfügen, die eine linke, postmaterialistische Mittelstandspolitik anvisieren, wird es für die politischen Führungen dieser Parteien immer notwendiger, aber auch schwieriger, den allgemeinen Wählerwillen auszudrücken. Die Wahlanalyse von Rönsch und die Einstellungsanalyse von Schacht in diesem Band haben bereits auf dieses Problem aufmerksam gemacht. Während die zum Teil verbeamteten Protestler gegen Umweltbelastungen – die freilich nicht zu leugnen sind – protestieren, gelten die Sorgen der arbeitenden Bevölkerung der Sicherung ihrer Arbeitsplätze, die am ehesten durch kontinuierliches ökonomisches Wachstum gewährleistet wird. Sie sind von Konjunkturlagen abhängig und reflektieren in ihrem Krisenbewußtsein somit den Zustand der Industriegesellschaft realistischer als das linke Kulturbürgertum. Dabei kann es bei einer in dieser Weise holzschnittartig verfahrenden Charakterisierung nicht darum gehen, beide Erwartungsstile gegeneinander abzugrenzen; vielmehr wird es Ziel der Politik sein müssen, worauf Thielemann verweist, die vorwiegend jugendlichen Postmaterialisten auf die realistischen Probleme der Industriegesellschaft hin zu orientieren und beide Arbeitnehmergruppen erneut unter Prämissen sozialdemokratischer politischer Kultur zu integrieren[52].

5. Die kulturelle Lebenswelt

Der kulturelle Sektor rückt neben dem politischen, dem sozialen und dem ökonomischen Sektor der Gesellschaft zunehmend stärker ins Blickfeld. Zu sehr verließ man sich in der Vergangenheit darauf, daß tradierte Kultur, vermittelt durch das Bildungssystem, schon die Kulturbedürfnisse der Individuen befriedigen würde. Es wurde zum Teil gar nicht wahrgenommen, daß rapide Säkularisierungsprozesse die traditionalen religiösen, kulturellen und politischen Werte verblassen ließen[53], ohne daß an ihrer Stelle zufriedenstellende neue Ressourcen sich anböten. Gleichzeitig steigerte der Konsumreichtum der Gesellschaft und der Individuen die Erwartungshaltungen. Ende der sechziger Jahre aktualisierte sich das Problem, daß Unzufriedenheit aufgrund mangelnder personaler Identität und sozialer Integration aufbrach. Die sicherlich komplexen und z. T. noch unbekannten Ursachen dieser Entwicklung, auf die weiter vorn bereits hingewiesen wurde, werden heute unter dem Begriff »Wertewandel« gebündelt[54]. Es handelt sich dabei um einen komplexen Vorgang mit Chancen und Gefahren, mit dem die Individuen und die Gesellschaft fertig werden müssen. Allerdings besteht weder Anlaß, diesen Prozeß des Wertewandels kulturpessimistisch zu bedauern, zu verteufeln oder ihn zu dramatisieren, noch allzu optimistische Hoffnungen auf ihn zu setzen. Der kulturelle Wandel wird mit Sicherheit auch die politische Kultur der modernen Industriegesellschaft gravierend verändern. Generell wird mit einer Zunahme partizipatorischer politischer Aktivitäten von seiten der Bürger gerechnet, unter Umständen auch mit einer generellen Zunahme von Protestpotentialen[55]. Dieser Wandel ist solange unproblematisch – in gewisser Weise sogar stabilisierend – wie es gelingt, personale Identifikationsprozesse mit Hilfe neuer sozialer und solidarischer Integration der Menschen zu erreichen.

Obwohl die Politik, insbesondere auch in Hessen, Kulturpolitik in ihrer Regionalplanung integriert hatte, zeigt doch der kritische Beitrag von Dieter Kramer (3.1.), daß diese Form von Kulturpolitik noch an ganz traditionalen Vorstellungen von Kultur orientiert war, die gleichsam dem Freizeitangebot für ein personal und sozial intaktes Individuum die letzte Würze geben sollte. Selbstverständlich muß regionale Kulturpolitik Sorge tragen für den Aufbau und Erhalt von Museen, für Sporteinrichtungen, für die Errichtung quasi-urbaner Zentren auf dem Lande. Die Zukunft wird freilich mehr fordern. Zu Recht kritisiert Kramer die Symbiose zwischen staatlicher Freizeitkulturpolitik und kommerzieller Gestaltung einer Freizeitindustrie. Wo aber sollen die Akzente künftiger Kulturpolitik liegen? Hier bleiben nicht nur Kramer, sondern auch die anderen Autoren der hier versammelten Beiträge die Antwort noch schuldig. Der Grund hierfür ist nicht schwer zu erraten: Künftige Kulturpolitik kann nicht allein Planung der öffentlichen Hand sein, sondern sie muß zentral aus der Spontaneität und Kreativität der Menschen erwachsen. Die staatliche Kulturpolitik kann Hilfen anbieten, die regionale Kulturpolitik kann analog zur »sozialen Aufrüstung« die »kulturelle Aufrüstung« betreiben. Sie kann aber nicht die aktive Gestaltung von Kultur selbst betreiben.

Kramer ist noch recht optimistisch hinsichtlich der Leistung einer ambitionierten kulturellen Regionalplanung. Er möchte den kommerzialisierten Freizeitmarkt den Planstrukturen unterordnen. Einerseits scheint es Kramer nicht problematisch, »soziale Chancenungleichheiten im Freizeitbereich« (S. 364) ausgleichen zu wollen: Dies hätte einen Kulturkampf zur Folge, der von Funktionären auf dem Rücken von Betroffenen ausgetragen würde. Andererseits ist die politökonomische Wendung gegen den kommerzialisierten Freizeitmarkt ausgesprochen elitistisch; sie akzentuiert den Beitrag, den auch kommerzialisierte Massenkultur zur Kultur beisteuert, einseitig negativ. Es käme vielmehr darauf an, Gegengewichte gegen die Massenkultur zu ermöglichen und ordnungspolitische Rahmenbedingungen in der Werbung durchzusetzen. Bei aller Skepsis gegenüber solchen Überlegungen im Detail, muß doch zugestanden werden, daß Kramer die wichtigen Probleme aufgeworfen hat.

Kultur in Hessen impliziert Spannung zwischen Stadt und Land, zwischen Süd und Nord. Frankfurt ist nicht nur eine Großstadt wie andere in der Bundesrepublik. Sie ist das geographische Zentrum der Bundesrepublik, sie ist eine Großstadt mit einem markanten Kulturbetrieb und sie ist die Metropole der Banken. Brigitte Wormbs (3.2) faßt diese widersprüchlichen Momente in einem Bericht über einen »Spaziergang« durch Frankfurt zusammen. Dieser Spaziergang wird feuilletonistisch jenem berühmten Osterspaziergang in Goethes Faust entgegengesetzt. Phänomenologisch Realität aufnehmend und kollagenartig die aufnehmbaren Fetzen von Realität zusammenbringend, gelingt der Autorin ein eindrückliches Stimmungsbild der Metropole Frankfurt: Gegenüber dem Optimismus der bürgerlichen Aufklärung bleibt nur Ratlosigkeit oder Betroffenheit, wenn man das betonierte Ergebnis der Autogesellschaft dem Kultur- und Natur-Ideal der Klassik entgegensetzt. Versucht man die Defizite an Kultur in der gegenwärtigen Gesellschaft zu fassen, dann ist diese Kontrastierung treffend. Sicher hat Frankfurt seine Natur exzessiv ausgebeutet; hat es deshalb seine Kultur völlig eingebüßt? Die Autorin sieht die Frankfurter Kultur aufgelöst im »Un-Ding Geld«. Aber sperrt sich die kommerzielle Atmosphäre in Frankfurt eo ipso gegen Kultur, ist Kultur nur vor dem Hintergrund der Goethezeit erfaßbar? Die Haßliebe des Frankfurter Kulturbetriebes zu dieser Stadt bedürfte dann einer Erklärung. Frankfurter Liberalität besteht in der traditionsreichen Liaison von Kultur und Kommerz: Auch Goethe hatte nie das eine gegen das andere ausgespielt.

Welch einen schrofferen Gegensatz kann es in einem Lande geben als die Metropole Frankfurt und ein nordhessisches Dorf? Der Zusammenhalt des Dorfes in der vorindustriellen Zeit war eine Funktion der Not, wie Helmut Koch (3.3.) darlegt, die gerade in den Dörfern Nordhessens beträchtlich war. Die Familienfeiern, die Schlachtfeste, die Beerdigungen sind nicht als Konfigurationen einer »idealen Solidargemeinschaft« (S. 411 f.) zu verstehen. Diese Aktivitäten waren aber u. a. auch gemeinschaftsfördernd, solange die Notwendigkeit dazu bestand, sie gemeinsam durchzuführen. Durch die Ausdifferenzierung der Lebensbereiche und durch Arbeitsteilung werden immer mehr Tätigkeitsbereiche individualisiert, d. h. der Zwang zur Gemeinsamkeit geht verloren[56]. Hierin liegt auch ein Kulturproblem, das sich freilich in einer Großstadt anders darstellt als in einem Dorf. So wenig es lohnt, der »Notgemeinschaft« der Vergangenheit nachzutrauern, so wichtig ist es doch festzustellen, daß neue Gemeinschaftsformen an die Stelle der alten treten müssen. Koch zeigt einige Pfade auf: Zentrale Bedeutung haben die freien Vereine, die den Menschen, wie immer unvollkommen, Äquivalente für verlorene traditionale Sozialkontakte geben können. Auch der geringe Organisations- und Präsenzgrad der politischen Parteien wird als Problem angesprochen. Man könnte also einer Aktivierung der Parteiarbeit das Wort reden. Dieser Weg ist allerdings mit Vorsicht zu beschreiten, denn gerade eine Durchstrukturierung von Dörfern mit Parteiorganisationen könnte zwar auf der einen Seite Sinndefizite ausgleichen, andererseits würde er aber die Menschen auf kleinem Raum polarisieren und dadurch Kommunikationschancen vermindern[57]. Es gibt Bedürfnisse der Bevölkerung, die einen Schutz ihres Alltags vor Politik beinhalten. Die Etablierung einer politischen Konfliktkultur sollte jedenfalls nicht intentional von den politischen Parteien betrieben werden; sie müßte aus den ländlichen Lebenslagen selbst erwachsen. In kulturellen Umbruchszeiten müssen Übergangslösungen gefunden werden. In diesem Sinne ist die Einrichtung des Hessentages durch Ministerpräsident Zinn 1961 ein innovativer Schritt. Er kann als Hilfe für Identifikationsprozesse individualisierter und vereinzelter Bürger mit dem politischen System angesehen werden. Man wertet den Hessentag zu negativ, wenn man in ihm nur politische Folklore am Werk sieht[58], die lediglich dem Herrschaftssystem und nicht der Bevölkerung dient. Als Typus des »regional ungebundenen Festes« (Bimmer) kommt dem Hessentag die Funktion zu, den Bürgern Identifizierungshilfen anzubieten. Daß hierbei Instrumente der modernen Massenkultur, wie kommerzielle Werbung für bestimmte Orte oder das Fernsehen ins Spiel kommen, ist in der Tat ein – je nach Standpunkt – mehr oder weniger erwünschter Nebeneffekt. Der Hessentag hat bei den Bürgern eine solche Attraktivität erreicht, daß er eine Sogwirkung auf Vereinsgründungen ausgeübt hat, einzig aufgrund des vielen attraktiv erscheinenden Zieles, als Verein auf dem Hessentag vertreten zu sein. Hessen hat die höchste Zahl an Vereinen von allen Bundesländern. Aus der Sichtweise der »Hochkultur«, von der aus auch viele sozialkritische Betrachter argumentieren, mögen diese Festformen und Vereinstypen vieles an notwendiger Identitäts- und Gemeinschaftsbildung nicht leisten. Es wäre jedoch politisch außerordentlich kurzsichtig, würde man gerade in einer Zeit schwindender Fixpunkte die attraktiven Manifestationen moderner Umweltorientierungen preisgeben.

Die Notwendigkeit der Erhaltung bisheriger kultureller Manifestationen ist im Programm zur Dorferneuerung seitens der Hessischen Landesregierung betont worden. Die Erkenntnisse des letzten Jahrzehnts laufen darauf hinaus, daß Städte und Dörfer dann eine gelungene, zur Identifizierung auffordernde Struktur haben, wenn Historisches und Gegenwärtiges harmonisch ineinandergefügt sind, wenn traditionales Aussehen und moderne Wohnweise die historische Verankerung und die gegenwärtigen Bedürfnisdispositionen ausdrücken. Gerade durch solche kulturellen Prozesse könnten Begriffe wie Heimat und Alltagsweltkultur[59] in neuen authentischen Formen tradiert und wiederbelebt werden.

Über Vereine und politische Identifikationsleistungen, wie den Hessentag und die Dorferneuerung hinaus, wird es in Zukunft wichtig werden, neue private und nachbarschaftliche (kleingruppenorientierte) Vergemeinschaftungen zu ermöglichen. Die regionale und lokale Kulturpolitik und -planung kann hierbei Hilfestellung leisten, nicht mehr und nicht weniger. Es geht in der hessischen Kulturpolitik auch um die Realisierung jener von Schiller vor zweihundert Jahren entworfenen Stadientheorie der kulturellen Entwicklung, die vom unbewußten Naturzustand über den unbewußten Kulturzustand zum bewußten Kulturzustand führt[60]. Wir sind immer noch im Übergang zum bewußten Kulturzustand begriffen. Dieser bleibt womöglich immer Utopie, dennoch fungiert sein Modell auch als regulative Idee, auf die hin unsere individuelle Orientierung und auch die staatliche Kulturpolitik sich richten sollten. Wie in den anderen Bereichen der hessischen politischen Kultur, steht die Forschung – gemessen an heute möglichen und zwingenden Standards – auch in der Analyse der Kulturpolitik noch am Anfang. Die hier versammelten Ansätze zur kulturellen Lebenswelt, so wichtig ihre Aspekte im Detail sind, kranken alle daran, daß sie mit den Standards einer vorgeblich »gelungenen« Kulturentwicklung einen komplexen Zusammenhang in den Griff bekommen wollen. Der Wertewandel wird aber nicht nur hinsichtlich seiner thematischen Vielfalt, sondern auch mit den zur Verfügung stehenden komplexen Methoden untersucht werden müssen. So wird auf jeden Fall die Alltags- und Lebenswelt aller Bürger im Detail auf Hoffnungen, Ängste, Zufriedenheits- und Unzufriedenheitspotentiale hin untersucht werden müssen[61], bevor Urteile über kulturelle Defizite zu treffen sind. Die Regelproduktion des Alltags ist noch weitgehend ein Forschungsdesiderat[62]. Bevor diese Defizite der Forschung nicht ausgeglichen sind, sollte auch nicht vorschnell über die Fähigkeit oder Unfähigkeit des Bürgers, seine Lebenswelt zu gestalten, geurteilt werden. Der Wissenschaft kann andernfalls der Vorwurf gemacht werden, daß sie an dem Ergebnis einer defizitär interpretierten Sozialstruktur aus Gründen einer angestrebten Tutorenschaft über die »Laien« interessiert ist. Gerade aus den Regeln der Alltags- und Lebenswelt werden aber die primären Strukturen einer politischen Kultur ablesbar sein. Für eine Analyse der politischen Kultur in Hessen ist mit diesem Band ein Anfang gemacht. Viel ist noch zu tun, bevor präzisere und komplexere Aussagen gemacht werden können.

1 Vgl. als einfache Version des Eastonschen Systemmodells: David Easton, Jack Dennis, A Political Theory of Political Socialization, in: Jack Dennis (Hg.), Socialization to Politics: A Reader, New York 1973, S. 32-53

2 Vgl. zum generellen Zusammenhang von Politischem System und Politischer Kultur: Wolf-Dieter Narr, Theoriebegriffe und Systemtheorie, Stuttgart u. a., [2]1971, S. 141-152

3 Dennoch steht z. Z. substantielle Forschung in Deutschland noch aus. Vgl. zum Forschungskonzept: Jakob Schissler, Der Werteaspekt in der Forschung zur politischen Kultur. Ansätze und Ergebnisse, in: Helmut Klages, Peter Kmieciak (Hg.), Wertwandel und gesellschaftlicher Wandel, Frankfurt/M. 1979, S. 351-364

4 Vgl. den grundlegenden Beitrag von Gabriel Almond: Comparative Political Systems, in: The Journal of Politics, 1956, S. 391-409

5 Vgl. Gabriel A. Almond, Sidney Verba, The Civic Culture, Princeton, N. J. 1963 und: Lucian W. Pye, Sidney Verba (Hg.), Political Culture and Political Development, Princeton, N. J. 1965

6 Gabriel A. Almond, G. Bingham Powell, Jr., Comparative Politics. A Developmental Approach, Boston 1966, S. 23

7 Pye/Verba, Anm. 5, S. 513

8 Vgl. zu dieser Erweiterung des Forschungskonzeptes: Lowell Dittmer, Political Culture and Political Symbolism: Toward a Theoretical Synthesis, in: World Politics, No. 4, 1977, S. 552-583

9 Vgl. dazu die Kritik an einer zu engen Verhaftung an den verhaltensorientierten Ansätzen von: Gabriel A. Almond, Stephan J. Genco, Clouds, Clocks, and the Study of Politics, in: World Politics, 29. Jg., H. 4, 1977, S. 489-523, vgl. auch: ders. The Intellectual History of the Civic Culture Concept, in: Gabriel A. Almond, Sidney Verba (Hg.), The Civic Culture revisited, Little, Brown and Company Boston 1980, S. 1-36

10 Vgl. hierzu: S. Pollard, Industrialization and the European Economy, in: Economic History Review, Bd. 26, 1973, S. 636-648

11 Zur Raumerfahrung in vorindustrieller Zeit vgl. Peter Laslett, The World we have lost, London 1971[2]

12 Die Probleme der Anlaufphase und des Übergangs von der vorindustriellen zur industriellen Produktionsweise und ihre Auswirkungen auf das konkrete Leben und den Alltag der Betroffenen werden anschaulich von R. Braun beschrieben: Vgl. Rudolf Braun, Industrialisierung und Volksleben, Zürich 1960 sowie: ders., Sozialer und kultureller Wandel in einem ländlichen Industriegebiet im 19. und 20. Jahrhundert, Zürich 1965

13 Vgl. dazu: Eckart Pankoke, *Polis* und *Regio*. Sozialräumliche Dimensionen kommunaler Kultur, in: Sociologia Internationalis, Bd. 15, H. 1/2, 1977, S. 31-61 sowie: ders., Kulturlandschaft Ruhrgebiet? Regionale Skyline und lokale Szenen im Ballungsraum, in: Karl Rohe, Herbert Kühr (Hg.), Politik und Gesellschaft im Ruhrgebiet. Beiträge zur regionalen Politikforschung, Königstein 1979, S. 177-195

14 Vgl. V. Lück, H. Nokielski, E. Pankoke, K. Rohe, Industrieller Ballungsraum. Zur sozial- und politikwissenschaftlichen Problematisierung, in: Zeitschrift für Soziologie, Jg. 5, H. 4, 1976, S. 309-318

15 Vgl. Helmut Klages, Die unruhige Gesellschaft, München 1975

16 Hermann Bausinger, Zur politischen Kultur Baden-Württembergs, in: Hans-Georg Wehling (Hg.), Baden-Württemberg. Eine politische Landeskunde, Stuttgart u. a. 1975, S. 13-40

17 Klaus Tenfelde, Wege zur Sozialgeschichte der Arbeiterschaft und Arbeiterbewegung, in: Hans-Ulrich Wehler (Hg.), Die moderne Deutsche Geschichte in der internationalen Forschung 1945-1975, Sonderheft 4 Geschichte und Gesellschaft, Göttingen 1978, S. 244

18 Vgl. dazu generell: Peter Steinbach, Alltagsleben und Landesgeschichte. Zur Kritik an einem neuen Forschungsinteresse, in: Hessisches Jahrbuch für Landesgeschichte, Bd. 29, 1979, S. 225-305, vgl. bes. S. 228 f. Anm. 12 u. 19: Die bedeutendsten Ansätze sind von Thompson und Gutman vgl.: E. P. Thompson, The Making of the English Working Class, (1. Aufl. 1963) u. a. Harmondsworth 1968; sowie: Herbert G. Gutman, Work, Culture and Society in Industrializing America, engl. Ausg. Blackwell, Oxford 1977

19 Vgl. Anm. 18. Als eine der wenigen Ausnahmen vgl.: Josef Mooser, Bäuerliche Gesellschaft im Zeitalter der Revolution 1789-1848. Zur Sozialgeschichte des politischen Verhaltens ländlicher Unterschichten im östlichen Westfalen. Diss. Bielefeld 1978 (Druck voraussichtlich: Göttingen 1981)

20 Vgl. dazu die umfassenden Literaturberichte von Peter Steinbach (vgl. Anm. 18) sowie: ders., Neuere Arbeiten zur industrialisierungshistorischen Regionalgeschichte, in: Hessisches Jahrbuch für Landesgeschichte, Bd. 24, 1974, S. 270-299; vgl. auch: H. U. Wehler, Geschichtswissenschaft heute, in: Jürgen Habermas (Hg.), Stichworte zur »Geistigen Situation der Zeit«, 2. Band: Politik und Kultur, Frankfurt/M. 1979, S. 709-753 sowie: R. M. Berdahl, A. Lüdtke, H. Medick (Hg.), Geschichte und Anthropologie, im Druck (Frühjahr 1981)

21 Als Ausnahmen sind die bevölkerungshistorischen Arbeiten von A. E. Imhoff, Berlin, hervorzuheben: A. E. Imhoff (Hg.), Historische Demographie als Sozialgeschichte: Gießen und Umgebung vom 17. zum 19. Jahrhundert, Darmstadt/Marburg, Selbstverlag der Hessischen Historischen Kommission Darmstadt und der Historischen Kommission für Hessen 1975, 2 Bde. sowie: ders., Ländliche Familienstrukturen an einem hessischen Beispiel: Heuchelheim 1690-1900, in: Werner Conze (Hg.), Sozialgeschichte der Familie in der Neuzeit Europas, Stuttgart 1976, S. 197-230. Als ein bemerkenswerter Ansatz, der meines Wissens noch nicht abgeschlossen ist, kann die Arbeit von Ulla Riemer-Schäfer gelten. Vgl. dies., Sozialstatistik und Sozialstruktur der Arbeiterschaft in der chemischen Industrie und im Maschinenbau des Rhein-Main-Gebiets 1870-1914, in: Hans Pohl (Hg.), Forschungen zur Lage der Arbeiter im Industrialisierungsprozeß, Stuttgart 1978, S. 107-117

22 Vgl. generell: Peter Steinbach, Anm. 18. Als eine in der skizzierten Weise vom methodischen Zugang her als konventionell anzusehende Arbeit ist z. B. die von R. Summa zu bezeichnen; vgl. ders., Kasseler Unterschichten im Zeitalter

der Industrialisierung: Ein Beitrag zur Sozialgeschichte der Stadt Kassel von der Mitte des 19. Jahrhunderts bis zum Beginn des Ersten Weltkrieges, Darmstadt/Marburg 1978
Als positive Ausnahmen sind die Arbeiten des Oldenburger Sozialwissenschaftlers Erhard Lucas anzusehen: Vgl. u. a. ders., Frankfurt unter der Herrschaft des Arbeiter- und Soldatenrates 1918/19, Frankfurt/M. 1969

23 Vgl. dazu: Enno Knobel, Die hessische Rechtspartei – Konservative Opposition gegen das Bismarckreich, Marburg 1975

24 Vgl. aber zu den Problemen der bürgerlichen Anpassung an die z. T. auch den ökonomischen Progreß hindernden preußischen Maßnahmen: Wolf-Arno Kropat, Frankfurt zwischen Provinzialismus und Nationalismus. Die Eingliederung der »Freien Stadt« in den preußischen Staat (1866-1871), Frankfurt/M. 1971

25 Vgl. Anm. 13 sowie den Beitrag von Schacht (2.2.3.) in diesem Bd., vgl. bes. Anm. 2

26 So vor allem: Gerd Winter, Sozialisierung in Hessen 1946-1955, in: Kritische Justiz, 1974, S. 158-175 und: Hans-Christoffer Beyer, Die verfassungspolitischen Auseinandersetzungen um die Sozialisierung in Hessen 1946, Diss. phil. Marburg 1977

27 Widerspruch hat insbesondere ein Beitrag von Manfred Dörr herausgefordert: Vgl. ders., Restauration oder Demokratisierung? Zur Verfassungspolitik in Hessen 1945/1946 in: Zeitschrift für Parlamentsfragen 1971, S. 99-122. Vgl. zur Kritik: E. Stein, Die Staatszielbestimmungen der Hessischen Verfassung, in: Erwin Stein (Hg.), 30 Jahre Hessische Verfassung 1946-1976, Wiesbaden 1976, S. 183-203

28 Ernst-Ulrich Huster, Herbert Schweiger, Verdrängte Geschichte. Zur hessischen Schulpolitik, in: Frankfurter Hefte, H. 1, 1980, S. 30-42

29 Die Standardwerke in der linken Szene sind: Eberhard Schmidt. Die verhinderte Neuordnung 1945-1949, Frankfurt/M. 1970, sowie: Ernst-Ulrich Huster u. a., Determinanten der westdeutschen Restauration 1945-1949, Frankfurt/M. 1972; vgl. als neuere Kritik an der Eindimensionalität ähnlicher Studien: Arno Klönne, Legendäres über die Gründerzeit der Bundesrepublik, in: Beilage zum Parlament B 25/1980, S. 16-23

30 Vgl. u. a. Wolfgang Abendroth, Das Grundgesetz, Pfullingen 1966, bes. S. 19 ff.

31 J. E. Strelitz, 30 Jahre Hessicher Landtag, in: Erwin Stein (Hg.) 30 Jahre Hessische Verfassung, Anm. 27, S. 115

32 Eine die gegenwärtige Funktion des Hessischen Landtages genau analysierende Studie ist nicht vorhanden. Sowohl die Arbeiten von Strelitz, Anm. 31, als auch die Arbeit von Gabriele Strecker passen leider nicht in den hier gewählten Kontext. Vgl. Gabriele Strecker, Der Hessische Landtag, Bad Homburg u. a. 1966. Somit bleibt die wissenschaftliche Analyse des hessischen Parlaments immer noch ein dringendes Forschungsdesiderat.

33 Vgl. zu den Parlamentsfunktionen: Uwe Thaysen, Das parlamentarische System der Bundesrepublik Deutschland, Opladen 1976

34 So die spektakuläre, inzwischen eher peinlich anmutende Studie von Johannes Agnoli, Peter Brückner, Die Transformation der Demokratie, Frankfurt/M.,

1968. Auch andere, durchaus ernst zu nehmende Autoren, konnten sich vor 10 Jahren der modischen parlamentarismuskritischen Attitüde nicht enthalten: Vgl. Winfried Steffani, Parlamentarismus ohne Transparenz, Opladen 1971

35 So eine Formulierung von Winfried Steffani, Anm. 34, S. 37

36 Vgl. die gelungenen Ausführungen von: H. Lilge, Die politische Entwicklung des Landes Hessen, in: Erwin Stein (Hg.), 30 Jahre Hessische Verfassung, Anm. 27, S. 56-79

37 Vgl. zur weiteren Auseinandersetzung über die Entwicklung der hessischen Kommunalverfassung in den siebziger Jahren: Michael Borchmann, Emil Vesper, Reformprobleme im Kommunalverfassungsrecht, Stuttgart u. a. 1976, S. 40-42 u. 51-58

38 Vgl. dazu Klages, Anm. 15

39 Vgl. dazu als neuesten und äußerst wichtigen Beitrag: David P. Conradt, Changing German Political Culture, in: Gabriel A. Almond, Sidney Verba (Hg.), The Civic Culture revisited, Anm. 9, S. 212-272

40 Vgl. »Zinn und Zinseszins«, in: Der Spiegel, Nr. 45/1966, S. 62-86

41 Vgl. z. B.: Reinhart Wettmann, Aufbauprobleme staatlicher Planung, in: Gesellschaftlicher Wandel und innovative Politik, Sonderheft 4, Politische Vierteljahresschrift, Opladen 1972, S. 70–83

42 Ralf Dahrendorf analysierte diese Modernisierungstheorie grundsätzlich: Vgl. ders., Gesellschaft und Demokratie in Deutschland, München 1968, bes. S. 71 ff.

43 Vgl. den Beitrag von Wolf-Arno Kropat in diesem Band (1.2.) sowie den Beitrag von E. Stein, in: ders. (Hg.), 30 Jahre Hessische Verfassung, Anm. 27, S. 189

44 Vgl. unter vielen: Rolf Schmiederer, Entwicklung und Probleme der Didaktik des politischen Unterrichts, in: Kurt Gerhard Fischer (Hg.), Zum aktuellen Stand der Theorie und Didaktik der Politischen Bildung, Stuttgart 1975, S. 137 ff., vgl. auch den Beitrag von H. Giesecke in demselben Band

45 Vgl. z. B. Karl-Ernst Jeismann, Erich Kosthorst, Geschichte und Gesellschaftslehre, in: Geschichte in Wissenschaft und Unterricht, H. 5, 1973, S. 261-288

46 Udo Kollartz, Eingeplante Fehler oder fehlgeplante Einflüsse? in: Transfer, Nr. 4, Planung in öffentlicher Hand, Opladen 1977, S. 46-58

47 Vgl. zu den Methodenproblemen: Konrad Schacht, Sozialwissenschaftliche Begleitung als Planungsinstrument, in: Anm. 46, S. 169-177, sowie Gerd-Michael Hellstern, Hellmut Wollmann, Wirkungsanalysen: Eine neue Variante wissenschaftlicher Politikberatung, ebenda, S. 157-168

48 Vgl. Jochen Schulz zur Wiesch, Strukturelle und prozessuale Aspekte regionaler Planung. Das Beispiel Hessen, in: Hellmut Wollmann (Hg.), Politik im Dickicht der Bürokratie. Beiträge zur Implementationsforschung, Leviathan-Sonderheft 3/1979, S. 130-152, bes. S. 150 f. sowie: Wolf Pannitschka, Lorenz Rautenstrauch, Kahlschlag bei der Regionalplanung? in: Frankfurter Rundschau, Nr. 211/212, 11./12. Sept. 1980

49 Vgl. Anm. 48. Wenngleich die Gründe und die funktionalen Erfordernisse zur Abschaffung der Regionalverbände sowie die dazu ins Auge gefaßten Alternativen durchaus kontrovers gesehen werden können

50 Hans Zinnkann, Organisationsstrukturelle Anpassung der öffentlichen Verwaltung: Aufbau und Entwicklung der hessischen Umweltverwaltung, Dissertation Mainz 1981
51 Die hessische Verkehrspolitik, konkret der Bau der »Startbahn West« des Frankfurter Flughafens, kann in dieser Edition noch nicht berücksichtigt werden; sie ist freilich in ihrer ganzen Komplexität der Energiepolitik vergleichbar.
52 Vgl. dazu auch meine Bemerkungen: Jakob Schissler, Das Mehrheitsprinzip ist unaufgebbar, in: Die Neue Gesellschaft, 27. Jg., H. 6, 1980, S. 518-520
53 Vgl. u. a. Klages, Anm. 15
54 Vgl. dazu die vielfältige Aspekte dieses Wandlungsprozesses berücksichtigenden Beiträge in: Helmut Klages, Peter Kmieciak (Hg.), Wertwandel und gesellschaftlicher Wandel, Anm. 3
55 Vgl. Samuel H. Barnes, Max Kaase, Political Action. Mass Participation in Five Western Democracies, Sage Publ., Beverly Hills/London 1979
56 Über die Bedeutung dieser von Emile Durkheim entwickelten Sichtweise für den Zusammenhalt von Gesellschaft, vgl. die kurzen Bemerkungen von Albert James Bergesen, Review Essay: Rituals, Symbols, and Society – Explicating the Mechanisms of the Moral Order, in: American Journal of Sociology, Vol. 83, No. 4, 1977, S. 1012-1021
57 Vgl. Eckart Pankoke, Wertwandel und soziokulturelles Lernen, in: Klages/Kmieciak, Anm. 54, S. 679-689 sowie: Jakob Schissler, Zur Kritik politologischer Partizipations- und Apathieannahmen, in: Sociologia Internationalis, Anm. 13, S. 163-178
58 So die pejorativen Beiträge von Andreas C. Bimmer zum Hessentag und zum Hessenpark: Vgl. ders., Zur Typisierung gegenwärtiger Feste, in: Hessische Blätter für Volks- und Kulturforschung, N. F., Bd. 4, Gießen 1977, S. 38-48 sowie: Andreas C. Bimmer, Gitta Böth, Das Tor zum Hessenpark, ebenda, N. F., Bd. 1, 1975/76 S. 84-90
59 Vgl. Ina-Maria Greverus, Kultur und Alltagswelt, München 1978, Vgl. auch die Lit. in Schacht (2.2.3.), Anm. 7
60 Friedrich Schiller, Briefe zur ästhetischen Erziehung des Menschen, div. Ausgaben
61 Vgl. dazu die Darstellung der älteren amerikanischen Ansätze durch: Günter C. Behrmann, Soziales System und politische Sozialisation, Stuttgart 1972, S. 151-177
62 Vgl. zum Forschungsstand u. a. Kurt Hammerich, Michael Klein (Hg.), Materialien zur Soziologie des Alltags, Sonderband 20/1978 der Kölner Zeitschrift für Soziologie und Sozialpsychologie

1. Historische Entstehungsbedingungen

1.1. Wolf-Heino Struck: *Zur ideenpolitischen Vorbereitung des Bundeslandes Hessen seit dem 19. Jahrhundert*

Das Bundesland Hessen wurde am 19. September 1945 bekanntlich nicht durch einen einfachen Akt der amerikanischen Besatzungsmacht begründet, sondern verdankt seine Entstehung auch deutscher Anregung und Mitwirkung[1]: dem Hinweis, daß bereits die Länderkonferenz von 1928 ein Land Hessen vorgeschlagen hatte, und dem Zeugnis, daß seit 1918/19 eine Volksbewegung die Bildung von Groß-Hessen erstrebte. Denn der Leiter der amerikanischen Militärverwaltung, General Lucius Clay, weigerte sich, dem Plan Groß-Hessen zuzustimmen, bevor nicht der zwingende Nachweis erbracht sei, daß die Bevölkerung des Landes solche territoriale Konsolidation tatkräftig wünschte. Eine Befragung von Bürgermeistern, Gewerkschaftsführern, Politikern, Handelskammervertretern sowie führender Persönlichkeiten der Verwaltung, der Kirchen und der Wirtschaft stützte jene historischen Hinweise. Kommt nun die Wissenschaft zu dem gleichen Ergebnis wie die amerikanische Besatzungsmacht in jener turbulenten ersten Nachkriegszeit? Kann sie gewissermaßen die damals nicht mögliche Volksabstimmung nachholen?

Wenn hier der Versuch unternommen wird, die ideenpolitische Vorbereitung des Bundeslandes Hessen seit dem 19. Jahrhundert zu schildern, so kann es uns nicht allein darauf ankommen, sozusagen eine Konkordanz für das Auftreten des Wortes oder der Vorstellung Groß-Hessen in den letzten 150 Jahren zu liefern. Der Reichtum der raumpolitischen Tendenzen und der Einfluß der sozialen und wirtschaftlichen Veränderungen dürfen bei einer solchen Betrachtung nicht zu kurz kommen. Als Voraussetzung außerhalb der Betrachtung bleibt, was Hessen in geschichtlicher Polarität und Osmose ausmacht. Um es in den wichtigsten antipodischen historischen Faktoren vereinfachend zu nennen: Römisches Limesgebiet und freies Germanien, Franken und Chatten, das Genossenschaftlich-Demokratische der freien Reichsstädte, des Wetterauer Grafenvereins und die ordnende soziale Staatlichkeit des flächengestaltenden hessischen Territorialstaats, die Tradition hoher katholisch-christlicher Kultur und auch frühen Protestantentums, die Zukunftsoffenheit weltstädtischer Lebensentfaltung und die gemeinschaftsbindende Geborgenheit volksgutreicher Dörfer und Kleinstädte.

1. Anfänge der territorialen Überbrückung innerhalb des heutigen Hessen durch die liberale Bewegung 1815-1866

Wilhelm Dilich behandelte in seiner Hessischen Chronik von 1605, unbeeinflußt von der Teilung des Jahres 1567, noch »das ganze liebe Vaterland Hessen« von St. Goar und Darmstadt bis Kassel samt Fulda, Hersfeld und den zugehörigen Grafschaften in der Wetterau, dem Westerwald und an der Lahn sowie den drei Reichsstädten Frankfurt, Friedberg und Wetzlar. Ähnlich ging Merian in seiner Topographia Hassiae von 1646 vor. Die französische Revolution, Napoleon und der Wiener Kongreß bewirkten zu Anfang des 19. Jahrhunderts eine umstürzende Vereinfachung der politischen Landkarte. Aber das Kurfürstentum Hessen-Kassel, das Großherzogtum Hessen-Darmstadt und das Herzogtum Nassau, die allein neben der Landgrafschaft Hessen-Homburg und der Reichsstadt Frankfurt überlebten, stiegen nun erst zur vollen staatlichen Souveränität auf. Gefördert durch eine reformerische Gesetzgebung entwickelte sich in ihnen ein eigener Begriff des Vaterlandes und der Nation. Bezeichnend dafür ist die Rede des nassauischen Staatsministers v. Marschall, als er 1818 die erste Sitzung der Landstände eröffnete. Im Widerspruch mit dem, was die Stammesverhältnisse forderten, sei das Land zwischen dem Main, der Lahn, der Sieg und dem Rhein jahrhundertelang nach früheren zufälligen geschichtlichen Begebenheiten geteilt gewesen. Durch Lage und gemeinschaftlichen Verkehr seien die Gebiete von der Natur bestimmt, miteinander vereinigt zu werden[2]. Der Großherzog von Hessen-Darmstadt unterschied sich nun auch im Wappen von dem Vetter in Kassel, indem er dem hessischen Löwen in die rechte Pranke ein Schwert gab und auf das Haupt eine Königskrone setzte[3].

Von der französischen Revolution und den Freiheitskriegen datiert aber auch das Freiheits- und Einheitsstreben des Bürgertums, dem der Deutsche Bund kein Genüge bieten konnte. In der deutschen Gesellschaft hatten sich 1814 und 1815 Studierende oder junge Akademiker aus Nassau und Hessen-Darmstadt zur Förderung deutscher Nationalität und Gesinnung miteinander verbunden[4]. In ähnlichem Sinn wirkte 1815 Justizrat Karl Hofmann von Rödelheim bei Frankfurt mit dem Hofmannschen Bund in beide Länder hinein. In beiden Staaten begann das landständische Leben auf Grund der etwa gleichzeitig verliehenen Verfassung mit einer Adressenbewegung als erster Regung öffentlichen politischen Lebens. Diese vorwärtsdrängenden Männer wollten vor allem Deutsche und dann erst Hessen oder Nassauer sein. Man darf aber auch diese Ansätze eines die Territorialgrenzen überschreitenden, gemeinsamen politischen Strebens für die Ausbildung einer landschaftlichen Gemeinsamkeit nicht übersehen. Bezeichnend ist, daß die erste politische Zeitung Wiesbadens, die von 1816-1819 bestand, »Rheinische Blätter« hieß, also nicht etwa Nassau im Titel führte. Nach dem gemeinsam erlittenen Druck der Karlsbader Beschlüsse tritt der Kontakt der liberalen Bewegung in den 30er Jahren unter dem Einfluß der Julirevolution noch klarer zu Tage. Der ehemalige Redakteur der Rheinischen Blätter, Johannes Weitzel, veröffentlichte 1831 einen Aufsatz über die kurhessische Verfassung[5], worin er auch Vergleiche mit den nassauischen Verhältnissen anstellte. Weidig wandte sich schon 1830 in seinem »Hessengruß« an das gesamte hessische Land zwischen Rheinhardswald, Taunus und Odenwald[6]. Die Streitschrift des nassauischen Volkskammerpräsidenten Georg Herber im Verfassungskampf um die Landesdomänen erschien 1831 als Beilage der Hanauischen Zeitung. Von Hanau aus erfolgte im gleichen Jahr der publizistische Angriff auf den nassauischen Haus- und Staatsminister von Marschall[7]. Das demokratische Hambacher Fest von 1832 fand seinen Nachhall in Hanau, Frankfurt und Höchst am Main[8]. Anhänger der liberalen Bewegung begingen im Februar 1832 in Gießen ein Fest der Freunde hessischer Eintracht[9]. Die Liberalen und Demokraten Nassaus und Hessen-Darmstadts verabredeten sich 1834 auf einer Tagung in Wiesbaden und auf der Badenburg bei Gießen zu gemeinsamem Handeln[10]. Führende Liberale Hessen-Kassels wie Schwarzenberg und Wippermann nahmen teil an dem Kreis der Gesinnungsgenossen, die sich im Vormärz auf Betreiben Johann Adam von Itzsteins zu Hallgarten im Rheingau jährlich zur Verabredung gleichartigen politischen Vorgehens versammelten[11].

Als im Dezember 1832 die Errichtung eines historischen Vereins für das Großherzogtum Hessen eingeleitet wurde, wünschte der Kasseler Archivar Georg Landau den Verein auf beide Hessen ausgedehnt zu sehen[12]. Auch in Darmstadt gab es Stimmen, die eine Erweiterung zu einem allgemeinen hessischen Verein befürworteten, da für die rein wissenschaftlichen Zwecke des Vereins die Trennung des Hessenlandes durch Staatsgrenzen nicht in Betracht kommen könne[13]. Aber es siegte doch in Darmstadt die Auffassung, gemäß Genehmigung des Großherzogs nur einen Verein für sein Land zu begründen[14]. Da 1834 auch in Hessen-Kassel ein Verein für hessische Geschichte begründet wurde, standen hier wie in anderen Veröffentlichungen der Zeit die zwei territorialen Ausprägungen des einen Begriffs Hessen unverbunden und mißverständlich nebeneinander. Doch wurde vom kurhessischen Geschichtsverein die Pflege der gemeinsamen Tradition nicht vernachlässigt. Unter den vier Gründern gehörten Landau und Bernhardi zu den Vertretern des seiner politischen Rolle bewußten Bürgertums[15]. Ihnen kam es nicht mehr auf Dynastengeschichte an, sondern auf das Leben des Volkes, eine Haltung, die fälschlich als Erzeugnis der Romantik gedeutet wurde[16]. In ihren Forschungen zur Geschichte des Hausbaus, der Mundarten, der Gaue suchten sie das Wesen des Chattenstammes zu erfassen. In einer Geschichte der Jagd und der Fischerei dehnte Landau seine Forschungen auf beide Hessen aus.

Durch den preußischen Zollverein von 1834, dem sich Frankfurt allerdings erst 1836 anschloß, durch den Bau der Eisenbahn von Frankfurt nach Wiesbaden 1838/40, nach Darmstadt–Mannheim 1846/48, nach Offenbach und Hanau 1848, nach Marburg–Kassel 1850/52, kam das Gebiet sich auch verkehrsmäßig näher. In der Revolution von 1848 setzten sich Demokraten in Marburg und Hanau eifrig für die Vereinigung beider Hessen ein[17]. Der »Lahnbote« und der konstitutionelle Verein im nassauischen Weilburg traten damals für die Vereinigung ihres Landes mit beiden Hessen und Frankfurt ein[18]. Jene berühmten Sätze Wilhelm Heinrich Riehls, daß Hessen von Haus aus das Zeug zu etwas mehr als einem Kleinstaat habe, daß es einen Stamm, ein Volk der Hessen gäbe, daß Hessenland ein historisches Recht auf der Karte von Deutschland besitze, sie fielen in den kritischen Oktobertagen 1850, als der Verfassungskampf Kurhessen an den Rand der inneren Auflösung zu bringen schien[19]. Sie waren offenbar beeinflußt von den Bestrebungen einer näheren Verbindung beider Länder, die aus der Sorge vor Mediatisierung und aus dem Wunsche nach Behauptung ihrer Neutralität zwischen den Großmächten Oesterreich und Preußen entsprangen. So sah etwa die Münchener Übereinkunft zur Revision der Bundesverfassung vom 27. 2. 1850 die Bildung einer Bundesregierung aus sieben Mitgliedern vor, deren siebter Vertreter von Kurhessen und dem Großherzogtum gemeinsam gestellt werden sollte. Sowohl der Kurfürst als auch der Großherzog hegten dabei insgeheim die Hoffnung, die seit 1567 getrennten Staaten als »Rex Hassiae« wieder miteinander zu vereinigen[20]. Seinem Heimatlande Nassau sprach Riehl dagegen damals das Vorhandensein eines eigenen Volkstums und einer gemeinsamen Geschichte ab[21]. Die Abneigung gegen die bürokratische Zentralisation und das demokratische Parteigetriebe verschärfte dabei sein Urteil.

Auch die historischen Vereine hatten zu jener Zeit diesem Zusammengehörigkeitsgefühl vorübergehend Ausdruck verliehen. Seit 1846 gaben der Kasseler und Darmstädter Geschichtsverein neben ihren eigenen wissenschaftlichen Zeitschriften als gemeinsames Nachrichtenblatt 15

Jahre lang die Periodischen Blätter heraus[22]. Darin sollten Ausgrabungen und Funde sowie die Neuerscheinungen zur Landes- und Volkskunde bekannt gegeben werden. Mit Erstaunen stellt man bei der Durchsicht fest, daß hier die ganze Publizistik der liberalen Bewegung, insbesondere auch über den Verfassungsstreit in Kurhessen aufgeführt ist. Bis zum Einsetzen der Reaktion war hier also das Bürgertum Hessens zu mehr als bloß historischen Interessen vereinigt. Als 1849 der nassauische Archivdirektor Friedemann vorschlug, daß der nassauische und die beiden hessischen Geschichtsvereine sich mit denen von Mainz, Frankfurt und Wetzlar zu näherer Tätigkeit vereinen sollten, wies er nicht nur darauf hin, daß Nassaus Vorzeit vielfach verschlungene Berührungen mit beiden Hessen habe, sondern auch auf den Plan, für beide Hessen, Nassau und Frankfurt einen Verband des gesamten Unterrichtswesens von den Elementarschulen bis zu den Universitäten zu schaffen, der durch eine bildliche Darstellung als gemeinsamer Baum der Erkenntnis erläutert sei[23]. Vorübergehend waren dann in der Tat seit 1853 die Geschichtsvereine von Frankfurt, Mainz und Nassau an den Periodischen Blättern beteiligt.

Es machten sich jedoch auch andere Raumvorstellungen in jener Zeit des Deutschen Bundes geltend. Die konstitutionellen Vereine im Herzogtum Nassau und seiner Nachbarschaft schlossen sich im November 1848 zu den »Verbundenen Deutschen Vereinen am Mittelrhein« zusammen[24]. Im Dezember 1851 wurde die 1848 begründete Freie Zeitung zu Wiesbaden in »Mittelrheinische Zeitung« umbenannt[25]. Frankfurt war 1851-1853[26] Zentrum eines Kreises von Arbeiterbildungsvereinen in Offenbach, Darmstadt, Höchst, Hanau, Mainz und Wiesbaden. 1862 vereinigten sich die neu begründeten Arbeitervereine um Frankfurt zu einem »Zentral-Komitee der Arbeiter des Maingaus«[27].

2. Die hessische Rechtspartei in Kurhessen und die Pflege des Hessenbegriffs 1866-1918

Als Preußen bei Lösung der deutschen Frage im Bruderkrieg von 1866 das Kurfürstentum Hessen, das Herzogtum Nassau, die Landgrafschaft Hessen-Homburg und die Reichsstadt Frankfurt a. M. annektierte und durch Gesetz vom 22. Februar 1867 in einer Provinz vereinigte, tat es ungewollt einen neuen Schritt zur Bildung des heutigen Landes Hessen, der dem Rückschauenden wie eine organische Fortsetzung der Flurbereinigung von 1803-1816 erscheinen kann. Ursprünglich schwebte Bismarck allerdings eine andere Raumordnung vor. Als Ideal erschien ihm[28], die rheinfränkischen Teile der Provinz, »also etwa Nassau und Hanau, vielleicht auch Fulda«, mit der Rheinprovinz als Provinz Rheinfranken zu verbinden und den übrigen Teil von Kurhessen mit der Provinz Sachsen bis Wittenberg hin in einer Provinz Thüringen zu vereinigen. Sei doch Hessen früher Westthüringen und Marburg neben der Wartburg ein Hauptschloß von Thüringen gewesen. Dagegen erhob sich jedoch Widerspruch von Kurhessen. Man wollte Hanau und Fulda nicht fahren lassen. Auch war in Nassau eine Abneigung vorhanden, sich der Rheinprovinz anzuschließen. Als Bismarck von seinem ursprünglichen Vorhaben im preußischen Abgeordnetenhaus im Februar 1868 Mitteilung machte, dankte der nationalliberale Abgeordnete Dr. Braun aus Nassau dem Kanzler, daß er von dem ersten Plan abgegangen sei. Denn die Bevölkerung im vormaligen Nassau wollte nicht zu dem linken Rheinufer. Sie wolle bei ihren chattisch-fränkischen Stammesgenossen in Hessen, mit denen sie seit tausend Jahren in Leid und Freud verbunden sei, auch fernerhin verbleiben[29]. Energisch trat Braun zugleich für Gewährung weitgehender Selbstverwaltung ein; er wetterte gegen die französische Präfektenwirtschaft mit ihrer geistigen Öde, wo in jedem Gemeindediener das Medusenhaupt des omnipotenten Staates entgegenstarre. Führte Braun in seinen Bildern aus der deutschen Kleinstaaterei das Unzeitgemäß-Lächerliche der Länder Nassau, Hessen-Kassel und Hessen-Darmstadt vor[30], so begegnete er sich in der Forderung nach möglichster Eigenständigkeit[31] mit Friedrich Oetker und anderen Liberalen in Kurhessen[32]. Oetker dachte zunächst sogar daran, über die Gründung einer großen deutschen Reichspartei auf ein Aufgehen Preußens im künftigen deutschen Bundesstaat hinzuwirken[33]. Indem Preußen die Provinz in zwei Regierungsbezirke Hessen-Kassel und Wiesbaden teilte und jedem von ihnen, abweichend von aller Gepflogenheit seiner übrigen Provinzialverwaltung, eine kommunalständische Vertretung zubilligte, schonte es ihre historische Eigenart[34]. Für Frankfurt mochte die Eingliederung in den Regierungsbezirk Wiesbaden zunächst als eine Herabminderung erscheinen. Der Ziviladministrator für Nassau und Frankfurt, Freiherr von Patow, hatte Anfang 1867 die Bildung eines dritten Regierungsbezirks mit dem Sitz in Frankfurt beantragt[35], der aus dem Gebiet der Stadt Frankfurt, den kurhessischen Provinzen Hanau und Fulda, den bayerischen Abtretungen Orb und Gersfeld und dem Amt Homburg v. d. H. bestehen sollte. Patow schilderte dabei mit beredtem Verständnis die Bedeutung, ja den Weltrang der Mainmetropole. An Einkommensteuern und indirekten Steuern werde es mehr als das ganze Nassau und wahrscheinlich auch mehr als ganz Kurhessen aufbringen. Vom Warenhandel der Provinz entfielen zwei Drittel auf Frankfurt. Es sei die Brücke über den Main, der Punkt, von dem aus das südliche Deutschland ohne Waffen erobert werden müsse. Gegen seinen Vorschlag wurden als Gründe erfolgreich vorgebracht: die Absicht, von einem bestimmten Zentrum aus einen einheitlichen preußischen Geist und das Gefühl der Zusammengehörigkeit einzuflößen, die entschiedene Abneigung der Bevölkerung der Provinz Fulda und die geringe Verbindung, ja langjährige nachbarschaftliche Rivalität zur Provinz Hanau und schließlich die feindselige Haltung Frankfurts 1866, das daher nicht irgendwelche vorzugsweise Behandlung verdiene.

Es ist bezeichnend für das Eigenleben der beiden Regierungsbezirke Hessen-Kassel und Wiesbaden, daß die Absicht, hier die preußische Provinzialordnung von 1875 einzuführen, auf Widerstand stieß[34]. Der Kommunallandtag von Wiesbaden stellte 1885 den Antrag, zwei Provinzen zu bilden und zu dem Zweck dem Bezirk Wiesbaden den Kreis Wetzlar und linksrheinische Gebiete der Rheinprovinz zuzuweisen[37]. Der nassauische Abgeordnete Wirth erklärte zur Begründung im preußischen Abgeordnetenhaus, es lasse sich nun einmal nicht ändern, daß gerade dort, wo die Regierungsbezirke Kassel und Wiesbaden aneinander grenzten, wo das frühere Kurhessen den Main und die Lahn berühre, die Grenzlinie zwischen Nordostdeutschland und Südwestdeutschland nicht bloß geographisch, sondern auch in dem Volkscharakter, in Sitten und Gewohnheiten, im Rechtswesen und in den wirtschaftlichen Zuständen am allerdeutlichsten hervortrete. Maßgebend war hierbei jedoch letztlich der Wunsch Wiesbadens, Provinzialhauptstadt zu werden. Der Kommunallandtag des Regierungsbezirks Kassel beantragte nur, von der Bildung des Provinzialverbandes und eines Provinziallandtages abzusehen. Sein Antrag erklärt sich aus dem Wunsch der Ritterschaft, die 1867 zugestandene altständische Verfassung der Kommunalstände beizubehalten. Der Abgeordnete Schreiber in Marburg stand der Gesetzesvorlage zwar auch wie die gesamte Bevölkerung kühl gegenüber, lehnte aber den Wiesbadener Antrag ab, denn dann müßten auch andere benachbarte preußische Provinzen zerschnitten werden, um aus Hessen eine lebensfähige Provinz zu bilden. Die beiden Landesteile hätten außerdem so viel Gemeinsames, namentlich in wirtschaftlicher Beziehung. Dabei wies er auf Frankfurt hin, das den »Mittelpunkt der ganzen Gegend« bilde[38]. Vorwurfsvoll bemerkte ein Abgeordneter damals in der Debatte, wenn man jetzt alles lese, was gegen die Vereinigung geltend gemacht werde, dann müsse man denken, daß wir um 1000 Jahre zurücklägen oder daß der Regierungsbezirk Wiesbaden durch eine chinesische Mauer von Kassel getrennt sei[39].

Von der Schaffung des Provinzialverbandes durch die Provinzial- und Kreisordnung von 1885[40], der 1897 eine Städte- und Gemeindeordnung der Provinz folgte, ging in der Tat keine nachhaltige Vereinheitlichungstendenz aus, wenn auch die Provinz seit 1892 ein Wappen und ein Banner führte[41]. Wichtiger erscheint es fast, daß die Stadt Frankfurt 1886 dem Kommunalverband des Regierungsbezirks Wiesbaden eingegliedert wurde; sie nahm darin schnell eine hervorragende Stellung ein[42]. Doch gab der Provinzialverband den Rahmen für einen weiteren Zusammenhalt ab. In mehreren landes- und heimatkundlichen Werken wurde die Provinz als Einheit behandelt[43]. Dabei wurde früh auch einmal Waldeck einbezogen[44], das auch sogleich bei Begründung der kurhessischen Historischen Kommission im Jahr 1897 neben Oberhessen und den Kreisen Biedenkopf und Wetzlar zu deren Aufgabenkreis gehörte[45]. Ebenso erstreckte sich das 1911 begonnene Hessen-Nassauische Volkswörterbuch von Anfang an auf Waldeck, Wetzlar und die hessen-darmstädtische Provinz Oberhessen[46]. Ein Ortslexikon von 1885 und die Landeskunde des Professors an der Technischen Hochschule zu Darmstadt, Georg Greim, faßten sogar bereits das ganze heutige Hessen zusammen[47]. Es ist doch wohl nicht bedeutungslos für ein Urteil über die Beziehungen beider Regierungsbezirke, daß der aus Wiesbaden gebürtige Maler Ludwig Knaus als erster in Willingshausen malte, 1848 dort ein Hauptgebiet seiner Kunst fand und mehrfach bis 1882 dorthin zurückkehrte[48], daß ferner der 1868 in Herborn geborene Wilhelm Thielmann sein ganzes künstlerisches Schaffen der Schwalm widmete, wo er seit 1903 dauernd wohnte, so daß er zum ruhenden Pol in der Willingshäuser Malerkolonie wurde[49]. Der Versuch, in Wiesbaden eine Wochenschrift für Volkstum und Heimatpflege unter dem Titel »Hessen-Nassau« herauszugeben, schlug trotz der Förderung von zahlreichen Persönlichkeiten und Ämtern der Provinz allerdings 1911 fehl[50].

Der Arbeitertag des Maingauverbandes hatte im Mai 1866 gegen Bismarcks kleindeutsche Politik protestiert[51]. Hier vertrat man den großdeutsch-demokratischen Standpunkt von 1848. Deutschland sollte unter Einschluß Deutschösterreichs durch Abschaffung aller Dynastien geeinigt werden. So zukunftsweisend die sozialdemokratische Opposition für die Gestaltung des öffentlichen Lebens war, so wichtig für die Bewahrung des politischen Begriffs Hessen wurde der geistige Widerstand, der sich in Kurhessen gegen die Anerkennung der Annexion bildete. Der Marburger Kunsthistoriker Carl Justi verlieh einer verbreiteten Stimmung Ausdruck, wenn er seinem Freunde Hartwig im August 1866 schrieb: »In diesen Monaten ist uns Hessen unser altes Haus über dem Kopf zusammengebrochen, und wenn wir dieses Haus sonst laut und oftmals eng, modrig, baufällig gescholten haben, jetzt, wo wir uns in das neue, geräumige, zweckmäßig eingerichtete eingewöhnen sollen, brauchen wir uns zu schämen, die Schwachheit einzugestehen, daß wir zuweilen mit elegischen Regungen an jenen gotischen Stammsitz zurückdenken? Seine Giebel streckten sich schon in den deutschen Himmel hinauf, als die Balken zu dem großen Palast noch bescheidenes Buschwerk waren, und an seinen Wänden hingen so edle Ahnenbilder, so stattliche Trophäen«[52]. Justi wurde in der Folge ein uneingeschränkter Bewunderer Bismarcks und seiner staatsmännischen Leistung[53]. Eine erste Oppositionsbewegung zeigte sich seit 1866 in Kassel im Deutschen Volksverein für Kurhessen[54] und in der Hessischen Volkszeitung von Adam Trabert[55]. Hier verbündete sich das kurhessische Ressentiment mit dem Antipreußentum auf Grund demokratischer und großdeutsch-föderalistischer Vorstellungen, die bei dem Katholiken Trabert konfessionell bestimmt waren. Ihre Tätigkeit endete mit der Reichsgründung. Von Bestand war dagegen die erst danach in Erscheinung tretende hessische Rechtspartei. Kurfürst Friedrich Wilhelm als letzter Landesherr von Hessen-Kassel hatte sich in seinem unbegrenzten Regierungsdrang, seiner krankhaften Unschlüssigkeit und seinem zunehmenden Mißtrauen eine beispiellose Unpopularität im Lande zugezogen[56]. Doch für den Kreis der hessischen Rechtspartei war der letzte Kurfürst mit seinem Weg in das böhmische Exil, seiner eigensinnigen Weigerung, auf das Thronrecht zu verzichten, seinem öffentlichen Protest gegen die ihm und seinem Lande von Preußen widerfahrene Behandlung die Verkörperung der Eigenständigkeit des Landes. In erster Linie handelte es sich hierbei um eine legitimistisch-konservative, jeder revolutionären Änderung abholde Bewegung[57]. Ihre höhere Weihe und eine verbreiterte Basis erhielt sie durch den Zusammenhang mit der kirchlichen Renitenz, deren Führer die Gebrüder August und Wilhelm Vilmar waren. Sie erstrebten die Lösung der Kirche von einem Staat, dessen revolutionäres Verfassungsrecht Gott entthront und das Volk zur Quelle der staatlichen Autorität gemacht habe[58]. Dieser Gegensatz zum landesherrlichen Summepiskopat bestand schon unter dem letzten Kurfürsten. Die schwere Kampfzeit begann jedoch erst, als Preußen eine demokratisch-reformierte Presbyterial- und Synodalordnung und eine einheitliche Provinzialkirche einzuführen suchte. Als es 1873 die drei kurhessischen Konsistorien Kassel, Marburg und Hanau zusammenlegte, trat allerdings bald eine Spaltung innerhalb der Renitenz ein[59].

Von diesem religiösen Fundament, wonach nicht nur die Privatpersonen, sondern auch die Politiker und Staaten unmittelbar unter dem Dekalog stehen[60], ging auch die hessische Rechtspartei unter ihrem Führer

Wilhelm Hopf aus[61]. Obwohl die Beamten und Offiziere, die Landstände und darunter auch in ihrer Mehrzahl die konservative Ritterschaft als berufene Führer des Volkes in das preußische Lager übergingen, ja sogar die Agnaten des Kurhauses auf ihre Thronrechte verzichteten, hielt die hessische Rechtspartei an ihrer Fürstentreue fest. Als der Kurfürst 1875 starb, erklärte Hopf, mit seinem Tod sei das Recht des hessischen Volkes nicht erloschen. Die Rechtspartei suche weiter alle treuen Hessen um die Fahne des alten hessischen Landesrechts zu sammeln und ein Zeugnis abzulegen für das unterdrückte, aber unveräußerliche und niemals erlöschende Recht des hessischen Volkes auf Stammesselbständigkeit und Stammesfreiheit. In mehreren Zeitschriften oder Zeitungen, den »Hessischen Blättern«, dem »Hessischen Volksblatt«, der »Hessischen Rechtspartei« sowie in verschiedenen Schriften[62] vertrat Hopf von Melsungen aus seinen Standpunkt. Die Mitarbeit von Constantin Frantz, Onno Klopp, Adam Trabert und anderen Föderalisten in Deuschland und Österreich, die Verbindung zu der hannoverschen Welfenpartei und der Rechtspartei in Mecklenburg zeigt, daß er das kurhessische Problem in dem großen Zusammenhang einer antipreußischen Staatsordnung sah. Nur durch Wiederanerkennung des Rechts und der Gerechtigkeit sei der kirchliche und soziale Frieden unseres Volkes sicherzustellen. Nur als anerkannte Friedensmacht vermöge Deutschland die zerstörte internationale Rechtsordnung wiederaufzurichten sowie eine allgemeine Abrüstung herbeizuführen[63]. Die Kritik an der Judenhetze der antisemitischen deutsch-sozialen Reformpartei[64], am autokratischen Gebaren Kaiser Wilhelms II. und an den Auswüchsen der Kolonialpolitik[65], dem Aufwuchern einer Staatsomnipotenz, an der seit Jahrzehnten in Deutschland herrschenden Nützlichkeits- und Gewaltpolitik[66] hielt der Zeit keinen vergänglichen Spiegel vor. Daß die Rechtspartei im Zeitalter des liberalen Nationalstaatsgedankens und der rasch fortschreitenden Industrialisierung keine echte Alternative für die Lösung des deutschen Freiheits- und Einheitsproblems bieten konnte, darf freilich nicht verkannt werden[67]. Von den Gewerbetreibenden in Hessen-Kassel wurde der Anschluß an Preußen 1866 daher allgemein freudig begrüßt[68]. Der nationale Gedanke war hier namentlich seit der Neugründung des Deutschen Reiches 1870 überaus lebendig[69]. Der 1874 geschaffene marmorne Löwe in der Karlsaue zu Kassel, der zum Gedächtnis der unter französischer Fremdherrschaft 1809 erschossenen hessischen Patrioten errichtet wurde, versinnbildlicht diesen Anschluß an die nationalstaatliche Idee. Daher nimmt es nicht Wunder, daß die hessische Rechtspartei nur eine geringe Anhängerschaft besaß, wie aus dem Ergebnis der Reichstagswahlen abzulesen ist.

1874 hatte sie 4500 Wähler gegenüber 45 000 der Nationalliberalen. 1898 stimmten sogar nur 2200 Personen für die Rechtspartei[70]. Ihre Ablehnung des neuen bürgerlichen Gesetzbuches für ganz Deutschland[71] zeigt am besten den der Partei anklebenden Partikularismus und ihre Verständnislosigkeit gegenüber den Forderungen der Zeit.

Unbelastet von dieser politischen Absonderung, aber doch innerlich niemals ganz davon zu trennen sind die vielfältigen erfolgreichen Bemühungen um die Pflege der Kultur und Geschichte Hessens, das dadurch als innere Einheit erlebt wurde[72]. Die seit 1887 erscheinende kurhessische Zeitschrift »Hessenland« sah ihre Hauptaufgabe darin, den hessischen Sinn wachzuhalten und die Anhänglichkeit an die engere Heimat zu kräftigen, sozusagen das hessische Volk selber an das Licht zu bringen[73]. Dabei weitete sich schon vor 1914 der Rahmen über das alte Kurhessen aus. Die 1901 in Gießen begründeten Hessischen Blätter für Volkskunde zeugen von der großen Tradition volkskundlicher Forschung in Hessen[74]. Beim 400jährigen Jubiläum Philipps des Großmütigen im Jahre 1904 bekannte man sich sowohl in Darmstadt als auch in Kassel in umfangreichen Festschriften zu dem gemeinsamen, historischen Erbe[75]. Die als Kalender aufgemachte Zeitschrift Hessen-Kunst, von Christian Rauch in Marburg, dann Gießen redigiert, wollte die bodenständige Kultur des seit Anfang unserer Zeitrechnung im Lande seßhaften Volksstammes pflegen, bezog aber seit ihrer Gründung 1906 auch die mittelrheinische Kunst ein. Seit 1911 trug sie den Untertitel »Jahrbuch für Kunst und Denkmalpflege in Hessen und im Rhein-Main-Gebiet«. Im Jahre 1912 begründeten Hermann Bräuning-Oktavio und Wilhelm Diehl in Darmstadt die Hessische Chronik als Monatsschrift für Familien- und Ortsgeschichte in Hessen-Darmstadt und Hessen-Nassau. Das geschichtliche Werden eines in Anführungsstriche gesetzten »Hessen« einte für die Herausgeber beide Gebiete[76]. Der Stolz auf die althessische Stammestüchtigkeit führte 1906 Fritz Seelig dazu[77], analog zu dem Begriff Alldeutschland ein Allhessenland zu entwerfen. Dazu gehörte für ihn außer Kurhessen das Großherzogtum Hessen, Nassau, Waldeck, Hessen-Homburg, Frankfurt, Wetzlar, Berleburg und auch noch Aschaffenburg. Dies Allhessenland sei harmonisch in sich abgeschlossen und bilde eine Wesenseinheit trotz aller heute noch trennenden politischen oder sonstigen Schranken. Das Gebiet ließe sich am zwangslosesten in sechs Teilen um Kassel, Marburg, Fulda, Limburg, Orb und Darmstadt gruppieren. Gießen sei der ideale Mittelpunkt aller hessischen Lande. Den Großstädten Wiesbaden, Frankfurt und Mainz kam aus dieser Sicht nur eine Randlage innerhalb einer dieser sechs Teilgebiete zu.

Dem Verfasser war noch nicht klargeworden, daß Frankfurt sich mehr und mehr zum Zentrum eines industriellen Ballungsraumes entwickelte. Schon um die Jahrhundertwende wurde es im Sprachgebrauch unter dem Namen Rhein-Main-Gebiet zusammengefaßt. So entwickelte sich 1899 der Ausschuß für Volksvorlesungen in Frankfurt unter der Initiative von Arbeitervereinen und Gewerkschaften zum Rhein-Mainischen Verband für Volksbildung[78]. Als seinen Wirkungskreis sah der Verband ohne Rücksicht auf die Landes- und Verwaltungsgrenzen das Gebiet zwischen Vogelsberg und Neckar, zwischen Spessart und Hunsrück an. Ihm waren bis 1915 Körperschaften in 185 Städten und Gemeinden angeschlossen. Durch seine vielseitige Tätigkeit entfaltete er zusammen mit dem Rhein-Mainischen Verbandstheater von Frankfurt aus eine bedeutende Strahlungskraft. In den ebenfalls 1899 begründeten »Gemeinnützigen Blättern für Groß-Frankfurt« verstand man den Begriff als Synonym für das Rhein-Main-Gebiet. Man annektierte für eine »Wirtschaftsprovinz Groß-Frankfurt« preußische, hessische und bayerische Gebietsteile[79]. Es ist eine auffallende Parallele, daß Frankfurt im Jahre 1900 zum Mittelpunkt eines eigenen Armeekorpsbezirks gemacht wurde[80]. Als kriegswirtschaftliche Organisation zum Bezug und Vertrieb von Lebensmitteln und sonstigen Gegenständen des täglichen Bedarfs wurde im März 1916 die Rhein-Mainische Lebensmittelstelle in Frankfurt begründet. Sie sollte dazu dienen, den schädigenden Wettbewerb der beteiligten Kommunalverbände zu vermeiden. Infolge des hessen-darmstädtischen Widerstandes blieb ihr Bereich jedoch auf Preußen beschränkt[81]. Einen weiteren Raum erfaßte die auch 1916 gebildete »Vereinigung der südwestdeutschen Industrie- und Handelskammern«[82]. Sie verband die betreffenden Institute von Baden, Hessen, Pfalz, Württemberg und des Maingaus, d. h. Frankfurts, Hanaus und Wiesbadens, zu gemeinsamen Tagungen. Im Juli 1917 trat die Stadt Frankfurt mit dem Vorschlag an die Öffentlichkeit, die Regierungsbezirke Kassel, Wiesbaden, Koblenz und Trier zu einer neuen Provinz mit der Zentrale in Frankfurt zusammenzufassen[83].

Im Regierungsbezirk Wiesbaden richteten sich die volkserzieherischen Bestrebungen der Heimatkunde vor allem auf die Pflege der Landschaft, Geschichte und Kultur Nassaus. 1913 wurde im Auftrage des Allgemeinen Lehrervereins dieses Regierungsbezirks ein Nassauisches Heimatbuch herausgegeben[84]. Hessen-Darmstadt fand seine Eigenstaatlichkeit als Bindeglied zwischen Nord und Süd gerechtfertigt[85]. Die Werbekraft des nationalen Gedankens hatte hier freilich nach 1866 zeitweilig zu einem starken Rückgang des Interesses am Historischen Verein geführt[86]. Der Staatsvertrag mit Preußen über die gemeinsame Verwaltung der Hessischen Ludwigsbahn band das Land seit 1896 auch verkehrsmäßig an den großen Nachbarn[87]. Das Volk witzelte, dem Großherzogtum gehöre von den Eisenbahnen nur das Stück über dem roten Streifen am Schornstein der Lokomotiven[88]. Auf die unterschiedliche kulturelle Ausrichtung beider Hessen wirft es ein bezeichnendes Licht, wenn der Magistrat von Kassel 1910 zum Gedächtnis des plattdeutschen Dichters Fritz Reuter an dessen 100. Geburtstag eine Silberlinde pflanzen ließ[89], ein im südlichen Hessen gewiß undenkbarer Vorgang.

3. Reichsreformpläne um Großhessen und im Rhein-Main-Gebiet 1918-1932

Noch fehlte es also an einer klaren gemeinsamen Raumvorstellung innerhalb des heutigen Hessen, als die Revolution von 1918 durch Abschaffung der Dynastien das wichtigste Hindernis einer Einigung hinwegzuräumen schien. Dies war die Geburtsstunde der großhessischen Bewegung. Sie wandte die Gedanken der hessischen Rechtspartei auf die neue Situation an und trat natürlicherweise daher in Kassel ins Leben. Hier lehnte man allerdings den dann besonders im Darmstädtischen gebrauchten Ausdruck »Großhessen« als etwas anmaßlich ab. Hatte Hopf nur die Freiheit des kurhessischen Landes von dem preußischen Joch gefordert, so verband sich damit nun die Forderung nach Einheit ganz Hessens. Der Architekt Fritz Stück[90] und der Redakteur und Schriftsteller Bruno Jacob[91] waren die ersten Wortführer. Von Wilhelm Hopf übernahmen sie die scharf antipreußische und föderalistische Einstellung. Hopf selber, der 1921 hochbetagt starb, konnte aus Treue zur kurhessischen Heimat und zum angestammten Fürstenhaus in seiner Verabscheuung jeder Revolution jedoch an diesen Bestrebungen keinen Anteil nehmen[92]. Hessen sollte nach Stück vorbehaltlich des Selbstbestimmungsrechts der Bevölkerung die Provinz Hessen-Nassau, das Fürstentum Waldeck, den Kreis Wetzlar, das Großherzogtum Hessen und vielleicht auch noch Teile des bayerischen Kreises Unterfranken und schließlich, wie von anderer Seite angeregt, Teile der Pfalz und Nordbadens umfassen. Über den Gedanken der Wiederherstellung des Staates Philipps des Großmütigen griff Stück dabei hinaus auf die annähernd ähnliche Raumerfassung durch das Herzogtum Franken zur Zeit der sächsischen und fränkischen Kaiser[93]. In den ersten Dezembertagen bildete sich in Kassel der Hessische Volksbund. In einem von zahlreichen Persönlichkeiten vor allem aus Kassel unterzeichneten Aufruf trat er vor die Öffentlichkeit und forderte einen freien Staat, der beide Hessen, Nassau, Waldeck und Wetzlar umspannen sollte[94].

In Hessen-Darmstadt faßte der Hessische Volksbund zuerst in Gießen Fuß. Die führende Persönlichkeit war hier der Geh. Medizinalrat Professor Dr. Sommer. Als er erstmals in einem Zeitungsartikel vom 20. Dezember 1918[95] eine Republik »Groß-Hessen« anregte, wies er auf die Notwendigkeit einer staatlichen Feldbereinigung hin, wenn die Revolution nicht bloß eine Veränderung der Machthaber,sondern eine wirkliche Entwicklung des deutschen Staates bedeuten sollte. Gießen war durch die Grenzlage zur preußischen Provinz Hessen-Nassau bisher wirtschaftlich gehemmt. Sommers Forderung, das bisherige Großherzogtum durch Hinzunahme von Hessen-Nassau zu einem geschlossenen Staatsgebilde Groß-Hessen zusammenzufassen, entsprach also den Verkehrsinteressen seiner Berufsheimat. Damit sollte zugleich den Bestrebungen auf Bildung einer Rheinisch-Westfälischen Republik entgegengetreten werden. Denn dieser vor allem durch die Kölner Kundgebung vom 4. Dezember 1918[96] und zwei Artikel der Kölnischen Volkszeitung vom 6. und 10. Dezember 1918[97] der Öffentlichkeit bekannt gewordene Plan bezog auch Hessen-Darmstadt und Baden in den neuen Grenzstaat ein.

Am Regierungssitz in Darmstadt wurden die Überlegungen hinsichtlich einer etwaigen Neugliederung vor allem von der Sorge um Rheinhessen bestimmt, wo das wirtschaftliche Schwergewicht des Landes lag. Als französisches Besatzungsgebiet war Rheinhessen besonders von der Abtrennung durch die separatistische Bewegung bedroht. Man konnte von Mainz nicht erwarten, daß es sich für Großhessen begeistern würde. Auch barg die großhessische Bewegung die Gefahr einer Abgliederung Oberhessens an die Provinz Hessen-Nassau in sich. Aus dieser Situation erklärt es sich, daß Archivdirektor Dr. Dieterich in Darmstadt im März 1919 öffentlich den Begriff Großhessen als zu eng ablehnt und statt dessen für Rheinfranken, einen von ihm damals erstmalig wieder gebrauchten Begriff, eintrat. Aus seinen stammeskundlichen und geschichtlichen Betrachtungen folgerte er, daß daran Preußen mit der Provinz Hessen-Nassau und dem südlichen Teil der Rheinprovinz, Bayern mit der Rheinpfalz und Aschaffenburg, Oldenburg mit Birkenfeld, Hessen-Darmstadt und Waldeck als Teilhaber der ehemaligen Franconia occidentalis bei der Bildung eines lebensfähigen mittelrheinischen Freistaates beteiligt werden müßten. Ja, auch der Anschluß des Siegerlandes, Wittgensteins und der ehemaligen Grafschaften Saarbrücken und Ottweiler sei zu begrüßen. Der Schwerpunkt müsse im Städteviereck Frankfurt, Mainz, Darmstadt, Wiesbaden liegen. Als geeignete Regierungshauptstadt suchte er Darmstadt zu erweisen[98].

Man verbaut sich das Verständnis für die nach der Revolution auftretenden rheinischen Pläne zur Reichsreform, wenn man sie aus dem damaligen Geist nationaler Überhitzung insgesamt als separatistisch und landesverräterisch abstempeln würde[99]. Der Separatismus war nur die töricht-phantastische und gefährliche Verzerrung eines rheinischen Wesenszuges, zu dem aus kultur- und gesellschaftspolitischer Tradition auch der Gedanke an Ausgleich mit Frankreich gehörte. Unmittelbaren Anstoß boten die Berliner Sozialisierungstendenzen und die auf radikale Trennung von Staat und Kirche gerichtete, eine kulturkämpferische Stimmung erzeugende Politik der preußischen Revolutionsregierung[100]. Die am 1. Juni 1919 gleichzeitig in Aachen, Mainz, Speyer und Wiesbaden erfolgte Proklamation der Rheinischen Republik wurde getragen von einem Rheinischen Arbeitsausschuß, einem vereinigten Nassauisch-Rheinhessischen Arbeitsausschuß und einem Pfälzischen Arbeitsausschuß[101]. Im Verbande des deutschen Reiches sollte der neue Staat das Rheinland, Alt-Nassau, Rheinhessen, Birkenfeld und die Rheinpfalz umfassen. Als Ort für den Sitz der Regierung und für den Zusammentritt der Landesversammlung sollte Koblenz gelten. Als vorläufiger Regierungssitz wurde Wiesbaden bestimmt. Der vorläufigen Regierung gehörten vier Wiesbadener, darunter Dr. Dorten als Vorsitzender und Außenminister, zwei Mainzer und zwei Aachener an[102].

Die hessen-darmstädtische Regierung suchte dem durch Pläne entgegenzuwirken, die zwischen dem mittelrheinischen und großhessischen Staatsgedanken schillerten[103]. Auch nach Nassau streckten sowohl die Rheinische Republik wie die Großhessen-Bewegung ihre Hand aus. Beide fanden in dem Lande nur wenig Anklang[104].Am heftigsten waren die Angriffe gegen die rheinländische Gruppe. Die Eigenart Nassaus in der Simultanschule von 1817 schloß bei dem protestantischen Teil der Bevölkerung die Option für das Rheinland aus. Aber auch die Großhessenbewegung brachte wenig Verständnis für Nassau auf[105]. Der Versuch, gelegentlich des 100jährigen Geburtstages von Herzog Adolph eine nassauische Bewegung zu entfachen und eine Selbständigkeit des Landes Nassau zu erstreben[106], hatte jedoch keine Resonanz. Die Pflege des Begriffs Nassau blieb auf historische und heimatpflegerische Vereine und Veröffentlichungen beschränkt[107]. In erster Linie wollte man hier an Preußen festhalten oder in einem unitarischen Reich aufgehen[108]. Wiesbaden als einzige 1918-1930 unter Besatzungsrecht lebende Großstadt des heutigen Landes Hessen besaß allerdings in der Zeitschrift »Die Menschheit« mit ihrem Eintreten für Volks- und Völkerfrieden am Rhein und in Europa das scharf antipreußische Organ des kämpferischen deutschen Föderalismus und Pazifismus, an dem Friedrich Wilhelm Foerster, Prinz Alexander Hohenlohe und General Freiherr von Schönaich mitarbeiteten. Durch den gemeinsamen Verlag »Friede durch Recht« war die Zeitschrift mit führenden Mitarbeitern des Hessischen Volksbundes in Kassel verbunden[109].

Die von Kassel ausgehende großhessische Bewegung fand bei der Bevölkerung zunächst nur in Oberhessen Unterstützung. Schon am 9. Januar 1919 wurde in Gießen eine Ortsgruppe des Hessischen Volksbundes begründet[110]. Unter Vorsitz von Professor Sommer wurde auf einer Tagung am 14./15. Februar 1920 das politische Programm des Hessischen Volksbundes formuliert[111]. Als Nachfolger einer im Jahre 1919 von Fritz Stück veröffentlichten Halbmonatsschrift gab der Landesverband Hessen-Nassau des Hessischen Volksbundes seit Anfang 1920 in Kassel eine eigene Zeitschrift heraus[112]. Im Mai 1920 suchte der Hessische Volksbund von den Parteien klare Stellungnahme zu seinen Zielen und die Aufstellung von Kandidaten zu erreichen, die diesem großhessisch-föderativen Programm positiv gegenüberstanden. Der Erfolg war gering[113]. Die Demokraten und Sozialdemokraten waren meist unitarisch gesinnt. Rechtskreise hingen aus nationalen und monarchischen Gefühlen an Preußen. Der Landesausschuß des Bezirksverbandes von Hessen-Kassel lehnte im Februar 1919 die Abtrennung des ehemaligen Kurhessen von Preußen einmütig ab[114]. Doch konnte der Volksbund nun auch nach Darmstadt Fühlung aufnehmen. Im Juli 1920 wandte sich der hessische Staatsminister Ulrich in einem Gespräch mit dem Darmstädter Vertreter des Volksbundes aufs schärfste gegen Bestrebungen einer Zerreißung seines Landes. Denn nach Plänen des Reichswirtschaftsministeriums sollte Oberhessen an den Kasseler Bezirk, Starkenburg an Mannheim und Rheinhessen an Köln gebunden werden[115].

Im Juli 1920 war man in Kassel beunruhigt über die Mainzer und Frankfurter Pläne zur Bildung eines Bezirkswirtschaftsrats[116]. Die Handelskammer Mainz hatte beim Reichswirtschaftsministerium die Bildung eines Bezirkswirtschaftsrats vorgeschlagen, der zunächst die Gebiete Freistaat Hessen, Regierungsbezirk Wiesbaden, Lahn- und Dilltal umfassen sollte. Im April des Jahres erweiterte eine Konferenz des im Entstehen begriffenen Rhein-Mainischen Bezirkswirtschaftsrats das Gebiet um die Regierungsbezirke Kassel, Koblenz und Trier, Birkenfeld und die bayerische Pfalz. Für den Hessischen Volksbund lag darin die Gefahr einer Abschneidung oder Randstellung von Kassel mit Niederhessen und somit des Stammesgebietes des hessischen Volksstaates überhaupt.

Im August 1921 war die von Artikel 167 der Reichsverfassung angeordnete Sperrfrist für Erörterung von Reichsgliederungsfragen abgelaufen.

Der Hessische Volksbund eröffnete daher nunmehr eine verstärkte Agitation. Ende 1921 veröffentlichte die Zeitschrift des Volksbundes das »Hessische Landgeschrei«. Es forderte zum Eintritt in den Hessischen Volksbund und zum Einsatz für die Wiedervereinigung der stammesgeschichtlich und wirtschaftsgeographisch zusammengehörigen Gebiete in einem Groß-Hessen gemäß Artikel 18 der deutschen Reichsverfassung auf[117]. Dies wirkungsvolle, in 2000 Exemplaren[118] verbreitete Flugblatt war von Dr. jur. Willi Wilbrand in Darmstadt verfaßt. Die Gefährdung Hessen-Darmstadts durch die verschiedenen Neugliederungspläne ließen es dem Historischen Verein und einer Reihe von Darmstädter Persönlichkeiten in enger Zusammenarbeit mit dem Großherzog (der anscheinend leise dynastische Hoffnungen hegte) geraten erscheinen, der großhessischen Bewegung beizutreten. Der Historische Verein unter Leitung von Archivdirektor Dr. Dieterich gab seit Juli 1922 mit öffentlicher Unterstützung des Reiches und Hessens die Zeitschrift »Volk und Scholle« heraus[119]. Im Untertitel hieß sie: Heimatblätter für beide Hessen, Nassau und Frankfurt. Die Zeitschrift wollte das Gefühl der Zusammengehörigkeit innerhalb »des einen rheinfränkisch-hessischen Volksstammes« stärker als bisher wachrufen[120]. Wenn auch Mitarbeiter aus Frankfurt, Hanau, Marburg, Oberhessen und Nassau gewonnen wurden, so war das Ziel doch vor allem die Vertretung der südhessischen Interessen. Demgegenüber begründeten in der Flugschrift »Die hessische Frage«, die 1922 in Kassel erschien, zwei ungenannte Mitglieder des Volksbundes ausführlich dessen Programm vorwiegend vom Kasseler Standpunkt[121]. Sie bezeichneten als die beiden Wurzeln des Hessischen Volksbundes das Freiheitsstreben des 1866 dynastisch vergewaltigten Kurhessen, d. h. des altchattischen Volksteils, und das Einheitsstreben des 1567 dynastisch vergewaltigten gesamthessischen Volkes unter Einbeziehung der stammesgemäß, landschaftlich, geschichtlich, kulturell und wirtschaftlich dazugehörigen Gebiete[122]. Heimatgefühl, dessen zunehmende Abstumpfung die Verfasser jedoch beklagen, und der Stammesgedanke bilden danach die inneren Grundlagen der Bewegung. Als Brückenvolk zwischen Süd und Nord habe das Hessenvolk eine hochpolitische, allgemeindeutsche Mission zu erfüllen[123]. Bezeichnend für ihren kurhessischen geschichtlichen Gesichtskreis ist es, daß die beiden Verfasser Hessen als ein typisches Bauernland und das Gebiet um Gießen, Wetzlar und Dillenburg als das industrielle Zentrum bezeichnen[124].

Die verschiedenen Gliederungspläne prallten im Jahre 1922 aufeinander. Im Februar wurde erneut für einen Rhein-Mainischen Bezirkswirtschaftsrat mit dem Wirtschaftszentrum Frankfurt auf einer dortigen Versammlung der Berufsverbände geworben. Als die Handelskammer Kassel daraufhin im April etwa 30 Organisationen der Industrie, des Handels und der Landwirtschaft für die Bildung eines Bezirkswirtschaftsrats Kassel-Waldeck mobilisierte, protestierten die sechs südkasselischen Kreise Gelnhausen, Hanau, Schlüchtern, Gersfeld, Fulda und Hünfeld energisch gegen diese Lösung und sprachen sich für den Rhein-Mainischen Bezirkswirtschaftsrat aus[125]. Von diesem wirtschaftlichen Gesichtswinkel aus rief damals der Gedanke eines »Groß-Hessen« auch im Rhein-Main-Gebiet lebhafte Bewegung hervor[126]. Infolge seiner Agitation erlebte der hessische Volksbund im Laufe des Jahres 1922 einen neuen Aufschwung. Bis Ende des Jahres versiebenfachte sich die Bezieherzahl seiner Zeitschrift seit Herbst 1921[127]. Die Abteilung Südhessen des Hessischen Volksbundes benutzte in der kritischen Lage Ende November 1923 das Flugblatt »Hessisches Landgeschrei« noch einmal, um damit die Gefährdung der Integrität oder gar Existenz des Volksstaates Hessen durch den neuen Separatistenputsch[128] und andere Bestrebungen zu bekämpfen[129]. Seit Konsolidierung der politischen und wirtschaftlichen Verhältnisse Deutschlands im Jahre 1924 spielte der Hessische Volksbund keine nennenswerte Rolle mehr in der Öffentlichkeit. Die Bemühungen, die Bewegung als Großdeutsch-Hessischen Bund auf parteigemäßiger Grundlage vorwärts zu bringen, schlugen fehl[130]. Während dieser im Oktober 1925 der von Schmittmann geführten Arbeitsgemeinschaft deutscher Föderalisten beitrat[131], blieb der vor allem auf Niederhessen und das kurhessische Oberhessen beschränkte »Hessische Volksbund« dieser Vereinbarung fern[132]. Im Februar 1927 schloß sich der Volksbund jedoch mit den vor allem im Darmstädtischen wirkenden Vereinigten Großdeutsch-Hessischen Gemeinschaften zu einer Arbeitsgemeinschaft zusammen[133]. Auch dies konnte der Bewegung zu keinem neuen Leben verhelfen.

Mehrfach fand jedoch die Einheit Hessens Ausdruck. Hugo Preuß hatte in einem Vorentwurf zur Reichsverfassung vom 24. Dezember 1918 bei der Gliederung Deuschlands (einschließlich Deutsch-Österreichs) für die Wahl der Abgeordneten zur Nationalversammlung 16 Gebiete oder Freistaaten vorgesehen, darunter Hessen, bestehend aus der Provinz Hessen-Nassau ohne die Kreise Schaumburg und Schmalkalden, dem Kreis Wetzlar, dem ehemaligen Großherzogtum Hessen (mit Rheinhessen) sowie Waldeck[134]. Für die Wahlen zur Nationalversammlung und zum Reichstag der Weimarer Republik wurden dann ein Wahlkreis Hessen-Nassau ohne Schaumburg und Schmalkalden, aber einschließlich Waldeck und Wetzlar sowie ein Wahlkreis Hessen-Darmstadt gebildet[135]. Im Oktober 1922 wurde die Reichszentrale für Heimatdienst in Kassel mit der Landesabteilung in Darmstadt und der Nebenstelle in Frankfurt zu einer Landesabteilung Hessen in Frankfurt zusammengelegt[136]. 1924 wurde bei Durchgliederung Deutschlands in 13 Landesarbeitsämter ein Landesarbeitsamt Hessen in Frankfurt mit Zuständigkeit für ungefähr das heutige Land Hessen eingerichtet[137]. Bei den verschiedenen Reichsgliederungsplänen von wissenschaftlicher Seite herrschte allerdings keine Einigkeit für unsere Landschaft[138]. Der Geograph Vogel empfahl Ende 1918 ein Gebiet Pfalz-Hessen[139]. Der auf die Stammesgliederung zurückgehende Abt sah 1919 sieben Länder vor und ließ das heutige Hessen außer dem nordwestlichen Teil Nassaus, den er den Rheinlanden zuschlug, in einem Land Franken aufgehen[140]. Der Deutschland nach Stammeszusammenhängen in 13 Gebiete gliedernde Geograph W. Tuckermann plante 1920 ein Land Hessen, das aus Hessen-Nassau ohne dessen Westen, aus Hessen-Darmstadt ohne Rheinhessen und aus dem westlichen Unterfranken bestehen sollte[141]. Scheu faßte 1924 bei Vorschlag von neun Wirtschaftsprovinzen eine mittelrheinische Provinz zusammen[142]. Ähnlich bildete Baumann 1927 unter zwölf von den Kraftquellen und dem Verkehr bestimmten deutschen Wirtschaftsgebieten einen Rhein-Main-Gau[143].

Die Initiative bei den Plänen zur Neuordnung des hessischen Raumes ging nach Verebben der großhessischen Bewegung auf den Rhein-Mainischen Raum über. 1924 veröffentlichte die Wirtschaftsdeputation der Stadt Frankfurt das Werk »Der Rhein-Mainische Städtekranz mit seiner Zentrale Frankfurt a. M. im südwestdeutschen Wirtschaftsgebiet«[144]. Das Buch sollte einer verwaltungsmäßig nicht gehemmten Wirtschaft die Wege ebnen. Fachkundige Referate aus allen Bereichen des öffentlichen Lebens erwiesen darin durch Schilderung der bestehenden Verhältnisse und Hinweise auf die sich daraus ergebenden Planungen die Zusammengehörigkeit des südwestdeutschen Wirtschaftsgebiets, wie damals der Raum vielfach genannt wurde. Man betonte etwa die Notwendigkeit der Zusammenfassung auf dem Gebiet der Großkraftversorgung[145]. Man operierte auch schon mit der Statistik der Arbeiterwochenkarten, den Berichten der Arbeitsnachweise, den Zügen der Binnenwanderung der Arbeiterschaft, um die Verbundenheit der Landwirtschaft und Industrie des ganzen Bezirks zu beweisen[146]. Auf mehreren Gebieten: im Landesarbeitsamt, im Verband der Metallindustriellen, im Postscheckverkehr, war bereits eine Zusammenfassung des Raumes in Frankfurt erfolgt[147]. Im November 1922 war ähnlich den Verkehrsverbänden »Industriebezirk« in Essen und »Niedersachsen« in Hannover der »Südwestdeutsche Verkehrsbund« mit Sitz in Frankfurt gegründet worden[148]. Im Frühjahr 1924 nahm der Südwestdeutsche Rundfunkdienst, der Vorgänger des heutigen Hessischen Rundfunks, seinen Sendebetrieb in Frankfurt auf[149] und ergänzte nun die von den Zeitungen ausgehende Strahlungskraft der Stadt[150]. Durch Einrichtung einer besonderen Geschäftsstelle in Berlin waren Stadt und Handelskammer Frankfurt in der Lage, die notwendige unmittelbare Fühlung mit den zentralen Reichs- und Landesbehörden aufrecht zu erhalten. Dies erschien im Wettbewerb mit dem im Reichsrat vertretenen Hessen-Darmstadt erforderlich, dessen im »Hessischen Handelskammertag« vereinigte fünf Handelskammern nur etwa ein Drittel der von der Frankfurter Kammer getragenen Ausgaben zu leisten hatten[151].

Seit 1924 wurden von August Weitzel, für den die Stadt Frankfurt ein besonderes Planungsamt einrichtete, die Konsequenzen für die notwendige Neugliederung des Reiches in Veröffentlichungen und Vorträgen vertreten[152]. Eine preisgekrönte Arbeit von 1921 über die zentrale Kraftversorgung des Rhein-Main-Gaues hatte ihn zu dem Thema geführt[153]. Er besaß vorübergehend auch Verbindung zum Hessischen Volksbund in Kassel und wie dieser zu der föderalistisch-pazifistischen Zeitschrift »Die Menschheit« in Wiesbaden. In dem großen Zusammenhang der notwendigen wirtschaftlichen Einigung Europas erschien es ihm als dringendes Gebot der Stunde, endlich die territoriale Zerrissenheit Deutschlands zu überwinden und es als ein völlig neu gegliedertes Wirtschaftsgebiet zu gestalten. Mit einem Radius von 150 km, der den Fünfstundenverkehr mit der jeweiligen Wirtschafts- und Kulturzentrale gewährleistete, bildete er 12 Wirtschaftsgebiete um die Großstädte Deutschlands einschließlich Wiens, darunter Frankfurt für Südwestdeutschland oder das Rhein-Main-Gebiet. Weitzel arbeitete auch an den Neugliederungsplänen des Deutschen Republikanischen Führerbundes und an dessen Denkschrift »Wege zum deutschen Einheitsstaat« vom September 1926 mit[154]. Als eine der Reichsprovinzen war darin der Rhein-Maingau vorgesehen. Weitzel verwandte seit 1929 dafür auch den Begriff Rheinfranken[155]. Er verstand darunter die südliche Rheinprovinz, beide Hessen, die Pfalz, das nördliche Baden und Württemberg und das westliche Unterfranken.

Weitzels Vorschlag der Neugestaltung des Rhein-Main-Gebiets im Rahmen der geplanten Neugliederung des Reiches wurde 1929 in umfassender und höchst eindrucksvoller Weise durch den Rhein-Mainischen Atlas untermauert. Die Professoren Behrmann und Maull suchten darin, als eine der ersten Veröffentlichungen der Rhein-Mainischen Forschungen des Geographischen Instituts der Universität Frankfurt, die natur- und kulturlandschaftliche Einheit des Gebiets in heller Kontrastierung zu seiner staatlichen Aufteilung nachzuweisen[156]. Gegenüber der beherrschenden Zentrallandschaft des Frankfurt-Mainzer Beckens erschien das chattische Kerngebiet in Nordhessen als eines der Randgebiete ähnlich dem Neuwieder Becken und dem Saargebiet. Schon in Nassau gab es Gegenstimmen. Es wurde als Beispiel für das bekannte Handinhandgehen von Geldmacht, Demokratie und Sozialdemokratie bezeichnet, daß der Kommunallandtag in Wiesbaden, in dem Frankfurt das Übergewicht gewonnen hatte, in einer Entschließung vom April 1929 die für das südwestdeutsche Gebiet nötige Reichs- und Verwaltungsreform befürwortete[157].

Vor allem im Regierungsbezirk Hessen-Kassel mußte diese großzügige Raumkonstruktion auf Widerstand stoßen. Gewiß entsprach der »als langgestrecktes Handtuch über die mitteldeutsche Landschaft gespannte« Regierungsbezirk nicht dem Idealbild eines Verwaltungsbezirks[158]. Der damalige Regierungspräsident Ferdinand Friedensburg war 1928 zu einer lokalen Regelung für die Kreise Hanau, Gelnhausen und Schlüchtern bereit, erhob jedoch Ersatzansprüche zur Abrundung des Gebiets[159]. Die Forderung, ein neues Reichsland mit Frankfurt als Hauptstadt durch Zusammenfassung der Provinz Hessen-Nassau und des Freistaates Hessen zu schaffen, bezeichnete er als undurchführbar[160]. Der kurhessische Norden habe mit dem Rhein-Main-Gebiet nichts gemeinsam. Die Bevölkerung weise das stärkste Bestreben auf bodenständiges Eigenleben auf. Entsprechend forderte der Landesausschuß des Bezirksverbandes Kassel im Dezember 1928 mit Nachdruck die Aufrechterhaltung und räumliche Fortbildung eines voll leistungsfähigen Verwaltungsbezirks Hessen-Kassel[161]. Die Industrie- und Handelskammer Kassel hatte zur Betonung ihrer Unabhängigkeit vom Rhein-Main-Gebiet sich 1924 mit Niedersachsen zum Kammerbezirksverband Niedersachsen-Kassel zusammengeschlossen[162]. Im Januar 1929 trat sie in einer Entschließung ebenfalls dafür ein, daß der Norden der Provinz mit seinen die Bezirksgrenzen überschreitenden Wirtschafts- und Verkehrsbeziehungen ein selbständiges Wirtschaftsgebiet bilde. Der Syndikus der Kasseler Kammer, Dr. Halbleib, begründete diesen Standpunkt näher in einer Schrift[163], indem er erstmals einen Querschnitt durch die Struktur des Bezirks zog und daran die entsprechenden Forderungen im Hinblick auf die Reform knüpfte. Er nannte die Grenzbezirke, die im Westen, Norden und Osten nach ihrer Lage und ihren verkehrspolitischen Beziehungen zum Kasseler Wirtschaftsraum gehörten. Wenn schon einmal eine territoriale Neugliederung in Deutschland vorwiegend nach wirtschaftlichen Gesichtspunkten durchgeführt werden solle, dann sei nicht einzusehen, warum gerade für

Hessen-Kassel die Provinzgrenzen eine unübersteigbare Schranke bilden sollten[164]. Das landesgeschichtliche Institut in Marburg griff zwar nicht systematisch in die Debatte ein[165], doch stellte sich Professor Stengel 1929 in seiner Denkschrift über das geschichtliche Recht der hessischen Landschaft[166] weitgehend auf den Standpunkt jener amtlichen Kasseler Äußerungen. Unter Hessen verstand Stengel dabei den nördlichen Kulturkreis, »das eigentliche Hessen«. Der südliche Kulturkreis heiße besser Rheinfranken, dessen Schwerpunkt aber gewiß nicht im Lande Hessen-Darmstadt läge. Stengel warnte die kurhessischen Anhänger eines »großhessischen« Gedankens, sich auf südliche Großraumpläne einzulassen. Mit dem Namen gefährde man das, »was uns Hessen ist«. Stengel lehnte also eine gemeinsame Bezeichnung für Hessen-Kassel und Hessen-Darmstadt ab. Angesichts der Überschneidungen von Hessen und Rheinfranken könne man freilich nur zögernd und ungern zur Trennung der beiden Kulturkreise raten. Eine Einigung mit Hessen-Darmstadt sei aber nur möglich auf dem Wege des gegenseitigen Austausches, der beiden Partnern den nötigen Lebensspielraum lasse[167].

Der Handelsredakteur des Kasseler Tageblatts, Dr. jur. Karl Gehmich, führte in einer Schrift die Gedanken Halbleibs unter Berücksichtigung der Reichsreformpläne fort[168]. Den Abgrenzungsvorschlag Friedensburgs bezeichnete er als die ideale Zusammenfassung des nordhessischen Wirtschafts- und Lebensraumes[169]. Subsidiär sei der Gedanke der Herausbildung einer nordhessischen Verwaltungseinheit innerhalb eines künftigen großen hessischen Reichslandes. Für Hessen-Darmstadt war dabei von Gehmich kein Eigenleben vorgesehen. Vielmehr werde dann zweckmäßigerweise der Wiesbadener Bezirk um den südlich des Mains liegenden Teil des Freistaates Hessen sowie um die südliche Hälfte Oberhessens erweitert, während das nördliche Oberhessen zum Kasseler Bezirk fallen müsse[170].

Zum Beweis der These, daß Hessen (gemeint ist Hessen-Kassel) zu den Kernlandschaften gehöre, an denen bei einer territorialen Neugliederung nicht vorübergegangen werden dürfe, wurde der hessen-kasselsche Standpunkt zur Reichsreform am ausführlichsten 1932 von Dr. Edward Becker in einer durch Statistik und Karten erläuterten, systematischen Behandlung von Kultur, Wirtschaft und Verwaltung der althessischen Landschaft dargelegt[171]. Hatten Behrmann-Maull den Durchgangscharakter der Kasseler Landschaft überbetont, so wird hier – ähnlich wie schon bei Stengel – darauf hingewiesen, daß die althessische Landschaft wie eine große Festung wirke, die auf allen Seiten gegen die Nachbargebiete abgeschlossen sei[172]. Wie schon der Hessische Volksbund wirft Becker Preußen mangelnde Fürsorge für das kulturelle Leben Hessens vor[173]. Nicht ganz zu Unrecht fragt er die Befürworter eines Groß-Frankfurter Landes: »Konnten sich nicht Mainz, Frankfurt, Wiesbaden, Darmstadt und die vielen Mittelstädte wie Hanau und Offenbach nur deshalb nebeneinander entwickeln und sich in ihrer ausgesprochenen Eigenart bis heute erhalten, weil sie durch natürliche oder politische Grenzen voreinander geschützt waren?«[174]

Aus der Natur des Raumgliederungsprogramms ergab es sich, daß alle diese Hessen-Kasseler Abwehraktionen auch gegen Hessen-Darmstadt gerichtet waren. Im Volksstaat Hessen hatte man sich daher sowohl mit Frankfurt als auch mit Kassel bzw. Preußen auseinanderzusetzen. Die Abneigung gegen Frankfurt zeigte sich schon am 18. November 1918 in einer Sitzung der Arbeiter- und Soldatenräte aus dem Bezirk des 18. Armeekorps. Auf den Vorschlag, Frankfurt zum Vorort zu erheben, erklärten die Vertreter Hessens, man habe einen eignen Landesarbeiterrat und werde sich von Frankfurt nicht dreinreden lassen[175]. Im Juni 1925 beantragten Dr. Greiner und die übrigen Abgeordneten der Kommunistischen Partei des Hessischen Landtags allerdings die Aufhebung des Volksstaates Hessen als selbständiges Staatsgebilde. Der Landtag sollte beschließen, baldmöglichst Verhandlungen einzuleiten mit den Nachbarstaaten Preußen, Baden, Württemberg und Bayern-Pfalz zwecks straffen Zusammenschlusses der seither durch ganz sinnlose politische Staatsgrenzen auseinandergerissenen, schon lange zusammengehörigen Wirtschaftsgebiete zu einem einheitlichen Wirtschaftsgebiet Südwestdeutschland. Die Gestaltung des Reiches sei nach ähnlichen Gedanken anzustreben. Oberhessen gehöre in der Hauptsache zum Wirtschaftsgebiet Frankfurt, Starkenburg im nördlichen Teil desgleichen, im südlichen zu Mannheim-Ludwigshafen, Rheinhessen teils zum Rheinland, teils zu Mannheim-Ludwigshafen. Die durch Aufhebung der allmählich unerträglichen und höchst unwirtschaftlichen Staatsgrenzen möglichen Ersparnisse sollten zur Lösung wirtschaftlicher und sozialer Aufgaben verwandt werden[176]. In einem Zusatzantrag vom 2. Februar 1926 forderte die KPD-Fraktion den Landtag auf, die Regierung zu beauftragen, sofort beim Reich die Auflösung der Kleinstaaten in das Reich und die Neuaufteilung des Reichs in die natürlich gegebenen Wirtschaftsgebiete zu beantragen. Hessen werde sich in der Geschichte ein hohes Verdienst erwerben, wenn es in dieser Hinsicht den übrigen Kleinstaaten Deutschlands mit heroischem Beispiel vorangehe[177].

Nach Lage der Dinge konnte der Antrag nur abgelehnt werden[178]. Denn die eigentliche Schwierigkeit der Reichsreform bildete das Problem

Preußen. In ihm wohnten etwa drei Fünftel der Gesamtbevölkerung Deutschlands, in Bayern und Sachsen ein Fünftel, alle übrigen 14 Länder stellen das letzte Fünftel[179]. Unter der Bismarckschen Verfassung hatte zwischen dem Reich und Preußen im Monarchen, der zugleich deutscher Kaiser und preußischer König war, und im Reichskanzler, der zugleich in Preußen das Amt des Ministerpräsidenten und Außenministers (von drei kurzfristigen Ausnahmen abgesehen) innehatte, eine Personalunion bestanden. Sie bildete das Geheimnis der Bismarckschen Reichsverfassung, deren äußerlich föderalistischer Charakter durch das Übergewicht Preußens den nationalstaatlich erforderlichen unitarischen Wesenszug erhielt[180]. Seit der Revolution von 1918 fehlte jegliche Klammer zwischen Reich und Preußen. Bei parteipolitisch unterschiedlicher Zusammensetzung der Regierungen in Reich und Preußen mußte ihr unverbundenes Nebeneinander Politik und Verwaltung lähmen. Der Vater der Weimarer Verfassung, Hugo Preuß, wollte das Problem in einem dezentralisierten Einheitsstaat durch Bildung von Reichsländern unter Aufteilung Preußens lösen[181]. Dieser Versuch scheiterte an dem Widerspruch der auf ihre Eigenstaatlichkeit bedachten süddeutschen Länder, insbesondere Bayerns. Deren Partikularismus stärkte rückwirkend den Selbstbehauptungswillen Preußens. Eine Zerschlagung Preußens bedeutete in der Parteisituation der Weimarer Republik ganz im Gegensatz zu dem Dreiklassenwahlrechtsstaat der Hohenzollernzeit eine Stärkung der Reaktion. Denn Preußen war damals zum »Bahnbrecher und Wahrer des demokratischen und republikanischen Gedankens« geworden[182]. Ebenso wichtig wie die Brücke zwischen Nord und Süd war die von Preußen allein gebildete ausgleichende Verklammerung des fortschrittlichen Westens und des im ganzen (von Schlesien abgesehen) nach rechts neigenden Ostens[183]. Der preußische Ministerpräsident Otto Braun war der Überzeugung, daß der Einheitsstaatsgedanke in Deutschland am stärksten in einem geschlossenen preußischen Staatsgefüge zum Ausdruck komme[184]. Wollte man die 13 preußischen Länder zu Reichsprovinzen machen, so wären die zentrifugalen Kräfte ungemein gestärkt worden. Brauns Ziel war daher: »Personalunion der leitenden Regierungsstellen im Reich und in Preußen, reichspreußische Verwaltungsgemeinschaften auf allen wichtigen Gebieten mit ihrer aufsaugenden Wirkung auf die vornehmlich durch Reichssubsidien selbständig erhaltenen Kleinstaaten und spätere allmähliche organische Eingliederung der noch abseits gebliebenen Länder in den so ausgebauten einheitlichen Verwaltungs- und Wirtschaftskörper bis zur zweckmäßig organisch gegliederten Reichseinheit«[185]. Die bestehende Lage aber war um so unbefriedigender, als im Gegensatz zum

Hohenzollernstaat nun das Reich die Verwaltung der Wehrmacht, der Eisenbahnen und Wasserstraßen, der Zölle und der großen Steuern sowie der Sozialverwaltung übernommen hatte. Als nach Konsolidierung des Weimarer Staates die Reichsreform 1927 wieder die Öffentlichkeit beschäftigte[186], konnte nur ein Kompromiß, der von allen Seiten angenommen und toleriert wurde, in Frage kommen. Das Schlagwort »Reichsland Preußen«, wie es von dem im Januar 1928 gegründeten Bund zur Erneuerung des Reichs unter Reichskanzler a. D. Dr. Hans Luther vorgebracht wurde, richtete sich gegen die in Preußen fortbestehende Weimarer Koalition[187]. Der ebenfalls im Januar 1928 bestellte Verfassungsausschuß des Reichs und der Länder suchte eine Gesamtlösung zu finden, die auch für Preußen annehmbar war, also eine völlige Zerschlagung Preußens zu vermeiden[188]. Beiden Vorschlägen war die Bildung neuer Reichslandprovinzen gemeinsam. Der Bund zur Erneuerung der Länder schlug in seiner Veröffentlichung vom Herbst 1928 u. a. vor, das Land Hessen der Nachbarprovinz Hessen-Nassau anzuschließen[189]. Der bisherige Freistaat könne dabei einen eigenen Kommunalverband bilden. Der Verfassungsausschuß des Reichs und der Länder faßte bei vorläufiger Beendigung seiner Arbeiten Sommer 1930 keine Beschlüsse über die Grenzziehung im einzelnen. Man rechnete aber damit, daß bei der Neugliederung Hessen überwiegend aus außerpreußischen Gebieten bestand[190], schloß also Hessen-Kassel im wesentlichen aus. Der preußische Bevollmächtigte, Ministerialrat Brecht, hielt es für selbstverständlich, daß bei der Neugliederung Frankfurt und Wiesbaden mit Hessen(-Darmstadt) verbunden würden, dessen Zuständigkeit jedoch eingeschränkt werden sollte[191].

Für den Freistaat Hessen kam ein Aufgehen in Preußen oder der Anschluß an ein irgendwie zentralistisch zusammengefaßtes Norddeutschland nicht in Frage. Man erstrebte hier eine ganz auf Hessen (-Darmstadt) ausgerichtete Zwischenlösung für das Rhein-Main-Gebiet unter Einbeziehung von Wiesbaden, Frankfurt und Hanau. Das erschien aber Preußen ebenso untragbar, wie es Frankfurt unbefriedigt ließ[192]. Eine Vortragsreihe des Südwestdeutschen Rundfunks von Oktober bis Dezember 1930, bei denen auch Vertreter aus Trier und Koblenz sprachen, zeigte, daß die weitgehenden Frankfurter Vorschläge vielfach skeptisch beurteilt wurden[193]. Auch der Darmstädter Archivdirektor Dieterich schwenkte 1930 in einem Aufsatz über Hessen und die Reichsreform auf die Linie seiner Landesregierung ein[194]. Die Großprovinz Rheinfranken, wie sie von Frankfurt geplant wurde und wie sie ihm 1919 vorschwebte, lehnte er wegen grundlegender Verschiebung der Verhältnisse nunmehr ab. Weitzel und dem Atlas von Behrmann-Maull hielt er entgegen, daß nicht Frankfurt, sondern bis in die Neuzeit Mainz und das Mainzer Erzbistum Mittelpunkt gewesen sei. Des Ausdrucks Rheinfranken wollte er sich nur noch für die Stammesmischung am Mittelrhein bedienen, die sich im Mainzer Becken und den dazu gehörigen Randgebieten im Mittelalter gebildet habe. Doch sei eine Neueinteilung Deutschlands nach Stämmen nicht mehr durchführbar. Ihnen zur Seite trete das wichtige jüngere Recht der jahrhundertelangen territorialstaatlichen Traditionen. Dieterich trat daher für Zusammenschluß von Hessen-Nassau mit dem Volksstaat Hessen zu einer Verwaltungseinheit ein. Er glaubte darin auch Stengels Herzensmeinung zu erkennen, daß die gewaltigen und gefährlichen Spannungen zwischen dem Norden und Süden unseres Vaterlandes hier ein die Stöße auffangendes und milderndes Puffergebiet nicht entbehren könnten[195].

Hier war also wieder der Vorschlag einer Zwischenlösung der hessischen Regierung, der aber nicht ohne Grund von Preußen abgelehnt wurde. Es war daher nur folgerichtig, wenn der Abgeordnete Ohlhof der Sozialistischen Arbeiterpartei im Januar 1932 sich im Landtag des Volksstaates Hessen für die Aufgabe der Eigenstaatlichkeit Hessens aussprach und beantragte, das Staatsministerium zu ersuchen, daß es sofort in Verhandlung mit der preußischen Staatsregierung über die Angliederung Hessens an Preußen eintrete[196].

4. Zusammenfassung unter Berücksichtigung der seitherigen Entwicklung

Nach Artikel 18 der Weimarer Reichsverfassung sollte die Gliederung des Reichs in Länder unter möglichster Berücksichtigung des Willens der beteiligten Bevölkerung der wirtschaftlichen und kulturellen Höchstleistung des Volkes dienen. Die staatliche Flurbereinigung blieb jedoch, abgesehen von der Vereinigung Thüringens, in kleinen Korrekturen stecken. Bei Untergang der Republik ragten gerade im heutigen Hessen, einem »Schulbeispiel für die Notwendigkeit einer baldigen und gründlichen Reichsreform«, noch immer die Grenzen der alten Territorien »als Gespenster einer vergangenen Zeit« in das moderne Leben hinein[197]. Lediglich durch Angliederung Waldecks an den Regierungsbezirk Hessen-Kassel war 1929 eine Bereinigung erzielt. Mit der Notverordnung vom 20. Juli 1932, durch die der Reichspräsident den Reichskanzler v. Papen als Reichskommissar für Preußen einsetzte unter gleichzeitiger Verhängung des Ausnahmezustandes über Berlin, begann die Zeit der Gewaltmaßnahmen[198]. Die Umgliederung Wetzlars an den Regierungsbezirk Wiesbaden[199] erfolgte bereits von der preußischen Notverordnungsregierung. Das totalitäre Regime des Nationalsozialismus hob durch das Reichsstatthaltergesetz und andere Maßnahmen 1933 die Selbständigkeit der Länder auf[200] und beseitigte durch das Gesetz über den Neuaufbau des Reiches vom 30. Januar 1934 ihre Hoheitsrechte[201]. Damit waren die reichsgesetzlich bestehenden Garantien der Ländergebietsgrenzen fortgefallen[202]. Aber eine planmäßige Neugliederung brachte der Nationalsozialismus infolge des Gegeneinanders der verschiedenen politischen Kräfte nicht zustande. Zwar mochte die Schöpfung des Gaues Hessen-Nassau der NSDAP mit der Hauptstadt Frankfurt a. M. im Jahre 1933 zunächst als ein Erfolg hinsichtlich der Raumgliederung erscheinen[203]. Daß aber Kurhessen als eigener Gau eine Sonderstellung erhielt, wirkte sich verhängnisvoll aus auf alle Ansätze einer Vereinigung des gesamten Gebiets. Die beim 400jährigen Jubiläum der Homberger Synode 1926 eingeleiteten, aber im Frühjahr 1932 wieder zum Stillstand gekommenen[204] Versuche einer Einigung der fünf Landeskirchen Frankfurt, Hessen, Hessen-Kassel, Waldeck und Wiesbaden zu einer Großhessischen Kirche unter dem Namen Nassau-Hessen schienen im September 1933 verwirklicht. Durch Einspruch des Gauleiters von Hessen-Kassel, der politische Konsequenzen für seinen Machtbereich befürchtete[205], unterblieb dann jedoch die Einbeziehung der Kirche von Hessen-Kassel und Waldeck.

Ähnlich hatte der Versuch einer Vereinigung der Wirtschaftsführung keinen dauernden Erfolg[206]. Im Mai 1933 baute der neue Präsident der Industrie- und Handelskammer Frankfurt a. M., Prof. Carl Lüer, seine Kammer als Preußische Industrie- und Handelskammer für das Rhein-Main-Gebiet zu einer geschlossenen Vertretung für den Regierungsbezirk Wiesbaden aus. Mit Unterstützung des Gauleiters faßte er im September 1933 die preußischen und die hessischen Industrie- und Handelskammern zum Rhein-Mainischen Industrie- und Handelstag zusammen. Durch Hinzutritt des kurhessischen Gebiets wurde unter Lüers Leitung im März 1935 die Wirtschaftskammer Hessen gebildet. 1943 erhielt Hessen-Kassel jedoch wieder die eigene Gauwirtschaftskammer Kurhessen[207]. Als ein Symptom für die Auswüchse der Parteiherrschaft durch das Machtstreben der Gauleiter führte die Gaugliederung der NSDAP 1944 auch zur Trennung der beiden Regierungsbezirke Kassel und Wiesbaden in zwei selbständige Provinzen[208] Kurhessen und Nassau unter Zuweisung der Kreise Hanau, Gelnhausen und Schlüchtern an Nassau. Zwar wurde auch in der Weimarer Zeit mehrfach ausgesprochen, daß unter den beiden Teilen der Provinz ein wirkliches Zusammengehörigkeitsgefühl nicht aufgekommen sei[209]. Von höherer Warte erscheinen diese Spannungen als das Schicksal jedes Brückenlandes[210]. Die Verstärkung des Verkehrsstroms arbeitete zudem an dem inneren Ausgleich. Als positives Ergebnis der Maßnahmen nach 1933 könnte man die Verbindung des Freistaates Hessen mit dem Regierungsbezirk Wiesbaden bzw. der Provinz Nassau ansehen. Denn Gauleiter Sprenger, seit 1933 bereits Reichsstatthalter in Hessen, wurde nunmehr auch zum Oberpräsidenten der Provinz Nassau ernannt und vereinigte somit in seiner Person auch staatlich den Gau. Eine Folge dieser Maßnahme war die merkwürdige, verwirrende Verkehrung der Begriffe Hessen und Hessen-Nassau. Der Begriff Hessen ging von Darmstadt auf Kassel über, während als Hessen-Nassau nunmehr das Gebiet von Wiesbaden und Darmstadt bezeichnet wurde[211], Amtssitz der Provinzialregierung sollte zwar Wiesbaden sein[212]. Deren Selbständigkeit paßte dem Gauleiter aber nicht. Seine Maßnahmen zur Verlegung einzelner Regierungsabteilungen nach Darmstadt und zur Bildung eines Führungsstabes in Frankfurt[213] wurden jedoch durch die vernichtenden Bombenangriffe auf beide Städte ausgelöscht[214]. Wenige Monate später wurde die Hybris des totalitären Systems mit einer chaotischen Katastrophe quittiert. Die im Kaiserreich und von Hitler mißbrauchte zentralisierte preußische Staatsmaschine wurde zerschlagen[215]. Von unten, von den Gemeinden und Kreisen aus mußte eine neue gesellschaftliche und staatliche Ordnung errichtet werden. Daß aus der Notwendigkeit einer fortschreitenden räumlichen Zusammenfassung das Land Hessen hervorging, könnte daher schon als ausreichende Legitimation erscheinen. Wiederholen wir aber zur zusammenschauenden Deutung die eingangs gestellte Frage, ob der geschichtliche Rückblick auf etwa 150 Jahre eines erwachenden staatsbürgerlichen Bewußtseins der Entscheidung von 1945 recht geben kann.

Die von der Geographie und von den geschichtlichen Kräften des Mittelalters und der Neuzeit nicht eindeutig vorgezeichnete historische Landschaft Hessen ist im Widerstreit von Interessen und gefühlsmäßigen Raumbindungen durch wechselnde gesellschaftliche Kräfte[216] errungen worden. Das liberal-demokratische Bürgertum arbeitete zuerst an der Überwindung der Territorialschranken. Eine an Fürst und Heimat traditionsgebundene föderalistische und antipreußisch denkende Gruppe wurde zum Kern einer den politischen und kulturellen Begriff Hessen belebenden und festigenden Bewegung. Daß die preußische Provinz mit Kassel und der Freistaat Hessen mit Darmstadt trotz manchen Widerstrebens zu einer staatlichen Klammer wurden, ist letztlich das Verdienst des wirtschaftlich und verkehrsmäßig bindenden und wie ein Katalysator wirkenden Rhein-Main-Gebiets um Frankfurt, von dem aus im Zuge industrieller Evolution die hemmende Agrarstruktur überwunden wurde. Hier war zuletzt mehr Einheitsstreben als irgendwo sonst im Lande. Viel fortschrittlicher Geist war daran beteiligt. Die Urbanität lehnte sich gegen territorialstaatliche Residuen einer überlebten Vergangenheit auf. Aber die Schwungkraft der wirtschaftlichen Interessen überschritt in dem ominösen Begriff des Lebensraums die Grenzen rücksichtsvollen Realitätssinnes. Der zusammenfassende politische Begriff konnte daher nur aus der unergründlichen Tiefe und Fülle historischen Lebens kommen, wie wir uns auch nicht die Beherrschung des öffentlichen Lebens durch Wirtschaftsinteressen oder vordergründige politische Bestrebungen wünschen. Gewiß darf die moderne Citybildung – bei Hessen in der Gestalt Frankfurts – als ein wesentlicher Faktor der Raumgliederung gelten[217]. Indes fehlt einem solchen Sachzwang jener gefühlsbetonte Wert, der auch die stärker vom Norden als Süden des Landes übernommenen deutschen Heimatvertriebenen und Ostflüchtlinge zu integrieren und staatsbürgerliche Gesinnung zu stärken vermag[218]. Es ist daher sicherlich mehr als ein Zufall, wenn auch bei Begründung des Landes Hessen alle jene geschilderten Faktoren mitwirkten: durch das Gutachten von Professor Anschütz in Heidelberg die mit Hugo Preuß einsetzenden Reichsreformpläne der Weimarer Zeit, durch Hilpert und Bergsträsser die wirtschaftspolitischen Argumente, durch Wilbrand der Hinweis auf die Tradition der Großhessenbewegung[219]. Die Wahl der nicht ohne historischen Grund im zweiten Weltkrieg weitgehend verschont gebliebenen Stadt Wiesbaden als Landeshauptstadt entspricht durchaus dem Charakter des Landes Hessen[220], das, um mit Kasimir Edschmid zu reden, im Süden noch etwas vom Licht des Mittelmeeres hat und im Norden schon herb die Farben spiegelt, die auch über der Nordsee liegen und dessen landschaftliche und geistige Übergänge von einem Klima zum anderen köstlich sind[221].

Der vorliegende Aufsatz gibt, durch Anmerkungen ergänzt, den Vortrag wieder, den der Verfasser bei der Jahrestagung der Historischen Kommission für Hessen und Waldeck am 25. Oktober 1969 in Marburg gehalten hat. Auf das Thema weisen andeutend hin Karl E. Demandt, Geschichte des Landes Hessen, 1959; Erwin Stein, Kleine Geschichte Hessens, 1964, S. 45; Heinz Gollwitzer, Die politische Landschaft in der deutschen Geschichte des 19./20. Jhs. Eine Skizze zum deutschen Regionalismus (in: Ztschr. f. bayerische Gesch. 27, 1964, S. 523-552) S. 531. Den Einstieg erleichterte sehr Karl E. Demandt, Schrifttum zur Geschichte und geschichtlichen Landeskunde von Hessen, I-III, 1965-68.

1 Vgl. hierzu Walter L. Dorn, Zur Entstehungsgeschichte des Landes Hessen, in: Vierteljahreshefte f. Zeitgeschichte 6, 1958, S. 191-196. Man darf also nur cum grano salis von einer oktroyierten Flurbereinigung sprechen, so Georg Wilhelm Sante, Der hessische Raum, in: Handbuch der Historischen Stätten Deutschlands, Bd. IV. 2. Aufl. 1967, S. XVII.

2 Rede vom 4. 3. 1818, in: Verordnungsblatt des Herzogthums Nassau 1818, S. 34 f.; zit. bei Karl Braun, Bilder aus der deutschen Kleinstaaterei (I-IV, 1. Aufl. 1869) II, S. 107.

3 J. Siebmachers Wappenbuch I 1. Die Wappen der Souveräne der deutschen Bundesstaaten, 1856, S. 30 ff. und Tafel 61.

4 Friedrich Meinecke, Die deutschen Gesellschaften und der Hoffmannsche Bund, 1891, S. 15, 35; Karl Mihm, Alex. Friedrich Ludwig Weidig (in: Archiv f. hess. Gesch. NF 15, 1928, S. 348-384, 574-608) S. 365; Demandt, Geschichte S. 407.

5 Wolf-Heino Struck, Vom Kampf um den Verfassungsstaat. Der politische Prozeß gegen den nassauischen Volkskammerpräsidenten Georg Herber 1831/33 (in: Nass. Annalen 79, 1968, S. 182-244) S. 242 f.

6 Weidigs Gedichte, hrsg. von seinen Freunden, 1838, S. 8; zit. bei Mihm S. 360; Demandt, Geschichte S. 426.

7 Struck, Vom Kampf um den Verfassungsstaat S. 208 und 211.

8 Wolfgang Klötzer, Die Ausstrahlung des Hambacher Festes auf den mittelrheinischen Liberalismus (in: Hambacher Gespräche 1962, 1964, S. 56-72); Eckhardt G. Franz, Nachhall Hambachs in Kurhessen (ebd. S. 73-83).

9 Programm und Lieder vom dortigen Geschichtsprofessor Friedrich Jakob Schmitthenner. Das Doppelblatt des Programms (Universitätsbibliothek Gießen M 26169/2) bringt auch die Namen der 298 Teilnehmer aus den Städten Gießen und Marburg, die sich zu diesem Fest der »Eintracht der beiden Hessischen Bruderstämme« versammelten. – Vgl. auch Karl Friedrich August Buchner, Die Pokal- und Adressen-Sendung einer großen Anzahl Einwohner des Kurfürstentums und Großherzogtums Hessen an ihren Landsmann, den Abgeordneten Hofrat und Professor Dr. Welcker in Karlsruhe, Hanau 1832.

10 Wolf-Heino Struck, Das Streben nach bürgerlicher Freiheit und nationaler Einheit in der Sicht des Herzogtums Nassau (in: Nass. Annalen 77, 1966, S. 142-216) S. 164; ders., Vom Kampf um den Verfassungsstaat S. 235 f.

11 Paul Wentzcke und Wolfgang Klötzer, Deutscher Liberalismus im Vormärz. Heinrich v. Gagerns Briefe und Reden 1815-1848, 1959, S. 292 f.

12 Karl Esselborn, Hundert Jahre Historischer Verein für Hessen, 1934 (auch in: Archiv f. hess. Gesch. NF 18, 1934, S. 1-183).

13 Ebd. S. 19.

14 Ebd. S. 11.

15 Vgl. Ztschr. f. hess. Gesch. 1, 1837, S. III f.; Wilhelm Hopf, Hundert Jahre hessischer Geschichtsverein (in: Ztschr. f. hess. Gesch. 59/60, 1934, S. V-LXIII) S. V ff.; über Bernhardi (1799-1874) vgl. W. Hopf in: Lebensbilder aus Kurhessen und Waldeck, Bd. I, 1939, S. 23-27.

16 So Wilhelm Niemeyer, Georg Landau, in: Lebensbilder aus Kurhessen und Waldeck, Bd. VI, 1958, S. 179 f.

17 Philipp Losch, Kassel und Darmstadt. Ein Rückblik auf den hess. Bruderzwist (in: Hessenland 33, 1919, S. 149-152, 171-174) S. 173. Das vor allem auf dem Marburger Kongreß vom 23. und 24. 6. 1849 besprochene Ziel der gemäßigten Demokraten war die Vereinigung beider Hessen unter dem Erbgroßherzog Ludwig (Ludwig III.) von Hessen-Darmstadt, vgl. Jakob (s. Anm. 91) S. 20.

18 Karl Wolf, Zweitausend Jahre Großhessen (in: Nass. Heimatbll. 41, 1951, S. 67-81) S. 80; Struck, Streben nach bürgerl. Freiheit S. 206.

19 Wilhelm Heinrich Riehl, Land und Leute, 1. Aufl. 1854, S. 270 f., 276; vgl. dazu Bernhard J. Chr. Schmidt, Katalog der Riehl'schen Zeitungsaufsätze, die Jahre 1841-1853 einschl. umfassend (in: Nass. Annalen 42, 1914, S. 14-57) S. 44, Nr. 531 und 532.

20 Wilhelm Schüßler, Hessen-Darmstadt und die deutschen Großmächte 1850, 1919, S. 15, 20 f., 54 f., 64, 91, 96, 103; Robert Friderici, Ludwig Hassenpflug (in: Lebensbilder aus Kurhessen und Waldeck, Bd. V, 1955, S. 101-121) S. 109 f., 112. Schon Kurfürst Wilhelm I. erhoffte für sich vor 1818 eine hessische Königskrone (Losch, Kassel und Darmstadt S. 172 f.) Clotilde Koch in Frankfurt wußte am 11. 5. 1850 an Heinrich von Gagern als verbreitetes Gerücht zu berichten, Österreich suche den Kurfürsten von Hessen-Kassel zum Niederlegen siner Regierung zu bewegen. Auch mit Nassau beabsichtige man ein gleiches. Man wolle diese beiden Länder dann mit Hessen-Darmstadt zum »Königreich Hessen« vereinigen. Die Briefschreiberin fürchtet von seiner politischen Verbindung der drei Länder auch Folgen für Frankfurt, vgl. Wolfgang Klötzer, Clotilde Koch-Gontard an ihre Freunde. Briefe und Erinnerungen aus der Zeit der deutschen Einheitsbewegung 1843-1869, 1969, S. 163.

21 Riehl, Land und Leute S. 261; Schmidt, Katalog S. 41, Nr. 494.

22 Esselborn, Hundert Jahre S. 39; Demandt, Geschichte S. 426. – Auf diese Verbindung der histor. Vereine wies schon Riehl in Allg. Zeitung vom 26. 1. 1853 hin, vgl. Schmidt, Katalog S. 53, Nr. 695. – Zu nennen ist hier auch die vom Advokaten Bopp in Darmstadt 1855 herausgegebene Wochenschrift für Recht und Verwaltung im Großherzogtum Hessen, Herzogtum Nassau und in der freien Stadt Frankfurt a. M. Sie stellte allerdings bereits mit Nr. 26 am 30. 6. 1855 ihr Erscheinen ein.

23 Periodische Blätter 1 (1846-1852) S. 222 ff.

24 Struck, Streben nach bürgerl. Freiheit S. 174.

25 Ebd. S. 191; G(ottfried) Z(edler), Die politische Presse im Herzogtum Nassau, in: Rheinischer Kurier 1903 Nr. 820 vom 23. 11., Nr. 850 vom 5. 12.

26 Wolf-Heino Struck, Die Anfänge der Arbeiterbewegung in Wiesbaden 1848-1851 (in: Geschichtliche Landeskunde V, Festschrift Ludwig Petry Tl. 2, 1969, S. 287-321) S. 307 ff.

27 Otmar Frühauf, Bürgerlich-liberale Sozialpolitik 1856-1865, 1966, S. 134 f., 152, 154, 159, 167, 172 f., 174, 199, 225, 227, 248, 258 ff.; Frolinde Balser, Sozial-Demokratie 1848/49-1863 (I, II, 1962) I, S. 601.

28 Stenogr. Berichte Haus der Abgeordneten 1866, III, S. 1414, 43. Sitzung vom 5. 2. 1868. Vgl. auch (Karl) Hörger, Bismarck und die Verwaltungsreform in

Mitteldeutschland, in: Kasseler Post 47. Jg., 1929 vom 23. 6., Beilage: Die Sonntagspost.

29 Ebd. S. 1416. Dagegen hielt es der erste Wiesbadener Regierungspräsident für einen »Fehler, zwei so heterogene Länder wie Kurhessen und Nassau (nebst Frankfurt) zu einer neuen Provinz zusammenzuschweißen«, vgl. Gustav von Diest, Aus dem Leben eines Glücklichen. Erinnerungen eines alten Beamten, 1904, S. 354.

30 Braun, Bilder II, S. 91.

31 Struck, Streben nach bürgerl. Freiheit S. 206.

32 Wilhelm Mommsen, Friedrich Oetker (1809-1881), Politiker und Journalist (in: Lebensbilder aus Kurhessen und Waldeck, Bd. III, 1942, S. 308-320) S. 316; Friedrich P. Kahlenberg, Preußen und die Annexionen des Jahres 1866 (in: Hess. Jahrbuch f. Landesgesch. 16, 1966, S. 165-214) S. 167 f.

33 Mommsen, Oetker S. 318; Kahlenberg, Preußen S. 177.

34 Kahlenberg, Preußen zeigt S. 209 die epochemachende Bedeutung dieser die anfängliche bureaukratische Diktatur gegen Kurhessen ablösenden Konzession für die Regierungsmaximen des preußischen Staates; nachzutragen ist, daß schon Karl Weidenmüller, Kaiser Wilhelm und das Hessenland, 1888 auf diesen Umschlag der preußischen Politik in der Behandlung von Hessen-Kassel hingewiesen hat. – Wolf-Arno Kropat, Die nassauischen Liberalen und Bismarcks Politik in den Jahren 1866-1867 (in: Hess. Jahrbuch f. Landesgesch. 16, 1966, S. 215-296) betont den machtpolitischen Kern und Charakter der preußischen Maßnahmen.

35 Karlheinz Müller, Preußischer Adler und Hessischer Löwe. Hundert Jahre Wiesbadener Regierung 1866-1966, 1966, S. 32 f., 36 ff.

36 Stenogr. Berichte Haus der Abgeordneten 1885 II, S. 899, Sitzung vom 7. 3. 1885.

37 Wolfgang Kothe, Die Gedanken zur Neugliederung des Reiches 1918-1945 in ihrer Bedeutung für Nordwestdeutschland (in: Westfälische Forschungen 6, 1953, S. 182-196), irrt also mit der Behauptung S. 182, daß in der Zeit des Kaiserreichs der Gedanke einer Änderung der Grenzen der preußischen Provinzen überhaupt nicht zur Debatte stand.

38 Stenogr. Bericht (vgl. Anm. 36) S. 903 f.

39 Ebd. S 917.

40 Gesetz vom 8. 6. 1885 (Preuß. Gesetzslg. S. 247).

41 Durch königliche Order vom 3. 6. 1892 wurden die Farben der Provinz Hessen-Nassau wie folgt bestimmt: für die Provinz Rot-Weiß-Blau, für den Bezirksverband Kassel Rot-Weiß, für den Bezirksverband Wiesbaden Blau-Orange, vgl. Deutscher Reichsanzeiger Nr. 143 vom 20. 6. 1892; Karl Heßler, Heimatkunde der Provinz Hessen-Nassau, 2. Aufl. 1906, S. 67; Fritz Seelig, Die Farben und Wappen der Provinz Hessen-Nassau sowie ihrer Bezirksverbände zu Cassel und Wiesbaden, in: Casseler Tageblatt und Anzeiger 39. Jg., 1892, Nr. 178 vom 29. 6. und Nr. 179 vom 30. 6.; ders., All-Hessenland, seine Grenzen und einzelnen Teile, in: Karl Heßler, Hess. Landes- und Volkskunde. Das ehemalige Kurhessen und das Hinterland am Ausgang des 19. Jhs. (I, II, 1904-1906) II, S. 13-28, hier S. 22. – Der Wiesbadener Stadtarchivar Christian

Spielmann erklärte in einem Artikel: Unsere Farben, in: Wiesbadener Tagblatt 44, 1896, Nr. 577 vom 10. 12., daß die Fahnen mit den Provinzfarben sich in Wiesbaden »nicht so recht einbürgern« wollen. – Vgl. auch Anm. 42.

42 Preuß. Gesetzslg. S. 45; Wirth in Stenogr. Berichte Haus der Abgeordneten 1885 II S. 901 sah diese Entwicklung schon voraus. – Durch Beschluß des Staatsministeriums vom 7. 3. 1927 wurde in das Provinzwappen zusätzlich zum hessischen und nassauischen Löwen der Frankfurter Adler aufgenommen, vgl. Handbuch über den preußischen Staat, 1931, S. 14.

43 A(ndreas) Gild, Landeskunde der Provinz Hessen-Nassau, 5. Aufl. 1907; Heßler, Heimatkunde (vgl. Anm. 41); Ernst Meyer – Fr. Bothe, Landeskunde der Provinz Hessen-Nassau, 1914.

44 C. Wagner, Heimatkunde von Hessen-Nassau und dem Fürstentum Waldeck, 6. Aufl. 1886.

45 Historische Kommission für Hessen und Waldeck, Jahresbericht 1898 und 1899.

46 Hessen-Nassauisches Volkswörterbuch, ausgewählt und bearb. von Luise Berthold, Bd. II, 1943, S. IV f.

47 Verzeichnis sämtlicher Ortschaften der Provinz Hessen-Nassau, des Fürstentums Waldeck, des Kreises Wetzlar und des Großherzogtums Hessen, Berlin: Reichsdruckerei 1885; Georg Greim, Landeskunde des Großherzogtums Hessen, der Provinz Hessen-Nassau und des Fürstentums Waldeck, 1908.

48 Otto Berlit, Ludwig Knaus in Willingshausen, in: Hessenkunst 15, 1921, S. 26-30.

49 Otto Berlit, Die Willingshäuser Malerkolonie in neuerer Zeit, in: Hessenkunst 16, 1922, S. 47.

50 Herausgeber war Heinrich Diefenbach, die Zeitschrift stellte schon mit Nr. 4 ihr Erscheinen wieder ein.

51 Struck, Streben nach bürgerlicher Freiheit, S. 207.

52 Rupprecht Leppla, Carl Justi/Otto Hartwig. Briefwechsel 1858-1903, 1968, S. 14.

53 Ebd. S. 10.

54 Laut ihrem Programm von 1868 erstrebte sie die politische Einigung der gesamten deutschen Nation auf Grund der in den Selbstbestimmungsrechten wurzelnden Gleichberechtigung und Selbständigkeit der einzelnen Stämme und Länder. Der demokratische Charakter des vorwiegend aus Handwerkern Kassels bestehenden Vereins zeigt sich in den Forderungen nach Übergang zum Milizheer, Verbesserung der Lage der arbeitenden Klassen und Einführung des allgemeinen direkten Wahlrechts auch bei den Gemeinden. Der Verein löste sich in den Jahren 1870-1872 auf, Hessisches Staatsarchiv (künftig StA) Marburg 175 Nr. 1218.

55 Die Zeitung erschien 1. 1. 1868-23. 7. 1870, vgl. Siegfried Löffler, Die Presse im preuß. Regierungsbezirk Kassel und ihr Verhältnis zum Staat (in: Ztschr. f. hess. Gesch. 67, 1956, S. 181-186) S. 182 f. Der aus Fulda stammende Demokrat Trabert war 1859-61 in Wiesbaden als Redakteur der liberalen Rhein-Lahn-Zeitung tätig gewesen und hatte sich 1865 auf dem Frankfurter Demokratenkongreß für den Zusammenschluß der preußenfeindlichen Klein-

staaten eingesetzt, vgl. Adam Trabert, Historisch-literarische Erinnerungen, 1912, S. 243 f.; Struck, Streben nach bürgerlicher Freiheit S. 203. Seine Zeitung wurde, wie später die Hessischen Blätter Hopfs, vom Kurfürsten unterstützt (Löffler ebd. S. 186 f.); die Vermutung der preußischen Regierung (Kropat, Obrigkeitsstaat S. 267) bestand also zu Recht. Ein weiterer Publizist im kurfürstlichen Lager war der Kabinettsrat Schimmelpfeng. Von ihm (Philipp Losch, Geschichte des Kurfürstentums Hessen 1803 bis 1866, 1922, S. 438) stammt die anonyme Kampfschrift: Das Kurfürstentum Hessen, Wien 1868. Der Verfasser sprach darin seine festeste Zuversicht auf den Tag der Vergeltung aus, wo Kurhessen ebenso wie seine Leidensgefährten neu erstehen wird (S. 6, 66). 1868 wich Trabert nach Wien aus. Sein demokratisches und streng katholisches Denken führte ihn hier der christlich-sozialen, antisemitischen Bewegung Karl Luegers zu (Erinnerungen S. 507). – Oetker bemerkt nach dem Krieg von 1866, daß er glaube, wenn der Kurfürst wiederkomme, spanne ihm das Volk (vor Jubel) die Pferde aus, daß jedoch die Gebildeten in ihrer Ablehnung festhielten (Leppla, Carl Justi/O. Hartwig S. 168).

56 Braun, Bilder III, S. 73 ff.; Heinrich Ritter von Srbik, Deutsche Einheit. Idee und Wirklichkeit vom Heiligen Reich bis Königgrätz (I-IV, 1935-42) III, S. 233; Mommsen, Oetker S. 316; Robert Friderici, Friedrich Wilhelm, Kurfürst von Hessen (in: Lebensbilder aus Kurhessen und Waldeck, Bd. IV, 1950, S. 91-106) S. 105.

57 Ihre Wurzeln liegen z. T. in dem 1861 begründeten reaktionären Hessenverein; vgl. Losch, Geschichte S. 307 f.

58 Friderici, Hassenpflug S. 115; Wilhelm Maurer, August Vilmar (in: Lebensbilder aus Kurhessen und Waldeck, Bd. III, 1942, S. 371-386) S. 385.

59 Karl Wicke, Wilhelm Vilmar (in: Lebensbilder aus Kurhessen und Waldeck, Bd. IV, 1950, S. 396-403) S. 401 f.; Demandt, Geschichte S. 418, 432; Kurt Dülfer, Die Regierung in Kassel vornehmlich im 19. und 20. Jh., 1960, S. 19. Für die innere Annäherung der Kirche im heutigen Hessen ist es nicht unwichtig, daß sich auch in Hessen-Darmstadt und Frankfurt eine Renitenz und im unierten Nassau eine lutherische Gruppe bildete, vgl. Demandt, Schrifttum II, S. 203.

60 Maurer, August Vilmar S. 385 (mit wohl nicht ganz haltbarer Kritik).

61 Wilhelm Hopf, Ziele und Mittel der Hessischen Rechtspartei, 1890; Julius Martin, Die hessische Rechtspartei im Wahlkampfe, 1898; Philipp Losch, Wilhelm Hopf, in: Lebensbilder aus Kurhessen und Waldeck, Bd. IV, 1850, S. 141-150.

62 Losch, Hopf S. 149 f.; Löffler, Presse und Verhältnis zum Staat S. 183 f.; ders., Die Presse im preußischen Regierungsbezirk Kassel als Spiegelbild ihrer Zeit (in: Ztschr. f. hess. Gesch. 75/76, 1965, S. 601-610) S. 604 f.

63 Hopf, Ziele S. 16 f.

64 Martin, Rechtspartei S. 46 f.

65 Ebd. S. 14 f., 18 f.

66 Ebd. S. 11; Hopf, Ziele S. 14 f.

67 Vgl. auch Erich Wittenberg in NDB V, 1961, S. 355, über Constantin Frantz.

68 Harm-Hinrich Brandt, Wirtschaftspolitik und gewerbliche Mitbeteiligung im nordhessischen Raum 1710-1960, 1960, S. 82.

69 Georg Steinhausen, Hessen-Nassau und Deutschland, in: W. Köhrer, Hessen-Nassau und Waldeck. Seine Entwicklung und seine Zukunft, 1928, S. 9; Weidenmüller (1888) sah S. 8 eine gewisse geistige Verwandtschaft zwischen Preußen und Hessen darin, daß beide Fürstenhäuser ihre von Natur nicht reich bedachten Länder durch strenge Zucht in die Höhe zu bringen verstanden.

70 Dülfer, Regierung S. 23.

71 Martin, Rechtspartei S. 21.

72 Die preußische Annexion richtete sich 1866 (nicht ohne Hintersinn) auf die Länder, die das vormalige Kurfürstentum Hessen gebildet hatten, vgl. Walter Heinemeyer, Heimatgeschichte und Landeskunde als Gegenstand und Methode, 1957, S. 13. Seit 1821 gliederte sich Kurhessen in vier Provinzen (Demandt, Geschichte S. 416; Dülfer, Regierung S. 167).

73 So nach der Ankündigung und dem Gedicht von Gustav Kastropp in Bd. 1. Die Zeitschrift ging mit Heft 1 des 54. Jg. (1943) infolge der politischen und kriegswirtschaftlichen Verhältnisse ein.

74 Die sie tragende hessische Vereinigung für Volkskunde ging aus dem Oberhessischen Geschichtsverein in Gießen hervor (vgl. Bd. I, S. 62 f.).

75 Karl E. Demandt, Die hess. Erbfolge in den Testamenten Landgraf Philipps des Großmütigen und der Kampf seiner Nebenfrau um ihr Recht (in: Hess. Jahrbuch f. Landesgesch., 17, 1967, S. 138-190) S. 141 Anm. 11.

76 Vgl. Jg. 1, S. 1 ff.

77 Seelig, All-Hessenland (s. Anm. 41) S. 14, 20.

78 Martin Rudolf Vogel, Volksbildung im ausgehenden 19. Jh., 1959, S. 23-52. Hans Drüner, Im Schatten des Weltkrieges. Zehn Jahre Frankfurter Geschichte von 1914-1924, 1934, S. 42, datiert die Gründung irrtümlich auf 1904. über die fast alle Bereiche des öffentlichen Lebens ergreifende Tätigkeit vgl. das Programm der »Kriegs-Volksakademie des Rhein-Mainischen Verbandes für Volksbildung« (Vierte Rhein-Mainische Volksakademie), Diez an der Lahn vom 2. bis 15. Oktober 1916. – Schon am 31. 3. 1895 veranstaltete die Handelskammer Frankfurt eine gemeinsame öffentliche Kundgebung des Rhein-Mainischen Industriebezirks zugunsten der Goldwährung. Zur Vorbereitung fand eine Delegiertenversammlung der Handelskammern Bingen, Darmstadt, Frankfurt a. M., Gießen, Hanau, Offenbach und Wiesbaden in Frankfurt statt, vgl. Geschichte der Handelskammer zu Frankfurt a. M. (1707-1908), 1908, S. 859 f. – Zu dieser Raumkonzeption gehört es auch, daß am 27. 10. 1899 die Vertreter der großen Frankfurter Baugenossenschaften und gemeinnützigen Bauvereine, einiger anderer gemeinnütziger Vereine und einige Private zur Gründung eines Vereins zur Förderung des Arbeiterwohnungswesens und verwandter Bestrebungen für beide Hessen und Nassau zusammentrat, vgl. Gemeinnützige Blätter für Groß-Frankfurt 1, 1899, S. 87. Daß jener Raumbegriff sich vor 1914 eingeführt hatte, zeigt etwa der Titel von Paul Arndt, Heimarbeit-Ausstellung zu Frankfurt a. M. Kurze Beschreibung der Heimarbeit im Rhein-Mainischen Wirtschaftsgebiete, Frankfurt a. M. 1908.

79 Stein, Verwaltungsreform und -ordnung des Rhein-Mainischen Städtekranzes, in: Der Rhein-mainische Städtekranz (s. u. Anm. 144) S. 133. Die Zeitschrift (mit dem Untertitel: Zeitschrift für soziale Heimatkunde) erschien ab 1. 7. 1899. Das durch eine Karte auf dem Titelblatt verdeutlichte Gebiet reichte nach dem Geleitwort des Herausgebers Dr. med. W. Kobelt in Schwanheim so weit, wie Arbeiter mit Wochenkarten regelmäßig nach Frankfurt zur Arbeit kommen. Die Höhen des Taunus, Vogelsbergs, Spessarts, Odenwaldes seien seine natürlichen Grenzen. Obwohl unter die drei Länder Preußen, Hessen und Bayern verteilt und zu fünf Provinzen gehörig, bilde es eine völlig in sich geschlossene wirtschaftliche Provinz, eine wirtschaftliche Einheit in ganz anderem Sinne wie einer der beteiligten Verwaltungsbezirke. Selbst wenn die Bürokratie sich nicht entschließen könnte, über die Provinz- und Landesgrenzen hinwegzuschauen, für die kommunale, genossenschaftliche und private Tätigkeit auf sozialem und gemeinnützigem Gebiet bildete diese kein Hindernis eines engeren Zusammenschlusses. Diesem Zwecke wollte die Zeitschrift dienen. Seit November 1899 trug sie den Untertitel: Mitteilung des Verbandes für Volksvorlesungen im Rhein-Main-Gebiet. Um dem Mißverständnis zu begegnen, daß die Zeitschrift ausschließlich lokale Frankfurter Interessen vertrete, wurde der Obertitel ab 1. 1. 1902 in Gemeinnützige Blätter für Hessen und Nassau geändert.

80 Auf Grund des Reichsgesetzes vom 15. 3. 1899 wurde Frankfurt 1900 Sitz des XVIII. Armeekorps, das den südlichen Teil der Provinz Hessen-Nassau und des Regierungsbezirks Arnsberg, den Kreis Wetzlar und (mit eigener Division) Hessen-Darmstadt umfaßte. Bis dahin gehörte es zum XI. Armeekorps in Kassel, vgl. RGBl. S. 215; Stechert's Armee-Einteilung und Quartier-Liste des deutschen Reichsheeres 40. Jg. 327. Ausg. vom 8. 4. 1899; Rang- und Quartier-Liste der Kgl. Preußischen Armee und des XIII. (Kgl. Württembergischen) Armeekorps für 1899 S. 93 f.; Graf Hue de Grais, Handbuch der Verfassung und Verwaltung in Preußen und dem Deutschen Reiche, 1908, S. 150 Anm. 6.

81 Drüner S. 163 ff.; Rhein-Mainische Lebensmittelstelle GmbH, Frankfurt a. M., Erstes Geschäftsjahr, Frankfurt a. M. 1917; vgl. auch den Immediatbericht des Regierungspräsidenten vom 16. 1. 1917, Hessisches Hauptstaatsarchiv (künftig: HStA) Wiesbaden 405, 4247.

82 Die Protokolle ab 1916 im Stadtarchiv Frankfurt, Industrie- und Handelskammer Nr. 1126; vgl. auch Drüner S. 293. Die konstituierende Sitzung fand am 1. 5. 1917 statt. Die Bemerkung Kahlenbergs, Großhessenpläne (s. Anm. 90) S. 375, die Vereinigung sei bereits vor dem Ersten Weltkrieg gegründet, findet in den Akten keine Stütze.

83 K. Schmelzeis, Wiesbaden und Frankfurt in der politischen Neugliederung Deutschland (in: Nassovia 29, 1929, S. 110-113) S. 112 mit Hinweis auf die ablehnende Haltung der Neuen Wiesbadener Zeitung vom 15. 7. 1917.

84 Nassauisches Heimatbuch – Regierungsbezirk Wiesbaden, hrsg. von Karl Jacobi, Wiesbaden 1913. Vgl. auch Friedrich Hottenroth, Die nassauischen Volkstrachten, 1905.

85 Vgl. Adalbert Matthaei, Das Großherzogtum Hessen als Bindeglied zwischen Nord- und Süddeutschland, in: Hessenkunst 1908, S. 14-17.

86 Friedrich Knöpp, Der Historische Verein [zu Darmstadt] 1833-1933 (in: Volk und Scholle 11, 1933, S. 93-107) S. 101.

87 Preuß. Gesetzslg. S. 215 f., 218 f., 223 f.

88 Carl Haensel, Die Revolutionsversicherung. Bekenntnisse aus rechtsverjährter Zeit, 1964, S. 9.

89 Vgl. Hessen-Nassau, Jg. 1 (1911) S. 9.

90 Fritz Stück, Freistaat Hessen? Ein Mahnwort, Kassel 1918, am 20. 12. 1918 dem Buchhandel übergeben; 2. Aufl. als: Freistaat Hessen! Ein Mahnwort, Kassel 1919, Vorwort vom 10. 1. 1919. Vgl. auch Friedrich P. Kahlenberg, Großhessenpläne und Separatismus – Das Problem der Zukunftsorientierung des Rhein-Main-Gebietes nach dem Ersten Weltkrieg (1918-1923), in: Geschichtliche Landeskunde Bd. V2, 1969, S. 355-395, hier S. 362 f.; Kahlenbergs wertvoller, neue Quellen erschließender Aufsatz ist im wesentlichen, begrenzt auf die angegebenen Jahre, auf Hessen-Darmstadt und insbesondere Mainz und Rheinhessen ausgerichtet.

91 Bruno Jacob, Ein freies Hessen! Im Einigen Deutschland, Marburg 1919; das Vorwort ist Kassel, Jahreswende 1918/19 datiert.

92 Vgl. den Nachruf in Zeitschrift »Hessen« 2. Jg. Nr. 13 vom 1. 4. 1921. Doch steht sein Name noch neben dem von Bruno Jacob, von Kabinettsrat Dr. Schimmelpfeng und v. d. Malsburgs unter einem Aufruf der Hessischen Rechtspartei »an alle Hessen« vom Januar 1919, der für ein freies Gesamthessen als Beitrag zum Deutschen Reichsneubau eintritt (Stück, 2. Aufl., S. 48 f.).

93 Stück, 2. Aufl., S. 4 ff. und Karte S. 7.

94 Ebd. S. 6.

95 Gießener Anzeiger 168. Jg. 1918 Nr. 299, Leitartikel.

96 Ernst Rudolf Huber, Dokumente zur deutschen Verfassungsgeschichte, Bd. III. Dokumente der Novemberrevolution und der Weimarer Republik 1918-1933, 1966, S. 115 f.

97 Walther Vogel, Deutsche Reichsgliederung und Reichsreform in Vergangenheit und Gegenwart, 1932, S. 155.

98 J. R. Dieterich, Großhessen oder Rheinfranken? Eine stammeskundliche und geschichtliche Betrachtung (in: Quartalbll. des Hist. Ver. f. d. Großherzogtum Hessen 6, 1. Vierteljahresheft 1919, S. 285-303) S. 295, 301, 303; laut Esselborn, Hundert Jahre S. 97 erschien der Vortrag »auch in einer starken Auflage als Sonderdruck«.

99 So schon richtig Paul Kluke, Ein Dokument über großhessische Umgliederungspläne im Sommer 1919 (in: Festgabe für Paul Kirn, 1961, S. 234-244 [betrifft die Haltung des hessischen Ministerpräsidenten Ulrich zu dem Plan einer mittelrheinischen Republik]); auch Rudolf Morsey, Die deutsche Zentrumspartei 1917-1923, 1966, S. 118, 120; Karl Dietrich Erdmann, Adenauer in der Rheinlandpolitik nach dem ersten Weltkrieg, 1966, S. 49 ff., 187 ff.; Kahlenberg, Großhessenpläne S. 358; Erwin Bischof, Rheinischer Separatismus 1918-1924. Hans Adam Dortens Rheinstaatbestrebungen, Bern 1969, S. 10 f., 27 ff.

100 Morsey, Zentrumspartei S. 111 ff., 135, 264 Anm. 18. Daß in diesem innerpreußischen Konflikt und nicht etwa in mangelndem Nationalsinn wirklich

der geistige Kern der Loslösungstendenz zu finden ist, zeigt auch die der Kölner Volkszeitung sehr ähnliche Haltung des durchaus patriotischen, streng monarchisch gesinnten Redakteurs der Rheinischen Volkszeitung in Wiesbaden, Dr. Geueke. Man darf jedoch nicht dem Zentrum den Separatismus anlasten. Der Reichsausschuß der Zentrumspartei sprach sich auf der Tagung in Frankfurt a. M. am 30. 12. 1918 gegen die rheinischen Selbständigkeitspläne aus (Morsey, Zentrumspartei S. 127). Vertreter der kommunistischen Partei beschlossen am 16. 2. 1919 in Essen Ausrufung der Nordwestdeutschen Republik (Carl Severing, 1919/20 im Wetter- und Watterwinkel, 1927, S. 13). Der braunschweigische sozialistische Volksbeauftragte Oerter schlug zur Erhaltung des Rätesystems am 25. 1. 1919 eine nordwestdeutsche Bundesrepublik sozialistischer Freistaaten vor, für die seiner Ansicht nach als Bundeshauptstadt Kassel in Betracht kam (Hans Volz, Dokumente der deutschen Politik, Bd. III. Novemberumsturz und Versailles 1918-1919, Teil 1, 2, 1942, hier III 2, S. 483 ff.).

101 Die Rheinische Republik. Die Gründe für die Errichtung eines rheinischen Freistaates und die Vorgeschichte der Proklamation vom 1. Juni 1919, hrsg. von der Vorläufigen Regierung der Rheinischen Republik zu Wiesbaden, Juli 1919, S. 44 f.; Huber, Dokumente III, S. 120. Verfasser von »Die Rheinische Republik« ist Klaus Krämer, vgl. auch Herbert Müller-Werth, Die Separatistenputsche in Nassau unter besonderer Berücksichtigung des Stadt- und Landkreises Wiesbaden (in: Nass. Annalen 79, 1968, S. 245-328) S. 252 Anm. 34.

102 Bischof, Separatismus S. 81 ff. Die Namen vollständig bei Volz III 2, S. 461.

103 Bezeichnend ist die Anfrage, die der Abgeordnete Dr. Osann von der deutschen Volkspartei am 13. 2. 1919 im hessischen Landtag vorbrachte. Er wollte wissen, welche Stellung die hessische Regierung in der Frage der Bildung eines Freistaates Großhessen und ebenso in der Frage der Bildung eines rheinischen oder rheinisch-westfälischen Freistaates einnimmt (Verhandlungen Landtag 1919/21 Drucksache Nr. 5). Die Frage wurde von der Tagesordnung abgesetzt, vgl. Verhandlungen vom 9. 5. und 3. 7. 1919 (ebd. S. 568 und 638). Die Sondierungen des Ministerpräsidenten Ulrich bei dem französischen General Mangin in Mainz vom Juni 1919 hinsichtlich einer mittelrheinischen Republik (Verhandlungen des Landtags 1932 S. 133 f.; Kahlenberg, Großhessenpläne S. 368 f.) wurden in Berlin als Pläne zur Gründung einer großhessischen Republik aufgefaßt, vgl. Verfassunggebende Preußische Nationalversammlung 1919 Drucksache Nr. 572; StA Marburg 165, 3868.

104 Zum Folgenden Rudolf Hülsenbeck, Was soll aus Nassau werden (in: Nassovia 20, 1919, S. 35-36) S. 36; Hermann Vohl, Nassaus Zukunft (in: Nassovia 20, 1919, S. 68-70) S. 69 f. (Nr. 10 vom 16. 5. 1919); Müller-Werth, Separatistenputsche in Nassau, S. 251 ff. Zur Ablehnung Großhessens vgl. Kahlenberg, Großhessenpläne S. 366 Anm. 21; Nassovia 20, 1919, S. 8 (vom 1. 1. 1919) und 22, 1921, S. 25.

105 Vgl. Losch, Kassel und Darmstadt (1919) S. 173. Nach Jacob, Ein freies Hessen (1919) S. 6, konnte Nassau dem hessischen Gesamtstaatsverband die seitliche Ergänzung der im allgemeinen nordsüdlichen Verkehrswege einbringen.

106 Wilhelm Wittgen, Verein der Nassauer, in: Nassovia 19, 1918, S. 85; Vohl, Was ist nassauisch? (in: Nassovia 19, 1918, S. 73-76, 93-95) S. 73; ders. (unter dem Zeichen: » . . .l«), Aus Nassau, in: Nassovia 20, 1919, S. 27. Auf einer Versammlung der rheinischen Separatisten in Wiesbaden am 23. 9. 1923 erklärte Seelbach, daß die Nassauische Vaterlandspartei seit 1910 die Wiedererrichtung des nassauischen Staates betreibe (HStA Wiesbaden 408, 73 Bl. 22). Als Träger der nassauischen Bewegung gelten im April 1924 Graf Merenberg und der 1. Beigeordnete Borgmann in Wiesbaden (ebd. Bl. 135 ff.; Müller-Werth, Separatistenputsche in Nassau S. 287).

107 Voran die »Nassauischen Annalen« des 1812 bzw. 1820 begründeten Vereins für Nass. Altertumskunde und Geschichtsforschung, sodann die »Nassovia. Zeitschrift für Nassauische Geschichte und Heimatkunde« (ab 1900, hrsg. von Christian Spielmann); die »Nassauische Heimat. Beilage zur Rheinischen Volkszeitung« (ab 1. 4. 1921, hrsg. von Massenkeil, eingegangen 1936); die 1922 von Friedrich Wilhelm Brepohl geschaffenen »Nassauischen Blätter. Zeitschrift für Volkstum, Heimatpflege und Volkskunde«. Brepohl nennt im Geleitwort die Nassauer »die Oberländer der für unser Volksleben so hochbedeutenden Westmark Deutschlands«. Zum Festhalten an Nassau vgl. insbes. Fritz Ullius in: Nass. Blätter 13, 1933, S. 210, bei dem vom NS-Regime erzwungenen Ende jener Zeitschrift.

108 Vgl. Aus Nassau, in Nassovia 20, 1919, S. 44.

109 Nämlich mit Bruno Jacob und Karl Heldmann.

110 Laut Bericht des Wiesbadener Tagblatts vom 9. 1. 1919 Nr. 8 hatten sich zu der Tagung über 100 Teilnehmer aus dem bisherigen Großherzogtum, aus Hessen-Nassau und dem Kreis Wetzlar eingefunden.

111 Ztschr. »Hessen« 1. Jg., 1920, S. 32.

112 Kahlenberg, Großhessenpläne S. 365.

113 Ztschr. »Hessen« 1920 Nr. 5 vom Mai 1920, S. 45 ff.

114 Löffler, Presse als Spiegelbild S. 609 f.

115 Ztschr. »Hessen« 1920, S. 64.

116 Ztschr. »Hessen« 1921 Nr. 15 vom 1. 6. 1921, S. 23 f.; Kahlenberg, Großhessenpläne S. 377 f.

117 Ebd. S. 75.

118 So Dr. W. Wilbrand in Brief vom 17. 2. 1946 an Museumsdirektor Dr. Feigl, Nachlaß Dr. W. Wilbrand im Besitz von dessen Sohn, Herrn Notar Wilbrand, Darmstadt, dem ich für die Zugänglichmachung der auf die großhessische Bewegung bezüglichen Papiere seines Vaters auch an dieser Stelle verbindlichst danke.

119 Die Zeitschrift löste die Quartalblätter des Histor. Vereins in Darmstadt ab. Über den Zuschuß des hessischen Staates und des Reiches vgl. Esselborn, Hundert Jahre S. 103. 1934 zog der nationalsozialistische Reichsbund Volkstum und Heimat, Landschaft Rheinfranken - Nassau - Hessen (später Heimatbund für Hessen und Nassau) unter Leitung von Friedrich Ringshausen die Zeitschrift an sich und gestaltete sie entsprechend um. Sie ging mit dem 21. Jg. Heft 1/3, Januar-März 1943 ein; 1950-53 erlebte sie eine kurze Wiedergeburt als rein darmstädtische Heimatzeitschrift.

120 Esselborn, Hundert Jahre S. 104.
121 Die hessische Frage. Ein Rückblick und ein Ausblick, Kassel 1922. Verlag des Hessischen Volksbundes.
122 Ebd. S. 8.
123 Ebd. S. 10 ff.
124 Ebd. S. 16.
125 Zeitschrift »Hessen« Nr. 37 vom 15. 5. 1922, S. 109, 117 f. Zu den ganz kurhessisch gesinnten Mitgliedern des Hessischen Volksbundes gehörte auch Philipp Losch, der seine Geschichte des Kurfürstentums Hessen 1803 bis 1866 im Jahre 1922 schloß mit der Vision »von einem großen, alle deutschen Stämmen in friedlicher Einigung umfassenden Reich, in dem auch dem alten Stamme der Hessen in seiner Gesamtheit, vom Odenwald bis zu den Weserbergen und vom Rhein bis zur Rhön in irgendeiner Form eine seiner historischen Vergangenheit würdige selbständige Stellung eingeräumt werden müßte« (S. 446).
126 Stein, in: Der Rhein-Mainische Städtekranz S. 134; über die Frankfurter Ortsgruppe des Hessischen Volksbundes vgl. Drüner S. 373.
127 Ztschr. »Hessen« S. 175 vom 15. 11. 1922.
128 Vgl. Huber III, S. 341 ff.
129 Vervielfältigtes Anschreiben von Freiherrn H. K. v. Doernberg und Dr. jur. W. Wilbrand, Darmstadt, 29. 11. 1923 in HStA Wiesbaden 1136, Sammlung A »Hessen« (Geschenk von Dr. W. Wilbrand).
130 Die »Neue Hessische Zeitung« als Organ des Hessenbundes hatte im April 1924 nur noch eine Auflage von 2000 Exemplaren und stellte seit dem 18. 3. 1926 ihr Erscheinen ein. Bei der Wahl zum preußischen Landtag April 1924 erhielt die seit dem 1. 6. 1924 als Partei unter dem Namen »Großdeutschhessischer Bund« organisierte Bewegung nur etwa 1300 Stimmen, von denen 61 auf den besetzten Regierungsbezirk Wiesbaden entfielen, vgl. StA Marburg 165, 3868; Kahlenberg, Großhessenpläne S. 366 Anm. 19.
131 StA Marburg 165, 3868, auch zum Folgenden.
132 Schreiben im Nachlaß Dr. Wilbrand.
133 Ein Aufruf von 1930 im Nachlaß Dr. Wilbrand.
134 Hugo Preuß, Reich und Länder. Bruchstücke eines Kommentars zur Verfassung des Deutschen Reiches, hrsg. von Gerhard Anschütz, 1928; Ein Jahrhundert deutscher Geschichte, hrsg. von H. Goldschmidt, H. Kaiser, H. Thimme, 1929, Nr. 134. Werner Münchheimer, Die Versuche zur Neugestaltung der deutschen Länder von 1919 bis 1945 (in: Die Bundesländer. Beiträge zur Neugliederung der Bundesrepublik, 1950, S. 117-169) Kartenbeilage 7 Plan 1 bringt einen Plan dazu ohne Rheinhessen, wozu aber der Text bei Preuß keinen Anlaß gibt.
135 Vgl. Max Schwarz, MdR. Biographisches Handbuch der Reichstage, 1965, S. 234 f., 534 f. Laut Wahlgesetz vom 31. 12. 1923 (RGBl. 1924 S. 8) bildeten beide Wahlkreise den Wahlkreisverband X Hessen.
136 Ztschr. »Hessen« 1922, S. 161. Als 1931 auch das südliche Rheinland (Trier, Koblenz) angegliedert wurde, fand eine Änderung des Namens in »Hessen-Rheinfranken« statt.

137 Es war zuständig für Hessen-Nassau, Waldeck, Wetzlar, Kreis Hannoversch-Münden, Hessen-Darmstadt (ohne Kreis Heppenheim), vgl. Der rhein-mainische Städtekranz (1924) S. 35; Kothe, Gedanken S. 190 f. (mit Jahreszahl 1927).

138 Zum Folgenden vgl. Kothe, Gedanken S. 182 ff.

139 Es sollte aus der preußischen Provinz Hessen-Nassau, dem bisherigen Großherzogtum Hessen, der bayrischen Rheinpfalz und den ehemals pfälzischen Gebieten Nordbadens (Mannheim-Heidelberg) bestehen, vgl. W(alter) Vogel, Deutschlands bundesstaatliche Neugestaltung, 1919, S. 12 f.; Otto Maull, Der rhein-mainische Lebensraum, in: Behrmann-Maull (s. Anm. 156) S. 7-41, hier Karte 28; ebd. S. 38 f. irrig als »Großhessen«. Vogel, Reichsgliederung S. 134, unterscheidet in Hessen zwischen den stammlichen und politischen Bezügen. Mit den gleichen Grenzen sah Prof. Hans F. Helmolt (in: Deutsche Allgemeine Zeitung Nr. 655 vom 25. 12. 1918) ein Land Hessen mit Frankfurt als Hauptstadt vor.

140 Hans Abt, Einteilung des Deutschen Reichs nach den Stämmen (in: Neue Wege zum Aufbau Deutschlands, 1. Beiheft zur »Tat«, 1919, S. 131-136) S. 134 f. Abweichend gliederte A. Pannenberg, Ein neues Deutschland. Die wirtschaftsgeographische Einteilung Deutschlands (ebd. S. 137-145), nach elf Flußgebieten, in denen er zugleich alte Stammesgebiete zu erkennen glaubte. Zum Rheinstaat Niederfranken (Hauptstadt Köln) rechnete er den Lahnbezirk Hessen/Gießen, zum Mainstaat Oberfranken (Hauptstadt Frankfurt a. M.) den Main-Werrabezirk (Würzburg) und Untermainbezirk (Darmstadt) einschließlich Rheinhessen, zum Weserstaat Niedersachsen (Hauptstadt Hannover) den Oberweserbezirk Ostfalen (Kassel).

141 In: B. Schmittmann, Preußen-Deutschland oder deutsches Deutschland? Bonn 1920, S. 76 ff.; Vogel, Reichsgliederung S. 154; Münchheimer, Versuche (1950), Kartenbeilage 7 Plan 2. Hier wirkte die Rheinland-Vorstellung Schmittmanns hinein.

142 Deutschlands wirtschaftsgeographische Harmonie, 1924; ders., Deutschlands Wirtschaftsprovinzen und Wirtschaftsbezirke, 1928, vgl. Die Bundesländer S. 236. Karte bei Münchheimer, Versuche, Kartenbeilage 7 Plan 4.

143 In: Verkehrstechnische Woche 1923 S. 246-286. Der Gau sollte Hessen-Nassau, Hessen-Darmstadt, den Regierungsbezirk Koblenz und teilweise den Regierungsbezirk Trier umfassen, vgl. auch Vogel, Reichsgliederung S. 152; Münchheimer, Versuche, Kartenbeilage 7 Plan 3.

144 Das Buch erschien im Dezember d. J.

145 Ruppel, Großkraftversorgung, in: Der Rhein-Mainische Städtekranz S. 96 f.

146 H. Boelsen, Verkehrs- und wirtschaftliche Zusammenhänge Südwestdeutschlands, in: Der Rhein-Mainische Städtekranz S. 11.

147 Über das Landesarbeitsamt vgl. Anm. 137; über den Verband der Metallindustriellen s. Der Rhein-Mainische Städtekranz (1924) S. 35, 51; über das 1908 errichtete Postscheckamt vgl. Erich Achterberg, 1908-1958. Weitere fünfzig Jahre Industrie- und Handelskammer Frankfurt a. M., 1960, S. 24. Seit 1924 war bei der Industrie- und Handelskammer Frankfurt eine Reichsnachrichtenstelle für Außenhandel tätig; ihr waren außer dem Bezirk Frankfurt/Hanau

die Handelskammern Bingen, Darmstadt, Dillenburg, Friedberg, Fulda, Gießen, Limburg, Mainz, Offenbach, Wetzlar, Wiesbaden und Worms angeschlossen (Achterberg S. 77 f.). In Frankfurt hatte auch die 1921 tätige Interessengemeinschaft des Einzelhandels in Nassau und Hessen ihren Sitz (HStA Wiesbaden 422, 991).

148 Waeser, Der südwestdeutsche Verkehrsbund und seine Aufgaben, in: Der Rhein-Mainische Städtekranz S. 39 f.

149 O. Lertes, Radiowesen, in: Der Rhein-Mainische Städtekranz S. 118; Eberhard Beckmann, Der hessische Rundfunk, in: Hessen, Kultur und Wirtschaft, hrsg. von Georg August Zinn, 1952, S. 77.

150 Vgl. dazu Wolfgang Hartke, Die Zeitung als Funktion sozial-geographischer Verhältnisse im Rhein-Main-Gebiet (Rhein-Mainische Forschungen 32) 1952, S. 17 f., 21, 27; Adolf Bach, Kulturströmungen in Nassau, erörtert am Bilde der Nassauischen Sprachlandschaft (in: Nass. Annalen 63, 1952, S. 192-217) S. 215 Karte 13. Als Organ für 130 000 Katholiken Frankfurts und außerdem für rund 200 000 Zentrumswähler Hessen-Nassaus und Hessens bezeichnet sich 1924 (in: Der Rhein-Mainische Städtekranz S. 25) die »Rhein-Mainische Volkszeitung und Handelsblatt«.

151 Trumpler, Die Handelskammern des Rhein-Mainischen Städtekranzes, in: Der Rhein-Mainische Städtekranz (1924) S. 33.

152 August Weitzel, Siedlungs- und Verkehrsübersicht des Rhein-Mainischen Städtekranzes, in: Der Rhein-Mainische Städtekranz (1924) S. 29-32; Ders., Südwestdeutschland. Das Rhein-Mainische Gebiet im deutschen Einheitsstaat, in: Akademie der Arbeit in der Universität Frankfurt a. M., Mitteilungen II, März 1926, S. 5-11; Ders., Einheitsstaat und Wirtschaftsprovinzen, in: Die Gesellschaft, 3. Jg., Heft 9, Berlin, Sept. 1926. Weitere Veröffentlichungen der Jahre 1927-1931 sind genannt in: Reich und Länder. Vorschläge, Begründung, Gesetzentwurf, hrsg. vom Bund der Erneuerung des Reiches, 1928, S. 129; Behrmann-Maull S. 44; Friedrich Uhlhorn, Hessen, Frankfurt und die Neuordnung des Reiches (in: Hessenland 41, 1930, S. 20-26) S. 22; Eduard Becker, Zur Neugliederung Hessen-Kassels und des Rhein-Main-Gebietes (in: Hessenland 42, 1931, S. 72-78, 104-110) S. 107 Anm. 34; Demandt, Schrifttum I, S. 394; vgl. auch Anm. 154 und 155.

153 Brennstoffwirtschaft und zentrale Kraftversorgung des Rhein-Main-Gaues, in: Deutsche Bergwerkszeitung, Sonder-Nr. 4, Essen 1921, zit. in: Der Rhein-Mainische Städtekranz S. 99.

154 Von ihm stammen die Beiträge: Die regionale Gliederung Deutschlands nach Wirtschafts- und Verkehrsgebieten (S. 8-21) und: Der südwestdeutsche Wirtschaftsbezirk mit seiner Zentrale Frankfurt a. M. (S. 35-43), vgl. auch Kothe, Gedanken S. 187.

155 A(ugust) Weitzel, Zur deutschen Klein- und Vielstaaterei, Rheinfranken in seiner geschichtlichen Entwicklung, in: Nassovia 29, 1929, S. 51-54; vgl. auch Kothe, Gedanken S. 187.

156 Walter Behrmann und Otto Maull, Rhein-Mainischer Atlas für Wirtschaft, Verwaltung und Unterricht, Frankfurt a. M. 1929. Einen ersten Hinweis auf das Buch brachte die Frankfurter Zeitung vom 1. 7. 1928 in einem Artikel:

»Rhein-Main, ein zukünftiges Land«, vgl. K. Schmelzeis, Wiesbaden und Frankfurt (in: Nassovia 29, 1929, S. 110-123) S. 112. Charakteristisch für das Buch ist die Einheit der historischen Ausführungen und gebietsreformerischen Wünsche. Daß Friedrich Maurer 1929 die »Sprachschranken, Sprachräume und Sprachbewegungen in Hessen« [= Hessen-Darmstadt] und Adolf Bach 1930 »Die nassauische Sprachlandschaft« behandelte, zeugt von den Impulsen des neuen Raumdenkens, das die noch in der Präambel der Weimarer Verfassung fortlebende Stammesvorstellung aufgab, vgl. dazu Rudolf Mulch, Sprachbewegungen im hessischen Raum, in: Hess. Jahrbuch f. Landesgesch. 17, 1967, S. 20-57.

157 Schmelzeis S. 111.

158 Ferdinand Friedensburg, Meine Kasseler Jahre 1927-1933, in: Dülfer, Regierung Kassel (s. Anm. 59) S. 411-441, hier S. 434.

159 Dülfer, Regierung Kassel S. 178.

160 Friedensburg, Hessen-Kassel und das Rhein-Main-Gebiet (in: Hessenland 42, 1931, S. 1-6) S. 3.

161 Brandt, Wirtschaftspolitik S. 102 f.

162 Becker, Zur Neugliederung S. 74.

163 Ferd. L. Halbleib, Hessen-Kassel und die Verwaltungsreform. Eine Betrachtung unter Berücksichtigung wirtschafts- und verkehrspolitischer Gesichtspunkte, Kassel 1929; vgl. dazu Becker, Zur Neugliederung S. 194.

164 Halbleib S. 18.

165 Vgl. jedoch Uhlhorn, Hessen, Frankfurt und die Neuordnung des Reiches (s. Anm. 152). Hier wird der wichtige Einwand erhoben, daß Rheinfranken dem freien Spiel der Kräfte keinen Raum mehr lasse, da Frankfurt, eine Stadt, die niemals eine staatsbildende Rolle gespielt habe, darin zentralistisch dominieren werde. Von Uhlhorn sind auch z. T. die Karten zu Becker, Hessen (s. Anm. 171).

166 Edmund E. Stengel, Das geschichtliche Recht der hessischen Landschaft, Marburg 1929; umgearbeitet unter dem Titel: Kurhessen und Rheinfranken als geschichtliche Landschaften (in: ders., Abhandlungen und Untersuchungen zur hess. Geschichte, 1960, S. 337-346).

167 Ebd. S. 30.

168 Karl Gehmich, Was wird aus Hessen-Kassel? Wirtschaft und Reichsreform in Nordhessen, Kassel 1930.

169 Ebd. S. 41.

170 Ebd. S. 42.

171 Edward P. Becker, Hessen, das chattische Stammland und die Reichsreform, Marburg a. d. Lahn 1932. Alarmiert durch die Abtrennung der Kreise Rinteln und Schmalkalden infolge der Notverordnung vom 1. 8. 1932 (s. u. Anm. 199) wurde im August 1932 vom »Arbeitsausschuß Hessen« in Kassel ein Flugblatt desselben Verfassers: Soll Kurhessen zerschlagen werden?, herausgegeben. Becker schlug darin vor, dem Hessenland (Regierungsbezirk Kassel) den Kreis Biedenkopf, Dillkreis und Kreis Wetzlar sowie vom darmstädtischen Oberhessen die Kreise Gießen, Alsfeld, Lauterbach, Schotten und einen Teil des Kreises Büdingen anzugliedern, da sie nach Volkstum und wirtschaftli-

chen Verhältnissen dazugehörten. Ebenso zählte er die Kreise Siegen und Wittgenstein im Westen sowie Meiningen und Eisenach im Osten hinzu. Manches spräche auch für Angliederung des Kreises Hildburghausen und des Eichsfeldes sowie des größeren Teils vom Kreis Münden. Dabei betonte Becker den kernhaften, bodenständigen Charakter der Bevölkerung in den vorwiegend ländlichen Bezirken.

172 Ebd. S. 3; vgl. auch Stengel, Das geschichtliche Recht S. 25. Beckers Satz, daß fast alle Stätten, an die die großen Erinnerungen der hessischen Geschichte anknüpfen, auf althessischem Boden gelegen seien (S. v), kommt kein weiterer Aussagecharakter zu außer dem, daß Becker noch nicht bereit war, Hessen-Darmstadt insgesamt als hessisch anzusehen.

173 Ebd. S. 23.

174 Ebd. S. 42 f. Auch der Hanauer Oberbürgermeister Kurt Blaum hielt es für verfehlt, die Länder um größte Städte zu gruppieren, vgl. Wille und Weg. Eine polit. Halbmonatsschrift, 3. Jg. 1927/28, S. 519 ff.; Nr. 22 vom 15. 2. 1928. H. Schrepfer weist in seinem Vorwort zu: Deutschlands Neugliederung in 12 Reichsländer nach dem »Frankfurter Entwurf« von A. Weitzel [1931] darauf hin, daß dieser Plan bereits bei zahlreichen Verbänden und Organisationen zur Anwendung gelangte. Er modifiziert den Gedanken Weitzels, indem er es zweckmäßiger findet, bei der Gliederung von den Landschaften auszugehen als von den Zentren.

175 Drüner S. 526 Anm. 479.

176 Verhandlungen des Landtags Hessen 1924/27. Drucksache Nr. 210.

177 Ebd., Drucksache Nr. 535.

178 In der Sitzung vom 24. 4. 1926, ebd. S. 2209.

179 Arnold Brecht, Aus nächster Nähe. Lebenserinnerungen 1884-1927, 1966, S. 41.

180 Seitdem der Reichstag auf zeitgemäße Reformen drängte, trat der Dualismus der Bismarckischen Verfassung unheilvoll zutage, vgl. Hans Goldschmidt, Das Reich und Preußen im Kampf um die Führung. Von Bismarck bis 1918, 1931, S. 127 f., 132 f.

181 Arnold Brecht, Föderalismus, Regionalismus und die Teilung Preußens, 1949, S. 155 f.; Kothe, Gedanken S. 183; vgl. auch Anm. 134.

182 Otto Braun, Von Weimar zu Hitler, 1949, S. 63. Vgl. auch Georg Kotowski, Preußen und die Weimarer Republik (in: Preußen. Epochen und Probleme seiner Geschichte, hrsg. von Richard Dietrich, 1964, S. 145-169), S. 157 f.

183 Vgl. Franz Albrecht Medicus, Reichsreform und Länderkonferenz, 1930, S. 61; Arnold Brecht, Mit der Kraft des Geistes. Lebenserinnerungen, zweite Hälfte 1927-1967, 1967, S. 71 f. Über die Haltung des Zentrums vgl. Rudolf Morsey, Die Rheinlande, Preußen und das Reich (in: Rheinische Vierteljahresblätter 30, 1965, S. 176-220) S. 191.

184 Braun, Von Weimar zu Hitler, S. 213.

185 Ebd. S. 215.

186 Dabei spielte auch die Reparationslast eine Rolle. 1927 wies der Reparationsagent Parker Gilbert eine Lastenerleichterung zurück, solange das Deutsche Reich eine so unsinnige Verwaltungseinteilung beibehalte, vgl. Werner

Münchheimer, Die Neugliederung Deutschlands. Grundlagen – Kritik – Ziele und die Pläne zur »Reichsreform« von 1919-1945, 1949, S. 53.

187 Brecht, Mit der Kraft des Geistes S. 72 f.

188 Ebd. S. 75.

189 Reich und Länder (1928) S. 60. Ein Aufgehen Hessens in Preußen wünschte auch der preußische Ministerpräsident Braun, vgl. Gerhard Schulz, Zwischen Demokratie und Diktatur. Verfassungspolitik und Reichsreform in der Weimarer Republik, Bd. I. Die Periode der Konsolidierung und der Revision des Bismarckschen Reichsaufbaus 1919-1930, 1963, S. 586.

190 Im Gutachten über die Zuständigkeitsabgrenzung vom 21. 6. 1930 heißt es: »Wenn Länder überwiegend aus außerpreußischen Gebieten bestehen, wie das z. B. bei der Neugliederung in Thüringen und Hessen der Fall sein kann, wird man, soweit es sachlich berechtigt erscheint, in der Zuständigkeitszuteilung abweichen können« (Medicus S. 66).

191 Brecht, Mit der Kraft des Geistes S. 76, vgl. auch Anm. 190 und 192.

192 Vgl. den Meinungsaustausch zwischen dem hessischen Innenminister Leuschner und dem preußischen Innenminister Grzesinski vom Frühjahr 1929 in: Frankfurter Zeitung Nr. 46 vom 18. 1. und Nr. 201 vom 16. 3., dazu Becker, Neugliederung S. 105 f. Der Gießener Anzeiger brachte 1928 eine Artikelserie Gießener Professoren: Hessen und die Neugliederung des Reiches. F. Kluke (in Nr. 283 und 284 vom 1. und 3. 12.) stimmte als Geograph weitgehend Weitzels »Rheinfranken« zu. Hermann Aubin (in Nr. 287 und 289 vom 6. und 8. 12.) gab einen historischen Überblick über den Raum Rhein-Main-Hessenland. Paul Mombert (in Nr. 290 vom 10. 12.) wies darauf hin, daß der mit großem Erfolg betriebenen industriellen Rationalisierung auch eine rationelle Wirtschaftsführung der öffentlichen Verwaltung entsprechen müsse. Hans Gmelin (in Nr. 293, 295 und 296 vom 13. 15. und 17. 12.) referierte über die damaligen Verhandlungen zur Reichsreform. Er neigt zum Fortbestehen der mittleren Länder gegen »maßlose Ansprüche der Großstädte« (womit offenbar Frankfurt gemeint ist) und findet den bayrischen Vorschlag einer Umkehr zum Föderalismus beachtenswert. Eine Bedrohung sieht er für Hessen in der »differenzierten Gesamtlösung« (Schulz, Zwischen Demokratie und Diktatur, S. 592 ff.) zur Beseitigung des Dualismus Preußen-Reich; er weist dabei auf die Erklärung des preußischen Ministerialdirektors Brecht auf der Tagung des republikanischen Reichsbundes vom 25. 11. hin, Hessen möge seine Staatseinrichtungen aufgeben und sich mit einem besonderen Schutz seiner Kultureinrichtungen begnügen.

193 Becker, Neugliederung S. 109.

194 Julius Reinhard Dieterich, Hessen und die Reichsreform vom Standpunkt der Geschichte, in: Volk und Scholle 8, 1930, S. 328-334. Der hessische Ministerpräsident Adelung war gegen Aufgehen in Preußen. Er hielt leistungsfähige Mittelglieder für notwendig, vgl. Bernhard Adelung, Sein und Werden, 1952, S. 312 f.

195 Dieterich, Hessen S. 333.

196 Verhandlungen des Landtags in Hessen, 1932, Drucksache Nr. 78, S. 22.

197 Friedensburg, Hessen-Kassel S. 1.

198 Brecht, Mit der Kraft des Geistes S. 173 f.
199 In der Verordnung über die Neugliederung von Landkreisen vom 1. 8. 1932 (Preuß. Gesetzslg. S. 255 ff.). Die gleichzeitige Abtrennung des Kreises Schmalkalden wurde wieder rückgängig gemacht. Auch der Verein für (kurhessische) Geschichte und Landeskunde hatte auf seiner Jahrestagung in Hersfeld am 28. 9. 1932 in einer Entschließung an die preußische Staatsregierung in Berlin dagegen Stellung genommen, vgl. Hessenland 43, 1932, S. 130 f., ferner oben Anm. 171.
200 Kothe, Gedanken S. 194. Als am 7. 4. 1933 Göring zum Ministerpräsidenten von Preußen bestellt wurde, endete die Selbständigkeit des Landes, vgl. Brecht, Mit der Kraft des Geistes S. 302. Über die unwürdige Absetzung der hessischen Landesregierung am 6. 3. 1933 vgl. Karl Hepp, So kämpften wir! Schilderungen aus der Kampfzeit der NSDAP im Gau Hessen-Nassau, 1941, S. 161 ff.; Adelung S. 370. In der Nacht vom 12. zum 13. 11. 1933 rissen Mitglieder der Hitler-Jugend die Grenzpfähle der Länder nieder (Helmut Nicolai, Der Neuaufbau des Reiches nach dem Reichsreformgesetz vom 30. Jan. 1934, 1934, S. 12).
201 RGBl. I, S. 75; Brecht, Föderalismus S. 192 f.
202 Nicolai S. 48 f.; Martin Broszat, Der Staat Hitlers, 1969, S. 130 f.
203 Für Adolf Spamer, Hessische Volkskunst, 1939, S. 11, spiegelte sich darin die längst vollzogene Verschmelzung des Chatten- und Frankenhessentums zu einer volksmäßig empfundenen Einheit.
204 Wilhelm Lueken, Kampf, Behauptung und Gestalt der Evangelischen Landeskirche Nassau-Hessen, 1963, S. 16. Der Grund des Scheiterns lag letztlich in der zwischen Preußen und Hessen ungeklärten Reichsgliederungsfrage. Daß die Kirchen von Nassau und Hessen-Kassel erst die Möglichkeit des Anschlusses an die Altpreußische Union prüfen wollten, läßt sich nur aus ihrem Festhalten an Preußen erklären.
205 Dankenswerte Auskunft des damals gewählten Landesbischofs, Pfarrers i. R. Dr. Dr. Ernst Ludwig Dietrich vom 20. 5. 1969.
206 Zum Folgenden Carl Lüer, Vier Jahre nationalsozialistischer Wirtschaftsführung im Rhein-Main-Gebiet. Ein Rechenschaftsbericht des Leiters der Wirtschaftskammer Hessen, 1937, S. 5 f.
207 Brandt, Wirtschaftspolitik S. 107; Achterberg S. 86.
208 Dülfer, Regierung Kassel S. 181 f.; Karlheinz Müller S. 322. Nach außen wurde die Maßnahme vom 1. 4. 1944 als eine Anpassung an die Reichsverteidigungsbezirke Kurhessen und Rhein-Main begründet.
209 Ausspruch des Senatspräsidenten Dr. Heldmann in Frankfurt von 1921 bei Becker, Zur Neugliederung S. 73, vgl. ferner Luthmer, Volkstum und Volkskunst in Hessen-Nassau, in: Köhrer, Hessen-Nassau (1928) S. 22; Friedensburg, Hessen-Kassel (1931) S. 3. Oberpräsident Schwander meinte allerdings 1928, das Zusammengehörigkeitsgefühl habe sich erkennbar herausgebildet. Die Bezirke würden bei der Neugliederung auch im großen Ganzen zusammen bleiben (Geleitwort zu Köhrer, Hessen-Nassau S. 5 f.).
210 Luthmer in: Köhrer, Hessen-Nassau (1928) S. 22.
211 Diese Verbindung Hessen-Darmstadts mit dem Regierungsbezirk Wiesbaden

wird übersehen in der Erklärung des hessischen Kabinetts vom 31. 3. 1947, wonach es eine umfassende Verwaltungsreform beschloß »in Erwägung, daß [. . .] in den früheren preußischen Provinzen Kurhessen und Hessen-Nassau dem Lande ein bürokratisches Verwaltungssystem aufgezwungen worden ist, das im Widerspruch zu den freiheitlichen, demokratischen und rechtsstaatlichen Anschauungen des hessischen Volkes steht und im Volksstaat Hessen in dieser Art niemals vorhanden gewesen ist« (Verwaltungsreform in Hessen, Teil I, 1947, S. 5 f.). Mit solchem Satz wird außerdem der Irrtum einer seit 1918 überholten Preußenvorstellung weitergeschleppt und dem Preußen der Weimarer Republik Unrecht zugefügt.

212 Karlheinz Müller S. 321.

213 Hessisches Staatsarchiv Darmstadt, Nachlaß Hesse Konv. 120 Fasz. 9.

214 Karlheinz Müller S. 324 f.

215 Vgl. dazu Brecht, Föderalismus S. 210.

216 Karl-Georg Faber, Was ist eine Geschichtslandschaft?, in: Geschichtliche Landeskunde v 1, 1968, S. 1-28, weist S. 11 darauf hin, daß Menschengruppen in ein und demselben Gebiet sich verschiedenen landschaftlichen Traditionsschichten verpflichtet fühlen können.

217 Dieser Begriff findet sich für Frankfurt schon bei Weitzel, Südwestdeutschland (1926) S. 9 f. Er wird übernommen von Hermann L. Brill, Der Typ des künftigen Deutschen Bundeslandes, in: Die Bundesländer (s. Anm. 134) S. 3-16, hier S. 11. Es ist bemerkenswert, wie sehr 1954 die Stellungnahme des Landes Hessen über die Berechtigung seiner Raumgestaltung auf Behrmann-Maull aufbaut, vgl. Das Land Hessen im Rahmen der Neugliederung des Bundes. Gutachten der Regierung des Landes Hessen für den Ausschuß zur Vorbereitung der Neugliederung des Bundesgebietes, 1954, S. 1 f.

218 Vgl. auch Peter Schöller, Länderreform und Landeskunde. Politische Zwischenbilanz und wissenschaftliche Probleme und Bestrebungen zur innergebietlichen Neuordnung Deutschlands von 1919 bis 1959 (in: Westfälische Forschungen 12, 1959, S. 73-97) S. 93; ders., Neugliederung, Prinzipien und Probleme der politisch-geographischen Neuordnung Deutschlands und das Beispiel des Mittelrheingebietes, 1965, S. 25 ff.

219 Vgl. Ludwig Bergsträsser, Zeugnisse zur Entstehungsgeschichte des Landes Hessen, in: Vierteljahreshefte f. Zeitgeschichte 5, 1957, S. 397-416; Dorn, (s. Anm. 1); Willi Wilbrand, Wie Hessen in seinem ursprünglichen Umfange wiedererstand, in: Darmstädter Echo vom 15. 7. 1949, S. 5. Lucius Clay, Entscheidung in Deutschland, 1950, S. 104 f., spricht von dem ursprünglichen Plan, »die Länder Hessen-Nassau mit der Hauptstadt Darmstadt und Hessen mit der Hauptstadt Marburg wieder zu errichten«, ein Satz, der freilich keine präzise Kenntnis der Verhältnisse verrät. Es ist das Verdienst der Amerikaner, daß sie Anschütz, den Verfasser des klassischen Kommentars der Weimarer Verfassung und Mitarbeiter im Länderausschuß zur Reichsreform (Medicus S. 10), herangezogen haben. Die Pläne der Alliierten zur Gliederung (bzw. zunächst Aufteilung) Deutschlands beginnen mit Roosevelts Vorschlag auf der Konferenz von Teheran am 1. 12. 1943, der 5 Teile, darunter ein Land aus Hessen-Darmstadt, Hessen-Kassel (richtig: Hessen-Nassau) und dem Gebiet

südwestlich des Rheins vorsah, vgl. Ernst Deuerlein, Die Einheit Deutschlands. Ihre Erörterung und Behandlung auf den Kriegs- und Nachkriegskonferenzen 1941-1949, 1957, S. 40 f.

220 Hans Georg Kluge, Wiesbaden, Landschaft und Mensch im Pulsschlag der Zeit, in: Hessen, Kultur und Wirtschaft (1952) S. 210.

221 Kasimir Edschmid, Hessische Wanderung, in: Hessen, Kultur und Wirtschaft (1952) S. 238.

1.2. Wolf-Arno Kropat: *Hessen zwischen Kapitulation und Währungsreform (1945-1948)*[1]

Seit der Gründung der Bundesrepublik sind rund dreißig Jahre vergangen. Obwohl sich seitdem tiefgreifende politische und gesellschaftliche Wandlungen vollzogen haben, hat die Bundesrepublik diese Epoche ohne eine existenzgefährdende Krise überstanden. Vielmehr hat sie bei beachtlicher innerer Stabilität die Weimarer Republik bereits um mehr als die doppelte Zeit überdauert.

Für viele Bundesbürger stehen die Persönlichkeiten Adenauers und Erhards, Währungsreform und Wirtschaftswunder am Anfang dieser erfreulichen Entwicklung. Das Bild der Jahre 1945 bis 1948 erscheint dagegen durch die Erinnerung an Hunger und Not getrübt; Reizworte wie Herrschaft der Alliierten, Entnazifizierung, Zwangswirtschaft und Sozialismus versperren vielen den unbefangenen Zugang zu der unmittelbaren Nachkriegszeit, die – lange auch von der wissenschaftlichen Forschung vernachlässigt – zu einer Zeit unbewältigter Vergangenheit zu werden droht.

Gewiß waren die politischen, moralischen und materiellen Belastungen der unmittelbaren Nachkriegszeit schwer genug. Hitlers totaler Krieg hatte mit der totalen Niederlage geendet. Großstädte, Industrieanlagen und Verkehrswege waren in erheblichem Umfang zerstört. Die Souveränität lag bei den Besatzungsmächten; sie teilten Deutschland in vier Besatzungszonen auf, sprachen Recht, ernannten Minister, Bürgermeister und Landräte und trafen Verwaltungsanordnungen bis ins kleinste Detail hinein.

Obwohl die Souveränität bei der amerikanischen Besatzungsmacht lag, wuchs doch bald der Spielraum deutscher Stellen; von Anfang an neigte die amerikanische Militärregierung auf Grund ihres Demokratieverständnisses dazu, weitreichende Entscheidungen über deutsche Angelegenheiten mit deutschen Politikern und Verwaltungsbeamten abzustimmen. Dies zeigte sich schon bei der Gründung des Landes Hessen, die am 19. September 1945 von der amerikanischen Militärregierung proklamiert wurde[2]. Bevor das frühere Land Hessen (-Darmstadt) und die ehemalige preußische Provinz Hessen-Nassau vereinigt wurden, hatte General Clay darüber Erkundigungen einziehen lassen, ob die Bildung des neuen Landes im Sinne der Bevölkerung wäre[3]. Erst als dies namhafte deutsche Politiker und Verwaltungsbeamte bestätigten – manche von ihnen, wie z. B. der Darmstädter Regierungspräsident Prof. Bergsträsser, hatten die Vereinigung schon vorher in Denkschriften gefordert[4] – vollzog die amerikanische Militärregierung die Bildung von *Großhessen*, wie das Land Hessen in den Jahren 1945/46 hieß.

Einen wichtigen Schritt auf dem Wege zur deutschen Selbstverantwortung stellte die Wiederzulassung deutscher Parteien dar. Am 27. August 1945 gestattete die amerikanische Militärregierung die Gründung von politischen Parteien auf Ortsvereinsebene; am 23. November 1945 wurden die Parteien auf Landesebene, am 28. Februar 1946 auch auf Zonenebene zugelassen[5].

Es war von entscheidender Bedeutung für die Stabilität unserer Demokratie, daß sich damals nicht eine erneute Zersplitterung des Parteiwesens wie früher in der Weimarer Republik vollzog, sondern daß sich die überall im Herbst 1945 entstehenden Ortsvereine rasch vier größeren Parteien zuordneten – nämlich den beiden Arbeiterparteien SPD und KPD sowie den beiden bürgerlichen Parteien CDU und LPD (d. h. Liberal-Demokratische Partei als Vorgänger der heutigen FDP). Dieser Trend wurde auch durch die Lizenzierungspraxis der amerikanischen Militärregierung unterstützt.

Während SPD und KPD sich auf ihre langjährige Tradition und teilweise auf ihr Funktionärskorps aus der Zeit vor 1933 stützen konnten, standen die bürgerlichen Parteien vor einem Neubeginn. Weder das ehemalige katholische Zentrum als eine rein konfessionelle Partei noch die Deutsche Volkspartei oder die Deutschnationale Volkspartei mit ihrer teils von Industrieinteressen, teils vom bürgerlichen Nationalismus früherer Jahre geprägten Politik schienen jetzt als Vorbilder geeignet. Daß sich nun katholische und evangelische Christen in der CDU zusammenfanden und es auch in Hessen bei unbedeutenden Versuchen zur Wiedergründung konfessioneller Parteien wie des Zentrums und des Evangelischen Volksdienstes geblieben ist, trug erheblich zur Stabilität der jungen Demokratie bei[6]. Daneben entstand als zweite bürgerliche Partei die LDP[7]; sie hatte in Hessen ein liberal-konservatives Gepräge und wahrte ihre Unabhängigkeit sowohl gegenüber den großen Konfessionen als auch gegenüber den Gewerkschaften.

Zwischen den vier Parteien gab es anfangs so enge Berührungspunkte, daß es in den hessischen Städten häufig zur Bildung von Arbeitsgemeinschaften kam. Da zunächst noch keine Stadtparlamente existierten, bemühten sich die vier Parteien auf diesem Weg, Einfluß auf die Stadtpolitik zu erlangen. Der *Aktionsausschuß der vier Parteien* in Frankfurt versuchte sogar, auf die Landespolitik Einfluß zu nehmen[8]. Auch eine weitere Parteienkonzentration schien anfangs nicht ausgeschlossen. Für viele

Funktionäre von SPD und KPD, die im Widerstand gegen Hitler tätig und gemeinsam in Konzentrationslagern inhaftiert gewesen waren, war es ein wichtiges Anliegen, durch Vereinigung der beiden Parteien die alte Einheit der Arbeiterbewegung wiederherzustellen. Eine wichtige Voraussetzung schien damals in Hessen dadurch gegeben, daß die hessische KPD unter Führung von Leo Bauer für die parlamentarische Demokratie eintrat[9]. Nachdem jedoch im April 1946 in der sowjetisch besetzten Zone die SED durch eine Zwangsvereinigung von SPD und KPD zustande gekommen war, besaß der Gedanke einer Verschmelzung von SPD und KPD auch in Hessen keine Chancen mehr.

Ein ganz anderer Parteienzusammenschluß wurde von christlichen Gewerkschaftlern und den Intellektuellen des *Frankfurter Kreises* wie Dirks, Kogon u. a. erwogen: nämlich die Verbindung von christlichen Gewerkschaftlern und früheren Zentrumsmitgliedern mit der SPD zu einer Art deutscher *Labour Party*. Zwar blieben auch diese Pläne ohne Erfolg[10], doch entwickelte sich – ausgehend von Frankfurt – eine enge Zusammenarbeit zwischen SPD und CDU, die die hessische Politik auch auf Landesebene in den Jahren 1946-1950 maßgeblich beeinflußte.

Seine erste Bewährungsprobe mußte das neu entstandene Parteiensystem bei den Gemeindewahlen am 20./27. Januar 1946 bestehen. Zwar sahen manche deutschen und amerikanischen Beobachter dem Wahltag skeptisch entgegen und fragten sich besorgt, wie wohl ein Volk wählen würde, das wegen des katastrophalen Mangels an Nahrungsmitteln dem Hungertode nahe war. Das Ergebnis widerlegte indessen alle Befürchtungen: die Wahlbeteiligung betrug fast 85%; stärkste Partei wurde die SPD mit 44,5%, es folgten die CDU mit 31%, die KPD mit 5,7% und die LDP mit 2,7%. Damit hatten die beiden Parteien der Mitte – SPD und CDU – den Löwenanteil der Stimmen auf sich vereinigt. Dabei blieb es auch bei den folgenden Wahlen des Jahres 1946; bemerkenswert war jedoch, daß die LDP ihren Anteil bis zu den Landtagswahlen am 1. Dezember 1946 auf 15,7% der Stimmen steigern konnte.

Einen weiteren entscheidenden Schritt auf dem Weg zur deutschen Selbstbestimmung stellte das Inkrafttreten der Verfassung des Landes Hessen am 1. Dezember 1946 dar. Heute erscheinen die Länderverfassungen weniger wichtig, weil sie durch das Grundgesetz weitgehend überholt sind, damals jedoch boten die Beratungen über die Länderverfassungen eine erste Möglichkeit, den politischen, wirtschaftlichen, sozialen und kulturellen Rahmen des künftigen demokratischen Staatswesens abzustecken und eine künftige Bundesverfassung vorzubereiten.

Die Wahlen zur Verfassungsberatenden Landesversammlung hatten am 30. Juni 1946 stattgefunden. Die SPD erhielt 42, die CDU 35, die KPD 7 und die LDP 6 Mandate. In der damaligen Parteienkonstellation bedeutete dies Ergebnis, daß der SPD die Schlüsselposition zufiel; bei ihr lag im wesentlichen die Entscheidung, ob sie die Verfassung gemeinsam mit der CDU oder mit der KPD verabschieden wollte.

Am 15. Juli 1946 trat die Verfassungsberatende Landesversammlung in der Aula der Gewerbeschule zu Wiesbaden erstmals zusammen[11]. Die Beratungen standen von Anfang an unter äußerstem Zeitdruck, da die amerikanische Militärregierung zunächst den 30. September 1946 als Abschlußtermin befohlen hatte. Unerfreulich waren auch die äußeren Bedingungen: Die Versammlung war sozusagen heimatlos und mußte mehrfach ihr Domizil wechseln, ein ausreichender und eingespielter Hilfsapparat, wie ihn ein Parlament benötigt, stand nicht zur Verfügung. Trotz dieser Schwierigkeiten hat die Verfassungsberatende Landesversammlung ein bemerkenswertes Verfassungswerk geschaffen. Wie dies der frühere hessische Kultusminister Professor Stein (CDU) einmal formulierte, war die Hessische Verfassung in Deutschland *das erste Staatsgrundgesetz, das den Wandel von der liberal-humanitären zur sozial-humanitären Ordnung vollzogen hat*[12].

Einmütiger Wille der hessischen Abgeordneten war es, eine Verfassung zu schaffen, die alle nur denkbaren Vorkehrungen gegen die Wiederkehr einer faschistischen Diktatur enthielt. Im Mittelpunkt der Beratungen standen daher zunächst die Grund- und Menschenrechte, die gegenüber der Weimarer Verfassung noch weiter ausgebaut wurden. Die Abgeordneten gaben ihnen außerdem nach Möglichkeit unmittelbare Wirkungskraft, um spätere Einschränkungen durch den Gesetzgeber auszuschließen. Ebenfalls zum Schutz gegen eine erneute Diktatur verbietet die Hessische Verfassung (HV) Ermächtigungsgesetze nationalsozialistischen Stils (Art. 118 HV) oder ein Notverordnungsrecht im Sinne der Weimarer Verfassung (Art. 125 HV). Art. 147 HV erklärt den Widerstand gegen verfassungswidrig ausgeübte öffentliche Gewalt zu jedermanns Recht und Pflicht. Um den Mißbrauch von gesetzgebender und ausführender Gewalt zu verhindern, wurde ein Hessischer Staatsgerichtshof geschaffen.

Während in diesen Fragen unter den Abgeordneten im allgemeinen Einmütigkeit herrschte, drohten die Kapitel über die sozialen und wirtschaftlichen Rechte und Pflichten, Erziehung und Bildung sowie über das Verhältnis von Staat und Kirche zu ernsten Meinungsverschiedenheiten zwischen den bürgerlichen und den Arbeiterparteien zu führen. Sie wurden am 30. September 1946 durch den berühmten *Verfassungskompromiß* zwischen SPD und CDU beigelegt. Damit hatte sich zugleich bei der überwiegenden Mehrheit der Abgeordneten der Gedanke durchgesetzt, daß es nicht genügen könne, eine formelle parlamentarische Demokratie zu errichten, sondern daß das Verfassungswerk auch den Rahmen für gesellschaftliche Reformen schaffen müsse, die eine künftige politische, wirtschaftliche, soziale und kulturelle Demokratie erst ermöglichten[13].

Um gleiche Bildungsmöglichkeiten für alle zu schaffen, wurde durch Art. 59 HV die Schulgeld- und Lernmittelfreiheit eingeführt. Dies gilt heute als selbstverständlich, war aber damals in einer Zeit großer materieller Not eine fast revolutionäre Neuerung. Ferner erklärte die Hessische Verfassung in Art. 56 die Gemeinschaftsschule zur Regelschule und trug damit zum Abbau der Schranken zwischen der evangelischen und katholischen Bevölkerung bei; diese Entscheidung stand in Hessen insofern auf historischem Boden, als die Landesteile Nassau (seit 1817) und Hessen-Darmstadt (seit 1874) bereits die christliche Simultanschule kannten.

Während diese und andere Regelungen der Hessischen Verfassung heute nicht mehr umstritten sind, sind manche Bestimmungen des Kapitels über die *sozialen und wirtschaftlichen Rechte und Pflichten* gelegentlich noch immer das Ziel heftiger Kritik. Auf den zeitgeschichtlichen Hintergund dieser Bestimmungen etwas ausführlicher einzugehen erscheint um so notwendiger, als auch die bisher erschienenen historischen Arbeiten sich hauptsächlich nur mit den Vorschriften über die Sozialisierung beschäftigten und durch ungenügende Quellenkenntnis teilweise mehr zur Legendenbildung als zur Erforschung der Tatsachen beigetragen haben[14]. Bedeutungsvoll ist zunächst, daß das Kapitel über die *sozialen und wirtschaftlichen Rechte und Pflichten* in umfassenden Bestimmungen ein klares Bekenntnis zum Sozialstaat ablegt. Damit geht die Hessische Verfassung nicht nur über die Weimarer Verfassung hinaus, sondern auch über das spätere Grundgesetz, das nur wenige allgemeine Grundsätze zur Sozialordnung enthält.

Unter den konkreten Vorschriften für das Arbeitsleben seien hier besonders erwähnt:

a) Das Recht auf Arbeit (Art. 28 Abs. 2 HV) verpflichtet den Staat nicht nur zur Arbeitsvermittlung, sondern auch zu einer Politik der Vollbeschäftigung im Rahmen der Wirtschaftslenkung nach Art. 38 HV.

b) Der Achtstundentag wird zur gesetzlichen Regel erhoben (Art. 31 HV) und damit eine alte gewerkschaftliche Forderung erfüllt; der Achtstundentag war zwar schon in der Novemberrevolution 1918 eingeführt, wenige Jahre später jedoch wieder abgeschafft worden.

c) Auch die verfassungsmäßige Garantie eines Mindesturlaubs von 12 Tagen jährlich war damals ein Fortschritt gegenüber der Weimarer Republik, in der Arbeitnehmer in der Wirtschaft meist nur wenige Tage Urlaub erhielten (Art. 34 HV).

d) Frauen und Jugendliche sollen für gleiche Tätigkeit auch den Anspruch auf gleichen Lohn haben (Art. 33 HV).

Im Sinne der Wirtschaftsdemokratie besonders wichtig war Art. 37 Abs. 2 HV, der die Betriebsvertretungen für berufen erklärte, *im Benehmen mit den Gewerkschaften gleichberechtigt mit den Unternehmern in sozialen, personellen und wirtschaftlichen Fragen des Betriebes mitzubestimmen*. Anders als in der Weimarer Verfassung und im Grundgesetz garantiert die Hessische Verfassung auch das Streikrecht als soziales und freiheitliches Grundrecht, wenn die Gewerkschaften den Streik erklären (Art. 29 Abs. 4 HV). Die Aussperrung gilt dagegen als rechtswidrig (Art. 29 Abs. 5 HV); anders als die spätere Rechtsprechung des Bundesarbeitsgerichts, die die Aussperrung zuließ, um den Unternehmern zur *Waffengleichheit* gegenüber den streikberechtigten Gewerkschaften zu verhelfen, schätzte die Mehrheit der Verfassungsberatenden Landesversammlung die Macht der Arbeitgeber von vornherein höher als die der Gewerkschaften bzw. der Arbeitnehmer ein und betrachtete daher die Aussperrung als ein *unsittliches Kampfmittel*, wie es der CDU-Abgeordnete Kanka formulierte[15].

Besonders umstritten sind bis heute die Bestimmungen der Hessischen Verfassung über die Wirtschaftsordnung, weil sie dem Staat ein starkes Lenkungs- und Durchgriffsrecht gewähren. Dies wird namentlich bei Art. 38 HV deutlich, der die Grundlage für die erforderlichen gesetzlichen Maßnahmen bilden sollte, *um die Erzeugung, Herstellung und Verteilung sinnvoll zu lenken und jedermann einen gerechten Anteil an dem wirtschaftlichen Ergebnis aller Arbeit zu sichern und ihn vor Ausbeutung zu schützen.*

Dieser Artikel trug der damals auch in bürgerlichen Kreisen weit verbreiteten Überzeugung Rechnung, daß eine liberale, vom Staat möglichst unabhängige Wirtschaftsordnung künftig weder möglich noch wünschenswert sei. Von der Notwendigkeit, daß der Staat den Wiederaufbau planen und lenken müsse, zeigten sich in der Verfassungsberatenden Landesversammlung sowohl Sprecher der Arbeiterparteien als auch der CDU überzeugt. Während sich der Abgeordnete Altwein (SPD) grundsätzlich dafür aussprach, daß die Wirtschaft in Zukunft der Bedarfsdeckung, nicht der privaten Gewinnerzielung dienen solle[16], begründete

Erich Köhler (CDU) die Lenkungsfunktion des Staates vor allem mit der gegenwärtigen Notsituation. Am 21. August 1946 erklärte er im Verfassungsausschuß:

Die CDU hat seit Anbeginn ihres Auftretens auf der politischen Bühne niemals einen Zweifel darüber gelassen, daß die überlieferten Grundsätze der Wirtschaftspolitik vergangener Jahrzehnte durch die Ereignisse überholt worden sind [...]. Der Grundsatz des Spiels der freien Kräfte in der Wirtschaft hat seine Gültigkeit verloren [...]. Wenn ich ein zertrümmertes Haus habe, dann werde ich auch nicht planlos mit Hacke und Schaufel an irgendeiner Ecke anfangen, sondern ich werde mir einen Plan machen. Genau so muß man das tun, wenn man aus dem Trümmerfeld einer Gesamtwirtschaft eine neue Wirtschaft aufbauen will. Man muß planen und lenken[17].

Daß auch bürgerliche Abgeordnete damals ein stärkeres Durchgriffsrecht des Staates gegenüber der Wirtschaft wünschten, ging vor allem auf Erfahrungen aus der Zeit der Weimarer Republik zurück. In der Weltwirtschaftskrise von 1930-1933 hatte – davon waren viele Politiker nach 1945 überzeugt – das freie Spiel der Kräfte versagt. Damals wurden Millionen von Menschen arbeitslos und am Ende war auch die Demokratie von ihren radikalen Gegnern zerstört worden. Ferner warf man namhaften Großindustriellen vor, daß sie sich während der Weimarer Republik wenig um den Willen der demokratisch legitimierten Regierung gekümmert, später aber Hitlers Aufstieg finanziell gefördert und unter der NS-Diktatur reibungslos ihre Rolle als Kriegslieferanten gespielt hätten. Daß die Großindustrie in der Weimarer Republik ihre wirtschaftliche Macht zum Schaden des deutschen Volkes ausgenutzt habe, davon zeigte sich nach 1945 z. B. auch Konrad Adenauer überzeugt[18].

Vor allem auf solche politischen Überlegungen ist es zurückzuführen, daß die im Jahr 1946 verabschiedeten Verfassungen der US-Zone ebenso wie die Verfassung des Landes Rheinland-Pfalz von 1947 programmatisch die Sozialisierung bestimmter Produktionszweige forderten. Die Hessische Verfassung war hier besonders rigoros, indem sie in Art. 41 HV die Sozialisierung von Betrieben des Bergbaus, der Eisen- und Stahlerzeugung, der Energiewirtschaft und des an Schienen oder Oberleitungen gebundenen Verkehrs *sofort* mit Inkrafttreten der Verfassung vorsah. Während die Verkehrs- und Energieversorgungsunternehmen aus ordnungspolitischen Gründen in Gemeineigentum überführt werden sollten – die Mehrzahl dieser Unternehmen befand sich ohnehin schon seit langem in staatlichem oder kommunalem Besitz – sollte die Vergesellschaftung von Bergwerken und von eisen- und stahlerzeugenden Betrieben die traditionelle Basis der Rüstungsindustrie der privaten Verfügungsgewalt entziehen. Zwar waren in Hessen mit Ausnahme der Buderus-Werke in Wetzlar nur verhältnismäßig unbedeutende Betriebe dieser Branchen vorhanden, doch dachten die Befürworter des Art. 41 HV sicherlich daran, auf diesem Wege ein Modell für eine spätere bundeseinheitliche Regelung zu schaffen. In Art. 39 HV wurden überdies alle übrigen Großunternehmen mit Enteignung bedroht, wenn sie die wirtschaftliche Freiheit *insbesondere zu monopolistischer Machtzusammenballung und zu politischer Macht* mißbrauchten.

Dies bedeutete jedoch nicht, daß die Väter der Hessischen Verfassung das freie Unternehmertum abschaffen wollten. Ganz im Gegenteil sah die Verfassung ausdrücklich die Förderung kleiner, mittlerer und genossenschaftlicher Unternehmen vor (Art. 43 HV). Dies war insbesondere auch im Sinne jener CDU-Abgeordneten, die Anhänger der katholischen Soziallehre oder des Neoliberalismus waren. Anstelle bzw. neben der Großindustrie, die ihrer Ansicht nach die Vermassung förderte, hofften sie, daß jetzt nach dem Krieg eine breite Schicht kleiner und mittlerer Unternehmen entstehen und die Wirtschaft dadurch ein humaneres Gesicht bekommen würde.

Ziel der Wirtschaft überhaupt sollte es sein, einen möglichst hohen Wohlstand der breiten Massen des Volkes zu erreichen, wie schon die Frankfurter Leitsätze der CDU vom September 1945 betonten[19]. Dieser christliche Sozialismus stand mit seinem Streben nach Wirtschaftsplanung und sozialer Gerechtigkeit dem demokratischen Sozialismus der SPD nahe. Auch die SPD wünschte keine Zwangswirtschaft; staatliche Planung und Lenkung sollten vielmehr so behutsam erfolgen, daß auch weiterhin der marktwirtschaftliche Wettbewerb erhalten blieb[20].

Nachdem die Fraktionen von SPD und CDU auch in den übrigen strittigen Fragen eine Einigung erzielt hatten, fand am 29. Oktober 1946 die 3. Lesung der Verfassung statt. 82 Abgeordnete von SPD, CDU und KPD stimmten für den *Verfassungskompromiß*, nur die 6 Abgeordneten der LDP stimmten dagegen. Die endgültige Entscheidung über die Annahme der Verfassung fiel in der Volksabstimmung vom 1. Dezember 1946. Da nur die LDP empfahl, mit *Nein* zu stimmen, ging die Front der Verfassungsbefürworter und Verfassungsgegner mitten durch das bürgerliche Lager; die CDU mußte sich dabei gegen den Vorwurf der LDP verteidigen, für eine *rote* Verfassung einzutreten. Bei der Volksabstimmung entschied sich eine eindrucksvolle Mehrheit von 76,8% der gültigen Stimmen für die Annahme der Verfassung; kaum weniger – nämlich 72% – stimmten auch für den Art. 41 HV, über den auf Verlangen der amerikanischen Militärregierung gesondert entschieden wurde. Dennoch konnte die opponierende LDP zufrieden sein, denn bei den am gleichen Tag stattfindenden Landtagswahlen stieg ihr Stimmenanteil von 8,1% auf 15,7%, während die CDU im Vergleich zu den Wahlen zur Verfassungsberatenden Landesversammlung von 37,3% auf 30,9% zurückfiel. Die SPD erreichte 42,7% (vorher 44,3%), während die KPD 10,7% (vorher 9,7%) der Stimmen erhielt.

Gemäß einer vertraulichen Vereinbarung, die SPD und CDU während der Verhandlungen über den Verfassungskompromiß geschlossen hatten[21], bildeten beide Parteien nach den Landtagswahlen vom 1. Dezember 1946 gemeinsam einen Große Koalition, die bis zu den nächsten Landtagswahlen im Jahr 1950 bestand. Welche Aufgaben diese Regierung zu bewältigen hatte, soll im folgenden an fünf Beispielen gezeigt werden, nämlich der Entnazifizierung, der Schulpolitik, dem Betriebsrätegesetz, der Durchführung der Sozialisierung und der Wirtschaftsplanung.

1. Die Entnazifizierung

Nachdem die Amerikaner bald nach ihrem Einmarsch rund 100 000 Mitglieder von NS- und militärischen Organisationen in Internierungslagern inhaftiert und gegen zahllose Angehörige des öffentlichen Dienstes und viele leitende Angestellte der Wirtschaft Beschäftigungsverbot verhängt hatten[22], übertrugen sie Anfang 1946 die weitere Durchführung der Entnazifizierung der deutschen Zivilverwaltung. Am 5. März 1946 erließen die deutschen Länderregierungen das »Gesetz zur Befreiung von Nationalsozialismus und Militarismus«, das mit seinen rigorosen Bestimmungen vor allem auf den Druck der amerikanischen Militärregierung zurückzuführen war[23]. Gemäß diesem Gesetz mußte sich jeder, der einer nationalsozialistischen oder militaristischen Organisation angehört hatte, vor einer Spruchkammer – also einem politischen Gericht – verantworten. Je nach Rang in der NS-Hierarchie oder sonstigen Belastungen sollte der Betroffene mit einer Geldbuße, Berufsverbot oder längerem Aufenthalt in einem Arbeitslager bestraft werden. Allein in Hessen waren 3 Millionen meldepflichtig, d. h. sie mußten einen Fragebogen über ihre berufliche und Parteikarriere im *Dritten Reich* ausfüllen; die Zahl der Betroffenen, die auf ein Spruchkammerverfahren warten mußten, betrug 850 000[24]. Dies war letztlich die Folge des Perfektionismus der Amerikaner; die deutschen Politiker hätten sich von vornherein lieber darauf beschränkt, nur gegen Personen vorzugehen, die unter der NS-Diktatur eine politische oder strafrechtliche Schuld auf sich geladen hatten[25]. Jetzt mußte das Ministerium für politische Befreiung in Hessen 101 Spruchkammern und acht Berufungskammern einrichten. Trotz aller Mühen konnten im Jahr 1946 nur rund 30 000 Fälle abgeschlossen werden und damit waren nur 4% der Betroffenen entnazifiziert[26]. Nachdem im Jahr 1947 bei den Amerikanern ein Umdenken begonnen hatte, wurde die Masse der Fälle bis zum Jahr 1949 durch Amnestien oder geringfügige Geldbußen beigelegt[27].

Eine negative Folge der Entnazifizierung war, daß Hunderttausende beruflich qualifizierter Leute jahrelang nur in untergeordneten Stellungen tätig sein durften oder arbeitslos waren. Denn die Amerikaner, die schon 1945 umfangreiche Beschäftigungsverbote verhängt hatten, verwehrten den Betroffenen, die in leitenden Stellungen tätig waren, die Rückkehr in ihre Position, solange ihr Spruchkammerverfahren nicht abgeschlossen war. Für viele, die im *Dritten Reich* nur unbedeutende Pgs gewesen und jetzt durchaus zum Umdenken bereit waren, bedeutete dies eine lange Zeit deprimierenden Wartens. Dies bereitete auch den deutschen Politikern Sorge, die ja die Masse der früheren Nazis nicht bestrafen, sondern für die Demokratie gewinnen wollten. Doch hatte die in der US-Zone durchgeführte Entnazifizierungspolitik nicht nur negative Folgen. Vielmehr ermöglichten die von der amerikanischen Militärregierung verhängten Beschäftigungsverbote in den Jahren 1945 und 1946 überhaupt erst, leitende Positionen im öffentlichen Dienst und in der privaten Wirtschaft in größerem Umfang mit politisch Verfolgten, Demokraten oder wenigstens in der NS-Zeit unbelasteten Persönlichkeiten zu besetzen. Wie die Statistik belegt, kam es in den Jahren 1945 und 1946 zu einem großen Personalaustausch im öffentlichen Dienst: Von 34 060 Beamten in Hessen wurden bis zum 1. Mai 1946 nicht weniger als 19 502 (57%) entlassen. Der meist niedrigeren Einstufung in der Behördenhierarchie entsprechend war die Zahl der entlassenen Angestellten und Arbeiter geringer: Von 29 003 Angestellten wurden 9925 (34%), von 16 747 Arbeitern 2580 (15%) entlassen[28]. Auch in der Führungsschicht der privaten Wirtschaft kam es zu erheblichen Veränderungen: Von 7214 Betriebsleitern und leitenden Angestellten waren bis zum 31. Mai 1946 immerhin 1905 oder 26,4% wegen ihrer Zugehörigkeit zu NS-Organisationen u. a. aus ihren Stellungen ausgeschieden[29]. Bekanntlich war dieser Prozeß ab 1948 wieder rückläufig, zumal das im Jahr 1951 von dem Bundestag verabschiedete sogenannte 131er Gesetz fast jedem zuvor entlassenen Beamten wieder einen Anspruch auf Einstellung gab.

2. Anfänge der Schulreform

Ein anderer Sektor des öffentlichen Lebens, der in Hessen zunächst mit großem reformerischem Elan angegangen wurde, war das Schulwesen. Während in anderen Flächenstaaten die Konfessionsschule und die klassische Bildung gepflegt wurden, strebten die drei hessischen Kultusminister der Jahre 1945-1950, die sämtlich der CDU angehörten, mehr oder weniger umfassende Reformen an. Worum es ging, hat Kultusminister Erwin Stein (1947-1950) einmal so formuliert: *Die Erziehungsaufgabe, die uns heute gestellt ist, lautet . . . die Demokratie als Lebensform aufzubauen. Angesichts der katastrophalen Folgen der Fehlentwicklung der letzten Jahrzehnte kann diese Aufgabe nicht durch Flickwerk, sondern nur durch einen Um- und Neubau gelöst werden. Es ist unleugbar, daß die Erziehung in der Vergangenheit trotz einzelner verehrungswürdiger Lehrer und Pädagogen auf einem falschen Weg war. Das alte Erziehungssystem und das so fein durchgebildete alte Schulwesen haben die deutsche Jugend und das deutsche Volk nicht gegen das Gift des militaristischen und nationalistischen Ungeistes immun machen können. Den echten politischen Sinn und das wahrhaft politische Denken hatten sie nicht genügend gestärkt*[30]. Hauptziel des von Oktober 1945 bis Februar 1946 amtierenden Kultusministers Professor Böhm war die Durchsetzung der christlichen Gemeinschaftsschule. Diese war seit 1817 bereits in Nassau, seit 1874 auch im Großherzogtum Hessen(-Darmstadt) Tradition, und wurde nun durch Art. 56 Abs. 2 HV für ganz Hessen zur Regelschule erklärt. Hessen blieb damit der Umweg von der Konfessionsschule zur Gemeinschaftsschule erspart, den benachbarte Länder gehen mußten. Nachdem Professor Böhm im Februar 1946 wegen Meinungsverschiedenheiten mit der US-Militärregierung zurückgetreten war[31] – er kehrte nach Frankfurt als Professor für Wirtschaftsrecht zurück und leitete später die Verhandlungen über die Wiedergutmachung – brachte sein Nachfolger, der Geisenheimer Oberstudiendirektor Schramm, neue Impulse in die Debatte über die Schulreform. Er forderte die *deutsche Einheitsschule* und machte sich damit zugleich die Kritik zu eigen, die in- und ausländische Schulreformer auch an dem herkömmlichen dreigliedrigen Schulsystem übten[32]. Daß sich bereits nach dem 10. Lebensjahr der Bildungsweg praktisch unwiderruflich gabelte und die Entscheidung für die Grund-, Mittel- oder Oberschule auch zugleich weitgehend eine Entscheidung über das künftige Berufsfeld des Schülers bedeutete – dies rief die Kritik deutscher und amerikanischer Bildungsexperten hervor. Franz Hilker, bedeutender Bildungsreformer und Referent im hessischen Kultusministerium, schrieb damals: *Die Stufung in Volks-, mittlere und höhere Schulen mit gegeneinander abgeschlossenen . . . Lehrgängen, und der Schulgeldzwang für den Besuch mittlerer und höherer Schulen weist auf das Fortbestehen von Standes- und Bildungsunterschieden hin, die mit einem Staatswesen, in dem die Grundrechte der Freiheit und Gleichheit verfassungsmäßig anerkannt werden, nicht vereinbar sind*[33]. Ähnlich dachten die Amerikaner, die die Kontrollratsdirektive Nr. 54 vom 25. Juni 1947 veranlaßten, in der u. a. die *Einheitsschule* (Gesamtschule) und – als demokratisches Pendant dazu – die Schulgeld- und Lernmittelfreiheit verlangt wurde.

Zu diesem Zeitpunkt schien Hessen bereits auf dem besten Wege, diese beiden Forderungen der Alliierten zu erfüllen. Für die Schulgeld- und Lernmittelfreiheit hatten sich bereits die Väter der Hessischen Verfassung in Art. 59 ausgesprochen; damals in einer Zeit großer materieller Not war dies eine fast revolutionäre Neuerung. Andere Länder setzten damals weiterhin auf die Förderung einzelner Begabter, was im allgemeinen die Kinder finanziell besser gestellter Eltern begünstigte.

Schon Kultusminister Schramm hatte auch im Jahr 1946 eine *deutsche Einheitsschule* vorgeschlagen, die zwar nach dem 4. Schuljahr durchaus verschiedene Bildungswege für praktische und theoretische Begabungen vorsah, aber durch Angleichung von Lehrplänen sowie stärkere Durchlässigkeit zwischen den einzelnen Bildungswegen, insbesondere im 5. und 6. Schuljahr, das bisherige starre dreigliedrige Schulsystem auflockern wollte. Um das Bildungsdefizit auf dem flachen Lande abzubauen, plante Schramm dort die Errichtung besonderer *Aufbauschulen*[34]. Ehe Schramm seine Pläne verwirklichen konnte, wurde er bei der Bildung des Kabinetts Stock Anfang 1947 durch Erwin Stein (ebenfalls CDU) abgelöst. Stein machte sich die Forderung der US-Militärregierung nach einer sechsjährigen, statt der bisher vierjährigen Grundschulzeit zu eigen. Das 5. und 6. Schuljahr sollte sich dabei durch ein reichhaltiges Bildungsangebot auszeichnen: In kleinen Klassen sollten wahlweise Englisch und Latein gelehrt und ein qualifizierter Unterricht in Deutsch und Mathematik angeboten werden[35].

Verwirklicht wurden Steins Pläne nicht. Sie stießen auf den Widerstand großer Teile des Bürgertums, die – wie auch in späteren Jahrzehnten – eine grundlegende Änderung des gewohnten Schulsystems nicht hinnehmen wollten. Unter den opponierenden gesellschaftlichen Gruppen sind u. a. die vier hessischen Universitätsrektoren zu nennen, die die menschliche und fachliche Reife der Abiturienten für den Universitätsbesuch nur durch eine neunjährige höhere Schulzeit gewährleistet sahen[36]; ferner der Philologenverband, der an der Behauptung festhielt, auch das bisherige

Schulsystem gebe Kindern aller Schichten genügend Bildungschancen[37]. Dieser Opposition maßgebender gesellschaftlicher Gruppen kam die im Bürgertum weit verbreitete Überzeugung entgegen, daß das deutsche Schulsystem das beste und gründlichste der Welt sei und nicht durch irgendwelche Reformen auch noch in den Strudel des Zusammenbruchs gerissen werden dürfe[38].

Mehr Erfolg hatte Professor Stein bei dem Bemühen um neue Lerninhalte. So führte Hessen im Jahr 1948 als erstes Land der Bundesrepublik neue Lehrpläne für den politischen Unterricht ein, hier wurden auch an den Universitäten die ersten Lehrstühle für politische Wissenschaften eingerichtet. Mit der Einrichtung von Schülermitverwaltungen versuchte Stein der Forderung der Amerikaner nach mehr Demokratie in der Schule nachzukommen.

3. Das hessische Betriebsrätegesetz

Blieben die hessischen Bemühungen um eine Schulreform im ganzen hinter den amerikanischen Vorschlägen zurück, so war dies in der Frage der Mitbestimmung in den Betrieben umgekehrt. Hier war die Verfassung des Landes Hessen mit der Forderung nach einer gleichberechtigten Mitbestimmung des Betriebsrates in personellen, sozialen und wirtschaftlichen Fragen weit über das hinausgegangen, was sich die alliierten Militärregierungen unter einer Mitwirkung des Betriebsrates vorstellten. Gleichwohl gingen die Beratungen der Koalitionsregierung von SPD und CDU über das notwendige Ausführungsgesetz zügig voran; es wurde am 31. Mai 1948 im Hessischen Landtag verabschiedet und räumte den Betriebsräten weitgehende Mitbestimmungsrechte in personellen, sozialen und wirtschaftlichen Angelegenheiten ein[39]. Von der Forderung nach paritätischer Mitbestimmung war das Gesetz allerdings noch weit entfernt: In den Aufsichtsrat des Unternehmens sollten lediglich zwei Mitglieder des Betriebsrates mit beratender Stimme entsandt werden.

Indessen stieß dieses Gesetz auf den entschiedenen Widerstand der amerikanischen Militärregierung. Wie amerikanische Beauftragte der hessischen Regierung erklärten, sei der amerikanische Militärgouverneur, General Clay, auf Grund seiner militärischen Erfahrungen der Auffassung, daß ein Betrieb nicht durch ein Komitee, sondern nur unter Verantwortung eines einzelnen geleitet werden könnte. Durch Mitbestimmung auf der untersten Ebene, nämlich im Betrieb selbst, bestünde die Gefahr, daß die Wirtschaftslenkung gestört und einzelne Betriebe unter kommunistischen Einfluß gelangen könnten. Es sei nach Ansicht der amerikanischen

Militärregierung besser, wenn wirtschaftliche Mitbestimmung durch Vereinbarung zwischen Gewerkschaften und Arbeitgeberverbänden praktiziert würde. Gerade dieser Weg über überbetriebliche Wirtschaftsräte hatte sich jedoch nach deutscher Auffassung schon in der Weimarer Republik nicht bewährt. SPD und CDU kam es darauf an, die Mitbestimmung im wirtschaftsdemokratischen Sinne im Betrieb selbst zu praktizieren. Da die deutsche Seite nicht nachgab, suspendierte die amerikanische Militärregierung alle Bestimmungen des hessischen Betriebsrätegesetzes, die den Betriebsräten eine Mitbestimmung gewährten, und zwar mit der Begründung, daß den Beratungen des Parlamentarischen Rates über das Grundgesetz für die Bundesrepublik Deutschland nicht vorgegriffen werden dürfe. Nach Verabschiedung des Grundgesetzes setzten die Amerikaner die suspendierten Artikel wieder in Kraft[40], doch stand jetzt das hessische Betriebsrätegesetz wegen des Vorranges der Bundesgesetzgebung praktisch nur auf dem Papier. Gleichwohl muß die historische Bedeutung der hessischen Mitbestimmungsgesetzgebung gesehen werden: Erstmals in der deutschen Geschichte war die Forderung nach gleichberechtigter Mitbestimmung der Betriebsräte in Hessen nicht nur in einem Verfassungsartikel, sondern auch in einem Gesetz festgelegt worden. Die hessischen Bestimmungen waren ein wichtiger Meilenstein auf dem Wege zu der heutigen Bundesgesetzgebung über die Mitbestimmung.

4. Das Gesetz über die Sozialgemeinschaften

Aus anderen Gründen scheiterte auch der Versuch des Wirtschaftsministers Harald Koch (SPD), für die sozialisierten Betriebe eine neue Unternehmensform zu schaffen. Denn nach dem Willen von SPD und CDU sollten diese Betriebe nicht einfach als Staatsbetriebe geführt werden, sondern vielmehr als selbständige gemeinwirtschaftliche Unternehmen frei im Markt operieren. Nach den Plänen Kochs sollten diese Betriebe in der besonderen Unternehmensform der *Sozialgemeinschaften* durch *rationelle Gestaltung des Wirtschaftsprozesses die bestmögliche Deckung des allgemeinen Bedarfs zu sozial gerechten Preisen* erreichen sowie durch die Fürsorge für ihre Belegschaftsmitglieder und ihre besonderen sozialen Einrichtungen ein Modell für die übrige Wirtschaft darstellen[41]. Daß die *Sozialgemeinschaften* dieser Aufgabe gerecht würden, dafür sollte auch ein Verwaltungsrat sorgen, dem unter anderem Vertreter der Gewerkschaft, der Industrie- und Handwerkskammer und auch Betriebsangehörige angehören sollten[42]. Ein entsprechender Gesetzentwurf, den Koch nach langjährigen Beratungen innerhalb der Koalition schließlich im

Landtag einbrachte, wurde am 25. Oktober 1950 mit Stimmengleichheit abgelehnt[43]; dieses Abstimmungsergebnis machte zugleich die wachsenden Spannungen zwischen den Koalitionspartnern deutlich, da die SPD-Fraktion dafür, die CDU-Fraktion dagegen gestimmt hatte. Zu diesem Zeitpunkt galt es allerdings in der Bundesrepublik schon als sicher, daß es nicht zu der in den Jahren 1945/46 von verschiedenen politischen Richtungen erwogenen Sozialisierung von Grundstoffindustrien kommen würde. Von großer Bedeutung war hier, daß die vom Landtag des Landes Nordrhein-Westfalen beschlossene Sozialisierung des Kohlebergbaus im Jahr 1947 nicht zustande kam, weil die britische Militärregierung ihr Veto einlegte[44].

5. Die Wirtschaftslage

So interessant auch heute im Rückblick die vielfältigen hessischen Initiativen, eine demokratische Gesellschaft zu schaffen, erscheinen mögen, für die Masse der Zeitgenossen stand die Frage nach Arbeit und Brot im Vordergrund. Der katastrophale Zusammenbruch der Lebensmittelversorgung im Jahr 1945 ist allen Zeitgenossen in bitterer Erinnerung geblieben. Der Ausfall der Kornkammern im Osten und der Mangel an Düngemittel führten dazu, daß die Rationen in den ersten Nachkriegsjahren, mit 1000-1500 Kalorien täglich, weit unter dem Existenzminimum blieben. Erste Bemühungen um eine Steigerung der Produktion wurden durch die Mißernte des Jahres 1947 zunichte gemacht. Zwar stellten die USA Lebensmittel in zunehmendem Umfang zur Verfügung; zu erinnern ist hier auch an die Millionen von CARE-Paketen, die amerikanische Bürger an Angehörige der Nation sandten, die noch kurz zuvor mit ihnen Krieg geführt hatte. Aber diese Hilfe konnte nicht ausreichen, einen ausreichenden Lebensstandard zu sichern, zumal zeitweise auch die übrigen europäischen Staaten hungerten[45].

Auch die Industrieproduktion stand 1945 vor ungeheuren Schwierigkeiten. Dies lag nicht so sehr daran, daß ein Teil der Fabriken ganz oder teilweise vernichtet war; jedenfalls glaubt man nach neueren Untersuchungen, daß insgesamt nur ca. 25% der Industrieanlagen zerstört waren[46]. Ein größeres Problem stellte der Zusammenbruch des Transportsystems dar: Viele Brücken waren zerstört, wichtige Eisenbahnstrecken nicht befahrbar, der Rhein nicht schiffbar. Es fehlte an Lokomotiven, Waggons und Lastwagen. Ein weiteres Haupthindernis für ein rasches Ingangkommen der Industrieproduktion war der Mangel an Kohle und Rohstoffen. In der amerikanischen Zone wurde nur Braunkohle gefördert, jede Tonne Steinkohle mußte daher aus der britischen Zone eingeführt werden, was schon deshalb problematisch war, weil es anfangs keinen freien Güterverkehr zwischen den verschiedenen Besatzungszonen gab.

Eine zusätzliche Belastung beim Wiederaufbau stellte die anfängliche Absicht der Alliierten dar, das deutsche Produktionsniveau langfristig auf das Niveau von 1932 – dem schlimmsten Jahr der Weltwirtschaftskrise – festzuschreiben[47]. Außerdem war allein in der US-Zone die Demontage von Hunderten von Industriebetrieben vorgesehen, die teilweise auch durchgeführt wurde[48]. Wie katastrophal die wirtschaftliche Situation anfangs war, zeigt die Tatsache, daß im Sommer 1945 nur ein Zehntel der Industrieproduktion von 1936 erzeugt wurde[49]. Dennoch ist die weitverbreitete Meinung falsch, daß in den ersten Nachkriegsjahren die Wirtschaft stagniert und sich erst seit Marshall-Plan und Währungsreform sprunghaft erholt hätte. Vielmehr stieg die Industrieproduktion noch im Laufe des Jahres 1945 auf 20% und bis Anfang 1948 auf 50% der Friedensproduktion[50]. Es gab zahlreiche Neugründungen von Industriebetrieben. So stieg die Zahl der hessischen Industriebetriebe von 3421 im Frühjahr 1946 auf 4313 im Herbst 1947[51]; dies war immerhin eine Zunahme von rund 900 Betrieben in knapp zwei Jahren. Die Zahl der Erwerbstätigen insgesamt nahm von 1 146 209 im März 1946 auf 1 619 736 im Juni 1948 zu[52]. Dies bedeutete eine Steigerung von 41%. Daß somit eine erhebliche Zunahme der Wirtschaftsaktivität trotz hungernder Arbeiter und katastrophaler Schwankungen der Energie- und Rohstoffversorgung möglich war, verdient Beachtung, auch wenn sich das Wachstumstempo nach der Währungsreform vom 20. Juni 1948 noch stärker beschleunigt hat[53]. Entgegen der weitverbreiteten Meinung war es aber nicht so, daß die wirtschaftliche Erholung erst mit dem Tag X der Währungsreform begonnen hat; vielmehr war diese wirtschaftliche Erholung vor 1948 die Voraussetzung dafür, daß jetzt ein Warenangebot vorhanden war, das die Währungsreform zu einem Erfolg machte.

Zusammenfassend ist festzustellen, daß die Bedeutung der unmittelbaren Nachkriegszeit bis 1948 für die spätere Entwicklung der Bundesrepublik gar nicht hoch genug eingeschätzt werden kann. Damals entstand die gemeinsame Grundüberzeugung aller maßgebenden Parteien, daß die parlamentarische Demokratie die künftige Staatsform Deutschlands sein müsse; anders als in der Weimarer Republik gab es jetzt keine größeren Parteien mehr, die die Abschaffung der Demokratie betrieben. Auch der Abbau konfessioneller Schranken im politischen Leben, der in der Gründung der CDU zum Ausdruck kam, trug erheblich zur Stabilisierung der parlamentarischen Demokratie bei. Besonders bemerkenswert war die weitgehende Übereinstimmung aller Parteien darüber, daß die Kluft zwischen Bürgertum und Arbeiterschaft abgebaut werden müßte; insbesondere sollten die Arbeitnehmer am wirtschaftlichen Fortschritt angemessen beteiligt und ihnen größere Rechte innerhalb des Betriebes eingeräumt werden. Hier liegt die Wurzel des modernen Sozialstaates, der – wie es später im Grundgesetz der Bundesrepublik Deutschland verankert wurde – auf dem Wege der Gesellschaftspolitik für soziale Gerechtigkeit zu sorgen hat. Hier war die Verfassung des Landes Hessen von 1946, wie wir sahen, mit gutem Beispiel vorangegangen.

Freilich läßt sich einwenden, daß gerade die gesellschaftspolitischen Reformversuche in Hessen, die hier geschildert wurden, nur zu beschränkten oder gar keinen Ergebnissen geführt haben. Die Entnazifizierung, zunächst auf amerikanischen Druck mit allzu großer Schärfe durchgeführt, wurde nach 1948 durch die Wiedereinstellung so gut wie aller zuvor entlassenen Beamten und Angestellten in Wirtschaft und öffentlichem Dienst fast völlig rückgängig gemacht. Auch die Versuche der Kultusminister Schramm und Stein, das traditionelle dreigliedrige Schulsystem in Hessen zu reformieren, waren zunächst gescheitert. Die Sozialisierung bestimmter Industriezweige erwies sich als ein hessisches Experiment, das in den übrigen westdeutschen Ländern nicht nachvollzogen wurde, weil dieses der sich nach 1948 herausbildenden Wirtschaftsordnung widersprochen hätte. Nicht zu übersehen ist freilich auch, daß die Vorschriften der Hessischen Verfassung zur Mitbestimmung sowie andere sozialpolitische Anregungen in den folgenden Jahrzehnten weitgehend verwirklicht wurden.

Unbestreitbar ist, daß in der ersten Phase des Wiederaufbaus nach der Währungsreform die Förderung der Industrie und die Beschaffung von Mitteln für Investitionen im Vordergrund des politischen Handelns standen; während sich die wirtschaftliche Machtkonzentration und die Bildung großer Vermögen verstärkte, geriet die bundesrepublikanische Gesellschaft in eine Phase der Restauration, sichtbar auch an der *Ohne-mich-Stimmung*, die weite Teile der in den Jahren 1945/46 politisch so engagierten Bevölkerung erfaßte. Um so bedeutungsvoller war es, daß alle maßgebenden Parteien im Sinne ihres nach 1945 entwickelten politischen Selbstverständnisses auf eine Beteiligung auch der sozial schwächeren Schichten am wirtschaftlichen Fortschritt achteten und eine Politik des sozialen Ausgleichs betrieben. Auch im Bildungswesen kamen seit den sechziger Jahren grundlegende Reformen in Gang. Nur durch diese Bereitschaft zu Reformen konnte auch die politische Stabilität gesichert werden, die die Bundesrepublik in den bisherigen dreißig Jahren ihres Bestehens ausgezeichnet hat.

1 Dieser Aufsatz geht auf einen Vortrag zurück, den Verf. am 26. Oktober 1978 im Hessischen Hauptstaatsarchiv gehalten hat. Über dieses Thema bereitet Verf. ferner auch eine Quellenpublikation vor, die unter dem Titel *Hessen in der Stunde Null 1945/1947* im Sommer 1979 im Selbstverlag der Historischen Kommission für Nassau (Mainzer Straße 80, 6200 Wiesbaden) erscheinen wird.

2 Zur Vorgeschichte siehe Latour/Vogelsang; Okkupation und Wiederaufbau. Die Tätigkeit der Militärregierung in der amerikanischen Besatzungszone Deutschlands 1944-1947, Stuttgart 1973, S. 97 ff.

3 Ebenda S. 99.

4 Zeugnisse zur Entstehungsgeschichte des Landes Hessen, mitgeteilt von Ludwig Bergsträsser in: Vierteljahreshefte für Zeitgeschichte 5, 1957, S. 397 ff.

5 Latour/Vogelsang, 1973, S. 106 ff.

6 Hans Georg Wieck: Christliche und Freie Demokraten in Hessen, Rheinland-Pfalz, Baden und Württemberg 1945/46. Düsseldorf 1958. (Beiträge zur Geschichte des Parlamentarismus und der politischen Parteien, 10.) Hier S. 37 ff.

7 Zur frühen Geschichte der LDP siehe S. L. Wahrhaftig, In jenen Tagen, Marginalien zur Frühgeschichte eines deutschen Bundeslandes (Hessen), in: Frankfurter Hefte, 25, 1970, S. 868 f.

8 Siehe Frankfurter Rundschau ab November 1945 passim.

9 Wahrhaftig, 1970, S. 867 f.

10 Wieck, 1958, S. 38.

11 Die bisher ausführlichste Schilderung des Verlaufs der Verfassungsberatungen gibt Wiltraut v. Brünneck, Die Verfassung des Landes Hessen vom 1. 12. 1946, in: Jahrbuch des Öffentlichen Rechts der Gegenwart, NF 3, 1954, S. 213 ff. Zu den einzelnen Verfassungsartikeln siehe Zinn/Stein, Die Verfassung des Landes Hessen, Bd. 1, Bad Homburg 1954.

12 Dreißig Jahre Hessische Verfassung 1946-1976, Wiesbaden 1976, S. 189.

13 v. Brünneck in: Verfassung des Landes Hessen und Grundgesetz für die Bundesrepublik Deutschland, Bad Homburg, 1968, S. 24.

14 Über die Sozialisierung in Hessen siehe zuletzt: Hans-Christoffer Beyer, Die verfassungspolitischen Auseinandersetzungen um die Sozialisierung in Hessen 1946, Diss. phil. Marburg, 1977. Bemerkenswert sind dort u. a. auf S. 380 f. die Ausführungen des Verf. über die Entstehung der Legende, die amerikanische Militärregierung hätte die Verfassungsbestimmungen in Hessen suspendiert.

15 Drucksachen der Verfassungsberatenden Landesversammlung Groß-Hessen, Abt. IIIa, S. 161.

16 Ebenda S. 126.

17 Ebenda S. 127.

18 Karlheinz Niclaus, Demokratiegründung in Westdeutschland, Die Entstehung der Bundesrepublik 1945-1949, München 1974, S. 45.

19 Dokumente zur parteipolitischen Entwicklung in Deutschland seit 1945, bearb. von Ossip Flechtheim, 2. Bd., 1963, S. 36 ff.
20 Niclaus, 1974, S. 42.
21 Mdl. Mitteilung von Professor Erwin Stein.
22 Latour/Vogelsang, 1973, S. 132 ff.
23 GVBl. für Groß-Hessen, 1946, S. 57. Vgl. Justus Fürstenau, Entnazifizierung, Neuwied und Berlin, 1969, S. 57 ff.
24 Denazifizierungsbericht Nr. 34 (HStAW, Abt. 501 Nr. 1184).
25 Fürstenau, 1969, S. 62.
26 Tätigkeitsbericht des Ministeriums für pol. Befreiung vom 21. 12. 1946 (HStAW Abt. 1126 Nr. 21).
27 Latour/Vogelsang, 1973, S. 142 ff.
28 Staat und Wirtschaft, 1. Jg. 1946, Heft 2, S. 9.
29 Ebenda S. 27.
30 Erwin Stein, Entwurf des Gesetzes über den Aufbau des Schulwesens, Wiesbaden 1948, S. 13 f.
31 Otto Schlander, Reeducation – Ein politisch-pädagogisches Prinzip im Widerstreit der Gruppen, Bern-Frankfurt a. M. 1975, S. 204.
32 Ebenda, S. 193.
33 Franz Hilker, Zum Neubau des deutschen Schulwesens, in: Bildung und Erziehung, Stuttgart 1948, S. 24.
34 Schramm, Ziel und Aufgabe der deutschen Schule, Frankfurt a. M. 1947, passim.
35 Erwin Stein, 1948, S. 57.
36 HStAW Abt. 504 Nr. 572 b.
37 HStAW Abt. 504 Nr. 594 a.
38 Schlander 1975, S. 317.
39 GVBl. für das Land Hessen, S. 117 ff.
40 Akten der Hess. Staatskanzlei.
41 Drucksachen des Hessischen Landtags, 1. Wahlperiode, I Nr. 1030, Anlage.
42 Ebenda S. 1292.
43 Ebenda III S. 3150.
44 Peter Hüttenberger, Nordrhein-Westfalen und die Entstehung seiner parlamentarischen Demokratie. Siegburg 1973, S. 417.
45 Vgl. Latour/Vogelsang, 1973, S. 150 ff.
46 Werner Abelshauser, Wirtschaft in Westdeutschland 1945-1948, Stuttgart 1975, S. 117.
47 Latour/Vogelsang, 1973, S. 146 ff.
48 Ebenda, S. 157 ff.
49 Abelshauser, 1973, S. 39.
50 Ebenda, S. 39 ff.
51 Staat und Wirtschaft 2. Jg., 1947, Heft 5, S. 133.
52 Ebenda, S. 130 sowie 3. Jg., 1949, Heft 1, S. 2.
53 Abelshauser, 1973, S. 23 ff.

2. Politischer Prozeß und politisches System

2.1. Institutionelle Rahmenbedingungen

2.1.1. Walter Jellinek: *Die Verfassung des Landes Hessen*

Aus Zeitungsmeldungen wird dem einen oder andern Leser vielleicht erinnerlich sein, daß der hessische Ministerpräsident, Prof. Dr. Geiler, mich Anfang des Jahres 1946 in den Vorbereitenden Verfassungsausschuß für Groß-Hessen berief, der nach zahlreichen Sitzungen am 18. Juni 1946 den Entwurf einer Verfassung für Hessen fertigstellte. Daraus wolle man nicht schließen, daß ich auch an den späteren Verhandlungen der Verfassungsberatenden Landesversammlung maßgebend beteiligt gewesen sei. Aus Gründen der Arbeitsüberlastung bat ich den Vorsitzenden des Verfassungsausschusses, mich möglichst von zeitraubenden Arbeiten freizuhalten. So kam es, daß ich nur gegen Schluß der Beratungen noch zweimal herangezogen wurde, einmal, am 22. September, durch den Vorsitzenden des Verfassungsausschusses, Regierungspräsidenten Prof. Dr. Bergsträsser, und ein zweites Mal, am 9. Oktober, vom Verfassungsausschuß selbst. Ich bitte daher, die folgenden Ausführungen nicht als die eines federführenden Sachbearbeiters aufzufassen. Zwar sind viele Bestimmungen des Vorentwurfs Gesetz geworden, aber auch die Änderungen, Streichungen, Ergänzungen und Umstellungen sind nicht unerheblich.

Der Vorentwurf vom 18. Juni 1946 ist auf Veranlassung des Kasseler Regierungspräsidenten Dr. Hoch, auch eines Mitgliedes des Vorbereitenden Verfassungsausschusses, im Verlag von M. Zahnwetzer in Kassel-Sandershausen im Buchhandel erschienen. Über den späteren Gang der Verfassungsberatungen unterrichteten die Drucksachen der Verfassungsberatenden Landesversammlung Groß-Hessen, insbesondere die Nummern 53, 93 und die am 15. November 1946 ausgegebene Sonderdrucksache, die, mit einem störenden Druckfehler zu Art. 81 und 92, den endgültigen Text der am 29. Oktober 1946 beschlossenen und am 1. Dezember 1946 durch Volksentscheid angenommenen Verfassung bringt. Es besteht daher für jedermann die Möglichkeit, den Werdegang der Verfassung zu studieren. Von literarischen Äußerungen zur werdenden Verfassung seien insbesondere die tiefschürfenden von Alfred Weber in der Neuen Zeitung vom 23. September und 14. Oktober 1946 hervorgehoben.

Die Verfassung zerfällt in zwei Hauptteile und die Übergangsbestimmungen. Der erste Hauptteil, Art. 1-63, ist überschrieben »Die Rechte des Menschen«, der zweite Hauptteil, Art. 64-150, behandelt den »Aufbau des Landes«. Den Übergangsbestimmungen sind die Artikel 151 bis 160 gewidmet.

I. Die Grundrechte

Es entspricht gutem, altem, von der Weimarer Verfassung verlassenem Brauche, daß die *Grundrechte* am Anfang, nicht am Schlusse der Verfassung stehen. Der innere Grund hierfür würde ohne weiteres einleuchten, wenn die Verfassung den Vorspruch des Vorentwurfs übernommen hätte, der lautete:

Nach Jahren der Gewaltherrschaft erinnert sich das Volk der unveräußerlichen Menschenrechte, die allein das Leben lebenswert machen und zu jener freiwilligen Einordnung in die staatliche Gemeinschaft führen, ohne die kein Staat auf die Dauer bestehen kann.

Dieser Vorspruch wurde vor allem deswegen gestrichen, weil die Verfassung als Ganzes auch einen Vorspruch hat und das Aufeinanderfolgen zweier Vorsprüche gestört hätte. Der allgemeine Vorspruch lautet:

In der Überzeugung, daß Deutschland nur als demokratisches Gemeinwesen eine Gegenwart und Zukunft haben kann, hat sich Hessen als Gliedstaat der deutschen Republik diese Verfassung gegeben.

Im Gegensatze zur Weimarer Verfassung spricht die hessische in der Überschrift nur von den *Rechten* des Menschen, nicht auch von seinen *Pflichten*, und hat gut daran getan. Denn die Pflichten lassen sich fast restlos in die Worte fassen: »Jedermann befolge die Gesetze.« Was in der Verfassung an Pflichten ausdrücklich genannt ist, wie die Übernahme von Ehrenämtern und persönliche Dienstleistungen für die Allgemeinheit (25), Arbeitspflicht (28 II), Erziehungspflicht der Eltern (55), Schulpflicht (56 I), Verbot der Aussperrung (29 V), der Kinderarbeit (30 III), der Sonntagsarbeit (31, 53), läßt sich teilweise in Rechte auflösen, insbesondere in das auf gleichmäßige Behandlung, und wirkt, abgesehen hiervon, so vereinzelt, daß eine auf »Rechte und Pflichten des Menschen« lautende Überschrift den Inhalt des ersten Hauptteiles verzerrt wiedergeben würde. Bewußt hat man aber *bloße Deklamationen vermieden.* So hat man, um ein Beispiel aus dem zweiten Hauptteil zu nehmen, den Art. 77 absichtlich auf die Worte beschränkt: »Die Abgeordneten sind Vertreter des ganzen Volkes«, und den üblichen Zusatz: »Sie sind nur ihrem Gewissen unterworfen und an Aufträge nicht gebunden« (so wieder Bayern 13 II, Württemberg-Baden 51 I) weggelassen, da die Verfassung nun einmal nicht so tun darf, als gäbe es keinen Fraktionszwang. Diese bewußte Eigenart der hessischen Verfassung nötigt, alles, was sie anordnet, ernst zu nehmen und nicht als bloßes Gesetzgebungsprogramm zu deuten. So ist die Bestimmung, daß die Frau und der Jugendliche für gleiche Tätigkeit und gleiche Leistung Anspruch auf gleichen Lohn haben wie die Männer (33), unmittelbar geltendes Recht.

Von den Rechten des *Menschen* handelt der erste Hauptteil, nicht, wie die Weimarer Verfassung, von den Rechten der Deutschen oder gar der Hessen. Wo die Verfassung nicht ausdrücklich, oder aus dem Zusammenhang zu entnehmen, etwas anderes anordnet, kann sich also auch der Ausländer auf die Verfassungsbestimmungen berufen. Dies geht so weit, daß der Ausländer unter bestimmten Voraussetzungen, abweichend vom sonstigen Recht, sogar ein Recht auf Aufenthalt in Hessen hat, dann nämlich, wenn er unter Verletzung der in der hessischen Verfassung niedergelegten Grundrechte im Ausland verfolgt worden und nach Hessen geflohen ist (7). Auch sonst gewährt die Verfassung Rechte, die bisher als solche nicht anerkannt waren, so den Anspruch des ohne Schuld Arbeitslosen (28 III) auf den notwendigen Unterhalt; hierdurch verwandelt sich der bisherige scheel angesehene oder sich so angesehen fühlende Fürsorgeempfänger in einen Menschen, der ein vollwertiges Recht auf das zum Leben Nötige hat.

Unter den Rechten des Menschen nehmen die auf *Gleichheit und Freiheit* (1-16) eine Sonderstellung ein. Sie sind, entsprechend der französischen Lehre von der zeitlosen Geltung der klassischen Rechte von 1789, unabänderlich und binden außer dem Richter und der Verwaltung auch den Gesetzgeber (26). Damit ist die bekannte Streitfrage, ob der Gleichheitssatz (1) auch für den Gesetzgeber maßgebend ist, im bejahenden Sinne entschieden. In Erinnerung an Gestapo und KZ nimmt sich die Verfassung der persönlichen Freiheit des einzelnen mit besonderer Sorgfalt an (19, 23, 24). Auch die Anerkennung des unbedingten Rechtes auf das Abhören von Rundfunksendern (13) deutet auf die jüngste Vergangenheit. Besonders hervorzuheben sind noch die Bestimmungen über die Freiheit des wissenschaftlichen und künstlerischen Schaffens (10) und das Recht der freien Meinungsäußerung (11). Im Gegensatze zur Verfassung für Württemberg-Baden, die beide Rechte nur »innerhalb der Schranken des für alle geltenden Gesetzes« gewährt (11, 12), bestimmt Hessen nur, daß sich auf diese Rechte und das der Versammlungs- und Vereinsfreiheit nicht berufen könne, wer den verfassungsmäßigen Zustand angreift oder gefährdet oder wer Gesetze zum Schutze der Jugend verletzt (17, 18). Ob aber ein Angriff auf den verfassungsmäßigen Zustand oder dessen Gefährdung vorliegt, entscheidet im Beschwerdewege der Staatsgerichtshof (17 II). Überhaupt meidet die Verfassung nach Möglichkeit den sogenannten *Gesetzesvorbehalt*, d. h. die Gewährung von Grundrechten, die durch einfaches Gesetz eingeschränkt oder näher bestimmt werden können. Wo sich ein solcher Vorbehalt nicht umgehen läßt, schränkt ihn die Verfassung durch eine Bestimmung ein, die im wesentlichen mit den in dieser Zeitschrift (Heft 1, 1946, S. 6) gemachten Vorschlägen übereinstimmt. Sie lautet (63):

Soweit diese Verfassung die Beschränkung eines der vorstehenden Grundrechte durch Gesetz zuläßt oder die nähere Ausgestaltung einem Gesetz vorbehält, muß das Grundrecht als solches unangetastet bleiben.

Gesetz im Sinne solcher grundrechtlichen Vorschriften ist nur eine vom Volk oder von der Volksvertretung beschlossene allgemeinverbindliche Anordnung, die ausdrücklich Bestimmungen über die Beschränkung oder Ausgestaltung des Grundrechts enthält. Verordnungen, Hinweise im Gesetzestext auf ältere Regelungen sowie durch Auslegung allgemeiner gesetzlicher Ermächtigungen gewonnene Bestimmungen genügen diesen Erfordernissen nicht.

Neben der Aufzählung einzelner, bestimmter Freiheitsrechte enthält die Verfassung im gleichen Rahmen noch zwei Grundsätze, die man als Ecksteine des Rechtsstaates bezeichnen kann: den *Grundsatz der Gesetzmäßigkeit der Verwaltung* und den des *durchgängigen gerichtlichen Rechtsschutzes gegenüber der öffentlichen Gewalt* (2 II, III):

Niemand kann zu einer Handlung, Unterlassung oder Duldung gezwungen werden, wenn nicht ein Gesetz oder eine auf Gesetz beruhende Bestimmung es verlangt oder zuläßt.

Glaubt jemand, durch die öffentliche Gewalt in seinen Rechten verletzt zu sein, so steht ihm der Rechtsweg offen.

Da inzwischen, unterm 15. November 1946, das mit den bayerischen und württemberg-badischen Gesetzen gleichlautende Gesetz über die Verwaltungsgerichtsbarkeit verkündet und am 16. November 1946 in Kraft getreten ist, wird nach dessen Generalklauseln in den §§ 22, 35 die Anrufung der Verwaltungsgerichte das Übliche sein. Aber die Verfassung selbst sieht vor, daß über Art und Höhe der Entschädigung für eine Enteignung, wenn Gesetze nichts anderes bestimmen, nach wie vor die ordentlichen Gerichte zu entscheiden haben (45 III). Andererseits tritt bei Verletzung bestimmter Grundrechte (17 II) oder kraft besonderer gesetzlicher Anordnung (131 III) der Staatsgerichtshof an die Stelle der Verwaltungsgerichte.

Viel umkämpft während der Beratung waren die gegen die *Großunternehmungen* und den *Großgrundbesitz* gerichteten Bestimmungen. An sich gewährleistet die Verfassung das Privateigentum (45 I), ja schützt es vor unsachgemäßer Enteignung durch ein eindrucksvolles, vierfaches »nur«: »Es darf nur im öffentlichen Interesse, nur auf Grund eines Gesetzes, nur in dem darin vorgesehenen Verfahren und nur gegen angemessene Entschädigung eingeschränkt oder enteignet werden« (45 II). Aber Vermögen, das die Gefahr eines »Mißbrauchs wirtschaftlicher Freiheit in sich birgt«, und Großgrundbesitz, der immer »nach geschichtlicher Erfahrung die Gefahr politischen Mißbrauchs oder die Begünstigung militaristischer Bestrebungen in sich birgt«, können ohne diese Sicherungen dem bisher Berechtigten genommen und unter Umständen sogar entschädigungslos eingezogen werden. Im übrigen wird die Entschädigung »durch das Gesetz nach sozialen Gesichtspunkten geregelt« (39 IV, 42 V). Ganz freie Hand behält die Verfassung dem Gesetzgeber bei der Verstaatlichung des Bergbaues und anderer im Art. 41 genannter Unternehmungen vor, einer Bestimmung, über die das hessische Volk am 1. Dezember 1946 gesondert abzustimmen hatte. Auch bei der Ablösung der Staatsleistungen an die Kirchen läßt die Verfassung dem Gesetzgeber freien, nur durch das Wort »Ablösung« eingeengten Spielraum (52).

Aus dem übrigen reichen Inhalt des Grundrechtsteiles der Verfassung sei noch hervorgehoben, daß sich Kirche wie Staat jeder Einmischung in die Angelegenheiten des anderen Teiles zu enthalten haben (50 II), daß sich die Verfassung zur Gemeinschaftsschule bekennt (56 II), daß im Geschichtsunterricht die großen Wohltäter der Menschheit, die Entwicklung von Staat, Wirtschaft, Zivilisation und Kultur in den Vordergrund zu stellen sind, nicht aber Feldherren, Kriege und Schlachten (56 V), daß der Unterricht an allen Schulen, einschließlich der Hochschulen, unentgeltlich ist, vorbehaltlich gesetzlicher Bestimmungen über die Zahlung von Schulgeld bei wirtschaftlicher Leitungsfähigkeit des Schülers oder seiner Angehörigen (59 I) und daß das Recht der Universitäten und staatlichen Hochschulen auf Selbstverwaltung unter dem Schutze des Staates und unter seiner Aufsicht ausdrücklich anerkannt wird (60).

II. Aufbau des Landes

Kernstück des zweiten Hauptteils der Verfassung sind die Bestimmungen über die *drei großen Willensbildner des Landes:* das Volk, den Landtag und die Landesregierung.

»Die Staatsgewalt liegt unveräußerlich beim Volke« (70), sie kann ihm auch nicht durch Verfassungsänderung entwunden werden (150 I). Die Formen, in denen das *Volk* unmittelbar handelt, sind Landtagswahl, Volksbegehren und Volksentscheid. Die Landtagswahl ist Verhältniswahl (75 I), doch ohne verfassungsmäßige Festlegung einer bestimmten Anzahl von Abgeordnetensitzen, so daß dem Gesetzgeber die mannigfaltigen Arten der Verhältniswahl, insbesondere auch die proportionalisierte Mehrheitswahl, unbeschränkt zur Verfügung stehen. Splitterparteien bis zur Stärke von fünf vom Hundert der abgegebenen gültigen Stimmen kann das Wahlgesetz ausschalten. Zur Ungültigkeit einer Wahl führen außer Unregelmäßigkeiten im Wahlverfahren und strafbaren Handlungen auch gegen die guten Sitten verstoßende Handlungen, die das Wahlergebnis beeinflußt haben (78 II), eine Neuerung gegenüber dem bisherigen Rechte. Zur Landtagswahl aber kommt es kurz vor Ablauf der vierjährigen Wahlperiode (79) oder binnen sechzig Tagen (81) nach der Selbstauflösung des Landtags (80) oder seiner kraft Gesetzes eintretenden Auflösung wegen Unfähigkeit zur Regierungsbildung (114 V). Einen Appell ans Volk durch die Landesregierung in der Form einer regierungsseitigen Auflösung des Landtages oder seine Auflösung auf Volksbegehren durch Volksentscheid kennt die Verfassung nicht, ganz im Stile ihrer offensichtlichen Bevorzugung des Landtags. Auch ein regierungsseitiger Appell ans Volk gegen Landtagsbeschlüsse ist der Verfassung fremd. Als Volksentscheid begegnet nur das sog. obligatorische Verfassungsreferendum, d. h. die Notwendigkeit, jede Verfassungsänderung dem Volke zur Annahme zu unterbreiten (123 II), und das Gesetzesreferendum auf Volksbegehren hin (124). Auch im letzten Falle entscheidet die Mehrheit der abgegebenen Stimmen unabhängig von der Abstimmungsbeteiligung, ein vielleicht gar nicht voll beabsichtigtes Entgegenkommen gegenüber dem sonst nicht sonderlich gut behandelten Volke, wodurch es der Landesregierung u. U. ermöglicht wird, einen vom Landtag hartnäckig abgelehnten Gesetzesentwurf auf dem Umwege über Volksbegehren und Volksentscheid durchzudrücken, allerdings nur im Rahmen der bestehenden Verfassungsbestimmungen, da dieser Weg der Gesetzgebung nicht für Verfassungsänderungen gegeben ist.

Hauptwillensbildner des Landes ist der einkammerige *Landtag*. Die künftige Einschaltung eines »weiteren aus demokratischen Wahlen hervorgehenden Organs« in das Verfahren der Gesetzgebung sieht zwar Art. 155 vor, doch bedarf es hierfür der erschwerenden Form der Verfassungsänderung. Aber auch sonst ist die Überzeugung der Väter der Verfassung von der überragenden Wichtigkeit des Landtags unverkennbar. »Hessen ist eine demokratische und parlamentarische Republik« (65). »Keinerlei Verfassungsänderung« darf »die republikanisch-parlamentarische Staatsform antasten« (150 I). Diese Betonung des Parlamentarismus ist kein Zufall. Er kommt sachlich vielleicht am stärksten zum Ausdruck in der Behandlung des Ausnahmezustands. »Nur der Landtag kann feststellen, daß der verfassungsmäßige Zustand des Landes gefährdet ist . . . Der

Beschluß kann die Freizügigkeit, das Postgeheimnis, das Versammlungsrecht und das Recht auf Pressefreiheit außer Kraft setzen oder einschränken« (125 I). Also keinerlei Diktaturbefugnisse der Landesregierung. Diese kann zwar bei nicht versammelten oder nicht rechtzeitig zusammentretendem Landtag Notverordnungen mit Gesetzeskraft erlassen, aber nur im Rahmen der Verfassung und, was am wichtigsten ist, nur in Übereinstimmung mit dem in der Verfassung vorgesehenen ständigen Landtagsausschuß (110, 93), also einem verkleinerten Landtag. Ein großes Ermächtigungsgesetz nach Art des zugunsten der Regierung Hitler erlassenen Reichsgesetzes vom 24. März 1933 würde daher die »republikanisch-parlamentarische Staatsform antasten« und selbst dann kein Gegenstand der Verfassungsänderung sein dürfen, wenn nicht die »Errichtung einer Diktatur, in welcher Form auch immer«, schlechthin verboten wäre (150 I). Aber auch kleine Ermächtigungsgesetze, d. h. die Ermächtigung der Landesregierung zur Erlassung einfacher Gesetze innerhalb der Verfassung, sind ausdrücklich für unzulässig erklärt (118). Kein Staatsvertrag ferner ist gültig ohne Zustimmung des Landtags (103 II), die sonst übliche Unterscheidung zwischen zustimmungsbedürftigen und nicht zustimmungsbedürftigen Staatsverträgen ist der Verfassung im Sinne einer Stärkung des Landtages fremd. Dementsprechend erkennt die Verfassung die Beschlüsse eines Länderrats oder eines ähnlichen Kollegiums von Ländervertretern nur dann als für Hessen bindend an, wenn der Landtag der Bildung eines solchen gesetzgebenden Kollegiums zugestimmt hat und das Kollegium mittelbar oder unmittelbar aus demokratischen Wahlen hervorgegangen ist (152 II). Wie zu erwarten, spricht auch beim Zustandekommen eines Gesetzes, außer im Falle eines Volksbegehrens, das letzte Wort der Landtag, der einen Einspruch der Landesregierung überwindet, wenn er mit mehr als der Hälfte der gesetzlichen Zahl seiner Mitglieder entgegen dem Einspruch beschließt (119 III). Soviel Macht verpflichtet aber auch. Die Verfassung enthält daher auch entschiedene Verbesserungen des parlamentarischen Betriebes. So gibt es nicht nur eine Beschlußunfähigkeit, sondern auch eine Beratungsunfähigkeit des Landtags bei Abwesenheit der Hälfte der gesetzlichen Zahl seiner Mitglieder und darüber, ein Sprechen vor leeren Bänken soll nicht mehr möglich sein (87 I). Und durch Art. 83 IV, V ist, entgegen einer parlamentsfeindlichen Lehre zur Weimarer Reichsverfassung, klargelegt, daß ein Landtagsfünftel das unbedingte Recht auf Einberufung des Landtages hat, gleichgültig, aus welchem Grunde der Landtag nicht versammelt ist, also sowohl bei geschlossenem als auch bei vertagtem Landtag.

Der Satz: möglichst alle Macht dem Landtag! gilt vor allem auch im Verhältnis des Landtags zur *Landesregierung*. Die Landesregierung, auch als »Kabinett« bezeichnet (100), ist weder nach Art des Reichskanzlersystems der Bismarckschen Verfassung noch nach Art eines reinen Kollegialsystems, sondern nach dem Premierministersystem gestaltet: ein Ministerpräsident, der die Minister ernennt (101 II) und die Richtlinien der Politik bestimmt (102), die Minister in ihrem Geschäftsbereich selbständig (102), die Gesamtregierung in wichtigen Angelegenheiten kollegial beratend und beschließend (104, 106 ff.). Den Ministerpräsidenten wählt der Landtag mit mehr als der Hälfte der gesetzlichen Zahl seiner Mitglieder (101 I). Der Ministerpräsident ernennt die Minister (101 II), doch kann die Landesregierung die Geschäfte erst übernehmen, wenn der Landtag ihr durch besonderen Beschluß das Vertrauen ausgesprochen hat (101 IV), mit anderen Worten: der Ministerpräsident kann die Minister nur im Einvernehmen mit dem Landtag ernennen. Die gleiche Gebundenheit besteht sogar bei der Entlassung eines Ministers. »Der Ministerpräsident kann jeden Minister mit Zustimmung des Landtags abberufen« (112). Die Landesregierung wird aber nur für die Landtagsdauer bestellt. Sie muß zurücktreten, sobald ein neugewählter Landtag erstmalig zusammentritt (113 II). Einem Interregnum, das auch wegen der erschwerenden Vorschriften für die Wahl des Ministerpräsidenten eintreten könnte, ist durch die Bestimmung vorgebeugt, daß die alte Regierung die laufenden Geschäfte bis zu deren Übernahme durch die neue Landesregierung weiterführt (113 III). Der Ministerpräsident und damit die ganze Landesregierung, aber nicht der einzelne Minister, unterliegen aber auch den für parlamentarische Regierungen geltenden Regeln. Der Ministerpräsident muß zurücktreten, wenn ihm der Landtag mit mehr als der Hälfte der gesetzlichen Zahl seiner Mitglieder das Vertrauen entzieht oder durch Ablehnung eines Vertrauensantrages versagt (114 I-IV). Doch muß sich der Landtag einen solchen Beschluß wohl überlegen. »Spricht der Landtag nicht binnen zwölf Tagen einer neuen Regierung das Vertrauen aus, so ist er aufgelöst« (114 V) – eine neuartige Maßnahme zur Verhütung leichtfertiger Kabinettskrisen.

Im Abschnitt über Staats- und Selbstverwaltung sucht man vergeblich nach einem Bekenntnis zum *Berufsbeamtentum*. Auch der Beamte gehört zu den im Art. 135 genannten »Arbeitnehmern der öffentlichen Verwaltungen«, deren Rechtsverhältnisse »im Rahmen des in Art. 29 vorgesehenen einheitlichen Arbeitsrechts nach den Erfordernissen der Verwaltung zu gestalten« ist. Art. 29 I aber bestimmt: »Für alle Angestellten, Arbeiter und Beamten ist ein einheitliches Arbeitsrecht zu schaffen.« Ob man mit dieser doktrinären Bestimmung auch dem Beamten das im Art. 29 IV anerkannte Streikrecht zubilligen wollte oder vernünftigerweise zubilligen konnte, ist mehr als zweifelhaft. Ganz im Zuge des Abbaues des Berufsbeamtentums liegt es aber, wenn die Verfassung, entgegen dem Vorentwurf (117 II), auch die Landräte nicht ernannt, sondern gewählt wissen will (138 I).

Ein *Bekenntnis zum Reich* war angesichts der ungeregelten gesamtdeutschen Zustände nicht ganz einfach, doch haben sich die Väter der Verfassung alle Mühe gegeben, die unlösbare Einheit Deutschlands verschiedentlich zu unterstreichen. »In der Überzeugung, daß Deutschland nur als demokratisches Gemeinwesen eine Gegenwart und Zukunft haben kann, . . .« (Vorspruch). »Hessen ist ein Glied der deutschen Republik« (64). Die bekannten parlamentarischen Freiheiten (Immunitäten) gelten nicht nur für den hessischen, sondern für alle deutschen Landtage (90, 95-97). Hessen wird »die bestehende Rechtseinheit nicht ohne zwingenden Grund antasten« (151 II). Die »Bildung einer gesetzgebenden Körperschaft für die deutsche Republik« sieht Art. 152 I vor. »Künftiges Recht der deutschen Republik bricht Landesrecht« (153 II). »Inländer im Sinne gesetzlicher Bestimmungen sind alle Angehörigen der deutschen Länder. Inland ist das gesamte Gebiet dieser Länder« (154).

Auch beim *Bekenntnis zum Völkerrecht* mußte das kleine Land Hessen bescheiden sein. Immerhin geht Art. 67 über Art. 4 der Weimarer Verfassung hinaus, wenn er bestimmt: »Die Regeln des Völkerrechts sind bindende Bestandteile des Landesrechts, ohne daß es ihrer ausdrücklichen Umformung in Landesrecht bedarf. Kein Gesetz ist gültig, das mit solchen Regeln oder einem Staatsvertrag in Widerspruch steht«. Also nicht nur, wie nach der Weimarer Verfassung, die *allgemein* anerkannten Regeln des Völkerrechts binden; dem Lande steht es nicht zu, einer Regel die Allgemeingültigkeit und damit die Verbindlichkeit dadurch zu nehmen, daß es sie nicht anerkennt. Auch kann kein Gesetz die landesrechtliche Gültigkeit einer solchen Regel beseitigen. Endlich sind auch einzelne Staatsverträge stärker als Gesetzesrecht. Nach einer weiteren Bestimmung darf niemand zur Rechenschaft gezogen werden, wenn er auf Tatsachen, z. B. Waffenlager, hinweist, die sich als eine Verletzung völkerrechtlicher Pflichten darstellen (68). Trotz seiner Kleinheit bekennt sich Hessen zur Ächtung des Krieges und der Kriegsvorbereitungen (69).

Besondere Sorgfalt widmet die *Verfassung ihrem eigenen Schutze*. Schon im Schulunterricht sind Auffassungen nicht zu dulden, welche die Grundlagen des demokratischen Staates gefährden (56 V). Auf Lebenszeit wird ein Richter erst dann berufen, wenn er die Gewähr dafür bietet, daß er sein Amt im Geiste der Demokratie und des sozialen Verständnisses ausüben werde (127 II). Erfüllt er diese Erwartungen nicht, so kann ihn der Staatsgerichtshof seines Amtes für verlustig erklären und zugleich bestimmen, ob er in ein anderes Amt oder in den Ruhestand zu versetzen oder zu entlassen ist (127 IV). Es ist sogar jedermanns Pflicht, für den Bestand der Verfassung mit allen ihm zu Gebote stehenden Kräften einzutreten bei Vermeidung der Aberkennung verfassungsmäßiger Rechte durch den Staatsgerichtshof (146). Ja, darüber hinaus ist Widerstand gegen verfassungswidrig ausgeübte öffentliche Gewalt jedermanns Recht und Pflicht. Wer von einem vollzogenen oder drohenden Verfassungsbruch Kenntnis erhält, muß die Strafverfolgung des Schuldigen durch Anrufung des Staatsgerichtshofes erzwingen (147). Revolutionärer Gewalt versagt die Verfassung jede Anerkennung, in der sicheren Erwartung, daß sich schließlich die Demokratie doch wieder durchsetzen und die Umstürzler samt ihren Helfershelfern zur Rechenschaft ziehen werde (148). Vor Verfassungsverletzungen durch Gesetze schützt die Anerkennung des richterlichen Prüfungsrechts gegenüber verfassungswidrigen Gesetzen, das in vollem Umfange dem Staatsgerichtshof anvertraut ist (132, 133). Dieser oft genannte *Staatsgerichtshof*, der aus fünf Richtern und sechs vom Landtag gewählten, nicht dem Landtag angehörigen Mitgliedern besteht (130 I), entscheidet u. a. auch noch über die Anfechtung des Ergebnisses einer Volksabstimmung und über Verfassungsstreitigkeiten (131 I), während die Wahlprüfung in den Händen des anders zusammengesetzten Wahlprüfungsgerichtes liegt (78 III).

Aber auch die legale *Verfassungsänderung* ist erschwert. Nur einzelne »Bestimmungen der Verfassung«, nicht die Verfassung im höchsten Sinne, können im Wege der Gesetzgebung geändert werden. Verboten ist dabei die sog. Verfassungsdurchbrechung, der Landtag kann die Verfassung nur durch eine Änderung des Textes oder durch einen Zusatzartikel ändern (123 I). Der Landtag muß die Änderung mit mehr als der Hälfte der gesetzlichen Zahl seiner Mitglieder beschließen und das Volk muß mit der Mehrheit der Abstimmenden zustimmen (123 II) – eine erstaunlich geringe Erschwerung der Verfassungsänderung, vermutlich eingegeben von dem Willen der großen Parteien, schon bei einer knappen Landtagsmehrheit Herren der Lage zu sein. Aber nun kommt die große Schranke des Artikels 150:

Keinerlei Verfassungsänderung darf die demokratischen Grundgedanken der Verfassung und die republikanisch-parlamentarische Staatsform antasten. Die Errichtung einer Diktatur, in welcher Form auch immer, ist verboten.

Hiergegen verstoßende Gesetzesanträge gelangen nicht zur Abstimmung, gleichwohl beschlossene Gesetze nicht zur Ausfertigung. Trotzdem verkündete Gesetze sind nicht zu befolgen.

Auch dieser Artikel selbst kann nicht Gegenstand einer Verfassungsänderung sein.

Nimmt man noch Artikel 26 hinzu, der die Grundrechte der Gleichheit und Freiheit für unabänderlich erklärt, und Artikel 70, demzufolge die Staatsgewalt unveräußerlich beim Volke liegt, so hat die Verfassung zu ihrem Schutz vor legalen oder illegalen Umsturzbestrebungen alles getan, was man billigerweise von einer Verfassung verlangen kann.

Während der Verfassungsberatungen war geplant, die drei Verfassungen der amerikanischen Zone einander anzugleichen. Es ist gut, daß es nicht geschah. Solange es noch so viele ungelöste Probleme des staatlichen Aufbaues gibt, bietet der freie Wettbewerb die beste Gewähr für jene Mannigfaltigkeit gesetzgeberischer Gedanken, unter denen man schließlich die besten aussuchen kann. Die Länderverfassungen sind die *Vorboten der künftigen Reichsverfassung*. Was sich in ihnen bewährt, wird Eingang in ihr finden.

Aber auch für sich betrachtet, hat eine Verfassung, wie die besprochene, neben ihrer unmittelbaren Aufgabe als Staatsgrundgesetz ihre Bedeutung als Anregerin zu *staatsrechtlichem und politischem Denken*. Schon sind verfassungsrechtliche Streitfragen sichtbar, vor allem aber zwingt die Verfassung zum Nachdenken über das Wesen der Demokratie. Ist der Ausschluß der Mitglieder regierender oder regiert habender Häuser von der Mitgliedschaft in der Landesregierung (101 III) mit der Demokratie vereinbar? Sind es die Vorbehalte zugunsten der Maßnahmen gegen den Nationalsozialismus (158)? Und geht es an, das souveräne Volk durch unabänderbare Verfassungsbestimmungen zu binden (26, 70, 150)? Alle drei Fragen sind zu bejahen, aber das Ergebnis fällt nicht in den Schoß. Man muß es sich durch gründliche Überlegungen erarbeiten.

2.1.2. Thilo Ramm: *Die soziale Ordnung in der Hessischen Verfassung*

I. Der Standort der Hessischen Verfassung

1. Nur durch ihren Grundrechtsteil sind Verfassungen mehr als politische Organisationsstatute. Die Grundrechte sagen aus, welche Gesellschaftsordnung gewollt ist, und bestimmen damit den geschichtlichen Standort der Verfassung, wie sie umgekehrt auch Antworten auf die vorgefundene historische Situation sind. Mißt man mit diesen Maßstäben die Hessische Verfassung, so verändert sich ihre traditionelle Wertung, die auf dem pragmatisch-politischen Vergleich mit dem Grundgesetz der Bundesrepublik Deutschland basiert: Nach ihm ist die Hessische Verfassung genauso wie die anderen Verfassungen der Länder der ehemaligen amerikanischen und französischen Besatzungszone mit ihrer besonderen Aussage über die Gesellschafts- und Sozialordnung im Schatten der Geschichte geblieben. Die Hessische Verfassung ist seit Gründung der Bundesrepublik Deutschland de facto zum politischen Organisationsstatut geworden. Ihren Anteil an der politischen Gestaltung dieser Bundesrepublik hat sie nur mittelbar geleistet, indem sie, wie auch die anderen Landesverfassungen, bei der Ausarbeitung des Grundgesetzes als Ordnungsmodell gedient hat. Doch hat dieses Modell selbst nur wenig Beachtung gefunden. Die Verfassungsrechtswissenschaft hat es vernachlässigt, und dies sicherlich sogar mit einer gewissen Berechtigung, denn der Hessischen Verfassung ist, wie jeder anderen Landesverfassung auch, insoweit die letzte politische Bewährung versagt geblieben. 1946 stand die Verfassungsaussage über die Gesellschaftsordnung im Schatten fehlender Souveränität[1], und die Teilung Deutschlands ließ sie nicht als endgültige politische Entscheidung ansehen[2]. Später hat sich dann eine einheitliche Gesellschaftsordnung für die Bundesrepublik Deutschland durchgesetzt. Eine konsequent föderalistische Alternative, daß unterschiedliche Ordnungsmodelle der einzelnen Länder miteinander in Wettbewerb treten würden, hat niemals bestanden. Hessen hat, wie die Präambel und die Art. 64 und 151 seiner Verfassung zeigen, eine solche Alternative nicht einmal politisch gewollt.

2. Die Aussagen der Hessischen Verfassung über die Gesellschafts- und Sozialordnung sind als eine der ersten politischen Konfessionen[3] nach dem Zusammenbruch des Nationalsozialismus zunächst von historischem Interesse: als Antworten auf den Nationalsozialismus und auch auf

die Weimarer Republik, deren Fehler vermieden werden sollten. Insofern interessieren sie zugleich den Verfassungstheoretiker als Ordnungsmodell. Aktuelle juristische Bedeutung – und dies über Hessen hinaus – gewinnen sie, wenn sie zur Interpretation der Gesellschafts- und Staatsordnung des Grundgesetzes herangezogen werden, die nach den Art. 18, 20 und 28 GG als freiheitlicher, demokratischer, sozialer und republikanischer Rechtsstaat charakterisiert werden kann. Der Aktualiätswert dieser Aussagen hat zugenommen, seitdem die Bundesrepublik Deutschland mit dem Abschluß des Grundvertrags mit der DDR von 1972 von einer illusionär gewordenen Wiedervereinigungspolitik Abschied genommen hat. Nunmehr muß sich die Bundesrepublik offen zur Eigenstaatlichkeit bekennen und wird gezwungen, deren Inhalt zu präzisieren. Zugleich gewinnen internationale Bindungen stärkere Bedeutung, wie sie durch den Beitritt zur Internationalen Arbeitsorganisation, zur Europäischen Gemeinschaft und vor allem zu den Vereinten Nationen entstanden sind. Die UN-Menschenrechtserklärung von 1948, die Europäische Sozialcharta von 1961 und die beiden internationalen Pakte von 1966 über bürgerliche und politische Rechte und über wirtschaftliche, soziale und kulturelle Rechte haben eindringlich die Frage nach der richtigen Gesellschaftsordnung gestellt. An dieser weltweiten Rechtsentwicklung, vor allem an der Ausbildung sozialer Grundrechte, hat die Bundesrepublik Deutschland ausdrücklich nur über die nach 1945 entstandenen Länderverfassungen teilgenommen, doch ist deren rechtliche Bedeutung politisch wie juristisch in der seit 1949 einsetzenden Restaurationsepoche weitestgehend verdrängt worden.[4] Nunmehr wird die Frage von der internationalen Ebene aus wieder für die innerstaatliche Ordnung gestellt. Daher liegt es nahe, sich mit den Aussagen der Länderverfassungen erneut zu befassen.

3. Im folgenden soll eine solche Untersuchung für die Hessische Verfassung vorgenommen werden. Ihr Gegenstand ist deren Gesamtkonzeption der sozialen Ordnung, so wie sie in den ersten drei Abschnitten des Ersten Hauptteils der Hessischen Verfassung: »Die Rechte des Menschen«: Gleichheit und Freiheit (I), Grenzen und Sicherung der Menschenrechte (II) und Soziale und wirtschaftliche Rechte und Pflichten (III) niedergelegt ist. Sie erfolgt stets im Hinblick auf die – nach Art. 31, 142 GG bedeutsame – Frage nach der Vereinbarkeit mit dem Grundgesetz. Dieselbe Frage hat der 1970 von der Freien Demokratischen Partei gestellte, allerdings dann nicht weiter behandelte Antrag aufgeworfen, die Hessische Verfassung abzuändern[5]. Ihre Beantwortung hängt, vom Grundgesetz aus gesehen, vor allem von der Interpretation der Freiheitsrechte, der

Anerkennung ihrer sozialen Dimension (sog. Drittwirkung) und der Anerkennung einzelner sozialer Grundrechte und eines allgemeinen sozialen Grundrechts in Art. 2 GG[6] und der Sozialstaatsklausel ab.

Beim Vergleich zwischen Hessischer Verfassung und Grundgesetz können die Entstehungsgeschichten der Verfassungen nur ausnahmsweise herangezogen werden, denn der subjektiv-teleologischen Interpretation sind durch das Demokratieprinzip engste Grenzen gesetzt: Die Verfassung stellt die unmittelbare Verbindung des Bürgers zum Recht dar. Maßgebend kann deshalb nur der Wortlaut der Vorschriften und ihre Würdigung aus dem Gesamtzusammenhang[7] sein, selbst wenn dies einen Wandel des Verfassungsverständnisses durch eine allmähliche Veränderung der Bedeutung der Begriffe einschließt.

II. Die Grundrechtskonzeption

1. Noch sehr viel deutlicher als das Grundgesetz hat die Hessische Verfassung den Bruch mit der deutschen Verfassungstradition vollzogen, die vom Primat des Staates ausgegangen ist. Sie hat statt dessen an die französische Erklärung der Menschen- und Bürgerrechte von 1789 angeknüpft und wie diese eine umfassende Konzeption der Gesellschaftsordnung entwickelt. Ausgangspunkt ist für sie die Gleichheit aller Menschen vor dem Gesetz (Art. 1 HV), die – anders als Art. 3 III GG – keine Bevorzugung oder Benachteiligung zuläßt: Sie besteht vielmehr »ohne Unterschied des Geschlechts, der Rasse, der Herkunft, der religiösen und der politischen Überzeugung«. Auf die Rechtsgleichheit[8] folgt die Anerkennung der Freiheit des Menschen: »Der Mensch ist frei. Er darf tun und lassen, was die Rechte anderer nicht verletzt oder die verfassungsmäßige Ordnung des Gemeinwesens nicht beeinträchtigt« (Art. 2 Abs. 1 HV). Sie wird sehr konkret aufgefaßt, aber zugleich nach Abs. 2 dem Vorbehalt des Gesetzes unterstellt: »Niemand kann zu einer Handlung, Unterlassung oder Duldung gezwungen werden, wenn nicht ein Gesetz oder eine auf Gesetz beruhende Bestimmung es verlangt oder zuläßt«. Der hessische Gesetzgeber verfügt somit über größere Eingriffsmöglichkeiten als der Bundesgesetzgeber nach dem GG, den die Schrankentrias »Rechte anderer, verfassungsmäßige Ordnung und Sittengesetz« inhaltlich beschränkt. Doch muß dies in Verbindung mit dem sehr viel strengeren Schutz der einzelnen Grundrechte durch die Hessische Verfassung gesehen werden. Die Hessische Verfassung enthält in ihrem ersten Abschnitt fast ausnahmslos[9] Freiheitsrechte, die als solche als unabänderlich bezeichnet werden (Art. 26), ohne daß Schranken dort oder im zweiten Abschnitt

erwähnt werden. Wie Art. 26, 63 HV zu entnehmen ist, kann der Gesetzgeber dann keine Einschränkung von sich aus vornehmen.

Hinter dieser strengen Auffassung ist bereits das Grundgesetz zurückgeblieben, es hat der gesetzgeberischen Eingriffsmöglichkeit größeren Raum verstattet. Nach wie vor hat zwar die größere Rigidität der Hessischen Verfassung für die Landesgesetzgebung Bedeutung, doch ist angesichts der Bundesgesetzgebung das Landesverfassungsrecht weitgehend bedeutungslos geworden. Die politisch-juristische Bedeutung der Hessischen Verfassung liegt insoweit darin, daß sie dem eingerissenen Aushöhlungsprozeß der Grundrechte durch das Hineindeuten von Gemeinwohlvorbehalten oder immanenten Schranken entgegentritt. Der Fortschritt der Verfassungsgebung nach 45 lag darin, die Grenzen zwischen Individuum und Staat oder, anders ausgedrückt, ihre Zuständigkeit klar zu bestimmen[10].

2. Den Kern der Grundrechte der Hessischen Verfassung bilden die traditionellen Freiheitsrechte, bei denen auch – systematisch zutreffend – die verfassungsrechtliche Legitimation des Gerichtswesens, insbesondere der Strafgerichte, abgehandelt wird (Art. 19-24 HV). Doch werden die Freiheitsrechte keineswegs allein auf den Staat bezogen. Konkret hat dies Art. 11 S. 2 HV (in Anknüpfung an Art. 118 WRV) für das Recht eines jeden ausgesprochen, seine Meinung frei und öffentlich zu äußern: »Dieses Recht darf auch durch ein Dienstverhältnis nicht beschränkt werden, und niemand darf ein Nachteil widerfahren, der es ausübt«. Art. 5 GG erwähnt diese soziale Dimension nicht, doch hat die Auslegung sie fast einmütig berücksichtigt[11] und damit die Rechtskontinuität zur Weimarer Republik hergestellt – hierzu hat die Hessische Verfassung wesentlich beigetragen. Darüber hinaus klärt sie einen weiteren wichtigen Punkt: Art. 11 S. 3 HV präzisiert als Ausnahme von S. 2: »Nur wenn die vereinbarte Tätigkeit einer bestimmten politischen, religiösen oder weltanschaulichen Richtung dienen soll, kann, falls ein Beteiligter davon abweicht, das Dienstverhältnis gelöst werden.« Die Tendenzbindung des konkreten Arbeitsverhältnisses und nicht die des Betriebes ist somit nach der Hessischen Verfassung maßgebend[12].

Auch andere Verfassungsbestimmungen, wie die Informationsfreiheit (Art. 13 HV) und das Verbot des Art. 10 HV, niemanden in seinem wissenschaftlichen oder künstlerischen Schaffen oder in der Verbreitung seiner Werke zu hindern, gehen ihrem Wortlaut nach über die Beziehung Bürger-Staat hinaus.

Allgemein nimmt die Hessische Verfassung zur zentralen Frage, inwieweit die Freiheitsrechte auch als Schranken der rechtsgeschäftlichen Privatautonomie anzusehen sind[13], in zweifacher Weise Stellung:

Die Einordnung der Grundrechte in den ersten Abschnitt »Gleichheit und Freiheit« bedeutet, daß sie als Grundlage der gesamten Rechtsordnung, und somit auch als ordre public des Privatrechts anzusehen sind, denn Freiheit und Gleichheit sind ihrer Natur nach nicht teilbar.

Noch klarer und unmißverständlicher formuliert Art. 27 HV: »Die Sozial- und Wirtschaftsordnung beruht auf der Anerkennung der Würde und der Persönlichkeit des Menschen.«

Die internationalen Menschenrechtserklärungen haben die Einheit der Rechtsordnung erneut herausgestellt. In den Präambeln der beiden internationalen Pakte über bürgerliche und politische Rechte und über wirtschaftliche, soziale und kulturelle Rechte von 1966 heißt es, »daß nach der allgemeinen Erklärung der Menschenrechte das Ideal vom freien Menschen, der bürgerliche und politische Freiheit genießt und frei von Furcht und Not lebt, nur verwirklicht werden kann, wenn Verhältnisse geschaffen werden, in denen jeder seine bürgerlichen und politischen Rechte ebenso wie seine wirtschaftlichen, sozialen und kulturellen Rechte genießen kann«[14].

3.a) Die Hessische Verfassung führt das Privateigentum nicht bei den Menschenrechten auf. Es rangiert in der zweiten Gruppe der Grundrechte, der sozialen und wirtschaftlichen Rechte. Die Reihenfolge ist zugleich eine Rangfolge. War bei den Menschenrechten die gesetzliche Gestaltung und Beschränkung die Ausnahme, so wird sie bei den sozialen und wirtschaftlichen Rechten fast zur Regel. Dem Gesetzgeber werden Ziele gesteckt oder ihm die Konkretisierung der verfassungsrechtlichen Regelung vorbehalten oder es werden nur bedeutsame Einzelprobleme vorentschieden, aber auf die abschließende systematische Regelung verzichtet. Der Primat des Gesetzgebers bleibt dadurch unangetastet, daß die Hessische Verfassung Richter und Verwaltung nicht unmittelbar an die sozialen und wirtschaftlichen Rechte bindet. Doch wird damit nur die gegenseitige Kontrolle der drei Gewalten beseitigt. Hingegen richten sich auch Ermessensgebrauch der Verwaltung und Interpretation schon bestehender Generalklauseln nach den Verfassungsentscheidungen über die wirtschaftlichen und sozialen Rechte.

b) Anders als in den folgenden Abschnitten hat die Hessische Verfassung nicht von der Sozial- und Wirtschaftsordnung gesprochen, sondern von den sozialen und wirtschaftlichen Rechten und Pflichten. Damit hat sie den Bezug zum Individuum stärker herausgestellt und ihn in zweifacher Weise als Rechten- und Pflichtenstellung konkretisiert. Allerdings ist die Pflichtenstellung in sämtlichen Artikeln dieses Abschnitts wenig ausgeprägt. Nur Art. 28 Abs. 2 HV spricht von der Pflicht zur Arbeit, bezeichnet sie aber (wie schon vorher Art. 163 WV) nur als sittliche Pflicht. Sonst besteht nur die Pflicht eines jeden, ehrenamtliche Tätigkeiten zu übernehmen und persönliche Dienste für den Staat und die Gemeinde zu leisten (Art. 25 Abs. 1 HV). Es fehlt in der Hessischen Verfassung eine allgemeine Bestimmung, wie sie Art. 151 WV enthalten hat: »Gesetzlicher Zwang ist nur zulässig zur Verwirklichung bedrohter Rechte oder im Dienste überragender Forderungen des Gemeinwohls.« Die Überspannung der individuellen Pflichtenstellung im unfreiheitlichen nationalsozialistischen Staat hat offensichtlich die Aufnahme einer entsprechenden Vorschrift verhindert. Allein die Abschnittsüberschrift rührt an das zentrale Problem: Wird die wirtschaftliche Macht vom Individuum an die Allgemeinheit übertragen, so müssen dem Individuum gegenüber der Allgemeinheit subjektiv-öffentliche Rechte zuerkannt werden; sie treten an die Stelle des Eigentums oder ergänzen dieses und sichern die individuelle Existenz rechtlich ab. Umgekehrt müssen dann aber auch entsprechende subjektiv-öffentliche Pflichten entwickelt werden, denn es bedarf eines Gleichgewichts von Rechten und Pflichten in jeder Gesellschaftsordnung. Das »do ut des«, das den liberalen Vertragsmechanismus kennzeichnet, stellt der Sozialstaat auf einer anderen Ebene und mit anderen juristischen Begriffen wieder her. Die soziale Verwirklichung der Freiheit führt somit letzthin zur Anerkennung individueller Ansprüche gegenüber der Allgemeinheit; sie begründet aber auch die Verantwortung des Individuums gegenüber dieser. Die rechtliche Gestaltungsfreiheit unterliegt gewissen Grundregeln, gegen die zwar im Einzelfall temporär verstoßen werden kann, doch setzen sich diese, langfristig gesehen, stets wieder durch. Diese Erkenntnis erleichtert es, die Aussagen der Hessischen Verfassung über die soziale Ordnung rechtstheoretisch einzuordnen.

III. Die wirtschaftlichen Rechte und Pflichten

1. Der dritte Abschnitt der Hessischen Verfassung geht, anders als die Weimarer Reichsverfassung, nicht vom Wirtschaftsleben aus, so daß die Sozialordnung nur einen Teil derselben bildet. Die Hessische Verfassung stellt vielmehr die Sozialordnung voran (Art. 20-37). Es folgen die Grundentscheidungen über die Wirtschaftslenkung (Art. 38), die Kampfansage an den Mißbrauch der wirtschaftlichen Gewalt (Art. 39) und die Begriffsbestimmung des Gemeineigentums (Art. 40). An den Sozialisierungsartikel (Art. 41) und die Behandlung von Großgrundbesitz und Bodenreform (Art. 42) schließen sich Aussagen über Klein- und Mittelbetriebe und die

Genossenschaften (Art. 43 u. 44) und erst dann die Behandlung von Privateigentum und Erbrecht (Art. 45), die Zuerkennung eines besonderen Schutzes der Rechte der Urheber, Erfinder und Künstler (Art. 46) und eine Aussage über die Konzeption der Vermögens- und Einkommensteuer (Art. 47) an.

Die Hessische Verfassung stellt den arbeitenden Menschen in den Vordergrund. Die Arbeits- und Sozialverfassung steckt den Rahmen für die Wirtschaftsordnung ab, statt daß, wie bisher, das Wirtschaftsleben die Arbeitsbedingungen fixiert. Dies ist für die Auslegung der Bestimmungen der Hessischen Verfassung bedeutsam. Dennoch sollen bei dieser Untersuchung die Erörterungen der Wirtschaftsordnung vorangestellt werden. Auf diese Weise kann einfacher erklärt werden, weshalb die sozialen Rechte und Pflichten gegenüber der Weimarer Reichsverfassung ganz oder zumindest teilweise abgeändert worden sind.

2.a) Die Hessische Verfassung verbindet Freiheitsprinzip und Sozialismus[15]. Sie verdient als eine solche Synthese besonderes Interesse. In Art. 38 bekennt sie sich zur Wirtschaftslenkung: »Die Wirtschaft des Landes hat die Aufgabe, dem Wohle des ganzen Volkes und der Befriedigung seines Bedarfs zu dienen.« (Abs. 1 S. 1). Hieraus zieht sie die Konsequenz: »Zu diesem Zweck hat das Gesetz die Maßnahmen anzuordnen, die erforderlich sind, um die Erzeugung, Herstellung und Verteilung sinnvoll zu lenken und jedermann einen gerechten Anteil an dem wirtschaftlichen Ergebnis aller Arbeit zu sichern und ihn vor Ausbeutung zu schützen.« *Nur*, so ist hinzuzufügen, »im Rahmen der hierdurch gezogenen Grenzen ist die wirtschaftliche Betätigung frei« (Abs. 2).

Die wirtschaftliche Betätigungsfreiheit und das Eigentum sind somit nach der Hessischen Verfassung nicht mehr die Basis politischer Freiheit; sie erscheinen aber auch keineswegs als deren selbstverständliche Gegner und Gefährder. Daher verzichtet die Hessische Verfassung auf die radikale Lösung, das Privateigentum an den Produktionsmitteln zu beseitigen. Sie wertet die unternehmerische Tätigkeit als solche keineswegs negativ. Ihr fehlt der klassenkämpferische Akzent, Privatunternehmen und Ausbeutung gleichzusetzen. Deshalb erkennt sie neben den Gewerkschaften auch den Vertretern der Unternehmen in den vom Staat mit der Durchführung seiner Lenkungsmaßnahmen beauftragten Organen gleiches Mitbestimmungsrecht zu (Art. 38 Abs. 3).

b) Die Entscheidung der Hessischen Verfassung über die Wirtschaftsordnung geht davon aus, daß der gegenwärtige Zustand gesellschaftlicher Arbeitsteilung die Zusammenfassung von Erzeugung, Herstellung und Verteilung notwendig macht, sie teilt nicht die Harmonievorstellung des

Liberalismus, die noch immer die Basis der Rechts- und Gesellschaftsordnung bildet. Der »Mißbrauch der wirtschaftlichen Freiheit – insbesondere zu monopolistischer Machtzusammenballung und zu politischer Macht« wird untersagt (Art. 39 Abs. 1 HV). Im ihm liegt bezeichnenderweise die erste Legitimation der Sozialisierung: »Vermögen, das die Gefahr solchen Mißbrauchs wirtschaftlicher Freiheit in sich birgt, ist auf Grund gesetzlicher Bestimmungen in Gemeineigentum zu überführen. Soweit die Überführung in Gemeineigentum wirtschaftlich nicht zweckmäßig ist, muß dieses Vermögen aufgrund gesetzlicher Bestimmungen unter Staatsaufsicht gestellt werden« (Abs. 2).

Diese Umschreibung der Sozialisierungsvoraussetzung ist präziser und exakter konzipiert als Art. 15 GG, bei dem es erst einer Interpretation dieser Bestimmung aus dem Gesamtzusammenhang bedarf, um zu derselben Einschränkung zu gelangen[16]. Sie wirkt sich auf die Entschädigung aus. Während Art. 15 S. 2, 14 Abs. 3 S. 3 GG allgemein und undifferenziert auf die »gerechte Abwägung der Interessen der Allgemeinheit der Beteiligten« verweist, zieht Art. 39 Abs. 4 S. 2 aus der Feststellung des Mißbrauchs wirtschaftlicher Macht die naheliegende gerechte Konsequenz, in der Regel die Entschädigung zu versagen. Die Sozialisierung wird zur Konfiskation. Auch die vom Grundgesetz geforderte gerechte Interessenabwägung führt indessen zu demselben Ergebnis, denn es wäre sinnwidrig, demjenigen, der die Macht mißbraucht hat, sie, wenngleich in einer anderen Form, wieder anzuvertrauen. Die Hessische Verfassung hilft somit, die Schutzkonzeption des Grundgesetzes gegen Machtmißbrauch klarer zu erkennen und herauszuarbeiten. Denn Art. 18 GG hat nicht den Fall behandelt, daß die wirtschaftliche Betätigungsfreiheit (Art. 12 GG) und das Eigentum (Art. 14 GG) zum Kampf gegen die freiheitliche demokratische Grundordnung mißbraucht werden können – was dazu führen würde, daß diese Rechte ebenso wie die in Art. 18 GG aufgeführten Freiheitsrechte verwirkt werden können. Die extensive Interpretation des Art. 15 S. 2 GG aus dem Gesamtzusammenhang der Grundrechtsbestimmungen schließt eine Lücke, die unverständlich wäre[17]. Allerdings zwingt sie andererseits, angesichts der durch die geschichtlichen Erfahrungen bestätigten Gefahr des Mißbrauchs eines solchen Verwirkungstatbestandes zur Bekämpfung mißliebiger politischer Gegner, dazu, hohe Anforderungen für das Vorliegen eines solchen Mißbrauchs zu stellen.

Die Hessische Verfassung hat den Mißbrauchstatbestand durch eine zweite Legitimation der Sozialisierung ergänzt, die an die wirtschaftliche Macht schlechthin anknüpft. Nach Art. 41 Abs. 1 Ziff. 1 wurden mit

Inkrafttreten der Verfassung Bergbau (Kohlen, Kali, Erze) die Betriebe der Eisen- und Stahlerzeugung, die Betriebe der Energiewirtschaft und das an Schienen oder Oberleitungen gebundene Verkehrswesen in Gemeineigentum überführt. Ferner wurden nach Ziff. 2 mit Inkrafttreten der Verfassung vom Staate die Großbanken und Versicherungsunternehmen und die in Ziff. 1 genannten Betriebe, deren Sitz nicht in Hessen liegt, vom Staate beaufsichtigt oder verwaltet. Die Entschädigung richtet sich in diesem Falle nach Art. 39 Abs. 4 S. 1 HV »nach sozialen Gesichtspunkten«. Doch widerspricht diese Bestimmung Art. 15, S. 2, 14 Abs. 4 S. 3 GG und ist somit nicht mehr gültig, sie umschreibt allein den Mindestsatz einer jeden Entschädigung[18].

Auch die zweite Sozialisierungsmöglichkeit ist in Art. 15 GG enthalten. Doch zwingt die Rspr. des Bundesverfassungsgerichts zur Verhältnismäßigkeitsanforderung für staatliche Eingriffe[19] zur Frage, ob nicht mildere Eingriffsmittel genügen, wie etwa Kontrollmaßnahmen oder die allgemeine Einführung eines Kontrahierungszwangs für Monopole und Oligopole. Bei ihrer Beantwortung ist in Rechnung zu stellen, daß zwar einerseits mit wachsender, wirtschaftlicher Macht auch das Ausmaß sozialer Bindungen zunimmt, andererseits aber die Sozialpflichtigkeit nicht zu einer Umgehung der Sozialisierungsbestimmungen führen darf[20]. Ebenfalls ist die Zulässigkeit einer Sozialisierung unter dem Aspekt zu prüfen, ob ihr nicht die Zerschlagung des Monopols unter Zuweisung des Eigentums an neue Eigentümer vorzuziehen ist. Auf diesen Gedanken weist eine andere Bestimmung der Hessischen Verfassung hin: Nach Art. 42 soll der Großgrundbesitz, »der nach geschichtlicher Erfahrung die Gefahr politischen Mißbrauchs oder der Begünstigung militarisierter Bestrebungen in sich birgt«, in eine Bodenreform einbezogen werden. Hauptaufgabe der Bodenreform ist: »den land- und forstwirtschaftlichen Boden zu erhalten und zu vermehren und seine Leistungen zu steigern, Bauern anzusiedeln und gesunde Wohnstätten, Kleinsiedlerstellen und Kleingärten zu schaffen« (Abs. 2). Eine Schritt weiter von dieser den Zusammenhang zwischen Oligopol und Machtmißbrauch aufzeigenden Vorschrift zu einem allgemeinen Mißbrauchstatbestand, der eine individuelle Pflichtenstellung voraussetzt, geht Abs. 4: »Grundbesitz, den sein Eigentümer einer ordnungsgemäßen Bewirtschaftung entzieht, kann . . . eingezogen werden«. Die Gleichheit der Voraussetzungen für diese Enteignung und für die Sozialisierung ist auch bei der Entschädigung zu beachten. Da Art. 39 Abs. 4 HV entsprechend angewandt wird (Art. 42 Abs. 5 HV), kann auch in diesem Falle die Entschädigung gänzlich versagt werden. Der Eigentumsmißbrauch, der in der Unterlassung des ordnungsgemäßen Gebrauchs liegt, führt zur Konfiskation. Der Rechtsgedanke der Verwirkung eines Rechts im Mißbrauchsfalle trifft auch auf diesen Fall zu.

c) Die Aussage der Hessischen Verfassung über das Gemeineigentum ist blaß geblieben; Art. 40 bezeichnet es als »Eigentum des Volkes« und stellt als Richtlinien für den Gesetzgeber auf: »Die Verfügung über dieses Eigentum und seine Verwaltung soll solchen Rechtsträgern zustehen, welche die Gewähr dafür bieten, daß das Eigentum ausschließlich dem Wohle des ganzen Volkes dient und Machtzusammenballungen vermieden werden«[21]. Nach dem Entwurf des Gesetzes über Sozialgemeinschaften[22] sollten diese Rechtsträger Sozialgemeinschaften mit eigener Rechtspersönlichkeit sein. Sie sollten über die Geschäftsführung mit kaufmännischem, technischem und Sozialdirektor und einem Verwaltungsrat verfügen, der drittelparitätisch aus Vertretern der Landesgemeinschaft, der Stadt oder des Landkreises und der Landesgewerkschaft zusammengesetzt wird. Der Verwaltungsrat entscheidet u. a. dann, wenn die Mehrheit der Direktoren in personellen oder sozialen Angelegenheiten der Belegschaft gegen die Stimme des Sozialdirektors beschließen will[23].

3. Gleichsam als Gegenstück zum Mißbrauchstatbestand, der die bisherigen Aussagen über die Wirtschaftsordnung durchzieht, gebietet Art. 43 HV: »Selbständige Klein- und Mittelbetriebe in Landwirtschaft, Gewerbe, Handwerk und Handel durch Gesetzgebung und Verwaltung zu fördern und besonders vor Überlastung und Aufsaugung zu schützen«. Als Mittel zu diesem Zweck wird der Ausbau der genossenschaftlichen Selbsthilfe (Abs. 2) bezeichnet. Überhaupt soll das Genossenschaftswesen gefördert werden (Art. 44 HV).

4. Die Gewährleistung des Privateigentums erfolgt erst spät (Art. 45 Abs. 1 S. 1 HV). Mit ihrem Hinweis auf die Inhaltsbestimmung und die Begrenzung durch den Gesetzgeber (Abs. 1 S. 1) stimmt sie mit dem Art. 153 WV und Art. 14 GG überein. Doch verbindet sie Rechtsgleichheit und Eigentumsberechtigung: »Jeder ist berechtigt, aufgrund der Gesetze Eigentum zu erwerben und darüber zu verfügen« (Abs. 1 S. 3).

Die Hessische Verfassung ist, präziser als das Grundgesetz, bemüht, den sozialen Bindungen des Eigentums rechtliche Relevanzen zu verschaffen. So folgt der Bestimmung: »Das Privateigentum verpflichtet gegenüber der Gemeinschaft« (Abs. 2 S. 1) das Verbot: »Sein Gebrauch darf dem Gemeinwohl nicht zuwiderlaufen.«

5. Das Erbrecht wird innerhalb des Art. 45 vom Eigentum getrennt behandelt. Es wird nach Maßnahme des bürgerlichen Rechts gewährleistet (Abs. 4 S. 1). Der Anteil des Staates am Nachlaß bestimmt sich nach

Gesetz (Abs. 4 S. 2) – damit zeichnet sich eine differenzierte Behandlung des ererbten und des durch eigene Arbeit erworbenen Eigentums ab. In Art. 47 HV kehrt dieser Gedanke für das Steuerrecht wieder: »Bei der Besteuerung ist auf erarbeitetes Vermögen und Einkommen besondere Rücksicht zu nehmen« (Abs. 2).

6. Einzelne Vorschriften der Hessischen Verfassung lassen sich auf Grund ihrer Übereinstimmung mit dem Grundgesetz als geltendes Recht ansehen. Dies gilt für die Sozialisierungsvorschrift, soweit es sich um den Mißbrauch wirtschaftlicher Macht handelt, aber auch für die Gewährleistung des Privateigentums. Die Förderung des Mittelstandes, mit der die HV erneut ihre undoktrinäre Einstellung erweist, zählt zu den Aufgaben des freiheitlichen Sozialstaats. Die funktionale Beziehung des Eigentums auf die Gesamtordnung erklärt die ebenfalls gültig gebliebene Verfassungsbestimmung, Streubesitz durch Umlegung leistungsfähiger zu machen (Art. 42 Abs. 3 HV). Rechtstheoretische Bedeutung kommt Art. 46 HV zu: »Die Rechte der Urheber, Erfinder und Künstler genießen den Schutz des Staates«. Sie liegt darin, daß der freiheitliche Sozialstaat aus seiner Anerkennung der Freiheit von Kunst und Wissenschaft die Konsequenz zieht, ein neues immaterielles Eigentumsrecht auszubilden. Art. 47 HV ist aktuell geblieben: Danach werden »das Vermögen und das Einkommen progressiv nach sozialen Gesichtspunkten unter besonderer Berücksichtigung der familiären Lasten besteuert«. Damit zieht der Verfassungsgeber eine fast selbstverständlich anmutende Konsequenz aus dem besonderen Schutzversprechen der Verfassung für Ehe und Familie (Art. 4 HV). Wenn die Familie eine soziale Einheit oder sogar die Grundlage des Gemeinschaftslebens (so Art. 4 HV) ist, dann muß danach das Steuerrecht entsprechend gestaltet werden. Die Familie kann in ihm nicht zur Privatsache erklärt werden. Die zivilrechtliche Unterhaltspflicht darf folgerichtig nicht in der Steuergesetzgebung mit einem anderen Maß gemessen werden. Art. 47 HV zeigt beispielhaft, daß in einer modernen Verfassung der Grundrechtsteil die Einheit der Rechtsordnung garantiert.

7. Alle Einzelpunkte ändern indessen nichts am Gesamturteil: Die Geschichte ist über den Entwurf einer neuen Wirtschaftsordnung in der Hessischen Verfassung hinweggegangen. Die Sozialisierung ist rückgängig gemacht worden[24], geblieben ist nur die Bedeutung der wissenschaftlichen Auseinandersetzung um sie für die Interpretation des Art. 15 GG[25]. Nach dem Wortlaut des Art. 41 HV scheidet die Möglichkeit aus, diese Sozialisierung in Hessen zu wiederholen. Die vergangenen dreißig Jahre haben zudem deutlich gemacht, daß die politische Entscheidung über die

Sozialisierung und über die Wirtschaftsordnung nicht gesondert für ein Bundesland Deutschland, sondern nur einheitlich für die gesamte Bundesrepublik Deutschland erfolgt.

Nach wie vor fordert die Hessische Verfassung als Versuch, den freiheitlichen sozialen Rechtsstaat auf einem anderen Wege zu verwirklichen, zur Auseinandersetzung auf. Dies gilt vornehmlich auch für die Frage, ob und inwieweit dieser Weg mit der Ordnungskonzeption des Grundgesetzes zu vereinbaren ist. Die hierauf in dieser Untersuchung gegebenen Antworten haben gezeigt, in welchem großen Ausmaß die Vorschriften der Hessischen Verfassung zur sachgerechten Interpretation des Grundgesetzes beitragen. Dies gilt auch für die Frage nach der Zulässigkeit der Wirtschaftslenkung, die häufig allzu schnell mit dem Hinweis auf das obiter dictum des BVerfG vom 20. 7. 1954 über die wirtschaftspolitische Neutralität des Grundgesetzes beantwortet wird, nach der die gegenwärtige Wirtschafts- und Sozialordnung zwar eine nach dem Grundgesetz mögliche, keineswegs aber die allein mögliche Ordnung sei[26]. Zur Entscheidung über das Investitionshilfegesetz bedurfte es dieser Ausführungen nicht, denn dieses war mit dem Grundgesetz unter Berücksichtigung der Sozialstaatsklausel durchaus vereinbar. Im übrigen sind sie anhand der Rspr. des Bundesverfassungsgerichts zum Verhältnismäßigkeitsgrundsatz erneut zu überprüfen. Doch weist die Hessische Verfassung noch auf einen anderen wesentlichen Gesichtspunkt hin, der auch für das Grundgesetz von Bedeutung ist, da sie in derselben Weise das Freiheitsprinzip wie das Grundgesetz zum Ausgangspunkt der Gesellschaftsordnung genommen hat: Wird die Freiheit als unteilbar angesehen, so garantiert die freie wirtschaftliche Betätigung auch die politische Freiheit. Diese klassische Position des Liberalismus ist durch die soziale Entwicklung des 19. und 20. Jahrhunderts in Frage gestellt worden. Dabei ist der Verlust an freier, d. h. wirtschaftlicher Betätigung für die Mehrheit des Volkes durch den Ausbau von Schutzinstitutionen des Sozialstaats und die Arbeitsgesetzgebung kompensiert worden. Wird diese sozial-liberale Ordnungskonzeption aufgegeben und durch die staatliche Wirtschaftslenkung ersetzt, dann werden wirtschaftliche und politische Macht konzentriert. Dann muß die Freiheit in neuer Weise gesichert werden, so wie dies die Hessische Verfassung durch ihren rigiden Menschenrechtsschutz und die Aufnahme sozialer Rechte in den Grundrechtskatalog getan hat.

Mit der Darstellung der Sozialordnung in der Hessischen Verfassung, die deren Gesamtbild vervollständigt, werden zugleich die Voraussetzungen geschaffen, um die Frage zu beantworten, welche Fortentwicklungsmöglichkeiten in dieser Richtung nach dem Grundgesetz bestehen.

IV. Die sozialen Rechte und Pflichten in der Hessischen Verfassung

1. Auch der Aufbau des ersten Teils des dritten Abschnittes der Hessischen Verfassung, der die Arbeits- und Sozialverfassung enthält (Art. 28-37), wird durch den Vorrang des Individuums bestimmt. Den Anfang bilden die Vorschriften über den Schutz der menschlichen Arbeitskraft, das Recht auf Arbeit und das Recht auf Unterhalt (Art. 28). In einem engen inhaltlichen Zusammenhang damit stehen die Aussagen über die Arbeitsbedingungen und die Arbeitsschutzgesetzgebung (Art. 30), über die Arbeitszeit und Feiertage (Art. 31), über das Arbeitsentgelt (Art. 33) und über den Urlaub (Art. 34). Es folgen die Regelungen der Sozialversicherung und des Gesundheitswesens (Art. 35), des Koalitionsrechts (Art. 36) und der Mitbestimmung (Art. 37). Dazwischen stehen zwei weitere Vorschriften: das Versprechen eines einheitlichen Arbeitsrechts für alle Angestellten, Arbeiter und Beamte und die Regelung des Rechts der Gesamtvereinbarung, des Schlichtungswesens und des Arbeitskampfrechts (Art. 29) und die Anerkennung des 1. Mai als gesetzlichen Feiertag aller arbeitenden Menschen als Symbol des Bekenntnisses zur sozialen Gerechtigkeit, zu Fortschritt, Frieden, Freiheit und Völkerverständigung (Art. 32).

Der Aufbau ist wenig überzeugend. Es fehlt die klare systematische Konzeption. Zusammengehörendes wie die Regelung der individuellen Koalitionsfreiheit, des Tarifvertrags und des Arbeitskampfs werden in verschiedenen Vorschriften behandelt[27]. Auch die Begriffsbildung ist nicht auf den ersten Blick durchsichtig.

2. Gewicht und Bedeutung der Verfassungsaussagen sind unterschiedlich. Teilweise spiegeln sie einen Stand der sozialen Entwicklung, der dreißig Jahre später nur noch als historischer Merkposten erscheint. Dies gilt für die verfassungsmäßige Verbürgung eines bezahlten Urlaubs von 12 Arbeitstagen (Art. 34 HV), des Achtstundentags und der Arbeitsfreiheit an Sonntagen und gesetzlichen Feiertagen (Art. 31 HV). Doch zeigt in den beiden letzteren Fällen die Zulassung von Ausnahmeregelungen durch Gesetz oder Gesamtvereinbarung, »wenn sie der Allgemeinheit dienen« (Art. 31 S. 3 HV), das Bemühen um eine flexible Lösung. Die Hessische Verfassung wird damit der wachsenden Bedeutung der Dienstleistungen bei gleichzeitiger Zunahme an Freizeit gerecht.

In anderen Fällen sollte das vorhandene Gesetzesrecht in seinen Grundzügen verfassungsrechtlich abgesichert werden. Doch verbindet die Hessische Verfassung die Festschreibung des Bestehenden mit Neuregelungen. So geht Art. 35 HV mit den Forderungen, »eine das gesamte Volk verbindende Sozialversicherung zu schaffen«, der Betonung vorbeugender Maßnahmen und der Einbeziehung von Schwangeren und Wöchnerinnen und der Erwerbsbeschränkten und der Erwerbsunfähigen ohne Unterschied (Abs. 2) über das damals wie jetzt bestehende Recht hinaus. Noch weiter greift der Programmsatz: »Die Ordnung des Gesundheitswesens ist Sache des Staates.« (Abs. 3). Er zielt nicht auf eine Verstaatlichung des Gesundheitswesens, sondern verheißt eine umfassende Neugestaltung, die bisher weitgehend unkoordiniert gebliebenen Reformen sollen zu einem neuen Ganzen verbunden werden. Mit ihrem Bestreben, das Recht der sozialen Sicherheit zu entwirren, ist die Hessische Verfassung eine Vorläuferin der modernen Rechtsentwicklung geworden, die mit der Verkündung eines allgemeinen Teils eines Sozialgesetzbuchs sichtbaren Ausdruck gefunden hat.

3. Der Schutz der menschlichen Arbeitskraft (Art. 28 Abs. 1 HV) und das Recht auf Arbeit (Art. 28 Abs. 2 HV) beanspruchen, dem Aufbau dieses Abschnittes entsprechend, den Vorrang vor den späteren Vorschriften.

a) Art. 28 Abs. 1 HV übernimmt fast wörtlich den Wortlaut des Art. 157 Abs. 1 WV, einer damals als programmatisch angesehenen Vorschrift, die die individuelle, physische und psychische Arbeitsfähigkeit schützen, aber auch den Arbeitnehmer vor Ausbeutung bewahren sollte und in den Bereich der Erziehungs- und Bevölkerungspolitik eingriff[28].

b) Mit seiner Umschreibung des Rechts auf Arbeit geht Art. 28 Abs. 2 HV weit über die vorsichtige Sollvorschrift des Art. 163 WV hinaus: »Jeder hat nach seinen Fähigkeiten ein Recht auf Arbeit und, unbeschadet seiner persönlichen Freiheit, die sittliche Pflicht zur Arbeit«. Doch soll damit entgegen dem Wortlaut kein subjektiv-öffentliches Recht begründet werden, wie der folgende Absatz zeigt: »Wer ohne Schuld arbeitslos ist, hat Anspruch auf den notwendigen Unterhalt für sich und seine unterhaltsberechtigten Angehörigen« (Abs. 3 S. 1). Insoweit entspricht Art. 28 Abs. 2 HV doch im Ergebnis dem Art. 163 WV[29]. Die Verpflichtung des Staates zur Vollbeschäftigung wird nur erheblich schärfer akzentuiert. Zu ihr hat sich die Bundesrepublik Deutschland nunmehr ausdrücklich mit der Ratifizierung der Europäischen Sozialcharta (Teil II Art. 1 Ziff. 1) und des Internationalen Paktes über wirtschaftliche, soziale und kulturelle Rechte (Teil III Art. 6) bekannt[30]. In der Hessischen Verfassung ist freilich der Bezug zur Wirtschaftsordnung sehr viel enger: Der Wirtschaftslenkung wird mit der Vollbeschäftigung eine Zielbestimmung vorgegeben.

Auch sonst verraten die Formulierungsunterschiede die neue juristische Akzentsetzung: Die »angemessene Arbeitsgelegenheit« der Weimarer Reichsverfassung wird nunmehr durch die Arbeit entsprechend den individuellen Fähigkeiten präzisiert. Offen bleibt allerdings, wer über das Bestehen solcher Fähigkeiten entscheidet. Ebenso sichert Art. 28 Abs. 2 HV das Recht am Arbeitsplatz und damit das Kündigungsschutzrecht ab. Die umfassende fachliche und berufliche Beratung wird gewährleistet, wie sie nunmehr ausdrücklich in Teil III Art. 6 Abs. 1 des Internationalen Paktes über wirtschaftliche, soziale und kulturelle Rechte ausdrücklich ausgesprochen worden ist.

4. Programmatische Bedeutung hat nach wie vor Art. 29 Abs. 1 HV: »Für alle Angestellten, Arbeiter und Beamten ist ein einheitliches Arbeitsrecht zu schaffen«, auch wenn diese Konzeption in der hessischen Rechtsentwicklung nicht verwirklicht, sondern die ersten Ansätze hierzu unter Berufung auf die »Erfordernisse der Verwaltung« (Art. 135 HV) schon bald wieder aufgegeben worden sind[31]. Jede ernsthafte tiefgreifende Reform des Öffentlichen Dienstes muß davon ausgehen, daß die Erbringung von Dienstleistungen in Abhängigkeit den Grundtatbestand für alle Beschäftigte bildet. Insofern müssen gemeinsame Regelungen der sozialen Sicherung für alle Arbeitenden, ohne Unterschied ob sie Arbeiter, Angestellte und Beamte sind, entwickelt werden können. Zu prüfen ist, inwieweit spezifische Funktionen, vor allem des Staates, das Abgehen von der gemeinsamen Regelung gebieten. So kennt auch die Europäische Sozialcharta nur ein einheitliches Arbeitsrecht, doch sieht sie Ausnahmeregelungen für die Polizei oder die Streitkräfte (Teil II Art. 5) oder zum Schutz der öffentlichen Sicherheit und Ordnung, der Sicherheit des Staates, der Volksgesundheit, der Sittlichkeit nach Teil V Art. 31 vor.

5.a) Art. 30 HV konkretisiert den Schutz der Arbeitskraft, geht gleichzeitig aber weit hierüber und über die Forderung der Europäischen Sozialcharta (Teil II Art. 3) und des Internationalen Paktes über wirtschaftliche, soziale und kulturelle Rechte (II Art. 7b) nach »sicheren und gesunden Arbeitsbedingungen« hinaus. Nach ihm müssen »die Arbeitsbedingungen so geschaffen sein, daß sie die Gesundheit, die Würde, das Familienleben und die kulturellen Ansprüche des Arbeitnehmers sichern«. Als sozialstaatliche Interpretation der Sittenwidrigkeit (§ 138 BGB) kommt ihm allgemeine Bedeutung für das Recht der Arbeitsverhältnisse in der Bundesrepublik zu. Entsprechendes gilt auch für Art. 30 Abs. 1 2. Halbs., daß die Arbeitsbedingungen »die leibliche, geistige und sittliche Entwicklung der Jugendlichen nicht gefährden« dürfen, und für das Verbot der Kinderarbeit (Art. 30 Abs. 3).

Das Recht auf Arbeit findet eine weitere Konkretisierung in Art. 33 S. 1 HV: »Das Arbeitsentgelt muß der Leistung entsprechen und zum Lebensbedarf für den Arbeitnehmer und seine Unterhaltsberechtigten ausreichen.« S. 2 bestimmt: »Die Frau und der Jugendliche haben für gleiche Arbeit und gleiche Leistung Anspruch auf gleichen Lohn«. Beide Vorschriften sind auch in der Europäischen Sozialcharta (Teil II Art. 4 Ziff. 1 u. 3) und im Internationalen Pakt über wirtschaftliche, soziale und kulturelle Rechte (Teil III Art. 7a u. b) enthalten. In Übereinstimmung mit der letzteren Bestimmung hat das Bundesarbeitsgericht das Prinzip der Gleichberechtigung von Mann und Frau (Art. 3 Abs. 2 GG) auf die Entlohnung angewandt und hieran die Tarifvertragsparteien gebunden[32].

b) Als Konkretisierung des Art. 27 ist Art. 30 Abs. 2 HV anzusehen: »Das Gesetz schafft die Gewähr, daß die Frau ihre Aufgaben als Bürgerin und Schaffende mit ihren Pflichten als Frau und Mutter vereinbaren kann.« Sicherlich führt die sozialstaatliche Interpretation der Art. 3 Abs. 2, 6 Abs. 2 und Abs. 5 GG zu demselben Ergebnis. Doch schaltet die eindeutige Bestimmung der Hessischen Verfassung jede Auseinandersetzung über die richtige Interpretation des Grundgesetzes aus und weist, unter Abkehr von einem formalistischen Verständnis der Gleichberechtigung, den realistischen Weg dazu, die Doppelbelastung der Frau durch die Förderung von Teilzeitarbeit und die Errichtung von Kindergärten und Ganztagsschulen abzumildern. Hier bleibt Hessen noch eine reiche Betätigungsmöglichkeit.

6.a) Die Hessische Verfassung hat den traditionellen Dualismus des deutschen kollektiven Arbeitsrechts, das Nebeneinander von Koalitionsrecht und Betriebsvertretungsrecht, aufrechterhalten. Doch hat es für beide den Unterschied zwischen Arbeitsrecht im herkömmlichen Sinne und Beamtenrecht beseitigt, und zwar bis in die Terminologie hinein.

So erkennt Art. 37 HV den Angestellten, Arbeitern und Beamten in allen Betrieben und Behörden gemeinsame *Betriebs*vertretungen zu, die »im Benehmen mit den Gewerkschaften«, gleichberechtigt mit den *Unternehmern* in sozialen, personellen und wirtschaftlichen Fragen des Betriebs mitzubestimmen haben. Betriebs- und sogar Unternehmerbegriff werden somit auch auf die öffentliche Hand angewandt. Dasselbe gilt für das Koalitionsrecht, andernfalls würden die Arbeitgebervereinigungen der öffentlichen Hand, etwa der Kommunen, und der Abschluß von Tarifverträgen für den öffentlichen Bereich als unzulässig angesehen werden.

b) Die Aussage der Hessischen Verfassung über das Koalitionsrecht bleibt, auf den ersten Blick gesehen, im überkommenen Rahmen. Doch zeigt die nähere Prüfung, daß dies nur auf die individuelle Koalitionsfreiheit und auf die Tarifverträge (Art. 29 Abs. 2 HV spricht von »Gesamtvereinbarungen«) zutrifft. Sonst bestehen zwei bedeutsame Unterschiede, und zwar auch zur Rechtslage nach dem Grundgesetz:

aa) Es fehlt die Anerkennung der allgemeinen Betätigungsfreiheit von Gewerkschaften und Unternehmensvereinigungen, wie sie das Bundesverfassungsgericht aus Art. 9 Abs. 3 GG gefolgert hat,[33] oder wie sie aus der allgemeinen Regelung des Art. 19 Abs. 3 GG auch für die Koalitionen als besondere Vereinigungen gezogen werden kann[34]. Die Hessische Verfassung hat den Schritt zum kollektiven Liberalismus nicht getan, weder für das Arbeitsrecht noch allgemein. Die Erklärung ist in ihrer anderen Konzeption der Wirtschaftsordnung zu suchen.

bb) Eine wichtige Klärung, die dem Grundgesetz wiederum nur mit Hilfe einer Interpretation aus dem Gesamtzusammenhang zu entnehmen ist, enthält Art. 36 Abs. 2 HV: »Niemand darf gezwungen oder gehindert werden, Mitglied einer solchen Vereinigung zu werden«. Dieses ausdrückliche Bekenntnis zur sog. negativen Koalitionsfreiheit stellt die Reaktion auf das System des »freiwilligen Zwangs« im Nationalsozialismus dar.

7.a) An erster Stelle der drei Aussagen des Art. 29 HV über das Arbeitskampfrecht steht das Versprechen einer gesetzlichen Regelung des Schlichtungswesens. Wie diese erfolgen soll, bleibt offen; das Problem der Zwangsschlichtung ist nicht einmal aufgeworfen worden. Eine solche Entscheidung läßt sich nicht aus der Wirtschaftsverfassung ableiten, obschon die Zwangsschlichtung bei dem System der Wirtschaftslenkung naheliegt. Einem solchen Schluß steht vielmehr entgegen, daß, wie bereits früher ausgeführt, die Vorschriften über die Sozialordnung denen über die Wirtschaftsordnung übergeordnet sind.

b) In Übereinstimmung mit den anderen damals entstandenen Länderverfassungen erkennt Art. 29 Abs. 4 HV das Streikrecht an, »wenn die Gewerkschaften den Streik erklären«[35]. Über den Begriff Recht werden die Streikenden gegen Maßnahmen des Arbeitgebers geschützt[36]. Insoweit ist die endgültige Formulierung über den Verfassungsentwurf der SPD hinausgegangen[37]. Damit hat die Hessische Verfassung einer Entwicklung Bahn gebrochen, die auch nach der Nichtaufnahme des ursprünglich vorgesehenen, inhaltlich entsprechenden Artikels 9 Abs. 4[38] in das Grundgesetz durch die Rspr. des Bundesarbeitsgerichts, wenngleich mit einer irreführenden soziologischen Begründung, vollendet ist.

Eine Grenze für die Ausübung des Streikrechts hat die Hessische Verfassung nicht gezogen. Infolgedessen bleibt es der Auslegung überlassen, ob Art. 29 HV als Blankoscheck auf das Verantwortungsbewußtsein der Gewerkschaften aufzufassen ist oder sich mit einem Schutz der Streikenden berührt, aber die bisherige Grenzziehung des Streiks über das Verbot vorsätzlicher sittenwidriger Schädigung (§ 826 BGB) offen läßt. Für die zweite – punktuelle – Deutung spricht der Wortlaut der Vorschrift und der Zusammenhang zwischen Streik und allgemeiner Handlungsfreiheit: Der Streik ist kollektive Betätigung der Freiheit, insofern bestehen für ihn dieselben Grenzen wie für die individuelle Freiheitsbetätigung. Die einzige Ausnahme hiervon bildet der Arbeitsvertrag – der Streik verletzt die vertragliche Arbeitspflicht und damit legitimiert der Arbeitgeber seine wirksamste Gegenmaßnahme, die Entlassung der Streikenden. Den juristischen Gegenzug stellt die Anerkennung des Streikrechts dar.

Der nichtgewerkschaftliche Streik ist in der Hessischen Verfassung nicht ausdrücklich geregelt worden. Die Hessische Verfassung erkennt insoweit kein Streik*recht* an; wird die Streik*freiheit* als Teil der allgemeinen Handlungsfreiheit aufgefaßt, so richtet sich der nichtgewerkschaftliche Streik nach deren Einschränkung – und eine solche Einschränkung stellt, wie bereits ausgeführt, auch der Arbeitsvertrag dar. Dann verletzt, entsprechend der in der Weimarer Republik vorherrschenden Auffassung, der nichtgewerkschaftliche Streik den Arbeitsvertrag.

Die Rechtsentwicklung seitdem ist zwiespältig verlaufen: Das Bundesarbeitsgericht hat den nichtgewerkschaftlichen Streik für unzulässig erklärt, andererseits ist das Streikrecht in der Europäischen Sozialcharta ohne Einschränkung anerkannt worden[39].

Zur Beantwortung einer derzeit ebenfalls heiß umstrittenen Frage hat die Hessische Verfassung einen bedeutsamen Beitrag geleistet: Nach dem Wortlaut des Art. 29 Abs. 4 HV und der Konzeption eines einheitlichen Arbeitsrechts für Angestellte, Arbeiter und Beamte in Art. 29 Abs. 1 HV ist der Beamtenstreik *als solcher* keineswegs unzulässig. Zwar gebietet Art. 135 HV, die Rechtsverhältnisse aller Arbeitnehmer der öffentlichen Verwaltung im Rahmen des in Art. 29 vorgesehenen einheitlichen Arbeitsrechts nach den Erfordernissen der Verwaltung zu gestalten. Doch bedeutet dies nur, daß *alle* Beschäftigte, einerlei ob es sich um Arbeiter, Angestellte oder Beamte handelt, dann nicht streiken dürfen, wenn dies zum Schutz der Verwaltungsfunktion unerläßlich ist. Diese funktionale Betrachtungsweise entspricht dem mit der Europäischen Sozialcharta erreichten Rechtszustand[40]. Die Hessische Landesregierung hält demgegenüber in Übereinstimmung mit der Bundesregierung[41], der höchstrichterlichen Rechtsprechung und der überwiegenden Auffassung in der Literatur an der Auffassung fest, daß die Beamten als solche nicht streiken dürfen[42].

c) Zum Stein des Anstoßes ist Art. 29 Abs. 5 HV geworden: »Die Aussperrung ist rechtswidrig«. Unter Berufung auf die vom Bundesarbeitsgericht eingeführten Prinzipien der Kampfparität oder der Waffengleichheit in das Arbeitskampfrecht wird diese Vorschrift von der Mehrheit im Schrifttum als Verstoß gegen den Gleichheitsgrundsatz des Art. 3 I GG angesehen[43]. Doch ist zu fragen, ob sich nicht die im Einzelarbeitsverhältnis vorhandene Machtunterlegenheit des einzelnen Arbeitnehmers gegenüber dem einzelnen Arbeitgeber auch auf die Ebene des kollektiven Arbeitsrechts fortsetzt, so daß der hessische Verfassungsgeber einen ungleichen Tatbestand ungleich regelte. Mit diesem Argument hat die Hessische Landesregierung die Gültigkeit der Verfassungsbestimmung bejaht[44].

Die Diskussion dieser Frage dauert an, doch hat der Deutsche Gewerkschaftsbund inzwischen allgemein die Forderung nach dem Verbot der Aussperrung erhoben[45]. Die Fronten haben sich einander genähert, nachdem das Bundesarbeitsgericht in der Entscheidung seines Großen Senats vom 21. 4. 1971 seine frühere Billigung der Aussperrung mit lösender Wirkung für den Regelfall aufgegeben hat, mit der die Kündigungswirkung auf kollektiver Ebene wieder hergestellt worden war. Diese Lösungswirkung war mit der Anerkennung eines Streik*rechts* unvereinbar, wie sie in Art. 29 Abs. 4 HV für den gewerkschaftlichen Streik erfolgt ist, denn diese Anerkennung schützt den streikenden Arbeitnehmer vor dem Verlust seines Arbeitsplatzes. Art. 29 Abs. 5 HV geht nun über Art. 29 Abs. 4 HV hinaus, als er auch den nichtgewerkschaftlichen Streik in jenen Schutz einbezieht. Nicht getroffen werden hingegen durch die Verfassung andere kollektive Maßnahmen des Arbeitgebers, denen die Kündigungswirkung fehlt. Sie sind nach der herkömmlichen Fixierung der Aussperrung auf die Kündigung keine Aussperrung, daher hat auch die Europäische Sozialcharta auf diesen Begriff zu Recht verzichtet. Für die Berechtigung kollektiver Abwehrmaßnahmen gegenüber dem nichtgewerkschaftlichen Streik spricht das Schutzbedürfnis der Arbeitgeber und die deutliche Wertungsdifferenzierung zwischen nichtgewerkschaftlichem und gewerkschaftlichem Streik der Hessischen Verfassung. Doch können auch Gründe für die Zulässigkeit einer kollektiven Abwehrmaßnahme gegen den gewerkschaftlichen Streik angeführt werden: Auch die Gewerkschaft kann ihre Macht mißbrauchen, wenn allein der Gewerkschaft ein Vertrauensblankoscheck ausgestellt würde. Zudem bedarf eine Gesellschaft, die auf das generelle Verbot des Beamtenstreiks verzichtet, der eine Schlichtungskonzeption fehlt und die sich für eine Wirtschaftslenkung entschieden hat, eines erhöhten Schutzes gegen Störungen[46].

V. Bedeutung und Aktualität der Hessischen Verfassung

1. Die Hessische Verfassung ist mehr als eine historische Antwort auf den Nationalsozialismus. Als Ordnungsmodell eines freiheitlichen Sozialismus ist sie der späteren politischen Entwicklung weit vorausgeeilt. Insoweit kommt ihr noch heute theoretische Bedeutung zu. Praktisch politisch ist sie mit ihrer Konzeption aus zwei Gründen gescheitert: Die Begrenzung auf ein Land hat nicht den wirtschaftlichen Gegebenheiten entsprochen. Deutschland war 1945 längst zu einer wirtschaftlichen Einheit geworden, die zwar von den Besatzungsmächten in zwei Teilstaaten zerrissen werden konnte, nicht aber von demokratischen Institutionen. Doch hat es auch nach dem Zusammenbruch des Nationalsozialismus an einer Grundvoraussetzung für eine sozialistische Ordnung gefehlt: die staatliche Autorität und ihre Aufgabe einer Gesamtordnung zu erkennen. Dreißig Jahre nach dem Inkrafttreten der Hessischen Verfassung hat sich ein Wandel angebahnt, wie vor allem die Teilnahme der Bundesrepublik an der internationalen Entwicklung zeigt.

2. Wie die Untersuchung gezeigt hat, bietet die Hessische Verfassung eine Fülle von Interpretationsmöglichkeiten für das Grundgesetz. Sie wird in dem Maße insoweit an Bedeutung gewinnen, als die früher vorherrschend liberale Ausdeutung des Grundgesetzes aufgegeben und durch eine stärker sozialstaatlich orientierte ersetzt wird. Besondere Bedeutung hat die Hessische Verfassung dadurch, daß sie die Sozialordnung über die Wirtschaftsordnung stellt und dieser damit Inhalte setzt. Mit der Entwicklung sozialer Grundrechte und dem Offenlegen der vielfachen Gestaltungsmöglichkeiten des Rechts leistet sie einen bedeutsamen Beitrag für die künftige Rechtsentwicklung. Sie zeigt dabei auch die Grenzen auf, die einer sozialistischen Fortentwicklung des Grundgesetzes gesetzt sind: Ohne die Ausbildung sozialer Grundrechte, ohne die Anerkennung des sozialen Schutzes der Freiheitsrechte, darf nicht die politische und die wirtschaftliche Macht konzentriert werden. Der freiheitliche soziale Rechtsstaat erfordert Gegengewichte zum Schutz des Individuums gegenüber einer solchen Machtzusammenballung. Auch insoweit wird man künftig an der Aussage der Hessischen Verfassung nicht vorbeigehen können, die in der Geschlossenheit der juristischen Konzeption und dem Bemühen um nüchterne, konkrete Regelungen Maßstäbe für die künftige Verfassungsgesetzgebung gesetzt hat.

1 Die Frage nach der Legitimation der während der Besatzungszeit entstandenen Verfassungen ist schwer und nur aufgrund von Einzelprüfungen zu beantworten. Den Ausgangspunkt bildet die konkrete Bestimmung der Souveränität. Nach ihr steht jede militärische Besetzung eines Landes der Ausübung der verfassungsgebenden Gewalt im Wege, denn Demokratie als innere Freiheit und Freiheit von äußerer Herrschaft müssen als identisch angesehen werden (vgl. hierzu eingehend Ramm, Der Arbeitskampf und die Gesellschaftsordnung des Grundgesetzes. Beitrag zu einer Verfassungslehre 1965, S. 73 f.). Die Unabhängigkeit muß, strenggenommen, nicht nur bei der Volksentscheidung über die Verfassung, sondern auch bei der Ausarbeitung des Entwurfs bestehen. Allerdings darf dabei nicht außer acht gelassen werden, daß bei revolutionären Umwälzungen, die überwiegend Anlaß zur Verfassungsentstehung bilden, nicht die Gesamtheit des Volkes an einer Verfassungsausarbeitung beteiligt ist oder mitwirken darf, sondern die Verfassungsausarbeitung den Inhabern der faktischen Macht zufällt.

Wird von dem Prinzip der Volkssouveränität ausgegangen, so liegt nicht in der Genehmigung der Hessischen Verfassung durch die Militärregierung der Grund für ihre Geltung, sie stellt lediglich eine Selbstbindung des faktischen Machthabers dar. Zu Recht stellt daher Stein in seiner Festansprache »Zwanzig Jahre Hessische Verfassung« 1966, S. 16 auf die freie Selbstbestimmung der hessischen Wahlberechtigten ab, die in geheimer Abstimmung und unbehindert sich für die Annahme oder Ablehnung des Verfassungsentwurfs entscheiden konnten. Er weist zutreffend auf Art. 41 HV hin, der entgegen den Bestrebungen der Besatzungsmacht Bestandteil des Verfassungsentwurfs blieb und im Volksentscheid angenommen wurde. Selbst bei der Ausarbeitung des Verfassungsentwurfs hat sich die Militärregierung offensichtlich sehr zurückgehalten. Caspary – Vom Werden der Verfassung in Hessen. Aus den Verhandlungen des Verfassungsausschusses der verfassungsberatenden Landesversammlung Großhessens. Aktuelle Schriften Heft 3 1946, S. 69. – hat die Rolle des Beauftragten des Generals Clay dahin charakterisiert: »Herr Dayton hat stets in vollkommener Vollendung zu uns als Experte für Verfassungsfragen gesprochen, dessen Rat stets gern eingeholt wurde. Ein Experte aus einem neutralen Land hätte seinen Rat kaum in anderer Weise erteilen können«. Die Zurückhaltung der Militärregierung erklärt sich daraus, daß die Zielsetzung der deutschen Politiker und der Militärregierung weitestgehend übereinstimmten. Wie sehr dies der Fall war, zeigt das Schreiben von Gardes, des zuständigen Offiziers der Militärregierung für die amerikanische Zone, an die Militärregierung der einzelnen Länder vom 30. 9. 1946. Es gab als Ziele der Besatzungsmacht an: die Herstellung der Demokratie, zu der auch die Freiheitsrechte und der Rechtsstaat (rule of law) gehörten, die Unabhängigkeit der Justiz von Legislative und Exekutive, die bundesstaatliche Struktur und die wirtschaftliche Einheit Deutschlands (nach Department of State [Hg.] Germany 1947-49. The story in documents 1950, S. 155 [156 f.]).

2 Dies gilt vor allem für die Entscheidung über die Wirtschaftsordnung. Zwischen den deutschen Politikern und der Militärregierung bestand Einigkeit darüber, daß Deutschland als wirtschaftliche Einheit erhalten bleiben sollte

(vgl. Anm. 1). Alle Aussagen der Länderverfassungen sind insofern, entstehungsgeschichtlich betrachtet, politische Willensbekundung, wie Gesamtdeutschland gestaltet werden soll.

3 Die Geschichte der Verfassungsgebung der Länder zeigt, wie einseitig Eberhard Schmidts Buch »Die verhinderte Neuordnung« 1970 (mehrere unveränderte Auflagen seitdem) ist. Sehr aufschlußreich über die wirkliche Machtlage ist demgegenüber Caspary, a.a.O. (Anm. 1), S. 66 f. Nach ihm trat die hessische SPD für die wirtschaftlich-sozialen Bestimmungen ein, da sie befürchtete, daß unter Berufung auf den Einheitsgedanken »den reaktionären Wirtschaftskreisen nur der willkommene Vorwand geliefert würde, eine den Forderungen der Sozialdemokratie gerecht werdende Gestaltung der wirtschaftlichen und sozialen Grundrechte fürs erste überhaupt zu vereiteln«. Die Verfassungsgebung der Länder stellte zugleich das Spiegelbild der damaligen politischen Landschaft Deutschlands dar.

4 Als weitere Gründe sind die Korrektur von der Überspannung des föderalistischen Prinzips aufgrund des Einflusses der Besatzungsmacht, die traditionelle Skepsis des Juristen gegenüber neuen Rechtsfiguren und endlich die Respektierung des demokratischen Gesetzgebers zu nennen. Der letztere Grund trifft allerdings, wie weiter oben im Text zu zeigen sein wird, auf die Hessische Verfassung nicht zu.

5 Antrag vom 13. 1. 1970, LT Drucksache VI/25 93. Die erste Lesung fand in der 68. Sitzung der VI. Wahlperiode am 29. 1. 1970 statt (S. 35, 64 ff.). Vgl. zu diesem Antrag Groß, Die Entwicklung des hessischen Verfassungsrecht JbÖR NF 21, 1972, S. 309.

6 Hierfür bestehen zwei Ansatzpunkte: Der erste bezieht sich auf den Wortlaut der einzelnen Verfassungsbestimmungen – ob sie die für soziale Grundrechte charakteristische Formulierung »Recht auf« enthalten. Dies ist bei Art. 2 Abs. 1 GG (Recht *auf* freie Persönlichkeitsentfaltung) und Art. 2 Abs. 2 GG (Recht *auf* Leben) enthalten, vgl. hierzu Ramm, Einführung in das Privatrecht, Bd. I 2. Aufl. 1974, S. 125.

In die Formulierung des Art. 2 Abs. 1 hat offensichtlich nicht nur die – unstreitige – Anerkennung des allgemeinen Freiheitsrechts, sondern auch Art. 14 Abs. 3 des Herrenchiemseer-Entwurfs Eingang gefunden, der bei der Formulierung des Gleichheitsgrundsatzes des Art. 3 GG weggefallen ist: »Jeder hat Anspruch auf gleiche wirtschaftliche und kulturelle Entwicklungsmöglichkeiten.« Der Anspruch auf freie Persönlichkeitsentfaltung vermeidet den Konflikt mit der Kulturhoheit der Länder und ist umfassend. Andererseits wird der Januskopf des Art. 2 Abs. 1 GG deutlich: Es gibt keinen individuellen Förderungsanspruch gegenüber dem Staat ohne Anerkennung der Selbständigkeit und Freiheit des Individuums. Das Recht auf Persönlichkeitsentfaltung ist untrennbar mit dem Recht *zur* freien Persönlichkeitsentfaltung verbunden.

7 Vgl. hierzu eingehend Ramm, a.a.O. (Anm. 6), S. 316 ff.

8 Auch der – unveröffentlicht gebliebene – Vorentwurf Walter Jellineks zur Hessischen Verfassung stellt die Rechtsgleichheit voran bei einem sonst traditionellen Verständnis der Freiheitsrechte. Damit wird deutlich, daß die Hessische Verfassung damit kein Bekenntnis zum Egalitarismus ablegt.

9 Solche Ausnahmen sind: die Versammlung unter freiem Himmel, für die das Gesetz die Anmeldepflicht vorsehen kann (Art. 14 Abs. 2 HV), die freie Meinungsäußerung, die ihre Grenze an den Jugendschutzgesetzen findet (Art. 18 HV). In das Postgeheimnis, die Unverletzlichkeit der Wohnung und die persönliche Freiheit kann der Richter bei dringendem Verdacht einer strafbaren Handlung eingreifen (Art. 19), zu den sonstigen Eingriffen und Beschränkungen der persönlichen Freiheit vgl. die Art. 21-25, die insbesondere die Erfordernisse der Strafrechtspflege, aber auch die Gefährdung Dritter durch Kranke berücksichtigen.

10 Vgl. hierzu eingehend Ramm, a.a.O. (Anm. 6) S. 107 ff., 113 ff., 311 ff. u. 329 ff.

11 Allerdings differiert die Begründung: Sie reicht von der Anerkennung einer »unmittelbaren« Drittwirkung über die »mittelbare« Drittwirkung bis zur Annahme eines Redaktionsversehens.

12 Da eine solche Bestimmung im Bundesrecht fehlt, bildet § 118 BetrVerfG die Orientierungsnorm und verschiebt damit die Diskussion, zum Tendenzbetrieb, vgl. die Zusammenfassung des Diskussionsstandes von Dietz-Richardi, Anm. 8 zu § 118, 5. Aufl. 1973.

13 Beim Recht der unerlaubten Handlung, die die zweite große Schranke für die individuelle Betätigung im Gebiet des Privatrechts bildet, ist das Problem weniger bedeutsam. Ihre Vorschriften führen großenteils das Strafrecht in das Zivilrecht ein. Vor allem aber ist die Sicherung einer gleichheitlichen Rechtsposition die traditionelle Aufgabe des Gesetzgebers. Dabei gilt es nur darauf zu achten, daß nicht ein Übermaß an Schutz die Freiheit erstickt, vgl. hierzu Ramm, Einführung in das Privatrecht Bd. III, 2. Aufl. 1975, S. 707 ff.

14 So die Formulierung des ersten Pakts, im zweiten ist lediglich die Reihenfolge der Rechte vertauscht worden: Die wirtschaftlichen, sozialen und kulturellen Rechte stehen an erster Stelle.

15 Vgl. hierzu auch die Ansprache des ersten hessischen Ministerpräsidenten Karl Geiler anläßlich des Zusammentritts des beratenden Landesausschusses in Wiesbaden am 28. 2. 1946, in Karl Geiler, Geistige Freiheit und soziale Gerechtigkeit im neuen Deutschland 1947, S. 81 (87 f.).

16 Vgl. hierzu eingehend Ramm, Arbeitskampf (Anm. 1), S. 159 ff.

17 Vgl. zu dieser Thematik insbesondere Werner Weber, Zur Problematik von Enteignung, Sozialisierung nach neuem Verfassungsrecht, NJW 1950, S. 401, der jedoch die Übereinstimmung von Hessische Verfassung und Grundgesetz verneint.

18 Demgegenüber identifiziert Zinn-Stein-Barwinski, Anm. 1d die Entschädigung nach sozialen Gesichtspunkten mit der in Art. 14 Abs. 3 S. 3 GG vorgesehenen Entschädigung. Groß, a.a.O. (Anm. 5), S. 354 hält Art. 39 Abs. 4 HV für gegenstandslos.

19 Seit der Entscheidung vom 11. 6. 1958, BVerfGE 7, 377 (403 ff.), vgl. auch die Entscheidung vom 15. 12. 1965, BVerfGE 19, 343 (348).

20 Vgl. zur Signalwirkung der Sozialisierung und dem Zwang des Grundgesetzes zum Bekenntnis von Freiheitseinschränkungen, Ramm, Arbeitskampf (Anm. 1), S. 164.

21 Sehr deutlich ist bei den Verfassungsberatungen die Abgrenzung vom Staatskapitalismus erfolgt, und zwar unter Berufung nicht nur auf die Bürokratisierung, sondern auch auf die 12jährige Diktatur. So warnte Bergsträßer (SPD) vor der Möglichkeit einer Wiederaufrichtung der Diktatur bei einer Anhäufung von politischer und wirtschaftlicher Macht und begründete damit die Notwendigkeit, andere Formen zu finden (Sitzung vom 6. 8. 1946, Stenographische Protokolle der verfassungsberatenden Landesversammlung Großhessen 1946, S. 36). Auch Köhler (CDU) hat den Staatskapitalismus energisch abgelehnt (so in der von der CDU, Landesleitung Groß-Hessen, herausgegebenen Flugschrift Das (sic!) Kompromiß zwischen SPD und CDU 1946, S. 4.

22 Vgl. hierzu LT Drucksache I 1030 (auch separat veröffentlicht Harald Koch [Hrsg.], Die Sozialgemeinschaften 1948). Die erste Lesung fand in der 53. Sitzung der I. Wahlperiode am 26. 1. 1949 statt.

23 Vgl. über die Geschäftsführung § 32 des Entwurfs, zum Verwaltungsrat §§ 47 ff. Die Landesgemeinschaft ist eine hauptsächlich mit Überwachungsaufgaben übergeordnete Institution, die auch Forschungs- und Entwicklungsaufgaben mehrerer Sozialgemeinschaften zusammenfassen und selbst übernehmen, Betriebsvergleiche durchführen und den Austausch von Erfahrung anordnen kann (vgl. zu ihren Aufgaben § 145 II).

Bemerkenswert ist die Verzahnung der Mitglieder des Verwaltungsrats: der Landesgewerkschaftsvertreter mit den Betriebsräten, der Vertreter der Kreise mit den Konsumgenossenschaften und Handwerkskammern und der Vertreter der Landesgemeinschaft mit den Unternehmen (vgl. im einzelnen § 48 II-V).

24 Vgl. zur Entwicklung im einzelnen, Groß, a.a.O. (Anm. 5), S. 354.

25 Die Auseinandersetzung ist in einer Fülle juristischer Gutachten, die in ihrer überwiegenden Mehrheit für die Buderus'schen Eisenwerke erstattet worden sind, erfolgt. Sie befassen sich mit der Überführung in Gemeineigentum nach Art. 41 HV und der Frage, ob hierfür ein neuer Rechtsträger bereits vorhanden sein muß. Eine Aufarbeitung der Auseinandersetzung fehlt bisher. Sie hätte sich vor allem mit der Frage zu befassen, ob ncht die bisherige Auseinandersetzung von der Konzeption der Enteignung geprägt worden ist und die Sozialisierung zu wenig als Sondertatbestand gewürdigt worden ist.

26 BVerfGE 4, 7 (17 f.).

27 von Brünneck, Die Verfassung des Landes Hessen vom 1. 12. 1946, JbdÖR NF Bd. 3 (1954), S. 214 (237) erklärt es mit einem entsprechenden Wunsch der amerikanischen Militärregierung.

28 Vgl. hierzu Radbruch Art. 157 I Arbeitskraft, in: Nipperdey (Hrsg.), Grundrechte und Grundpflichten der Reichsverfassung. Kommentar zum 2. Teil der Reichsverfassung Bd. 3 1930, S. 349 ff.

29 Art. 163 WV lautet: »Jeder Deutsche hat unbeschadet seiner persönlichen Freiheit die sittliche Pflicht, seine geistigen und körperlichen Kräfte so zu betätigen, wie es das Wohl der Gesamtheit erfordert.

Jedem Deutschen soll die Möglichkeit gegeben werden, durch wirtschaftliche Arbeit seinen Unterhalt zu erwerben. Soweit ihm angemessene Arbeitsgelegenheit nicht nachgewiesen werden kann, wird für seinen notwendigen Unterhalt gesorgt. Das Nähere wird durch besondere Reichsgesetze bestimmt.«

30 Beide Vorschriften anerkennen das Recht auf Arbeit und sehen die Vollbeschäftigung als einen Schritt ihrer Verwirklichung an.

31 Vgl. hierzu Hessisches Staatsministerium – Chef der Staatskanzlei (Hrsg.), Reform des Öffentlichen Dienstes. Pläne der Kabinettskommission zur Reform des Beamtenrechts 1948, zur Rechtsentwicklung vgl. von Brünneck, a.a.O. (Anm. 27) S. 255 f., sowie Benz, Beamtenverhältnis und Arbeitsverhältnis 1969, S. 4 f., LT Drucks. 7/5268 - Reform des öffentlichen Dienstrechts.

32 Entscheidung vom 15. 1. 1955, BAG 1, 258.

33 Entscheidung vom 18. 11. 1954, BVerfGE 4, 96 (101 f.).

34 Vgl. hierzu Ramm, Arbeitskampf (Anm. 1), S. 125 ff. mit Verweisungen auf frühere Veröffentlichungen und Scholz, Koalitionsfreiheit als Verfassungsproblem 1971, S. 128 ff.

35 Der entsprechende Artikel des SPD-Entwurfs hatte sie enthalten: »Eine Gewerkschaft kann einen Streik erklären und durchführen. Notstandsmaßnahmen zur Erhaltung der Produktionsmittel sind von den Gewerkschaften zu veranlassen. Niemand darf für die Folgen eines gewerkschaftlichen Streiks haftbar gemacht werden. Das Gesetz kann für Betriebe, die zur Abwendung einer allgemeinen Not unmittelbar lebensnotwendig sind, die staatliche Schlichtung eines Streiks anordnen.« (nach Caspary [Anm. 1], S. 31).

36 Vgl. hierzu das Urteil des Preußischen Oberverwaltungsgerichts vom 17. 1. 1924 PrOVG 78, 452, sowie Anschütz, Jacobi, Kaskel und Nipperdey, vgl. die Nachweise in Ramm, Der nichtgewerkschaftliche Streik, ArbuR 1971, S. 65 u. 97 (73).

37 Vgl. zu diesem Anm. 35.

38 Die vom allgemeinen Redaktionsausschuß vorgeschlagene Formulierung hatte gelautet: »Das Streikrecht wird anerkannt, wenn die Gewerkschaften den Streik erklären. Wer sich an einem gewerkschaftlichen, nicht tarifwidrigen Streik beteiligt, handelt nicht rechtswidrig. Beschränkungen sind nur im Interesse des Gemeinwohls und nur durch förmliches Gesetz zulässig.«

39 Vgl. zum derzeitigen Diskussionsstand Seiter, Streikrecht und Aussperrungsrecht. Ein Arbeitskampfrechtssystem auf der Grundlage subjektiv-privater Kampfrechte 1975, S. 14 Anm. 32.

40 Vgl. hierzu Ramm, Das Koalitions- und Streikrecht der Beamten 1970.

41 LT-Drucks. 7/5268, vom 30. 4. 1974, S. 2, Erklärung Genschers in der 37. Sitzung des Deutschen Bundestages vom 20. 3. 1974, Sten. Ber. 7 BT, S. 5713.

42 Vgl. zum Meinungsstand Anm. 40 und Däubler, Der Streik im Öffentlichen Dienst 1970, 2. Aufl. 1971; von Münch, Rechtsgutachten zur Frage eines Streikrechts für Beamte 1970; Isensee, Beamtenstreik 1972.

43 Vgl. zum derzeitigen Diskussionsstand Seiter, Anm. 39 und Frowein, Zur völkerrechtlichen und verfassungsrechtlichen Gewährleistung der Aussperrung 1976.

44 49. Sitzung des LT v. 16. 2. 1966, Sten. Ber. LT S. 2222 f.; 68. Sitzung des LT v. 29. 1. 1970, Sten. Ber. LT S. 3566.

45 Vgl. Arbeitsrecht-Blattei, Aktuelle Kurzberichte Nr. 6031, Bericht vom 10. Ordentl. DGB-Bundeskongreß in Hamburg vom 25. 5.-30. 5. 1975.

46 Diese Auffassung habe ich in einem 1966 der hessischen Landesregierung erstatteten Rechtsgutachten ausführlich begründet.

2.2. Politische Anforderungen und Einstellungen, politischer Willensbildungsprozeß

2.2.1. Horst-Dieter Rönsch: *Die hessische Landtagswahl vom 8. 10. 1978: Beginn eines neuen Trends?*

1. Wahlergebnis und Regierungsbildung

Das Wahlergebnis der hessischen Landtagswahl vom 8. 10. 1978 (vgl. Tab. 1) unterscheidet sich weniger als erwartet von dem der Landtagswahl 1974; die bisherigen und künftigen Koalitionsparteien SPD und FDP erhielten diesmal zusammen 50,9% der gültigen Stimmen gegenüber 50,6% bei der Wahl vor vier Jahren, die CDU sank – wiederum bezogen auf die gültigen Stimmen – von 47,3% auf 46%, was eine nur relative Abnahme bedeutet, da bei einer Zunahme der Wahlbeteiligung um 3 Prozentpunkte ihre Stimmenzahl anstieg. Die Grünen Parteien erhielten überraschenderweise zusammen nur 2%, nachdem die GLU in Niedersachsen 3,9% sowie GLU und Bunte Liste in Hamburg sogar 4,5% erreicht hatten.

Die Sitzverteilung änderte sich nur zwischen SPD und FDP; die CDU verfügte nach wie vor über 53 Sitze, die SPD über 50 (bisher 49), die FDP über 7 (bisher 8). Veränderungen gab es bei den Direktmandaten, was allerdings unter den Bedingungen des hessischen Verhältniswahlrechts keine Auswirkungen auf die Mandatsverteilung hatte. Die CDU mußte von ihren bisherigen 35 Direktmandaten 6 abgeben, die SPD vergrößerte ihren Bestand auf 26.

Trotz der politisch starken Stellung des alten und neuen Ministerpräsidenten blieb die Zusammensetzung des Kabinetts fast gleich. Der geringen Gewichtsverschiebung zwischen den Koalitionsparteien und der Unterpräsentierung der Frauen in der Landesregierung wurde durch die Ernennung der bisherigen Staatssekretärin im Kultusministerium, Vera Rüdiger (SPD), zur Ministerin für das neu geschaffene Ressort für Bundesratsangelegenheiten zumindest zum Teil Rechnung getragen. Daß dieses im Vergleich zur vorangegangenen Landtagswahl mitsamt seinen Folgen weniger spektakuläre Wahlergebnis dennoch ausgeprägte Genugtuung auf der einen und deutliche Enttäuschung auf der anderen Seite auslöste, liegt daran, daß die Ausgangslage als offen galt und daß die hessische Wahl insoweit eine »kritische« Wahl war, als eine Entscheidung über neue Entwicklungsrichtungen in Landes- und Bundespolitik wie auch in der Parteienstruktur anstand. Das Wahlergebnis zeigt, daß dies nicht nur von den Wahlkämpfern, sondern auch von den Wählern so betrachtet wurde.

Tabelle 1: Ergebnisse der vier letzten Wahlen in Hessen (Parteianteile bezogen auf gültige Stimmen)

	L 74 Anzahl	%	B 76[a)] Anzahl	%	K 77[b)] Anzahl	%	L 78 Anzahl	%
Wahlberechtigte	3 850 223		3 899 454		3 883 024		3 933 990	
Wähler/ Wahlbeteiligung	3 264 209	84,8	3 585 275	91,9	3 088 365	79,5	3 450 090	87,7
Ungültige Stimmen	33 789	1,0	27 273	0,8	54 741	1,8	27 123	0,8
Von den gültigen Stimmen entfielen auf:								
CDU	1 528 793	47,3	1 593 695	44,8	1 451 615	47,9	1 575 445	46,0
SPD	1 394 123	43,2	1 626 365	45,7	1 282 899	42,3	1 515 953	44,3
FDP	238 726	7,4	300 864	8,5	163 866	5,4	225 044	6,6
DKP	28 699	0,9	15 732	0,4	35 232	1,2	14 531	0,4
NPD	32 713	1,0	11 988	0,3	4 380	0,1	12 507	0,4
KPD	4 168	0,1	2 568	0,1	358	0,0	–	
KBW	2 732	0,1	3 327	0,1	5 303	0,2	2 638	0,1
GAZ	–	–	–	–	–	–	30 787	0,9
GLH	–	–	–	–	–	–	37 758	1,1
Sonstige	466	0,0	3 463	0,1	89 880	3,0[c)]	8 304	0,2[c)]

a) Zweitstimmen.
b) Gemeindewahlen in den kreisfreien Städten und Kreiswahlen.
c) Überwiegend Wählergemeinschaften.
Quelle: Stat. Berichte des Hessischen Stat. Landesamtes.

2. Politische Ausgangslage

Für die CDU (und die CSU) ging es um die Frage, ob nach notgedrungenem Verzicht auf eine Koalition mit der FDP die zur Erlangung der absoluten Landtagsmehrheit notwendigen zusätzlichen Wähler auch ohne die »Vierte Partei« mobilisiert werden könnten. Diese Probe auf künftige CDU-Strategien mußte unter den besonderen Bedingungen des Landes, dessen sozialstrukturelle Entwicklung der der gesamten Bundesrepublik bisher immer um einige Jahre vorausging (vgl. Tab. 2), von besonderem Interesse sein.

Für die SPD kam es neben den offensichtlichen bundespolitischen Aspekten der Hessenwahl vor allem auf den Test an, ob die im vorangegangenen Jahr deutlich gestiegene Popularität des Kanzlers der hessischen SPD zur

*Tabelle 2: Erwerbstätige in Hessen nach Stellung im Beruf**

	Arbeiter	Beamte u. Angestellte	Selbst. u. mithelf. Fam.-Angeh.
1950	47,3	21,4	31,6
1961	45,1	31,5	23,4
1970	43,9	41,2	15,0
1977	40,5	47,1	12,5
Bundesgebiet 1977	42,8	44,0	13,3

* 1950–1970: Volkszählungsdaten, 1977: Mikrozensus, vgl. Stat. Jahrbuch 1978 für die Bundesrepublik Deutschland. Stuttgart 1978. S. 95.
Die Entwicklung der Anteile zwischen 1961 und 1970 wird durch die Zunahme, die von 1970 bis 1977 durch die Abnahme der überwiegend als Arbeiter beschäftigten Ausländer etwas verzerrt.

Überwindung des politischen Erdrutsches bei der Kommunalwahl 1977 und des enttäuschenden Ergebnisses der Landtagswahl 1974 verhelfen könnte. Während der sich in Umfragen abzeichnende Popularitätsvorsprung Holger Börners vor Alfred Dregger sowie die vorangegangenen Landtagswahlen vom Juni 1978 der SPD für ihre eigene Partei Mut machen konnten, ließen auf der anderen Seite die hamburgischen und niedersächsischen Ergebnisse befürchten, daß geringfügige Verluste der FDP die Koalitionsarithmetik stören und damit eine Stimmenverschiebung im Bundesrat mit sich bringen würden. Für die FDP hing somit ihr parlamentarisches Überleben in Hessen u. a. an der Ungewißheit darüber, wie die Wähler, deren Votum in Niedersachsen und Hamburg nicht eindeutig war, die Koalitionsentscheidung für die SPD aufnehmen würden.[1]

Vor allem für die FDP, aber auch für die anderen Parteien ergab sich die Beantwortung dieser Fragen, zumindest soweit sie die Umsetzung der Wählerstimmen in Landtagsmandate betrifft, u. a. daraus, in welchem Ausmaß das seit Jahren in Umfragen diagnostizierte Protestpotential von den in Hessen auftretenden Grünen Parteien mobilisiert werden könnte – wobei kaum abschätzbar war, ob deren bisherige Wahlergebnisse einen »Bandwagon-Effekt« oder eine Desillusionierung über die Aussichten, die Fünf-Prozent-Hürde zu überspringen, ausgelöst hatten.

3. Wahlkampf

Der Ausgangs- und Interessenlage der Landtagsparteien entsprechend standen im Vordergrund des Wahlkampfes eher Personen (Alfred Dregger, Holger Börner, Helmut Schmidt, Walter Scheel, Hans-Dietrich Genscher und Daniel Cohn-Bendit) und allgemeinpolitische Gesichtspunkte (Verhinderung absoluter Mehrheiten, Bewahrung des Dreiparteiensystems, Stimmenverhältnisse im Bundesrat oder die Notwendigkeit der Ablösung einer »abgenutzten« Regierungspartei) sowie die mobilisierende und polarisierende Wirkung von Wahlkampfthemen. Deren Inhalte schienen sich dem unterzuordnen. Dies gilt etwa für die Behandlung des Umweltschutzes – das Hauptthema des FDP-Wahlkampfes – bei dem es statt um Sachauseinandersetzungen oft nur um einen globalen Kompetenznachweis für die etablierten Parteien ging. Daneben versuchten Koalitionspolitiker, durch demonstrative Revision bisheriger Planungen und Absichten (Block C des Kernkraftwerkes Biblis, Autobahnbau durch den Odenwald, u. ä.) der Abwanderung zu den Grünen Parteien entgegenzuwirken.

Die SPD führte ihren Wahlkampf vorwiegend mit bundespolitischen Erfolgsbilanzen, dem Nachweis nun wieder »saubere Westen« in der Landespolitik und mit dem »Gespann« Schmidt/Börner – Themen, die vor allem die den letzten Wahlen ferngebliebenen Sympathisanten der SPD zurückgewinnen sollten. Die CDU, der die in den vergangenen Wahlkämpfen so zugkräftigen Themen Preissteigerungen, Arbeitslosigkeit und Renten nicht mehr in vollem Umfang zur Verfügung standen, setzte dem einen überwiegend landesbezogenen Wahlkampf entgegen, in dem bundespolitische Themen (Pannen bei Terroristenfahndung) nur eine untergeordnete Rolle spielten. Daher wurde wiederum das rechte und linke Wähler polarisierende Thema Bildungspolitik in den Mittelpunkt gestellt, in dessen Zusammenhang gegen Ende des Wahlkampfes Hans-Ulrich Kloses Vorstoß zum Extremistenerlaß aufgenommen werden konnte. Daneben stand das auf liberale Wähler zielende Thema der Zurückdrängung bürokratischen Wildwuchses, das auch am Beispiel der Gebietsreform behandelt wurde. Der Mobilisierung durch Polarisierung schien die Konzentration ihres Wahlkampfes auf den Spitzenkandidaten Dregger zu dienen, der im Unterschied zu früheren Wahlen ohne »Mannschaft« antrat.

4. Demoskopische Befunde vor der Wahl

Die Auswirkungen von politischen Ausgangspositionen und Wahlkampfargumenten auf den Wähler konnten von der Demoskopie nicht in eindeutiger Weise ermittelt werden. Der hohe Anteil unentschiedener oder antwortverweigernder Befragter erschwerte die Voraussage des Wahlergebnisses. Deshalb unterschieden sich die Umfrageergebnisse erheblich: Rudolf Wildenmann stellte im Juni/Juli bei 30% Unentschiedenen unter den verbleibenden 70% der 509 hessischen Befragten 36% für die SPD, 30,5% für die CDU, 3% für die FDP und 0,5% für sonstige Parteien fest. Er schloß – entgegen den Zweifeln einiger großer Umfrageinstitute – auf eine sichere Mehrheit für die SPD in Hessen (wie übrigens auch im Bund) bei einer geringen Wahlbeteiligung (80%). Einen eindeutigeren Hinweis auf die Grundstimmung im Lande konnte immerhin der von ihm festgestellte Popularitätsvorsprung Börners vor Dregger geben.[2]

In den beiden ersten Septemberwochen ermittelte Allensbach 47,2% für die CDU, 40,4% für die SPD, 6,8% für die FDP, während INFAS zu folgenden Werten gelangte: CDU 45,5%, SPD 45%, FDP 5,5%.[3] Die Unterschiede ergeben sich zum Teil aus verschiedenen Umrechnungsverfahren für die bislang Unentschiedenen, deren Parteipräferenz zwar noch indirekt erschlossen werden mag, deren tatsächliche Wahlbeteiligung bzw. deren Neigung, die Grünen Parteien zu wählen, viel schwieriger zu erfassen war – vor allem auch, weil das Antreten zweier Grüner Parteien das Fünf-Prozent-Risiko für viele Wähler als nicht akzeptabel erscheinen lassen mochte. Sowohl die Höhe der Wahlbeteiligung wie auch der Anteil der Grünen Parteien waren aber in Hessen wahlentscheidende Faktoren.

Die große Zahl der unentschiedenen Befragten hängt vermutlich mit dem in den letzten Jahren angewachsenen »Unzufriedenheitspotential« zusammen, dessen demoskopische Belegbarkeit jedoch im Kontrast zu unverändert hohen und zum Teil sogar steigenden Wahlbeteiligungen bei Bundestags- und Landtagswahlen steht. Da also die Unzufriedenheit der Wähler nicht generell und vor allem nicht in allen politischen Lagern gleichförmig zur Wahlenthaltung bzw. zur Wahl randständiger Parteien führt[4], kann ein Blick auf eine von EMNID bundesweit nach den Juni-Wahlen durchgeführte »Spiegel«-Umfrage die Ausgangslage für die hessische Wahl verdeutlichen[5], die sich auch dieser Umfrage zufolge gegenüber dem Bundesdurchschnitt durch besonders hohe Werte für die Unentschiedenen und die GLU-Sympathisanten auszeichnete: auf die Frage nach der Wahlabsicht entfielen (in Proz.) auf die CDU 37,4 (gegenüber

41,1 im Bundesgebiet), auf die SPD 21,7 (32,6), auf die FDP 10,4 (6,4), auf die GLU 6,1 (3,2); unentschieden waren 24,3 (16,6), den Einzug der GLU in die Landtage hätten 40,0 (36,6) begrüßt.[6]

Die Tab. 3 zeigt, daß es sich bei den beiden wahlentscheidenden Gruppen um Vertreter unterschiedlich strukturierter Unzufriedenheit handelt. Die unentschiedenen Wähler sind vereinfachend gesprochen einer eher diffus-apathischen Protesthaltung zuzurechnen, die, soweit es die vorliegende Umfrage zu beurteilen erlaubt, in sich widersprüchlich ist. Geringes politisches Interesse geht einher mit relativ hoher Unzufriedenheit in bezug auf allgemein formulierte Frage-Items, aber relativ niedrigen Werten bei Fragen nach spezifischeren Äußerungsformen des Protestes (Wahlabsicht hinsichtlich Grüner oder Steuer-Parteien). Im Vergleich zu den Anhängern der CDU/CSU zeigten sich die Unentschiedenen deutlich zufriedener mit der Regierung, aber nur etwa genauso zufrieden mit dem politischen System im allgemeinen. Im übrigen sind Befragte mit niedrigerem Bildungsabschluß in dieser Gruppe überdurchschnittlich vertreten. Danach war angesichts der großen Zahl unentschiedener Wähler in Hessen die von der SPD gewählte Strategie, die Bundespolitik sowie Schmidt und Börner in den Mittelpunkt zu stellen, plausibel.

Demgegenüber waren diejenigen, die die bisherigen Wahlerfolge Grüner und Bunter Listen begrüßten, der Regierung als auch dem System gegenüber deutlich skeptischer eingestellt als der Durchschnitt. Diese Gruppe war bei höherem politischen Interesse in geringerem Maße bereit, das gesellschaftliche System ohne Änderung zu akzeptieren und hielt in deutlich überdurchschnittlichem Maße die Wahl von »Protestparteien« für erwägenswert. Obwohl erst eine genauere Aufgliederung dieser Gruppe nach Intensität der Sympathie für Grüne Parteien bzw. nach der Bewertung bestimmter inhaltlicher Schlüsselthemen der Politik Rückschlüsse auf das künftige politische Verhalten zulassen würde, so erlaubt doch die Verteilung der Parteipräferenzen (CDU: 40,6; SPD: 31,1; FDP: 4,1; GLU: 7,3; unentschieden: 16,9%), die bis auf die FDP und GLU kaum vom Durchschnitt der Befragten abwich, die Vermutung, daß dieser etwas stärker differenzierende und spezifischer antwortende Teil der Wählerschaft durch eine Entscheidung für die Grünen Parteien statt durch Wahlenthaltung auf die Unzufriedenheit mit der politischen Lage reagieren würde.[7]

Da im Gegensatz zur Gruppe der »Unentschiedenen« sich unter denjenigen, die den Einzug der GLU in die Parlamente begrüßen würden, überdurchschnittlich viele Befragte mit mittlerem Bildungsabschluß befinden, ist – da eine entsprechende Frage in der Spiegel-Erhebung fehlte –

Tabelle 3: Das »Unzufriedenheitspotential« in der Bundesrepublik

	Befürworter von Grünen Parteien in Land- und Bundestag (= 36,2% der Befragten)	Unentschiedene Wähler (= 16,6% der Befragten)	Repräsentativer Bevölkerungsquerschnitt (N = 1204)
»zufrieden mit der Regierung in Bonn«	64,1	74,0	66,8
»zufrieden mit dem ganzen politischen System«	66,6	65,3	71,0
»Politiker kümmern sich nicht viel darum, was der kleine Mann sagt und denkt«[a)]	75,4	84,9	74,6
»die im Bundestag vertretenen Parteien unterscheiden sich kaum noch in ihren politischen Ansichten u. Zielen«[a)]	49,2	59,5	49,1
»die ganze Politik ist heute so kompliziert, daß ich mich kaum noch dafür interessiere, was alles passiert«[a)]	39,4	59,6	46,2
»unsere Gesellschaft ist im großen u. ganzen schon in Ordnung. Am besten läßt man sie so, wie sie ist«[a)]	52,7	61,4	63,8
»die Interessen wichtiger gesellschaftlicher Gruppen werden vernachlässigt«[a)]	67,1	64,6	63,0
»selbst jemand, dessen Interessen niemand richtig vertritt«	34,4	35,8	32,0
»würde u. U. Grüne Parteien wählen«	47,7	25,0	25,4
»würde u. U. Steuerpartei wählen«	32,7	20,9	23,6
Altersgruppe 18–34 Jahre	37,2	42,0	32,0

a) Zustimmende Antworten.

Quelle: Spiegel 1978, Nr. 24 sowie eigene Berechnungen.

im Einklang mit allen bisherigen Erhebungen zu den Anhängern Grüner Parteien auf einen überdurchschnittlichen Anteil von Beamten und Angestellten in dieser Gruppe zu schließen.

5. Aspekte des Wahlergebnisses

Wie dieser neue Mittelstand auf den Wahlkampf reagierte, welche Partei seine Stimmen überwiegend erhielt, gehört zu den Schlüsselproblemen der Hessenwahl. Auf die Neigung dieser Gruppe zu den Grünen Parteien ist bereits hingewiesen worden. Ihre traditionell schwankende Wahlbeteiligung war ein weiterer Unsicherheitsfaktor für die Parteien. Schließlich bedeutet ihr bisheriges starkes Anwachsen (vgl. Tab. 2) und das aus der damit verbundenen Mobilität ihrer Mitglieder folgende Ausbleiben fester Wahltraditionen für die Parteien die Möglichkeit, für die Zukunft ein zusätzliches festes Wählerpotential an sich zu binden.

Vor allem unter diesen Gesichtspunkten drängen sich drei Fragen auf:

– Hat die SPD die Rückkehr zur hessischen Wahlnormalität geschafft, indem sie ihr Landtagswahlergebnis von 1974 übertraf, oder deutet die Tatsache, daß sie trotz polarisierenden und mobilisierenden Wahlkampfs ihr Bundestagswahlergebnis von 1976 nicht erreichte, auf Verschiebung innerhalb der Wählerschaft hin?

– Sind die letzten Wahlergebnisse für die CDU ein Hinweis, daß sie – wie einige Beobachter vermuteten – am Ende ihrer durch die hessische Sozialstruktur begrenzten Möglichkeiten angelangt ist?

– Bedeutet der relative Mißerfolg der Grünen Parteien in Hessen einen Wendepunkt ihrer Entwicklung?

Um hier zu einigen – vorläufigen – Antworten gelangen zu können, sei zunächst auf einige allgemeine Aspekte des Wahlergebnisses hingewiesen, die sich am besten dadurch verdeutlichen lassen, daß man von der irreführenden, nur für die Bestimmung der Mandatszahl sinnvollen Prozentuierung auf der Basis der gültigen Stimmen abgeht und die hessischen Wahlergebnisse der letzten Jahre auf der Basis der Zahl der Wahlberechtigten angibt (vgl. Tab. 4 und Abb. 1). Damit wird die Rolle des Mobilisierungsfaktors in den verschiedenen Wahlen sichtbarer, was die Herausarbeitung einiger Grundstrukturen der neueren hessischen Wahlgeschichte erlaubt.

Tabelle 4: Wahlergebnisse in Hessen seit 1966 (Prozentwerte bezogen auf Wahlberechtigte)[a]

	L 66	K 68[b]	B 69[c]	L 70	K 72[b]	B 72[c]	L 74	B 76[c]	K 77[b]	L 78
– CDU	21.0	22,2	33,3	32,6	30,6	36,7	39,7	40,9	37,4	40,4
– SPD	40,0	37,4	41,8	37,7	41,2	44,2	36,2	41,7	33,0	38,5
– FDP	8,3	7,8	5,8	8,3	5,2	9,3	6,2	7,7	4,2	5,7
– Sonst.	9,8	7,5	5,8	3,5	3,2	0,9	1,8	1,0	2,5	2,5
– Nichtw. u. ung. St.	20,2	25,1	13,3	18,0	19,9	8,9	16,2	8,9	22,3	13,0

a) Eigene Berechnungen
b) Gemeindewahlen in den kreisfreien Städten und Kreiswahlen
c) Zweitstimmen

Seit 1974 wird die CDU im geringeren Maße als SPD und FDP von den starken Schwankungen in der Zahl der Nichtwähler betroffen. Demgegenüber ist ihr kontinuierlicher Stimmenanstieg seit der Landtagswahl 1966 von einer tendenziellen Abnahme der Anteile der Nichtwähler und sonstiger Parteien begleitet gewesen, während im Einzelfall ihre Anteile bis 1972 deutlich mit der Wahlbeteiligung schwanken. Ihren Mobilisierungsdurchbruch erreichte sie in der Zeit der bundesdeutschen »Tendenzwende« zwischen der Bundestagswahl 1972 und der Landtagswahl 1974, als sie trotz steigender Nichtwähleranteile (die diesmal überwiegend zu Lasten der SPD gehen) ihren Anteil deutlich steigert. Ein ähnliches Phänomen verzeichnet die SPD zwischen der Landtagswahl 1970 und der Kommunalwahl 1972, wohingegen sie ansonsten einem seit 1966 in seiner Größenordnung kaum veränderten Einfluß der Nichtwählerschwankungen unterliegt. Während also bis in die 70er Jahre hinein vornehmlich die CDU unter hohen Nichtwähleranteilen litt und in der Folge von ihrem Abbau profitierte, wird auch danach die SPD im allgemeinen (Ausnahme ist 1977) nicht stärker als früher von Wählerschwankungen betroffen, sie fällt aber wegen der starken Mobilisierung der CDU-Anhänger bei Wahlenthaltung ihrer eigenen Randwählerschaft deutlich hinter die CDU zurück, obwohl das SPD-Potential in Hessen seit über einem Jahrzehnt in seinem Ausmaß stabil ist[8] – was trotz größerer Wählerfluktuationen im großen und ganzen auch für die FDP gesagt werden kann.

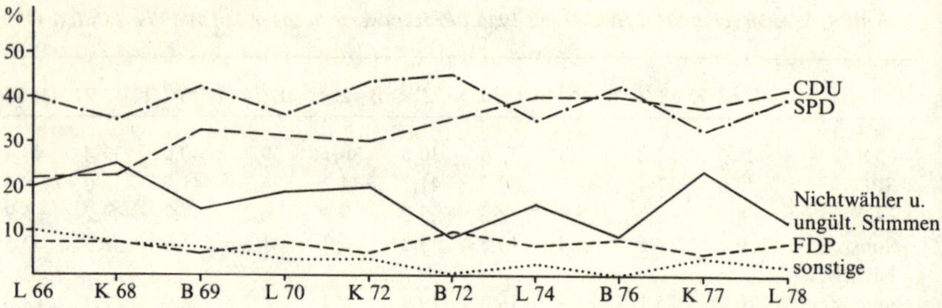

Abbildung 1: Wahlergebnisse in Hessen seit 1966 (die Werte entsprechen der Tab. 4)

Die in Abb. 1 wiedergegebenen Veränderungen der Anteile von Parteien und Nichtwählern dürfen jedoch nicht zu einer oberflächlichen Wählerwanderungsvermutung verführen. Die Zusammenhänge sind allein auf Grund der natürlichen Zu- und Abgänge innerhalb der Wählerschaft etwas komplizierter. Auf der anderen Seite müssen Wählerwanderungsanalysen, die sich auf die bei der »Nachfrage« vor dem Wahllokal ermittelte Wahlentscheidung des Befragten bei der vorangegangenen Wahl stützen (so etwa die Wanderungsbilanz von Infas), mit Vorbehalten betrachtet werden, da diese Rückerinnerungen in statistisch bedenklichem Maße auf Grund der aktuellen Wahlentscheidung »korrigiert« werden. Vor allem die Tatsache, daß diese Verfälschungen nicht zufällig streuen, sondern auf Grund von Effekten wie der »Schweigespirale« sich auf Anhänger bestimmter politischer Gruppen konzentrieren, kann zu einer Fehlerfortpflanzung innerhalb des Modells führen.[9] Überraschend an der veröffentlichten Infas-Wanderungsbilanz ist, daß nicht nur die SPD (Positivsaldo: 78 000), sondern auch die CDU aus dem Lager der früheren Nichtwähler Stimmen erhielt (Positivsaldo: 58 400), sowie, daß von den 68 000 Stimmen für GAZ und GLH höchstens 14 300 von den etablierten Parteien gekommen sind, der Rest hingegen von DKP und NPD sowie von Neuwählern.[10]

Um den Anteil der Stammwähler unter den Wählern der Parteien zu ermitteln, erfragte auch die Forschungsgruppe Wahlen die Entscheidung der Wähler bei der letzten Landtagswahl – was ebenfalls unter den genannten Vorbehalten zu sehen ist. Hiernach besitzt die CDU gegenüber der SPD einen geringeren Stammwähleranteil, was bei dem »größeren sozialstrukturellen Wählerpotential, das die SPD gegenüber der CDU in Hessen hat«, laut Forschungsgruppe ihre Mehrheitschancen in der Zukunft beschneiden müsse.[11]

Dies Argument läßt außer acht, daß in der Vergangenheit nicht nur der Stammwählerbestand, sondern auch die Mobilisierbarkeit der Randwähler ein entscheidender Faktor war. Daher soll im folgenden versucht werden, anhand »ökologischer« Korrelationen die »Milieus« zu identifizieren, von denen die Stimmenveränderungen und die Höhe der Wahlbeteiligung besonders beeinflußt wurden. Hierbei wird im Unterschied zu Repräsentativumfragen nicht auf die Verknüpfung von Einstellungen, soziostrukturellen Merkmalen und Wahlverhalten auf der Ebene des Individuums geachtet, sondern auf die Beziehungen zwischen den Anteilen der Parteien, ihren Veränderungsraten sowie den Anteilen von Arbeitern, Beamten und Angestellten, Selbständigen sowie Katholiken in den Wahlkreisen (vgl. Tab. 5).[12]

Um das Wahlverhalten im Milieu des neuen Mittelstandes genauer betrachten zu können, wird jeweils auch auf eine Korrelationsanalyse der statistischen Bezirke des Verwaltungs- und Dienstleistungszentrums Darmstadt zurückgegriffen. Damit können zusätzliche Sozialstruktur-Variablen herangezogen sowie der Vorteil genutzt werden, der in einer »wohnviertelgenauen« Korrelation liegt.[13]

5.1 SPD: Rückkehr zur hessischen Normalität?

Wie erwartet korrelieren die SPD-Veränderungen zwischen 1970 und 1974 wie auch zwischen 1974 und 1978 sehr hoch mit den entsprechenden Nichtwählerbewegungen (–.73 bzw. –.70).[14] Andererseits hingen die SPD-Verluste 1974 stärker vom Nichtwähleranteil in der vorangegangenen Wahl ab (.55) als die Gewinne des Jahres 1978 (.32). Die Vermutung, daß die SPD demnach 1978 nicht nur aus den Kreisen enttäuschter SPD-Anhänger des Jahres 1974 Stimmen gewonnen hat, wird durch einen Blick auf die Zusammenhänge mit den Berufsgruppenanteilen bestätigt. Vor vier Jahren waren – zwar nur schwach ausgeprägt – die SPD-Verluste um so höher, je höher der Arbeiteranteil im Wahlkreis war. 1978 hingegen stiegen die SPD-Gewinne mit sinkendem Arbeiteranteil (–.19), wobei gleichzeitig die Zahl der Nichtwähler von 1974 auf 1978 um so geringer abnahm, je höher der Arbeiteranteil war (.31).

Während die SPD-Veränderungen so gut wie keine Beziehung mit den Anteilen von Beamten und Angestellten aufweisen, zeigen die schwachen Zusammenhänge mit dem Anteil der Selbständigen (der hier vornehmlich für den landwirtschaftlichen Sektor steht), daß von 1974 bis 1978 zumindest eine räumliche »Diversifizierung« der SPD-Stimmen stattgefunden hat.

Es ist also zu vermuten, daß die Protest-Nichtwähler von 1974 nur z. T. zurückgekehrt sind und daß 1978 eine breitere Streuung der SPD-Zugewinne erfolgte.

Wie aber die Wählerbewegungen innerhalb der entscheidenden Gruppe der Beamten und Angestellten ausgesehen haben, kann mit Blick auf die SPD nicht mehr auf der Ebene der Wahlkreise beantwortet werden. Die beispielhaft heranzuziehenden Darmstädter Ergebnisse vermitteln aber kein differenzierteres Bild. Sie spiegeln gleichfalls im großen und ganzen die Beziehungen im Lande wider (der Koeffizient für die SPD-Veränderungen 74/78 und den Beamten- und Angestelltenanteil ist ebenfalls sehr niedrig: –.03), doch unterscheiden sich die Einzelergebnisse der Beamten (–.14) von denen der Angestellten (.11) ebenso wie die für die Anteile verschiedener Wirtschaftsbereiche unter der Erwerbsbevölkerung: während hohe Anteile für »Handel und Verkehr« SPD-Gewinne schwach bremsen (–.14), war das Milieu der im Dienstleistungsbereich Beschäftigten der SPD förderlich (.28), was im Diasporagebiet Darmstadt auch für den Anteil der Katholiken gilt (.30).

Abgesehen vom allgemeinen Phänomen der Diversifizierung der SPD-Gewinne lassen die Zahlen keine eindeutige Interpretation darüber zu, ob die Erholung der Partei einer »Börner-Wahl« zuzuschreiben ist oder ob es sich um die Anpassung der SPD an die sozialstrukturelle Entwicklung der letzten Jahre handelt. Sicherlich stellt die 78er-Wahl keine Restauration der früheren Zustände dar, dazu sind die Hemmnisse in Arbeiterhochburgen zu deutlich – wenngleich die SPD viele »Diaspora-Arbeiter« hinzugewonnen haben dürfte. Für eine Aussage zur These von der tendenziellen Angleichung des Wahlverhaltens von Angestellten und Arbeitern sind die Zusammenhänge wiederum zu schwach.[15]

Auf der anderen Seite mag die Betrachtung der CDU-Veränderungen auch für die Interpretation der SPD-Ergebnisse nützlich sein, da die zu unterstellenden Austauschbewegungen zwischen SPD und FDP (Leihstimmen) die statistischen Konturen für die einzelnen Koalitionsparteien etwas verwischen.

5.2 Die CDU am Ende ihrer hessischen Möglichkeiten?

Kaum Zweifel bestehen an der Stichhaltigkeit des Arguments, daß alle Mobilisierungserfolge der CDU langfristig dadurch kompensiert werden können, daß ihre Jungwähleranteile unterdurchschnittlich sind – wenn man davon ausgeht, daß die in der Jugend erworbene Parteibindung stabil bleibt. Bereits 1974 erhielten lt. repräsentativer Wahlstatistik von 100

Tabelle 5: Korrelationskoeffizienten für die Zusammenhänge zwischen Parteianteilen, Parteiveränderungen (jeweils bezogen auf Wahlberechtigte) und Sozialstruktur-Variablen

Landtagswahl 1974

	SPD 74–70	CDU 74–70	FDP 74–70	SPD 70	CDU 70	FDP 70	Nichtw. 70	Arb.	Beam. + Ang.	Selb.	Kath.
SPD 74–70	–	.14	–.51	–.44	–.02	.16	.55	–.24	.09	.14	–.06
CDU 74–70	.14	–	–.58	–.20	–.38	.62	.39	–.37	.39	–.17	–.29
FDP 74–70	–.51	–.58	–	.48	.25	–.91	–.53	.68	–.76	.44	.06
Nichtwähl. 74–70	–.73	–.47	.23	.22	.09	–.05	–.43	–.06	.17	–.24	.14

Landtagswahl 1978

	SPD 78–74	CDU 78–74	FDP 78–74	Nichtw. 78–74	SPD 74	CDU 74	FDP 74	Nichtw. 74	Arb.	Beam. + Ang.	Selb.	Kath.
SPD 78–74	–	.02	–.22	–.70	.18	–.40	.08	.32	–.19	–.05	.26	–.31
CDU 78–74	.02	–	–.56	–.38	.32	–.32	.17	–.06	.12	–.16	.10	–.31
FDP 78–74	–.22	–.56	–	.12	–.44	.67	–.48	–.11	.16	–.26	.28	.52
Nichtwähl. 78–74	–.70	–.38	.12	–	.02	.33	–.28	–.48	.31	–.05	–.26	.04
GAZ 78	–.10	–.23	–.16	–.03	–.16	–.24	–.60	.34	–.40	.60	–.49	–.17
GLH 78	–.15	–.31	–.13	.01	–.30	–.20	–.53	.51	–.47	.66	–.50	.00

Wählern im Alter von 18 bis unter 25 Jahre die SPD 57,7, die CDU 36,7 und die FDP 8,1 Stimmen. Für 1978 ermittelte die Forschungsgruppe Wahlen in ihrer Nachfrage die Werte: 50, 35 und 5,5%.

Anders steht es mit der These vom Abbau der CDU-Hochburgen, die in diesem Zusammenhang vorgebracht wird.[16] Sie beruht auf einer statistischen Täuschung. In ihren zehn besten Wahlkreisen, in denen die CDU 1974 zwischen 52,9 und 68,7% der gültigen Stimmen erhielt, büßte sie 1978 in der Tat 2,3 Prozentpunkte bezogen auf die gültigen Stimmen ein – nur hat sie dabei kaum Wähler »verloren«: Bezogen auf die Zahl der Wahlberechtigten lag ihre Wählerzahl nur um 0,4 Prozentpunkte niedriger. Hingegen gelang es der SPD, in ihren Diasporagebieten mit der Wahlbeteiligung ihres Potentials auch die Zahl der abgegebenen Stimmen zu erhöhen, von der dann die CDU mit ihrer fast gleichgebliebenen Wählerzahl einen kleineren Anteil erhielt.

Interessanter sind Hinweise auf Angleichungsprozesse zwischen den sozialstrukturellen Milieus beider großer Parteien, die sicherlich im Endeffekt auch auf eine Einebnung von Hochburgen hinauslaufen könnten, vorerst aber noch weit davon entfernt sind.

Die Betrachtung der Milieus der CDU-Veränderungen zeigt z. B., daß noch von 1970 auf 1974 die CDU-Gewinne mit steigenden Arbeiteranteilen in den Wahlkreisen geringer werden, während sich diese Tendenz von 1974 auf 1978 zumindest nicht fortgesetzt hat. Entgegengesetzt erging es der CDU in Gebieten mit hohen Anteilen von Beamten und Angestellten: waren ihr diese von 1970 auf 1974 noch förderlich, kehrte sich dieser Trend von 1974 auf 1978 um. Da wegen der Zusammenfassung verschieden strukturierter Wohngebiete in einem Wahlkreis die Aussagekraft der in Tabelle 5 enthaltenen Korrelationskoeffizienten vor allem dann zu wünschen übrig läßt, wenn sie in die Nähe von 0 geraten, sei zur Verdeutlichung auch hier wieder auf die Veränderung der CDU-Anteile in Darmstadt von 1974 auf 1978 verwiesen.

Hier nutzt der CDU das Arbeiter-Milieu stärker (.52), während ihr das Beamten- und Angestellten-Milieu abträglicher war (–.43). Die in Tabelle 5 nur schwach ausgeprägten Zusammenhänge gewinnen somit mehr Wahrscheinlichkeit. Differenziert man nach Wirtschaftsbereichen, erhält das Bild für Darmstadt weitere interessante Aspekte: Je höher der Anteil der Beschäftigten im Dienstleistungssektor desto geringer die Gewinne bzw. desto höher die Verluste der CDU (–.66). Demgegenüber weist das Milieu »Handel und Verkehr« im Verhältnis zu Stimmenveränderungen der CDU einen Korrelationskoeffizienten von .24 auf. Hohe Anteile von Wählern mit Abitur oder mittlerem Bildungsabschluß bedeuten bei einem Koeffizienten von

–.73, daß auch hier die CDU keine überdurchschnittlichen Gewinne mehr zu erzielen vermochte, bzw. Verluste erleiden mußte. (Wie erinnerlich, waren die Werte für die SPD der Tendenz nach entgegengesetzt.)

Will man diese Befunde verallgemeinern, so spricht einiges dafür, daß in städtischen Gebieten die CDU zur Zeit nur in dem Milieu Fortschritte machen kann, das nicht durch den expandierenden Dienstleistungssektor geprägt wird. Auf der anderen Seite ist die Wahlbeteiligung unter den Angestellten bereits hoch, so daß große Mobilisierungsreserven hier nicht bestehen. Eine genauere Betrachtung des Darmstädter Ergebnisses läßt aber vermuten, daß bei gleichbleibendem Stimmenanteil der CDU in der Stadt eine leichte Stimmenverschiebung zugunsten der Arbeiter auf Kosten der Angestelltenanteile stattgefunden hat, die zu einem gewissen Teil auch in das Lager der »Grünen« abgewandert sein dürften. Dieses schmale Wechselwählerpotential, auf das keine Partei sicher zählen kann, wäre von einem liberaleren CDU-Spitzenkandidaten ebenso zu gewinnen, wie von einem mit längerdauerndem Amtsbonus versehenen Börner. Ersterer müßte aber u. U. an der rechten Peripherie Einbußen erwarten, die den »liberalen« Gewinn wieder zunichte machen.

Viel hängt davon ab, ob und mit welcher Geschwindigkeit der Anteil von Beamten und Angestellten in welchen Wirtschaftsbereichen zunimmt. Gelingt es der SPD – wie es anscheinend für 1978 zutrifft – mit dieser Strukturveränderung mitzuhalten, könnten der CDU zusätzliche Stimmen aus einem schrumpfenden Arbeiteranteil wenig Kompensation verschaffen. Da die CDU in ihren Hochburgen kaum mehr wachsen kann, kommt es für einen Sieg bei der nächsten Wahl u. U. wieder darauf an, in welchem Ausmaß die Angestellten durch die Wahl von Grünen oder Steuer-Parteien die Koalitionsparteien schädigen.

5.3 Tendenzwende für die Grünen Parteien?

Seit dem ersten Auftreten der Grünen Listen finden diese ihre Wähler in unterschiedlichen Milieus: auf der einen Seite konzentrieren sich ihre Wähler dort, wo bisher die Anteile randständiger Parteien, ungültiger Stimmen und Nichtwähler besonders hoch waren. Neben diesem »Protestmilieu« stehen bürgerliche Stimmbezirke, wo insbesondere FDP-, aber auch CDU- und SPD-Wähler, darunter überwiegend Angestellte, zu ihnen übergehen.[17] Diese Aussage gilt auch für Hessen, wo allerdings, wie bereits in Hamburg die Bunte Liste, aufgrund der Spaltung der Grünen Bewegung die GLH eine Bevorzugung durch Wähler aus dem »Protestmilieu« erfährt, während die GAZ eher Anklang im bürgerlichen Milieu findet.

Da nicht zuletzt wegen der Unschärfe der Variable »Beamte und Angestellte« die Korrelationswerte auf Wahlkreisebene keine wesentlichen Unterschiede zwischen GLH und GAZ anzeigen, soll wieder durch die Betrachtung der Darmstädter statistischen Bezirke differenziert werden: Beamte sind weniger empfänglich für die Grünen Parteien als die Angestellten, beide zusammen bevorzugen die GAZ (GLH: .09; GAZ: .39). Demgegenüber hat die GLH ein konturenloses Profil im Hinblick auf Korrelation mit anderen sozialstrukturellen Variablen, was für den Charakter eines Protest-Sammelbeckens spricht. Auffällig auch hier wieder, daß die Wirtschaftsbereiche Handel und Verkehr (GAZ: –.34; GLH: –.10) und öffentliche Verwaltung und Dienstleistungen (GAZ: .54; GLH: .26) unterschiedliche Werte aufweisen. Auch dies stimmt mit den Hamburger Ergebnissen überein.

Während also die Struktur der Wahlergebnisse der Grünen Parteien in Hessen sich kaum von denen vorausgegangener Landtags- und Kommunalwahlen unterscheidet, hat die geringe Stimmenzahl überrascht.[18] Die Gründe können nur vermutet werden: die Spaltung der Grünen Parteien hat sicherlich die Abgabe von »Papierkorb-Stimmen« vermindert; darüber hinaus sind die potentiellen Anhänger Grüner Parteien auf Grund ihres größeren politischen Interesses und ihres generell höheren Bildungsabschlusses trotz erhöhter Desillusionierung über die etablierten Parteien (vgl. Tab. 3) u. U. eher bereit, unter gesamtpolitischen Aspekten zu wählen. Dies mag in einer polarisierten Vorwahlsituation zum Vorrang traditioneller Orientierungen (insbesondere der Rechts-Links-Dimension) geführt haben. Da die Unentschiedenen unter den Befragten unterdurchschnittliche Sympathien für die Grünen Parteien aufweisen, wurden bei ihnen durch den mobilisierenden Wahlkampf eher latente Loyalitätsmuster und Parteibindungen geweckt, als daß ihre Protestneigung sich in der Stimmabgabe für die unvertrauten Maximen von GAZ und GLH geäußert hätte.

Angesichts der seit Jahren wachsenden bzw. auf relativ hohem Niveau verharrenden Werte der Unzufriedenheit mit dem politischen System und den etablierten Parteien, wie sie die Umfrageforschung ermittelt, besitzt die Frage nach der Zukunft der Grünen Parteien einiges Interesse. Andererseits ist gerade das hessische Wahlergebnis Hinweis darauf, daß die These vom wachsenden Protestpotential in der Bundesrepublik modifiziert werden sollte. Unter Umständen ist dieses »Potential« nichts anderes als der Ausdruck stärkerer Orientierungen auf Politikinhalte und instrumentell einsetzbare politische Partizipation hin, die sich mit einem pauschalen Vertrauensvorschuß und dem Automatismus prozeduraler Legitimität nicht mehr vertragen. Der dem zugrundeliegende Wertwandel wird sich kaum zurückentwickeln. Darüber hinaus läßt das hessische Wahlergebnis vermuten, daß dieser in der Wahl Grüner Parteien sich äußernde »Protest der Mitte« in Abhängigkeit von der politischen Situation artikuliert wird, weil hier die Protest-Dimension unter den Einstellungen im Unterschied zum klassischen Protestwähler keine überragende Bedeutung hat und durch andere Einstellungsdimensionen überlagert werden kann – aber nicht muß.[19] Eine Tendenzwende für Protestparteien ist also nicht ohne weiteres anzunehmen.

6. Zusammenfassung

1. Das hessische Wahlergebnis bringt keine grundlegende Verschiebung im Kräfteverhältnis der Parteien.
2. Die Ausgangslage war durch hohe Anteile unentschiedener Wähler, Befürworter Grüner Parteien und unzufriedener Wähler gekennzeichnet.
3. Wahlentscheidend war die Haltung des neuen Mittelstandes, der sowohl starke GLU-Sympathien als auch hohe Unzufriedenheitswerte aufwies.
4. Wahlkampf und Wahlergebnis deuten auf starke Mobilisierung und Polarisierung der Wählerschaft.
5. Die SPD konnte nur einen Teil der Protest-Nichtwähler von 1974 zurückgewinnen; dies gilt vor allem für den Arbeiter-Bereich, während ansonsten ihre Gewinne weit streuten.
6. Das Wahlziel der CDU wurde verfehlt, weil unterdurchschnittliche Jungwähleranteile und Mobilisierungsgrenzen in ihren Hochburgen nicht durch relativ gutes Abschneiden in Arbeitergebieten ausgeglichen wurden; Fortschritte im Angestelltenbereich blieben aus.
7. Größere Attraktivität für »liberale« Angestellte kostet die CDU u. U. ihre »rechte Peripherie« – und umgekehrt.
8. Die FDP weist eine außerordentlich hohe Wählerfluktuation und ein deutlich verändertes sozialstrukturelles Profil auf.
9. Die Struktur des Wahlergebnisses der Grünen Parteien zeigt gegenüber den vorangegangenen Wahlen kaum Unterschiede; der mangelnde Erfolg deutet an, daß bei der Art der angesprochenen »Protestwähler« die Protest-Dimension leicht durch andere politische Gesichtspunkte überlagert wird.
10. Die These vom wachsenden Protestpotential bedarf genauerer Untersuchung und Differenzierung.

1 Zumal die Koalitionsentscheidung auf dem Flörsheimer FDP-Parteitag der Öffentlichkeit durchaus keine Geschlossenheit demonstrierte.

2 Vgl. Capital 1978, Nr. 8, S. 121 ff; für Börner entschieden sich 61, für Dregger 30% der Befragten.

3 Lt. FAZ vom 21. 9. 1978.

4 Vgl. hierzu Franz Urban Pappi, Wahlverhalten und Politische Kultur, Meisenheim am Glan 1970.

5 Für die Erlaubnis zur weiteren Auswertung des Umfragematerials sei dem Spiegel und für die Bereitstellung der Daten dem EMNID-Institut an dieser Stelle gedankt.

6 Angesichts der relativ geringen Grundgesamtheit von 115 Befragten in Hessen dürfen diese Ergebnisse nicht überbewertet werden, doch stimmten sie in bezug auf die hohe Zahl von Unentschiedenen mit den anderen bekanntgewordenen Umfragen überein. Darüber hinaus zeigten sich nur 60,5% der hessischen Befragten (gegenüber 71% im Bundesdurchschnitt) mit dem politischen System zufrieden.

7 Die 3-5% (je nach Frageformulierung) der Befragten, die sich als sichere Wähler der GLU bezeichneten, unterschieden sich von den bisher behandelten beiden Gruppen dadurch, daß sie für alle Unzufriedenheits-Items extrem hohe Werte aufwiesen.

8 Im Hinblick auf die SPD ist dies durchaus nicht selbstverständlich, da die sozialstrukturelle Entwicklung Hessens während der letzten Jahrzehnte und insbesondere in den 70er Jahren eine Abnahme des taditionellen Wählerreservoirs der SPD mit sich brachte (Vgl. Tab. 2). Aufgrund der Untersuchung von Peter Hoschka und Hermann Schunck (Stabilität regionaler Wählerstrukturen in der Bundesrepublik, PVS 18, 1977, 279-300) hat jedoch Faktor »Region« einen größeren Einfluß als die sozialstrukturelle Zusammensetzung der Wählerschaft.

9 Karl Furmaniak, Peter Hoschka, Hermann Schunck, Wahlforschung, Demoskopie und Politikberatung: Erwartungen, Möglichkeiten, Mißverständnisse – Ein Erfahrungsbericht, in: ZParl 6. Jg. (1975), H. 4, S. 566-579, ferner Peter Hoschka und Hermann Schunck, Schätzung von Wählerwanderungen – Puzzle-Spiel oder gesicherte Ergebnisse? in: Politische Vierteljahresschrift 16, 1975, 491-539.

10 Spiegel 1978, Nr. 42; es ist zu bedauern, daß die z. T. ausgezeichneten Analysen, aber auch die Mängel der infas-politogramme aufgrund einer restriktiven Veröffentlichungspraxis von einer weiteren wissenschaftlichen Öffentlichkeit weder zur Kenntnis genommen noch kritisiert werden können.

11 Wahl in Hessen – Eine Analyse der Landtagswahl am 8. Oktober 1978. Berichte der Forschungsgruppe Wahlen e. V., Nr. 15, Mannheim 1978, S. 24.

12 Vgl. zur allgemeinen Problematik: Franz Urban Pappi, Aggregatdatenanalyse, in: Jürgen van Koolwijk und Marin Wieken-Mayser (Hg.), Techniken der empirischen Sozialforschung, Bd. 7. Datenanalyse, München 1977, S. 78-110. Die Korrelationskoeffizienten geben die Stärke des Zusammenhangs zweier Größen wieder, wobei der Zusammenhang als um so stärker unterstellt werden kann, je näher der Wert an + 1 bzw. –1 liegt. Positive Korrelationskoeffizien-

ten deuten auf einen direkten Zusammenhang (je höher der Wert der einen Variablen, desto höher der Wert der anderen), negative Vorzeichen sind Hinweise darauf, daß mit steigenden Werten für die eine Variable die Werte der anderen abnehmen. Die Sozialstruktur-Daten wurden dem o. a. Bericht der Forschungsgrupppe Wahlen entnommen, einzelne Koeffizienten weichen von den von der Forschungsgruppe veröffentlichten ab, weil zur Berechnung auf das amtliche Endergebnis zurückgegriffen wurde.

13 Die auf die Wahlberechtigten bezogenen Stimmenanteile, die der Berechnung zugrundelagen, enthielten auch die geschätzten Briefwahlanteile.

14 Vgl. die allgemeine Analyse von Friederike Golzem/Klaus Liepelt, Wahlenthaltung als Regulativ: Die sporadischen Nichtwähler, in: Wahlforschung – Sonden im politischen Markt, Transfer 2, Opladen 1976, S. 140-175. Anderer Ansicht ist Reiner Dinkel, Der Zusammenhang zwischen Bundes- und Landtagswahlergebnissen, PVS 18, 1977, 348-359.

15 Dazu im einzelnen: Franz Urban Pappi, Sozialstruktur, gesellschaftliche Wertorientierungen und Wahlabsicht, PVS 18, 1977, 195-229, S. 213.

16 So u. a. im o. a. Bericht der Forschungsgruppe, S. 21.

17 Vgl. vom Verf.: Grüne Listen – Vorläufer oder Katalysatoren einer neuen Protestpartei?, in: Otthein Rammstedt (Hg.), Bürgerinitiativen und gesellschaftliche Großgruppen (im Erscheinen).

18 Daß dies noch nicht einmal im Umkreis des Kernkraftwerks in Biblis anders war, gehört vielleicht zu den größten Enttäuschungen für die »Ökologen«. Während die Auseinandersetzungen in Wyhl vor einigen Jahren die Wahllandkarte umwandelten, erhielten GAZ und GLH im Wahlkreis 54 (Bergstraße West) mit 1,2% der Wahlberechtigten weniger als im Landesdurchschnitt (1,7%) und einschließlich der Briefwahlstimmen in der »Hochburg« Groß-Rohrheim nur 2,8%, obwohl bei 40 000 schriftlichen Einsprüchen gegen den geplanten Block C nicht von mangelnder Sensibilisierung in diesem Gebiet gesprochen werden kann.

19 Zum Problem der Einordnung der Anhänger Grüner Parteien in ein allgemeineres Modell des Wandels von Wertdimensionen und Einstellung vgl. vom Verf., Die Anhänger Grüner Parteien im postindustriellen Wandlungsprozeß, Zeitschrift f. Soziologie, 8, 1979, Nr. 1.

2.2.2. Werner Wolf: *Die Entstehung des Slogans der hessischen CDU zur Landtagswahl 1974*

Die Beobachtung des Wahlkampfes findet seit den fünfziger Jahren das Interesse der empirischen politischen Wissenschaft. Aus dem Wahlkampf kann der Forscher etwas über Selbstverständnis und Entwicklungsstand der Parteien erfahren. Zunächst bieten sich zur Analyse des Wahlkampfes die Werbemittel der Parteien an, also Plakate, Druckschriften, Zeitungsanzeigen, Werbefilme; dann die internen Informations-Dienste der Parteien einschließlich ihrer Zeitungen und schließlich vor allem die öffentlichen Äußerungen der Politiker im Wahlkampf selbst. Ein wichtiges Ziel einer solchen Untersuchung ist es, aus den Quellen die »zentrale Wahlkampf-Strategie« der Parteien zu erschließen.

Der »Verschleierungs-Drang« der Wahlkampf-Manager ist dabei nur unter besonderen Umständen zu überwinden. Während eines Wahlkampfes kann die »innere Strategie« mit ihrem Für und Wider und ihren Alternativen schwerlich enthüllt werden, an ihre Stelle tritt in der Darlegung die »äußere Strategie«, wie sie z. B. in Pressekonferenzen und Interviews oder in der »Musterrede« für die nachgeordneten Gliederungen zum Vorschein kommt. Nach dem Wahlkampf wird die »innere Strategie« bewußt oder unbewußt nachträglich auf das Wahlergebnis zugeschnitten; im Falle der Niederlage u. a. wegen der innerparteilichen Absicherung, im Falle des Sieges u. a. im Interesse des Zuwachses an innerparteilicher Autorität. Es wäre aus diesen Gründen ein großer Gewinn, wenn Wahlkämpfe zunehmend nach internen Parteiakten ausgewertet werden könnten[1]. Die Scheu der Parteien hiervor beruht zu einem großen Teil auch auf einer überzogenen Einschätzung der Rückwirkungen wissenschaftlicher Veröffentlichungen auf die öffentliche Meinung. Der Gedankengang in den Parteiführungen könnte folgendermaßen aussehen: Wahlkampf gilt in der Öffentlichkeit als »anrüchige Sache«. Es fällt dem politischen Gegner also leicht, veröffentlichte Partei-Dokumente negativ gegen die veröffentlichende Partei auszunützen. Das Gegenargument wäre: Wer durch Veröffentlichungen zeigt, daß er im Grunde nichts zu verbergen hat, wird insgesamt einen Sympathie-Gewinn verbuchen, selbst wenn der politische Gegner zu einer negativen Pressemeldung käme, die, wenn nicht diesen, einen anderen Gegenstand zur Grundlage hätte. Voraussetzung ist ein »gutes Gewissen« der Partei bei ihrer Wahlkampfführung. Denn natürlich können durch entsprechende Forschungen auch bedeutende inhaltliche und werbliche Mängel des

Wahlkampfes[2] oder unfaire Züge in Planung und Durchführung[3] aufgedeckt werden.

In diesem Aufsatz soll ein Mosaikstein des Landtags-Wahlkampfes 1974 der hessischen CDU[4] nach den Akten aufgezeichnet werden: die Entstehung des Wahlkampf-Slogans »Jetzt wählen wir die Sicherheit«[5]. Dabei ist die Verschränkung partei-interner Überlegungen mit demoskopischen Methoden besonders interessant. Aber auch die zeitliche Abfolge erlaubt einen in der Literatur bisher seltenen Einblick in die zeitliche Planung von Wahlkämpfen.

Psychologische Bedingungen

Der Auswahl des Slogans kam in der Wahlkampf-Planung der hessischen CDU von Anfang an ein besonderes Gewicht zu. Die innere Erschütterung durch die Wahlniederlage bei der Bundestagswahl 1972 hatte sich bei vielen Mitgliedern und Sympathisanten der CDU am damaligen CDU-Slogan »Wir bauen den Fortschritt auf Stabilität« konkretisiert. Die Kritiken waren: kalt, konstruiert, komplizierte Logik – damit unverständlich, CDU-atypischer Begriff (»Fortschritt«), Fremdwort (»Stabilität«). Das partei-interne Bewußtsein, mit der Auswahl des Slogans einen schweren Fehler begehen zu können, hatte in allen der Bundestagswahl folgenden Landtagswahlkämpfen auf seiten der CDU eine besondere Aufmerksamkeit für die Slogan-Suche zur Folge. Dazu kam, daß den Haupt-Slogans der SPD von 1969 (»Wir schaffen das moderne Deutschland«) und 1972 (»Deutsche, wir können stolz sein auf unser Land«) im Gegensatz zu den CDU-Slogans geradezu Genialität und durchschlagende Wirkung zugeschrieben wurden, was den Konkurrenz-Druck in der Slogan-Wahl weiter verschärfte.

Der zeitliche Rahmen

Die Landtagswahl fand in Hessen am 27. Oktober 1974 statt. Die Termin-Planung des CDU-Wahlkampfes sah folgendermaßen aus:

- Durchführung einer Meinungsumfrage im Herbst 1973. Auf dieser Basis Erarbeitung einer Strategie noch vor Weihnachten 1973.
- Anwendung und Fortschreibung der Strategie ab Anfang 1974. Gleichzeitiger Beginn der Entwicklung der Werbemittel. Auslieferung der Werbemittel im Juli/August 1974.

Die Entscheidung über den Slogan mußte nach diesem organisatorischen Zeitplan spätestens im Juni 1974 fallen. Die gesamten Werbemittel mußten dann so weit entwickelt sein, daß die Einpassung des Slogans in die Plakate, Druckschriften usw. technisch in wenigen Tagen vollzogen werden konnte. Eine gemeinsame Sitzung von Wahlkampf-Kommission[6] und Landesvorstand entschied schließlich am 21. Juni über den endgültigen Slogan.

Die Erarbeitung des Slogans fußte inhaltlich auf einem »Strategie-Papier«, das Landesvorstand und Wahlkampf-Kommission auf einer ebenfalls gemeinsamen Sitzung im Dezember 1973 verabschiedeten. Aber auch nach der Verabschiedung des Strategie-Papiers, das auf acht Schreibmaschinen-Seiten nur die Grundsätze der Strategie festlegte, mußte die Entscheidung über den Slogan möglichst lange offengehalten werden, um die politische Stimmung in den Wochen direkt vor der Wahl berücksichtigen zu können. Eine zu frühe Festlegung konnte auf der einen Seite bedeuten, daß der Slogan bereits vor der Wahl veraltete. Auf der anderen Seite mußten aber gerade wegen des spät angesetzten Termins gründliche Vorarbeiten geleistet werden, um zufällige Entscheidungen aus einer augenblicklichen Stimmung heraus zu vermeiden. Dabei darf man bei der Beurteilung aller Aktivitäten, wie sie im folgenden geschildert werden, nicht vergessen, daß die Suche nach einem Slogan nur eine der vielen wichtigen werblichen Aufgaben war, daß der Slogan ein relativ bescheidener Stein im Mosaik des Wahlkampfes ist. Die Herstellung der Fernseh-Werbefilme ist für die Anlage des Wahlkampfes vom Zeit- und Gedankenaufwand her z. B. unvergleichlich aufwendiger und wohl auch entscheidender.

Der werbliche Rahmen

Zur Kommunalwahl 1972 hatte die hessische CDU ein neues »Signet« eingeführt, das bis zur Landtagswahl 1974 weitergeführt werden sollte. Der gesuchte Slogan mußte sich formal und inhaltlich in diese bereits bestehende Werbelinie einfügen. Das Signet besteht aus den Buchstaben »CDU«, dem Basis-Slogan[7] »besser für Hessen!« und einem nach oben gerichteten Pfeil (gilt bis heute). Die Schrifttype des »CDU« in roter Farbe ist bundesweit einheitlich. Der Basis-Slogan »besser für Hessen« soll die grundsätzliche Alternativ-Funktion der Oppositionspartei klarmachen, der Pfeil schließlich die Aufwärts-Entwicklung der hessischen CDU seit dem historischen Einschnitt von 1968 verdeutlichen, als Alfred Dregger zusammen mit einer neuen Führungsmannschaft Landesvorsitzender geworden war. Das Signet insgesamt sollte eine symbolische Übersetzung des Leitgedankens aller CDU-Wahlkämpfe seit 1968 sein: »Eine kraftvolle, junge CDU muß die in dreißig Regierungsjahren verbraucht und müde gewordene SPD ablösen«[8]. Es war klar, daß der eigentliche Wahlkampf-Slogan sich von diesem Signet abheben mußte, also keine »Dublette« des »besser für Hessen« sein durfte.

Erstes Experiment in einer Meinungsumfrage

Im Oktober 1973 ließ die hessische CDU eine repräsentative Meinungsumfrage »Hessen vor der Landtagswahl 1974 – Einstellungen und Meinungen der hessischen Bevölkerung« durchführen[9]. Den ca. 1500 Befragten wurden auch neun politische Slogans vorgelegt, die sie beurteilen und den Parteien zuordnen sollten. Dieser »Test« mit ziemlich willkürlich ausgewählten Slogans sollte keinerlei Festlegung zur Folge haben, also lediglich einen »Einstieg« in die Problematik eröffnen.

Frage: Zu welcher Partei paßt dieser Slogan Ihrer Meinung nach am ehesten?

	Zugeordnete Partei in Prozenten				
	SPD	CDU	FDP	Andere	Weiß nicht
Im Mittelpunkt der Mensch	33	19	9	2	37
Vor allem: Soziale Gerechtigkeit	58	10	4	1	28
In Sicherheit leben	23	36	7	4	31
Für ein Leben in Freiheit	21	22	16	5	36
Besser für Hessen	29	14	11	3	44
Lebensqualität in Hessen	41	12	4	3	40
Von Herzen für Hessen	29	14	11	3	44
Kampf für Freiheit und Recht	18	14	4	24	40
Für die liberale Erneuerung Hessens	7	5	53	2	34

Die Antworten zeigen bekannte Raster. Bestimmte Begriffe werden gewohnheitsmäßig bestimmten Personen zugeordnet. Obwohl die hessische CDU das Schlagwort von der »liberalen Erneuerung Hessens« erfunden und seit vielen Jahren gebraucht hatte, führt der Begriff »liberal« in dieser Wendung dennoch zu einer eindeutigen Zuordnung zur FDP (53%). Klar SPD-bezogen sind »soziale Gerechtigkeit« (58%) und »Lebensqualität« (41%) – letzteres ein damals ziemlich neuer Begriff. Deutlich in den CDU-Bereich fällt dagegen »Sicherheit« (36%). Aus dem Zahlenmaterial geht hervor, daß bei den Befragten die Tendenz besteht, jeden Slogan eher der Partei zuzuordnen, der der Befragte nahesteht. So wird z. B. ein Slogan, der nur allgemeine politische Gefühle ausdrückt, wie »Im Mittelpunkt der Mensch« von den Wählern aller drei Parteien jeweils für die eigene reklamiert. Diese Tendenz erklärt auch die generell geringe Berücksichtigung der FDP bei den Antworten.

Eine Partei muß sich zunächst über die strategische Vorbedingung der Slogan-Auswahl klar werden: sie kann entweder semantisch in den gegnerischen Bereich eindringen, also dem Gegner »Begriffe wegnehmen« oder das bereits im Besitz befindliche semantische Wortfeld verstärken. Beides sind verantwortbare Entscheidungen. Extreme Ausschläge nach der einen oder anderen Seite sind eher abzuraten. Hier wird der alte Widerspruch für jeden Partei-Strategen deutlich: Soll man hauptsächlich die eigene Wählerschaft mobilisieren oder hauptsächlich um Wechselwähler werben? Die theoretisch beste Lösung, freilich schwer zu verwirklichen, dürfte sein: Zwar im eigenen Wortfeld bleiben, aber doch einen überraschenden, über das Normal-Wortfeld hinausführenden Akzent einbringen. Für einen CDU-Slogan wären also die Formeln »Soziale Gerechtigkeit«, »Lebensqualität« und »liberal« kaum in Frage gekommen, was wiederum nicht bedeutet, daß diese Begriffe nicht in anderer Hinsicht, in Neben-Slogans, in Reden usw. verwendet werden durften. Dort dienten sie im Gegenteil der gewünschten Auflockerung.

In der 2. Frage sollten die Interviewten den Slogan angeben, der ihnen am besten gefalle. Es ergab sich folgendes Bild:

Frage: Welcher dieser Slogans gefällt Ihnen am besten?

	Alle Befragten	SPD	CDU	FDP	CDU-SPD	CDU-FDP
Gesamt	1 453	714	369	127	212	104
	%	%	%	%	%	%
Im Mittelpunkt der Mensch	25	23	27	39	20	29
Vor allem: Soziale Gerechtigkeit	23	32	14	17	20	9
In Sicherheit leben	17	17	23	11	22	26
Für ein Leben in Freiheit	8	8	10	10	6	14
Besser für Hessen	5	5	7	4	4	4
Lebensqualität in Hessen	5	5	7	5	5	6
Von Herzen für Hessen	4	3	4	5	4	2
Kampf für Freiheit und Recht	2	2	3	–	2	–
Für die liberale Erneuerung Hessens	1	–	1	5	1	1
Keine Angabe	10	7	4	4	16	10

Gute Werte zeigen hier die ersten drei Slogans. Nach der obigen Regel scheidet der zweite aus, da er für die CDU-Anhänger offensichtlich zu wenig attraktiv ist. Die anderen zwei Vorschläge könnten durchaus an der letzten Entscheidung teilnehmen. Dabei zeigt der Slogan »In Sicherheit leben« besonders gute Werte bei den »Wechselwählern«.

Ein solcher Slogan-Test sagt für die letztendliche Entscheidung wenig aus. Diese muß von der aktuellen bundes- und landespolitischen Lage ausgehen und »politisch« sein. Immerhin zeigt der Test, daß als Wahlkampf-Slogans allzu umfassende Formeln (Besser für Hessen; Von Herzen für Hessen) oder umständliche Formeln (Lebensqualität, Kampf für Freiheit und Recht, liberale Erneuerung) nicht ankommen, also allenfalls als Neben-Slogans verwandt werden können.

Auflistung der Slogan-Vorschläge

Eine Schlußfolge aus dieser Meinungsumfrage war, die Slogan-Suche zunächst auf eine breitere Basis zu stellen. Der Landesgeschäftsführer der hessischen CDU forderte daher im Dezember 1973 alle Mitarbeiter auf, je etwa 10 Slogans zu Papier zu bringen. Die eingehenden Vorschläge wurden aufgelistet und inhaltlich nach Gruppen geordnet. Die Slogan-Gruppe A bezog Alfred Dregger, den Spitzenkandidaten, direkt in den Slogan ein. Dies konnte durch namentliche Nennung geschehen, z. B. »Unser Land braucht Alfred Dregger«, oder durch Beschreibung der Dregger zugedachten Rolle, z. B. »Der bessere Mann, das richtige Programm«. In diesen Typ konnte auch der Mannschafts-Gedanke einbezogen werden[10]. Die Slogan-Gruppe B bestand aus nur einem Vorschlag. Er unterstrich den Bezug auf das Land Hessen und sollte eine Grundstimmung des ganzen CDU-Wahlkampfes einfangen: »Neuer Schwung für unser Land«. Die Slogan-Gruppe C variierte die Begriffe »sicher« und »Sicherheit«, wobei einige Slogans die nach vorne gerichtete Dimension »Zukunft« einbezogen, z. B. »Für eine sichere Zukunft«[11]. Die Slogan-Gruppe D schließlich bewegte sich im reinen Sympathie-Bereich. »Tatkraft und Vertrauen«, ein Slogan, der bereits bei der vorangegangenen Landtagswahl in Baden-Württemberg verwandt worden war, ist hier der typische Vertreter.[12]

Ein parteiinterner Test

Die endgültige Auswahl des Slogans lief zweigleisig. Am 20. Mai 1974 sandte der Landesgeschäftsführer einen Fragebogen an die Mitglieder des Landesvorstandes und der Wahlkampfkommission. Der Fragebogen bestand aus 4 Fragen. Die erste bezweckte eine Entscheidung für eine der vier Slogan-Gruppen A-D; die zweite suchte den favorisierten Slogan aus der gewählten Gruppe. Mit der dritten Frage sollte die »ungünstigste« Slogan-Gruppe benannt werden; die vierte Frage beschäftigte sich mit dem Mannschaftsgedanken: ob dieser betont werden solle oder nicht. Die Antworten sollten jeweils mit einer Begründung versehen werden. Die Rücksendung des Fragebogens sollte bis zum 10. Juni erfolgen, um eine Auswertung bis zur entscheidenden Sitzung beider Gremien am 21. Juni zu gewährleisten. Gleichzeitig wurde ein Meinungsforschungs-Institut beauftragt, einen Slogan-Test durchzuführen und das Ergebnis am 21. Juni zu präsentieren. Zweck dieser Zweigleisigkeit war, die internen Überlegungen der Spitzen-Gremien mit einer demoskopischen Untersuchung konfrontieren zu können. Es sollte vermieden werden, daß eine Meinungsumfrage die politischen Erwägungen verdrängen könnte, eine Gefahr, der das moderne Partei-Management immer ausgesetzt ist.

Die parteiinterne Umfrage orientierte sich, wie in der hessischen CDU bereits mehrmals erprobt, am Verfahren des im Wirtschafts-Management eingeführten Delphi-Testes. Die Fragebogen sollten anonym ausgefüllt werden und wurden in der Landesgeschäftsstelle ohne Ansehen der Person ausgewertet. Das Ergebnis der Auswertung wurde zusammen mit den Pro- und Kontra-Argumenten wiederum dem Landesvorstand und der Wahlkampfkommission zugesandt, so daß deren Mitglieder ihre bisherige Haltung mit den gefundenen Mehrheiten und Argumenten vergleichen konnten. Dieses Verfahren gewährleistet für die endgültige Entscheidung ein wesentlich angehobenes Diskussionsniveau, da die wichtigsten Argumente und Meinungen bereits in gebündelter Form bekannt sind und nicht jeder Diskutant bei Null beginnen muß.

38 Antworten gingen in der Landesgeschäftsstelle ein. »Gewinner« des Tests war der Slogan »Tatkraft und Vertrauen« (18 Positiv-, 4 Negativ-Nennungen). Der zweitbeste Slogan (»Jetzt braucht Hessen Alfred Dregger«) lag 5 Stimmen zurück. Negative Beurteilungen von »Tatkraft und Vertrauen« waren; »Vage, allgemein, unpolitisch«. Die positiven Argumente überwogen bei weitem:

– »Der Slogan charakterisiert am besten die gegenwärtige Situation: das Vertrauen in die SPD und in die Landesregierung schwindet zusehends (auch wegen des Helaba- und der Giftmüll-Skandale).

– Demgegenüber erwartet man von der CDU eine entsprechende Erneuerung, einen Gewinn an Vertrauen und Tatkraft. Der Slogan schafft einen hohen psychologischen Erwartungshorizont.

– Tatkraft ist die Herausforderung der Bevölkerung an eine Regierung.

– Der Slogan ist inhaltlich selbstbewußt und aussagekräftig, sprachlich prägnant und kurz.

– Der Slogan unterstreicht die Eigenschaften des Spitzenkandidaten.«[13]

Die letzte Frage des Delphi-Tests nach der Rolle der Mannschaft, wurde mit großer Mehrheit dahingehend beantwortet, den Mannschaftsgedanken zwar nicht allzu wichtig zu nehmen, ihn aber auch nicht ganz wegzulassen. Dieses echt »delphische Orakel« wurde dann auch im Verlauf des Wahlkampfes – wenn auch nicht im Slogan, sondern z. B. in den Rundfunks-Spots – berücksichtigt.

Test des Slogans durch eine Meinungsumfrage

Der psychologisch-qualitative Slogan-Test des Meinungsforschungs-Instituts wurde in drei Phasen erarbeitet. Der erste Schritt teilte die 16 zur Auswahl stehenden Slogans in 4 Gruppen auf (Analog der Gruppen im Delphi-Test). Der Test ermittelte zunächst aus jeder Slogan-Gruppe je einen »Gewinner«. Hierzu wurden jeweils 40 Testpersonen befragt. Insgesamt waren also an der ersten Phase 160 Personen beteiligt, davon 120 »Wechselwähler«, die in einer Vorbefragung angegeben hatten, in der Vergangenheit verschiedene Parteien gewählt zu haben, und 60 CDU-Stammwähler. Der zweite Schritt verglich die vier Gewinner der Gruppen untereinander. Hierzu standen nochmals 40 Testpersonen zur Verfügung (30 Wechselwähler, 10 CDU-Stammwähler). Im dritten Schritt wurden dann die beiden ersten Schritte in bezug auf die 4 Gewinner-Slogans zusammengefaßt, wobei auf rechnerischem Weg inhaltliche Vereinfachungen vorgenommen wurden. Der erste Schritt beinhaltete noch 6 Kriterien (Parteien-Zuordnung, Glaubwürdigkeit in bezug auf den Spitzenkandidaten sowie in bezug auf die CDU, Zuordnung zu einem Dregger-Foto, Zuordnung zum Basis-Slogan »Besser für Hessen«, persönliches Gefallen des Slogans). Im zweiten Schritt wurden diese Kriterien auf zwei reduziert, die sich in Korrelationsrechnungen als die wesentlichen herausgestellt hatten (Glaubwürdigkeit des Slogans in bezug auf die CDU und persönliches, spontanes Gefallen bzw. Nichtgefallen).

Das Ergebnis des Tests war, daß nach den ersten beiden Schritten zwei Slogans besonders hervortraten. Der Slogan »Tatkraft und Vertrauen« bekam die Benotung 7,5, der Slogan »Jetzt wählen wir die Sicherheit« lag etwas schlechter (9). Im dritten Schritt kehrte sich die Reihenfolge um. Der Slogan »Tatkraft und Vertrauen« lag zwar in der Gefallens-Einstufung vorne, der Slogan »Jetzt wählen wir die Sicherheit« hatte aber einen Vorsprung bei seiner Glaubwürdigkeit in bezug auf die CDU. Die Ausarbeitung des Meinungsforschungs-Instituts empfahl infolgedessen den Slogan »Jetzt wählen wir die Sicherheit«, hielt aber »Tatkraft und Vertrauen« für fast ebenso brauchbar. Der parteiinterne Delphi-Test und der demoskopische Slogan-Test hatten also ein weitgehend gleiches Ergebnis erbracht, wenngleich sie sich in der letzten Schlußfolgerung unterschieden.

Die politische Entscheidung

In einer fast vierstündigen Diskussion, die in alle Wahlkampf-Aspekte eindrang, entschieden sich Landesvorstand und Wahlkampfkommission bei nur wenigen Gegenstimmen für den Slogan »Jetzt wählen wir die Sicherheit«. Die Motive dieser Entscheidung lagen hauptsächlich in der aktuellen politischen Situation. Die Bevölkerung reagierte in der Mitte des Jahres 1974 auf die wirtschaftliche Lage mit zunehmender Verunsicherung; der Regierungswechsel von Willy Brandt zu Helmut Schmidt war Ausdruck der allgemeinen Unsicherheit. Der politische Terrorismus war nach wie vor ein Problem. Auf Landesebene bot die Regierung Albert Osswald ebenfalls ein von Führungsschwäche und sich abzeichnenden Skandalen getrübtes Bild. »Sicherheit« brachte in dieser Situation die Gegenposition der CDU sowohl auf Bundes- wie auf Landesebene auf den Begriff. Das Image Dreggers paßte maßgeschneidert zum Slogan. Das Gremium entschied sich damit für den politischeren, gegen den eher werblichen, für den härteren, kampfbetonteren, gegen den sympathischeren, gefühlvolleren Slogan. Gleichzeitig wurde mit der Formulierung »Jetzt wählen wir . . . « eine werblich ansprechende, frische Formulierung gefunden. Der Test hatte gezeigt, daß eine solche Formulierung im Vergleich zu normaleren Sätzen wie »Die Zukunft sichern« größeren Anklang fand.

Die Funktion des Slogans

Kein Meinungsforscher kann die Wirkung einzelner Wahlkampf-Maßnahmen auf das Wählerverhalten bestimmen. Entscheidend ist die politische und werbliche Gesamtanlage des Parteien-Wettbewerbs. Innerhalb dieser Anlage sollten die einzelnen Elemente möglichst gut zueinander passen, damit sich ein geschlossenes Bild, eine »Alternative« zum politischen Gegner ergibt.

Der gewählte Slogan paßte mit seinem stark appellativen Charakter gut in die gesamte Wahlkampf-Strategie der hessischen CDU, die in erster Linie auf Mobilisierung der eigenen Anhängerschaft und in zweiter Linie auf Überflügeln der Gegner bei den Wechselwählern angelegt war. Der

Duktus des Slogan war stark aktivierend, sein Inhalt traf weitgehend die politischen Bedürfnisse der Wähler. Insofern erfüllte der Slogan die Funktion, die Slogans haben sollten, nämlich in starker Vereinfachung den politischen Willen der Partei mit der politischen Lage in Übereinstimmung zu bringen. Die Aussage eines Slogans muß »in der Luft liegen«, sie darf den Wähler nicht unvorbereitet treffen.

1 Ein positives Beispiel: Günter Struve, Kampf um die Mehrheit. Die Wahlkampagne der SPD 1965, Köln 1971.

2 Ein Beispiel: Die hessische FDP stellte 1974 ihre Taktik im Wahlkampf unvermittelt um, was sicher zur Verwirrung ihrer potentiellen Wähler beitrug. Vier Jahre lang hatte die FDP politisch das gute Verhältnis zum Koalitionspartner SPD immer wieder betont. In ihrem Werbemittel-Katalog, in ihrer Anweisung an die Wahlkampf-Aktivisten der Partei also, vertrat sie dagegen die These, die FDP müsse sich »mit kräftigen und deutlichen Mitteln ... zwischen die beiden Pole SPD und CDU schieben« (FDP Wahlkampagne zur Landtagswahl am 27. Oktober 1974 in Hessen, hrsg. v. d. Landesgeschäftsstelle der Freien Demokratischen Partei Hessens, o. O., o. J.). Dementsprechend wandte sich die FDP im Wahlkampf gegen Ministerpräsident Albert Osswald und gegen Kultusminister Ludwig v. Friedeburg, was die Glaubwürdigkeit der Koalition insgesamt erschütterte. Werblich postierte sie auf ihrem Hauptplakat ihren Spitzenkandidaten Herbert Karry zwischen Albert Osswald und Alfred Dregger, wodurch Dregger gegenüber dem Ministerpräsidenten »gleichrangig« wurde; dieses Plakat verstieß zudem gegen die werbliche Maxime, den politischen Gegner nicht abzubilden, ein Rat, den besonders die FDP gegenüber ihren übermächtigen Konkurrenten befolgen müßte.

3 Während des Wahlkampfes 1974 wurde beispielsweise eine von der SPD in Auftrag gegebene Strategie-Planung der Werbeagentur ARE und einer Arbeitsgruppe namens »WIR« bekannt. Die ARE hatte eine »Aktion Image-Störung Dregger« entwickelt, mit folgenden Schritten: »1.1 Bürgerinitiative Anzeigen gegen Dregger, 1.2 Dokumentation Schwarzbuch Dregger ..., 1.3 Underground-Aktion Klebemarken gegen Dregger, 1.4 Flugblatt der Bürgerinitiative. Richtigstellung über diese Underground-Aktion, 1.5 Presseveröffentlichung und Aufgreifen von Dregger-Zitaten durch Kandidaten und Spitzenpolitiker der SPD«. Als Texte für die »Anti-Dregger-Aufkleber waren z. B. vorgesehen: »Trimm Dich fit, Gib Dregger einen Tritt!«, »Alfred Dregger: Er lenkt die Rosse für die Bosse«, »Die Arbeitnehmer quält, wer Alfred Dregger wählt!«, »Stenotypistin, Schlosser, Kaufmann, Diakonissen, von Dregger werden alle gleich beschissen«. Die Arbeitsgruppe »WIR«, die mit der ARE zusammenarbeitete, hatte ein Konzept zur Zielgruppenansprache entworfen, das für die einzelnen Wählergruppen im Detail jeweils verschiedene Ansprechpartner aus der SPD, verschiedene Medien, Nachrichten und Themen vorsah; z. B. »Linksextreme Wechselwähler ... (J. Steffen, P. v. Oertzen etc.)«, »Progressivliberale Wechselwähler ... (E. Eppler, K. D. Arndt etc.)«, »Emotionale, links-

orientierte Wechselwähler ... (Integrierte Persönlichkeiten aus der Partei)«, »Fortschrittsorientierte Wechselwähler ... (H. Ehmke, R. Arndt, G. Leber)«, »Konservativ-liberale Wechselwähler ... (A. Osswald, H. Schmidt, Leber etc.)«. Diese Materialien wurden der Öffentlichkeit zugänglich gemacht durch eine der Presse übergebene Dokumentation der hessischen CDU vom 14. Mai 1974: »Millionenschwere Hetzkampagne der SPD in Hessen«. Nach dieser Veröffentlichung distanzierte sich die SPD von den Vorschlägen der ARE und der Arbeitsgruppe »WIR«. Ungeklärt ist, ob die Vorschläge vor ihrem Bekanntwerden eher positiv oder eher negativ aufgenommen worden sind.

4 Siehe dazu auch: Werner Wolf, Wie man eine Wahl gewinnt, Erfahrungssätze aus dem Landtagswahlkampf Hessen 1974, in: Die politische Meinung, Jan./Febr. 1975, Nr. 158, S. 83-92; ders., Nachtrag zur »Hessen-Wahl«, in: Politische Studien, Mai/Juni 1975, Nr. 221, S. 303-313.

5 In fast jedem Wahlkampf-Bericht wurde der Slogan erwähnt: Siehe z. B. die »Analyse aller Landtagswahlen 1974/75« aus der Feder verschiedener Autoren in der ZParl, 6. Jg. (1975), H. 4, S. 405 f., 409, 466, 477, 491. Aufschlußreich ist auch die Entstehung des Wahlslogans für Baden-Württemberg 1976, weil dieser Slogan (»Freiheit und Sozialismus«) später auf Bundesebene überragende Bedeutung erhalten sollte. Die Autoren fragten, ob in Baden-Württemberg die Bewährungsprobe für den Bundestagswahlkampf 1976 laufe; siehe im einzelnen: H. P. Biege, H.-J. Mann, H.-G. Wehling, Die Landtagswahl vom 4. April 1976 in Baden-Württemberg, in: Z. Parl., 7. Jg. (1976), H. 3, S. 329-353.

6 Die Wahlkampfkommission stand unter der Leitung des damaligen CDU-Fraktionsvorsitzenden im Hessischen Landtag, Hans Wagner. Mitglieder waren neben dem Landesgeschäftsführer Manfred Kanther, der die Sitzungen vorbereitete, Bundestags- und Landtagsabgeordnete, sowie Kreisgeschäftsführer.

7 In der Werbesprache unterscheidet man zwischen Basis-Slogan und Kampagnen-Slogan. Man kann den Basis-Slogan auch »Subline«, den Kampagnen-Slogan »Headline« nennen. In der politischen Werbung hat sich in den letzten Jahren der Begriff Slogan gegenüber Wahl-Motto, Leitsatz, Wahlspruch usw. durchgesetzt.

8 So auch die inhaltliche Tendenz des erwähnten Strategie-Papiers.

9 Marplan Forschungsgesellschaft für Markt und Verbrauch mbH, Offenbach/Main, November 1973.

10 Ähnliche Slogan-Vorschläge mit bezug auf Hessen: Jetzt braucht Hessen Alfred Dregger; Jetzt braucht unser Land Alfred Dregger; Ihre Stimme für Alfred Dregger; Jetzt braucht Hessen seine Kraft; Alfred Dregger: Meine ganze Kraft für Hessens Bürger. Wendungen mit dem Mannschafts-Gedanken ohne Bezug auf Hessen: Wir kommen: Alfred Dregger und seine Mannschaft; der richtige Mann, die bessere Mannschaft.

11 Weitere Slogans dieser Gruppe: Jetzt wählen wir die Sicherheit; Sicher durch die nächsten Jahre; Wir schaffen wieder Sicherheit; Wir sichern die Zukunft.

12 Weitere Slogans dieser Gruppe: Vertrauen in die Zukunft; Wir machen solide Politik; Die Politik der stabilen Mitte.

2.2.3. Konrad Schacht: *Politische Kultur und Bürgerbewußtsein in Hessen*

In den letzten Jahren haben in Westeuropa Regionalbewegungen wieder an politischer Bedeutung und Aufmerksamkeit in den Medien gewonnen. Dieser »Aufstand der Provinz«[1] macht deutlich, daß gerade auch in zentralisierten Verwaltungsstaaten wie z. B. Frankreich regionale politische Kulturen erhalten geblieben sind und wieder zu einem politischen Faktor werden können.

Auch in der Bundesrepublik hat die Frage nach der Bedeutung regionaler politischer Kulturen an Bedeutung gewonnen. Die Gründe dafür sind ganz unterschiedlich. Einmal haben die Proteste der Bürger gegen die Verwaltungsreformen gezeigt, daß für die Bürger die historischen Traditionen ihrer Gemeinde immer noch eine große Bedeutung haben und daß sie sich gegen technokratische Gefährdung ihrer »symbolischen Ortsbezogenheit«[2] zur Wehr setzen. Dann haben sich Teile der ökologischen Protestbewegung »aufs Land« zurückgezogen, die Kultur der Provinz als neue »Heimat« entdeckt und zum Teil in den Massenmedien engagiert darüber berichtet.

Schließlich wurde gerade in letzter Zeit immer wieder die These aufgestellt, in der Bundesrepublik gäbe es ganz unterschiedliche politische Kulturen, die für das »Nord-Süd-Gefälle« bei Bundes- und Landtagswahlen verantwortlich seien.

Der »regionale Faktor« in der Politikwissenschaft

Welche Rolle der »regionale Faktor« beim Zustandekommen von Wahlergebnissen spielt, wird in der Wahlforschung in der Bundesrepublik noch sehr kontrovers und z. T. noch sehr hypothetisch diskutiert. So hat Ursula Feist in einer Diskussion über das Wahlverhalten der Katholiken die Frage aufgeworfen, »wieweit die Entscheidung (für eine politische Partei) aus der Zugehörigkeit zu einem politisch-kulturellen oder soziologisch-kulturellen Raum und weniger aus der Zugehörigkeit zu einer bestimmten Konfession beeinflußt worden ist. Mit anderen Worten: Nicht die Konfessionszugehörigkeit, sondern die regionalen Muster entscheiden.«[3] Zu dieser Einschätzung kommt Ursula Feist nicht zuletzt durch die Tatsache, daß sich in der Bundesrepublik konfessionelle Räume und Ländergrenzen relativ gut decken, so daß eine Isolierung des »religiösen Faktors« nur schwer möglich ist. Mit exakten komplexen statistischen Verfahren näherten sich Peter Hoschka und Hermann Schunck dem Problem regionaler Wählerstrukturen in der Bundesrepublik.[4] Sie kommen zu dem Schluß, daß von einer zunehmenden Bedeutung der Regionalisierung als eigenständiger Komponente, wie sie in der Diskussion über Nord-Süd-Gefälle zum Ausdruck kommt, nicht die Rede sein kann. Berücksichtige man die unterschiedliche soialstrukturelle Zusammensetzung der Bundesländer, so verschwindet der Anstieg des Ländereinflusses bei SPD und CDU/CSU völlig.

Ein ganz anderer Ansatz zur Bestimmung des politischen Eigengewichts der Bundesländer besteht darin zu untersuchen, ob die Landtagswahlen völlig von der Bundespolitik dominiert werden, also Bundesteilwahlen sind, oder ob landesspezifischen Faktoren eine eigene Bedeutung beizumessen ist. Georg Fabritius kommt in seiner Untersuchung der Frage zu dem Schluß, daß von einem Mischungsverhältnis der Wahlmotive bei Landtagswahlen ausgegangen werden muß, das sich je nach Situation zugunsten landes- oder bundespolitischer Motive ändern kann.[5]

Er weist ausdrücklich darauf hin, daß z. B. bildungspolitische Motive oder der Amtsbonus des Ministerpräsidenten bei der Wahlentscheidung in einem Bundesland eine große Rolle spielen können. Nur in krisenhaften Situationen der »Bonner Politik« werden Landtagswahlen zu Protestwahlen gegen Bonn und können den Charakter von »Bundesteilwahlen« annehmen.

Daß die Bundesländer nicht nur administrative Einheiten sind, sondern durch dreißig Jahre Landespolitik inzwischen trotz ihrer teilweise großen »Künstlichkeit« so etwas wie eine eigene Struktur und Kultur entwickelt haben, belegt die policy-Studie von Manfred G. Schmidt, in der untersucht wird, ob es in der Gestaltung von Politik einen Unterschied zwischen überwiegend SPD- und CDU-regierten Bundesländern gibt.[6] Schmidt kommt aufgrund quantitativer Analysen zu dem Schluß, daß es deutliche Unterschiede zwischen den Ländern gibt, je nachdem ob die SPD oder die Unionsparteien die dominierende Rolle spielen konnten. Besonders deutlich läßt sich dieser Unterschied an den quantitativen Transfers ins Bildungswesen und den unterschiedlichen qualitativen Weichenstellungen in der Bildungspolitik festmachen.

Diese besondere Rolle der Bildungspolitik ist insofern besonders wichtig, als die Bundesländer hier die größten Gestaltungschancen haben und die Bildungspolitik für die Formierung des Bürgerbewußtseins besonders wichtig ist, da im schulischen Bereich die prägendsten außerfamiliären Sozialisationsprozesse ablaufen.

Die hier nur sehr verkürzt wiedergegebenen Thesen und Analysen sprechen überwiegend dafür, daß die Bundesländer so etwas wie eine eigene politische Kultur und regionale Identität haben, auch wenn sich diese z. T. erst in den letzten Jahrzehnten entwickelt haben dürften. Es ist also legitim, die subjektiven Aspekte der politischen Kultur in Hessen zu untersuchen, auch wenn Hessen als »Land der Mitte« verglichen mit Bayern oder Schleswig-Holstein immer als besonders blaß und konturenlos gilt. Gerade in Hessen könnte die Bildungspolitik der letzen 30 Jahre zur Heranbildung eines spezifischen »Hessen-Bewußtseins« und zu einer besonderen Ausprägung der politischen Kultur beigetragen haben. Ob sich die Hessen heute als Hessen fühlen und wie sie dieses Land wahrnehmen, wurde mit dem Instrumentarium der Umfrageforschung untersucht.

»Heimat Hessen«: Indikatoren zum Hessenbewußtsein

Angeregt durch die Arbeiten der Frankfurter Kulturanthropologin Greverus zum Heimatproblem[7] haben wir das Hessen-Bewußtsein mit der Frage untersucht, ob man das Land Hessen als Heimat bezeichnen würde oder nicht (vgl. Übersicht 1).

Im Mai/Juli 1980 bezeichneten 82% der befragten Hessen das Land Hessen als ihre Heimat, 15% lehnten eine derartige Bezeichnung ab. Zwischen den Bürgern Nord- und Südhessens gab es überraschenderweise kaum Differenzen in bezug auf ihre Identifikation mit dem Land Hessen, ebensowenig zwischen den Altersgruppen. Plausibel ist, daß überwiegend SPD-Anhänger Hessen als ihre Heimat bezeichnen, d. h. ein Land, in dem ihre Partei seit langer Zeit ununterbrochen die Politik gestalten darf. Von dieser hohen Identifikation mit Hessen als Heimat weichen deutlich die gebildeten Befragten ab: Nur 55% der Hessen mit Abitur würden Hessen als ihre Heimat bezeichnen, 40% würden dies nicht tun. Für dieses abweichende Urteil der gebildeten Minderheit gibt es verschiedene Erklärungsmöglichkeiten: Einmal sind in dieser Gruppe die regional mobilen Personen sehr stark vertreten, d. h. aber auch die »Hessen-Zuwanderer«, die eine relativ geringe Bereitschaft haben dürften, Hessen als ihre Heimat anzusehen, zum anderen spielt eine Rolle, daß diese Schichten dem Heimatbegriff skeptisch gegenüberstehen, bzw. ihn nur auf ihre nähere Lebenswelt übertragen, nicht aber auf eine größere räumliche Einheit wie ein Bundesland.[8]

Übersicht 1

	Hessen würden als Heimat ...		
	bezeichnen %	nicht bezeichnen %	weiß nicht, k. A. %
Befragte insgesamt	82	15	3
Bis 24 Jahre	80	16	4
25–34 Jahre	79	20	1
35–49 Jahre	83	15	2
50–64 Jahre	81	14	6
65 Jahre und älter	85	12	3
Volksschule o. Lehre	91	5	4
Volksschule m. Lehre	87	11	2
Mittel-, Fachschule	79	19	2
Abitur, Studium	55	40	5
Nordhessen	83	13	4
Südhessen	82	16	2
Stadtgebiete	78	17	5
Umlandgebiete	84	15	1
SPD-Anhänger	86	12	2
CDU-Anhänger	79	17	4
FDP-Anhänger	78	21	1

Frage: Würden Sie das Land Hessen als Ihre Heimat bezeichnen?
Quelle: Infas-Repräsentativerhebungen in Hessen Mai/Juli 1980
Random-Auswahl, 1410 Befragte

Für ein ausgeprägtes Hessen-Bewußtsein sprechen noch andere Indikatoren. So waren im Mai/Juli 1980 74% der Hessen bereit, zum Hessentag zu fahren, wenn dieser in der Nähe ihres Wohnortes stattfände. Zwischen den verschiedenen sozialen und regionalen Gruppen gab es kaum Unterschiede. Besonders groß war diese Bereitschaft bei den Hessen, die dieses Land als ihre Heimat bezeichnen. D. h.: Der Hessen-Tag ist ein gelungener Beitrag zur Stabilisierung des Hessen-Bewußtseins und damit der regionalen Identität diese Bundeslandes geworden. Er ist ein Beispiel dafür, daß auch im modernen zentralisierten Verwaltungsstaat so etwas wie »Landesbewußtsein« oder regionale Identität bestehen kann.

Daß das Land Hessen in den Augen seiner Bürger – im Gegensatz zu vielen Vorurteilen über dieses Land – ein markantes Profil hat, belegt eine Image-Untersuchung, die ebenfalls Teil der im Mai/Juli 1980 durchgeführten Umfrage war (Übersicht 2). Gefragt wurde, welche von einer Reihe von Stichworten und Begriffen nach Meinung der Hessen dieses Bundesland besonders gut beschreiben. Nur 7% meinten, dieses Land habe keine ausgeprägten Eigenschaften (18% der Hessen mit Abitur!) und nur 4% wußten nichts auf die Frage zu sagen bzw. machten keine Angaben. Mit Abstand am häufigsten wurde von den Hessen gesagt, Begriffe wie »schöne Landschaft« (77%) und »modern, fortschrittlich« (49%) würden dieses Land gut charakterisieren. D. h. im Bewußtsein der Bürger ist dieses Land, in dem der Konflikt zwischen Ökonomie und Ökologie besonders zugespitzt ist, cin Land, in dem Natur und Modernität in einem relativ ausbalancierten Verhältnis stehen. In diesem Zusammenhang ist interessant, daß nur 3% der Hessen ihr Land als »Atomland« bezeichnen möchten und nur 15% den Begriff »Umweltzerstörung« für hessentypisch halten: ein markanter Beleg dafür, wie stark das Medienbild eines Landes und das Bürgerbewußtsein von ihm auseinanderklaffen können.

Wesentlich weniger als die zuerst genannten Stichworte werden die Begriffe »große Vergangenheit« (25%) und »weltoffen« (20%) genannt. Die Tradition des Landes Hessen wird vor allem von den älteren Bürgern betont; junge Bürger ebenso wie die Befragten mit Abitur betonen dagegen überdurchschnitlich das Stichwort »Umweltzerstörung«. Beide Gruppen gehören auch zu den Schichten, die bevorzugt »grün« wählen.

Die Bewohner Nordhessens und Südhessens sowie die der städtischen Kerngebiete weichen in ihrer Beurteilung des Hessenlandes nur in einigen Punkten signifikant voneinander ab: Die Bewohner Südhessens und der städtischen Kerngebiete sind deutlich weniger bereit, Hessen das Prädikat »schöne Landschaft« zuzusprechen (allerdings tun dies immer noch 70% bzw. 65%!), sie sind dagegen etwas stärker bereit als die Nordhessen, Hessen als »weltoffen« zu charakterisieren.

Insgesamt zeigen die Indikatoren, daß es ein deutlich profiliertes Hessen-Bewußtsein gibt, das sowohl im Norden wie im Süden des Landes ausgeprägt ist. Die geringste Identifikation mit dem Land zeigen die gebildeten urbanen Mittelschichten, was sowohl mit deren Mobilität wie auch mit deren spezifischem Heimatbegriff zusammenzuhängen scheint. Überraschend ist, daß Hessen, manchmal als geschichtsloses Land der Müllkippen und Atommeiler beschrieben, von seinen Bürgern als eine Heimat aufgefaßt wird, in der die schwierige Balance von Modernisierung und Naturerhaltung gelungen zu sein scheint.

Übersicht 2

Hessen ist/hat . . .	Befragte insgesamt N = 1410	bis 24 Jahre N = 159	65 Jahre u. älter N = 298	Volks-schule o. Lehre N = 293	Abitur Studium N = 157	Nord-hessen N = 582	Süd-hessen N = 828	Städt. Kerngebiet N = 417
	%	%	%	%	%	%	%	%
modern und fortschrittlich	49	40	42	52	26	49	49	45
schöne Landschaft	77	64	81	77	70	86	70	65
große Vergangenheit	25	16	33	16	23	25	25	24
Umweltzerstörung	15	20	9	13	21	11	18	17
politische und geistige Freiheit	16	16	13	15	14	20	14	16
Soziale Gerechtigkeit	15	10	15	13	9	16	15	18
weltoffen	20	12	20	20	25	17	22	28
Atomland	3	5	2	4	3	2	3	4
keine ausgeprägten Eigenschaften	7	17	5	7	18	5	8	13
andere Nennungen	5	4	5	4	6	4	5	3
weiß nicht, k. A.	4	5	5	4	3	3	5	4

Frage: Ich habe hier einige Stichworte und Begriffe. Welche von ihnen eignen sich zur Beschreibung des Landes Hessen Ihrer Meinung nach besonders gut?
Quelle: Infas-Repräsentativerhebungen in Hessen, Mai/Juli 1980, Random-Auswahl, 1410 Befragte

Gibt es zwei politische Kulturen in Hessen?

Die Analyse der Daten zum »Hessenbewußtsein« zeigt eine große Übereinstimmung zwischen den nordhessischen und südhessischen Befragten; dies überrascht insofern, als zwischen beiden Regionen schon für den oberflächlichen Betrachter so große Unterschiede in bezug auf Bevölkerungsdichte, Wirtschaftskraft, Lebenskultur und politische Verhaltensstile bestehen, daß man versucht sein könnte, von zwei unterschiedlichen regionalen Kulturen in Hessen zu sprechen. Diese Vermutung soll mit einigen Umfragedaten untersucht werden, die im November 1979 von IPOS (Institut für praxisorientierte Sozialforschung, Mannheim) erhoben wurden. Verglichen werden Strukturen und Einstellungen im Rhein-Main-Gebiet mit denen im übrigen Hessen. Im Rhein-Main-Gebiet wurden in dieser Studie 1474 Einwohner befragt, im übrigen Hessen 498.

Ein Vergleich wichtiger Sozialstrukturen bestätigt die Erwartung, daß das Rhein-Main-Gebiet die Lebenswelt der gebildeten Mittelschicht ist:

Beruf	Rhein-Main-Gebiet %	Übriges Hessen %
Un/angelernter Arbeiter	6	17
Facharbeiter	16	24
Mittlerer Angestellter/ Beamter	50	31
Leitender Angestellter/ Beamter	12	5
Selbständige	6	10
Landwirte	1	5
Schulbildung		
Volksschule o. Lehre	19	33
Volksschule m. Lehre	34	42
Mittlere/höhere Schule	31	19
Abitur/Universität	17	6

Für die Qualität der politischen Kultur sind darüber hinaus Indikatoren zur organisatorischen Integration der Bürger von großer Bedeutung. Für das politische Verhalten sind immer noch die Bindungen an die Kommunikationsnetze von Gewerkschaften und katholischer Kirche von

Bedeutung.[9] Die Daten bestätigen die Vermutung, daß die Bürger des Rhein-Main-Gebietes deutlich weniger in diese etablierten Organisationen integriert sind als die Bürger aus dem restlichen Hessen:

Gewerkschaftsmitglied	Rhein-Main-Gebiet %	Übriges Hessen %
Ja	17	26
Nein	83	74

Kirchgang		
oft	14	27
ab und zu	41	47
selten	36	25

Der Rhein-Main-Raum, in dem sich die Wirtschaftskraft und die Wählermassen Hessens konzentrieren, kann mit einiger Berechtigung als der Lebensraum angesehen werden, in dem die »säkularisierten Mittelschichten« mit ihren spezifischen Werten, Verhaltensstilen und Lebensformen dominieren; im übrigen Hessen dagegen überwiegen noch die Arbeiter und sind die Bürger noch stärker in die Netze der klassischen Großorganisationen integriert.

Dieser Unterschied spiegelt sich in den subjektiven Indikatoren relativ wenig wieder:

Einstellungen zum Beruf und zur Lebenslage	Rhein-Main-Gebiet %	Übriges Hessen %
Mit dem bisher im Leben erreichten sind eher zufrieden . . .	88	87
Mit dem Beruf zufrieden . . . (Nur Berufstätige!)	77	83
Beruflich weiter gekommen als der Vater . . .	42	33
Es erwarten für die eigene Zukunft eine Verbesserung . . .	29	26

Lebens- und Berufszufriedenheit sind also in beiden Regionen in etwa gleich. Die Bürger des Rhein-Main-Raums haben einen etwas größeren beruflichen Aufstieg hinter sich als die Bewohner des übrigen Hessens, die jedoch trotzdem (oder deshalb?) mit ihrem Beruf etwas zufriedener sind als die Bürger des Dienstleistungszentrums um Frankfurt; ob dies ein Indikator für das höhere berufliche Anspruchsniveau der modernen Mittelschichten ist oder aber ein bedenkliches Zeichen für die hohen Kosten beruflicher Aufwärtsmobilität im sozialen und im psychischen Bereich, kann hier nicht entschieden werden.[10]

Noch überraschender als diese Übereinstimmung der allgemeinen Berufs- und Lebenszufriedenheit ist die Ähnlichkeit der allgemeinen Lebensziele der Bürger in beiden Regionen. Die in letzter Zeit intensiv betriebenen Studien zum Wertwandel in der modernen Gesellschaft hätten erwarten lassen[11], daß zwischen den Lebenskonzepten der Bürger im Rhein-Main-Gebiet und denen des übrigen Hessens große Unterschiede bestehen. Wie die folgenden Untersuchungsergebnisse aus der IPOS-Umfrage zeigen, ist dies jedoch nicht der Fall:

Persönliche Wichtigkeit von Wünschen und Zielen im Leben:	Rhein-Main-Gebiet %	Übriges Hessen %
(Angegeben sind Skalenmittelwerte einer Skala von 0 bis 6, d. h. je höher der Wert, um so wichtiger das Ziel)		
Ein interessantes, aufregendes Leben mit viel Abwechslung und Herausforderung	2.7	2.5
Ein bedeutendes Leben, das öffentliches Ansehen und Aufstieg bringt	2.1	2.2
Ein ruhiges Leben mit viel Zeit zum Nachdenken und Gesprächen mit den Mitmenschen	3.8	4.1
Ein Leben in Wohlstand, d. h. ein gutes Einkommen und angenehme Lebensbedingungen	4.2	4.4

Die Lebensziele der Bewohner beider Regionen unterscheiden sich nur geringfügig: Für beide rangieren ein Leben in Wohlstand sowie ein ruhiges und kommunikatives Leben deutlich an erster Stelle; die Bewohner des Rhein-Main-Raumes betonen beide Ziele nur etwas weniger stark als die Bürger aus dem übrigen Hessen. Die Bewohner des Rhein-Main-Gebiets artikulieren etwas deutlicher als die des übrigen Hessens, daß sie ein interessantes Leben führen wollen. Die Unterschiede sind insgesamt jedoch so gering, daß sie kaum als signifikant bezeichnet werden können.

Deutliche Differenzen ergeben sich zwischen beiden Regionen, wenn man die Beurteilung der Wohngegend durch die Bürger miteinander vergleicht (vgl. Übersicht 3).

Die Bewohner des Rhein-Main-Raums sind mit den Verkehrsverhältnissen, den Einkaufsmöglichkeiten, dem kulturellen Angebot, den Freizeitmöglichkeiten und der Kürze der Schulwege deutlich zufriedener als die Bürger im übrigen Hessen; für diese wiederum herrschen nach eigenen

Übersicht 3

	Rhein-Main-Gebiet %	Hessen ohne Rhein-Main-Gebiet %
Günstige Verkehrslage	82	62
Saubere Luft	59	88
Angenehme Nachbarn	83	92
Spielmöglichkeiten für Kinder	54	66
Gute Einkaufsmöglichkeiten	72	56
Günstige Mieten	59	80
Gutes kulturelles Angebot	48	38
Freizeitmöglichkeiten gut	64	53
Gemütliche Kneipen	51	64
Geringe Lärmbelästigung	61	78
Sichere Wohngegend	81	95
Kurze Schulwege	65	44

Frage: Bitte sagen Sie uns anhand dieser Liste, ob diese Ausagen für diese Wohngegend zutreffen oder nicht zutreffen.

Quelle: IPOS-Umfrage, November 1979, Rhein-Main-Gebiet 1474 Befragte, Hessen ohne Rhein-Main-Gebiet 498 Befragte.

Angaben in bezug auf saubere Luft, angenehme Nachbarn, Spielmöglichkeiten für die Kinder, günstige Mieten, gemütliche Kneipen, geringe Lärmbelästigung und Sicherheit der Wohngegend bessere Bedingungen. Die Bewohner des Ballungsraumes haben einen Versorgungsvorsprung in bezug auf infrastrukturelle Leistungen und Konsumchancen, die Bürger des übrigen Hessens haben einen deutlichen ökologischen Vorteil.

Die schlechteren Umweltbedingungen und die Dominanz der gebildeten Mittelschichten im Rhein-Main-Gebiet legen die Vermutung nahe, daß die »Grünen« im Ballungsraum um Frankfurt für ihre politischen Forderungen mehr Resonanz finden als im übrigen Hessen. Wie Übersicht 4 belegt, wird diese Hypothese jedoch nicht durch die Daten bestätigt!

Die Bewohner des Rhein-Main-Raumes und die des übrigen Hessens stimmen bei den meisten Forderungen der Grünen überraschend gut überein. Dies ist um so interessanter, als die »Grünen« bei den Europawahlen und Bundestagswahlen im Rhein-Main-Raum besser abgeschnitten als im übrigen Hessen. Eine Erklärung dafür könnte sein, daß die »Grünen« weniger eine ökologische »Sachpartei« sind, als vielmehr eine neuartige Artikulationsform der jungen gebildeten Mittelschichten, die sich von den etablierten politischen Parteien nicht richtig vertreten fühlen. Das ökologische Thema ist nur der Kristallisationskern für eine »bürgerliche Protestbewegung«, die sowohl durch ihre Wahlerfolge wie auch durch ihre unkonventionellen außerparlamentarischen Aktionen das etablierte politische Parteiensystem und Institutionengeflecht vor schwere Belastungen stellt und noch weiter stellen wird[12].

Übersicht 4

	Rhein-Main-Gebiet %	Hessen ohne Rhein-Main-Gebiet %
Zustimmung zu folgenden Forderungen der »Grünen« ...		
Mehr Mittel für Umweltschutz	76	77
Keine Atomenergie	29	34
Energieeinsparung durch Geschwindigkeitsbeschränkung	56	63
Verzicht auf ständig steigenden Konsum	59	60
Mehr öffentliche Verkehrsmittel benutzen, weniger Auto fahren	75	73

Frage: Wir haben hier einige Forderungen der Grünen aufgeschrieben und hätten gern gewußt, ob Sie diesen zustimmen oder nicht zustimmen.
Quelle: IPOS-Umfrage, November 1979, Rhein-Main-Gebiet 1474 Befragte, Hessen ohne Rhein-Main-Gebiet 498 Befragte.

Die These, daß die urbanen Mittelschichten vom etablierten politischen Prozeß stärker entfremdet sind bzw. größere Distanz zu ihm haben als andere Schichten, wird durch einen Vergleich politischer Indikatoren für die Bewußtseinslage der Bewohner des Rhein-Main-Gebiets und des übrigen Hessens bestätigt.

Diese Indikatoren weisen z. B. darauf hin, daß die Bewohner des Ballungsraumes wesentlich negativer über die politischen Parteien, die Regierung und die Opposition in Wiesbaden urteilen als die Bewohner des übrigen Hessens, obwohl es bei der Zuordnung auf der Links-Rechts-Skala kaum signifikante Unterschiede gibt:

Einstufung der Parteien, der Landesregierung und -Opposition auf einem von +5 bis –5 reichenden Sympathieskalometer; angegeben sind Mittelwerte:	Rhein-Main Gebiet ∅	Übrig. Hessen ∅
SPD	1.6	2.1
CDU	0.7	1.4
FDP	0.9	1.1
CSU	– 1.0	– 0.1
Grüne	– 0.6	– 0.7
Landesregierung	1.2	1.8
Landesopposition	0.3	1.1
Einstufung auf der Links-Rechts-Skala (1 bis 11); je höher der Wert, desto weiter »rechts«, d. h. politisch konservativ, hat sich der Befragte eingestuft	6.3	6.5

Die Bewohner des Rhein-Main-Raums sind jedoch nicht nur in bezug auf die politischen Parteien und »Lager« distanzierter als die Bürger aus dem übrigen Hessen, sie beurteilen auch das Kernstück des demokratischen Prozesses, die Wahlen, wesentlich skeptischer:

Wichtigkeit von Entscheidungen in verschiedenen Parlamenten für den Befragten; jeweils Angaben für »sehr wichtig«:	Rhein-Main Gebiet %	Übriges Hessen %
Entscheidungen im Gemeinderat sehr wichtig . . .	20	32
Entscheidungen im Landtag sehr wichtig . . .	24	40
Entscheidungen im Bundestag sehr wichtig . . .	41	53

Zur Interpretation der Ergebnisse ist bedeutsam, daß diese größere Distanz zum politischen Prozeß nicht auf geringeres politisches Interesse der Bewohner des Rhein-Main-Gebietes zurückzuführen ist; deren politisches Interesse ist vielmehr, wie der höhere Bildungsgrad erwarten läßt, größer als im ürigen Hessen. Im Rhein-Main-Raum sagten im Rahmen der IPOS-Studie 48% der Bürger des Rhein-Main-Gebietes, sie interessierten sich für Politik, aber nur 42% der Bürger des übrigen Hessens.

Die politischen Indikatoren belegen, daß es trotz des einheitlichen »Hessenbewußtseins« zwei unterschiedliche politische Kulturen in Hessen gibt. Überraschend ist, daß die unterschiedliche Sozialstruktur keine Auswirkungen auf die Lebensziele und ökologischen Erwartungen der Bürger beider Regionen hat. Man hätte erwarten können, daß sich die Bewußtseinslagen der Bewohner beider Regionen gemäß der Theorie über den Wertwandel in westlichen Gesellschaften unterscheiden, die Ronald Inglehart vorgelegt hat.[13] Nach diesem Konzept hat sich bei den gebildeten Mittelschichten (die im Rhein-Main-Raum dominieren) ein tiefgreifender Wertwandel vollzogen: Sie betonen nicht mehr so sehr »materialistische« Werte wie Konsum, Effizienz und Wachstum, sondern eher »postmaterialistische« Werte wie Selbstentfaltung, Partizipation, Umweltschutz und altruistische Orientierungen. Überträgt man diese einfache Dichotomie auf die beiden politischen Kulturen in Hessen, so müßte man erwarten, daß im Rhein-Main-Raum postmaterialistische Einstellungen stärker dominieren als im übrigen Hessen, weil im Ballungsraum um Frankfurt die gebildeten Mittelschichten deutlich stärker dominieren als im übrigen Hessen. Dies scheint jedoch nicht in dem zu erwartenden Ausmaß zuzutreffen.

Zur Analyse der politischen Kultur im Rhein-Main-Gebiet sind Konzepte der Angestelltensoziologie tragfähiger, die bisher kaum für die politikwissenschaftliche Diskussion fruchtbar gemacht worden sind.[14]

Für das organisatorische und politische Verhalten der Angestellten mit höherem Bildungsgrad sind danach folgende Merkmale charakteristisch: Die Angestellten machen ihr politisches und organisatorisches Engagement sehr stark von privaten Kosten-Nutzen-Kalkülen abhängig, sie sind sehr schwer auf kollektive Ziele zu verpflichten, sie tendieren zu einer »machiavellistischen Ethik« und haben eine »Trittbrettfahrermentalität«, d. h. sie zahlen z. B. keine Gewerkschaftsbeiträge, solange sie auch ohne diese Zahlungen in den Genuß von Tariferhöhungen kommen können.[15] Überträgt man dieses Syndrom auf den politischen Bereich, so könnte man sagen, die gebildeten Angestellten haben eine große Distanz zu den Parteien, die kollektive Ziele verfolgen müssen, sie stehen dem ganzen politischen Prozeß zynisch gegenüber und sind nur zu Aktionen bereit, wenn dieser Prozeß zu Entscheidungen führt, die ihrem privaten Glück abträglich sind. Appelle an eine gesamtstaatliche Verantwortung dürften bei diesen Schichten eher auf Achselzucken oder Grinsen als auf Verständnis stoßen. Ihre politische Entscheidung am Wahltag hängt weniger von organisatorischen Loyalitäten oder gesamtgesellschaftlichem Verantwortungsbewußtsein und mehr von der Politik ab, die gemacht wurde und die sie genau beobachten und danach beurteilen, inwieweit sie ihren Interessen nützt. Diese Schichten repräsentieren eigentlich recht gut den »rationalen Wähler«[16], der das Regieren schwer macht und in die Wahlentscheidung seine ganz persönliche Nutzen-Kosten-Bilanz einbringt. Diese theoretischen Ansätze erklären recht gut, warum im Rhein-Main-Gebiet die Distanz zu den Parteien, zu Regierung und Opposition und zu den Wahlen überhaupt größer ist als im übrigen Hessen, in dem noch relativ stark eine »Arbeiterkultur« dominiert, die von ihrer ganzen organisatorischen Tradition her auf kollektive Ziele besser zu verpflichten ist.

Die große Masse der urbanen Mittelschicht im Rhein-Main-Raum verhält sich nach dem Modell, das die Angestelltensoziologie gezeichnet hat. Ingleharts These vom Postmaterialismus trifft m. E. vor allem für eine kleine Gruppe von Mittelschichtangehörigen zu, die Hans-Joachim Fietkau zu den »sozialen Dienstleistungsberufen« rechnet[17]. Diese Gruppe, zu der z. B. Lehrer, Sozialarbeiter, Psychologen und ähnliche Berufe gehören, sind Teil der gebildeten Mittelschichten und haben sehr ausgeprägte postmaterialistische Werte. Sowohl ihre berufliche Sozialisation wie auch ihre alltägliche Berufserfahrung und ihre besonderen Statusprobleme im Vergleich mit Ärzten und Juristen haben dazu geführt, daß sie sehr stark entfaltungsorientierte und altruistische Werte betonen und materialistische Werte wie beruflichen Erfolg oder ökonomisches Wachstum geringer gewichten. Diese Gruppe, über die die politische Soziologie sehr intensiv diskutiert, ist jedoch relativ klein im Verhältnis zur Masse der Bankangestellten, Ärzte, Juristen, Kaufleute usw., die ebenfalls zur urbanen Mittelschicht des Rhein-Main-Raums gehören und die die politische Machtverteilung in dieser Region wohl stärker beeinflussen dürften.

Während die Masse der urbanen Mittelschicht eher privatistisch und egoistisch ist, hat die soziale Dienstleistungsklasse ein stark kollektives Engagement. Sie arbeitet intensiv in der Politik mit und verspricht sich insbesondere von der SPD eine Einlösung ihrer politischen Ziele und Werte. Sie prägt die politische Kultur des Rhein-Main-Raums also nicht so sehr durch ihre Masse, als durch die Intensität und die Qualität ihres politischen Engagements, dem die traditionellen SPD-Kader aus den unteren Bildungsschichten nicht gewachsen sind und mit dem die anderen Mittelschichtangehörigen nicht konkurrieren wollen.[18]

Diese Situation stellt die Sozialdemokraten in Hessen vor eine schwierige Situation. Sie müssen einmal das Engagement der Aktivisten der sozialen Dienstleistungsklasse für sich nutzbar machen, sie dürfen aber deren Zieldefinition nicht so weit übernehmen, daß ihre Politik für die traditionellen Arbeiterschichten und die Masse der privatistischen Mittelschichten des Rhein-Main-Raums nicht mehr akzeptabel ist. Diese Lage wird noch dadurch besonders schwierig, daß in wichtigen Massenmedien des Rhein-Main-Raums Multiplikatoren dominieren, die dem Wertsystem der postmaterialistischen Mittelklasse besonders verpflichtet sind und einen entsprechenden Argumentationsdruck (insbesondere auf SPD und FDP) ausüben.

Die Landesregierung steht vor dem Problem, zwei politische Kulturen mit ihren Werten und Interessen integrieren zu müssen, wobei sie sich bei der Durchsetzung unangenehmer kollektiver Zielvorstellungen auf die privatistisch-egoistischen Mittelschichten des Rhein-Main-Raums nicht verlassen kann, sondern immer wieder auf die »Loyalität« der Bürger der traditionalen Regionen angewiesen ist. Von den urbanen Mittelschichten wird immer dann besonders lauter und effektvoller Protest kommen, wenn sie von der Regierung im Interesse des ganzen Landes mit für sie unangenehmen Entscheidungen oder Entwicklungen konfrontiert werden müssen. Dabei dürften Themen und Koalitionen für diese ideologisch flexiblen Gruppen in schneller Folge austauschbar sein: Sie unterstützen heute die Gegner der Startbahn West, um sich ein Naherholungsgebiet zu erhalten, und sie votieren wenig später für eine wachstumsorientierte CDU, weil sie bei der ökologisch sensiblen SPD ihre Wohlfahrtserwartungen im finanziellen Bereich nicht mehr gut aufgehoben sehen. Diese politische Situation im Rhein-Main-Gebiet erhöht die Unsicherheit bei der Formulierung politischer Strategien für die Parteien, deren Erfolg immer mehr auf Treibsand gebaut ist.

Konfliktstrukturen und Wertwandel in Hessen: Herausforderungen an die politische Kultur

Für die Qualität einer politischen Kultur ist nicht mehr die objektive Konfliktstruktur eines Landes von Bedeutung, sondern auch die Frage, wie sich die Konfliktlinien im Bewußtsein der Bürger spiegeln. Angeregt durch eine entsprechende Frage im »Wohlfahrtssurvey 1978«, der von Wolfgang Zapf und seinen Mitarbeitern in Mannheim entwickelt wurde[19], wurde in einer INFAS-Umfrage in Hessen im Herbst 1980 die Frage gestellt, welche Interessenkonflikte nach Meinung der Befragten in Hessen eine besondere Rolle spielen (vgl. Übersicht 5). Die Frage ergab, daß zwei Konflikte im Bewußtsein der Bevölkerung dominieren: 70% maßen dem Konflikt zwischen Gastarbeitern und Deutschen besondere Bedeutung bei, 65% dem Konflikt zwischen Umweltschützern und Kernkraftbefürwortern. Die »klassischen« und »institutionalisierten« Konflikte zwischen Arbeitgebern und Arbeitnehmern sowie die zwischen den politischen Parteien spielen zwar im Bewußtsein der Bürger in Hessen immer noch eine große Rolle, sie dominieren aber nicht so deutlich wie der ethnische und der ökologische Konflikt. Das hessische politische System ist also in ganz besonderem Maße mit der Bewältigung neuartiger und deshalb weniger institutionalisierter Konflikte mit hoher Brisanz und geringer Steuerbarkeit konfrontiert.

Konflikte zwischen Gebildeten und breiter Mehrheit oder zwischen Eltern und Lehrern, die als Folgen der z. T. tiefgreifenden Bildungsreformen in Hessen hätten erwartet werden können, spielen keine besonders große Rolle mehr. Dies könnte ein Indikator dafür sein, daß der »Bildungskonflikt« in Hessen an Dramatik verliert. Dies belegt auch eine INFRATEST-Studie, nach der in den letzten Jahren in Hessen eine deutliche bildungspolitische Beruhigung stattgefunden hat. Nach dieser 1979 durchgeführten Umfrage fanden 1976 49% die Lage im hessischen Schulwesen nicht zufriedenstellend, 1979 nur noch 29%[20].

Auch der Konflikt zwischen den verschiedenen Regionen spielt im Bewußtsein der Hessen keine große Rolle. Weder dem Konflikt zwischen Stadt und Land noch dem zwischen den Nordhessen und Südhessen wird von den Bürgern des Landes eine besondere Rolle beigemessen. Verglichen mit der Gewichtung des ethnischen und ökologischen Konflikts haben die regionalen Konflikte kaum Spuren im Bewußtsein der Bürger hinterlassen.

Hessen war schon immer ein Vorreiter-Land neuer technologischer Entwicklungen und politischer Konflikte. Es hat Risiko und Chance der Modernität besonders früh und zumeist besonders intensiv erfahren dürfen und müssen.

Oft war und ist es nur regierbar gewesen, weil die Landespolitik sich auf die traditionalen politischen Strukturen außerhalb des Rhein-Main-Ballungsraumes verlassen konnte und damit den dort beginnenden Konfliktprozessen um die unterschiedlichsten Themen gegensteuern konnte. Die Frage stellt sich, wie das politische System und auch die politische Kultur des Landes Hessen mit den neuen Herausforderungen ökologischer und ethnischer Art fertig werden kann.

Aufschlußreich ist in diesem Zusammenhang die Frage, in welchem Tempo und vor allem in welchen Dimensionen sich in den letzten Jahren das Bürgerbewußtsein gewandelt hat, das im letzten Jahrzehnt mit den Folgen der Bildungsexpansion, mit ökonomischen Krisen, neuen Technologien und dem Zustrom der Gastarbeiter und »Asylanten« konfron-

Übersicht 5

Konflikt zwischen . . . spielt eine große Rolle in Hessen	Hessen insgesamt	Nord-hessen	Süd-hessen	Befragte mit Volksschule o. Lehre	Befragte mit Abitur	Befragte unter 25 Jahre	Befragte über 65 Jahre
	%	%	%	%	%	%	%
Alt und Jung	41	39	43	43	45	56	51
Arbeitgeber und Arbeitnehmer	59	58	60	51	63	76	53
Stadt und Land	29	31	28	24	33	39	21
Nord-Hessen und Süd-Hessen	24	29	20	23	36	25	22
Bürgerinitiativen und Wirtschafts-unternehmen	38	40	36	27	57	48	31
Gebildeten und breiter Mehrheit	25	26	24	18	27	36	22
Deutschen und Gastarbeitern	70	65	73	60	71	77	67
Zwischen den Parteien	57	61	55	49	58	54	57
Umweltschützern und Kernkraft-befürwortern	65	64	66	54	71	68	54
Eltern und Lehrern	46	44	48	42	44	40	41

Frage: Überall gibt es Interessenkonflikte zwischen verschiedenen sozialen Gruppen. Welche Konflikte spielen Ihrer Meinung nach in Hessen eine besondere Rolle und welche spielen eigentlich keine große Rolle?

Quelle: Infas-Repräsentativerhebungen in Hessen, April bis Oktober 1980, Random-Auswahl, 1409 Befragte.

tiert war, um nur einige Problempunkte stichwortartig zu nennen. Haben sich die demokratischen Grundwerte der Hessen als belastungsfähig erwiesen? Auf diese Frage ist z. T. eine empirische Antwort möglich. Hans D. Klingemann und Franz U. Pappi haben 1970 in Hessen die Frage gestellt, welche Bürgerrechte nach Meinung der Hessen auf keinen Fall und welche etwas oder stark eingeschränkt werden dürften[21]. Wie Übersicht 6 zeigt, ist der Widerstand der Hessen gegen Einschränkungen der Fernsehfreiheit in den letzten Jahren noch gewachsen, was als Indikator für wachsende Liberalität und Toleranz im intellektuellen Bereich gewertet werden kann, als Absage an Bevormundung und Gängelung. In bezug auf den gewerkschaftlichen Streik und die Kriegsdienstverweigerung hat sich in den Einstellungen kaum etwas geändert.

Wichtig sind zwei Veränderungen, die unmittelbar mit den beiden neuen Themen, dem ethnischen und ökologischen Konflikt, zusammenzuhängen scheinen. Die Hessen traten 1979 in dramatisch stärkerem Maße als 1970 für eine Einschränkung des Zuzugs von Ausländern nach Deutschland ein und befürworten stärker als 1970 eine Einschränkung der freien Parteienkonkurrenz. Ersteres scheint eine Reaktion auf das Asyl-Problem und die wachsende Gastarbeiterkonzentration in den Ballungsgebieten zu sein, letzteres eine Reaktion der Anhänger der etablierten Parteien auf die Erfolge der ökologischen Bewegung als politische Partei.

Die dargestellten subjektiven Indikatoren zum Wertwandel können nur sehr grob allgemeine Veränderungen im Bewußtsein der hessischen Bürger messen. Sie machen einmal deutlich, daß die Hessen unverändert klassische liberale und demokratische Grundwerte vertreten. Sie weisen aber auch darauf hin, daß die ökologischen und ethnischen Konflikte, die in Zukunft noch an Brisanz gewinnen werden, bereits zu »Abwehrtendenzen« bei den Bürgern geführt haben, die sowohl »Kosmopolitismus« wie auch die politische Liberalität der hessischen Bürger gefährden könnten[22]. Für die Zukunft der politischen Kultur in Hessen ist dies ein ebenso bedenkliches Zeichen wie die privatistisch-egozentrische Bewußtseinslage der modernen Mittelschichten, die durch den ökonomischen Strukturwandel noch an quantitativer Bedeutung gewinnen dürften. Während die wachsenden sozialen und ökonomischen Probleme immer mehr Solidarität fordern werden, sprechen viele Tendenzen in der Sozialstruktur und auf der Wertebene dafür, daß immer weniger davon vorhanden sein wird.

Übersicht 6

Einschränkung von Bürgerrechten (%-Werte) (Hessen insgesamt)	Auf keinen Fall einschränken		Etwas einschränken		Stark einschränken	
	1970[1)]	1979[2)]	1970	1979	1970	1979
Daß es mehrere Parteien geben darf	84	62	13	27	2	10
Daß das Fernsehen senden kann, was es will	59	69	29	24	10	7
Daß die Gewerkschaften einen Streik beschließen können	63	60	29	32	6	7
Daß die Wehrpflichtigen den Wehrdienst verweigern können	52	48	28	29	18	23
Daß jeder Ausländer ungehindert nach Deutschland einreisen kann	32	15	37	28	29	56

Quellen: 1) Klingemann/Pappi (Anm. 21)
2) IPOS-Umfrage, November 1979, Hessen insgesamt, 755 Befragte.
Frage: Man hört öfters die Meinung, daß der Staat sich wirksamer gegen Feinde im Innern verteidigen müsse. Dafür sollte in Kauf genommen werden, daß einzelne Rechte der Bürger eingeschränkt werden. Welche Rechte dürfen nach Ihrer Ansicht auf keinen Fall eingeschränkt werden und welche könnten stark eingeschränkt werden?

1 Vgl. hierzu Dirk Gerdes (Hg.) Aufstand der Provinz, Regionalismus in Westeuropa, Frankfurt / New York 1980

2 Heinz Treinen, Symbolische Ortsbezogenheit, Kölner Zeitschrift für Soziologie und Sozialpsychologie, 17, 1965, S. 5-73

3 Zitiert nach FAZ vom 11. 10. 1980: »Wie haben die Katholiken gewählt?« Demoskopen und Politiker diskutieren über das Wahlverhalten der Gläubigen, von Maria-Christine Zauzich.

4 Peter Hoschka / Hermann Schunck: Stabilität regionaler Wählerstrukturen in der Bundesrepublik, in: Max Kaase, Wahlsoziologie heute, Politische Vierteljahresschrift, Heft 2/3, 1977, S. 279 ff.

5 Siehe im einzelnen: Georg Fabritius: Sind Landtagswahlen Bundesteilwahlen? in: Aus Politik und Zeitgeschichte, B. 21/79, S. 23 ff.

6 Manfred G. Schmidt, CDU und SPD an der Regierung. Ein Vergleich der Politik in den Ländern, Frankfurt / New York 1980

7 Ina-Maria Greverus, Auf der Suche nach Heimat, München 1979 und: Der territoriale Mensch, Frankfurt 1972

8 Zum besseren Verständnis dieses Problemkomplexes ist es wichtig, das Heimat-Verständnis der Hessen zu kennen: In der gleichen Umfrage meinten 7%, Heimat sei ein kitschiger und altmodischer Begriff, aber 89%, Heimat sei ein Wort, mit dem immer noch wichtige Gedanken und Gefühle zum Ausdruck gebracht werden könnten. Der Heimat-Begriff hat eine sehr unterschiedliche Bedeutung für verschiedene Gruppen in Hessen: Für 44% ist Heimat der Ort, wo man geboren und aufgewachsen ist, für 52% ist Heimat dort, wo man sich wohlfühlt. Dem »modernen« Heimatbegriff neigen vor allem Südhessen (56%), FDP-Anhänger (61%) und Hessen mit Abitur (58%) zu. D. h. die urbanen, gebildeten Mittelschichten haben einen sehr »privaten« Heimatbegriff, was auch die geringere Bereitschaft erklärt, einen Flächenstaat wie Hessen als Heimat zu bezeichnen.

9 Vgl. hierzu z. B. Alexander Mitscherlich / Klaus Liepelt, Thesen zur Wählerfluktuation, Frankfurt 1968 und Franz Urban Pappi, Sozialstruktur, Wertorientierungen und Wahlabsicht, PVS 18, 1977, S. 195-229

10 Untersuchungen über den Zusammenhang zwischen dem Befriedigungsgrad und der Wichtigkeit von Bedürfnissen legen die These nahe, daß im Bereich beruflicher Entfaltungschancen die Ansprüche mit dem erreichten Status steigen. Vgl. hierzu Manfred Murck, Soziologie der öffentlichen Sicherheit. Eine staatliche Aufgabe aus der Sicht der Bürger, Frankfurt 1980, Kapitel 9

11 Vgl. z. B. die Beiträge in dem Sammelband von Helmut Klages / Peter Kmieciak (Hg.), Wertwandel und gesellschaftlicher Wandel, Frankfurt 1979

12 Vgl. hierzu Max Kaase / Hans D. Klingemann, Sozialstruktur, Wertorientierung und Parteiensystem: Zum Problem der Interessenvermittlung in westlichen Demokratien, in: Joachim Matthes (Hg.), Sozialer Wandel in Westeuropa, Frankfurt / New York 1979, S. 534-573

13 Ronald Inglehart, The Silent Revolution, Princeton University Press 1977; siehe auch Kai Hildebrandt / Russell J. Dalton, Die neue Politik, PVS 18, 1977, S. 230 ff.

14 Siehe z. B. als neuere empirische Studie hierzu: Rolf Jansen, Jörg Münstermann, Konrad Schacht, Angestelltenbewußtsein, Düsseldorf 1976. Auf die Arbeiten von Hans Paul Bardt, Emil Lederer, Siegfried Kracauer, Fritz Croner, Siegfried Braun, Jochen Fuhrmann, C. Wright Mills, Jürgen Kocka, Urs Jaeggi / Herbert Wiedemann, Ulf Kadritzke u. a. kann hier nur hingewiesen werden.

15 Mancur Olson, Die Logik kollektiven Handelns, Tübingen 1968

16 Siehe hierzu z. B. Werner Kaltefleiter / Peter Nißen, Empirische Wahlforschung, Paderborn / München / Wien / Zürich 1980, S. 119 ff. und die dort angegebene Literatur.

17 Hans-Joachim Fietkau, Wertwandel und soziale Dienstleistung, IIUG-paper 80-6, 1980. (Internationales Institut für Umwelt und Gesellschaft beim Wissenschaftszentrum, Berlin)

18 Zur Wertdiskrepanz zwischen Bürgern und Eliten vgl. Klaus Arzberger, Bürger und Eliten in der Kommunalpolitik, Stuttgart 1980.

19 Christian Siara, Komponenten der Wohlfahrt in der Bundesrepublik Deutschland, Mannheim 1978 (Tabellenband).

20 Vgl. hierzu die Antwort der Landesregierung auf die Kleine Anfrage des Abgeordneten Windfuhr (CDU) zur INFRATEST-Umfrage zur Förderstufe in Hessen, Landtagsdrucksache 9/3750 vom 23. 10. 80.

21 Hans D. Klingemann / Franz Urban Pappi, Politischer Radikalismus, München / Wien 1972, S. 58.

22 Zur politischen Bedeutung latenter Sicherheitsbedürfnisse, die hier tangiert werden, vgl. M. Murck, a.a.O., Kapitel 6/9.

2.3. Entscheidungen, Leistungen und Probleme

2.3.1. Regina Bohne: *Zehn Jahre »Soziale Aufrüstung des Dorfes«*

Das hessische Vorbild

Im anmutig hügeligen Nordosten Hessens, im Kreis Eschwege, liegt an der geruhsam dahinfließenden Werra das kleine Dorf *Altenburschla*. Seit Kriegsende ist es zu einiger Berühmtheit gelangt: durch die Mitte des nur schmalen Flusses verläuft die Grenze zur DDR. Steht man diesseits, schaut man jenseits über einen Streifen unbebauten Ackers hinweg auf die sanften Höhen des Thüringer Waldes und entdeckt sogleich hier und da einen Wachtturm. Von seiner Spitze aus können aufmerksame Späheraugen mit einem einfachen Fernglas sicher jedes Haus, jede Straße des Ortes nicht nur ungefähr erkennen, sondern vermutlich ganz genau beobachten. Dieses Umstandes sind sich die 510 Einwohner des kleinen Grenzdorfes, die Erwachsenen unter ihnen, auch bewußt. Vielleicht mehr noch: das Bewußtsein ständiger Einsehbarkeit von »drüben« war und ist (nicht nur, sondern auch) der Grund dafür, daß Altenburschla ein so auffällig hübsches, ansehnliches Dorf ist – wie sich später herausstellen wird: geworden ist –: mit asphaltierten Straßen und guten Gehsteigen; mit zahlreichen kleinen Grünplätzen und Blumenanlagen; einem Kinderspielplatz; umzäunten Vorgärten, Blumenkästen an jedem der neuverputzten und hergerichteten alten Fachwerkhäuser (der Ort wird 860 erstmals in Dokumenten der Erzbistümer Mainz und Fulda erwähnt) und sogar mit einem zierlichen Rosengarten und überall bequemen, nagelneuen Bänken. Wo gibt es dergleichen sonst in einem derart weltabgelegenen bescheidenen Dörfchen, in dem man im Durchschnitt nicht mehr als 5,2 Hektar Land besitzt, in einem Dorf, das, in einem »Sack« gelegen, nur Ortskundige ganz sicher zu erreichen wissen, ohne mal rechts, mal links von der Landstraße unversehens in einen bereits zur DDR gehörenden Waldstreifen hineinzufahren oder hineinzulaufen und also Altenburschla an der Werra zu verfehlen?

Der Beamte des Innenministeriums in Wiesbaden, ein von der Idee des Dorfgemeinschaftshauses »Besessener« – so sein eigener Minister – und für das gesamte Dorfgemeinschaftshaus-Programm in Hessen verantwortlich, kannte den Weg genau. Ich fuhr in seiner fürsorglichen Begleitung; wir erreichten das Haus des Bürgermeisters von Altenburschla am frühen Abend »ohne Zwischenfälle«.

Fotos demonstrierten, wie der Ort noch vor weniger als drei Jahren ausgesehen hatte: ohne Kanalisation und darum voller schmutziger, unwegsamer Straßen; halb und ganz verwahrloste Häuser, das Fachwerk zumal. Keine Spur von Schönheit, »Schlammdorf« oder auch »Schlampersdorf« nannten die Bewohner ihren Heimatort (in Altenburschla wohnen so gut wie nur Eingesessene; die Flüchtlinge sind inzwischen weitergezogen). Wie sehr mußte damals das ebenfalls im Fachwerk errichtete Dorfgemeinschaftshaus aus dem Rahmen fallen! Dieses Haus, in der Mitte des Ortes errichtet, steht seit 1952, und es ist eines der ersten Dorfgemeinschaftshäuser überhaupt. Kostenpunkt 126 000 Mark, auf den Kopf der Einwohnerschaft umgerechnet rund DM 250. Das war die Sache wert.

Das Dorfgemeinschaftshaus von Altenburschla enthält alle die Einrichtungen, die den Bedürfnissen der Einwohnerschaft entsprechen.

Im Keller die auf minus 18 Grad temperierte Gefrieranlage mit abschließbaren Fächern für Fleisch- und Gemüsewaren. Es sind ebensoviele Fächer, wie sich vor neun Jahren Interessenten für ihre Nutzung und Miete, 10 Mark pro Monat, gemeldet hatten. (Das von allen gebrauchte Wort »Gemeinschafts«-Gefrieranlage löst beim ahnungslosen Fremden drollige Assoziationen aus. *Die* Gefrieranlage täte es sicherlich auch. Aber sie ist eben die Gefrieranlage der Gemeinschaft.) Zu ebener Erde liegt die Waschanlage mit drei gewaltigen Maschinen, seinerzeit noch aus Mitteln des Marshall-Planes finanziert (sie standen eher parat als das Haus). Miete je Wäsche und Waschtag DM 4. Im Obergeschoß dann der mittelgroße, bäuerlich-solid ausgestattete Gemeinschaftsraum für Geselligkeiten, Veranstaltungen, Vereinssitzungen aller Art, auch für größere Familienfeste, die man aus Platzmangel nicht im eigenen Haus feiern kann. Eine kleine belletristische Bücherei; es wurde versichert, sie werde rege benutzt. Das für die Gemeinschaftsräume der Dorfgemeinschaftshäuser sonst beinahe obligate Fernsehgerät gibt es hier nicht, »weil wir herausgefunden haben, daß es unsere Geselligkeiten oder Zusammenkünfte stören würde, – wer fernsehen will, kann in die Gaststätte gehen,« so der Bürgermeister. Man macht sich hier offenbar keine Konkurrenz; alles ist miteinander bestens bekannt, häufig auch verwandt; jeder sagt zu jedem »Du«, auch zum Bürgermeister.

Unmittelbar neben dem Dorfgemeinschaftshaus befindet sich der moderne große Kindergarten, für 40 bis 50 Kinder. Er hat 55 000 Mark gekostet. Das Personal stellt die Evangelische Kirche (die Gemeinde ist aber zur Zeit ohne Pfarrer). Der Unterhalt kostet je Kind monatlich 10 Mark. Ein Schulneubau steht dicht daneben. Ein sogenanntes Mehrzweckhaus befindet sich im Bau: es soll vorab sportlichen Veranstaltungen und Theateraufführungen dienen. 50 000 Mark; davon gibt die Gemeinde rund DM 15 000. Das ist keine Kleinigkeit für sie, denn sie ist nicht reich; nicht mehr als 28 Hektar Wald gehören ihr. Verständlich, daß ihr Etat »angespannt« ist, und in mancher Gemeinderatssitzung geht es lebhaft zu: »Das können wir nicht auch noch schaffen – Bürgermeister, du übernimmst dich und forderst zuviel von uns!« (erzählt er selbst, von mir gefragt). Aber es geht, taucht ein neuer sinnvoller Plan auf, doch immer wieder.

»Unser Dorf soll schöner werden!« heißt jetzt die Parole, vom hessischen Ministerium für Landwirtschaft und Forsten ausgegeben, und natürlich nicht nur für Altenburschla. Aber dort hat man vor gut zwei Jahren damit begonnen – daher also die blendenden Straßen, die Blumenanlagen, die intakten Häuser, die guten Wege entlang der Werra. Im Vorjahr errang das kleine Dorf den zweiten Preis »in Schönheit«. In diesem Jahr wird der ungewöhnliche Schönheitswettbewerb, wie man hört, bereits auf Bundesebene ausgetragen, und Altenburschla rüstet sich. Hier und da wird ein ganz verfallenes Haus abgerissen; an seine Stelle kommt irgendwann ein neues –, vorerst richtet man eine weitere Grünfläche her.

»In Altenburschla geht alles vom Dorfgemeinschaftshaus aus,« sagten mir einige Landfrauen, »und jeder macht hier mit, gibt umsonst manchen Feierabend her, vor allem auch die Jugendlichen.« Man spürt, daß Kritik an dieser Leistung die Menschen verletzen würde. Außerdem: was kritisieren? Wenige Stunden reichen gerade aus, um zu sehen und zu beschreiben. Mit einem Wort: Altenburschla ist eine Art »Musterdorf«. »Aber es gibt deren noch viele vergleichbare,« versicherte der »besessene« Referent des Ministeriums, »die Nähe zur Grenze tut's allein nicht.« Der Bürgermeister – er gehört, nebenbei bemerkt, nicht der SPD an – hat noch weiterreichende Pläne: er möchte Fremde heranziehen, die hier ihren Urlaub verbringen. Das wäre auch lohnend; die Umgebung ist lieblich und reizvoll. Wenn man dann genügend Wegweiser und Warnschilder anbringt, wird sich auch der Fremde in dem verzwickten »Sack« zwischen Eschwege und Altenburschla zurechtfinden.

Daß es überall so »gemeinschaftlich« – mit und ohne Anführungszeichen – zugehe, wo ein Dorfgemeinschaftshaus steht oder sich in Bau befindet, darf sicher in Frage gestellt werden. Gewiß ist aber, daß die Einrichtung in stadtfernen Dörfern Bedürfnissen entgegenkommt, deren Befriedigung sonst vor allem an städtisches Milieu gebunden ist: die Gefrieranlage, die moderne Waschküche mit Trockenraum, die Mosterei, das Schlachthaus, der große Veranstaltungsraum, der Kindergarten, – jedes Dorfgemeinschaftshaus wird je nach den Wünschen der betreffenden Gemeinde gebaut; darüber bestimmt der Gemeinderat, nicht das Ministerium in Wiesbaden.

Zum Beispiel in *Oberlauken* (Kreis Usingen), einem Dorf mit nur 210 Einwohnern und 38 landwirtschaftlichen Betrieben (davon ein Drittel mit weniger als je 5 Hektar Land). Im Dorfgemeinschaftshaus, einem modernen flachen Bau für DM 200 000 (je Einwohner also an die 1000 Mark), überwiegen Einrichtungen zur Arbeitserleichterung: Gefrieranlage mit 38 Fächern (DM 4 Nutzungsmiete pro Monat); ein Waschkessel für 12,5 Kilogramm Wäsche (Miete DM 2; Heizmaterial stellen die Benutzer selber); im Keller Wannenbäder und Duschen (60 und 40 Pfennig); ein großer Schlachtraum, dessen Benutzung je Tag 4 Mark kostet. Der Mietpreis für den Gemeinschaftsraum kostet für private Zwecke – Hochzeiten etwa – 25 Mark pro Tag, der zweite Tag 10 Mark. Der Gemeinderat und die Parteien zahlen für die Benutzung des Raumes keine Gebühren. In dieser Gemeinde gibt es so gut wie keine Jugendlichen und also auch keine besonderen Einrichtungen für junge Menschen. Ein Kindergarten war bereits vorhanden.

Oder *Burgholzhausen* (Kreis Friedberg), eine Gemeinde mit annähernd 2000 Einwohnern (600 Haushaltungen): zum sehr modernen Dorfgemeinschaftshaus (210 000 Mark) an der Peripherie des Ortes gehört ein – besonders schöner und vielfältig eingerichteter – Kindergarten für etwa 90 Kinder (je Kind 10 Mark im Monat; zwei Kinder 18 Mark). Der große Gemeinschaftsraum – hier mit Fernsehapparat – wird vor allem vom Seminar der evangelischen Jugend sowie von Flüchtlingsfamilien benutzt. Die örtlichen Vereine zahlen keine Gebühr. Wasch- und Gefrieranlage oder Einrichtungen ähnlicher Art werden in einer Gemeinde dieser Größenordnung offenkundig nicht gebraucht.

Arnoldshain (Taunus), eine sogenannte Arbeiterwohnsitzgemeinde mit kleinen landwirtschaftlichen Betrieben; 1200 Einwohner. Das nagelneue Dorfgemeinschaftshaus für 350 000 Mark (je Einwohner rund DM 290) nannte der Bürgermeister »eine segensreiche Einrichtung, die hauptsächlich geselligen Veranstaltungen, der Entspannung und der Erholung« dient. Dort gibt es denn auch eine Kegelbahn. Arbeitserleichternde Einrichtungen fehlen. Die Mehrzahl der Bewohner hat im eigenen Hause, was in dieser Hinsicht gebraucht wird.

Grünberg (Nordosthessen) mit 4000 Einwohnern wünschte nur einen großen Kindergarten; er hat 173 000 Mark gekostet und bietet Raum für

90 bis 100 Kinder. Ein »Dorf«gemeinschaftshaus hatten sie in Grünberg nicht nötig.

In *Griedelbach* (Kreis Wetzlar) steht eines, das für eine Gemeinde mit nicht mehr als 500 Einwohnern vermutlich kennzeichnend ist: arbeitserleichternde Einrichtungen verschiedener Art, großer Gemeinschaftsraum – mit Handbücherei –, Kindergarten. Gesamtkosten DM 280 000 (je Einwohner also DM 560).

In *Wölfersheim* (Kreis Friedberg) mit seinen 3000 Einwohnern wiederum war gleichfalls nur der Neubau eines großen Kindergartens vordringlich, – er steht nun da und hat nicht mehr und nicht weniger als 265 000 Mark gekostet. Besondere kulturelle Einrichtungen sollen später geschaffen werden.

Dillhausen (Kreis Oberlahn) zählt rund 700 Einwohner. Das dortige Dorfgemeinschaftshaus wurde auf einem früher verwahrlosten Hügel im Mittelpunkt des Ortes errichtet. Dicht daneben steht ein Turm (unter Denkmalschutz), der heute eine Gedenkstätte der katholischen Kirche geworden ist. Das Gemeinschaftshaus wurde hier in enger Zusammenarbeit der katholischen Kirchengemeinde, des Kreises und des Landeskonservators geplant und errichtet. Es birgt einen besonders schönen, großen Raum, der auch eine kleine Bühne besitzt, und dazu gehört ein Sommer-Kindergarten; denn 80 Prozent der Bevölkerung sind landwirtschaftlich tätig, – also auch Frauen und Mütter. Gesamtkosten (ohne die Gefrieranlage) 210 000 Mark.

Das Programm als Ganzes heißt »Soziale Aufrüstung des Dorfes«. Es läuft seit eben zehn Jahren. In den 2700 hessischen Gemeinden bestanden Anfang März dieses Jahres 151 Dorfgemeinschaftshäuser; 25 weitere befinden sich in Bau, 25 in Bauvorbereitung. Damit umfaßt das Programm bisher 200 Gemeinden – von 2700 –, es wird also alle Beteiligten noch einige Jahrzehnte in Atem halten.

Die »Soziale Aufrüstung des Dorfes« bildet indes nur den – allerdings ganz wesentlichen – Teil eines Gesamtprogramms, das ferner die Errichtung von »Bürgerhäusern« in den Städten, von Mehrzweckhallen, Sportstätten und verschiedenen »Freizeitanlagen« umfaßt. »Neben diesem Programm stehen Maßnahmen zur Verbesserung der Agrarstruktur, der Verkehrsverhältnisse auf dem Lande, des Ausbaus des Schulwesens und auch der Förderung der gewerblichen Wirtschaft. Das Dorfgemeinschaftshaus hat sich in Hessen durchgesetzt. Der Hessische Landtag, der das Programm einstimmig beschlossen hat, stellt zur Zeit (die Mehrzweckhallen eingeschlossen) jährlich 4 Millionen Mark zur Verfügung«, so heißt es im neuesten amtlichen Material. Mehrzweckhallen, Kindergärten und Bürgerhäuser eingerechnet, laufen jetzt 70 Projekte. Es gibt bereits 100 Landkindergärten. Die Mehrzweckhallen bergen häufig auch eine Gemeindepflegestation; ebenso die Bürgerhäuser, deren es gegenwärtig ein halbes Dutzend gibt, – darunter das hochmoderne, repräsentative »Haus Dornbusch« in Frankfurt/Main.

Am 3. April 1952 war es die Fraktion der SPD, die im Hessischen Landtag einen Antrag »auf Bereitstellung eines Förderungsbetrages in Höhe von 1,5 Millionen DM für die Durchführung eines Programmes« einbrachte, das jene Generalbezeichnung trägt. Nach überaus lebhafter Debatte wurde der Antrag einstimmig angenommen.

Aus den bewilligten Mitteln *»sind Bestrebungen der Selbstverwaltung zur Verbesserung der sozialen und kulturellen Einrichtungen der Landbevölkerung zu fördern, – insbesondere:*
1. die Errichtung von Dorfgemeinschaftshäusern mit modernen Kühlanlagen, Waschküchen und Trockenräumen, Mostereien, Badeeinrichtungen und Gemeinschaftsräumen für kulturelle Zwecke;
2. der Ausbau der Familienfürsorge auf den Dörfern mit dem Ziel der gesundheitlichen Schonung der Mütter und der Intensivierung der Fürsorge für die dörfliche Jugend:
3. Bestrebungen zur künstlerischen Gestaltung des Dorfbildes, zur Verschönerung des Landschaftsbildes, zum Ausbau des dörflichen Büchereiwesens, zur Erhaltung der Volkstrachten und des Brauchtums.
Über die zweckmäßige Verwendung dieser Mittel soll ein Fachmännerausschuß . . . Vorschläge erstatten.«

Sprecher der FDP-Fraktion nahmen Anstoß an dem Wort »Aufrüstung«, weil es zu »militaristisch« klänge, und eine FDP-Sprecherin wünschte in dem Ausschuß auch eine Frau zu sehen. CDU-Abgeordnete meinten, es gebe »wichtigere Dinge zu bauen«.

Die wichtigsten Stichworte aus der Begründung des Antrags waren: Eindämmung der Landflucht: »das Leben auf dem Dorf muß lebenswert gemacht werden«, – Hausfrauen und Jugendliche auf dem Lande haben unzumutbare Arbeitslasten zu tragen –; Landkinder sind häufiger krank als Stadtkinder, der Jugend im Dorf fehlen die Möglichkeiten zu sportlicher Betätigung; Dorfgemeinschaftshäuser sollen nicht nur arbeitstechnische Erleichterungen bieten, sondern sie sollen zu »kulturellen Mittelpunkten des Dorfes« werden; und schließlich: »Jede wahre Volkskultur muß, wie die Erziehung des Kindes, von unten einsetzen, sie muß im Dorf beginnen . . .«. Zum Schluß der Debatte meinte der sozialdemokratische

Fraktionsvorsitzende: »... bei uns steht immer an erster Stelle der Gedanke: Wie helfen wir den Menschen? ... Wir sind der Auffassung, daß ... alles, was dem Menschen dient, zuerst in Angriff genommen werden muß.« Der Antrag wurde, wie gesagt, am Ende einstimmig angenommen und zunächst dem Ausschuß für Landwirtschaft und Forsten überwiesen, der für die weitere Bearbeitung ein Sachverständigen-Gremium (auch mit einer Frau als Mitglied) berief. Heute gehört der gesamte Komplex – ausgenommen die Aktion »Unser Dorf soll schöner werden« – zum Zuständigkeitsbereich des Ministers des Innern, Heinrich Schneider (1952 noch SPD-Abgeordneter aus Marbach).

Im Anfang, vor zehn Jahren, wurde kräftig die Propagandatrommel gerührt. Der damalige Staatsminister Heinrich Fischer (für Arbeit, Landwirtschaft und Wirtschaft) und seine nächsten Mitarbeiter reisten umher, hielten Vorträge, machten Landräten und Bürgermeistern die Pläne plausibel und schmackhaft. Vor allem wurden folgende Punkte diskutiert: Die finanzielle Eigenleistung der Gemeinde muß »im angemessenen Verhältnis zur eigenen Finanzkraft und zur beantragten Landesbeihilfe stehen«; die Gesamtfinanzierung muß sichergestellt sein; der spätere Betrieb und die Unterhaltung des Hauses müssen gewährleistet sein, das heißt, die Gemeinde hat für beides zu sorgen. Hierzu ein Bürgermeister heute: »... Natürlich macht uns das Haus allerlei Arbeit. Man braucht Putzfrauen und außerdem ehrenamtliche Kräfte, die alles Mögliche tun, – die Kasse für die Vermietungen führen, die Tage festlegen, an denen dieser oder jener Verein den Gemeinschaftsraum haben möchte; einen Hauswart, der die Räume öffnet und wieder schließt ..., das alles will überlegt und gut geregelt sein.« Natürlich, denn *wer* möchte heute abend fernsehen? Meist muß sich eine Gruppe von wenigstens fünf Interessenten zusammenfinden, damit der Raum fürs abendliche Fernsehen aufgeschlossen wird. Weiter: Kann jeder aus dem Dorf zu jeder Zeit in den Raum, um dort vielleicht zu lesen? Nein, natürlich nicht; die Bücher werden ausgeliehen, wie in einer öffentlichen Bücherei. Kurz, ein verhältnismäßig straffes Reglement für die Benutzung sowohl der kulturellen als auch der technischen Einrichtungen ist unerläßlich.

Die Landesbeihilfe beträgt für ein Dorfgemeinschaftshaus selten weniger als 100 000 Mark, in der Regel sehr viel mehr. Materiell-finanziell sind die Häuser selbstverständlich nicht »rentabel«: die meisten Einrichtungen, die sie bergen, könnten in kleinen Gemeinden unmöglich privatwirtschaftlich-rentabel unterhalten werden; eben deshalb braucht man sie ja als Gemeinschaftsleistungen. Sobald die Größe und die Struktur einer

Gemeinde es erlaubt, Wäscherei, Schlachthaus, Gefrieranlage, Mosterei, Versammlungs- und Tagungsräume rentabel zu betreiben, finden sich sofort private Geschäftsleute, die es tun. In den Gemeinschaftshäusern der größeren Ortschaften fallen denn auch die arbeitserleichternden Einrichtungen regelmäßig fort; man beschränkt sich dort auf die kulturellen Aufgaben. Allgemein wird freilich angestrebt, daß die Gemeinschaftshäuser sich so weit wie möglich selber tragen sollen.

Aber die Dorfgemeinschaftshäuser sollen *Gemeinschafts*häuser im eigentlichen Sinne sein. Mit den Worten des gegenwärtigen Hessischen Ministers des Innern: Durch die »Soziale Aufrüstung des Dorfes« wird eine Gleichberechtigung – nicht Gleichartigkeit – von Dorf und Stadt angestrebt. Der moderne Sozial- und Rechtsstaat hat einen größeren und umfassenderen Aufgabenkreis als der alte »Nachtwächterstaat«. Keinesfalls wollen wir die Freizeit reglementieren. Anderseits ist es ein Kennzeichen dieser Zeit, daß der Mensch sich vereinsamt und auf sich allein gestellt fühlt; viele traditionelle Bindungen sind verlorengegangen. Die Wiedererweckung oder Stärkung des Heimatbewußtseins ist eine der Voraussetzungen für ein gesundes National- und Staatsbewußtsein. Die Gemeinschaftshäuser beruhen auf gesellschaftlichen Vorstellungen, wie sie in ähnlicher Form Gemeingut aller demokratischen Parteien der Bundesrepublik sind. Hat nicht Bundeskanzler Dr. Adenauer im Oktober 1957 im Bundestag erklärt: »Das Dorf muß aus allgemeinen Staatsgründen so gestaltet werden, daß die Menschen, die dort geboren sind, im allgemeinen auch ihren Lebensunterhalt dort verdienen, daß sie aber auch Erholung und Abwechslung dort finden können. Sonst werden die Dörfer menschenleer werden, und die Menschen werden sich immer mehr in den Städten zusammenballen. Hier liegt meines Erachtens eine staatspolitische Aufgabe ersten Ranges.«

Alle vordergründige und oberflächliche parteiliche Kritik an den Dorfgemeinschaftshäusern und den übrigen Planungen und Programmen für das Dorf im Lande Hessen verfängt in der Tat nicht. Infolgedessen ist die recht lebhafte bis heftige Kritik, die anfänglich lautgeworden war, längst verstummt.

Im übrigen ist es auch um die Kritik aus dem Munde katholischer Kirchenmänner stillgeworden. Einige Zeit geisterte das Wort von der »Ersatzkirche« durch gewisse kritische Stellungnahmen; es muß seinerzeit recht strapaziert worden sein, gelegentlich taucht es noch, nachwirkend, in den Reden der Sozialdemokraten bei Einweihungen auf: »... wir wollen keine Ersatzkirche schaffen ...«. Aber außer im Kreis Usingen befinden sich die meisten Dorfgemeinschaftshäuser just im Gebiet von Fulda, und sie sind in enger Tuchfühlung mit den katholischen Pfarrgemeinden geplant, gebaut und eingerichtet worden. Vor zwei Jahren besichtigten vierzig katholische Geistliche aus dem Bistum Limburg eine Reihe von Gemeinschaftshäusern, darunter auch das in Altenburschla. Der Bürgermeister hat es aus Limburg schwarz auf weiß bekommen, daß die Priester sich sehr positiv geäußert haben.

Die Kirche legt indes Wert darauf, Wirtschaftsführung und kulturelle Veranstaltungen voneinander getrennt zu sehen: die kulturelle Verwendung des Dorfgemeinschaftshauses sollte nach der Meinung eines Kirchenmannes in Limburg möglichst ein gemischtes Gremium planen, dem »geistig profilierte Menschen« angehören, die auch zu unterscheiden wissen ... Mit anderen Worten soll das wohl heißen: nicht nur von SPD-Funktionären. Wo es so wäre, müßte der Wunsch als berechtigt angesehen werden, sofern er *jede* Ideologisierung der Dorfgemeinschaftshäuser ablehnt. Eine einhellige Meinung »der« Katholischen Kirche in dieser Sache gibt es indes nicht.

Im Grunde beruht die ganze Konzeption auf einer sehr wohl und gut marxistischen Überlegung. Sie könnte, einfach ausgedrückt, etwa so lauten: Was auch auf dem Lande an praktischen und angenehmen materiellen Dingen des modernen Lebens und Wirtschaftens fehlt, das bringen wir euch dorthin. Ihr braucht nicht in die Städte wegzulaufen. Wir sorgen dafür, da ihr die wichtigsten materiellen und kulturellen Bedingungen des modernen Lebens an Ort und Stelle, in euerer »Wohnheimat« vorfindet! – Über diese Veränderung der Lebensbedingungen erhofft man sich eine doppelte Änderung des Bewußtseins: die Heranbildung sowohl eines neuen »Gemeinschaftsgeistes« wie eines neuen »Heimatbewußtseins«. Also Entwicklung der Möglichkeiten praktischer und sozialer Lebensbewältigung durch Veränderung der Umwelt.

Es ist zweifellos notwendig, richtig und begrüßenswert, die mehr oder weniger rückständigen Lebensbedingungen in den meisten kleinen Dörfern zu überwinden. Inwieweit sich daraus auch neue Gesinnungen ergeben werden, hängt gewiß von noch mehr Faktoren ab als nur von denen des Milieus. Auch der unreflektierte, rein pragmatische Wohlstands-Materialismus der CDU überall in der Bundesrepublik hat ja in bald eineinhalb Jahrzehnten bisher keine Gesinnungs-Wunderblüten hervorgebracht.

Parallel zum Bau der Dorfgemeinschaftshäuser läuft, wie erwähnt, in den Städten ein hessisches »Bürgerhaus-Programm«, und es gibt seit einem Jahr sechs solcher Häuser: in *Egelsbach* (Kreis Offenbach, 6000 Einwohner), in *Großenlüder* (Kreis Fulda, 3200 Einwohner), in *Frankfurt/Dornbusch* (das erste »Bürgerhaus« inmitten einer Großstadt, nur zehn Minuten Straßenbahnfahrt vom Stadtzentrum entfernt), in *Frankfurt/Goldsteinsiedlung* und in *Frankfurt/Preungesheim* (zwei sehr viel weiter vom Stadtzentrum gelegene Ortsteile), sowie in *Bergen-Enkheim* (Kreis Hanau, 10 000 Einwohner). 20 weitere Bürgerhäuser befinden sich im Bau oder in Bauvorbereitung, davon noch 2 in Frankfurt (Sindlingen und Riederwald).

Die Konzeption mutet hier recht utopisch an: Das Bürgerhaus soll eine Art »Nachbarschaftshaus« darstellen, das zum »kulturellen Mittelpunkt« des betreffenden Ortsteils wird. Am Beispiel des Hauses »Dornbusch«, durch seine Lage verhältnismäßig dicht am Stadtzentrum vermutlich nicht repräsentativ für »das« Bürgerhaus, läßt sich indes doch schon ablesen, daß gewiß nicht jedes Bürgerhaus die ihm zugedachte Funktion erfüllen wird. Schaut man es sich näher an, so ist ersichtlich, daß es ein seiner praktisch-wirtschaftlichen Funktionen entkleidetes Dorfgemeinschaftshaus darstellt, mit dem wesentlichen Unterschied, daß dort »von unten« aus ursprünglichen, sonst nicht befriedigten Bedürfnissen wächst, was dem Bürgerhaus »von oben« aufgepropft werden soll: die Funktion, »Kultur« zu vermitteln und darzubieten. Bezeichnenderweise finden denn auch – am Beispiel des »Hauses Dornbusch« abgelesen – den größten Zuspruch allein der »Treffpunkt der Alten«, ein- oder zweimal wöchentlich, die Kegelbahn, sowie das gut und vielfältig ausgestattete Jugendheim. Anspruchsvollere Veranstaltungen, Vorträge, Seminare des Frankfurter Volksbildungswerkes (Erwachsenenbildung) haben nur geringe Resonanz. Anderseits sind die verschiedenen Tagungs- und Clubräume natürlich ständig und für Wochen hinaus an Vereine, Betriebe, Parteien, Gewerkschaften vermietet: an passablen Räumen fehlt es ja immer.

Man muß also wohl fragen: Ist ein so gearteter Versuch der »Vergemeinschaftung« das angemessene Mittel, um »Gemeinschaftsgeist« auch in der Großstadt zu wecken? Ich meine, nein. Der Großstädter befriedigt seine sehr differenzierten, subjektiven Bedürfnisse überall in der Stadt; sein Kreis von Bekannten oder/und Freunde ist längt gefügt; dazu bedarf er nicht eines »Bürgerhauses«; seine nächsten Nachbarn aber näher kennenzulernen, liegt ihm am wenigsten am Herzen (im Gegenteil: er ist meist froh, sich auf Distanz halten zu können). Die so gedachte »Aktivierung der Massen« zu »Gemeinschaften« in der Großstadt muß wohl mißlingen, weil die Grundkonzeption irrtümlich ist. Nur objektive Bedürfnisse – wie der »Alten-Treffpunkt« und das Jugendheim – können befriedigt werden. Der nicht durch Zufall, sondern durch Wahl in der Großstadt lebende Mensch (sofern er durch Wahl und nicht durch »Zufall« in ihr lebt!), wünscht durchaus anonym zu bleiben. Er ist auch nicht unbedingt »vereinsamt«; sofern er (der wirkliche Großstädter) in der Großstadt »vereinsamt« *ist*, liegt dies an ihm, nicht an der Großstadt. Bürgerhäuser, um denen, die »im Zug der Zeit« in die Großstadt *kommen* und sich dort anfangs nicht zurechtfinden, Kontakt zu schaffen, das wäre etwas anderes und vielleicht etwas Notwendiges, – sozusagen »Neubürgerhäuser« . . .

Aber das alles hat nichts mit der »Sozialen Aufrüstung des Dorfes« zu tun. Deren unbezweifelbarer Nutzen wird durch den Verlauf der Bemühungen um das »Bürgerhaus«-Programm nicht gefördert und nicht beeinträchtigt werden.

2.3.2. Tassilo Tröscher: *Die künftigen Aufgaben bei der Verbesserung der Agrarstruktur in Hessen*

In seinem programmatischen Vortrag am gestrigen Tage hat Ministerpräsident Dr. Zinn als Leitwort für unsere Tagung den Satz herausgestellt: »Wir haben die Aufgabe, diese Welt als eine menschliche Welt zu gestalten.«

In den folgenden Vorträgen ist deutlich geworden, in welchem Umfang unsere Landwirtschaft und unsere Gesellschaft in einem stürmischen Wandel begriffen ist. In einem Wandel, den der einzelne gewöhnlich nur dann wahrnimmt, wenn er unmittelbar davon betroffen ist.

Die pluralistische Gesellschaft, die Industriegesellschaft, in der wir leben, erleichtert zwar das Leben des einzelnen. Die Vollbeschäftigung, die ständige Verbesserung der Einkommen und der Realkaufkraft bei geringerer Arbeitszeit werden von allen Menschen als angenehm empfunden – ohne daß sie allgemein erkennen, welche Erfindungskraft, welcher Ideenreichtum, welches Gewinnstreben, welches Maß der Zusammenarbeit und schließlich aber auch welche soziale Verantwortung hinter dem allen steht.

Wir glauben immer noch, daß dies alles das Werk einzelner, besonders begabter und zielstrebiger Persönlichkeiten wäre und übersehen, daß diese Leistungen nur möglich sind, in einer Gesellschaft, in der die Abhängigkeiten der Menschen voneinander ständig zunehmen, so daß auch das »Genie«, um wirksam zu werden, immer mehr auf die »Kooperation« angewiesen ist. Wir tun noch so – auch große Politiker – als ob die liberalistische Wirtschafts- und Lebensform die höchstmögliche Steigerung und die größte Lebensfülle für jeden einzelnen bringen würde und wissen doch genau, daß dieser Liberalismus doch längst durch Gesetzgebung und gesellschaftspolitische Absprachen, beispielsweise der Sozialpartner, bewußt eingeengt, sich nicht mehr freischwebend im Raum entfalten kann, sondern nur noch in einer festgelegten und offensichtlich immer enger werdenden Ordnung des staatlichen Lebens und des Lebens der Völker.

Ich glaube, man sollte sich auch an einer solchen Tagung, wo Themen behandelt wurden, die sich speziell auf die agrarpolitischen Maßnahmen unseres Landes beziehen, diesen weiten Blick offenhalten, um nicht zu kleinliche Lösungen bei den eigenen Aufgaben zu suchen.

Es bleibt dabei: Agrarpolitik ist Gesellschaftspolitik! Wir haben diesen Grundsatz in der Arbeitsgemeinschaft zur Verbesserung der Agrarstruktur und in der Agrarsozialen Gesellschaft stets vertreten, weil wir der Meinung sind, daß in einem so revolutionären Umstellungsprozeß, wie er in diesen letzten anderthalb Jahrzehnten der Landwirtschaft zugemutet wird, die sich bedrängenden Fragen nicht mehr abgeschirmt von der übrigen Gesellschaft gemeistert werden können.

Aus dieser fundamentalen Erkenntnis heraus sind wir zu der Forderung nach ganzheitlichen Maßnahmen bei der Verbesserung der Agrarstruktur durchgestoßen und haben sie soweit als möglich verwirklicht.

Die Landwirtschaft ist auch nicht in der Lage, diese Probleme allein zu lösen. Es gibt kein modernes Land, in dem der Staat nicht seine Hilfe für die Neuordnung der Landwirtschaft bereitstellen würde. In der ganzen modernen Geschichte haben sich die Staaten verpflichtet gesehen, und zwar nicht nur unter dem Blickpunkt der Ernährungssicherung, sondern in viel stärkerem Maße – wenn auch oft unbewußt, aus der Überlegung heraus, wie wir heute sagen würden, die Landwirtschaft gesellschaftspolitisch als einen entscheidenden Bestandteil des Staates zu erhalten und zu entwickeln. Sicher hat im letzten Jahrhundert der konservative Gedanke eine größere Rolle gespielt als die Verwirklichung progressiver Ideen über die Gestaltung einer modernen Landwirtschaft. Sehen wir einmal von der Zollgesetzgebung im Deutschen Reich und anderen europäischen Ländern ab, so war die Gründung der Preußischen Landesrentenbank vor etwa 120 Jahren, mit deren Hilfe die finanziellen Verpflichtungen der Bauern aus der Bauernbefreiung konsolidiert wurden, eine der bedeutendsten Staatshilfen der modernen Agrargeschichte. Die Not in der bäuerlichen Landwirtschaft war damals so drückend, und die Unruhe so groß, daß hier die Hilfe des Staates einsetzen mußte, um katastrophale Entwicklungen aufzufangen.

Diese Maßnahmen wurden durchgeführt in einem Staat, in Preußen, der sich damals in bezug auf seine Wirtschaftsform äußerst liberal verhielt und gegen die Interessen des mächtigen Einflusses des Großgrundbesitzes.

Dieses Beispiel, das beliebig vervielfältigt werden könnte, zeigt deutlich, daß der Liberalismus, der Wettbewerb aller gegen alle eben nicht ausreicht, weil nämlich das Ergebnis der Multiplizierung der Egoismen der einzelnen nicht das soziale Verhalten aller ergibt, sondern zu ungeheuerlichen Verzerrungen der menschlichen Gesellschaft führt, und zwar um so nachteiliger, wenn das politische System eine solche Entwicklung unterstützt.

Weil der extreme Liberalismus dazu führt, die gesellschaftliche Ordnung auf den Kopf zu stellen und den Abstand zwischen arm und reich zu vergrößern, sind die Staaten immer wieder durch die Entwicklung aufgerufen gewesen, ordnend einzugreifen. Denken wir nur an die berechtigten Forderungen der Arbeiterschaft im Zuge der Industrialisierung im letzten Jahrhundert und den Beginn der Sozialgesetzgebung im kaiserlichen Deutschland.

Wir leben heute in einer Zeit, in der wir die politischen und sozialen Entwicklungen der Völker nicht mehr unter dem Eindruck revolutionärer Theorien beurteilen, sondern objektiv und wertneutral. Die Entwicklung zeigt aber deutlich, daß die staatliche Intervention, wenn man Gesetzgebung so verstehen will, immer wirksamer werden muß, je differenzierter eine Gesellschaft geworden ist. Der Schrei nach mehr Liberalismus kann also nur so verstanden werden, daß es dem Staat untersagt sein soll, in die Intimsphäre des einzelnen Bürgers einzugreifen, d. h. der Freiheitsraum für seine persönliche, geistige und soziale Entfaltung darf nicht beschränkt werden und selbst sein wirtschaftlicher Aufstieg kann im Rahmen der bestehenden Ordnung unbehindert erfolgen.

Aber für uns in der Bundesrepublik gilt das Grundgesetz und damit Artikel 20, daß wir in einem »demokratischen und sozialen Staat« leben. Es ist die Aufgabe aller Bürger und aller, die in der aktiven Politik stehen, die in Kommunen, Ländern und im Bund als gewählte Vertreter an der Gestaltung der öffentlichen Dinge und an der Gesetzgebung mitwirken, ständig das Maß zu finden zwischen berechtigter und sich entfaltender Freiheit und notwendiger Ordnung.

Daraus ergeben sich ganz bestimmte Konsequenzen, die sich bildlich etwa unterscheiden zwischen dem ersten Einmannflugzeug, das die Gebrüder Wright zusammengebastelt haben und dem Stratosphärenkreuzer, in dem die Erkenntnisse der ganzen modernen Physik, Chemie und Ingenieurtechnik und die Wissenschaft von Jahrzehnten manifestiert sind. Auch die Politik und die Agrarpolitik sollte bei allem Realismus und allen pragmatischen Überlegungen sich der modernen Erkenntnisse der Gesellschaftspolitik, der Psychologie und selbstverständlich unter Einbeziehung der technischen Möglichkeiten erinnern, sich ihrer bedienen und dabei nicht vergessen, daß dieses Abendland aus einer christlichen und humanitären zweieinhalbtausendjährigen Geschichte herkommt, die uns nicht nur zu dem befähigt hat, was wir sind und leisten, sondern in unerhörter Weise auch die Mitverantwortung für die gesamte Welt auferlegt.

Wir können also nicht mehr, ganz gleichgültig, ob wir Agrar-, Wirtschafts- oder Sozialpolitik betreiben, uns nur von Einzelinteressen oder den Interessen gesellschaftlicher Gruppen bestimmen lassen. Die Verpflichtung der Gesellschaft gegenüber der Gruppe ist aber so groß und so deutlich herauszustellen, daß sie das Wohlergehen bedrohter Gruppen zu ihrem eigenen Anliegen macht.

Ein Beispiel aus den letzten Tagen mag dies deutlich machen. Der Präsident der Vereinigten Staaten, Lyndon B. Johnson, hat in seiner Botschaft an den Kongreß »Food for Freedom Act of 1966«, zu deutsch »Lebensmittel für die Freiheit 1966«, an die Verpflichtung der Vereinigten Staaten – seines Volkes – appelliert, für die Ernährung der Welt verantwortlich zu sein. Er stellt fest, daß die Agrarüberschüsse Amerikas nicht ausreichen, um den Hunger der Welt zu stillen. Er appelliert an die Entwicklungsländer, vor allem die Erträge ihrer Landwirtschaft zu steigern. Er weist darauf hin, daß die Vereinigten Staaten in den letzten 10 Jahren 140 Millionen Tonnen Lebensmittel zur Verfügung gestellt haben und daß zur Zeit 70 Millionen Kinder mit amerikanischen Lebensmitteln gespeist würden; schließlich hat er seinen Landwirtschaftsminister angewiesen, die Anbaufläche von Reis und Sojabohnen und die Produktion von Molkereiprodukten zu steigern, um, wie er sagt, sowohl einen neuen Standard der Hilfe für die Hungernden als auch für die Landwirtschaft der Welt aufzustellen.

Wir wissen, daß die Weltbevölkerung, wenn die modernen Mittel der Geburtenbeschränkung nicht schneller wirksam werden, schon im Jahre 2000 die 6-Milliardengrenze erreicht oder überschreitet. Wir wissen, daß in der Welt noch große Möglichkeiten der Produktionssteigerung vorhanden sind. Es ist aber genauso bekannt, wie Menschen seit Jahrtausenden in primitiven Kulturen oder unter religiösen Vorstellungen leben, die die Produktionssteigerung erschweren oder gar verhindern. Den Superliberalisten in allen Parteien muß aber gesagt werden, daß ganz besonders in dem dicht besiedelten Westeuropa es wohl kaum zu vertreten ist, wenn das Land brachgelegt oder Land, das mit modernen Produktionsmethoden in landwirtschaftlicher Produktion gehalten werden kann, aufgeforstet wird. Denn hier in unseren Ländern sind die geistigen Voraussetzungen und das technische »know how« für eine unerhörte Produktionssteigerung vorhanden und es ist wahrscheinlich die billigste Entwicklungshilfe, die geringfügigen Agrarüberschüsse aus der EWG der Entwicklungshilfe zur Verfügung zu stellen als andere kostspielige Experimente zu machen, die dem Entwicklungsstand dieser Völker nicht immer angepaßt sind.

Mit der Gründung der Europäischen Wirtschaftsgemeinschaft ist Europa in eine neue Phase seiner Geschichte eingetreten. Die erste Phase zu dieser modernen Entwicklung – das soll hier auch gesagt werden – war der

Marshallplan, dem sich die osteuropäischen Völker unter dem massiven Druck Stalins entziehen mußten. Die Europäische Wirtschaftsgemeinschaft selbst war das Ergebnis der Überlegungen von Staatsmännern, die erkannten, daß das alte Europa eine neue Form der Zusammenarbeit finden muß, wenn es überleben will. Der Vertrag von Rom sagt in der Präambel und in den Grundsätzen eindeutig, auf welche Weise die Zusammenarbeit erreicht und mit welcher Konsequenz er durch die Schaffung der Institutionen verfolgt werden soll. Jeder Einsichtige hat die Krise der EWG im vergangenen Jahr – seinerzeit beginnend mit dem Veto Präsident de Gaulles gegen den Eintritt Englands in die EWG und eineinhalb Jahre später mit der Politik des »leeren Stuhls« in Brüssel mit Bestürzung erlebt. Wenn heute Ernüchterung eingetreten ist, aber doch wieder grünes Licht für die weitere Entwicklung gegeben wurde, so nehmen das alle europäischen Völker mit Erleichterung und Dankbarkeit entgegen. Diese Politik der EWG, an deren Wiege die Agrarpolitik, man kann wohl sagen von Anbeginn an, Thema Nummer eins gewesen ist, wirkt auch in unsere Aufgaben hinein.

Der Arbeitsgemeinschaft zur Verbesserung der Agrarsturktur, bei deren Gründung ich Pate gestanden habe, wurde die Aufgabe zugewiesen, für die riesenhaften Investitionen für die Umstellung der Landwirtschaft die wissenschaftlichen Grundlagen für die administrative Praxis zu erarbeiten. Es geht einfach darum, die Entwicklung immer wieder unvoreingenommen zu überprüfen, um zu erkennen, welche Tendenzen wirksam werden und welche Maßnahmen einzuleiten sind, um die Zukunft zu überstehen. Es gilt immer noch der Satz aus Schillers Tell gegenüber allen, die zögern, abwarten und rückschrittlich gesonnen sind: »Schau vorwärts, Werner, und nicht hinter dich«!

Noch nie in der Agrargeschichte der Welt sind die überschrittenen Brücken so schnell verbrannt worden – woraus zu entnehmen ist, daß die Brücken früher meistens aus Holz waren, heute sprengt man die modernen Betonbrücken in die Luft. Mit anderen Worten, wir stehen täglich an neuen Ufern!

Vielleicht gestatten Sie mir, daß ich mit einigen wenigen Zahlenbeispielen die wirkliche Lage noch einmal darstelle. Sie wissen, daß der Bundesminister für Ernährung, Landwirtschaft und Forsten im Auftrag der Bundesregierung am 18. Februar im Bundestag den Grünen Bericht erstattet hat, aus dem hervorgeht, daß sich die Lage der deutschen Landwirtschaft gegenüber dem Vorjahr nicht verbessert hat. Ihr Anteil am Inland-Sozialprodukt ist auf 4 Prozent zurückgefallen. Es ist verständlich, daß die Wachstumsraten der prosperierenden gewerblichen Wirtschaft immer größer sein werden als die Zuwachsraten in der Landwirtschaft. Die Zahl der landwirtschaftlichen Betriebe hat weiter abgenommen, und zwar um 38 700 gegenüber 1964, und die Zahl der Erwerbstätigen beträgt in der deutschen Landwirtschaft nur noch 10,9 Prozent. Trotzdem ist der Anteil der landwirtschaftlichen Eigenproduktion an der Ernährung unseres Volkes sogar noch gestiegen, und zwar mit 1,1 Prozent auf 78 Prozent. Ein Zeichen für die fortschreitende Rationalisierung, daß trotz Minderung der Zahl der Betriebe und Minderung der Erwerbstätigen die absolute Produktion zugenommen und die Produktivität sich entsprechend weiter verbessert hat. Wenn das finanzielle Ergebnis nicht günstiger ausgefallen ist, so hängt das mit der geringen Ernte zusammen, die infolge der schlechten Wetterbedingungen unzureichende Erträge gebracht hat. Aus diesem Grunde ist es dazu gekommen, daß der Nettoerlös um 0,4 Milliarden DM geringer ist als im Vorjahr, denn die Verkaufserlöse sind insgesamt nur um 5 Prozent gestiegen und die Betriebsausgaben um 10 Prozent. Darin sind allerdings 900 Millionen DM für mehr zugekaufte Kraftfuttermittel enthalten.

Interessant ist in diesem Zusammenhang auch, daß die Nahrungsmittelpreise für den Verbraucher wesentlich teurer geworden sind, während die Erzeugerpreise in weiten Bereichen konstant blieben. Nur so ist es zu erklären, daß der Anteil des Erzeugerpreises im Verbraucherpreis, also in der Ware, wie sie der Verbraucher kauft, 1950 noch 64 Prozent betrug und 1964 nur noch 53 Prozent. Die moderne Verarbeitung, Standardisierung und Verpackung und die damit verbundenen höheren Aufwendungen für Löhne und Gehälter in der Nahrungsmittelindustrie und im Handel kommen darin zum Ausdruck. Die Vollarbeitskräfte haben um weitere 5,0 Prozent abgenommen.

Nach der Aussage des Bundesernährungsministers steht die Verbesserung der Agrarstruktur nach wie vor im Mittelpunkt der Agrarpolitik und der Förderungsmaßnahmen des Bundes. Dabei ist noch nicht klar zu erkennen, ob es sich hier nur um ein Lippenbekenntnis handelt, wenn es nämlich bei den Vorankündigungen bleibt, daß die im Grünen Plan und im Bundeshaushalt bereitgestellten Mittel zunächst für die Abdeckung der Verpflichtungen der Bewilligungen aus dem Haushaltsjahr 1965 Verwendung finden müssen und damit der Spielraum so eingeengt wird, daß nur durch die Bewilligungen von Bindungsermächtigungen für 1967 in Höhe der übernommenen Belastung die Arbeit ohne gefährliche Unterbrechung weitergeführt werden kann. Damit sind wir bei der ureigensten Aufgabe, die Sinn und Inhalt dieser Tagung ist. Ich habe mir aber bewußt die Freiheit genommen, unsere Aufgaben in den größeren

Zusammenhang des Bundes, der EWG und der Weltagrar-Politik hineinzustellen.

Was wir hier in Hessen leisten oder unterlassen, wird im Bund und von den anderen Bundesländern beobachtet. Durch die Aktivität, die wir bis zum heutigen Tage entfaltet haben, unterliegen wir in starkem Maße der Beobachtung und der Kritik – und wir sind die letzten, die Kritik scheuen oder besseren Erkenntnissen nicht Raum geben. Aber gerade hier geht es um gewisse grundsätzliche Dinge, deren Entscheidung für den praktischen Vollzug unserer Arbeit von größter Bedeutung ist.

Man muß es doch wohl als eine gewisse Schizophrenie bezeichnen, wenn man glaubt, daß es möglich ist, mit einer Staatsintervention von jährlich mehreren Milliarden DM aus Bundes- und Landesmitteln eine Landwirtschaft auf die Beine zu stellen, die nach liberalen Grundsätzen wirtschaften soll.

Die Vertreter einer solchen Auffassung vergessen dabei völlig, daß alle Investitionen nur so lange wirtschaftlich sind, als die Preishilfen und Preisfixierungen der deutschen Gesetzgebung oder der EWG-Marktordnungen gelten.

Vielleicht haben viele beobachtet, wie in den letzten Monaten und Wochen die Diskussionen um die Wirtschafts- und Finanzpolitik in einer gewissen Breite geführt werden. Die Tatsache, daß das Steueraufkommen sein Wachstum verlangsamt und Verengungen auf allen Gebieten der öffentlichen Finanzwirtschaft eingetreten sind, dazu die verständlich harte Haltung der Bundesbank im Verein mit der geringen Flüssigkeit des Kapitalmarktes beeinflussen auch unmittelbar unsere Aufgaben. Hinzu kommt, daß in verstärktem Maße eine gewisse Allergie gegen die Zuwendung von Staatsgeldern an die Landwirtschaft festzustellen ist. Das ist eine deutliche Mahnung an alle Agrarpolitiker! Wir können der Öffentlichkeit, die zu 90 Prozent nicht der Landwirtschaft angehört, keine Agrarpolitik verkaufen, von der sie überzeugt ist, daß sie gegen ihre Interessen geht. Wir werden die Unterstützung unserer Agrarpolitik nur finden, wenn wir darin glaubhaft sind, daß die Mittel, die für die Verbesserung der Agrarstruktur eingesetzt werden, neben anderem dazu dienen, eine leistungsfähige Landwirtschaft zu entwickeln, eine Landwirtschaft, der man die Verantwortung für diesen revolutionären Umbruch, in den sie hineingeworfen wurde, nicht allein aufladen kann.

Je schwerer es Bund und Ländern fällt, die Haushaltsansprüche auf allen Gebieten zu befriedigen, um so härter wird die Frage für jeden einzelnen Bereich gestellt werden, ob die Ausgabe der Mittel zu verantworten ist. Wir kommen in eine neue Phase der Rationalisierung nicht nur in der Wirtschaft, sondern auch in der Administration, auch in den Beziehungen Bund, Länder, Gemeinden. Die viel berufene große Finanzreform und vieles was damit zusammenhängt, ist überfällig und so ist es auch notwendig, unseren eigenen Bereich, die Maßnahmen zur Verbesserung der Agrarstruktur, zu überprüfen, auf dem in der Bundesrepublik neben der Prämie für die Qualitätsmilch in Höhe von rund 1 Milliarde DM Bundes- und Landesmittel die größten Summen ausgegeben werden.

Es ist ein durch das Grundgesetz geschütztes Anliegen der Länder, daß außer spezifisch dem Bund vorbehaltene Aufgaben wie Bahn und Post, die Verwaltungsaufgaben bei den Ländern und Gemeinden liegen. Es wäre viel Ärger und viel Zeit erspart worden, wenn man durch einfache Rahmenrichtlinien den Ländern den Vollzug der agrarstrukturellen Aufgaben unbehindert überlassen hätte. Das bezieht sich auch auf die Durchführung des gesamten Grünen Planes. Dabei hätte man beide Verfahren gleichzeitig anwenden können, nämlich eine Grundkontingentierung der Mittel nach verschiedenen Gesichtspunkten und das Windhundverfahren. Man sollte einmal überlegen, nachdem die Fusion der Deutschen Siedlungs- und Landesrentenbank vollzogen wurde, ob es nicht richtig wäre, den gesamten Agrarstrukturkredit ausschließlich über diese Institution laufen zu lassen, die ihrerseits mit den Regionalbanken als Mittlerstelle verkehrt. Die Aufgabe der Landwirtschaftlichen Rentenbank wäre es dann, mit ihren Mitteln den allgemeinen Agrarkredit, soweit er sich nicht auf Siedlung, Aussiedlung und Althofsanierung erstreckt, bereitzustellen. Es ist unzulässig und untragbar, daß die Länder, die für ihre Agrarpolitik verantwortlich sind, von quasi bundesgelenkten Finanzierungsinstituten überspielt werden.

Wir haben uns in Hessen durch den Aufbau einer schlagkräftigen Landeskulturverwaltung, durch die Förderung unserer Siedlungsgesellschaften, durch die Zusammenarbeit mit den Landwirtschaftskammern mit Schule und Beratung durch eine enge Verbindung und ständige Fühlungnahme mit den Genossenschaftsverbänden und unmittelbar mit der landwirtschaftlichen Praxis das Vertrauen der gesamten Landwirtschaft erworben. Kein Land hat je Kopf der in der Landwirtschaft Tätigen oder je Hektar landwirtschaftlicher Nutzfläche größere Mittel aufgewendet als das Land Hessen. Wir leiten aus dieser Tatsache den berechtigten Anspruch ab, in unserem Land mit den uns anvertrauten Menschen die richtigen Dinge zu tun.

Es ist deutlich, daß Agrarstrukturverbesserungen, wie das auch in verschiedenen Vorträgen zum Ausdruck kam, nicht nur die Sicherung des einzelnen Betriebes in irgendeinem hessischen Dorf darstellt – auch das kann selbstverständlich für sich eine notwendige Maßnahme sein. Aber im Blick steht bei allen Überlegungen das Dorf, die Region und das gesamte Land – die Verbesserung der Infrastruktur! Wir können agrarstrukturelle Maßnahmen nicht mehr losgelöst von der wirtschaftlichen Entwicklung der Region betrachten. Wie wir in der AVA im Jahre 1955 begonnen haben, den Gemeindespiegel für ganz Hessen zu erstellen, ging es darum, für die Agrarstrukturmaßnahmen, die durchzuführen sind, die gesellschaftspolitischen Grunddaten zu erfassen in bezug auf die in der Landwirtschaft Beschäftigten, die Nebenerwerbslandwirtschaft, die Industriebeschäftigten, die Pendler usw., um so einen Überblick zu gewinnen, ob agrarstrukturelle Maßnahmen allein genügen oder ob die Industrieansiedlung im näheren oder ferneren Bereich eines Dorfes oder mehrerer Gemeinden ein dringendes Gebot ist. Wenn heute ein Bericht über Trendelburg vorgelegt wurde, aus dem hervorgeht, daß die Maßnahmen trotz ihrer großzügigen Anlage nicht in allen Punkten befriedigen, und zwar gerade in dem Punkt, der unser Hauptanliegen war, nämlich im Trendelburger Raum Industrie anzusiedeln, dann erkennen Sie daran, daß auch die beste Planung und Überlegung in der Verwirklichung nicht immer zu 100prozentigen Lösungen führt.

In diesen 12 Jahren seit dem Beginn in Trendelburg bis heute ist in der Landwirtschaft ein ungeheurer Sinneswandel vor sich gegangen, sonst wäre es nicht erklärlich, daß im Lande Hessen, das in seiner Agrarstruktur von früher sich nicht wesentlich von Baden-Württemberg oder Rheinland-Pfalz unterscheidet und dessen Industrialisierungsgrad den von Baden-Württemberg nicht übertrifft, die Bereitschaft zur Aufgabe landwirtschaftlicher Betriebe durch Übernahme einer vollen Tätigkeit in der Industrie oder im Dienstleistungsbereich größer ist als anderenorts. Das hat Ursachen, die nicht aus der Landwirtschaft von sich herauswachsen, sondern hier bedurfte es eines Anstoßes von außen. Das hängt zusammen mit der außerordentlichen Betonung der Ausbildung, mit der Durchführung des Hessenplanes, der eine systematische Industrieansiedlung gerade in ländlichen Gebieten mit Arbeitskraftüberschuß vorsah, mit der Verbesserung der Bildungseinrichtungen durch Mittelpunktschulen, durch den Bau von Dorfgemeinschaftshäusern und Bürgerhäusern und vieles, vieles andere mehr. Bei all diesen Maßnahmen wurde die Bereitschaft bei den Menschen geweckt, ihre eigene Existenzmöglichkeit neu zu überprüfen und zu bessern.

So kommt es, daß heute, 1966, in Hessen im Gegensatz zum Bund mit 11,9 Prozent Erwerbstätigen in der Landwirtschaft nur noch etwa 7 Prozent in der Landwirtschaft tätig sind. Wir haben die Aufstockung unserer landwirtschaftlichen Betriebe systematisch betrieben. Nach einem vorübergehenden Tief in der Entwicklung der letzten Jahre stehen wir vor einem neuen Hoch bezüglich der Anträge auf Aussiedlung und Althofsanierung. Der Prozeß geht weiter. Jede Maßnahme muß aus der Verantwortung heraus entschieden werden. Unsere Männer an der agrarstrukturellen Front in den Kulturämtern und Siedlungsgesellschaften stehen jeden Tag vor schweren Entscheidungen. Die Wissenschaft lehrt uns, daß der rationellste Einsatz der Betriebsmittel in Bauten und Maschinen um so günstiger ist, je größer die Betriebe sind. Theoretisch wäre es richtig, so wird uns gesagt, wenn man nicht mehr vom Bauernbetrieb mit 15 bis 20 Hektar, sondern von 40 bis 80 Hektar spräche – und morgen oder übermorgen? Der Grüne Bericht weist aus, daß die größten Betriebe die höheren Reinerträge haben. All das stärkt die Tendenz, die Zahl der Betriebe immer weiter zu vermindern.

Hier besteht die Gefahr, daß man sich von einer rein ökonomischen Überlegung treiben läßt, die derartige Lösungen begünstigt. Es mag rückschrittlich erscheinen, wenn der Vertreter eines fortschrittlichen Landes hier Bedenken äußert, weil nämlich das Eigenleben jedes landwirtschaftlichen Betriebes und der Menschen, die von ihm leben und dort wohnen, dem Rotstift unterworfen werden. Hier ist nichts mehr von der Verpflichtung der Menschen auf dem Hof gegenüber dem Erworbenen, gegenüber der Gemeinde, gegenüber der Gesamtheit. Hier ist auch keine Lebenshaltung mehr, die man nicht jederzeit wegwerfen könnte. Man kann sicher alles dem Rechenstift opfern, aber selbst in Amerika gibt es noch Millionen Bauern, die zwar die modernen Erkenntnisse der Wissenschaft in ihrer Produktion verwenden, aber noch nicht die letzten Dollars verdienen, die nach dieser Berechnung möglich sind, um einen Rockefeller oder Ford aus ihnen zu machen. Aber diese Millionen Farmer und die Hilly-Billies in den Gebirgsregionen halten das Land in Kultur, produzieren und schützen das Land vor Erosion und Zerstörung. Wir sollten deshalb einer blinden Erweiterung der Betriebsgröße entgegenwirken und die innere Stärkung der Betriebsleistung in den Vordergrund stellen. Wir wollen aus gesellschaftspolitischen Gründen nicht, daß unsere Dörfer verarmen, denn dort auf dem Lande draußen liegt die gesellschaftspolitische Aufgabe unserer Landwirtschaft bis heran an den Großstadtbereich.

Sicher, die Veränderungen in der Struktur werden weitergehen, die Zahl der Betriebe wird sich noch vermindern, Betriebsgrößen, die vor 5 Jahre noch Vollerwerbsbetriebe waren, sind in Zukunft vielleicht Zuerwerbsbetriebe. Wir sollten sie als solche erhalten, denn wir erleben immer wieder, daß gerade Zu- und Nebenerwerbsbetriebe durch ihr Bareinkommen aus einem anderen Beruf Mittel frei haben für die Verbesserung der Produktionsgrundlagen ihrer Betriebe. Das ist keine Hobby-Landwirtschaft, was diese Menschen betreiben, sondern das ist Verbundenheit mit der Scholle, mit dem Althergebrachten, aber verbunden mit den Erkenntnissen moderner Produktionsmethoden, auch wenn sie teilweise nicht ökonomisch angewandt werden.

Die agrarstrukturellen Maßnahmen werden in Zukunft in stärkerem Maße über das hinausgehen müssen, was bisher geschehen ist. Die einzelnen Aufgaben werden diffiziler, vielschichtig verflochten mit den übrigen Entwicklungstendenzen im Dorf und in der Region. Das Zusammenspiel aller an der Entwicklung des Raumes Beteiligten muß ausgewogener, verbundener und wirksamer werden. Der Landwirtschaft kommt hier eine einmalige Schlüsselstellung zu, denn sie besitzt den Boden. Jeder andere Bereich, der sich entfalten will und aus gesellschaftspolitischen Gründen sich entfalten muß, ist auf den Grund und Boden aus Land- und Forstwirtschaft angewiesen. Deshalb kommt der Bauleitplanung in den Gemeinden, in unseren Dörfern in Verbindung mit der Flurbereinigung die größte Bedeutung zu. Unsere Verwaltung ist darauf ausgerichtet, diese Dinge in Zukunft in Zusammenarbeit mit der inneren Verwaltung und den Gemeinden verstärkt zu betreiben.

Die Kurse, die wir an der Technischen Hochschule in Darmstadt abgehalten haben, um unsere leitenden Vermessungsbeamten mit den modernen Erkenntnissen der Dorfplanung bekannt zu machen, werden ihre Früchte tragen. Bei allen Maßnahmen der Landeskulturverwaltung müssen wir auf größte Sparsamkeit sehen, auf größte Rationalität, für kostspielige Nachfinanzierungen überzogener Baukostenvoranschläge ist kein Geld mehr vorhanden.

Daher ist vielleicht ein Hinweis nicht unwesentlich, daß nach einer Studie des Ifo-Instituts München die landwirtschaftlichen Baukosten in Frankreich nur 53 Prozent und in Holland nur 47 Prozent gegenüber der Bundesrepublik betragen. Unseren Bemühungen ist es bisher nicht gelungen, die Bauherren zu überzeugen, daß man mit geringerer Baufläche, also weniger Quadrat- und Kubikmeter, und mit geringerem Bauaufwand die gleichen wirtschaftlichen Wirkungen erzielen kann. Ich wiederhole, bei der weiteren Verknappung der öffentlichen Mittel können Nachfinanzierungen in Zukunft kaum noch berücksichtigt werden. Aus diesem Grunde sind die Gesellschaften und die Ämter angewiesen, einen ganz harten Maßstab bezüglich der Bauwünsche ihrer Auftraggeber anzuwenden und nur den Standardtypus, auf die entsprechende Produktionsrichtung bezogen, zu finanzieren, aber alle darüber hinausgehenden

Wünsche nur zuzulassen, wenn sie aus Eigenmitteln finanziert werden können.

Die Dorferneuerung ist im Rahmen der Flurbereinigung in vollem Umfange in die Betrachtungen einzubeziehen. Dabei muß mit Hilfe einer eingehenden Beratung erreicht werden, daß gleichzeitig die wesentlichen baulichen Maßnahmen im Dorf, wasserbauliche Vorhaben und der Gemeindestraßenbau mit allen anderen öffentlichen Bauanliegen koordiniert und in einem Stufenplan festgelegt werden. Es ist zu überprüfen, ob die Landesregierung in der Exekutive nicht so weit gehen soll, die Planungen der einzelnen Ressorts durch Voranmeldung auf 1 Jahr hinaus an eine zentrale Stelle die Koordinierung wirksamer zu gestalten, die dann die Ämter über die Maßnahmen unterrichtet, um so Leerlauf und Fehlinvestitionen zu vermeiden. Bei einer solchen Koordinierung könnten Dringlichkeitsstufen festgelegt werden, um den Mitteleinsatz noch wirkungsvoller zu gestalten. Denn die gesellschaftspolitische Aufgabe der Neuordnung des ländlichen Raumes und die Sicherung der Existenz unserer Landwirtschaft kann nur erreicht werden, wenn die Zusammenarbeit noch viel stärker koordiniert wird und jeder Leerlauf vermieden wird.

Mit dem Versuch einer Zusammenfassung möchte ich zusätzlich einige mir wesentlich erscheinende agrarpolitische und gesellschaftspolitische Akzente setzen. Hierzu schicke ich eine Feststellung voraus:

Die umfassenden agrarstrukturellen Maßnahmen, die während der ersten Amtszeit unseres Ministerpräsidenten zwischen 1951 und 1955, in die die Gründung der AVA fällt, eingeleitet und seitdem ständig verstärkt weitergeführt wurde, haben sich als richtig erwiesen.

Aus den bisherigen Erfahrungen in Hessen, in der Bundesrepublik und im EWG-Bereich lassen sich gewisse allgemein gültige Erkenntnisse für die künftigen Aufgaben bei der Verbesserung der Agrarstruktur ableiten.

1. Strukturwandel kann nur dann auf lange Sicht erfolgreich betrieben werden, wenn die Wirtschafts- und Agrarpolitik die Aufnahme der sich ständig steigernden Agrarproduktion *zu angemessenen Preisen garantiert oder durch Einkommensübertragung ein angemessenes Agrareinkommen gesichert ist.*
2. Die öffentlichen Mittel zur Verbesserung der Agrarstruktur dürfen weder als Einkommensübertragungsmittel (Subventionen) angesehen werden, noch für solche Zwecke mißbraucht werden.

Die isolierte Förderung eines Einzelbetriebes ist in der Regel noch keine Maßnahme zur Verbesserung der Agrarstruktur. *Die Maßnahmen zur Verbesserung der Agrarstruktur sollen mindestens die Gesamtsituation ei-*

nes Dorfes, besser jedoch mehrerer Dörfer oder eines Kleinraumes verbessern.

3. Die Verbesserung der Agrarstruktur ist zwar eine sehr bedeutende Entwicklungsmaßnahme im ländlichen Raum, zur vollen Auswirkung gelangen diese Verbesserungsmaßnahmen jedoch nur dann, wenn sie *einhergehen mit Maßnahmen zur Verbesserung der Infrastruktur, der Verkehrserschließung und der außerlandwirtschaftlichen Erwerbsmöglichkeiten.*

4. Die Vorplanung muß daher auf diesen Sachverhalt abgestellt werden. Sie darf sich nicht mehr damit begnügen, die *landwirtschaftliche* Vorplanung zu betreiben, *vielmehr muß sie die »Dorferneuerung« und die »Landesentwicklung« zum Ziel haben.* Der Landwirtschaftsminister ist zwar nicht Dorfminister, aber auch in den USA hat der Präsident dem Landwirtschaftsminister die koordinierende Verantwortung für die gesamte Entwicklung des ländlichen Raumes übertragen!

5. Aus gleichen Gründen müssen die Gemeinnützigen Siedlungsgesellschaften *zu Landentwicklungsgesellschaften ausgebaut werden.* Sie dürfen sich in Zukunft nicht mehr nur auf die Planung und den Bau landwirtschaftlicher Wohn- und Wirtschaftsgebäude allein konzentrieren, sondern müssen die umfassende Entwicklung eines Dorfes oder einer Dörfergruppe in Zusammenarbeit mit den *Heimstätten* planerisch und baulich betreuen.

6. In der Landeskulturverwaltung ist zielstrebig der mit dem »Gemeinsamen Erlaß über die Bauleitplanung in ländlichen Gemeinden« und den Seminaren über Bauleitplanung an der TH Darmstadt beschrittene Weg fortzusetzen und auszubauen. Auch hier soll der Schwerpunkt in der ganzheitlichen Erneuerung unseres ländlichen Raumes liegen. *Der Begriff »Landeskultur« muß wieder im weitesten Sinne lebendig werden!*

7. Wenn wir unsere Arbeit im Sinne *dieser* Landeskultur begreifen, dann verbietet sich schnell eine Diskussion darüber, ob die Maßnahmen zur Verbesserung der Agrarstruktur auf landwirtschaftliche Vollerwerbsbetriebe beschränkt werden sollen. Natürlich haben die Vollerwerbsbetriebe andere Sorgen als die Zuerwerbs- oder Nebenerwerbsbetriebe. Daher kommen auch unterschiedliche Lösungen in Betracht. *Aber die Verbesserung der baulichen Substanz ist nicht nur ein Problem der Vollerwerbsbetriebe, sondern des ganzen Dorfes und fast aller Dorfbewohner. Wir müssen zur Kenntnis nehmen, daß fast 70 Prozent aller Inhaber landwirtschaftlicher Betriebe in Hessen heute nicht mehr Vollerwerbslandwirte sind.* Bei anhaltendem Wirtschaftswachstum wird der Anteil der Vollerwerbsbetriebe trotz starker Betriebsauflösungstendenzen immer kleiner. Die *praktische*

Betriebsvergrößerung verläuft viel langsamer als die *notwendige* Betriebsvergrößerung. Eine Beschränkung der Agrarproduktion auf ganz wenige Großbetriebe ist *weder* sozialpolitisch noch volkswirtschaftlich erwünscht und in unseren Mittelgebirgen auch technisch kaum durchführbar.

8. Zweifellos besteht ein großer ökonomischer Zwang in Richtung »größere Wirtschaftseinheiten«. Das bedeutet aber nicht »Großbetriebe«, vielmehr bedeutet das in unserer Zeit: *»Horizontale und vertikale Integration«*. Wir müssen zur Kenntnis nehmen, daß die Zeit, in der der Bauer »König auf seinem Hof« war, vorbei ist. Unsere arbeitsteilige Wirtschaft macht immer mehr »jeden von jedem« abhängig. Keiner ist mehr autark, wie es noch die geschlossene Hauswirtschaft um 1800 gewesen ist. Die horizontalen und vertikalen Verflechtungen und Abhängigkeiten greifen immer mehr auch in den landwirtschaftlichen Betrieb und *zwingen zur Kooperation.*

9. Wir müssen uns daher in Zukunft *weniger um die Vergrößerung einzelner Betriebe sorgen als vielmehr um die Bildung von Erzeugungsschwerpunkten, Erzeugergemeinschaften sowie leistungsfähiger Verarbeitungs- und Vermarktungseinrichtungen.* Die überbetriebliche Zusammenarbeit in der Erzeugung darf nicht mehr auf die Beschaffung, Nutzung und Haltung von Landmaschinen beschränkt bleiben. Auch die Wirtschaftsgebäude werden in zunehmendem Umfang »Arbeitshilfsmittel« und sind oftmals schon *»stationäre Produktionsmaschinen«*. Auch die Vorplanung sollte sich in Zukunft *weniger* auf den Einzelbetrieb konzentrieren, *vielmehr* muß es *zentrale Aufgabe der Vorplanung aber auch der Beratung werden, die Kooperation in der Erzeugung und Verarbeitung zu planen.*

10. Durch den verstärkten Einsatz technischer Hilfsmittel und insbesondere auch durch die Kooperation wird noch in nicht unerheblichem Umfang Arbeitskraft aus dem landwirtschaftlichen Produktionsprozeß freigesetzt. Wenn wir auch nachdrücklich den Wunsch äußern, dieser Gewinn möge sich auch so auswirken, daß der Bauer, der Landarbeiter und die Landfrau nicht nur mehr Zeit für die Ausbildung (Schulbesuch!), sondern auch für Erholung und Muße gewinnen, *so müssen wir daneben größte Aufmerksamkeit dem Bereich der zusätzlichen Erwerbsmöglichkeiten im ländlichen Raum widmen.* Der Gewerbeansiedlung, der Gewerbeförderung und in den geeigneten Regionen insbesondere der Fremdenverkehrsförderung kommt größte Bedeutung zu. Bei dem Ausbau unseres ländlichen Bildungswesens müssen wir mit *Nachdruck* darauf dringen, daß geeignete Ausbildungseinrichtungen für diese sogenannte Umschulung geschaffen werden. Auch die Lehrpläne in unseren landwirtschaftli-

chen Fachschulen müssen wir in dieser Beziehung erweitern, wie wir es in den *Mädchenabteilungen* mit dem *Unterrichtsfach »Fremdenverkehr«* bereits in die Wege geleitet haben. Es sollte bald der Vergangenheit angehören, daß um den 15jährigen Sohn des 10-Hektar-Bauern ein *Tauziehen* zwischen *dem Arbeitsamt* und der *Landwirtschaftsschule stattfindet,* welchen Berufsweg dieser Junge einschlagen soll. *Eine Synthese muß gefunden werden.*

11. Ein Wort noch zur *Bodenpolitik:* In Anbetracht dessen, daß wir *immer weniger* um die sogenannte »optimale Betriebsgröße« wissen, kommt es darauf an, daß wir den Boden in höchstem Grade mobil halten. Nichts erschwert die notwendige Wanderung des Bodens zum besseren *Bewirtschafter* mehr als eine erstarrte Eigentumsordnung. Wir müssen daher zumindest die Landflächen, die sich in der Hand öffentlich-rechtlicher Institutionen befinden, aus diesem Erstarrungsprozeß heraushalten. *Wir dürfen in Zukunft diese Flächen nur noch auf dem Pachtwege vergeben. Das ist zudem wesentlich billiger für alle Beteiligten.*

12. Die Maßnahmen zur Verbesserung der Agrarstruktur erfordern einen großen Aufwand! Insbesondere sind umfangreiche Investitionen im ländlichen Bereich erforderlich. Das zwingt uns nicht nur zu sorgfältiger sachlicher Planung, um Fehlinvestitionen zu vermeiden; das erfordert auch eine klare und vorausschauende Finanzierungsplanung. Im »Großen Hessenplan« hat die Hessische Landesregierung ihre Vorstellungen und Absichten konkret aufgezeigt. Ein Kernstück des »Großen Hessenplanes« ist die vorausschauende Abschätzung der Finanzierungsmöglichkeiten, um eine langfristige Entwicklungspolitik im Lande Hessen zu sichern. *Die Maßnahmen zur Verbesserung der Agrarstruktur sind ein wesentlicher Bestandteil des Großen Hessenplanes,* wie der Ministerpräsident gestern in seiner Rede betont hat. *Damit ist für unsere Maßnahmen eine Kontinuität der Mittelbereitstellung gesichert – allerdings nur im Bereich der Landesmittel.*

13. Es hat sich in letzter Zeit auch bei uns in Deutschland herumgesprochen, daß sich keine *Investition volkswirtschaftlich* so günstig auswirkt wie die Investition in wissenschaftliche Einrichtungen. So bin ich überzeugt, *daß sich auch die Arbeit der AVA als wissenschaftliche Einrichtung überaus segensreich für die Verbesserung der Agrarstruktur ausgewirkt hat und in Zukunft noch mehr auswirken wird.* Wie diese Tagung gezeigt hat, sind die anstehenden Probleme noch nicht gelöst; vielmehr treten täglich neue auf.

Denken Sie daran, daß der Erfolg sich nur dann an unsere Fahnen heftet, wenn wir mit unerschütterlicher Konsequenz auf dem begonnenen Weg weiterschreiten, wenn wir den Mut haben, zusammenzustehen, wenn der Weg beschwerlicher wird. Aber es ist *unsere* Aufgabe – keiner kann sich ausschließen –, unsere Landwirtschaft gut geordnet und wohlvorbereitet in die EWG einzubringen. Dazu beizutragen ist die Aufgabe jedes einzelnen, aber besonders all derer, die in der Arbeitsgemeinschaft zur Verbesserung der Agrarsturktur zusammengeschlossen sind!

2.3.3. Jörg Ziegenspeck: *Von der Förderstufe zur Orientierungsstufe*

Historische und bildungspolitische Anmerkungen aus erziehungswissenschaftlicher Sicht

1. Vorbemerkungen

Die erste Förderstufe wurde in Hessen 1955 im Schuldorf Bergstraße gegründet. Seitdem konnte die Einführung kontinuierlich fortgesetzt werden: 1970 gab es 173 Förderstufen, 1974 über 230; z. Z. (1979/80) sind über 55% aller geplanten Förderstufen eingerichtet.

Aber nicht nur der quantiative Aspekt ist bedeutsam, auch die inhaltliche Zielsetzung war für die förderstufenspezifische Entwicklung in anderen Bundesländern maßstabgebend. So kann der offiziellen Zielsetzung der verfolgte soziale und pädagogische Anspruch entnommen werden, der mit der Einrichtung dieser zweijährigen Unterrichtsphase im Anschluß an die Grundschulzeit verfolgt wird: Die Förderstufe will[1]

- die Auslese nach dem 4. Grundschuljahr durch eine Periode der Beobachtung, Förderung und Orientierung ablösen;
- Informationen über Ziele und Anforderungen der weiterführenden Bildungswege im Sekundarbereich und über die ihnen entsprechende Eignung des Schülers geben;
- Selbsterprobung und Selbsterfahrung des Schülers ermöglichen;
- regional und sozial bedingte Bildungsunterschiede ausgleichen, soweit dies in der Jahrgangsstufe der Zehn- bis Zwölfjährigen möglich ist;
- die Entscheidung über den weiteren Bildungsweg nach dem 6. Schuljahr durch eine intensive Bildungsberatung erleichtern;
- allen Kindern Bildungswege eröffnen, die ihrer individuellen Leistungsfähigkeit entsprechen.

Dabei wurde umzusetzen versucht, was aus zahlreichen wissenschaftlichen Untersuchungen resultierte:

Die Förderstufe hat die Aufgabe[2]

- zu verhindern, daß »nicht bereits bei 10jährigen Kindern eine endgültige Entscheidung über ihren künftigen Bildungsweg getroffen wird;
- Kindern auch ohne zusätzliche Hilfe und Förderung durch das Elternhaus Zugang zu den weiterführenden Schulen« zu eröffnen;
- durch »Zusammenarbeiten und Zusammenleben von Schülern aller Begabungsrichtungen einer einseitigen schichtspezifischen Elitebildung« entgegenzuwirken;

– zu verhindern, »daß Schüler einen Bildungsweg einschlagen, dem sie nicht zu folgen vermögen und auf dem sie vielmehr früher oder später nach vergeblichen Mühen und bitteren Enttäuschungen scheitern«.

Neben den quantitativen und programmatischen Gesichtspunkten sind jene bedeutsam, die die hessische Förderstufenentwicklung auf dem Hintergrund der jüngsten Geschichte der Bundesrepublik Deutschland und ihres föderativen Bildungssystems transparent machen. Hierbei soll deutlich gemacht werden, wie schwer es ist, eine als richtig erkannte – d. h. pädagogisch als sinnvoll erachtete – Konzeption nicht nur in einem Bundesland zu realisieren, sondern auch für andere Bundesländer annehmbar zu machen. Von daher wird dann deutlich, daß die hessische Förderstufe zwar auf dem Weg ist, eine »Orientierungsstufe« zu werden, die Beibehaltung des alten Namens aber auch etwas mit der selbstkritischen Einsicht in die Begrenztheit bildungspolitischer Reformmöglichkeiten zu tun hat. Damit gehört das Land Hessen zu jenen Ländern, die eine Reform nicht lediglich durch einen »Schilderwechsel« herbeizaubern, sondern die sich auf einen langfristigen Entwicklungsprozeß einstellen und folglich einen pragmatischen Kurs steuern.

2. Verlängerung gemeinsamer Schulausbildung für alle Kinder: Pro und contra einst und jetzt

Eine Verlängerung gemeinsamer Erziehung und Ausbildung aller Kinder in der Schule mußte – bereits als Plan, viel stärker jedoch als Konkretisierung – auf Widerstand stoßen, weil damit die Ablösung des vertikalen Schulsystems durch horizontal gegliederte Schulstufen eingeleitet wird. So sind Diskussionsbeiträge um die Grundschulreform zu Beginn der Weimarer Republik mit denen um die Reform der Sekundarstufe I in der Bundesrepublik Deutschland durchaus zu vergleichen:

Damals trafen die Meinungen von konservativen und progressiven gesellschaftlichen Gruppierungen hart aufeinander. Die einen – stärker repräsentiert durch bürgerliche Schichten und Gymnasialvertreter – forderten, daß die Grundschule (wenn überhaupt als gemeinsame Schule der Kinder aller Bevölkerungsgruppen) höchstens vier Jahre – für Begabte nur drei – dauern dürfe, und befürchteten, daß eine längere Grundschulzeit schlechthin zum totalen Niveauverlust höherer Bildung führen müsse; sie traten für das Fortbestehen von gymnasialen Vorschulen und eine deutliche Trennung der Schularten ein (Gliederung des Schulwesens); Begabungen müßten möglichst früh entdeckt und speziell gefördert werden, so daß bereits nach zweijährigem Grundschulbesuch mit differenzierenden Maßnahmen reagiert und nach dreijähriger Grundschulzeit solchen Kindern der Übergang zum Gymnasium ermöglicht werden solle, deren Eignung für das Angebot höherer Bildung klar erkennbar sei.

Die anderen – hauptsächlich repräsentiert durch Vertreter der Sozialdemokratie und Volksschullehrer – warnten davor, die höheren Schulen beim notwendigen Reformprozeß auszuklammern und die damit zusammenhängenden standespolitischen Interessen zu unterstützen; diese als eher fortschrittlich zu bezeichnenden Kräfte leisteten zudem konstruktive Beiträge zur Neustrukturierung des gesamten Bildungswesens (vom Kindergarten über die Grundschule und die weiterführenden Bildungswege bis hin zur Universität); so wurde am Einheitsschulgedanken angeknüpft, wurden koedukative Erziehung, Entkonfessionalisierung der Schulorganisation (zumindest im Grundschulbereich) und die Vereinheitlichung des Lehrerstandes als wesentlich für den Aufbau eines demokratischen Schulsystems erkannt und folgerichtig eine mindestens vier-, ja sogar sechsjährige Grundschulzeit für alle Kinder begrüßt bzw. gefordert[3].

Eine ähnliche, gleichwohl differenziertere Konfrontation kennzeichnet auch die bildungspolitische Argumentation um Vereinheitlichungstendenzen des Schulsystems in der Bundesrepublik Deutschland[4]:

Geht es den einen darum,

- den Spielraum zwischen Wünschenswertem und konkret Durchsetzbarem gründlich auszuloten, um eine weitere Annäherung unserer Verfassungswirklichkeit an den -anspruch zu ermöglichen;
- dabei mitzuwirken, zwei prinzipiellen Forderungen mittels eines horizontalen Sekundarschulwesens gleichermaßen Geltung zu verschaffen: bestmögliche Ausbildung für jeden – gleiche Lernchancen für alle;
- das Prinzip schulzeitlanger Förderung höher zu bewerten als das punktueller Auslese;
- die Förderstufe zur ›Schüler‹-Stufe werden zu lassen, die sich deutlich von den ›Schul‹-Stufen der tradierten Schularten abhebt;
- Durchlässigkeit zum bestimmenden Merkmal eines modernen Schulwesens zu erklären;
- zu verdeutlichen, daß sich eine Neukonzeption schulischen Lehrens und Lernens schon allein aus der gesellschaftspolitischen Grundforderung nach sozialer Gerechtigkeit ergeben muß;

so wird von anderen gegen eine um zwei Jahre verlängerte gemeinsame Schulausbildung für alle Kinder eingewandt,

- daß die bereits früh erkennbaren Begabten benachteiligt werden und die spezifische Bildungsarbeit gerade des Gymnasiums erst verzögert wirksam werden könne;

- daß eine gesamtschulähnliche Unterrichtsstruktur zu einer allgemeinen Verunsicherung führen müsse und Desintegration aller Beteiligten nach sich ziehe;
- daß die psychische Belastung der Kinder nicht verringert, eher gesteigert werde und sich eine zwei Jahre andauernde Unruhe und Sorge von vielen Eltern hinsichtlich der weiteren Schullaufbahn ihrer Kinder allgemein, sozial und leistungsmäßig negativ auswirken müsse;
- daß es bei der Einführung der Förderstufe gar nicht um (durchaus notwendige) Hilfe gehe, sondern um eine Reform um ihrer selbst willen.

Wieder andere fragen,

- ob nicht die Förderstufe von vornherein in der Gefahr steht, das zu ›betonieren‹, was die Grundschule den leistungs- und lernschwachen Schülern bereits vier Jahre lang angetan hat?
- ob es sich bei der Förderstufe nicht um eine neue Bildungsinstitution handelt, die derart stark mit illusionären Erwartungen belastet wird, daß später wieder einmal ausschließlich den Lehrern die Verantwortung zugeschoben wird, wenn die intendierten Ziele nicht erreicht werden?
- ob ein neuer Anlauf unternommen wird, Fragen formaler Organisation hinter solchen curricularer Zielsetzung zurücktreten zu lassen?
- welche Chancen bestehen, über die Förderstufe zu einer Überwindung der Theorie-Praxis-Diskrepanz beizutragen, um damit an die Stelle frustrierender Erlebnisse solche kooperativer Ergänzung von Lehrern und Wissenschaftlern treten zu lassen?

Die hier skizzierten Standpunkte machen deutlich, daß die Förderstufe ausschließlich auf dem Hintergrund des traditionell dreigliedrigen Schulwesens gesehen wird und damit von Anfang an in Vergleichszwang gerät. Dabei waren es kritische Tatbestände, die die Notwendigkeit einer Neustrukturierung des Bildungswesens begründeten. Unmut beim Übergang zu weiterführenden Schulen artikulierte sich nämlich dort besonders scharf,

- wo die üblichen Ausleseprakti ken (z. B. Aufnahmeprüfungen, Probeunterricht, Grundschulgutachten) nicht zu einer sicheren Eignungsfeststellung führten und der Mangel an geeigneten diagnostischen und prognostischen Instrumenten für eine angemessene Schullaufbahnberatung offensichtlich wurde;
- wo der Umfang des Versagens von Schülern auf Gymnasien und Realschulen und der vorzeitige Abgang von den weiterführenden Schulen nicht mehr zu übersehen waren;
- wo es nicht gelingen wollte, Begabungen aus verschiedenen sozialen Bevölkerungsgruppen in ausgeglichener Repräsentation zu erfassen,

geschweige denn unterschiedliche Bedingungen früher Familienerziehung wirkungsvoll auszugleichen;
- wo der Zeitpunkt des Übergangs in seiner gravierenden Bedeutung als (meist) lebenslang wirksame Entscheidung als zu früh angesehen werden mußte.

Diese Kritik wurde vom Deutschen Bildungsrat aufgegriffen, als ein erneuter Versuch unternommen wurde, die Klassen 5 und 6 einer neuen Bestimmung zuzuführen.

3. Vereinheitlichende Zielsetzungen – Verschiedene Wege: 1945-1980

In der förderstufen- bzw. dann später einsetzenden orientierungsstufenspezifischen Diskussion der Nachkriegszeit sind vier Entwicklungsphasen erkennbar:

Die *erste* Phase kann insofern als restaurativ verstanden werden, als es darum ging, 1945 lückenlos an die Verhältnisse vor 1933 anzuknüpfen (›unbewältigte‹ Vergangenheit). Die grundgesetzmäßig garantierte Kulturhoheit der Länder schuf 1949 die bis heute wirksamen Grenzen für die schon sehr früh artikulierten Vereinheitlichungsforderungen für das allgemeinbildende Schulwesen. Da zudem alle Kräfte vom wirtschaftlichen Aufbau (›Wirtschaftswunder‹) der Bundesrepublik Deutschland absorbiert wurden, tangierten Schul- und Bildungspolitik das öffentliche Interesse kaum. Möglichkeiten, wie sie nach dem 1. Weltkrieg zur Neugestaltung des Schulwesens aktiv genutzt worden waren, wurden in der jungen Bundesrepublik vertan; entsprechende Forderungen blieben meist verbal und folgenlos.

In der *zweiten* Phase wurde mit der Veröffentlichung des »Rahmenplans zur Umgestaltung und Vereinheitlichung des allgemeinbildenden öffentlichen Schulwesens« (1959) ein erstes bedeutsames Reformkonzept vorgelegt. Nun stand nicht mehr die Frage einer vier- oder sechsjährigen Grundschule im Vordergrund (die nach 1945 für einige Unruhe gesorgt hatte), sondern die Klassen 5 und 6 sollten zu einer selbständigen Schulstufe zusammengefaßt werden. Zielsetzung der *Förderstufe* (im »Rahmenplan« taucht diese Bezeichnung als Terminus erstmals auf) war es, Gelenkstelle zwischen der Grundschule einerseits und den drei weiterführenden Schularten (Haupt-, Realschule, Gymnasium) andererseits zu sein. Auch die Stellung im Schulaufbau mußte geklärt werden: am besten erschien eine Verbindung der Förderstufe mit der Grund- bzw. der Hauptschule. Gleichzeitig sollten Ansprüche der drei weiterführenden

Schulen zu Wort kommen und die Ziele bestimmen helfen, die nach dem 6. Schuljahr erreicht sein können und sollen. Deshalb wurde Wert darauf gelegt, daß Lehrer der Haupt-, der Realschule und des Gymnasiums dem Förderstufenkollegium angehören. Als adäquates Unterrichtsmittel zur Durchsetzung und Erreichung dieser förderstufenspezifischen Ziele wurde u. a. das Kern-Kurs-System angesehen: einerseits wurde die Notwendigkeit eines breit angelegten Kernunterrichts in heterogen zusammengesetzen Lerngruppen betont, andererseits sollte dem Ziel optimaler individueller Förderung auch der Unterricht in homogen zusammengesetzten Lerngruppen (Englisch, Mathematik und Deutsch) dienen. Weil der Unterricht in der Förderstufe zum überwiegenden Teil ohne äußere Leistungsdifferenzierung und damit ohne Trennung der Kinder eines Klassenverbandes stattfinden sollte, wurde dem Prinzip der inneren Differenzierung ein besonderes Gewicht beigemessen. Schließlich sollten besondere Anstrengungen zur sozialen Integration unternommen werden: Gerade in einer Zeit psychischer Umstrukturierung der Fünft- und Sechstkläßler galt es, durch ein gemeinsames Schulleben aller Kinder und einen Unterricht, der überwiegend ohne Trennung der Kinder erteilt wird, den sozialen Erfahrungsraum wesentlich zu erweitern[5].

Die Förderstufe wurde – sieht man von Ausnahmen in wenigen Bundesländern ab – nicht verwirklicht. Berücksichtigt man vorausgehende Versuche mit dem ›Differenzierten Mittelbau‹ (Niedersachsen) und nachfolgende Versuche mit der ›Förderstufe‹ an der Hauptschule und der ›Eingangsstufe‹ an Realschule und Gymnasium bzw. der ›Beobachtungsstufe‹, so kommt der hessischen Förderstufe besondere Bedeutung zu: Nicht nur die breit angelegten Realisationsbemühungen sind hervorzuheben, auch die praktischen Erfahrungen und wissenschaftlichen Erkenntnisse sind bemerkenswert. Damit erhielt die hessische Förderstufe wegweisende Bedeutung, was sich an der pädagogischen und schulpolitischen Diskussion, die seither geführt wird, deutlich ablesen läßt[6].

Die *dritte* Phase muß als eigentliche *orientierungsstufenspezifische* Entwicklungsphase gewichtet werden. Sie wird durch zwei Empfehlungen der Bildungskommission des Deutschen Bildungsrates – den »Strukturplan für das Bildungswesen« (1970) und den »Bericht '75« (1975) – begrenzt und durch verschiedene Grundsatzpapiere der Bund-Länder-Kommission für Bildungsplanung und eine Vereinbarung der Kultusministerkonferenz ausgefüllt[7].

Eine grundsätzliche Neustrukturierung des bundesrepublikanischen Bildungswesens erschien notwendig, weil die Kritik am vertikal gegliederten Schulsystem kaum noch zu überhören war (vgl. Kap. 2) und es nicht mehr für möglich gehalten wurde, den Schwächen des bestehenden Systems mit immanenten Reformmaßnahmen zu begegnen.

Vom Deutschen Bildungsrat wurde der Versuch unternommen, die Orientierungsstufen-Konzeption vorzustellen und dabei den Bezug zu derjenigen der Förderstufe herzustellen:

»Im Unterschied zur Förderstufe, die als nachträglich eingeführte besondere Stufe in einem selektiven Schulsystem die Funktion hatte, Härten zu mildern und die Auswahl der Kinder auf eine objektivere Basis zu stellen, ist die Orientierungsstufe als ein Abschnitt in dem Kontinuum des sich zunehmend auffächernden und verbreiternden Bildungsangebots der Schule zu verstehen. Die Förderstufe war eine notwendige Übergangslösung. Sie hat dem Bildungssystem in der Bundesrepublik einen großen Dienst erwiesen, indem sie gegen die Widerstände vieler den Beweis erbrachte, daß eine stärkere Berücksichtigung der Individualität des einzelnen Schülers und eine größere soziale Gerechtigkeit in der Schule ohne Leistungseinbuße verwirklicht werden können. In dem Maße, in dem diese Zielvorstellungen das gesamte Bildungssystem mehr und mehr bestimmen, kann auch die Aufgabe dieser Stufe auf eine neue Grundlage gestellt werden.«[8]

Wenn nun der Terminus »Förderstufe« durch den der »Orientierungsstufe« abgelöst wurde, so war keineswegs nur eine formale Umbenennung angestrebt, vielmehr wurde damit sowohl ein bildungspolitischer Auftrag formuliert als auch eine stufenspezifische Aufgabe eines horizontal strukturierten Schulentwurfs präzisiert: Die im Strukturplan angestrebte Verbreiterung des Bildungsangebotes und die damit verbundenen erhöhten Wahl- und Kombinationsmöglichkeiten für den Schüler, sowie die den Schüler bis zum Schulabschluß begleitende Chance, getroffene Wahlentscheidungen zugunsten eines anderen Ausbildungsgangs zu revidieren, stellen eine für unsere bisherigen Schulverhältnisse so neuartige Situation dar, daß ihre angemessene Nutzung in Frage gestellt ist, wenn der Schüler nicht speziell auf sie vorbereitet wird. – Mit dieser Feststellung werden *alle* Schulstufen – also nicht nur die Orientierungsstufe – dem »Prinzip Förderung« unterworfen.

Bei Berücksichtigung dieser weitreichenden Perspektive erwachsen der Orientierungsstufe, die der Sekundarstufe I organisatorisch zugeordnet ist, wichtige Aufgabe. Diese können dem »Strukturplan« entnommen und als ›Katalog von Anregungen‹ verstanden werden[9]:

– »Vorrangig soll diese Stufe den Schülern zur Erprobung ihrer Fähigkeiten und zur Ermunterung ihrer Lernfreude und Neugier dienen« (149). Dadurch sollen die Schüler eigene »Lernmöglichkeiten und Interessengebiete« erkennen (142), damit sie »lernen, sich eigene Ziele setzen zu können« (141).

- Der Schüler soll Einsicht in die »Anforderungen des Sekundarbereichs« gewinnen (142); hierbei soll die »disziplineigene Form der Fragestellung« stärker betont werden (142).
- Das Bildungsangebot soll verbreitert werden (141); das Curriculum soll Wahlmöglichkeiten bieten (141, 142); die Schüler sollen »getroffene Wahlentscheidungen revidieren können« (141).
- Das Curriculum »besteht aus Pflichtlernbereichen, deren didaktischer und thematischer Rahmen relativ frei ausgestaltet werden kann« (149).
- Im gemeinsamen Unterricht sollten »vermehrt individuelle Aufgaben gestellt« werden (142); die »Einrichtung freiwilliger Projektgruppen« kann ebenfalls zur Orientierung beitragen (143).
- Eine äußere Differenzierung wird nicht empfohlen (73, 142, 152). Von diesem Prinzip scheint die erste Fremdsprache ausgenommen zu werden; sie kann »zum ersten Mal in äußerlich differenzierenden Leistungskursen« unterrichtet werden (142 f.) Im übrigen wird statt der äußeren Differenzierung »eine schrittweise und flexible fachspezifische Differenzierung«, zunächst nur in »wenigen Fächern« und vorerst nur mit zwei Leistungsniveaus empfohlen (73 f.).
- In der gesamten Orientierungsstufe soll durchweg »eine von äußerem Druck weitgehend (?) freie Lernatmosphäre« herrschen (143). »Die Beurteilung bzw. das Zeugnis am Ende der Orientierungsstufe hat lediglich Hinweischarakter«. Leistungsnachweise beschränken also nicht die Entscheidung über die künftige Schullaufbahn (149). Die Schüler sollen keine Angst vor Bewertungen haben müssen (143).

Mit diesen Zielvorstellungen wurden Zusammenhänge zwischen allen bisherigen Schularten unter dem Aspekt einer für notwendig erachteten horizontalen Neustrukturierung des gesamten Bildungswesens in der Bundesrepublik Deutschland transparent gemacht und pädagogische Aufgaben skizziert. Obgleich es sich bei der Orientierungsstufe letztlich nur um eine zweijährige Teileinheit des »Strukturplans« handelt, so machte die nachfolgende Diskussion doch die bildungspolitische Brisanz deutlich, die in der Querverbindung ›Orientierungsstufe – Integrierte Gesamtschule‹ steckt.

Die im »Strukturplan« unterbreiteten Vorschläge des Deutschen Bildungsrates waren für die Beratungen der Bund-Länder-Kommission für Bildungsplanung von nicht zu unterschätzendem Wert, wenngleich sie in dem Maße, in dem die theoretische Konzeption praktikabel gemacht werden mußte, auch in der Gefahr standen, verkürzt und eingeengt zu werden. Daß diese Befürchtungen berechtigt waren, wurde offensichtlich: So werden im »Bildungsgesamtplan« (1973) als verbindliche Ziele für die Sekundarstufe I – und damit auch für die Orientierungsstufe – zwar die zwar die folgenden genannt:

- »Sicherung einer allgemeinen wissenschaftsorientierten Grundbildung für alle.
- Vermeidung vorzeitiger Festlegung auf bestimmte Bildungsgänge.
- Berücksichtigung der Neigung und Befähigung des einzelnen durch eine zunehmende Wahl- und Leistungsdifferenzierung unter Beibehaltung eines verpflichtenden Kernbereichs gemeinsamer Inhalte.«

Doch die Frage der diesen Zielen und Prinzipien gerecht werdenden Organisationsform blieb strittig: Für die der Sekundarstufe I adäquate Integrierte Gesamtschule plädierten die sozialdemokratisch bzw. sozialliberal regierten Bundesländer (Berlin, Bremen, Hamburg, Hessen, Niedersachsen, Nordrhein-Westfalen) und der Bund, während die christdemokratisch regierten Bundesländer (Baden-Württemberg, Bayern, Rheinland-Pfalz, Saarland, Schleswig-Holstein) sich dagegen aussprachen, Entscheidungen politisch vorwegzunehmen, ehe ein Experimental-Programm zur Einrichtung von Schulversuchen mit Gesamtschulen abgeschlossen sei.

In einem »Besonderen Votum« brachte die zuletzt genannte Ländergruppe zu der Frage nach der sinnvollen organisatorischen Anbindung der Orientierungsstufe zum Ausdrück, daß sie »organisatorisch sowohl den verschiedenen Schulformen (Hauptschule, 6jährige Realschule, Gymnasium) zugeordnet wie auch schulformunabhängig gestaltet werden« könne[10].

Ohne Widerspruch blieb jedoch damals die Zeitplanung: »Die Länder werden – soweit das noch nicht geschehen ist – die Orientierungsstufe erproben und ihre Einführung zeitlich so planen, daß bis 1976 mit der Einführung der Orientierungsstufe – möglichst für alle Schüler der betreffenden Altersjahrgänge – begonnen wird.«[11]

Die Befürchtung, daß der breite Spielraum zwischen Mehrheitsbeschluß und Sondervotum einmal mehr die Nachteile unseres föderativen Bildungssystems betonen könnte, bewahrheitete sich relativ rasch. Auf der Grundlage einer »Vereinbarung über die Orientierungsstufe (Klassen 5 und 6)« der Kultusministerkonferenz (1974) wurden die Unterschiede zwischen den abgegebenen Voten praxisrelevant. Es kam zu einer Verwässerung der im »Strukturplan« skizzierten Grundkonzeption.

Damit war die administrative Weichenstellung bundesweit erfolgt, so daß die Orientierungsstufe in der *vierten* Phase (seit 1975) zu einem

Sammelbegriff unterschiedlicher bildungspolitischer Intentionen werden konnte. Das kann insofern verallgemeinert werden, als die Feststellung, daß die Geschichte der Bemühungen um Vereinheitlichung gegenläufiger Bestrebungen im Erziehungs- und Bildungswesen ein Prozeß permanenter gesellschaftspolitischer Machtausübung ist, wobei sich die Ergebnisse pluralistischer Auseinandersetzung meist in Form von (halbherzigen) Kompromissen abzeichnen, bestätigt wird. So stellt die Bildungskommission des Deutschen Bildungsrates fest, daß sich rückblickend die Empfehlung zur Schaffung einer Orientierungsstufe »als Formel für jenen Kompromiß« darstellt, »auf den sich die Verfechter eines modifizierten dreigliedrigen Schulsystems mit den Verfechtern einer differenzierten integrierten Sekundarschule einigen konnten«[12].

Folgerichtig verdeutlicht die Darstellung des gegenwärtigen Planungs- und Entwicklungslandes der Orientierungsstufe in den Ländern der Bundesrepublik Deutschland, daß Skepsis wohl eher angebracht ist als Euphorie, wenn es um die Beantwortung der Frage geht, ob von der Orientierungsstufe weitere Reformansätze zu erwarten sind[13]:

In *Baden-Württemberg* gibt es seit 1974/75 einige ›Vorlaufversuche‹ mit der schulartabhängigen und schulartübergreifenden Orientierungsstufe. An eine landesweite Einführung dieser neuen Schulform wurde bisher nicht gedacht. In den vergangenen Monaten gab es jedoch Hinweise darauf, die bestehenden Klassen 5 und 6 umzubenennen und als ›Orientierungsstufen‹ laufen zu lassen (möglicherweise in Anlehnung an die Praxis in Schleswig-Holstein).

In *Bayern* gibt es Schulversuche an 14 Standorten, wobei die meisten Versuchs-Stufen im Rahmen von Gesamtschulversuchen erprobt werden. Auch hier ist an eine flächendeckende Einführung der Orientierungsstufe nicht gedacht.

In *Berlin* nehmen die Klassen 5 und 6 der Grundschule die Aufgaben der Orientierungsstufe wahr.

In *Bremen* wurde die schulformunabhängige Orientierungsstufe nach einer sehr gründlichen curricularen Planung und Vorbereitung mit dem Schuljahr 1977/1978 eingeführt.

In *Hamburg* gibt es seit dem Schuljahr 1973/74 lediglich an zwei Standorten Schulversuche mit der schulartunabhängigen Orientierungsstufe. An den übrigen Schulen gibt es nach wie vor ›Beobachtungsstufen‹. Allerdings gewährt das Hamburger Schulgesetz auf den Besuch der schulformunabhängigen Orientierungsstufe einen Rechtsanspruch, was zur Expansion von Orientierungsstufen als Teil von Gesamtschulen führen dürfte.

In *Hessen* gibt es seit dem Schuljahr 1955/56 (Schuldorf Bergstraße) eine kontinuierliche Förderstufen-Entwicklung. Die Förderstufe entspricht der Orientierungsstufe. Mehr als die Hälfte aller Kinder der entsprechenden Altersjährgänge besuchen z. Z. die Förderstufe. Es werden erhebliche Anstrengungen unternommen, die abschließende Einführung der Förderstufe im Lande zu beschleunigen (Koalitionsvereinbarung zur Einbringung eines entsprechenden Schlußgesetzes vom Herbst 1978).

In *Niedersachsen*[14] ist die Orientierungsstufe als Regelschule gesetzlich abgesichert. Mit dem Schuljahr 1979/80 sind deutlich über 80% der geplanten Orientierungsstufen im Lande eingeführt. Die Orientierungsstufe ist entweder schulformunabhängig konzipiert oder organisatorisch der Hauptschule zugeordnet. Der plötzliche Regierungswechsel (Frühjahr 1976) brachte erhebliche Verunsicherung in das bildungspolitische Klima, doch konnte die abschließende Einführung der schulformunabhängigen Orientierungsstufe bis zum Schuljahr 1980/81 mit dem ›Abschlußgesetz‹ terminiert werden. Der Wahlsieg der CDU (Landtagswahlen im Juni 1978) führte dazu, daß öffentlich über Modelle der ›Vorgruppierung‹ bzw. über Versuche mit der schulformabhängigen Orientierungsstufe nachgedacht wird. Gleichzeitig wird die Novellierung des Niedersächsischen Schulgesetzes vorbereitet. Die daraus resultierenden Auswirkungen für die kontinuierliche Fortentwicklung der Orientierungsstufe in diesem Bundesland sind z. Z. nicht zu übersehen[15].

In *Nordrhein-Westfalen*[16] gibt es keine Orientierungsstufe. Sie sollte im Rahmen der ›Kooperativen Schule‹ – quasi als deren ›Herz-Stück‹ – realisiert werden, was jedoch durch das Ergebnis eines ›Volksbegehrens‹ zunichte gemacht wurde.

In *Rheinland-Pfalz* ist die Orientierungsstufe Regelschule, wobei allerdings zu berücksichtigen ist, daß es nur sehr wenig schulartübergreifende, dagegen in der Regel schulartabhängige Orientierungsstufen gibt.

Im *Saarland* sollte die Orientierungsstufe (unter alleiniger CDU-Regierung!) zum Schuljahr 1977/78 schulformunabhängig und flächendeckend eingeführt werden. Die Koalitionsverhandlungen zwischen CDU und F.D.P. führten – aufgrund des Landtagswahlergebnisses – dazu, daß die Einführung der Orientierungsstufe nicht vor 1980 erfolgen wird.

In *Schleswig-Holstein* gibt es die schulartgebundene Orientierungsstufe als Regelschule seit dem Schuljahr 1971/72.

Eine solche Länderübersicht macht deutlich,

– daß zehn Jahre – argumentiert man vom »Strukturplan« des Deutschen Bildungsrates her – oder sieben Jahre – beruft man sich auf den »Bildungsgesamtplan« der Bund-Länder-Kommission – offensichtlich nicht ausreichen, um in elf Bundesländern eine (damals) als notwendig erkannte Teilreform bezogen auf lediglich zwei Schuljahre (Klasse 5 und 6) zu verwirklichen.

- daß sich die einhellige Auffassung der sozialdemokratisch bzw. sozialliberal regierten Bundesländer, die Orientierungsstufe schulformunabhängig einzurichten, und der christdemokratisch regierten Bundesländer, ihre organisatorische Anbindung an das Schulsystem offenzuhalten, in dieser prinzipiellen Verbindlichkeit praktisch nicht realisieren ließ.
- daß es keineswegs diejenigen Länder sind, die die grundsätzliche Entscheidung zur schulorganisatorischen Anbindung von wissenschaftlichen Begleituntersuchungen abhängig machen wollten, die auch aktive Anstrengungen zur Einrichtung eines breiten Schulversuchsprogramms unternommen haben.

Bildungspolitische Prozesse im Föderalismus werden – das kann diesem Bericht entnommen werden – eher von differenzierenden als von integrierenden Kräften beeinflußt. Nicht nur die sichere Voraussage, daß die unterschiedlichen Orientierungsstufenkonzepte dazu beitragen, daß die Zugänge zu den verschiedenen Bildungwegen und damit die möglichen Schullaufbahnen in den elf Ländern immer stärker voneinander abweichen werden und Mobilität in zunehmendem Maße verhindert wird, sondern auch die im »Bericht '75« getroffene Feststellung machen skeptisch und zeigen, welche Barrieren gegen theoretisch einleuchtende und wissenschaftlich weitgehend abgesicherte Pläne im Hinblick auf ihre praktische Umsetzung aufgerichtet werden bzw. mit welchen Abstrichen bei einer Konkretisierung zu rechnen ist: »Die Entwicklung in den Ländern der Bundesrepublik läßt sich nicht als ein linear fortschreitender Reformprozeß beschreiben. Mit erheblichen Zeitverschiebungen wurden die Gewichte zwischen zwei theoretisch und aus der Praxis begründbaren Formen der Differenzierung verlagert, und zwar von Land zu Land unterschiedlich von einer Organisation, die in erster Linie der Beobachtung und Verteilung diente, auf eine Organisation, die in erster Linie der gemeinsamen Förderung aller Schüler und ihrer Orientierung auf die differenzierten Lernangebote der nachfolgenden Schulstufe dient.«[17]

Dies läßt sich auch den im »Bericht der Bundesregierung über die strukturellen Probleme des föderativen Bildungssystems« getroffenen Aussagen entnehmen. Bezogen auf die Verfahren, die den Übergang vom Primar- zum Sekundarbereich regeln, werden in diesem Bericht folgende vergleichende Hinweise gegeben[18]:

1. Es wird – in chronologischer Reihenfolge, vom »Hamburger Abkommen« (1964) über den KMK-Beschluß »Übergänge von einer Schulart zur anderen« (1960, geändert 1966) bis zur »Vereinbarung über die Orientierungsstufe (Klassen 5 und 6)« (1974) – an die *Vereinbarungen der Länder* erinnert und festgestellt, daß diese Beschlüsse bzw. Empfehlungen und Vereinbarungen »erheblichen Spielraum für unterschiedliche Regelungen« zulassen. (17) An der Realität in den elf Bundesländern orientiert, wird die Frage gestellt, »ob bestimmte Regelungen einzelner Länder noch mit diesen Beschlüssen zu vereinbaren sind«? (17)

2. Auch an die *gemeinsame Bildungsplanung* (»Bildungsgesamtplan« 1973) wird erinnert, z. B. daran, daß es zwar unterschiedliche Ansichten zur organisatorischen Anbindung der Orientierungsstufe gab (Mehrheitsbeschluß und ›Besonderes Votum‹ der Länder-Minderheit), daß aber hinsichtlich der zeitlichen Zielsetzung – Einführung der Orientierungsstufe: 1976 – Einigkeit zwischen dem Bund und allen Ländern bestand.

3. Der Übergang von der Grundschule (4. Klasse) bzw. von der Orientierungsstufe (6. Klasse) »ist nur in einem Teil der Länder durch Gesetz geregelt worden«. (18) In der Regel enthalten Erlasse (Schulordnungen, Rundschreiben, Bekanntmachungen u.a.) die konkreten *Übergangsbestimmungen.*

4. Daraus ergibt sich die zu beobachtende *Vielfalt der Übergangsverfahren:*

- So gibt es fast in allen Ländern »mit einem Übergangsverfahren nach der Grundschulklasse 4« ein *Gutachten* über die Hauptschul-, Realschul- und/oder Gymnasialeignung. (18)
- In manchen Ländern (z. B. Niedersachsen, aber hier nur für jene Gebiete, in denen die Orientierungsstufe noch nicht eingeführt worden ist) soll das von der Grundschule erstellte Eignungsgutachten lediglich darüber Aussagen machen, »ob der Schüler für die *beiden* weiterführenden Schularten der Realschule und des Gymnasiums geeignet ist.« (18)
- »Einige Länder stellen auf eine pädagogische Gesamtbeurteilung ab (z. B. Nordrhein-Westfalen), andere Länder (z. B. Bayern) sehen daneben ausdrücklich vor, daß bei dem Gutachten die Noten in bestimmten Unterrichtsfächern (z. B. in Deutsch und Mathematik) besonders zu berücksichtigen sind. Nach dem entsprechenden rheinland-pfälzischen Erlaß ist demgegenüber die Eignungsempfehlung für das Gymnasium oder die Realschule nur auszusprechen, wenn die Leistungen in der zuletzt besuchten Klasse überwiegend ›befriedigend‹ oder besser sind. In Baden-Württemberg soll das Grundschulgutachten neben einer zusammenfassenden pädagogischen Beurteilung auch die Angabe enthal-

ten, ob der Schüler zum ersten, zweiten oder letzten Drittel der Klasse gehört.« (18 f.)

– *Probearbeiten* sind in Baden-Württemberg und Bayern für alle Schüler der 4. Grundschulklassen verbindlich vorgeschrieben. Sie werden »bei der Beratung der Erziehungsberechtigten berücksichtigt« (Baden-Württemberg) oder sind in »das Gesamturteil des Grundschulgutachtens einzubeziehen« (Bayern). (19)

– *Aufnahmeprüfungen* gibt es nur in Baden-Württemberg und Bayern; sie sind von jenen Schülern abzulegen, die in den Probearbeiten bzw. den Abschlußzeugnissen der Klasse 4 nicht die bestimmten, im einzelnen festgelegten Mindestzensuren erreichten, die im Schulgutachten keine ausdrückliche Eignungsfeststellung für die gewünschte Schulart bescheinigt bekamen und deren Eltern auf der gewünschten weiteren Schullaufbahn für ihre Kinder bestehen. (19)

– Die *Übergangsentscheidung* nach der 4. Grundschulklasse wird in der Regel von den Erziehungsberechtigten in Verbindung mit dem Gutachten-Ergebnis gefällt, wobei entweder der Elternwille allein ausschlaggebend ist oder aber bei der Gutachten-Empfehlung ein ›Nicht geeignet‹ besondere Verfahren nach sich zieht (z. B. ›Ausleseverfahren‹, ›Überprüfung‹, ›Probeunterricht‹). (19)

5. »Alle Länder mit einem Übergangsverfahren nach der 4. Grundschulklasse, d. h. alle Länder außer Berlin und Bremen, sehen nach der Klasse 4 eine *Erprobungszeit* im Gymnasium und, falls die Realschule nicht erst mit der Klasse 7 beginnt, auch in der Realschule vor. Die Erprobungszeit wird in diesen Ländern teilweise in der schulformabhängigen Orientierungsstufe durchgeführt.« (19)

So beträgt die Probezeit zwischen einem halben Jahr (z. B. in Baden-Württemberg und Bayern) und zwei Jahren (z. B. Nordrhein-Westfalen).

6. Das *Überweisungsverfahren* in den Ländern, die die schulformunabhängige Orientierungsstufe kennen (z. B. das Land Hessen), findet erst am Ende der Klasse 6 statt; es ist dem sonst nach Klasse 4 üblichen Verfahren vergleichbar: Empfehlung der Orientierungsstufe mit Widerspruchsrecht der Erziehungsberechtigten und dann folgendem Überprüfungsverfahren.

7. Dem *Elternwillen* wird in einigen Ländern besondere Bedeutung beigemessen (z. B. Berlin, Bremen, Niedersachsen). Dort erfolgt die Überweisung nach Beratung durch die abgebende Schule aufgrund des Votums der Erziehungsberechtigten. Das erste halbe Jahr (Berlin) bzw. ganze Jahr (Bremen) gilt als Probezeit. (21)

Die Bundesregierung kommt in ihrem »Bericht über die strukturellen Probleme des föderativen Bildungssystems« (auch »Mängelbericht« genannt) zu folgendem Ergebnis: »Eine Annäherung der unterschiedlichen Auffassungen der Länder zur Gestaltung der Übergangsverfahren nach der Grundschule ist nicht zu erkennen. Vielmehr deuten die Anzeichen darauf hin, daß sich die Schulsysteme in diese Frage, wie in anderen Bereichen auch (Gesamtschule oder gegliedertes Schulwesen), noch weiter auseinanderentwickeln und daß durch Vereinbarungen zwischen den Regierungen diese Entwicklung nicht entscheidend beeinflußt werden kann.« (22)

4. Der hessische Weg: Suche mit pädagogischem Augenmaß trotz bundesweiter bildungspolitischer Mängel

Dieser Bericht sollte offenbaren, daß die Orientierungsstufe von der Konzept- über die Entscheidungsplanung bis hin zur partiellen praktischen Umsetzung bundesweit von zahlreichen Mängelerscheinungen begleitet war:

- Dem richtigen pädagogischen Konzept wurde bildungspolitisch und administrativ nur unzureichend entsprochen;
- Anregungen aus der pädagogischen Forschung und von der Erziehungswissenschaft blieben weitgehend unberücksichtigt;
- Folgerungen aus den vielfältigen praktischen Erfahrungen ›vor Ort‹ wurden kaum gezogen;
- häufig war die administrative Überheblichkeit und Schwerfälligkeit der ›heilige Mantel‹ der verantwortlichen Bildungspolitiker, der über Zustände gebreitet wurde, die zu Mißverständnissen, Mißdeutungen und Unbehagen führten:

  So blieb die Grundschule auf die Einstufung in drei ›Einheitsbegabungen‹ nach höchst fragwürdigen Kriterien und Auslesepraktiken (z. B. das sog. ›Grundschul-Abitur‹ in Baden-Württemberg und Bayern) fixiert,

so wurden das ›Sitzenbleiber-Elend‹ und das ›Schullaufbahn-Abbrecher-Problem‹ nicht der notwendigen Lösung näher gebracht,

so wurde die Orientierungsstufenentwicklung in den Sog bildungspolitischer Stagnation und der Erstarkung der Dreigliedrigkeit unseres Schulwesens auf dem Hintergrund wirtschaftlicher Rezessionsprozesse und deren gesamtgesellschaftlichen Auswirkungen gezogen und

so entwickelte sie sich zu einer ›Sortierstufe‹, weil Förder- und Orientierungsfunktionen zugunsten der Selektionsabsichten mehr und mehr in den Hintergrund treten mußten.

– Schließlich nahmen Streß, Angst und Leistungsdruck dermaßen bedrohliche Formen an, daß politische ›Kurzschlußhandlungen‹ erfolgten: Es wurde nicht gründlich analysiert, wodurch diese Phänomene in die Schule Einzug halten konnten, es wurde fahrlässigerweise behauptet, die ›Bildungsreform‹ sei schlechthin Verursacher (und damit die Orientierungsstufe), obwohl die so behauptete Reform noch gar nicht stattgefunden hatte.

Das heißt aber nicht, daß diese Mängel in dieser Häufung und Ausprägung auch auf die hessische Förderstufe zutreffen. Vielmehr war hier das Bemühen aller Beteiligten – Politiker, Ministerialbeamte, Erziehungswissenschaftler, Fachdidaktiker und (nicht zuletzt!) Lehrer – immer wieder zu beobachten, eine Neustrukturierung des Bildungswesens als langfristigen Prozeß zu verstehen. Und in der Tat: Sollte die Verwirklichung der Orientierungsstufe auf Bundesebene tatsächlich gelingen, »so wäre das als geschichtliches Parallelereignis zur Konstituierung der Grundschule im Jahre 1919 zu werten. Sollte nun die Gesamtschuldiskussion unserer Tage als erstes Ergebnis von Rang die Orientierungsstufe auf überregionaler Basis bringen, so fände damit eine geschichtliche Entwicklung ihre Fortsetzung, deren Anfang mit dem Beginn des ersten Demokratisierungsversuchs in Deutschland zeitlich übereinstimmt.[19]

Dieser Langfristigkeit bei der inhaltlichen und organisatorischen Lösung längst erkannter Probleme stellte man sich in Hessen relativ früh. Dabei galt es auch, den ›Modernitäts-Rückstand‹ des öffentlichen Schulwesens aufzuholen, denn immer noch beherrschen jene Merkmale unsere Schule, die als unentbehrliche Voraussetzungen für den Ausbau eines Berechtigungswesens bei der Einrichtung der Höheren Schulen Preußens (um 1840) angesehen wurden:

- die jahrgangsweise Einschulung,
- die jährliche Versetzung nach dem Leistungsstand in allen Fächern,
- der verbindliche Fächerkanon und die Stoffverteilung und
- die festgelegte Wochenstundenzahl.

In diesem vorgeprägten und relativ starren System mit seither nur geringfügig veränderten Merkmalen kann der Lehrer seinem vermittelnden Auftrag nur schwer gerecht werden. Daß ein solches relativ starres Schulsystem gerade in Zeiten wirtschaftlicher Rezession zu Leistungsdruck und Konkurrenzverhalten führt, ist deshalb kaum verwunderlich, weil das in der Gesellschaft vorherrschende Leistungsprinzip auch das der Schule ist: Als staatliche Institution ist sie Instrument der Zuweisung sozialer Positionen, hat sie Verteilerfunktion für Sozial- und Lebenschancen.

Die kritiklose Übernahme des gesellschaftlichen Leistungsprinzips hat für den Schulalltag weitreichende Auswirkungen:

- Bestimmten Fächern (den sog. ›Haupt‹-Fächern) wird besondere Bedeutung zugewiesen. Dabei handelt es sich um Fächer, die für den gesellschaftlichen Verwertungszusammenhang als besonders relevant erscheinen. Nur in diesen Fächern findet in der Regel eine äußere Leistungsdifferenzierung statt.
- Der schulischen Leistung liegt als Bewertungsgrundlage und Konstrukt die ›Normalleistung‹ zugrunde. Von ihr werden die menschlichen Beziehungen nach Leistung und Können weitgehend geregelt, wobei das Versagen anderer Schüler die eigene Leistung hebt. Die diesem Leistungsprinzip unterworfenen Schüler sind Konkurrenten um die wenigen Aufstiegsmöglichkeiten; sie müssen deshalb – bewußt oder unbewußt – das Versagen der Mitschüler wünschen.
- Ständige Leistungskontrollen führen zu ständigem Leistungsdruck, wobei die institutionalisierte ›Mobilität‹ (Versetzung – Sitzenbleiben) ihre Legitimierung durch eine längst als fragwürdig erkannte Form der Leistungsbewertung (Zensur und Zeugnis) erfährt.
- Die Beurteilung eines Schülers ist nicht frei von Fehlerquellen: so sind geschlechts-, fächer- und schichtenspezifische Zensierungsunterschiede nachweisbar.
- Die groben Lokationsversuche (gut–schlecht) haben ihre sozialen Auswirkungen: zwischen Schüler und Schüler, zwischen Lehrer und Lehrer, zwischen Elternhaus und Schule. Sie bleiben auch nicht ohne Folgen für den einzelnen Schüler und seine Leistungsmotivation: Beim ›guten‹ Schüler macht sich häufig bemerkbar, daß eine bescheinigte hohe Leistungsfähigkeit auch mit einer größeren Beliebtheit und Sympathie korreliert; beim ›schlechten‹ Schüler führen ständige Mißerfolgserlebnisse zu abnehmendem Selbstwertgefühl und damit – längerfristig gesehen – zu Lernbehinderungen und ›sozialer Demontage‹.

Die enge Verbindung zwischen seinen Erfahrungen in Elternhaus und Schule einerseits und den gesellschaftlichen Normen und Werten andererseits können dem einzelnen Schüler durchaus plausibel oder auch gerechtfertigt erscheinen. Von daher wird eine Veränderung der gegenwärtigen Gesellschafts- und Ausbildungsstruktur gerade von denjenigen als ungerecht empfunden werden, deren Privilegierung schon allein dadurch zum Ausdruck kommt, daß sie die eigenen Bedürfnisse öffentlich artikulieren (und meist auch durchsetzen und absichern) können. So wird z. B. in der Einführung der schulformunabhängigen Orientierungsstufe bzw. der abschließenden Flächendeckung mit Förderstufen von den Angehörigen dieser Bevölkerungsgruppe die Gefahr gesehen, daß durch ein verändertes und verlängertes Beobachtungs- und Beurteilungsverfahren nicht mehr ohne weiteres die Forderung nach einer bestimmten Schullaufbahn für das Kind und damit die Wahrung des sozialen Ranges der Familie erfüllt wird; die Grundschule wird aus der Rolle des ›Erfüllungsgehilfen‹ dieser Elterngruppe zwar entlassen, gleichwohl stellen die Mitglieder dieser bildungsbewußten Schicht ein nicht zu unterschätzendes gegenreformerisches Potential dar.

Die hessischen Landesregierungen haben in den vergangenen Legislaturperioden immer wieder deutlich zu machen versucht, daß für die Ansprüche, die eine Demokratie an ihre Bürger zu stellen hat, die Schule gar nicht gut genug sein kann. Entsprechend hoch sind die Forderungen an eine demokratische Leistungsschule. Eine solche veränderte Schule muß

- flexibel und durchlässig sein,
- größtmögliche individuelle Entfaltungsmöglichkeiten je nach den Lernvoraussetzungen und -möglichkeiten, Stärken und Schwächen, Interessen und Neigungen bieten,
- einem pädagogischen Leistungsbegriff folgen, der von der Gleichgewichtung des Lernprozesses und des -ergebnisses ausgeht und die individuell unterschiedlichen Lernvoraussetzungen und sozialen Erfahrungen berücksichtigt,
- unterschiedliche Sozialisationsbedingungen berücksichtigen und
- täglich für die Verbesserung des Lernklimas, für die Steigerung der Motivation und für das Einbeziehen der emotionalen Befindlichkeit des einzelnen Schülers eintreten – also soziales Lernen praktizieren.

Die Förderstufe in Hessen verfolgt diese Ziele beständig. Sie sollte in diesen Bemühungen unterstützt und gegen ungerechtfertigte Angriffe in Schutz genommen werden.

Das schließt ein, daß diese Ziele nicht auf eine Schulstufe beschränkt werden dürfen: So gesehen kann es sich bei der Förderstufe nur um eine Phase im integrativen Zusammenhang der Sekundarstufe I (Mittelstufe) handeln. Fehlen zur diesbezüglichen Fortentwicklung der politische Wille, das Potential und das Durchsetzungsvermögen, so bleiben wir fixiert auf eine Dreigliedrigkeit des Schulsystems, das unserer Gesellschaftsordnung nicht entspricht, und auf ein Ausleseverfahren, das sich permanent den Anschein der Objektivität gibt und dennoch den Beweis dafür schuldig bleibt.

Auf die inzwischen vorliegenden positiven Zwischenergebnisse wissenschaftlicher Begleituntersuchungen (z. B. Niedersachsen[20]) wird hingewiesen, zugleich aber auch darauf, unter welchen bildungspolitischen Rahmenbedinungen die ersten Versuche mit der Orientierungsstufe durchgeführt werden mußten. Was hätte bewirkt werden können, wenn eine bundesweite Vereinheitlichung flankierend zum Tragen gekommen wäre!

Die Analyse des bestehenden ›Schullaufbahn-Wirrwarrs‹ innerhalb und zwischen den Ländern der Bundesrepublik Deutschland läßt es angeraten erscheinen, das Gesetzgebungsrecht des Bundes (Artikel 72 GG) auszuschöpfen, um die Einheitlichung der Lebensverhältnisse der (insbesondere jungen) Bürger über ein Bundesland hinaus und um die Interessen der Gesamtheit zu wahren. »Die Glaubwürdigkeit des Bildungsföderalismus steht nicht nur auf dem Spiel – die Glaubwürdigkeit ist in den letzten Jahren bereits fast vollends verspielt worden.«[21]

Damit wird zusammenfassend noch einmal auf das Spannungsverhältnis zwischen reformerischen und restaurativen Tendenzen hingewiesen und auf die damit eng verknüpfte zeitliche Komponente. Wenn gesagt wird, »daß die Länder heute eher dabei sind, die Empfehlungen des Deutschen Ausschusses für das Erziehungs- und Bildungswesen aus dem Jahre 1960 zu verwirklichen, als die Vorschläge des ›Strukturplans‹ aus dem Jahre 1970«[22], dann kann daraus die Hoffnung erwachsen, daß die bildungspolitisch wegweisenden Empfehlungen des einen wie des anderen Gremiums *langfristig* in die richtige Richtung weisen. Auch das Konzept eines in Stufen gegliederten Schulwesens dürfte sich für praktische Umsetzungsversuche als tragfähig erweisen. Von daher erhält der »Hessische Weg« seine Rechtfertigung und seine ›Wegweiser-Funktion‹ für die übrigen Länder der Bundesrepublik Deutschland.

1 Vgl. die in einem Länderbericht zusammengestellten Fakten:
Ziegenspeck, Jörg: Zum Planungs- und Entwicklungsstand der Orientierungsstufe in der Bundesrepublik Deutschland. Eine Dokumentation und Zwischenbilanz. Reihe: Material- und Nachrichtendienst (MUND) – Bd. 138. Frankfurt/Main 1976, hier besonders das Kap. VI »Hessen«, S. 137-149.
Auf den wichtigen Erlaß soll an dieser Stelle aufmerksam gemacht werden, der die Zielsetzung der Förderstufe in Hessen wesentlich bestimmt hat:
Der hessische Kultusminister (Hrsg.): Richtlinien für die Förderstufe, Erlaß vom 14. 3. 72 (EI5-120104-909).

2 Der Hessische Kultusminister (Hrsg.): Mittelstufe: Förderstufe, Reihe: Bildungswege in Hessen – Heft 2, Wiesbaden 1974, S. 2.

3 Vgl. Der Reichsminister des Inneren (Hrsg.): Die Reichsschulkonferenz (1920). Ihre Vorgeschichte und Vorbereitung und ihre Verhandlungen. Amtlicher Bericht. Leipzig 1921, S. 81-274, 441-545, 696-1050.

4 Die hier aufgeführten Argumente lassen sich der bisher geführten Zeitschriftendiskussion entnehmen. Ein Vergleich mit jenen, die auf der Reichsschulkonferenz vorgetragen wurden, ist aufschlußreich.
Vgl. Ziegenspeck, Jörg u. a.: Die Orientierungsstufe. Annotierte Bibliographie, Aufsätze 1970-1976. Reihe: Beiheft 3 zum Bib-report. Duisburg 1977.

5 Vgl. Deutscher Ausschuß für das Erziehungs- und Bildungswesen (Hrsg.): Rahmenplan zur Umgestaltung und Vereinheitlichung des allgemeinbildenden öffentlichen Schulwesens. Reihe: Empfehlungen und Gutachten – Folge 3. Stuttgart 1959.
Zwei weitere Studien des Deutschen Ausschusses müssen in diesem Zusammenhang genannt werden:
Deutscher Ausschuß für das Erziehungs- und Bildungswesen (Hrsg.): Zur Diskussion des Rahmenplans – Kritik und Antwort. Reihe: Empfehlungen und Gutachten – Folge 5. Stuttgart 1960.
Deutscher Ausschuß für das Erziehungs- und Bildungswesen (Hrsg.): Empfehlungen zum Aufbau der Förderstufe (16. 05. 62). Aus: ders. (Hrsg.): Empfehlungen und Gutachten des Deutschen Ausschusses für das Erziehungs- und Bildungswesen 1953-1965. Gesamtausgabe. Stuttgart 1966, S. 267-344.

6 Aus der Fülle von Veröffentlichungen zur hessischen Förderstufe seien folgende ausgewählt und exemplarisch genannt:
Diederich, Jürgen: Fördern im Kernunterricht. Kontrollierte Beobachtungen und didaktische Überlegungen. Hannover 1973.
Geißler, Erich./Krenzer, Richard Ph./Rang, Adalbert: Fördern und Auslesen. Eine Untersuchung an hessischen Schulen mit Förderstufe, Frankfurt/Main 1969, 2. Auflage.
Gruppe Unterrichtsforschung-Gießen/Himmerich, Wilhelm u.a. (Hrsg.): Lehrerkooperation in der Förderstufe. Versuch ihrer Organisation und Evaluation über ein didaktisches Modell. Reihe: Schriften des Zentrums für Lehrerausbildung der Justus-Liebig-Universität – Nr. 3. Gießen 1977.
Langner, Klaus/Vorkauf, Helmut: Soziale Koedukation in der Förderstufe: Hoffnung und Realität, Ergebnisse sozialpsychologischer Untersuchungen. Reihe: Untersuchungen zum in- und ausländischen Schulwesen – Bd. 7. Weinheim 1970.
Rommel, Hans Georg (Hrsg.): Förderstufen in Hessen, Stuttgart 1969.
Uplegger, Fritz/Götz, Hans: Die förderstufenähnlichen Schulversuche in Hessen. Untersuchungen und Materialien zur Unterrichtsgestaltung und vergleichenden Leistungsmessung im 5. und 6. Schuljahr. Hannover 1969.
Wendeler, Jürgen: Schulsystem, Schulleistung und Schülerauslese. Eine Vergleichsuntersuchung zwischen der Förderstufe und dem traditionell gegliederten Schulsystem. Weinheim 1974.

7 Auf folgende Veröffentlichungen mit zentraler Bedeutung sei hingewiesen:
Deutscher Bildungsrat (Hrsg.): Strukturplan für das Bildungswesen. Reihe: Empfehlungen der Bildungskommission. Stuttgart 1970.
Deutscher Bildungsrat/Die Bildungskommission (Hrsg.): Bericht '75. Entwicklungen im Bildungswesen. Stuttgart 1975.
Bund-Länder-Kommission für Bildungsplanung (Hrsg.): Zwischenbericht an

die Regierungschefs des Bundes und der Länder über den Bildungsgesamtplan und ein Bildungsbudget. Bonn (Drucksache K 111/71) 1971.

Bund-Länder-Kommission für Bildungsförderung (Hrsg.): Vorschläge für die Durchführung vordringlicher Maßnahmen. Drucksache K 28-29/72. Stuttgart 1972.

Bund-Länder-Kommission für Bildungsplanung (Hrsg.): Bildungsgesamtplan. Bde. I und II. Stuttgart 1973.

Ständige Konferenz der Kultusminister der Länder in der Bundesrepublik Deutschland (Hrsg.): Vereinbarung über die Orientierungsstufe (Klassen 5 und 6). Aus: Ständige Konferenz . . . (Hrsg.): Sammlung der Beschlüsse der Ständigen Konferenz der Kultusminister der Länder in der Bundesrepublik Deutschland. Neuwied o.J. (1963 ff.). Gruppe II: Schulwesen, Leitzahl 121, S. 1-5.

8 Deutscher Bildungsrat (Hrsg.): Strukturplan für das Bildungswesen. Stuttgart 1970, S. 141.

9 Dieser Aufgaben- und Zielkatalog wurde von Hans Rauschenberger zusammengestellt, wobei die in Klammern gesetzten Ziffern auf die jeweilige Seitenzahl der dem »Strukturplan« entnommenen Textstellen hinweisen.

Vgl. Rauschenberger, Hans: Funktion und Aufgabe der Orientierungsstufe. Ein Beitrag zur Entwicklung einer praktikablen Theorie. Aus: Ziegenspeck, Jörg (Hrsg.): Bestandsaufnahme: Orientierungsstufe. Texte zu einer aktuellen Problematik, Braunschweig 1975, S. 346 f.

10 Bund-Länder-Kommission für Bildungsplanung (Hrsg.): Bildungsgesamtplan. Bd. I. Stuttgart 1973, S. 25.

11 Bund-Länder-Kommission für Bildungsplanung (Hrsg.): Bildungsgesamtplan. Bd. I. Stuttgart 1973, S. 27.

12 Deutscher Bildungsrat/Die Bildungskommission (Hrsg.): Bericht '75. Entwicklungen im Bildungswesen. Stuttgart 1975, S. 106.

13 Neben einer detaillierten Gesamtübersicht in Buchform

Ziegenspeck, Jörg: Zum Planungs- und Entwicklungsstand der Orientierungsstufe in der Bundesrepublik Deutschland. Eine Dokumentation und Zwischenbilanz. Reihe: Material- und Nachrichtendienst (MUND) – Bd. 139. Frankfurt/Main 1976

liegen zahlreiche Zusammenfassungen in Aufsatzform vor; exemplarisch sei auf folgende Studien aufmerksam gemacht:

Ziegenspeck, Jörg: Die Orientierungsstufe – Planung und Entwicklung. In: der evangelische erzieher (Frankfurt/Main), 28. Jg. (1976), Heft 2, S. 76-88

Ziegenspeck, Jörg: Die Stundentafel für die Orientierungsstufe in den Bundesländern. In: Die Deutsche Schule (Hannover), 69. Jg. (1977), Heft I, S. 4-11.

Ziegenspeck, Jörg: Die Orientierungsstufe in den Bundesländern – Zwischen Reform und Restauration. in: Gesamtschule (Braunschweig), 1977, Heft 1, S. 6-11 und 24-29.

Besser, Hannelore/Ziegenspeck, Jörg: Beobachtung und Beurteilung in der Schule. Diagnostische Verfahren in den Ländern der Bundesrepublik Deutschland. In: Die Deutsche Schule (Hannover), 68. Jg. (1976), Heft 7/8, S. 440-461.

Darüber hinaus gibt es Arbeiten, die sich mit der spezifischen Situation eines Bundeslandes befassen, z. B.:

a) Bayern:
Prell, Siegfried: Erfolgsfeststellung von Orientierungsstufen. München 1977.

b) Nordrhein-Westfalen:
Bohnsack, Fritz (Hrsg.): Kooperative Schule. Weinheim (Beltz) 1978.
Riewoldt, Ursula/Ziegenspeck, Jörg: Zum Entwicklungsstand der Orientierungsstufe in Nordrhein-Westfalen. In: Die Deutsche Schule (Hannover), 68. Jg. (1976), Heft 7/8, S. 500-509. Auch als Sonderbeilage in: Neue Deutsche Schule (Essen), 1976, Heft 16/17, S. 2-7.
Haenisch, Hans/Ziegenspeck, Jörg: Orientierungsstufe in der Kooperativen Schule. Argumente, Begründungen und Ergebnisse für eine schulformunabhängige Schülerstufe. Essen o. J. (1978).

c) Rheinland-Pfalz:
Eckes, Konrad/Haenisch, Hans/unter Mitarbeit von Antoni, Wolfgang: Grundlegung und erste Ergebnisse. Informationen des wissenschaftlichen Begleitteams zur Versuchsreihe Gemeinsame Orientierungsstufe Rheinland-Pfalz, Rheinstetten 1976.
Eckes, Konrad/Haenisch, Hans/u. a.: Schulversuch Gemeinsame Orientierungsstufe. Abschlußbericht des wissenschaftlichen Begleitteams. Reihe: Kultusministerium Rheinland-Pfalz (Hrsg.): Schulversuche und Bildungsforschung, Berichte und Materialien – Bd. 27. Mainz 1979.
Ziegenspeck, Jörg: Zwei Erlasse gegen eine Reform – oder: Was wird von der schulartübergreifenden Orientierungsstufe zum Schluß noch übrig bleiben? In: westdeutsche schulzeitung (Mainz), 86. Jg. (1977), Heft 9, S. 228.

d) Niedersachsen:
Der Niedersächsische Kultusminister (Hrsg.): Orientierungsstufe in Niedersachsen. Reihe: Schulversuche und Schulreform. Berichte – Analysen – Ergebnisse. Hannover 1973.
Meins, Christa: Orientierungsstufe in Niedersachsen – Konzeption einer neuen Schulform und ihre Realisierung. Aus: Peterssen, Wilhelm H., (Hrsg.): Orientierungsstufe. Beiträge aus Bildungspolitik, Erziehungswissenschaft, Praxis. Ravensburg 1975, S. 27-43.
Hicken, Rita/Könke, Angelika/Kühtz, Barbara/Ziegenspeck, Jörg: Auswertung von Erfahrungsberichten der Orientierungsstufen Niedersachsens (1973/74). Äußere und innere Differenzierung – Projektunterricht – Arbeitsgemeinschaften – Unterrichtsorganisation. Reihe: Schriftenreihe der ›Arbeitsgruppe Orientierung‹ an der Hochschule Lüneburg – Bd. I. Lüneburg 1978, 2. Aufl.
Ziegenspeck, Jörg: Orientierungsstufe in Niedersachsen 1976-1978. Der Organisationserlaß »Die Arbeit in der Orientierungsstufe«. Das »Gesetz über den Abschluß der Einführung der Orientierungsstufe im Lande Niedersachsen«. Die Entwürfe der »Rahmenrichtlinien für die Orientierungsstufe«. Reihe: Schriftenreihe der ›Arbeitsgruppe Orientierungsstufe‹ an der Hochschule Lüneburg – Bd. 9. Lüneburg 1978.

14 Vgl. die entsprechenden länderspezifischen Hinweise, die unter der Anmerkung 13 gegeben wurden. Darüber hinaus verdient folgende Veröffentlichung beson-

dere Aufmerksamkeit, weil in ihr eine Zusammenfassung der pädagogischen und bildungspolitischen Orientierungsstufenentwicklung des letzten Jahrzehnt versucht wird:
Arbeitsgruppe Orientierungsstufe an der Pädagogischen Hochschule Niedersachsen – Abteilung Lüneburg (Hrsg.): Differenzierung in der Orientierungsstufe. Das ›Beispiel Niedersachsen‹ im Spannungsfeld bildungspolitischer und pädagogischer Möglichkeiten und Grenzen (1971-1978). Reihe: Auswahl Reihe B – Bd. 93. Hannover 1978.

15 Zur ›Vorgruppierung‹ und zu den jüngsten Plänen des Kultusministers des Landes Niedersachsen gibt folgender Beitrag Aufschluß:
Ziegenspeck, Jörg: Vorgruppierung pervertiert die Orientierungsstufe. In: Erziehung und Wissenschaft – Niedersachsen (Hannover), 1979, Nr. 5, S. 9. Auch abgedruckt unter dem Titel: Blick über den Zaun: ›Vorgruppierung‹ oder: Der Schlußpfiff des Ministers. In: Die Schleswig-Holsteinische Schule (Kiel), 33 Jg. (1979), Heft 4, S. 91-99.

16 Vgl. die länderspezifischen Hinweise unter der Anmerkung 13. Das Pro und Contra, das in der Diskussion um die ›Kooperative Schule‹ zum Tragen kam, wird in folgender Broschüre objektiviert:
Feldhaus, Bernd/Fernau, Friedrich-Wilhelm/Schwier, Hans: Kooperative Schule, Analysen, Argumente, Antworten.
Reihe: Schriftenreihe der Sozialdemokratischen Gemeinschaft für Kommunalpolitik Nordrhein-Westfalen – Bd. 5. Düsseldorf 1978.

17 Deutscher Bildungsrat/Die Bildungskommission (Hrsg.): Bericht '75. Entwicklungen im Bildungswesen. Stuttgart 1975, S. 106 f.

18 Diese vergleichenden Hinweise wurden dem sog. ›Mängelbericht‹ der Bundesregierung entnommen; die in Klammern gesetzten Ziffern weisen auf die jeweilige Seitenzahl der diesem Bericht entnommenen Textstelle hin:
Der Bundesminister für Bildung und Wissenschaft (Hrsg.): Bericht der Bundesregierung über die strukturellen Probleme des föderativen Bildungssystems. Reihe: Bildung und Wissenschaft – Bd. 13. München 1978, S. 15 ff. (Kap. 2: Übergang von der Grundschule).

19 Sauer, Karl: Schulreform und Lehrerqualifikation. In: Westermanns Pädagogische Beiträge (Braunschweig), 25. Jg. (1973), Heft 2, S. 93. Überarbeitete Fassung unter dem Titel: Der Lehrer als Schulreformer, auch in Ziegenspeck, Jörg (Hrsg.): Bestandsaufnahme: Orientierungsst. Braunschweig 1975, S. 80 f.

20 Auf die Schriftenreihe der ›Arbeitsgruppe Orientierungsstufe‹ an der Hochschule Lüneburg, Postfach 2440, 2120 Lüneburg 1, mit inzwischen 12 Bänden wird an dieser Stelle aufmerksam gemacht.
Ergebnisse empirischer Untersuchungen mit länderübergreifender Relevanz werden insbesondere in folgenden Arbeiten referiert:
Grunwald, Michael/Ziegenspeck, Jörg (Bearbeiter): Empirischer Leistungsvergleich zwischen Orientierungsstufenschülern und Schülern der Hauptschule, der Realschule und des Gymnasiums (Klasse 5 und 6). Ein Zwischenbericht zu einer langfristig angelegten Untersuchung über die prognostische Gültigkeit von Grundschulgutachten und Orientierungsstufenempfehlung (Teil I). Lüneburg 1977.

Müller-Wolf, Elke/Grunwald, Michael/Ziegenspeck, Jörg (Bearbeiter): Empirischer Leistungsvergleich zwischen Orientierungsstufenschülern und Schülern der Hauptschule, der Realschule und des Gymnasiums (Klasse 5 und 6): Eine Untersuchung zu Intelligenz-, Schulleistungs- und Persönlichkeitsmerkmalen unter Berücksichtigung sozialer Variablen und Lehrerurteil. Teil II einer Studie zur prognostischen Gültigkeit von Grundschulgutachten und Orientierungsstufenempfehlung. Lüneburg. 1979.

Eine Zusammenfassung verschiedener Forschungsergebnisse aus mehreren Bundesländern befindet sich in folgender Broschüre:

Ziegenspeck, Jörg: Orientierungsstufe: Pro. Argumente, Feststellungen, Begründungen. Plädoyer für eine schulformunabhängige Schülerstufe. Lüneburg 1978, 2. Aufl.

21 Hamm-Brücher, Hildegard: Eine gesamtstaatliche Instanz muß die Initiative in der Bildungspolitik ergreifen. In: Freie demokratische Korrespondenz, 10. 03. 77. Auszugsweise auch abgedruckt in: Der Bundesminister für Bildung und Wissenschaft (Hrsg.): Bericht der Bundesregierung über die strukturellen Probleme des föderativen Bildungssystems. Reihe: Bildung und Wissenschaft – Bd. 13. München 1978, S. 129 (Anhang).

22 Richter, Ingo: Selbständigkeit und Partizipation. Die Empfehlung der Bildungskommission zur organisatorischen Verfassung der Schule. Aus: Richter, Ingo: Grundgesetz und Schulreform. Aufsätze zu Verfassung und Verwaltung des Bildungswesens. Weinheim 1974, S. 160 f.

2.3.4. Hans Werner Kilz: *Das Beispiel Hessen Die Gesamtschule als Pflichtschule*

Die Region Wetzlar hat 41 Grundschulen (Klasse 1 bis 4), zwölf integrierte Gesamtschulen (Klasse 5 bis 10) und eine gymnasiale Oberstufenschule (Klasse 11 bis 13). Nur vereinzelt, in einigen Randgemeinden, fahren Schüler nach der vierten Grundschulklasse noch in ein Gymnasium nach Herborn oder Weilburg. Mit der Gesamtschule, die in diesem Teil Hessens Pflichtschule ist, steht es aus der Sicht der Bürger zum besten. Proteste aufgebrachter Eltern hat es nie gegeben; eine Bürgerinitiative zur Wiedereröffnung eines Gymnasiums kam über den Aufruf der Gründerin nicht hinaus. Statt dessen Zustimmung von allen Seiten. »Meine Tochter«, schwärmt Hessens Umwelt-Staatssekretär Werner Brans (FDP), dessen Kinder in Wetzlar eine Gesamtschule besuchen, »lernt Latein in der 5. Klasse. Das ist eine Sensation, humanistische Bildung hat's in der Arbeiterstadt Wetzlar nie gegeben.« Der Gesamtschul-Modellversuch hat in einer ehemals »bildungsverdünnten Zone«, so Schulamtsdirektor Otto Ringsdorf, »Schule an die Kinder herangetragen«, vor allem auch an jene, »die von unserem Baumeister nicht so behauen sind«.

Von 1960 bis 1969 gab es im Nordteil der Region nur 2,4 Prozent Arbeiterkinder unter den Gymnasiasten, darunter in einem Jahrzehnt sechs Mädchen. »Wir hatten hier Gemeinden«, berichtet Ringsdorf-Kollege Werner Russ, »die brachten nie einen Abiturienten. Da gingen nur die Kinder des Pastors und des Lehrers auf weiterführende Schulen.« Zehn Jahre Gesamtschule haben die Situation gründlich verändert. Das Bildungsgefälle zwischen Stadt und Land ist abgebaut. Die Mädchen sind nicht mehr benachteiligt, Arbeiterkinder werden besser gefördert als im herkömmlichen Schulsystem. Gesamtschulen erzielen deutlich bessere Ergebnisse als traditionelle Schulen, wie wissenschaftliche Vergleichsuntersuchungen mit dem benachbarten Dillkreis ergaben, in dem Gymnasium und Realschule noch bestehen. Nirgendwo in der Bundesrepublik sind Gesamtschulen so gründlich erforscht worden wie in Wetzlar.

Der Konstanzer Bildungsforscher Professor Helmut Fend hat schon 1978 eine umfangreiche Studie vorgelegt, die zeigt, daß

- im traditionellen Schulsystem 13,6 Prozent der Gymnasiasten und 35,7 Prozent der Realschüler aus Arbeiterfamilien kommen, in den 9. Jahrgängen der Gesamtschulen aber 21,7 Prozent der Schüler mit der Abschlußprognose »Abitur« und 37,4 Prozent mit der Abschlußprognose »Realschule« Arbeiterkinder sind;

- von hundert Mädchen nur 20 (dagegen 25 Jungen) ein Gymnasium besuchen, in der Gesamtschule aber 36,4 Prozent Mädchen und 24,9 Prozent Jungen am Ende der 8. Jahrgangsstufe die Prognose »Abitur« bekommen;
- in den traditionellen weiterführenden Schulen 18 Prozent der Schüler, die in der Grundschule eine Klasse wiederholen mußten, im 5. und 6. Schuljahr erneut hängenbleiben, in den Gesamtschulen aber nur 3,4 Prozent die Klasse (freiwillig) wiederholen. Jeder vierte von ihnen (an den anderen Schulen jeder achte) erreicht noch einen weiterführenden Abschluß.

Innerhalb von sieben Jahren stieg die Quote der weiterführenden Schulabschlüsse in Wetzlar auf 66,3 Prozent. Vor Einführung der neuen Schulreform brachte es nicht einmal jeder fünfte so weit. Kein Wunder, daß sich in Wetzlar schon vor Jahren bei einer Infratest-Umfrage nur noch jedes fünfte Elternpaar für das dreigliedrige System aussprach, daß inzwischen 93 Prozent der befragten Eltern mit der »Schulfreude« ihrer Kinder »zufrieden« sind – für die affärenreiche hessische Bildungspolitik ein geradezu verblüffend gutes Ergebnis. In Wetzlar ist eben alles anders. Das beginnt schon damit, daß viele Schüler in den alten Gemäuern der örtlichen Schulen lernten, nicht in Betonburgen wie andernorts üblich, daß sich die Lehrer vornehmlich aus den alten Gymnasien, Realschulen und Hauptschulen rekrutieren – durchweg erfahrene Pädagogen, die auch den Neulingen aus den Universitäten ihren Stil aufprägen. Da alle Schulpflichtigen in und um Wetzlar die Gesamtschule besuchen, ist die Begabungsvielfalt gewährleitet. Andernorts, wo Eltern die Schule für ihre Kinder wählen können, stellt sich ein abträglicher Effekt ein: Bessere Schüler werden aufs Gymnasium geschickt, den Gesamtschulen bleibt der leistungsschwächere Rest.

Vor allem aber sorgen in Wetzlar Eltern dafür, daß in den Schulen streng auf Leistung geachtet wird: daß die Gesamtschule zumindest im A-Bereich dem Gymnasium ähnelt.

Die Eltern schielen »immer nach dem Gymnasium«, räumt der Elternbeiratsvorsitzende Klaus Deutscher ein, drängen auf stärkere Differenzierung, messen die Gesamtschule an ihrer eigenen Schulzeit. »Spätestens auf der Uni«, wirbt Experimentalphysiker Deutscher um Verständnis, »treffen unsere Kinder auf die anderen.« Und dann sollen sie eben auch genauso gut sein. In Wetzlar wie fast überall, wo es die neuen Schulen gibt, orientiert sich die Gesamtschule an den Abschlüssen des gegliederten Systems – obwohl das ihrer erzieherischen Intention zuwiderläuft.

Einen speziellen Abschluß nach dem 10. Schuljahr, der dem pädagogischen Ansatz der Gesamtschule entspräche, gibt es bis heute nicht. Wer bis zum 9. oder 10. Schuljahr vorwiegend in C-Kursen saß, erhält den Hauptschulabschluß. Wenn Leistungsklasse B überwog, wird die mittlere Reife bescheinigt. Wer in den Hauptfächern überwiegend A-Schüler war, erhält am Ende der Klasse 10 die Versetzung in die Sekundarstufe II (Obersekunda bis Oberprima), das Karriereticket zum Abitur. Der Bielefelder Professor Hartmut von Hentig, einer der angesehensten deutschen Erziehungswissenschaftler, spricht in anderem Zusammenhang »von der hilflosen Unterwerfung der anderen Schularten unter das Leitbild des Gymnasiums«. Das trifft's in jeder Beziehung. Nach der ursprünglichen Idee der Differenzierung in unterschiedliche Leistungsgruppen sollte Kurs C das Fundamentalwissen vermitteln, Kurs B zusätzlichen Unterrichtsstoff bieten und A eine weitere Vertiefung des Gelernten sichern, sollten die Schüler aller drei Kurse aber »im gleichen Wasser schwimmen«, wie Dietrich Arlt es ausdrückt, Leiter der integrierten Gesamtschule München-Nord.

Die Praxis, in vielen Gesamtschulen stur orientiert am dreigliedrigen Schulsystem, hat aber dazu geführt, daß die Stoffgebiete in den einzelnen Kursen völlig verschieden sind. Die Unterrichtsinhalte weichen inzwischen so stark voneinander ab, daß beispielsweise an der Gesamtschule München-Nord die B- und A-Schüler, obwohl leistungsstärker, nicht mehr in der Lage sind, den Hauptschulabschluß zu bewältigen – weil nur C-Schüler den Hauptschulstoff behandeln. Groteske Folge: Die Lehrer müssen Schülern aus den Kursen A und B, wenn diese nach dem 9. Schuljahr abgehen wollen, empfehlen, sich freiwillig in die C-Kurse abstufen zu lassen.

Die Orientierung an herkömmlichen Abschlüssen führt dazu, daß spätenstens vom 8. Schuljahr an eine verschärfte Fachleistungs-Differenzierung einsetzt. Viele Gesamtschullehrer achten darauf, daß das Leistungsniveau der A-Kurse in etwa dem Wissensstand gleichaltriger Gymnasiasten entspricht. Lerntempo und Unterrichtsstoff klaffen deshalb von Kurz zu Kurs immer weiter auseinander. Und wie es sich so fügt: Für Stütz- und Liftkurse, die Schüler vor dem Abrutschen bewahren oder aber zum Aufsteigen befähigen sollen, fehlen auch in Wetzlar an manchen Schulen die Lehrer. Kinder, die aus begütertem Hause stammen und Nachhilfestunden bekommen, setzen sich letztlich auch in der Gesamtschule besser durch – eine Entwicklung, die das Postulat von der Chancengleichheit chancenschwach läßt.

Wie sich der Schul-Alltag unter diesen Umständen für Schüler ausnimmt, zeigt ein Dialog, den ein Reporter des Hessischen Rundfunks mit einer Gesamtschülerin aus Wetzlar geführt hat.

REPORTER: »In welchem Kurs bist du denn in Deutsch, Mathematik und Englisch?«

SCHÜLERIN: »In Deutsch werden wir jetzt erst nach den Sommerferien eingeteilt, und in Englisch bin ich in 3 (C-Kurs), und Mathe bin ich jetzt in 2 (B-Kurs) gekommen, da habe ich mich jetzt hochgearbeitet durch Nachhilfeunterricht und so, weil's einfach nicht möglich war, ohne hochzukommen.«

REPORTER: »Leidet man eigentlich ein bißchen darunter, wenn man im 3er-Kurs ist?«

SCHÜLERIN: »Ja, ich glaube doch, denn es ist immer so, daß dann diejenigen, die im 1er-Kurs sind, doch etwas herabsehen auf die Leute, die im 3er-Kurs sind.«

REPORTER: »Und wie hast du es geschafft, aufzusteigen?«

SCHÜLERIN: »Ja, eben durch Nachhilfeunterricht, ein halbes Jahr, und dann bin ich einfach mal auf Probe hochgegangen, obwohl die Lehrer dagegen waren.«

REPORTER: »Kommt es eigentlich öfter vor, daß man von einem niedrigeren Kurs aufsteigt oder daß man von einem höheren Kurs runtersteigt?«

SCHÜLERIN: »Daß man runterfällt, also vom 1er- in den 2er-Kurs, weil im Moment, hab ich's viel gehört, daß Leute Nachhilfe brauchen, um überhaupt in ihrem Kurs zu bleiben. Weil das Niveau einfach nicht nach den Schülern gestellt wird, sondern nach dem Lernprogramm. Ich seh das bei uns im 2er-Kurs in Mathe, da heißt es, ja was habt ihr in den vorhergehenden Jahren gelernt, nach meinem Plan hier müßtet ihr schon viel weiter sein. Da braucht 'ne ganze Menge Leute Nachhilfe, nur um in dem Kurs zu bleiben, nicht um höher zu kommen.«

Wer den Stempel »C-Schüler« mal weghat, traut sich selber nicht mehr viel zu, gibt leicht auf. »Ich hab's versucht, in Englisch im 2er-Kurs zu bleiben«, schildert der Wetzlarer Schüler Wolfgang Melcher seine Erfahrungen, »aber die sind viel zu schnell vorgegangen. Das ist auch blöd, daß nach einem halben Jahr gleich wieder abgestuft wird.« Auch Sabine Krombach, die in Mathematik von 2 nach 1 wollte, aber dafür keinen Stützkurs fand, saß innerhalb kürzester Zeit »richtig auf den Kohlen«. Die Lehrer, so ihre Erfahrung, »sagen die Seitenzahl im Buch, lesen ihr mathematisches Chinesisch vor, und wir hängen zurück«. So trübt sich denn das verheißungsvolle Bild von der Gesamtschule im Raum Wetzlar.

Dort ist eine früher bildungsarme Zone, vernünftig genug, erschlossen worden: Es gibt eine Gesamtschule neben der anderen – die andere, die neue Schule gibt es nicht.

Ein Schreiben, das Kultusminister Hans Krollmann am 18. Dezember 1979 an die Bund-Länder-Kommission für Bildungsplanung richtete, macht das deutlich. Darin wird um Bereitstellung von Bundesmitteln für neue Modellversuche im Raum Wetzlar und im Bereich Gießen ersucht. Hessens Krollmann beruft sich in seinem Antrag auf die wissenschaftlichen Wetzlar-Untersuchungen, die »im Leistungsbereich keine signifikanten Unterschiede zwischen traditionellem Schulsystem und Gesamtschule« zeigen, räumt aber ein:

Neben diesen positiven Ergebnissen ist es in allem bisher jedoch nicht hinreichend gelungen, Schülern mit Lernschwierigkeiten in der Gesamtschule Lernangebote zu machen, die ihren Leistungsfähigkeiten und ihren Begabungsschwerpunkten optimal entsprechen. Auch wenn die Gesamtschule von ihrer Konzeption her »Förderung« als zentrale Zielsetzung ausweist, wird die Zuteilung zu einem C-Kurs stärker als der Besuch der Hauptschule als disqualifizierend empfunden und führt zu weitergehendem Verlust an Motivation und Anstrengungsbereitschaft.

Damit unterstützt die Kursdifferenzierung, wie sie die Förderstufe für die Fächer Englisch und Mathematik in der Regel vorsieht, die Entstehung von Lernschwierigkeiten. Unter dem Vergleichszwang zwischen Gesamtschulen und den traditionellen Schulformen der Sekundarstufe I, der faktisch für die Gesamtschulen Zwang zum Erreichen gymnasial definierter Leistungen vieler ihrer Schüler bedeutet, muß (systematisch) die Aufmerksamkeit darüber hinaus verstärkt auf die leistungsstärkeren Schüler gerichtet werden. Hinzu kommt hierbei, daß Unterricht mit »guten« Schülern von allen Lehrern als angenehmer erlebt wird.

Unter so gegebenen Bedingungen ist die nachgewiesene subjektive Schulunlust der Schüler im C-Kurs ein Produkt der objektiven Schulstruktur. Den Schülern wird »Lernschwäche« und häufig sogar »Verhaltensgestörtheit« zugeschrieben, wo sie unter der vorherrschenden Orientierung von Öffentlichkeit, Schule und Lehrern zur »störenden Randgruppe« werden müssen. Neben »Leistungsschwächeren« befinden sich im C-Kurs bzw. in den hauptschulbezogenen Lerngruppen vor allem auch Kinder ausländischer Eltern, die der Schulpflicht unterliegen, ohne daß die Normalschule bisher zureichend auf ihre besonderen Probleme eingehen könnte.

Nun soll in einem neuen Versuchs-Programm, unter anderem erforscht werden, wie sich in der Gesamtschule solche Lernschwächen beheben lassen, was für Lehrerqualitäten dazu erforderlich sind, welche anderen

Formen der Leistungsdifferenzierung angemessen sind. »Die Idealvorstellung von Gesamtschulen, wie wir sie mal hatten«, beklagt Eberhard Theophel, Pädagogischer Leiter der Kestnerschule in Wetzlar, »existiert nicht mehr.« Und insoweit ist das Modell Wetzlar ebenfalls aufschlußreich: Gesamtschule ist womöglich nur mit Abstrichen realisierbar. Mindestens eines der anspruchsvollen Bildungsziele – Chancengleichheit, individuelle Förderung, Soziales Lernen – kommt unter den Bedingungen, unter denen die Gesamtschule arbeiten muß, leicht zu kurz.

Andererseits zeigt Wetzlar auch dies: Selbst wenn sich die Gesamtschule mit einer eingeschränkten Zielvorgabe begnügt, braucht sie noch ganz spezielle Bedingungen – sie kann sich schwerlich entfalten, wenn das alte Gymnasium um die Ecke ist und ihr Konkurrenz macht. Was dann geschieht, hat Hessen ebenfalls beispielhaft vorgeführt. Denn wo in der Nähe der Gesamtschule auch ein Gymnasium Unterricht bot, ereignete sich, was Gegner der neuen Bildungsanstalt eine »Abstimmung mit den Füßen« nannten. Viele Eltern schickten dort ihre Kinder lieber auf die herkömmlichen Schulen – die auf diese Weise die besseren Schüler quasi absahnten, weshalb Erziehungswissenschaftler auch von einem »Creaming effect« sprechen.

Von all dem, was man mit Gesamtschulen richtig und was man falsch machen kann, haben die regierenden Sozialliberalen in Hessen kaum etwas ausgelassen. Und nirgendwo in der Bundesrepublik war die Gesamtschule härter umkämpft als in Hessen. Nirgendwo geriet das neue pädagogische Konzept so früh und so total in den Brennpunkt parteipolitischer und ideologischer Auseinandersetzungen. In keinem anderen Bundesland ließen SPD-Kommunalpolitiker in so kurzer Zeit so viele Gesamtschulen bauen, nirgendwo glaubten so viele von ihnen in geradezu modellartiger Erwartung und unter Vernachlässigung gesellschaftlicher Wirklichkeit, Schulreform im Zeitraffer verwirklichen zu können. Der Reformübereifer traf allerdings auch nur in Hessen auf einen so unverrückbaren, der Tradition verpflichteten Beharrungswillen von Christdemokraten. Die Einführung der Gesamtschule war für die hessische Union, wie es einer ihrer Abgeordneten sagte, »der Beginn eines Glaubenskrieges«.

Die Fronten waren von Anfang an fest gefügt. Die SPD wollte mit der Gesamtschule »die Zukunft unseres Volkes entscheidend prägen«, wollte »optimale Bildungsmöglichkeiten für jeden und ständige Bildungsbereitschaft«, so ihr damaliger Kultusminister Professor Ludwig von Friedeburg, ein Admiralssohn, dessen Sohn selbst eine Gesamtschule besucht hat. Die christlichen Demokraten des Alfred Dregger sprachen von der »sozialistischen Einheitsschule« in der »nur zum Klassenkampf erzogen« werde, von »Leistungsabbau«, »Mammutschulen« und »Entwurzelung der Kinder« – Stoff für etliche Wahlkämpfe.

Unter Friedeburg kamen »Rahmenrichtlinien« für Deutsch und Gesellschaftslehre an die Schulen, die sich für Lehrer-Fachschaftskonferenzen wie »eine Anleitung zur permanenten Revolution im Klassenzimmer« lasen. An der Frankfurter Ernst-Reuter-Schule wählten mitbestimmungswillige Lehrer anstelle des Direktors eine kollegiale Schulleitung, in Fachkonferenzen für Deutsch und Mathematik billigten sie Schülern über 16 ebenso viele Stimmen zu wie sich selbst. Nahezu jedes Unterrichtsthema in neu entworfenen Lehrplänen führten linkslastige junge Pädagogen auf die »Klassen-Frage« zurück. Erklärtes Lernziel in Gesellschaftslehre war, die Schüler »für die inner- und überbetriebliche Wahrnehmung ihrer Interessen als Arbeitnehmer zu qualifizieren«. Nirgendwo ließ sich deshalb auch die Furcht der Eltern, Gesamtschulen könnten ihre Kinder zum Denken in Konflikten und Klassenkämpfen erziehen, so leicht schüren wie in Hessen. Das Haupt-Wort gegen die Reformer führte der »Hessische Elternverein«, eine betuchte Bürgerinitiative aus Ärzten, Anwälten, Kaufleuten und Ingenieuren, die Pennäler-Reime (»Wir ziehn den Lehrer nackend aus und reißen ihm den Piepel raus«) als Produkt linker »Konfliktpädagogik« ausmachten und den Eltern nahelegten, ihre Kinder »dieser Gesamtschule nicht anzuvertrauen«.

Wenn heute selbst Sozialdemokraten ihre Gesamtschulen in Hessen skeptischer beurteilen als früher, dann vornehmlich deshalb, weil die Schulen in einigen Gegenden kaum funktionsfähig gewesen sind. Im Raum Hanau etwa richtete der – damalige – SPD-Landrat Martin Woythal, der schon das »klassenlose Krankenhaus« populär machen wollte (und damit scheiterte), gleich in jeder größeren Gemeinde Gesamtschulen ein. Der selbstherrliche Sozi trieb damit in dieser Region die integrierte Gesamtschule »in den Konkurs« *(Frankfurter Allgemeine Zeitung)*. Woythals Pech: Nirgendwo auf dem Bildungssektor machte sich die Flaute in den öffentlichen Kassen so nachteilig bemerkbar wie in der personalaufwendigen Reformschule: Überall fehlten die Lehrer, die eine Gesamtschule braucht, um pädagogische Konzepte wie »Soziale Integration« und »Soziales Lernen« in Kerngruppen oder differenzierten Kurs-Unterricht für unterschiedlich begabte Schüler erproben zu können.

Es fehlten die Planstellen für Sozialpädagogen und Sozialarbeiter, die sich verstärkt um lernschwache und verhaltensauffällige Kinder kümmern sollten. Junge Lehrer, die mehr politisch als pädagogisch arbeiten wollten, verursachten einen teilweise chaotischen Schulbetrieb: »Hier ist sehr viel verpfuscht worden«, gibt Schulleiter Kurt Schäfer aus Bruchköbel bei Hanau unumwunden zu, »die Blütenträume Gesamtschule sind in den Reif gekommen.« Viele Schüler wanderten an die städtischen Gymnasien nach Hanau und Frankfurt ab, andere wählten kirchliche Privatschulen in Großauheim und Großkrotzenburg. Fast die Hälfte aller Grundschüler wurde von ihren Eltern auf andere weiterführende Schulen geschickt; den Gesamtschulen in Bruchköbel, Bischofsheim, Dörnigheim und Langenselbold blieben nur die Leistungsschwächeren. »Es ist zum Statussymbol geworden«, beklagt Direktor Schäfer, »das Kind aufs Gymnasium zu geben. Die Eltern haben die Furcht, in der Gesellschaft schief angesehen zu werden.« Zu denen, die Gesamtschulen in dieser Gegend meiden, gehören auch sozialdemokratische Politiker, die einst die Einführung des neuen Schultyps mit beschlossen haben und heute »nur noch halblahm« (Schäfer) dazu stehen. Der Schulleiter: »Wir waren so eine Art Nullserie. Die Politiker haben auf halbem Wege kapituliert.«

In Schulen wie in Hanau, Frankfurt oder auch Kassel-Waldau »war die pädagogische Aufgabe«, wie Christoph Edelhoff sagt, Studiendirektor am Hessischen Institut für Lehrerfortbildung in Kassel, »von vornherein viel schwieriger«. Die Schulen entstanden in Wohngebieten mit einem hohen Anteil an Arbeitern, Facharbeitern oder auch Ausländern, wo die »sozialen Probleme größer« waren als in anderen Gegenden der Stadt. Und sie sahen gräßlich aus – mächtige Betonburgen in unattraktiver Stadtrandlage zumeist, konzipiert für den Massenbetrieb mit 2000 Schülern. Mitunter nahmen sich die Schulfabriken »wie Zuchthäuser« (so der Wetzlarer Schulamtsdirektor Werner Russ) aus. Der Wiesbadener Staatssekretär Brans (FDP), früher selber Oberstudienrat, über die als »Fort Douaumont« verspottete Gesamtschule Biebertal: »Da würde ich morgens selber mit einer Haftladung hingehen.«

Und immer wieder machten in der aufgeheizten bildungspolitischen Atmosphäre Vorkommnisse die Runde, die für einen örtlichen Skandal hinreichten, aber auch für bundesweite Propaganda gegen die Gesamtschule. Da erregte Aufsehen, daß Hauptschul-Abgänger in Großen-Buseck bei Gießen im Deutsch-Kurs das Fischer-Taschenbuch *Mit 15 hat man noch Träume* aus der Reihe »Werkkreis Literatur der Arbeitswelt« lesen, in dem ein Lehrling berichtet, er habe dem Meister in den Kaffee gepinkelt. Da erhitzte die Gemüter, daß der Inhaber einer Reinigungsfirma, die täglich das Gebäude der Gesamtschule Maintal-Bischofsheim säubert, der Kreisverwaltung in Hanau in einem Beschwerdebrief berichtet, seine Mitarbeiterinnen weigerten sich, in Maintal weiterhin zu putzen:

»Da werden u. a. 2-Liter-Rotweinflaschen in die WC-Schüssel gesteckt und obenauf zur Krönung ein ›Haufen‹ gesetzt. Aus dem gleichen Material werden Zeichnungen an die Wände geschmiert, mehrere hundert Zigarettenkippen liegen überall herum . . .« Ob es nun der »Verfall der Sitten radikalsozialistischer Lehrer« ist, die ihre Schüler »zu Aggression und Zerstörungswut treiben«, wie die CDU vor Ort gleich unterstellte, oder ob es an der »seelenlosen Betonarchitektur« und am »normierten Inventar« liegt, das »keine Identifikation mit Gebäude und Einrichtung zuläßt«, wie Oberstudienrat Jörg Sternberg entschuldigt – die Auseinandersetzungen sind typisch für das politische Klima, das die hessischen Gesamtschulen belastet, seit die umstrittene Schulreform Ende der sechziger Jahre als ein Kernstück sozialdemokratischer Bildungspolitik auf den Weg gebracht wurde.

Die CDU-Gegner der Gesamtschule sehen nur die Mängel – und ziehen daraus den Schluß, sie sei nicht besser als das alte System, und man solle es bei der alten Dreigliederung Hauptschule/Realschule/Gymnasium belassen. Die freimütige Kritik, die hessische Sozialdemokraten und Gesamtschulpraktiker seit langem an ihrer Schule äußern, wird von den Gegnern der neuen Bildungsstätte gern aufgegriffen, um die Gesamtschule insgesamt »pausenlos in die Pfanne zu hauen« (der Frankfurter Gesamtschul-Leiter Georg Bernhardt). Die Gegner spekulieren mit dem oft berechtigten Unmut vieler Eltern über Lehrermangel, Unterrichtsausfall und Disziplinlosigkeit der Schüler – als ob diese Erscheinungen typisch für Gesamtschulen wären. Das sind sie gewiß nicht, nur ist eben öffentlich kaum die Rede davon, wenn im Max-Planck-Gymnasium zu Groß-Umstadt fortwährend optische Linsen, das Stück zu 400 Mark, aus dem Physiksaal geklaut oder wenn in der Frankfurter Ziehenschule Schalter und Steckdosen zerstört und Leuchten gestohlen werden; dort schabt auch schon mal einer den Putz von den Wänden.

Ganz Linke unter den Gesamtschulpädagogen haben sich längst von der Gesamtschule abgewandt. Für Herbert Stubenrauch, ehemals Pädagogischer Leiter der Ernst-Reuter-Schule in der Frankfurter Nordweststadt, begann sich nämlich, »was mit der Reform gewollt war, allmählich ins Gegenteil zu verkehren«. Die Schulreform geriet ihm »nicht radikal genug«. Er quittierte nach 18 Jahren entmutigt den Schuldienst. Seine Schule macht derzeit hin und wieder noch von sich reden – etwa weil in den Klassen 6 bis 9 Musik seit Wochen nicht mehr unterrichtet wird. In den naturwissenschaftlichen Fächern fällt jede dritte, wenn nicht jede zweite Stunde aus (Ausfall Biologie 39,7 Prozent, Chemie 44,1 Prozent). Und wenn genügend Lehrer da sind, gibt es mitunter gleichwohl nichts zu lernen, weil die Pädagogen zusammen mit den Schülern einen Protestmarsch zum Schulamt machen oder aber die Kollegiale Schulleitung vor lauter Theoretisieren nicht zum Unterricht kommt. Mehr noch: Guten Schülern, die sich im chaotischen Lehrbetrieb unterfordert fühlen, wird dort von Gesamtschullehrern schon mal empfohlen, doch gleich ans Gymnasium zu gehen. »Solche Lehrer«, klagt Bernd Frommelt, Direktor des Hessischen Instituts für Bildungsplanung und Schulentwicklung, »machen uns das ganze Konzept kaputt.«

Wo da die allgemeine Schulmisere aufhört und linke Gesamtschulpraxis beginnt, ob da eine Schule im Ballungszentrum ihre alltäglichen Probleme hat oder auch nur hessische Schlamperei am Werke ist – das verschließt sich den nicht unmittelbar Betroffenen. Schlechte Nachrichten aus Gesamtschulen haben es immer eilig. Für Hessens Sozialdemokraten ist, seit Holger Börner als Regierungschef amtiert, die Gesamtschule kein Thema mehr, das sie in Bedrängnis bringen könnte. Den linken Ideologen hat er längst das »Ende der Fahnenstange« bedeutet. Einem früheren CDU-Kultusminister, dem Professor Erwin Stein, überließ er die Formulierung der Präambel für die hessischen Unterrichts-»Rahmenrichtlinien«, die nun bei Börner auch nur noch »Lehrpläne« heißen.

Mit dem Mal-so-mal-So haben die Hessen die Gesamtschule, mit Hilfe der CDU, bundesweit in Verruf und, trotz CDU, nach vorn gebracht. »Ein Linker wie Friedeburg war nötig, um so etwas wie Wetzlar möglich zu machen«, sagt Bildungsplaner Frommelt. Die Hessen haben, quasi stellvertretend für die Gesamtschule in der ganzen Bundesrepublik Fehler gemacht, die sich dann andernorts vermeiden ließen. Sie haben demonstriert, unter welchen Bedingungen Gesamtschule gedeihen kann (Wetzlar) und unter welchen sie scheitern muß (Hanau). Sie haben mit der Gesamtschule früher bildungsarme Regionen, etwa den Landkreis Kassel, erschlossen und insgesamt den sonst benachteiligten Gruppen, etwa den Arbeiterkindern und der Landbevölkerung, Aufstiegsmöglichkeiten in der Schule verschafft.

Heute gehen an hessischen Gesamtschulen nur noch vier von hundert Schülern ohne Hauptschulzeugnis ab, in den traditionellen Schulen sind es immer noch doppelt so viele. In den C-Kursen der hessischen Gesamtschulen sitzen etwa zehn Prozent der Gesamtschüler, in den Hauptschulen des dreigliedrigen Systems sitzen 28 Prozent aller Schüler. Hessen hat, als einziges Bundesland mit stufenbezogenem Lehrstoff, die Lehrpläne der verschiedenen Schulsysteme seit 1978 für etliche Fächer aufeinander abgestimmt. Für den gesamten Bereich der Sekundarstufe I gibt es eine sogenannte gemeinsame Stundentafel – beispielsweise vier Stunden Mathematik und vier Stunden Englisch für jeden, sei er Gymnasiast, Realschüler oder Gesamtschüler. Die innere Weiterentwicklung der Gesamtschule hat Hessen nicht bewirkt. Die starre Differenzierung des Unterrichts, mittlerweile allenthalben als Fehlentwicklung erkannt, ist nach wie vor vorherrschend. Keine einzige der 65 integrierten Gesamtschulen in Hessen ist als Ganztagsschule eingerichtet. Keine einzige Versuchsschule gibt es, die das Erziehungscredo der Gesamtschule, das »Soziale Lernen«, konsequent zu verwirklichen sucht.

2.3.5. Jochen Schulz zur Wiesch: *Entstehungsbedingungen und Motive der hessischen Planungspolitik*

Im folgenden sollen Entstehung und Entwicklung des hessischen Planungssystems vom Hessenplan (1951) über den Großen Hessenplan (1965) zum Landesentwicklungsplan (1970) skizziert werden.

Die Relevanz der historischen Fragestellung für diese Untersuchung wird aus folgenden Überlegungen abgeleitet: Die politische Planung im Bundesland Hessen war früher als die der übrigen Länder auf den Versuch einer umfassenden Steuerung sozialer und ökonomischer Prozesse gerichtet. Die Entwicklung der Planung stellt sich als schrittweise Ausdehnung des Objektbereiches staatlicher Steuerung und als zunehmende inhaltliche und institutionelle Ausdifferenzierung des Instrumentariums dar.

Wir gehen von der Annahme aus, daß die Bestimmungsfaktoren dieses Prozesses aus einer kurzfristigen Verlaufsanalyse der Phase ab 1970 nur unvollständig abzulesen sind und insbesondere die in der Regionalplanung wirksamen Interessenstrukturen erst in der historischen Fragestellung transparent werden.

1. Ausgangslage und Gestaltungsanspruch

Die ökonomische Situation des neugebildeten Bundeslandes Hessen war nach Kriegsende durch schwere Zerstörungen in den Großstädten, durch einen Zustrom von rund 680 000 Flüchtlingen zwischen 1945 und 1950, durch die Unterbrechung der Verflechtungen mit Thüringen sowie durch strukturelle Disparitäten zwischen agrarisch geprägtem Nordhessen und hochindustrialisiertem Südhessen gekennzeichnet.

Die politische Situation nach der staatlichen Neuorganisation war von Anfang an durch eine starke Position der SPD bestimmt, die in den ersten Landtagswahlen vom 1. 12. 1946 mit 42,7% stärkste Partei wurde und sich damit erstmals in einem Flächenstaat durchsetzte. Sie erhielt in den Wahlen vom 19. 11. 1950 die absolute Mehrheit der Landtagsmandate (47 von 80) und konnte bis 1970 in fünf Wahlperioden ohne Unterbrechung allein regieren.

Die Politik der ersten Nachkriegsjahre war auf die Bewältigung der krisenhaften wirtschaftlichen Ausgangslage durch Instrumente einer zentralen Wirtschafts- und Sozialpolitik gerichtet und ging dabei zunächst vom Konzept einer Sozialisierung der Grundstoffindustrien aus.

Obwohl ein von SPD und CDU gemeinsam getragener Beschluß der verfassunggebenden Versammlung zur Sozialisierung der hessischen

Grundstoffindustrie in einem – auf Weisung der Militärregierung gesondert durchgeführten – Volksentscheid zum Artikel 41 HV vom 1. 12. 1946 72% Ja-Stimmen erhalten hatte, wurden die Ansätze einer zentralen Wirtschaftslenkung bereits vom ersten Kabinett Zinn revidiert[1].

Mit dem Abschlußgesetz zu Art. 41 HV vom 6. 7. 1954 trat an die Stelle einer Verstaatlichung die »sinnvolle Eingliederung der Gemeineigentumsbetriebe in den Wirtschaftsaufbau des Landes«[2].

In der Regierungserklärung des ersten Kabinetts Zinn verbanden sich symbolische Integrationsformeln (»Sozialismus der produktiven Arbeit«) mit pragmatischen Konzepten zur Krisenbewältigung, die zunächst bei der Lösung des akuten Flüchtlingsproblems ansetzten[3].

Ein Produkt der durch Wohnungsnot, Versorgungsengpässe und Mangel an Arbeitsplätzen geprägten Krisenlage war der als mittelfristiges Maßnahmenprogramm zur »produktiven Eingliederung« der Vertriebenen[4] bezeichnete »Hessenplan«[5] des Jahre 1950.

Da die rasche Ansiedlung des plötzlichen Wanderungsgewinns absolute Priorität hatte, nahm das Krisenprogramm (»Ein Plan wächst aus der Not«)[6] keine Rücksicht auf mögliche langfristige strukturelle Konsequenzen: Ziel des mit rund 500 Mio. DM veranschlagten Programms war die Heranführung von rund 100 000 Flüchtlingen – aus den mittel- und nordhessischen Kreisen mit überdurchschnittlichen Arbeitslosenquoten – in die industriellen, überwiegend südhessischen Schwerpunktorte mit tendenziellem Arbeitskräftemangel[7].

Das Fehlen einer Zieldefinition für den ländlichen Raum läßt vermuten, daß man bei dem auf Schwerpunktorte konzentrierten Siedlungs- und Wiederaufbauprogramm implizit mit einer gewissen passiven Sanierung ländlicher Räume rechnete: Nur wo es zur Sanierung der Notstandsgebiete unerläßlich sei oder »grenzpolitischen Notwendigkeiten« entsprochen werden müsse, sollten subsidiäre Schwerpunkte gebildet werden[8].

Zwar könnte man diese Politik als einen frühzeitigen und weitsichtigen Verzicht auf eine undifferenzierte Wirtschaftsförderung interpretieren, doch hat das kurzfristig rationale Krisenmanagement des ersten Hessenplans mit der Umsiedlung der Flüchtlinge an die in Südhessen konzentrierten Arbeitsplätze zwischen 1950 und 1953 bereits zu einer Wanderungsbewegung beigetragen, die fast allen Landkreisen Nord- und Mittelhessens Wanderungsverluste zugunsten des Rhein-Main-Gebietes brachte. Das bereits bestehende Strukturgefälle zwischen Nord- und Südhessen ist damit vermutlich langfristig verstärkt worden[9].

Der Widerspruch zwischen kurzfristigem Handlungszwang und einer erst später formulierten langfristigen strukturpolitischen Zielsetzung

(Abbau der strukturellen Disparitäten) ist als konstitutives Merkmal bereits in den Anfängen staatlicher Strukturpolitik angelegt.

Im Wiederaufbau- und Integrationsprogramm des Hessenplans zeichneten sich neben den langfristigen, bis heute wirksamen sozialräumlichen Strukturproblemen auch bereits einige Konfliktfelder der späteren Landesentwicklungsplanung ab:

- Konflikte um die Regionalisierung von Förderungs- und Bauprogrammen; zwar setzte sich der Grundsatz durch, den Wohnungsbau in die Richtung der Dauerarbeitsplätze zu lenken, aber von nordhessischer Seite wurde gleichzeitig eine Streuung von Arbeitsplätzen über das ganze Land durchgesetzt[10].
- »Die Entdeckung des ›Fernpendlers‹«[11], allerdings wird das Pendlerphänomen als kurzfristige Erscheinung interpretiert: »Der Pendler ist ein echtes Problem dieser zerrütteten Nachkriegszeit«[12].
- Probleme der Prioritätensetzung, die sich zunächst vor allem beim Bau und der Belegung der Hessenplanwohnungen stellten und die Festlegung von Dringlichkeitsstufen erforderten.
- Neue Methoden der Industrieförderung, die einerseits als besonders schwierig beschrieben[14], andererseits mit einem erstaunlich klaren Votum für eine sozialstaatlich motivierte, sektorale und regionale Dauersubventionierung verbunden wurde: »In grundsätzlicher Hinsicht bleibt . . . festzuhalten, daß sich aus den Notwendigkeiten der Bewältigung der besonderen deutschen Nachkriegsprobleme neben dem Sektor der freien Wirtschaft ein *Sektor der geförderten Wirtschaft* entwickelt hat, dessen Funktionen in der Richtung der Vollbeschäftigung und der Bereinigung regionaler Notstände wirken«[14].

Dem Hessenplan folgten zunächst Fachpläne der Ressorts wie der »Hessen-Jugendplan«, der »Sozialplan für alte Menschen«, Programme zum sozialen Wohnungsbau und zur »sozialen und technischen Aufrüstung des Dorfes«, das »Rot-Weiße Sportförderungsprogramm« und andere[15], ohne daß es in den fünfziger Jahren bereits zu einem ressortübergreifenden Investitionsplan im Sinne des angekündigten »Großen Hessenplans« kam.

Diese Verzögerung wird vom MP – bei der Vorlage des Großen Hessenplans 1965 – rückblickend durch kurzfristigen Problemdruck und einen Mangel an systematisch aufbereiteten Informationen begründet[16].

Wiederaufbauprogramme und die sektorale Bearbeitung akuter Problemlagen hatten Vorrang vor umfassenden Steuerungsprogrammen.

Dennoch läßt die Planungsphase der fünfziger Jahre neben einer für den Aufbau administrativer Planungssysteme bedeutsamen, starken

Ausprägung von Ressort-Fachplanungen bereits deutliche Ansätze zur Differenzierung und Systematisierung ressortübergreifender Steuerung erkennen.

2. Landesplanung nach dem Hessischen Aufbaugesetz

Ein für die Genese des hessischen Planungssystems, insbesondere für die Regionalplanung, bedeutsamer institutioneller Faktor war die im Hessischen Aufbaugesetz vom 25. 10. 1948[17] enthaltene Verpflichtung der Landkreise, Bauleitpläne für die kreisangehörigen Gemeinden aufzustellen[18] und diese in die Landesplanung einzupassen (§ 1 Abs. 2).

Die Übertragung der Planungshoheit auf die Kreise konstituierte ein politisches Selbstbewußtsein der Kreisverwaltungen in Hessen, das über die spätere bundeseinheitliche Revision des Bau- und Planungsrechts durch das BBauG (1960) hinaus wirksam blieb und sich im hessischen Landesplanungsgesetz (HLPG) von 1962 niederschlug: Dort wurden die Landkreise – gewissermaßen als Kompensation für die verlorene Bauleitplanungskompetenz – zu Trägern der Regionalplanung ernannt.

Die fünfziger Jahre waren durch eine Vielzahl von Ansätzen einer Kreisentwicklungsplanung gekennzeichnet. Auf der Grundlage des Hessischen Aufbaugesetzes begannen einige Landkreise unter Einschaltung der staatlichen Bezirksplanungsstellen mit Vorarbeiten für Kreisentwicklungspläne bzw. Kreisentwicklungsprogramme[19].

Die Landesplanung wurde durch Kabinettsbeschluß vom Oktober 1949 ab 1. 1. 1950 einer »Dienststelle der Landesplanung beim Hessischen Ministerpräsidenten« übertragen. Zu den Aufgaben dieser Zentralbehörde gehörte neben der Abstimmung der Fachplanungen der Ressorts, der Mitwirkung bei der Planung und Ordnung der Bebauung der Gemeindegebiete die Aufstellung eines Raumordnungsplanes für das Land Hessen[20]. Mit diesem Plan sollte »zunächst unabhängig von den Fachplanungen ein Leitbild erstellt werden«, das als Rahmenplan für die Zusammenfassung und Abstimmung zwischen Landesplanung, Fachplanungen und kommunalen Planungen in einem *Landesentwicklungsplan* dienen sollte[21].

Der Anspruch der Landesentwicklungsplanung auf eine koordinierende Raumordnungs-, Investitions- und Finanzplanung konnte allerdings gegenüber den erstarkenden Ressorts in einer durch die neoliberale Wirtschaftsideologie geprägten historischen Phase noch nicht durchgesetzt werden. Die Verabschiedung eines Landesplanungsgesetzes wurde für entbehrlich gehalten.

Nach einer Kontroverse zwischen MP Zinn und dem Leiter des Landesplanungsamtes (Wittrock) wurde 1957 die Landesplanung aus der Staatskanzlei in den Geschäftsbereich des Innenministers verlagert und in der Folge zunehmend auf den engen Bereich der klassischen Raumordnung als Ordnungsaufgabe begrenzt.

Der Innenminister legte im April 1957 einen »Vorläufigen Raumordnungsplan für das Land Hessen«, gegliedert nach sieben Planungsregionen, vor. Dieses erste flächendeckende Raumordnungskonzept enthielt für alle 2706 hessische Gemeinden drei Vorgaben, die in der Endfassung den Charakter verbindlicher Ziele der Landesplanung gemäß § 1 Abs. 2 Hess. Aufbaugesetz mit Anpassungspflicht analog § 1 Abs. 3 des späteren BBauG erhalten sollten:

- Festlegung der optimalen Einwohnerzahl der Gemeinde im Zieljahr 1971;
- Festlegung der erwünschten Funktion der Gemeinde (Gewerbe, Wohnen, Landwirtschaft, Fremdenverkehr);
- Festlegung der Zugehörigkeit der Gemeinde zu übergemeindlichen Planungsräumen (7 Planungsregionen, 140 Einzugsbereiche des Berufsverkehrs, 450 Klein- und Kleinsträume, 10 Stadtumlandräume).

Die gemeindescharfe Detaillierung der EW-Richtwerte und die Gemeindetypisierung machten den Raumordnungsplan zu einem potentiellen regional-politischen Steuerungsinstrument der Landesplanung mit unmittelbarer Wirkung für die Gemeinden. Damit erreichten die flächendeckenden Teilpläne für sieben Regionen in einzelnen Planungsbereichen bereits ein ähnliches Konkretisierungs- und Konfliktniveau wie die achtzehn Jahre später (1975) von den regionalen Planungsgemeinschaften vorgelegten Regionalen Raumordnungspläne.

Der Plan selbst stieß vor allem wegen der gemeindescharfen Richtwerte und Prognosen und der Gemeindetypisierung auf Widerstand, zumal die reale Entwicklung die teilweise restriktiven Einwohnerrichtwerte bald überschritt und die Typisierung in vier erwünschte Gemeindetypen sich insbesondere gegenüber den Mischgemeinden – dem häufigsten Typus – als ein zu undifferenziertes Instrument erwies[22].

Darüber hinaus schien die für eine politische Durchsetzung dieses tiefgegliederten Raumordnungsplanes notwendige Koordinations- und Konfliktverarbeitungskapazität mit der Übernahme der Landesplanung durch den HMI nicht mehr gegeben. Insbesondere die für die zweite vorgesehene Planstufe »Landesentwicklungsplan« notwendige Koordinationsfunktion der Landesplanung gegenüber den Ressorts wurde vom HMI bei der Vorlage des Raumordnungsplans bereits bewußt zurückhaltend interpretiert und signalisierte damit eine strukturelle Schwäche des Ordnungsressorts Innenministerium gegenüber anderen Ressortpolitiken[23].

Raumordnung als eine Politik ohne spezifisches Budget und ohne ausgeprägte Klientelstrukturen erscheint als Fachplanung gegenüber »echten«, raumwirksamen Fachplanungen doppelt geschwächt, wenn sie im politisch-administrativen System nicht mit zentralen Koordinierungskompetenzen ausgestattet ist.

In dieser Hinsicht lassen die Koordinationsprobleme der hessischen Raumordnungspolitik der sechziger Jahre gewisse Parallelen zur gegenwärtigen Raumordnungspolitik des Bundes erkennen.

Die sich Ende der fünfziger Jahre bei den Beratungen zum Bundesbaugesetz abzeichnende Stärkung der Einzelgemeinden als autonome Planungsträger verschlechterten die Chancen für eine staatliche Steuerung der kommunalen Bauleitplanung zusätzlich.

Nach Verabschiedung des BBauG mußte der neuen Rechtslage durch ein Landesplanungsgesetz entsprochen werden, das das Hessische Aufbaugesetz ablöste. Mit dem Beginn der Beratungen zum Landesplanungsgesetz wurde der regionalisierte Raumordnungsplan durch eine partiell kommunalisierte und parlamentarisierte Konzeption der Landes- und Regionalplanung abgelöst.

3. Konkurrierende Steuerungskonzepte: Raumordnung und Investitionsplanung

3.1 *Das Landesplanungsgesetz (1962)*

Das Hessische Landesplanungsgesetz vom 4. Juli 1962 (GVBl. I S. 311) definierte Landesplanung als gemeinsame Aufgabe des Landes und der kreisfreien Städte und Landkreise (§ 1 S. 1) und erhob einen umfassenden raumordnungspolitischen Gestaltungsanspruch in Form einer dreistufigen Planwerk-Systematik:

1. Landesraumordnungsprogramm (§ 2)
2. Regionale Raumordnungspläne (§ 4)
3. Landesraumordnungsplan (§ 7)

Das Landesraumordnungsprogramm sollte langfristige Ziele der Landesplanung und raumpolitische Grundsätze sowie »die die Gesamtentwicklung des Landes beeinflussenden Maßnahmen der einzelnen Geschäftsbereiche und deren Verhältnis zueinander« enthalten. In seinem dritten Teil waren Gesichtspunkte für die Aufstellung regionaler Raumordnungspläne festzulegen.

Die zweite Stufe dieses Systems bildeten regionale Raumordnungspläne, die von den kreisfreien Städten und Landkreisen als den Trägern der Regionalplanung aufzustellen waren und sich in einer dritten Planstufe zum Landesraumordnungsplan aggregieren sollten: »Der Landesraumordnungsplan besteht aus den festgestellten regionalen Raumordnungsplänen«.

Dieses Modell eines horizontal, d. h. im Binnenverhältnis der Ressortpolitiken, und vertikal, d.h. im Verhältnis zwischen Landesplanung und kommunaler bzw. regionaler Planung integrierten Planungssystems sollte in seiner ersten und anspruchsvollen Stufe, dem Landesraumordnungsprogramm, durch Gesetz sanktioniert werden.

Das dreistufige Verfahren ist während der gesamten, insgesamt achtjährigen Geltungsdauer des HLPG – bis zur Novellierung 1970 – bereits in der ersten Stufe steckengeblieben[24]. Die empirische Analyse dieses »non-decision process« ergibt folgende, das Scheitern dieser Konzeption des Landesraumordnungsprogramms erklärende Befunde:

- Die gesetzliche Sanktionierung von Planungen stieß auf politische Widerstände in der Exekutive. Die spätere Novellierung des HLPG 1970 (Planung als Aufgabe der Exekutive) sowie die Modalitäten der legislativen Beteiligung an Planungsentscheidungen des Großes Hessenplans dokumentierten eine Verlagerung der Normsetzung von der Legislative auf die Exekutive.
- Die Koordination der Planungen durch das Innenministerium als oberste Landesplanungsbehörde stieß auf Widerstand bei den Ressorts: Die Koordination von Ressorts durch ein Ressort mißlang. Wie in anderen Bundesländern übernahm auch in Hessen später (1970) die Staatskanzlei wieder die Koordinations- und Aufsichtsfunktionen der obersten Landesplanungsbehörde. Daraus läßt sich die These ableiten, daß es zur Überwindung der tendenziell konservativen, d. h. strukturerhaltenden Wirkungen des Ressortprinzips einer hierarchischen Lösung mit formalisierter Konfliktregelung bedarf.
- Die frühzeitig – bereits 1962 – einsetzende Entwicklung eines beim MP angesiedelten, politisch starken Planungsinstruments für die Investitionsplanung (GHP) konstituierte ein konzeptionelles Konkurrenzverhältnis zwischen Investitionsplanung und Raumordnung (Landesplanung), das auch die personale Ebene erfaßte.
- Die Verbindung des Statistischen Landesamtes mit dem »Arbeitsstab für Forschung und Planung bei der hessischen Landesregierung« (durch Personalunion) begünstigte einen Informations- und Arbeitsvorsprung der Investitionsplanung vor der Raumordnung.

Raumordnungsplanung nach dem Konzept des HLPG 1962 und Investitionsplanung nach dem Konzept des GHP 1965 bildeten in der Sicht der Beteiligten keine komplementären, sondern eher disparate Steuerungskonzepte. Die ordnungspolitische, durch Architekten und Juristen vertretene Landesplanung traditionellen Typs im »Ordnungsressort« Innenministerium wurde von einem neuen, im HLPG gar nicht normierten Konzept langfristiger Investitionsplanung durch Ökonomen und Statistiker im Führungssystem des Ministerpräsidenten quasi überlagert.

Konnten die Investitionsplaner durch unmittelbaren Zugriff auf raumwirksame Ressourcen eine buchstäblich »harte« Planung in Gestalt quantifizierbarer Investitionen vorlegen und spezifischen Klientelgruppen politisch vermitteln, ohne dabei die Interessenlage irgendeiner gesellschaftlichen Gruppe erkennbar zu verletzen, so blieb die Raumordnungsplanung daneben ohne Ressourcenzugriff, ohne instrumentalisierbare Klientelstrukturen und ohne die Möglichkeit, trendverändernde Steuerungsmodelle gegenüber den Kommunen durch politische »rewards« zu erkaufen.

Solange die ökonomischen und demographischen Wachstumsraten stabil blieben und für alle Teilräume positive Verteilungsquoten zuließen, konnten die raumstrukturellen Disparitäten gewissermaßen latent gehalten werden, und die intraadministrative und publizistische Dominanz der nur grob regionalisierten Landesentwicklungsplanung blieb ungefährdet.

Die regionalen Auswirkungen der Rezession 1966/67 legten dann aber die ungelösten Strukturprobleme ebenso offen wie die planungsmethodischen Defizite einer globalen Niveauplanung und verliehen dem Raumbezug neue Aktualität.

3.2 *Der Große Hessenplan (1965)*

Der bereits in der ersten Regierungserklärung Zinn (1951) erwähnte und in der vierten Regierungserklärung (1963) schließlich zum Kernstück der Regierungsarbeit erklärte GHP wurde vom »Arbeitsstab für Forschung und Planung bei der hessischen Landesregierung« unter Leitung des »Beauftragten für den Großen Hessenplan«, dem späteren Leiter der obersten Landesplanungsbehörde, in den Jahren 1962 bis 1964 erstellt und 1965 veröffentlicht[25].

Der Zeitraum der Planerstellung fiel in eine bis dahin ungebrochene ökonomische Wachstumsperiode. Obwohl unter Hinweis auf die Weltwirtschaftskrise und ihre Folgen der Anspruch einer langfristigen, vorsorgenden Krisenvermeidung erhoben wurde[26], konnte diese neue Form der lang- und mittelfristigen Investitionsplanung im Unterschied zu späteren

Entwicklungsprogrammen anderer Bundesländer, z. B. dem Entwicklungsprogramm Ruhr (1968) nicht als direkte »Tochter der Krise« gelten[27]. Mit dieser planungsgeschichtlichen Besonderheit relativiert der GHP die These, politische Planung sei grundsätzlich an den Konsens unter Krisendruck gebunden.

Die Wahl des Zeitpunktes der Planerstellung wird im Plan selbst widersprüchlich beantwortet. Einerseits wird die für umfassende Planung notwendige Informationssammlung betont, die erst möglich gewesen sei, »als sich die Entwicklung etwas beruhigt hatte«[28], andererseits wird auf die »hohe Dringlichkeit« zahlreicher Gemeinschaftsaufgaben verwiesen[29].

Hatte der hohe Problemdruck der fünfziger Jahre bei relativ gering entwickelter Planungstechnologie zur Ausprägung sektoraler Aufbauprogramme und Engpaßplanungen geführt, so erlaubten die politisch-ökonomische Konsolidierung und der nachlassende manifeste Problemdruck bei gestiegener Informationsverarbeitungskapazität nun ressortübergreifende »Große Pläne« mit einem gewissen Experimentalcharakter und entsprechenden Risiken.

Die Ziele des GHP wurden mit den Schlagworten »bewußte Wachstumspolitik«, »soziale Integration« und »innere Stabilisierung«[30] umrissen, den Charakter des Planes kennzeichnete sein Hauptautor als »langfristige Fach- und Finanzplanung«[31]. Tatsächlich war der GHP im wesentlichen eine Zusammenfassung von Investitionsprojekten der Ressorts unter einheitlichem Zeithorizont. Als Zehnjahresplan auf das Zieljahr 1974 ausgerichtet und in seinem ersten Durchführungsabschnitt von 1965 bis 1967 konzipiert, umfaßte er »Investitionen von besonderer Bedeutung«[32] und damit rund 75% des Investitionshaushaltes bzw. rund 20% des gesamten Landeshaushalts.

Zu der Entscheidung, als Objektbereich des Planungssystems die Infrastrukturplanung zu wählen, konnte es kaum eine Alternative geben: Der Infrastrukturbereich ist als einer der wenigen und zudem – in Gestalt von Bauten – wahlpolitisch relevanten Faktoren der wirtschaftlichen Entwicklung anzusehen, die vollkommen dem autonomen staatlichen Zugriff unterliegen. Hinzu trat die Überlegung, daß im Investitionshaushalt die einzige manövrierbare Finanzmasse des Landeshaushalts läge.

Die Entscheidung für ein Planungssystem als Investitionsplanung hatte nach Wettmann[33] folgende, für die Weiterentwicklung bedeutsame Konsequenzen: Während die Beschränkung auf bauliche Maßnahmen einerseits politisches Interesse aller Ressorts, mithin Teilnahmemotivation erzeugte, wurde zugleich nur ein Teil des Investitionshaushaltes aus den traditionellen Entscheidungsprozessen herausgenommen, so daß die Einengung des politischen Spielraums von den Ressorts nicht als bedrohlich empfunden wurde.

Die Logik einer derartigen Strategie wurde durch das spätere Schicksal der Aufgabenplanung des Bundes bestätigt: Der Versuch, in den Jahren 1969/70 eine »flächendeckende« Aufgabenplanung im Bundeskanzleramt zu institutionalisieren, scheiterte vor allem an einer Vernachlässigung der durch strukturelle Eigeninteressen der Ressorts geprägten realen Implementierungsbedingungen.

Die Probleme der hessischen Aufbaustrategie bestanden darin, daß man zwar die soziale und ökonomische Infrastruktur als den wichtigsten Engpaßfaktor der gesellschaftlichen Entwicklung und des wirtschaftlichen Wachstums der sechziger Jahre erkannt hatte, die Interdependenz der einzelnen Infrastrukturen jedoch analytisch schwer erfaßbar war. Die Problematik dieser Zerschneidung von zusammengehörenden Bau-, Personal- und inhaltlichen Programmen ist erst sehr viel später erkannt worden. Die Folge der Konzentration auf »kalkulierbare« Bauprogramme war ein, durch die input-Orientierung der Zielwerte (Versorgungsgrade) verstärkter, statistisch-ökonomischer, eher buchhalterischer, als politisch-problembewußter Arbeitsansatz des Planungspersonals, der noch verstärkt wurde durch die Abschottung des Planungsprozesses gegenüber parlamentarischer Einwirkung.

Selektivität und Konfliktarmut der Entscheidungsprozesse und ein technisch-administrativ ausgeprägtes Anspruchsniveau des Personals konstituierten eine Planung, deren politisches Veränderungspotential insgesamt gering einzuschätzen war und einen ebenso geringen Legitimations- und Konfliktbedarf zur Folge hatte.

Dennoch konnte der GHP in der Spätphase des Neoliberalismus als eine in der Bundesrepublik einmalige politische Pionierleistung (»Hessen vorn«) angeboten werden.

Da die Erfolgskontrolle des GHP in Form von Ergebnisrechnungen für Durchführungsabschnitte[34] sich auf den Soll-Ist-Vergleich der quantitativen Planungsziele beschränkte und die gesellschaftspolitischen Ziele »soziale Integration« u. a. sich dieser Kalkulation entziehen, ist das empirisch nachweisbare Veränderungspotential des GHP vor allem im Hinblick auf intraadministrative Koordinierungsverfahren, also in einer Verbesserung der politisch-administrativen Problemverarbeitung zu suchen.

Das hohe infrastrukturelle Ausstattungsniveau des Landes Hessen ist gewiß zum Teil als Ergebnis systematischer Planung anzusehen, muß andererseits aber auch auf die günstige Ausgangslage dieser Planungspolitik, nämlich die vorhandene gute Ausstattung des Landes mit ökonomischen Potentialfaktoren zurückgeführt werden. Die Dominanz der Infrastrukturplanung im Planungssystem und die mit steigendem Versorgungsniveau tendenziell nachlassende Bedeutung der Infrastrukturausstattung als regionalem Engpaßfaktor trug allerdings, so unsere These, in den siebziger Jahren zu einer nachlassenden politischen Bedeutung der Landesentwicklungsplanung in Hessen bei.

Als bedeutsam für die institutionelle Verankerung des GHP-Planungssystems und sein strukturelles Eigengewicht gegenüber den Ressortpolitiken hat sich die entstehungsgeschichtliche Dominanz der Aufgabenplanung gegenüber der erst 1967/68 institutionalisierten fiskalischen Finanzplanung erwiesen:

Mit dem GHP wurde die traditionelle Haushaltsstruktur, in manchem den Prinzipien des PPBS vergleichbar[35], partiell in eine Programmstruktur umgewandelt, die nicht mehr von Ausgabengrößen und Kostenstellen, sondern von quantifizierten Zielgrößen und Projekten ausging. Zwar wirkten ökonomische Engpässe über die Finanzplanung auf die Programmgrößen der Investitionsplanung ein, aber auch in Kürzungsverhandlungen zwischen den Ressorts kam es aufgrund der starken Stellung des GHP-Systems selten zu linearen Kürzungen aller Budget-Ansätze[36]. An die Stelle unmittelbarer und undifferenzierter Übernahme externer Schocks in laufende Programme trat so die durch die Aufgabenplanung des GHP gefilterte differenzierte Verarbeitung monetärer Schwankungen.

Obwohl die der Finanzierungsrechnung des GHP zugrundeliegende Annahme, »daß die wirtschaftliche Aufwärtsentwicklung keine Unterbrechung erfährt«[37], in der Rezession 1967/68 ungültig wurde, erreichte der Plan in einzelnen Langfristprognosen eine erstaunliche Präzision:

So erwies sich die 10-Jahresprognose der Bevölkerungsentwicklung 1965-1974 mit einer Fehlschätzung von nur 4000 EW (0,1%) allen späteren Prognosen überlegen (vgl. Tab. 1 und 2; Numerierung durch Herausgeber verändert), da sich Geburtenrückgang und Wanderungsgewinn (Ausländer) noch zu einem stabilen Zuwachs entsprechend den Grundannahmen der Prognose saldierten.

Bei relativ einfacher methodischer Grundanlage zeigte sich der GHP in seinem politischen Gewicht der von distributiver Investitionssteuerung abgeschnittenen Landesplanung und Raumordnung traditionellen Typs überlegen. Die institutionell verfestigte Disparität zwischen Raumordnung und raumwirksamer, dabei aber zunächst informationell unterversorgter Investitionsplanung wurde 1969 durch die Übernahme der Raumordnungsabteilung des Innenministers in die Staatskanzlei (Abt. Forschung und Planung) als oberste Landesplanungsbehörde formell beseitigt. Durch die Integration der Querschnittspolitiken Raumordnung und Investitionsplanung und die Differenzierung des Planungsinstrumentariums nach »unten« sollte eine neue Entwicklungsphase des Planungssystems eingeleitet werden. Da die wesentlichen Defizite des GHP in einer unbefriedigenden vertikalen Verklammerung mit der Politik regionaler Planungsträger gesehen wurden[38], richteten sich die Impulse zu seiner Weiterentwicklung in der Folge auf die Errichtung eines fachlich integrierten, regional abgestützten und in seinen Raumaussagen präzisierten Planungstyps.

Tabelle 1 – *Bevölkerungsprognose 1964–1974 und reale Entwicklung*

	Prognose 1965[1] für Jahresende 1974 (in 1000)	Stand 31. 12. 1974[2] (in 1000)	Fehlschätzung (in 1000)
unter 15	1250	1160	+ 90
15–65	3560	3610	− 50
über 65	770	806	− 36
Summe	5580	5576	+ 4

[1] Quelle: GHP, H. 1, S. 20.
[2] Quelle: *Hessische Kreiszahlen*, II/1975.

Tabelle 2 – *Korrekturen der Bevölkerungsprognosen 1970–1985*

	Prognose 1970[1] für 1985 (in 1000)	Geänderte Prognose 1974[2] für 1985 (in 1000)	Korrektur (in 1000)
unter 15	1276	903	− 273
15–65	3851	4019	+ 168
über 65	856	764	− 82
Summe	5973	5686	− 287

[1] Quelle: LEP, H. 1, S. 38.
[2] Quelle: LEP, H. 4, S. 6.

4. Der politische Prozeß der Regionenbildung

Im folgenden wird der politische Entscheidungsprozeß dargestellt, der zur gesetzlichen Abgrenzung der sechs hessischen Planungsregionen im Hessischen Landesraumordnungsprogramm (HLROP) vom 18. 3. 1970 führte und den räumlichen Rahmen für die Errichtung dezentraler regionaler Planungsträger und eine Rationalisierung der staatlichen Investitionsplanung lieferte.

Die Diskussion über die Abgrenzung von Regionen und die Aufgabenzuweisung für die Regionalplanung war und ist in Hessen mit den Problemen der territorialen und funktionalen Verwaltungsreform verknüpft. Die Bildung von Regionen stieß von Anfang an auf höchstes Interesse der kommunalen Ebene und der Wirtschaftsverbände und stellte sich daher in jeder Phase primär als politisches und nur sekundär als planungsmethodisches Problem dar.

Regionenbildung und Aufgabenzuweisung lassen sich als Versuch einer schrittweisen Disziplinierung kleinräumiger Interessen im Rahmen großräumiger zentraler Planung kategorisieren.

Die Abgrenzung regionaler Planungsräume war im HLPG 1962 offen geblieben. Das Gesetz bestimmte die Regionalplanung zu einem Element der Landesplanung und die kreisfreien Städte und Landkreise zu Trägern der Regionalplanung, verzichtete aber auf eine verbindliche Abgrenzung von Großstadt- und Kreisgrenzen überschreitenden Planungsräumen. Die Bildung von Planungsgemeinschaften war lediglich als möglicher freiwilliger Zusammenschluß vorgesehen (§ 3). Dieser, von der SPD-Mehrheit im Landtag und hier insbesondere von der »Landrätefraktion« in der SPD[39] als conditio sine qua non vertretene Grundsatz der Freiwilligkeit bei der Bildung von Regionalverbänden war zuvor bereits bei der hessischen CDU und bei dem die großstädtische SPD repräsentierenden Hessischen Städtetag auf Widerstand gestoßen. Teile der CDU hatten dem Landesplanungsgesetz aus Protest gegen die Übertragung der Regionalplanung auf die kreisfreien Städte und Landkreise ihre Zustimmung verweigert: »Landesplanung kann nur in Planungsgemeinschaften betrieben werden«[40].

Nachdem auch der Vorschlag des Hessischen Städtetages, die Möglichkeit einer zwangsweisen Bildung von Planungsgemeinschaften ins Gesetz aufzunehmen[41], von der SPD-Fraktion abgelehnt worden war, beschränkte sich die Regierung auf Appelle an die neugeschaffenen, aber offensichtlich ungeeigneten Träger der Regionalplanung: »Wenn auch jeder der 39 Landkreise und 9 kreisfreien Städte künftig das Recht haben wird, seinen eigenen regionalen Raumordnungsplan aufzustellen, so werden Sie es richtig verstehen, wenn ich sage: Das sollte nicht geschehen«[42].

Zugleich kündigte der Innenminister die Vorlage von Diskussions- und Arbeitsgrundlagen zur Abgrenzung von Planungsgebieten und Empfehlungen zur Bildung von Planungsgemeinschaften an. Die Überlegungen zur Abgrenzung von Planungsräumen bauten zunächst nicht erkennbar auf der bereits 1957 im »Vorläufigen Raumordnungsplan für das Land Hessen« vorgenommenen, an den bestehenden Verwaltungsgrenzen orientierten Regionalisierung in sieben regionale Planungsräume auf[43], sondern paßten sich der veränderten Rechtslage (Regionalplanung als Aufgabe der Kreise und kreisfreien Städte) durch eine relativ kleinmaßstäbliche Dimensionierung der Planungsräume an.

Ein erster, von der obersten Landesplanungsbehörde (HMI) Ende 1963 vorgelegter Abgrenzungsvorschlag sah 14 regionale Planungsräume vor. Die Abgrenzung folgte einerseits theoretischen Regeln wie dem Homogenitätsprinzip, der Berücksichtigung naturräumlicher, wirtschaftsräumlicher und zentralörtlicher Aspekte, unterwarf sich andererseits »pragmatisch-politischen Gesichtspunkten«[44]. Die Planungsräume schienen nach der groben Maxime: größer als Landkreise, aber kleiner als Regierungsbezirke auf zentrale Orte zentriert worden zu sein[45].

Die theoretisch-wissenschaftliche Begründung für das 14-Regionen-Konzept wurde der pragmatischen Abgrenzung nachgeschoben, hält einer Überprüfung jedoch nicht in allen Punkten stand: So widerspricht z. B. die relativ große und wirtschaftsstarke Region Untermain (kreisfreie Städte Frankfurt, Offenbach, Hanau, Landkreise Usingen, Friedberg, Obertaunuskreis, Maintaunuskreis [z. T.], Hanau, Offenbach, Dieburg [z. T.]) dem Grundsatz: »Je stärker die Wirtschaftskraft, desto kleiner, je geringer die Wirtschaftskraft, desto größer soll die Fläche der Planungsregion sein«[46]. Der umgekehrte Fall trifft für die nur aus einem Landkreis bestehenden Regionen Büdingen, Groß-Gerau und Bergstraße zu.

Ein im Oktober 1965 vom HMI vorgelegter überarbeiteter Abgrenzungsvorschlag sah die Auflösung von 1-Kreis-Regionen (Groß-Gerau und Büdingen) und damit die Bildung von insgesamt 12 Planungsräumen vor[47]. Die weiterhin unveränderte Abgrenzung einer Region Untermain entsprach dem Gebiet des am 21. 7. 1965 gebildeten Zweckverbandes »Regionale Planungsgemeinschaft Untermain«, dem ersten und bis 1970 einzigen Planungsverband, der durch freiwillige Übereinkunft der beteiligten Gemeinden und Gemeindeverbände die Trägerschaft zur Regionalplanung erhalten hatte.

Tabelle 3 – *Abgrenzungsvorschläge zur Regionenbildung*

Dokument/Fundstelle	Datum	Regionen
HMI: Vorläufiger Raumordnungsplan für das Land Hessen; Karte Regionale Planungsräume	Juni 1957	7
HMI: Vorschlag: Regionale Planungsräume (Friedo Wagener, Neubau der Verwaltung, S. 189)	Ende 1963	14
HMI: Karte Regionale Planungsräume (Überarbeiteter Vorschlag)	Okt. 1965	12
CDU-Antrag zur Verwaltungsreform: Großkreise/Regionen (Wagener, S. 189; Werner Gründler, Kommunale Gebietsreform, S. 174 ff.)	27. 4. 1965	etwa 7
FDP-Antrag »Entwurf eines Gesetzes über die Bildung von Regionen« (Hess. LT V. WP, Drucks. Abt. I, Nr. 686) zunächst reine Planungsregionen	25. 1. 1966	10
FDP-Entwurf eines Gesetzes über die Bildung von Regionen (Hess. LT VI. WP, Drucks. Nr. 939) Verwaltungsregionen	24. 1. 1968	10
HMI: Erläuterungen zur Karte »Zentrale Orte und ihre Verflechtungsbereiche, Bestandssdarstellung 1967«; diente als Begründung für die spätere Abgrenzung von Regionen	Erhebung ab 1964 Veröff. Juli 1968	–
HMI: Vorschlag zur Abgrenzung von Planungsregionen (Karte)	1968	9
Einteilung des Landes in Planungsregionen (Karte zur LT-Drucks. Nr. 909/VI. WP)	Am 6. 3. 1968 erste Lesung (Regionenabgrenzung nicht behandelt)	5
SPD-Entwurf zur Änderung der LT-Drucks. Nr. 909 (darin Karte wie oben)	Am 19. 6. 1969 im Landtag (Innenausschuß)	5
Gesetz über die Feststellung des HLROP und zur Änderung des HLPG (Hess. Feststellungsgesetz) GVBL. 1970, S. 265 ff.	18. 3. 1970	6

Nicht wissenschaftlich »reine«, sondern politisch tragfähige, kommunalpolitische Machstrukturen berücksichtigende, konsensfähige Lösungen wurden angestrebt. Die Empfehlung zur Bildung von Regionen aus jeweils zwei bis vier Landkreisen sollte »den kommunalen Impuls« hervorheben, war aber implizit als Übergang zu fünf Großregionen gedacht: Nordhessen, Zonenrand, Mittelhessen, Rhein-Main, Südhessen[48].

Obwohl die Landesregierung ausdrücklich jeden Zusammenhang zwischen Verwaltungsreform und regionalen Planungsräumen verneinte[49] und den Versuch, Planungs- und Verwaltungsräume zur Deckung zu bringen, als »erfolgloses Unterfangen« bezeichnete[50], stieß das 14-Regionen-Modell bei den Landkreisen auf Widerstand, da man anscheinend in dem Vorschlag des HMI die Kreisreform im Gewande von 14 Regionen bzw. Großkreisen zu vermuten schien[51].

Die Regierung sah sich auf der einen Seite einem relativen Desinteresse der Kreise und Gemeinden bei der freiwilligen Bildung von Planungsgemeinschaften gegenüber, das mit dem schwachen Instrumentarium des HLPG (1962) nicht administrativ überwunden werden konnte und wurde andererseits von den Oppositionsparteien CDU und FDP mit Reformvorschlägen konfrontiert, die den Begriff der Region ausdrücklich mit Vorstellungen zur funktionalen und territorialen Verwaltungsreform verbanden und dabei wenig Rücksicht auf verfestigte Macht- und Interessenstrukturen der kommunalen Ebene zu nehmen brauchten.

Die CDU brachte 1965 einen Antrag zur Verwaltungsreform im Landtag ein[52], der die Auflösung der drei hessischen Regierungsbezirke und – ohne präzisen Abgrenzungsvorschlag – die Bildung von etwa sieben Regionen bzw. Großkreisen vorsah, die als kommunale Selbstverwaltungskörperschaften und staatliche Verwaltungsbezirke zugleich eine Integration von Planung und Vollzug auf regionaler Ebene darstellen sollten[53].

Eine Realisierung der CDU-Konzeption von Verwaltungsregionen hätte die durch Territorialreform vergrößerten Landkreise als Träger der Regionalplanung effektiviert und die Bildung regionaler Planungsgemeinschaften überflüssig gemacht. Aber die Verknüpfung von Territorialreform, Funktionalreform und Regionalplanung in einem Reformvorschlag verletzte nicht nur die »vested interests« der Mehrheitsfraktion, die das Prinzip der Freiwilligkeit auch in der Gebietsreform zunächst für unverzichtbar hielt, sondern konnte von der Regierung als Gefährdung der Stabilität des Verwaltungsgefüges interpretiert und als Ganzes abgelehnt werden[54].

Ein Anfang 1966 vorgelegter Initiativantrag der FDP-Fraktion[55] enthielt einen genauen Abgrenzungsvorschlag für 10 Regionen, die, abweichend vom Konzept der CDU, zunächst als reine Planungsregionen konzipiert waren und sich in ihrer institutionellen Struktur an der neugebildeten Regionalen Planungsgemeinschaft Untermain (RPU) orientieren sollten. Eine Fortentwicklung der Planungsregionen in Richtung auf eine Regionalverwaltung wurde von der FDP allerdings für denkbar gehalten[56].

Der HMI nahm die ohne Rücksicht auf bestehende Kreisgrenzen vorgenommene Abgrenzung der Regionen im FDP-Antrag zum Anlaß für seine ablehnende Stellungnahme im Landtag: »Regionalplanung und Territorialreform werden in dem Entwurf in einen engen Zusammenhang gebracht. Dies widerspricht der Grundkonzeption der Landesplanung«[57]. Die SPD beharrte auf ihrem Standpunkt, die Abgrenzung von Planungsregionen nicht durch Gesetz vorzunehmen und auch auf dem Gebiet der Territorialreform beim Freiwilligkeitsprinzip zu bleiben. Der FDP-Entwurf wurde, bei Stimmenthaltung der CDU, die das Konzept von Planungsregionen für unzureichend hielt, vom Landtag abgelehnt[58].

Mit der Bildung einer »Sachverständigenkommission für Verwaltungsreform und Verwaltungsvereinfachung in Hessen« im Jahre 1966 verlagerte die SPD das durch die Anträge von CDU und FDP aktualisierte Thema Verwaltungs- und Gebietsreform zunächst in den »halböffentlichen« Bereich[59]. Wichtigstes Ergebnis der Kommission war ihr Votum für eine Erhaltung der staatlichen Mittelinstanz[60]. Die Denkschrift der Sachverständigenkommission entsprach der Position der Regierung, die weiterhin für die Erhaltung der Regierungspräsidien in der bestehenden Form und eine gesonderte Organisation der Regionalplanung auf freiwilliger Grundlage gemäß HLPG eintrat[61].

Ein weiterer CDU-Antrag vom Oktober 1967, der ein »raumordnungsgerechtes« Verwaltungssystem forderte und durch die Errichtung von Verwaltungsregionen Sonderlösungen wie Regionale Planungsgemeinschaften überflüssig machen sollte[62], wurde ebenso abgelehnt wie ein neuerlicher FDP-Vorstoß vom Januar 1968, der nun ebenfalls die Bildung von (10) Regionen als einzige Verwaltungsstufe vorsah und von der CDU unterstützt wurde[63].

Während die Positionen von Regierung und Opposition in der Frage der Organisation der Regionalplanung deutlich kontrovers blieben, zeigten sich hinsichtlich des Zuschnitts der regionalen Planungsräume keine grundsätzlichen Differenzen. Der Diskussionsprozeß führte zu einer etappenweisen Reduzierung der Zahl von zunächst 14 Regionen (1963) auf 5 Regionen (1968)[64] (vgl. Tabelle 3).

Die Realisierung der bereits im 14-Regionen-Konzept implizit enthaltenen Bildung von »Großregionen« mit dem 1968 und 1969 in verschiedenen Varianten diskutierten 5-Regionen-Modell fällt zeitlich und funktional mit einer Reihe von Friktionen und Veränderungstendenzen im politisch-administrativen Bereich zusammen, die im folgenden thesenartig skizziert werden:

- Der Regierungsentwurf eines HLROP wurde nach erster Lesung am 6. 3. 1968 nicht weiterverfolgt, da die Vorlage insbesondere im Teil B (»Planungen und Maßnahmen der einzelnen Geschäftsbereiche, die die Gesamtentwicklung des Landes beeinflussen und deren Verhältnis zueinander«) unausgereift wirkte und eine Detailplanung durch Gesetz fragwürdig erscheinen ließ. Die Vorlage des HMI hatte zudem bei wichtigen Ressorts (Wirtschaft und Finanzen) keinen politischen Rückhalt.
- Das Scheitern bzw. »Stornieren« der Regierungsvorlage im Landtag schwächte die koordinative Position des HMI als oberster Landesplanungsbehörde und verstärkte den Druck der Staatskanzlei, die an einer baldigen Festlegung von Planungsregionen als Voraussetzung zur Regionalisierung des GHP interessiert war, zunehmend selbst koordinierend im Bereich der Raumordnungspolitik tätig wurde und nach dem Regierungswechsel Zinn – Osswald im November 1969 wieder die Funktion der obersten Landesplanungsbehörde übernahm.
- Die Vorbereitung des Ministerpräsidentenwechsels ging mit der Tendenz einher, Planung eindeutig als Aufgabe der Exekutive zu definieren[65].
- Die geringen Arbeitsfortschritte der zwischen 1962 und 1969 gebildeten Allgemeinen Planungsgemeinschaften und die relativen Erfolge der RPU als der bis dahin einzigen Regionalen Planungsgemeinschaft (mit Trägerschaft) führten innerhalb der SPD zu einer allmählichen Schwächung des von der »Landrätefraktion« durchgesetzten Freiwilligkeitsprinzips bei der Regionalplanung und verstärkten die Bereitschaft der SPD, Regionalplanung als Pflichtaufgabe auf Regionale Planungsgemeinschaften zu übertragen.
- Vermutlich wurde der politische Druck zur Neuregelung der Raumordnung auch durch die Aufforderung des ROG (1965) an die Länder zur Aufstellung übergeordneter und zusammenfassender Programme oder Pläne (§ 5 Abs. 1 ROG) verstärkt.

So wurde im Herbst 1968 eine grundlegende Änderung der Gesamtkonzeption von Raumordnung und Landesentwicklungsplanung und ihrer institutionellen Verankerung vorbereitet.

Nach dem Scheitern der HMI-Vorlage des HLROP plädierten Ministerpräsident, Wirtschaftsminister und Finanzminister für die Herausnahme der Fachplanungen aus dem HLROP und damit aus der Kompetenz des Landtages, der quasi als Kompensation die gesetzliche Abgrenzung von Planungsregionen vornehmen sollte[66].

Die Planungsabteilung des HMI wurde zur Ausarbeitung alternativer Vorschläge zur Abgrenzung von fünf bis sechs Planungsregionen und zur Vorlage einer gestrafften Neufassung des Raumordnungsprogramms aufgefordert.

Die SPD-Fraktion fungierte dabei als formeller Initiator, um die neue Konzeption als Änderungsentwurf der Fraktion zur Regierungsvorlage einbringen zu können, ohne den alten Entwurf formell zurückziehen und die Neufassung dem vorgeschriebenen Beteiligungsverfahren nach HLPG neu unterwerfen zu müssen.

Nachdem die SPD-Fraktion in einer Klausurtagung die vom HMI vorbereitete Änderungskonzeption[67] und die Abgrenzung von fünf Planungsregionen (Nordhessen, Mittelhessen, Untermain, Rhein-Main-Taunus, Starkenburg) beschlossen hatte, erstellte das HMI für die Fraktion den »Entwurf zur Änderung der Landtagsdrucksache 909«, der am 19. 6. 1969 im Innenausschuß des Landtages eingebracht wurde.

Die Vorlage wurde nicht nur den Ressorts und den Landtagsabgeordneten, sondern auch dem Landesplanungsbeirat zur Stellungnahme zugeleitet, der bereits seit 1963 gem. HLPG an der Vorbereitung des HLROP beteiligt war. Im Mittelpunkt der eingehenden Stellungnahmen stand die Abgrenzung von Planungsregionen. Während Forderungen überregionaler Institutionen nach einer weiteren Vergrößerung der Planungsregionen ohne Einfluß auf den Entscheidungsprozeß blieben – Hessischer Landkreistag, BDI und der Verband für Wohnungswesen hatten gegen eine eigenständige Region Rhein-Main-Taunus, der Hessische Städtebund für die Bildung von vier Regionen für Hessen votiert –, entwickelte sich die bereits 1962 von OB Dregger (Fulda) erhobene Forderung nach einer eigenständigen Region Osthessen[68] zum Hauptproblem einer von der Regierung angestrebten interfraktionellen Einigung.

Eine Region Osthessen forderten:

- der OB von Fulda, zugleich Landesvorsitzender der CDU und Vorsitzender des Innenausschusses im Landtag,
- die Industrie- und Handelskammern Fulda und Wetzlar,
- der Landrat (SPD) des Landkreises Hersfeld (für eine »Zonenrandregion«),
- der BDI, Landesverband Hessen,

– das Landesarbeitsamt Hessen.

Die primär von Regionalinteressen selbst bestimmte Forderung nach Bildung einer osthessischen Region wurde vom OB Fulda in seiner Doppeleigenschaft als Kommunal- und Landespolitiker zur Bedingung für eine Zustimmung der CDU zum gesamten Gesetz gemacht. Obwohl die Landesplanung weiterhin die Bildung von 5 Regionen für optimal hielt[69], kam es nach dem Ministerpräsidentenwechsel Zinn – Osswald Ende 1969 in Spitzengesprächen zu einem politischen Kompromiß: Großregion Mittel-Osthessen, bestehend aus den Teilregionen Mittelhessen und Osthessen, d. h. de facto zur Bildung von sechs Planungsregionen in Hessen[70].

Die Konsensbildung in der Frage einer Region Osthessen, allgemein als Zugeständnis an die hessische CDU gewertet, die nur hier mit einer politischen Mehrheit der Sitze in der Verbandsversammlung rechnen konnte, wurde durch die Identität der Stellungnahmen unterschiedlicher, wirtschaftspolitisch relevanter Instanzen wie dem Landesarbeitsamt und der IHK sowie parteipolitisch gebundener Funktionsträger wie dem Landrat von Hersfeld (SPD) und dem OB Fulda (CDU) politisch erleichtert.

Während »die Region« von den Kommunalpolitikern und Landräten vermutlich als Forum zur Selbstdarstellung und Interessenvertretung sowie als künftige »Gebietskulisse« staatlicher Förderungspolitik angesehen wurde, waren die Stellungnahmen der Industrie- und Handelskammern vom Interesse der ansässigen Wirtschaft an einer Abbildung ökonomischer Austauschbeziehungen in *einer* Planungsregion, also vom Versuch einer Instrumentalisierung der Region zur Sicherung regionaler Produktionsverhältnisse geprägt.

Die Regionenabgrenzung zeigt im Ergebnis eine Dominanz des politischen Kalküls. Während die Region Untermain um drei Landkreise erweitert wurde und im übrigen den bereits bestehenden Regionsgrenzen folgte, stellt die Errichtung der Regionen Rhein-Main-Taunus und Starkenburg eine Anpassung an die dort bestehenden Allgemeinen Planungsgemeinschaften und damit einen Reflex der bereits verfestigten territorialen Interessenlage in Südhessen dar.

Darüber hinaus ist die Regionenbildung im Rahmen einer Konsensbildungsstrategie des neuen Ministerpräsidenten Osswald zu sehen, der nach der vorzeitigen Amtsübernahme 1969 ein manifestes Interesse haben mußte, sich in der verbleibenden Zeit der laufenden Legislaturperiode bis zu den Landtagswahlen 1970 zu profilieren.

Das Bestreben, den politisch erfolgreichen Großen Hessenplan durch Regionalisierung auf eine neue qualitative Stufe zu heben, machte die

Beendigung einer ineffizienten achtjährigen Raumordnungspolitik und die rasche Verabschiedung des HLROP sowie die Novellierung des HLPG notwendig. Dieser Handlungsdruck erhöhte zugleich die Kompromißbereitschaft der Regierung mit dem politischen Gegner und die Konfliktbereitschaft mit Teilen der eigenen Partei. Das zeigte sich neben dem Regionenproblem besonders in der Frage des – unter Planungsgesichtspunkten ineffizienten – Freiwilligkeitsprinzips bei der Bildung von Planungsgemeinschaften.

Die SPD-Vorlage zum HLROP und HLPG für den Innenausschuß hatte bereits eine vorsichtige Abkehr vom Freiwilligkeitsprinzip vorgesehen und der obersten Landesplanungsbehörde die Möglichkeit eingeräumt – wie bereits 1962 vom Hessischen Städtetag gefordert – »unter gewissen Voraussetzungen auch den Zusammenschluß oder den Anschluß der kreisfreien Städte und Landkreise zu Planungsgemeinschaften herbeizuführen«[71].

Die CDU forderte jedoch – wie bereits 1962 – eine Übertragung der Planungshoheit in der Regionalplanung von den kreisfreien Städten und Landkreisen auf die neu zu schaffenden Planungsregionen. In gleicher Richtung argumentierten auch der Hessische Städtebund und die RPU, die sich damit selbst als Organisationsmodell anbot.

Nach politischer Vorarbeit, insbesondere durch den MP und den Wirtschaftsminister kam es auf einer Sitzung der SPD-Landtagsfraktion am 3. 3. 1970 in einer knappen Entscheidung (19 gegen 17 Stimmen[72]) zum Votum der Fraktion für die Einrichtung von *Planungsregionen mit Planungshoheit*[73].

Nach dieser geradezu historischen, bis heute in Teilen der hessischen SPD kontroversen Lösung einer alten Streitfrage wurde der Gesetzentwurf im März 1970 in zweiter und dritter Lesung vom Landtag behandelt. Am 18. 3. 1970 beschloß der hessische Landtag mit den Stimmen der Oppositionsfraktionen das »Gesetz zur Feststellung des Hessischen Landesraumordnungsprogramms und zur Änderung des Hessischen Landesplanungsgesetzes (Hessisches Feststellungsgesetz)« (GVBl. S. 265 ff.).

Zusammenfassend läßt sich die Reform der Landesplanung als Neuregelung der Arbeitsteilung zwischen Land und Kommunen kennzeichnen, die als verzögerte Anpassung an ökonomisch induzierte Ansprüche gegenüber einer raumbezogenen staatlichen Regulierungsfunktion zustande kam.

Diese Ansprüche wurden insbesondere vom Wirtschaftsministerium und vom Planungsstab in der Staatskanzlei artikuliert und liefen auf eine großräumige Organisation der Regionalplanung und eine räumliche Schwerpunktbildung des Mitteleinsatzes hinaus.

Diesem tendenziell zentralistischen Anspruch standen die »Besitzstandsinteressen« der hessischen Kreis- und Gemeindeverwaltungen entgegen, die ihre Ansprüche vor allem gegenüber dem Innenministerium anmeldeten und damit dessen Handlungsrahmen begrenzten.

Dem so in die Regierung hineingetragenen Interessenkonflikt entsprach im Landtag eine strukturelle Polarisierung innerhalb der Mehrheitsfraktion.

Wenn sich in der Regierung und der SPD-Fraktion schließlich die Optionen für eine verbindliche Regionalplanung als Pflichtaufgabe in verbindlich fixierten Planungsräumen gegen einen Teil der eigenen Partei durchsetzten, so kann dies als Disziplinierung der bislang unkoordinierten lokalen Einzelpolitiken interpretiert werden, die einer Rationalisierung der staatlichen Struktur- und Regionalpolitik im Wege standen. In diesem Zusammenhang kann auch die Ausschaltung kommunaler Wahlbeamter aus dem Landtag (Unvereinbarkeitsgesetz) gesehen werden.

Beide Maßnahmen: die Hochzonung der Planungskompetenz der Regionalplanung von den Kreisen auf Planungsgemeinschaften und die Trennung von Amt und Mandat im hessischen Landtag bedeuteten einen Machtverlust für einen Teil der Landräte und Bürgermeister und ließen erwarten, daß diese in den Vorständen der Planungsgemeinschaften als Hauptakteure eine zentrale Rolle mit kompensatorischen Momenten übernehmen würden.

Unter dem Aspekt einer Verbesserung der vertikalen Koordination der Raumordnungspolitik von Bund und Ländern hätte sich eine Harmonisierung der autonomen hessischen Regionenbildung mit der gleichzeitig auf Bundesebene für die Zwecke der Verkehrswegeplanung vorgenommenen Bildung statistischer Raumeinheiten vermutlich positiv ausgewirkt. Das 1970 veröffentlichte, bereits 1968 im Institut für Raumordnung entwickelte Regionalisierungsmodell für die Bundesrepublik (78 Regionen[74]) teilte Hessen unter Berücksichtigung bestehender Kreisgrenzen in sechs Regionen auf (Kassel, Marburg, Fulda, Gießen, Frankfurt, Darmstadt), ohne damit die hessische Regionenbildung erkennbar zu beeinflussen.

Da das Statistische Bundesamt seit 1970 zahlreiche Daten in dieser Abgrenzung veröffentlichte und auch das DIW in seinen Gutachten und Prognosen dieser Regionalisierung folgte[75], wurde die Vergleichbarkeit oder wechselseitige Verwendbarkeit von Landes- und Bundesdaten durch die Differenz der Bezugseinheiten stark erschwert.

Auch die auf einen Forschungsauftrag des hessischen Wirtschaftsministers aus dem Jahre 1967 zurückgehende Input-Output-Analyse für Hessen von Hasselmann und Spehl[76] mußte mangels politisch gesicherter Regionen mit einer eigenen Regionalisierung (4 Regionen) arbeiten und wurde durch die abweichende »amtliche« Regionalisierung 1970 für die praktische Regionalplanung weitgehend entwertet.

5. Der Landesentwicklungsplan HESSEN '80

5.1 *Rahmenbedingungen und Anspruchsniveau*

Der politische und methodische Anspruch des LEP ist vor dem ökonomischen Hintergrund eines stabilen, scheinbar nur kurzfristig (1967/68) unterbrochenen Wirtschaftswachstums, vor dem landespolitischen Hintergrund des Regierungswechsels Zinn – Osswald (1969) und den politisch-administrativen Leistungen des Großen Hessenplans zu interpretieren. Diese Rahmenbedingungen lassen einen Zusammenhang mit dem formulierten Anspruchsniveau des LEP vermuten.

Das stabile Wirtschafts- und Bevölkerungswachstum der fünfziger und sechziger Jahre hatte zu einer relativen Treffsicherheit der Wachstumsannahmen und Prognosen und einem hohen Realisierungsgrad der Investitionsprojekte des GHP beigetragen. Damit hatten die mit relativ einfachen Prognoseverfahren und insgesamt konfliktarmen Koordinationsprozessen erarbeiteten Investitionsprogramme für das Planungspersonal einen methodischen und für die politische Spitze einen wahlpolitischen Bestätigungseffekt.

Sahen sich die Planer in ihrer Einschätzung der verfügbaren Ressourcen bestätigt, so konnte die Landesregierung das jeweils erreichte Versorgungsniveau als Produkt des Planes selbst deklarieren, obwohl es sich dabei vermutlich eher um erfolgreiche Prognostik auf der Basis gemeldeter Ressort-Projekte als um zurechenbare Effekte integrierter Planung handelte.

Auch die Rezession 1967/68 hatte den expansiven, auf die Befriedigung steigender Erwartungen gerichteten Tenor des GHP nicht erschüttern können, sondern die sachliche Bedeutung von Durchführungsabschnitten als flexiblem Anpassungsinstrument sowie die politische Notwendigkeit langfristiger Planung generell bestätigt, noch ehe es zu vergleichbaren Initiativen auf Bundesebene kam.

Der Konjunktureinbruch konnte zudem in kurzer Zeit überwunden, die Krise mithin als politisch regulierbares Phänomen interpretiert werden.[77]

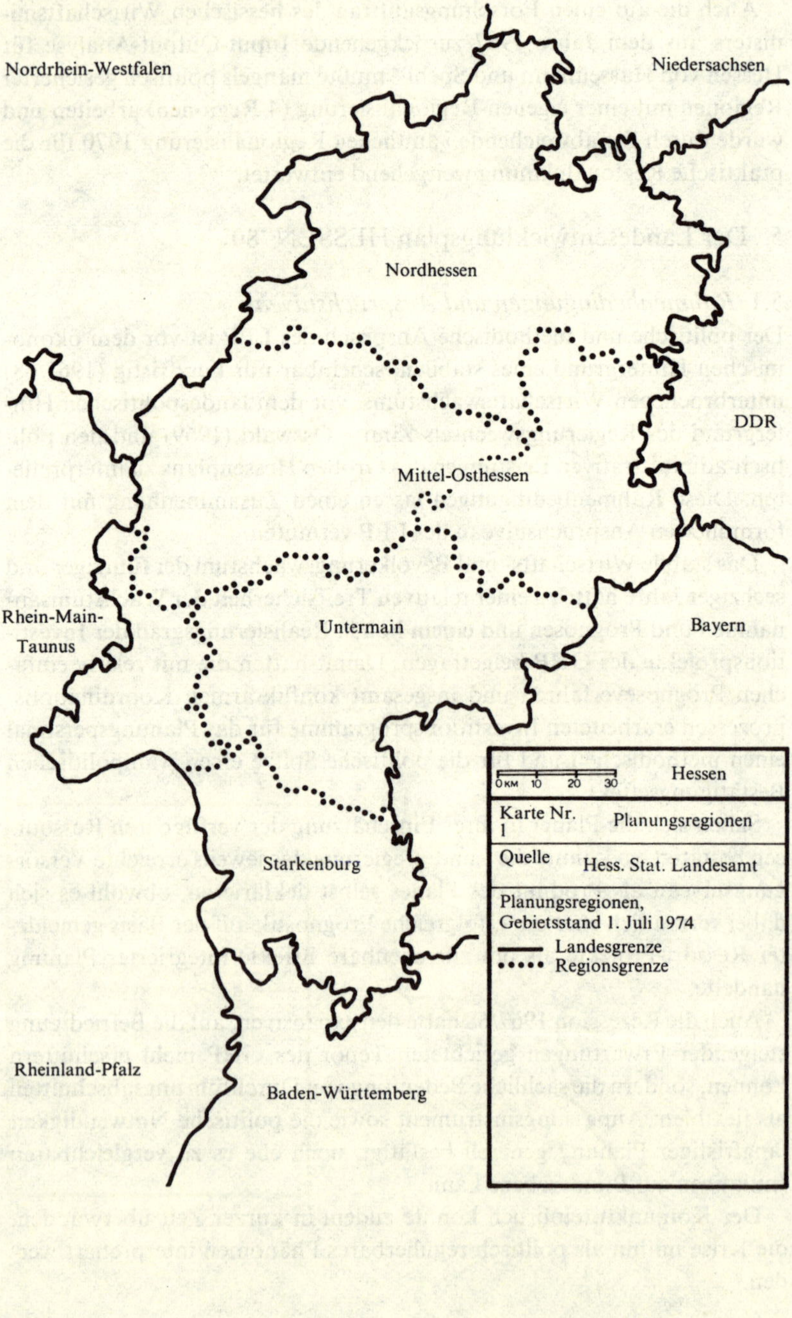
Nordrhein-Westfalen
Niedersachsen
Nordhessen
DDR
Mittel-Osthessen
Rhein-Main-
Taunus
Untermain
Bayern
Starkenburg
Rheinland-Pfalz
Baden-Württemberg
0 KM 10 20 30
Hessen
Karte Nr.
1
Planungsregionen
Quelle
Hess. Stat. Landesamt
Planungsregionen,
Gebietsstand 1. Juli 1974
Landesgrenze
Regionsgrenze

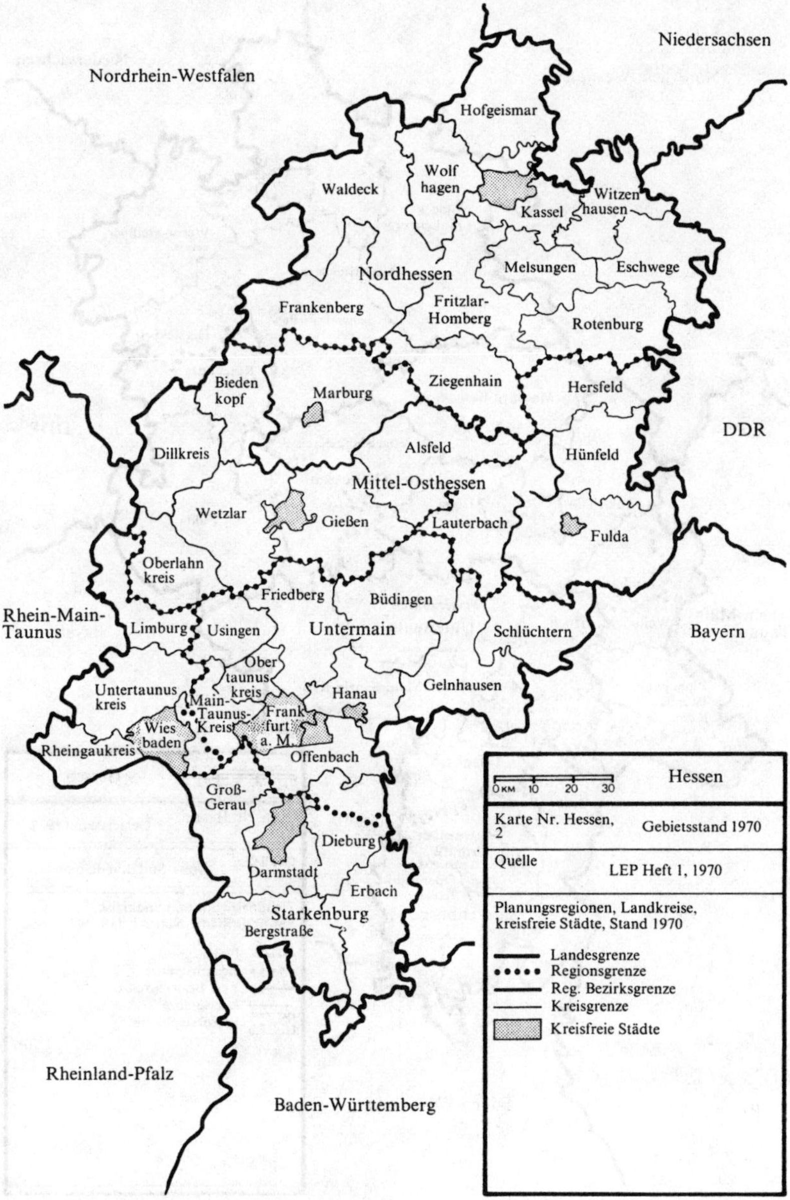
Niedersachsen
Nordrhein-Westfalen
Hofgeismar
Wolf hagen
Waldeck
Kassel
Witzen hausen
Nordhessen
Melsungen
Eschwege
Frankenberg
Fritzlar-Homberg
Rotenburg
Bieden kopf
Marburg
Ziegenhain
Hersfeld
DDR
Dillkreis
Alsfeld
Hünfeld
Mittel-Osthessen
Wetzlar
Gießen
Lauterbach
Fulda
Oberlahn kreis
Friedberg
Büdingen
Rhein-Main-Taunus
Limburg
Usingen
Untermain
Schlüchtern
Bayern
Ober taunus kreis
Untertaunus kreis
Main-Taunus-Kreis
Hanau
Gelnhausen
Wies baden
Frank furt a. M.
Rheingaukreis
Offenbach
Groß-Gerau
Dieburg
Darmstadt
Erbach
Starkenburg
Bergstraße
Rheinland-Pfalz
Baden-Württemberg
0 KM 10 20 30
Hessen
Karte Nr. Hessen, 2
Gebietsstand 1970
Quelle
LEP Heft 1, 1970
Planungsregionen, Landkreise, kreisfreie Städte, Stand 1970
Landesgrenze
Regionsgrenze
Reg. Bezirksgrenze
Kreisgrenze
Kreisfreie Städte

Nordrhein-Westfalen
Niedersachsen
Kassel
Waldeck-Frankenberg
Werra-Meißner-Kreis
Nordhessen
Schwalm-Eder-Kreis
Hersfeld-Rotenburg
Marburg-Biedenkopf
DDR
Vogelsberg-Kreis
Mittel-Osthessen
Lahn-Dill-Kreis
Lahn
Fulda
Limburg-Weilburg
Rhein-Main-Taunus
Wetteraukreis
Untermain
Hoch-Taunus-Kreis
Bayern
Rheingau-Taunus-Kreis
Main-Taunus-Kreis
Wiesbaden
Frankfurt a. M.
Main-Kinzig-Kreis
Offenbach
Groß-Gerau
Darmstadt-Dieburg
Odenwald-Kreis
Starkenburg
Bergstraße
Rheinland-Pfalz
Baden-Württemberg
Hessen
0 KM 10 20 30
Karte Nr. Hessen, 3
Gebietsstand 1977
Quelle
Hess. Stat. Landesamt
Planungsregionen, Landkreise, kreisfreie Städte, Stand 1. Jan. 1977
Landesgrenze
Regionsgrenze
Reg. Bezirksgrenze
Kreisgrenze
kreisfreie Städte

Allerdings machte die überproportionale Konjunkturanfälligkeit strukturschwacher Regionen die Notwendigkeit einer regional differenzierten staatlichen Strukturpolitik und einer präzisierten Regionalplanung deutlich.

Im Gefolge des konjunkturellen Aufschwungs 1969/70 und des Regierungswechsels in Bonn (sozialliberale Koalition) kam es zu einer allgemeinen politischen und wissenschaftlichen »Planungseuphorie« und einer Überschätzung der verfügbaren Steuerungsinstrumente sowie des langfristig ausschöpfbaren Ressourcenrahmens für eine an sozialen Gerechtigkeitspostulaten orientierte Reformpolitik.

Das konzeptionelle Anspruchsniveau des LEP[78] entsprach, so unsere These, dem vorherrschenden Selbstverständnis einer Aufgabenplanung, die von der Vorstellung einer beträchtlichen Autonomie des politischen Systems gegenüber seinen ökonomischen Rahmenbedingungen und von der prinzipiellen Möglichkeit einer umfassenden gesellschaftspolitischen Steuerung ausging[79]: »Mit dieser weitreichenden Konzeption geht die Landesregierung noch erheblich weiter als mit dem Investitionsprogramm des Großen Hessenplans vor fünf Jahren und begreift Landesentwicklung als eine umfassende gesellschaftspolitische Aufgabe«[80]. Auch wenn der Anspruch, »als erstes Land eine Gesamtschau zur Globalsteuerung der sozialen Prozesse« zu entwerfen[81], eher ein strategisches Leitbild als ein konkretes Programm repräsentierte, zeigt der Ansatz Züge des synoptischen Modells[82] einer umfassenden Gesamtplanung (»comprehensive planning«[83]), ohne allerdings dessen rigides Muster einer allein auf die Zweckrationalität politischer Entscheidungen abstellenden Optimierung des Mitteleinsatzes nach vorgegebenen und hierarchisch ableitbaren Zielen zu übernehmen.

Die politische Kritik am synoptischen Planungskonzept, die sich insbesondere auf die Vernachlässigung des Herrschaftsaspekts bezieht[84], wurde durch die Betonung dezentraler Mitwirkung an der Zielformulierung (Gegenstromprinzip) im hessischen Planungssystem berücksichtigt. Analysen des hessischen Planungssystems[85] zeigten aber hinsichtlich seiner Problemverarbeitungskapazität eine Reihe von Defiziten, die einer Realisierung des integrierten und umfassenden Planungsmodells im Wege standen, damit ein inkrementales bzw. pragmatisches Vorgehen erforderten[86] und für die Realisierung des formulierten Anspruchs eine Reihe zusätzlicher Steuerungs- und Koordinationsprobleme erwarten ließen:

Als zusätzliche allgemeine Koordinierungsgrundlage für die zentrale Aufgabenplanung trat 1969/70 der Raumbezug der Landesentwicklung in den Vordergrund und konfrontierte die Planer mit einer Vielzahl neuartiger Interdependenzprobleme zwischen Investitionsplan und Raumordnung und einer komplexen Koordinierungsaufgabe gegenüber den regionalen Planungsgemeinschaften.

Die Aufstellung des LEP hatte bereits deutliche Hinweise auf ein durch die Präzision quantitativer input-Indikatoren kaum verdecktes Defizit an politischer Zielplanung und ein auf administrative Binnenprobleme fixiertes, überdies buchhalterisch-statistisch dominiertes Selbstverständnis des Planungspersonals geliefert, das in eigentümlichem Kontrast zur expansiven, gelegentlich auch »fortschrittsgläubig« wirkenden Planungs- bzw. Plänestrategie des neuen MP (Osswald) stand[87].

Zusätzliche Probleme waren durch die vorgesehene Aufnahme nichtinvestiver Bereiche in den LEP zu erwarten. Die »ausgewählten gesellschaftspolitischen Aufgaben« (Kap. VI des LEP) ließen noch keinen systematischen Stellenwert im Planwerk und nur punktuelle Interdependenzen zum investiven Teil erkennen und waren auch nicht von der Planungsabteilung der Staatskanzlei, sondern von einer Kommission außerhalb des übrigen Verfahrens erstellt worden[88].

Diese Ausweitung der Planung auf nichtinvestive Bereiche[89] könnte als logischer Ansatz zur Überwindung der konzeptionellen Mängel einer reinen Investitionsplanung angesehen werden. Doch wurden grundsätzliche Konflikte zwischen gesellschaftspolitischen und regionalpolitischen Zielen, z. B. zwischen »Chancengleichheit« und Disparitätenausgleich, die in den mobilitätsfördernden, das Stadt-Land Gefälle verschärfenden Effekten einer konsequenten Bildungspolitik angelegt sind, ebenso ausgespart wie die Darstellung regionalpolitischer Interdependenzen und möglicher Handlungsalternativen.

Als politisch prekär erwies sich das Bestreben des Ministerpräsidenten (Osswald), den durch ökonomische Stabilität begünstigten GHP methodisch und inhaltlich zu übertreffen. Dabei geriet der LEP in die Schere zwischen gestiegenem Erwartungsniveau einerseits und den durch Verknappung des disponiblen Potentials drastisch veränderten Durchsetzungsbedingungen andererseits.

Angesichts verschärfter ökonomischer Rahmenbedingungen seit 1973 war zu erwarten, daß sich die Kluft zwischen hochentwickelter Programmatik und den realen Vollzugsbedingungen vergrößern und in politischen Reduktionsstrategien niederschlagen würde[90]. Im Verlauf dieser Arbeit wird zu fragen sein, welche Konsequenzen sich aus der Ressourcenkrise für das Anspruchsniveau des Planungssystems insbesondere im Bereich der Regionalpolitik ergeben.

5.2 *Der Landesentwicklungsplan als Verbundsystem*

Die Konzeption des LEP als integriertem Basisplan zur direkten Koordination der Fachplanungen und der Regionalplanung sowie zur indirekten Koordination der Kommunalplanung[91] impliziert eine Reihe von Funktionsvoraussetzungen, die sich aus der Komplexität der Raumordnungspolitik als einer fach- und ebenenübergreifenden Aufgabe ergeben (vgl. Abb. 1).

Das Koordinationsproblem läßt sich formal zum einen als interne horizontale Koordination *in* allen Teilsystemen, zum anderen als Koordinierung *zwischen* Teilsystemen gleicher und unterschiedlicher Ebenen (externe horizontale und externe vertikale Koordinierung) sowie als Koordinierungsproblem zwischen staatlicher und privater Planung strukturieren[92]. Der Versuch von Roesler und Stürmer, die genannten vier Koordinationstypen nach elf Beurteilungskriterien mit organisatorischen, finanziellen und personellen Bezügen in ein normatives, dabei allerdings rein formales Koordinationsmodell zu fassen und dieses auf die Planungsrealität der Bundesrepublik anzuwenden, ergab eine umfangreiche, aber grobe Liste von Koordinationsdefiziten[93]. Demgegenüber zeichnet sich das Koordinationsmodell des LEP insbesondere durch die Verklammerung von Infrastrukturplanung, Raumordnung und Finanzplanung aus. Der Landesentwicklungsplan gilt als integrierter langfristiger Rahmenplan, der als Querschnittsplan sowohl die Fachplanungen der Ressorts (horizontal) als auch die regionalen Raumordnungspläne (vertikal) auf einem mittleren Abstraktionsniveau koordiniert bzw. determiniert.

Die fachliche Konkretisierung der Investitionsplanung in Investitionsprogrammen (Projekte), Projektgruppen und Investitionsbereichen (Soziales, Kultur, Wirtschaft, Verkehr, Umwelt) wird ebenso wie ihre Quantifizierung in Versorgungsgraden und Finanzmitteln sowie die zeitliche Aufteilung in mittelfristige Durchführungsabschnitte und Ergebnisrechnungen aus dem System des GHP übernommen (vgl. Abb. 1 und 2). Eine wesentliche Weiterentwicklung des GHP bildet die räumliche Konkretisierung (Regionalisierung) des LEP, d. h. die Aufteilung der Investitionsmittel auf die Regionen und die Vorgabe eines raum- und siedlungsstrukturellen Rasters (Raumkategorien, zentrale Orte der ober- und mittelzentralen Stufe, Entwicklungsbänder uw.). Die »klassischen« landesplanerischen Vorgaben sind allerdings relativ grob und auf Verfeinerung durch die Regionalplanung angelegt. Diese relative Zurückhaltung der zentralen Landesentwicklungsplanung in den räumlichen Funktionsaussagen kann als positive Ausgangsbedingung für eine gehaltvolle Regionalplanung gewertet werden[94].

Abb. 1 – *Das Koordinationsmodell des hessischen Planungssystems*

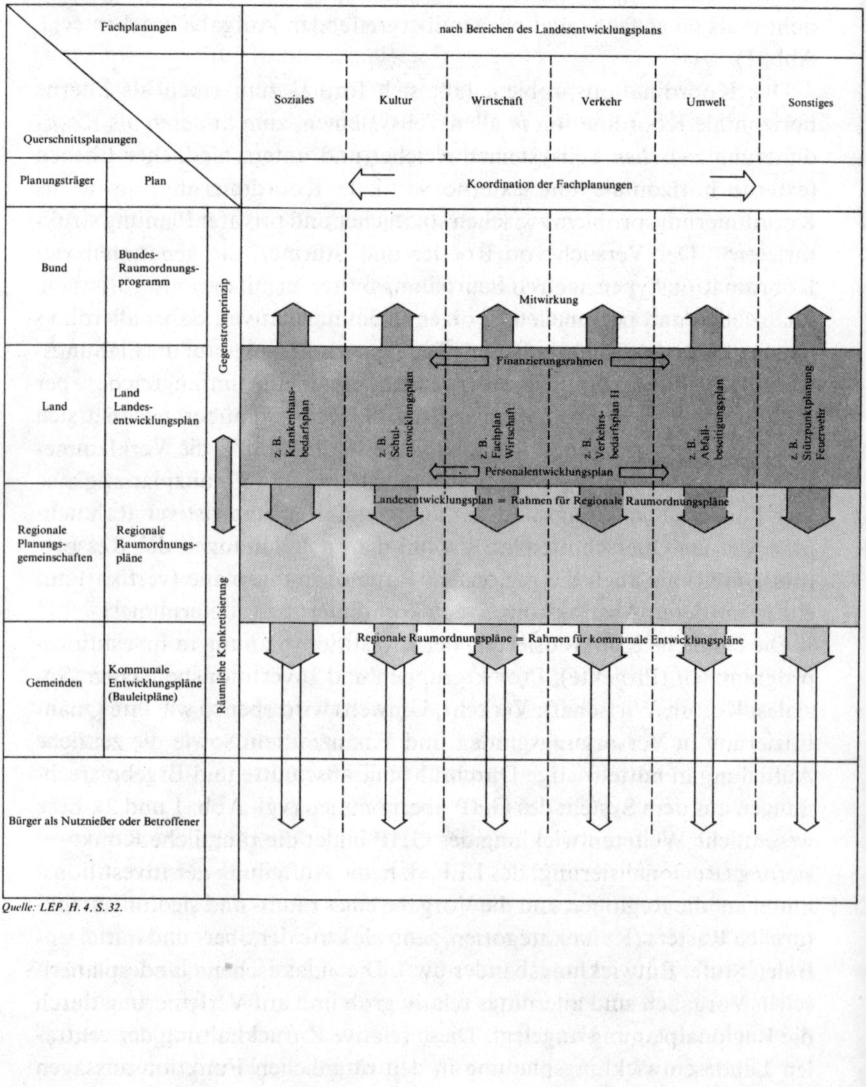

Quelle: LEP, H. 4, S. 32.

Einen prekären Schnittpunkt horizontaler und vertikaler Koordinationsbeziehungen bildet die staatliche Fachplanung. Sie ist durch quantifizierte Zielsetzungen (Versorgungsgrade), zeitliche Festlegungen (Durchführungsabschnitte) sowie durch die sektorale, regionale und finanzielle Konkretisierung in ein relativ dichtes Gesamtsystem eingebunden. Die Einführung der Regionalplanung kann diesen Determinantenkomplex noch verdichten und zusätzliche Konfliktfelder konstituieren, da die Regionalplanung am Prozeß der räumlichen und sektoralen Konkretisierung der Infrastrukturplanung bis hin zur Standortentscheidung beteiligt ist und mit der zentralen Fachplanung partiell um dieselben Gestaltungsspielräume konkurriert[95].

Hinsichtlich der vertikalen Verklammerung staatlicher, regionaler und kommunaler Politik nehmen wir an, ein Verbundsystem sei dadurch gekennzeichnet, daß trotz einer hierarchischen institutionellen Struktur im Verhältnis der Ebenen zueinander die Untereinheiten an der Entwicklung von Steuerungsprogrammen nicht nur als Informationslieferant, sondern auch als Konsenspartner beteiligt bleiben[96].

Dieser Anspruch wird in der Formel des »Gegenstromprinzips« für das hessische Planungssystem postuliert (vgl. Abb. 1). Es soll als vertikales Kommunikationsmuster die Willensbildung von der lokalen über die regionale in die zentrale Planung einbringen und – in mehrstufigen rückgekoppelten Entscheidungssequenzen – den Legitimationsbedarf der Planung decken.

Einen besonderen Schutz für die Gemeinden stellt die beschränkte Bindungswirkung des HLROP und des LEP dar. Diese sind gemäß § 8 HLPG nur für die Träger der Regionalplanung verbindlich und werden erst durch die Konkretisierung im förmlich festgestellten regionalen Raumordnungsplan zu Zielen der Raumordnung und Landesplanung im Sinne des § 5 Abs. 4 ROG gegenüber den Gemeinden.

Während die Mitwirkung der Gemeinden an der Regionalplanung durch die Parlamentarisierung der regionalplanerischen Entscheidungsverfahren gesichert wurde, konnte sich der Partizipationsanspruch der Planungsgemeinschaften gegenüber der Landesentwicklungsplanung lediglich auf ihre Funktion als »Träger öffentlicher Belange« und auf Absichtserklärungen der Regierung zur Beteiligung der Regionalplanung an der Vorbereitung der Durchführungsabschnitte des LEP stützen.

Bezieht man das »Gegenstromprinzip« darüber hinaus auch auf das Verhältnis zwischen planender Verwaltung und Parlament, so zeigt sich eine deutliche Machtkonzentration bei der Exekutive: Der LEP wird in der Staatskanzlei erstellt und dem Landtag lediglich zugeleitet. Das Par-

Abb. 2 – *Hessisches Planungssystem: Langfristplanung, Durchführungsabschnitte, Ergebnisrechnungen**

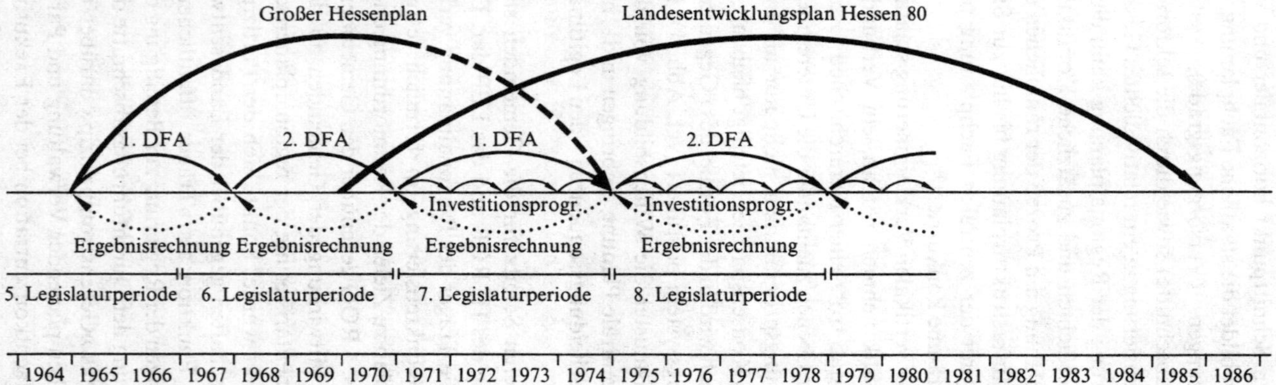

Quelle: LEP, H. 4, S. 31.

lament ist somit auch in Hessen auf dem Weg zu einem »ratifizierenden Vollzugsorgan administrativer Programmwahlen«[97], dessen Budgetkompetenz durch Informations- und Planungskonzentration bei der Exekutive und vorgängige Abstimmungsprozesse im Rahmen der Finanzplanung determiniert wird.

Eine gewisse Entlastung vom Technokrativorwurf erzielte die Landesregierung aber durch ihre Praxis, den LEP und jeden seiner Durchführungsabschnitte zunächst als Entwurf zu veröffentlichen und nach einer Diskussions- und Abstimmungsphase mit gesellschaftspolitisch relevanten Gruppen die endgültige, verbindliche Fassung durch Kabinettsbeschluß förmlich festzustellen.

Verlauf und Ergebnisse des Beteiligungsverfahrens zum Entwurf des Landesentwicklungsplans 1970 zeigten allerdings, daß die begrenzte unspezifizierte Partizipationschance fast ausschließlich der Kompromißbildung mit Gemeinden, Trägern öffentlicher Belange und Verbänden im Sinne einer antizipatorischen Konfliktregulierung diente[98]. Den weitgehenden Ausschluß nichtorganisierter Interessen von der Landesentwicklungsplanung konnten auch derartige Versuche einer »Öffnung« der Planung nur bedingt überwinden.

Angesichts der Komplexität und des hohen Aggregationsniveaus der integrierten Landesentwicklungsplanung, die organisierte Interessen in der Regel nicht erkennbar verletzt, konnten Konzepte einer Beteiligung der Bevölkerung bisher nicht überzeugend operationalisiert werden.

Häußermann zeigt, daß die Entscheidungskriterien in der vertikalen Abstufung des Entscheidungsprozesses einem systematischen Prozeß der »sozialen Entproblematisierung« unterliegen und daß durch die Berücksichtigung aller im bürokratischen System institutionell repräsentierten Interessen struktureller Konservatismus entsteht[99].

Chancen zu einer sozialen Reproblematisierung der Raumplanung sind daher eher auf lokaler und regionaler als auf zentraler Ebene zu suchen. Eine schwache Aufforderung zur Entwicklung von Partizipationskonzepten läßt sich dabei der Vorschrift des HLROP entnehmen, die Ziele der Regionalplanung u. a. aus den »Bedürfnissen und Wünschen der Bevölkerung« zu erarbeiten (HLROP Teil B 8 [3]).

Ähnlich zurückhaltend wird gewöhnlich auch die Rolle der privaten Planungsträger im Planungsprozeß umrissen. Unternehmer und Unternehmensverwaltungen werden in verwaltungswissenschaftlichen Arbeiten – so auch bei Roesler/Stürmer – meist als eine unter mehreren zu koordinierenden Ebenen aufgeführt oder dem allgemeinen Problem von Öffentlichkeitsarbeit bzw. Partizipation zugeschlagen[100].

Auch im hessischen Koordinationsmodell sind private Planungsträger lediglich in Gestalt des »Bürgers als Nutznießer oder Betroffener« (vgl. Abb. 1), d. h. als Empfänger staatlicher Leistungen und Regelungen aufgeführt. Diese Darstellung entspricht der beschränkten direkten Bindungswirkung der raumordnungspolitischen Instrumente: »Das Landesraumordnungsprogramm, der Landesentwicklungsplan und die regionalen Raumordnungspläne haben dem einzelnen gegenüber keine Rechtswirkung« (§ 8 [4] HLPG)[101].

Eine Kongruenz zwischen strukturpolitischen und unternehmenspolitischen Zielen muß unter marktwirtschaftlichen Bedingungen durch eine finanzielle Anreiz- und Subventionspolitik, eine koordinierte Flächenangebots- und Flächensicherungspolitik im Rahmen der Bauleitplanung und andere indirekte Steuerungsmittel angestrebt werden.

Dieses »Basisdefizit« der Raumordnung ist zwar aus der Finanzierungsstruktur des LEP, insbesondere aus den hohen Anteilen »sonstiger«, d.h. privat aufzubringender Mittel[102] ablesbar, diese werden jedoch im Gesamtplan als komplementäre und im Kontext stabiler Wachstumsraten quasi automatisch fließende Beiträge zur Planrealisierung behandelt[103].

1 Die FDP begrüßte in der Debatte zur Regierungserklärung vom 10. 1. 1951 bereits die »offizielle und stillschweigende Aufgabe der hessischen Verfassungsartikel zur Planung und Lenkung der Wirtschaft«. Stenogr. Protokolle des Hessischen Landtags, II. Wahlperiode, 3. Sitzung vom 10. 1. 1951, S. 33 f.

2 Hessen-ABC, hrsg. von der Hessischen Staatskanzlei, Ausgabe 1970, Wiesbaden 1970, S. 575.

3 Stenogr. Protokolle, S. 17 ff.

4 Ebenda, S. 22.

5 Der Hessenplan 1950-1954. Ausgangspunkt, Entwicklungsstufen, Teilergebnisse, Beurteilungen. Bericht des Landesamtes für Vertriebene, Flüchtlinge und Evakuierte in Zusammenarbeit mit dem Landesplanungsamt, Landesarbeitsamt und Statistischen Landesamt, Köln 1954.

6 Ebenda, S. 9.

7 Bis 1954 wurden insgesamt 11 358 Familien mit 41 373 Personen umgesiedelt, ebenda, S. 9.

8 Stenogr. Protokolle, S. 22.

9 Vgl. Werner Geiger, Zielfindung und Programmentscheidung in der planenden Verwaltung, Berlin 1974, S. 2 (Manuskript).

10 Hessenplan, S. 20.

11 Ebenda, S. 22.

12 Ebenda, S. 23.

13 »Man kann das *Profitgefälle* der Wirtschaft wohl durch ein begünstigendes *Kreditgefälle* auszugleichen versuchen, aber in der heutigen Wirtschaftsform

wird der Standort neuer Betriebe in erster Linie vom Privatunternehmer entschieden«, ebenda, S. 25 (Hervorhebungen vom Autor).

14 Ebenda, S. 27

15 Vgl. Hessen-ABC, S. 213 f.

16 Der Große Hessenplan (GHP), hrsg. vom Hessischen Ministerpräsidenten, H. 1, Wiesbaden 1965, S. 11.

17 Gesetz über den Aufbau der Städte und Dörfer des Landes Hessen (Aufbaugesetz) vom 25. 10. 1948 (GVBl. I S. 139).

18 Bauleitpläne im Sinne des Aufbaugesetzes waren der Flächennutzungsplan, Generalbebauungsplan, Baugebietsplan, Fluchtlinienplan und Bebauungsplan (§ 2 [2] Hess. AufbauG).

19 Vgl. z. B. Der Rheingau von morgen – Entwurf zu einem Kreisentwicklungsplan, hrsg. vom Kreisausschuß Rüdesheim, Rüdesheim 1959.

20 Staatsanzeiger, 1951, S. 461.

21 Vgl. Vorläufiger Raumordnungsplan für das Land Hessen, Region Starkenburg, hrsg. vom Hessischen Minister des Innern – Landesplanung, Wiesbaden 1957, Einleitung, ohne Seitenangaben (Hervorhebung vom Autor).

22 Quelle: Interview 25. 2. 1975.

23 Vgl. Vorläufiger Raumordnungsplan, Einleitung: »Seit dem 1. April dieses Jahres gehört die Landesplanung zum Geschäftsbereich des Innenministeriums. Als Herr Minister Schneider dem Landtagsausschuß für Aufbau und Planung von dieser Änderung Kenntnis gab, hat er erklärt, daß den Fachbehörden durch die Landesplanung nicht der eigentlich interessante Teil ihrer Arbeit – nämlich die Fachplanung – weggenommen werden soll . . .«

24 Der Regierungsentwurf eines Landesraumordnungsprogramms wurde am 2. 6. 1965 (nur Teil A) bzw. am 6. 3. 1968 (Gesamtentwurf) in erster Lesung beraten, aber dann nicht mehr weiterbehandelt.

25 Vgl. Willi Hüfner, Der Arbeitsstab für Forschung und Planung bei der hessischen Landesregierung, in: Verwaltung im modernen Staat, Berliner Beamtentage 1965, Berlin 1966, S. 129 ff.

26 GHP, H. 1, S. 9 f.

27 Vgl. Planung III. Mittel und Methoden planender Verwaltung, hrsg. von Joseph H. Kaiser, Baden-Baden 1968, S. 7.

28 GHP, H. 1, S. 11.

29 Ebenda.

30 Ebenda, S. 11 f.

31 Willi Hüfner, Der Landesentwicklungsplan Hessen 1980, in: Raumordnung und Infrastrukturplanung bei Bund, Ländern und Gemeinden, Materialien zu einem Seminar, hrsg. vom Kommunalwissenschaftlichen Forschungszentrum, Berlin 1972, S. 37.

32 GHP, S. 15.

33 Reinhart Wettmann, Das hessische Planungssystem. Verwaltungsinterne Aufbauprobleme der Planungsorganisation der Landesregierung des Bundeslandes Hessen im Zeitraum 1964 bis Mitte 1972 (unveröffentlichtes Manuskript der Projektgruppe Regierungs- und Verwaltungsreform beim BMI [Mainz 1972]).

34 Der Große Hessenplan, H. 3, Ergebnisrechnung für die Jahre 1965 bis 1967, Wiesbaden 1968.

35 Vgl. Carl Böhret, Entscheidungshilfen für die Regierung, Opladen 1970, S. 174 ff.

36 Wettmann, S. 93.

37 GHP, H. 1, S. 83.

38 Vgl. Willi Hüfner, Einige Aspekte zur Methodik staatlicher Planung, in: Planung III, S. 214.

39 Die Inkompatibilität von Amt und Mandat wurde erst ab der 7. Wahlperiode (1970-1974) durch Landesgesetz eingeführt. Dem Landtag der 6. WP (1966-1970) gehörten noch 11 amtierende Bürgermeister und Oberbürgermeister sowie 8 amtierende Landräte (davon 6 SPD, 1 CDU, 1 FDP) an. Quelle: Abgeordnetenverzeichnis des hessischen Landtags, 6. WP, Stand 7. 10. 1970.

40 Stenographische Protokolle des Hessischen Landtages, IV. WP, 57. Sitzung vom 27. 6. 1962, S. 2346.

41 Der Hessische Städtetag hatte folgende Formulierung des § 3 vorgeschlagen: »Die oberste Landesplanungsbehörde kann nach Anhörung der Beteiligten die Bildung einer Planungsgemeinschaft anordnen, wenn sie auf freiwilliger Grundlage nicht zustande kommt«. Stenographische Protokolle, S. 2345 f.

42 Innenminister Schneider, Stenographische Protokolle, S. 2349.

43 Kassel, Marburg-Waldeck, Fulda-Hersfeld, Vogelsberg, Lahn-Dill, Rhein-Main, Starkenburg. »Wesentlich für die Abgrenzung der Regionen war das Bestreben, die Verwaltungsgrenzen zu beachten. Die Regionen Kassel, Marburg-Waldeck und Fulda-Hersfeld ergeben zusammen den Regierungsbezirk Kassel; die Regionen Lahn-Dill und Rhein-Main den Bezirk Wiesbaden und die Regionen Starkenburg und Vogelsberg den Bezirk Darmstadt«. Einleitung zum Vorläufigen Raumordnungsplan für das Land Hessen, Region Starkenburg, Wiesbaden, Juni 1957.

44 Vgl. Friedrich Gunkel, Regionale Planungsgemeinschaften und Planungsregionen in Hessen, in: Der Landkreis, Jg. 35 (1964), S. 115-118.

45 Vgl. dazu die später (1967) vorgelegte Karte »Zentrale Orte«, Hessischer Minister des Innern, Abt. VII.

46 Gunkel, S. 117.

47 Hessen, Regionale Planungsräume (Überarbeiteter Vorschlag), Hessischer Minister des Innern, Abt. VII, Oktober 1965.

48 Interview 1. 2. 1971.

49 Erst 1971 wird erstmalig ein Zusammenhang zwischen Regionalplanung und Territorialreform konstatiert: »Mit den Ergebnissen der Regionalplanung wird auch ein wichtiger Beitrag zur Gemeinde- und Kreisreform geleistet.« LEP, H. 2, Durchführungsabschnitt für die Jahre 1971-1974, Wiesbaden 1971, S. VII.

50 Gunkel, S. 117.

51 Interview 1. 2. 1971.

52 Drucks. d. Hess. LT Nr. V/1361, Antrag der Fraktion der CDU betreffend Verwaltungsreform in Hessen vom 27. 4. 1965.

53 Vgl. Frido Wagener, Neubau der Verwaltung, Berlin 1969, S. 189 ff.; Werner Gründler, Kommunale Gebietsreform unter besonderer Berücksichtigung der parteipolitischen Komponente – dargestellt am Beispiel der Räume Hannover, Frankfurt a. M. und München, jur. Diss. Bochum 1974, S. 179 ff.

54 1. Lesung des Entwurfs eines Hessischen Landesraumordnungsprogramms (HLRO-Programm) (Teil A), Stenogr. Protokolle des Hess. LT. v. WP, 39. Sitzung vom 2. 6. 1965, S. 1687, sowie Stenogr. Protokolle v. WP, 42. Sitzung vom 1. 7. 1965, S. 1857-1876.

55 Hess. LT, v. Wahlperiode, Fraktion der FDP: Initiativantrag »Entwurf eines Gesetzes über die Bildung der Regionen« vom 25. 1. 1966, Drucks. Abt. I Nr. 686.

56 Hess. LT, v. Wahlperiode, 1. Lesung des Entwurfs eines Gesetzes über die Bildung von Regionen, Protokoll der 49. Sitzung vom 16. 2. 1966, S. 2231.

57 Hess. LT, v. Wahlperiode, 2. Lesung des Entwurfs eines Gesetzes über die Bildung von Regionen, Protokoll der 57. Sitzung vom 12. 10. 1966, S. 2583.

58 Ebenda, S. 2231.

59 Vgl. Gründler, S. 183.

60 Sachverständigenkommission für Verwaltungsreform und Verwaltungsvereinfachung in Hessen, Zum Amt des Regierungspräsidenten, Wiesbaden 1967 (Veröffentlichungen. 1).

61 Vgl. Regierungserklärung Zinn vom 18. 1. 1967, Stenogr. Protokolle des Hess. LT. VI. WP, S. 20. Die im Gesetz über die Grenzen der Regierungsbezirke und den Dienstsitz der Regierungspräsidenten vom 29. 4. 1968 (GVBl. I S. 119) vorgenommene Neugliederung Hessens in zwei Regierungsbezirke und die Auflösung des Regierungsbezirks Wiesbaden wird bis heute von vielen Kommunalpolitikern als Fehlentscheidung bezeichnet, da sie zu einer Überlastung des RP Darmstadt geführt habe.

62 Hess. LT, VI. Wahlperiode, CDU-Fraktion: Antrag betr. Verwaltungsreform vom 4. 10. 1967, Drucks. Nr. 681; vgl. auch Hess. T, VI. Wahlperiode, Protokoll der 21. Sitzung vom 13. 12. 1967, S. 921.

63 Hess. LT, VI. Wahlperiode, FDP-Fraktion: Entwurf eines Gesetzes über die Bildung von Regionen vom 24. 1. 1968, Drucks. Nr. 939; Hess. LT, VI. Wahlperiode, 1. Lesung eines Gesetzes über die Bildung von Regionen, Protokoll der 23. Sitzung vom 7. 2. 1968, S. 1080 ff.

64 Vgl. Karte zur LT-Drucks. 909/VI. Wahlperiode. In der ersten Lesung des HLROP am 6. 3. 1968 legte die Regierung noch keinen Abgrenzungsvorschlag vor.

65 Vgl. Albert Osswald, Planung als zentrale Aufgabe, Vortrag, gehalten am 27. Oktober 1968 bei der Hochschulwoche für staatswissenschaftliche Fortbildung in Bad Sooden-Allendorf, Bad Homburg v. d. H., Berlin und Zürich o. J. (Sonderdruck), vgl. besonders den Abschnitt »Planung als Aufgabe der Exekutive«, S. 16 f.

66 Quelle: Vermerk HMI/VII.

67 Die Ausgliederung der Fachplanungen des HLROP aus der Kompetenz des Landtages führte innerhalb der SPD-Fraktion zunächst zu Kontroversen, wurde dann aber mehrheitlich beschlossen (Quelle: Interview).

68 Vgl. Oberbürgermeister Dr. Alfred Dregger, Fulda und Osthessen. Stadtentwicklung – Regionalplanung – Raumordnung, Vortrag vor der Stadtverordnetenversammlung Fulda am 7. 5. 1962, Fulda 1962 (vervielfältigt), sowie derselbe, Die Lage und die Aufgabenstellung der Stadt Fulda als Mittelpunkt Osthessens, Vortrag, Fulda 1962 (vervielfältigt).

69 Als wichtige konzeptionelle Forderung wurde von der Planungsabteilung des HMI die Idee vertreten, der strukturellen Nord-Süd-Achse in Hessen eine planerische Ost-West-Achse in Gestalt der Region Mittelhessen einschließlich Osthessen gegenüberzustellen. Begründung zur Abgrenzung von Planungsregionen (Teil C I 1), überarbeitete und ergänzte Fassung vom 10. 9. 1969, sowie Interview vom 31. 3. 1971.

70 Dieser Kompromiß führte konsequent zu einer Kontroverse im Landtag. Dregger: »Das Gesetz sieht sechs Planungsregionen vor, von denen zwei in einer Großregion verbunden sind.« Arndt (HMWUT): »Hier sind klipp und klar fünf Regionen aufgezeichnet.« Hess. Landtag, VI. Wahlperiode, Stenographischer Bericht der 78. Sitzung vom 9. 7. 1970, S. 4160 und 4165.

71 Ernst Leuninger MdL: Begründung Betr.: Änderungsanträge der SPD-Landtagsfraktion zur Drucksache Nr. 909, Frankfurt/M. 1969, S. 2 (vervielfältigt).

72 Fraktionsprotokoll.

73 Noch im Dezember 1969 hatte es in einem Vermerk HMI/VII zur Eingabe des Hessischen Städtebundes geheißen: ». . . Eine solche Zwangsmitgliedschaft steht aber in diametralem Gegensatz zur hessischen Landespolitik, die in allen Bereichen die Hoheit der kommunalen Selbstverwaltung betont.«

74 Raumordnung als Grundlage der Bundesfernstraßenplanung.

75 Vgl. z. B. Herwig Birg, Analyse und Prognose der Bevölkerungsentwicklung in der BRD und in ihren Regionen bis zum Jahr 1990, Berlin 1975.

76 Wolfram Hasselmann und Harald Spehl, Die Wirtschaftsverflechtungen in Hessen – Eine Anwendung der Input-Output-Analyse, Münster 1971 (Institut für Siedlungs- und Wohnungswesen der Universität Münster).

77 »Vor allem aber soll gezeigt werden, wie die Lebens- und Arbeitsverhältnisse der Bevölkerung tatsächlich verbessert werden konnten, wozu z. B. auch gehört, wie der allgemeine Rückgang der Wachstumsraten der Wirtschaft in der Berichtszeit durch Maßnahmen des Großen Hessenplans auf einem relativ günstigen Stand abgefangen werden konnte.« GHP, H. 3, S. 5.

78 »Hessen '80 ist ein Landesentwicklungsprogramm, das die Absichten und Zielvorstellungen der Landesregierung in den Bereichen der Investitions-, Raumordnungs- und Gesellschaftspolitik zu einem umfassenden gesellschaftlichen Entwicklungsplan sinnvoll integriert«. LEP, H. 1, S. VII.

79 Vgl. dazu Josef Esser, Frieder Naschold und Werner Väth, Gesellschaftsplanung und Weltdynamik, in: Gesellschaftsplanung in kapitalistischen und sozialistischen Systemen, hrsg. von Josef Esser, Frieder Naschold und Werner Väth, Gütersloh 1972, S. 7-29.

80 LEP, H. 1, S. VII.

81 Vorlage für die SPD-Landtagsfraktion vom 23. 3. 1970.

82 Zum Begriff und zur Kritik vgl. David Braybrooke und Charles Lindblom, A Strategy of Decision. Policy Evaluation as a Social Process, London 1963,

sowie Reimut Jochimsen, Strategie der wirtschaftspolitischen Entscheidung, in: Weltwirtschaftliches Archiv, Bd. 99 (1967), S. 52-78.

83 Vgl. Melvin M. Webber, Comprehensive Planning and Social Responsibility, in: Journal of the American Institute of Planners, Washington, Jg. 29 (1963), S. 232 ff., sowie Alan Altshuler, The Goals of Comprehensive Planning, in: ebenda, Jg. 31 (1965), S. 186 ff.; vgl. auch die zusammenfassende Diskussion von Planungskonzepten bei Joachim Jens Hesse, Stadtentwicklungsplanung: Zielfindungsprozesse und Zielvorstellungen, 2. Aufl. Stuttgart u. a. 1972, S. 28 ff. (Schriftenreihe des Vereins für Kommunalwissenschaften, Bd. 38).

84 Vgl. u. a. Jochimsen, S. 60.

85 Wettmann, Das hessische Planungssystem, sowie Jochen Schulz zur Wiesch, Fallstudie Landesentwicklungsplan Hessen '80, Bonn 1971 (unveröffentlichtes Gutachten für die Projektgruppe Regierungs- und Verwaltungsreform).

86 Die Strategie des Inkrementalismus, auch als pragmatisches Ideal, problemorientiertes Vorgehen oder »piecemeal social engineering« bezeichnet, stellt in Teilbereichen eine zutreffende, allerdings normativierte Deskription realer Planungsprozesse dar. Als Strategiekonzepte bilden Inkrementalismus und synoptisches Planungsmodell jeweils rigide Modelltypen, deren strikte Trennung empirisch unergiebig ist, da z. B. ein umfassender Zielentwurf nicht notwendig eine schrittweise inkrementale Realisierung verbietet. Vgl. Hesse, S. 31 ff., sowie die dort angegebene Literatur.

87 Im Laufe des Wahlkampfes 1970 erschienen als Teil des Planwerks Hessen '80 insgesamt 10 Ressortpläne mit unklarer Verbindlichkeit. Diese Pläne wurden 1974 schließlich als »sonstige fachplanerische Arbeiten« ohne Verbindlichkeit gemäß HLPG deklariert (StAnz. 1974 Nr. 6 vom 11. 2. 1974). Vor der letzten Plenarsitzung der VI. Legislaturperiode kündigte die CDU-Fraktion einen Dringlichkeitsantrag an, um die Landesregierung zu ersuchen, eine »zentrale Registrierstelle für die Erfassung aller in letzter Zeit vorgelegten Pläne der Landesregierung« einzurichten (*Frankfurter Rundschau* vom 30. 9. 1970).

88 Die konzeptionellen Schwierigkeiten und Unsicherheiten bei der Erarbeitung dieses Kapitels waren eine der Ursachen für die Bildung einer zusätzlichen »Innovationsabteilung« in der Staatskanzlei, deren Arbeitsgebiet vorwiegend die vorgabefreie Reflexion über strategische politische Zielkonzepte sein sollte, um damit die Analysekapazität des Planungssystems zu steigern.

89 Eine wesentliche Weiterentwicklung des Planungssystems stellt der 1974 von der Landesregierung beschlossene Personalentwicklungsplan dar, der den volumenmäßig bedeutenden Personalhaushalt des Landes (rund 40% der Gesamtausgaben gegenüber rund 25% Investitionsanteil) zum Bestandteil des LEP macht und damit eine integrierte Planung investiver und konsumtiver Ausgaben ermöglichen soll. Hessen '80, Personalentwicklungsplan für die Hessische Landesverwaltung 1971-1985 (Beschluß der hess. Landesregierung vom 25. 2. 1974), hrsg. vom Hessischen Minister der Finanzen.

90 Ronge und Schmieg glauben bei den politischen Akteuren drei apologetische Argumentationsmuster für das Scheitern von Planung ausmachen zu können: in der zeitlichen Dimension durch das Argument der Variation, der Flexibilität, der Elastizität staatlicher Planungen; sachlich durch die Argumentations-

figur der »Reformen ohne Geld« und sozial durch die Betonung des Äquivalenzprinzips, das suggeriert, alle seien unterschiedlos durch staatliche Politik begünstigt oder betroffen. Ronge/Schmieg, Restriktionen politischer Planung, S. 52.

91 Vgl. Willi Hüfner, Ein System integrierter Entwicklungsplanung und Raumordnung, in: Finanzpolitik und Landesentwicklung Hannover 1972, S. 54 f. (Veröffentlichungen der Akademie für Raumforschung und Landesplanung, Forschungs- und Sitzungsberichte, Bd. 84, Raum und Finanzen 3).

92 Vgl. Konrad Roesler und Wilhelmine Stürmer, Koordinierung in der Raumordnungspolitik, Göttingen 1975 (Kommission für wirtschaftlichen und sozialen Wandel, Bd. 61); siehe auch Hellmuth St. Seidenfus, Koordinationsprobleme und aktuelle Hemmnisse der Regionalpolitik, in: Beiträge zur Regionalpolitik, hrsg. von Hans K. Schneider, Berlin 1968, S. 126-147 (Schriften des Vereins für Socialpolitik, N. F. Bd. 41).

93 Roesler/Stürmer, S. 42 ff.

94 So auch Wahl, S. 603.

95 Vgl. ebenda, S. 525.

96 Insofern unterscheidet sich das Verbundsystem von der hierarchischen Verflechtung. Vgl. Scharpf/Reissert/Schnabel, S. 34.

97 Rolf-Richard Grauhan, Modelle politischer Verwaltungsführung, Konstanz 1969, S. 12; vgl. auch die Kritik des Abg. Karry (FDP) zur Vorlage des LEP im hessischen Landtag. Stenogr. Bericht Nr. 78, VI. WP, 78. Sitzung vom 9. 7. 1970, S. 4171.

98 Von 102 Stellungnahmen zum LEP-Entwurf, die zwischen dem 24. 6. 1970 und dem 22. 3. 1971 in der Staatskanzlei eingingen, stammten 66 von Kreisen, Städten und Gemeinden, 12 von Ressorts, Ämtern usw. und 14 von Verbänden. Quelle: Akten Staatskanzlei Abt. III.

99 Häußermann, Die Politik der Bürokratie, siehe bes. S. 250 ff.

100 So bei Thies Thormählen, Integrierte regionale Entwicklungsplanung – Möglichkeiten und Grenzen, Göttingen 1973 (Wirtschaftspolitische Studien, H. 31).

101 Auch die Bestimmungen des § 8 Abs. 2 (Bindungswirkung für juristische Personen, deren Kapital überwiegend in öffentlicher Hand ist) und des § 10 (Mitteilungspflicht von natürlichen und juristischen Personen des Privatrechts) verschärfen das Durchsetzungsinstrumentarium der Landesplanung nicht wesentlich.

102 Im LEP, H. 1, sind in den sonstigen Mitteln auch die Bundesmittel enthalten. Diese werden erst in den Durchführungsabschnitten (H. 2 und 4) getrennt ausgewiesen.

103 Der DGB betont in einer Stellungnahme die Unsicherheit des wirtschaftspolitischen Investitionsbereichs, besonders im Hinblick auf die Gefährdungsstruktur schwacher Räume und schlägt vor, in bestimmten Fällen vom Grundsatz der Vorrangigkeit privater Investitionstätigkeit im gewerblichen Bereich abzuweichen. DGB-Landesbezirk Hessen, Stellungnahme zum Landesentwicklungsplan Hessen '80, Frankfurt/M. 1971 (hektographiertes Manuskript).

2.3.6. Hans Zinnkann: *Entstehung und Entwicklung der hessischen Umweltverwaltung*

Die Behörden im Geschäftsbereich des hessischen Umweltministeriums sind in den letzten Jahren seitens der Opposition und der Medien wiederholt und heftig kritisiert worden. Mit den folgenden Ausführungen ist weder beabsichtigt, die »Fälle« erneut aufzurollen, die Anlaß zur Kritik gaben, noch eine Bilanz der hessischen Umweltpolitik zu ziehen.[1] Es wird vielmehr versucht, die beiden Fragen zu beantworten: Wie reagierte man in Hessen auf organisationsstrukturellem Gebiet auf die Herausforderung durch die Umweltproblematik? Welche Faktoren und Bedingungen haben die Entscheidungen der Verantwortlichen beeinflußt?

Das Ziel des Beitrages besteht demnach darin, den Prozeß der organisationsstrukturellen Anpassung an die Umweltschutzaufgabe vom Beginn der offiziellen hessischen Umweltpolitik im Jahre 1970 bis zum vorläufigen Abschluß der Neuorganisation im Geschäftsbereich des Ministeriums für Landwirtschaft und Umwelt im Jahre 1978 nachzuzeichnen und die Bedingungen zu beleuchten, unter denen sich ein »junger« Politikbereich wie der Umweltschutz im politisch-administrativen Institutionengefüge etablieren muß. Das Schwergewicht liegt dabei auf der für die Organisation des Umweltschutzes entscheidenden Zeit von 1970 bis 1973.

Ausgangspunkt der Überlegungen ist der »Durchbruch des Umweltschutzgedankens« in der Bundesrepublik Deutschland. Daran schließt sich die speziell hessische Entscheidungssituation an, die zur Einrichtung des Hessischen Ministeriums für Landwirtschaft und Umwelt führte. Es folgen die Entscheidungsprozesse und Probleme bei den Organisations- und Zuständigkeitsregelungen im Umweltschutz auf den verschiedenen Verwaltungsstufen. Die herausgearbeiteten Schwierigkeiten werden untermauert durch verwaltungstheoretische Aussagen über das »Beharrungsvermögen« der öffentlichen Verwaltung.

1. Durchbruch des Umweltschutzgedankens in der Bundesrepublik Deutschland

Umweltschutz ist ein relativ junger und eigenständiger Politikbereich. Erst seit 1969/70 konnte sich der Umweltschutzgedanke allmählich durchsetzen und einen gewichtigen Platz im politisch-administrativen Zielkatalog erringen.

Staatliche Aktivitäten zum Schutze der menschlichen Gesundheit und des Naturhaushaltes hatte es schon lange vor 1970 gegeben. Teilweise konnten die damit befaßten Behörden wie z. B. die Wasserwirtschaftsämter oder die Naturschutzbehörden auf eine schon jahrzehntealte Verwaltungstradition zurückblicken. Allerdings blieben diese Aktivitäten ohne Bezug zueinander; sie erfolgten reaktiv oder lediglich sporadisch und standen eindeutig hinter anderen Bedürfnissen und Problemen zurück. Erst als die Phase des Wiederaufbaus und der wirtschaftlichen und technischen Expansion durch die Rezession von 1966/67 abgeschlossen bzw. vorübergehend gestoppt worden war, drangen nach einer ersten Überwindung der wirtschaftlichen Schwierigkeiten und in einer Phase der relativen Problementlastung die Kosten der ungesteuerten industriellen Entwicklung in das öffentliche Bewußtsein. In weiten Teilen der bundesdeutschen Bevölkerung breitete sich zudem eine auf gesellschaftliche Reformen ausgerichtete Erwartungshaltung aus, die sich als Verstärker für das neu erwachte Umweltbewußtsein erweisen sollte.

Der erwachende Protest gegen die negativen Folgen des industrielltechnischen Fortschritts und das Bedürfnis, sich gegen die daraus erwachsenden Gefahren zu schützen, fanden schließlich mit der Vokabel »Umweltschutz« ihren adäquaten Begriff. Problemlage und Begriff wurden 1970 innerhalb weniger Monate von zwei Dritteln der bundesdeutschen Bevölkerung erfaßt.[2]

SPD und FDP griffen das Reformbedürfnis der Bevölkerung auf und setzten innerhalb der sozial-liberalen Koalitionsregierung neue Akzente. In seiner Regierungserklärung vom Oktober 1969 bestimmte der neugewählte Bundeskanzler Brandt den Umweltschutz zu einem Arbeitsschwerpunkt innerhalb des Programms der inneren Reformen.[3] Dem Bundesinnenministerium mit seiner neugeschaffenen Abteilung »Umweltschutz« wurden die wesentlichen Kompetenzen für das neue Aufgabengebiet erteilt. Gleichzeitig wurden mehrere Initiativen im Bereich der Umweltschutzgesetzgebung angekündigt. Neu war vor allem die Form der Problemerfassung. Man versuchte im Unterschied zur vorhergehenden inkrementalistischen Politikgestaltung die verschiedenen Einzelprobleme und Einzelaktivitäten in *einen* programmatischen Zusammenhang zu stellen.[4] Diesem ersten Schritt folgten weitere Initiativen hin zu einem möglichst geschlossenen rechtlichen und organisatorischen System des Umweltschutzes sowie Maßnahmen, die erhebliche finanzielle Aufwendungen zur Milderung oder Beseitigung der bestehenden Umweltschäden nach sich zogen.

2. Die Entstehung des Hessischen Ministeriums für Landwirtschaft und Umwelt (HMfLU)

Im Hessischen Ministerium für Landwirtschaft und Forsten hatte man sich schon seit längerer Zeit darum bemüht, die Öffentlichkeit auf die Gefährdung der Naturressourcen aufmerksam zu machen. Anfang 1970 konnte das Referat für Abfallbeseitigung vom hessischen Sozialminister in das Ministerium für Landwirtschaft und Forsten übernommen werden. Den Bemühungen um die Erweiterung der Verwaltungskapazitäten lag zum einen die Erkenntnis von der wachsenden Bedeutung der Umweltschutzaufgaben zugrunde, zum anderen waren sie eine Reaktion auf den landwirtschaftlichen Strukturwandel.

Der Strukturwandel in der Landwirtschaft, der schlagwortartig als Industrialisierung beschrieben werden kann, hatte in Hessen und in anderen Teilen der Bundesrepublik u. a. einen starken Rückgang der landwirtschaftlichen Betriebe, der Arbeitskräfte in landwirtschaftlichen Betrieben und der Erwerbstätigen in diesem Bereich zur Folge. Durch die Auflösung der traditionellen bäuerlichen Produktionsformen konnte zwar die Produktivität der hessischen Landwirtschaft zwischen 1950 und 1976 um 235% gesteigert werden, ihr Beitrag zum hessischen Bruttoinlandsprodukt jedoch sank im gleichen Zeitraum von fast 10 auf 1,9%.[5]

Aufgrund dieses wirtschaftlichen Bedeutungsverlustes büßte die Landwirtschaftsverwaltung politisches Gewicht innerhalb des politisch-administrativen Gesamtapparates ein. Die Milderung der durch den Strukturwandel hervorgerufenen sozialen Folgen schien die Restfunktion des Agrarressorts zu sein. Angesichts dieser Entwicklung diskutierte man in der hessischen SPD-Landtagsfraktion und in der hessischen Landesregierung darüber, ob es nicht sinnvoll sei, das Ministerium für Landwirtschaft und Forsten aufzulösen, seine Hauptfunktionen als Teil der wirtschaftlichen Strukturpolitik zu definieren und sie in das Hessische Ministerium für Wirtschaft und Technik einzugliedern. Im Ministerium für Landwirtschaft und Forsten dagegen versuchte man den Beweis zu erbringen, daß das Ressort über genügend Substanz verfüge, die seine eigenständige Fortexistenz rechtfertigen.

Neben der Agrarsozialpolitik wurden weitgefächerte Maßnahmen agrarstruktureller Art ergriffen, die auf eine Neuordnung des gesamten ländlichen Raums abzielten. Vor allem aber schob sich neben den traditionellen Anspruch, für die Nahrungsmittelerzeugung verantwortlich zu sein, nun auch der Anspruch, zur Erhaltung der Kulturlandschaft notwendig zu sein. Das Image vom Bauern und Förster als Naturschützer und Landschaftspfleger wurde neu belebt. Mit dem Hinweis auf die schon im Geschäftsbereich des Ministeriums für Landwirtschaft und Forsten vorhandenen Verwaltungskapazitäten in den Bereichen Wasserwirtschaft, Abfallbeseitigung, Naturschutz, Landschaftspflege und Veterinärwesen und ihre wachsende Bedeutung konnte die Argumentation für die Erhaltung des Ressorts unterstützt werden.

Den entscheidenden Auftrieb erhielten diese Anstrengungen aber erst durch die plötzliche Popularität des Umweltschutzgedankens. Angetrieben von der außerordentlichen Bereitschaft der Massenmedien, über die Umweltproblematik zu berichten, über ökologische Zusammenhänge aufzuklären und umweltpolitische Initiativen hervorzuheben bzw. zu fordern, griffen CDU, FDP und SPD in Hessen im Vorfeld des Landtagswahlkampfes 1970 das Umweltthema auf.[6]

Zum letztendlichen Auslösefaktor für die Entscheidung, der politischen Höherbewertung des Umweltschutzes durch die Institutionalisierung auf der Ministerialebene Rechnung zu tragen, aber geriet das vom Ministerium für Landwirtschaft und Forsten in Zusammenarbeit mit anderen Ressorts erarbeitete und von der hessischen Landesregierung im September 1970 verabschiedete Aktionsprogramm »Mensch und Umwelt«. Dieses Umwelt-Aktionsprogramm, das erste seiner Art in der Bundesrepublik, rief eine unerwartet große Resonanz hervor und ermunterte quasi die politisch Verantwortlichen in Hessen, dem erworbenen Rang des Umweltschutzes auch institutionell Ausdruck zu verleihen.

In seiner Regierungserklärung vom 16. 12. 1970 gab der damalige hessische Ministerpräsident Osswald die Umbenennung des Ministeriums für Landwirtschaft und Forsten in Ministerium für Landwirtschaft und Umwelt bekannt.[7] Die Regierungsneubildung und der Beginn der Legislaturperiode boten eine gute Gelegenheit, neue Akzente für die politische Arbeit der Landesregierung zu setzen und die Dringlichkeit deutlich zu machen, die die Landesregierung der Umweltproblematik zuerkannte. Das Ministerium für Landwirtschaft und Forsten bot sich für die Übernahme der Umweltschutzaufgaben an: Durch die schon vorhandenen Verwaltungskapazitäten, den Verwaltungsunterbau und das Personal, konnten einerseits die Kosten für die Institutionalisierung des Umweltschutzes gering gehalten und die Arbeiten ohne größere Unterbrechung aufgenommen werden; außerdem konnten andererseits durch die Übernahme der Umweltschutzaufgaben das Ressort erhalten und die bei einer Auflösung ganz sicher zu erwartenden Proteste vermieden werden. Hessen zog damit als erstes Bundesland in nomineller und institutioneller

Hinsicht die Konsequenz aus der neuen Problemsicht und startete den Versuch, ein geschlossenes Umwelt-Behördensystem zu installieren.

Entscheidend für diesen Entwicklungsabschnitt des Umweltschutzes war, daß die verschiedenen Umweltprobleme nun als Bestandteile eines Aufgabengebietes und eines zusammenhängenden Politikbereichs aufgefaßt wurden.

Diese Entwicklung korrespondierte nicht zufällig mit der Ausbreitung des Planungsgedankens in der Bundesrepublik in dieser Zeit, mit der Einsicht in die Notwendigkeit, die Aktivitäten aus verschiedenen politischen und administrativen Bereichen zu koordinieren, dem verlorengegangenen Vertrauen in die Selbststeuerung der gesellschaftlichen Wandlungsprozesse, dem Willen, mehr als bis dahin die negativen Folgeprobleme des Fortschritts zu bedenken und die politische Gestaltungsfähigkeit zu erhöhen.

Das Besondere an den neuen Maßnahmen war, daß sie nicht zu einer weiteren Ausdifferenzierung in funktioneller und struktureller Hinsicht in herkömmlichem Sinne führten, sondern daß die vielen ausdifferenzierten organisatorischen und funktionellen »Anhängsel« in den Sektoren Wasserwirtschaft, Arbeitsschutz, Forstwirtschaft, Landwirtschaft usw. nun zu einem Politikbereich zusammengefaßt wurden.

Auch wenn die hessische Entscheidung als ein Anhängen an einen schon bestehenden Trend qualifiziert werden kann, handelte es sich trotzdem nicht um eine gewöhnliche Anpassungsreaktion. Diese hätte darin bestanden, neue Organisationssegmente an das alte Organisationssystem anzukleben, weil die Aufgaben kontinuierlich angewachsen waren und eine Kapazitätserweiterung für notwendig gehalten wurde. Die Umbenennung des Ministeriums und die darauf folgenden organisatorischen Änderungen markierten vielmehr den Umschlagpunkt eines Prozesses: Sie waren die Konsequenz aus der sich zunächst programmatisch niederschlagenden Erkenntnis, daß verschiedene Umweltprobleme, die bis dahin in mehreren, zum Teil strikt voneinander isolierten politischen und administrativen Sektoren verarbeitet wurden, in einem ökologischen Zusammenhang stehen. Unter diesem Aspekt kam der Umbenennung eine nicht unwesentliche symbolische Funktion zu: Es handelte sich nicht bloß um eine trendgerechte, sondern auch um eine trendfördernde Maßnahme – auch im Hinblick auf das Verhalten der anderen Bundesländer.

3. Probleme der Organisationsbildung

3.1. *Organisations- und Zuständigkeitsregelungen auf der Ministerialebene*

Die Umbenennung des Ministeriums zog sofort mit Beginn der Legislaturperiode 1971 mehrere organisatorische Änderungen, zunächst auf der Ministerialebene, nach sich.

Durch die organisatorischen Änderungen wurde die Zielerweiterung des Ministeriums ausgedrückt: Neben die traditionellen erzeugungs- und absatzorientierten Ressortziele und die agrar-strukturellen und -sozialen Nebenziele traten nun verstärkt umwelttechnische und umwelthygienische Ziele. Die erweiterte Zielsetzung des Ministeriums wurde organisationsstrukturell vor allem an der neuen Abteilung »Umwelttechnik«, die aus der vorher schon existierenden Referategruppe »Wasserwirtschaft« aufgebaut wurde und nun die gesamte Sparte Wasser und Referate für Abfallbeseitigung, Luftreinhaltung und Lärmbekämpfung umfaßte, sowie an der Abteilung »Ernährung, Veterinärwesen« deutlich. In der Abteilung »Ernährung, Veterinärwesen«, die sich aus den ehemaligen Referategruppen »Markt und Ernährung« und »Öffentliches Veterinärwesen« zusammensetzte sowie die Aufgaben der Lebensmittelkontrolle vom Innenministerium (Polizei) neu übernahm, zeigte sich die Abkehr von der vormals vorrangigen Absatzorientierung bzw. eine Neugewichtung von Aufgaben durch die Einordnung in einen umwelthygienischen Funktionszusammenhang. Aufgewertet wurden auch die Bereiche Naturschutz und Landschaftspflege durch die Bezeichnung der Referategruppe III B »Naturschutz und Landschaftspflege« und die Einrichtung jeweils selbständiger Referate für diese beiden Gebiete.

Der erhöhte politische Rang des Umweltschutzes und seine institutionelle Ausprägung machten es überdies erforderlich, die bestehenden Zuständigkeiten für Umweltfragen zu durchforsten und neu zu regeln, um dem »neuen« Ministerium einen entsprechenden Anteil an ihnen zu verschaffen. Nach Vorarbeiten in dem neu berufenen Kabinettsausschuß für Umweltfragen und einem darauf aufbauenden Kabinettsbeschluß erhielt das Ministerium für Landwirtschaft und Umwelt neben seinen schon klassischen Bereichen Land- und Forstwirtschaft, Landentwicklung, Naturschutz, Landschaftspflege, Wasserwirtschaft, Abfallbeseitigung und Veterinärwesen die Zuständigkeit für die Grundsatzfragen der Umweltpolitik, für die Koordination sämtlicher Tätigkeiten auf den Gebieten der Luftreinhaltung, der Lärmbekämpfung und des Strahlenschutzes sowie für den Vollzug der Lebensmittelüberwachung, der durch die Änderung des Hessischen Ausführungsgesetzes zum Lebensmittelgesetz und des Hessischen Gesetzes über Sicherheit und Ordnung mit Wirkung vom 1. 1. 1972 vom Innenminister (Polizei) auf das Ministerium für Landwirtschaft und Umwelt (Veterinärwesen) übertragen wurde.[8]

Das Ministerium für Landwirtschaft und Umwelt bekam damit die alleinige ministerielle Zuständigkeit für die Gebiete Naturschutz/Landschaftspflege, Gewässerschutz und Abfallbeseitigung. Für die übrigen Kernbereiche des Umweltschutzes blieben die folgenden ministeriellen Zuständigkeiten erhalten bzw. wurden neu festgelegt:

Lebensmittelkontrolle
– Minister für Landwirtschaft und Umwelt; Sozialminister;

Luftreinhaltung
– Sozialminister; Minister für Wirtschaft und Technik; Minister für Landwirtschaft und Umwelt (Koord.);

Lärmbekämpfung
– Sozialminister; Minister für Wirtschaft und Technik; Innenminister; Minister für Landwirtschaft und Umwelt (Koordination);

Strahlenschutz
– Minister für Wirtschaft und Technik; Sozialminister; Minister für Landwirtschaft und Umwelt (Koord.);

Umweltchemikalien
– Minister für Landwirtschaft und Umwelt; Sozialminister;

Räumliche und städtische Entwicklungsplanung
– Ministerpräsident–Staatskanzlei; Innenminister.[9]

Im Bereich der nachgeordneten Behörden stellt sich die Kompetenzsituation noch unübersichtlicher dar. Dort sind sämtliche hessische Ministerien bzw. ihre nachgeordneten Dienststellen in irgendeiner Form in den Umweltschutz involviert. Noch im Verlauf des Jahres 1971 errichtete man die organisatorischen Säulen für die künftige hessische Umweltpolitik. Für die notwendige Koordinierung der in verschiedenen Ressorts angesiedelten Umweltschutzaufgaben wurde ein Interministerieller Koordinierungssausschuß für Umweltfragen eingerichtet, dessen Federführung dem Ministerium für Landwirtschaft und Umwelt obliegt und der mit Vertretern der Staatskanzlei, des Innenministeriums, des Ministeriums für Wirtschaft und Technik und des Sozialministeriums besetzt ist, fallweise werden Vertreter des Finanzministeriums und des Kultusministeriums hinzugezogen. Auf der parlamentarischen Ebene institutionalisierte sich neben dem Ausschuß für Landwirtschaft und Forsten ein Ausschuß für Umweltfragen. Im Sommer 1971 konstituierte sich der

Hessische Beirat für Umwelt. Aufgabe dieses unabhängigen Beratungsgremiums ist es, das Ministerium für Landwirtschaft und Umwelt über die jeweils neuesten Umwelt-Forschungsergebnisse zu informieren und Anregungen dafür zu geben, wie diese wissenschaftlichen Erkenntnisse wirksam in das Verwaltungshandeln Eingang finden können. Durch den Zusammenschluß verschiedener Dienststellen entstand außerdem noch 1971 die Hessische Landesanstalt für Umwelt. Über die Neuorganisation der übrigen nachgeordneten Behörden im Geschäftsbereich des Hessischen Ministeriums für Landwirtschaft und Umwelt begann sodann die Diskussion (s. Teil 4).

3.2. *Schwierigkeiten bei der Zuständigkeitsregelung im Umweltschutz*

Die Fusion von Landwirtschaft und Umweltschutz war in den politischen Parteien in Hessen zunächst nicht umstritten. Lediglich aus der Landwirtschaftsverwaltung und den Vertretungen der Landwirte wurden einige der traditionellen Agrarpolitik verpflichtete Stimmen laut. Man befürchtete dort, daß sich durch die Zielerweiterung des Ministeriums das Schwergewicht der Ressorttätigkeiten mit der Zeit zugunsten des Umweltschutzes verschieben könnte. Aber diese Proteste blieben sehr beschränkt: Der Gesichtspunkt, durch die Integration umwelttechnischer Aufgaben die Fortexistenz des Ministeriums sichern zu können, wog schwerer als die Vorbehalte.[10]

Und in der Tat drängte sich die Zuordnung des Umweltschutzes zu Land- und Forstwirtschaft angesichts der damaligen Verwaltungssituation, der vorhandenen personellen und organisatorischen Kapazitäten, wegen der bestehenden Zielkongruenzen zwischen Land- und Forstwirtschaft auf der einen und dem Umweltschutz auf der anderen Seite förmlich auf. Ein entscheidender Gesichtspunkt war außerdem die Forderung nach einer starken Kontrollorganisation im Umweltschutzbereich. Die flächendeckende Organisation der Land- und Forstwirtschaftsverwaltung bot sich unter diesen Umständen für diese Aufgabe geradezu an, vor allem auch deswegen, weil etwa 90% der hessischen Landesfläche aus Wald, landwirtschaftlich benutzter Fläche und Brachland bestehen und nur über die genannten Verwaltungsorganisationen umweltschützende bzw. landespflegerische Maßnahmen im erforderlichen Umfang gewährleistet werden konnten. Diese Gründe wogen schwer. Die neben den Zielkongruenzen zweifellos existierenden Zielkonflikte zwischen Landwirtschaft und Umweltschutz sollten auf intraministeriellem Wege gelöst werden.

Auch mit der Zuständigkeitsregelung war man zunächst zufrieden. Die dem Ministerium für Landwirtschaft und Umwelt übertragene Funktion der Gesamtkoordination hielt man für ein ausreichendes Instrument für die Steuerung der aus unterschiedlichen Geschäftsbereichen hervorgehenden Umweltschutzmaßnahmen. Eine Erweiterung der Kompetenzen strebte man von seiten des Umweltministeriums bewußt nicht an, um nicht die vorhandenen bzw. die noch im Aufbau befindlichen Kapazitäten überzustrapazieren.

Erst im Zusammenhang mit dem sogenannten »Plaumann-Skandal« im Jahre 1973[11], der zum Rücktritt des ersten hessischen Umweltministers, Dr. Best, führte, geriet die Kompetenzverteilung im hessischen Umweltschutz in die Schußlinie der Kritik. Die erhobenen Vorwürfe lauteten: Schlechte Kompetenzregelung vor allem in den Bereichen der Lebensmittelkontrolle und des Immissionsschutzes; Zuständigkeitszwistigkeiten und daraus folgend mangelhafte Kommunikation und Kooperation in den nachgeordneten Bereichen; unzureichender Informationsfluß von den nachgeordneten Behörden zum zuständigen Ministerium. Die CDU vor allem forderte außerdem, den Umweltschutz mit der Landesplanung und der Raumordnung organisatorisch zu koppeln, da nur auf diese Weise eine wirkungsvolle Wahrnehmung der Umweltschutzbelange gelingen könne.[12]

Die angesprochenen Mängel stellen jedoch im Kern kein spezifisch hessisches, sondern ein generelles Problem bei der Organisation und der Verwirklichung des Umweltschutzes dar. Es ist kein Zeichen organisatorischer Unfähigkeit, daß eine optimale, allumfassende Zuständigkeitsregelung im Umweltschutz nicht zu realisieren ist. Da die Umweltgüter Wasser, Boden, Luft, Klima usw. unmittelbar betroffen werden durch eine große Anzahl menschlicher Aktivitäten und da nahezu allen staatlichen Maßnahmen Umweltrelevanz zukommt, die Behandlung der natürlichen Umwelt in vielfältiger Beziehung zum politisch-administrativen Aufgabenkatalog – Gesundheitswesen, Gewerbeordnung, Wohnungsbau, Raumordnung usw. – steht, sperrt sich die Umweltproblematik gegen die Herstellung eines organisatorischen Gesamtzusammenhanges »Umweltschutz«, der von der Problemerkennung über die Zielformulierung bis zur Implementation und Kontrolle alle notwendigen umweltschützenden Tätigkeiten umfaßt. Umweltschutz ist keine eindeutig fachlich begrenzbare Aufgabe oder Aufgabengruppe, sondern eine fachübergreifende Querschnittsaufgabe. Umweltschutz kann deswegen nicht Fachplanung, sondern muß Bereichsplanung sein, die zwischenfachliche Zusammenhänge erfaßt.[13]

Auch in den Umweltschutz-Kernbereichen hatten sich die staatlichen Aktivitäten unorganisiert in unterschiedlichen fachlichen und rechtlichen Zusammenhängen entwickelt. So gab es z. B. über die Abfallbeseitigung Rechtsvorschriften nur verstreut in verschiedenen Bundesgesetzen (z. B. Bundesseuchengesetz, Bundesbaugesetz, Altölgesetz, Gewerbeordnung, Tierkörperbeseitigungsgesetz, Wasserhaushaltsgesetz) und in verschiedenen Landesgesetzen (z. B. Hessische Bauordnung, Hessisches Forstgesetz, Hessische Gemeindeordnung, Hessisches Nachbarrechtsgesetz, Hessisches Wassergesetz). Erst mit dem 1971 verabschiedeten Hessischen Abfallgesetz konnte dieser unsichere und negative Zustand für Hessen überwunden werden. Umweltschutzmaßnahmen vor 1971 waren meist zusätzlich zu der primären Zuständigkeit der betreffenden Behörde ergriffen worden. Anders ausgedrückt: die verschiedenen Quellen, Arten oder Orte der Umweltschädigung hatten auch verschiedene Zuständigkeiten zur Folge, je nachdem, in wessen Zuständigkeits- oder Arbeitsbereich die jeweilige Quelle der Schädigung oder Belästigung angesiedelt war. So erwuchsen aus der primären Zuständigkeit für Verkehrsprobleme oder für technische Probleme für die Straßenbaubehörden bzw. die Technischen Überwachungsämter Zuständigkeiten in der Bekämpfung des Verkehrslärms; aus der Zuständigkeit für Arbeitsschutz ergaben sich für die Gewerbeaufsicht Zuständigkeiten für Arbeitsstätten- und Industrielärm usw. Bei diesen Behörden standen und stehen zum Teil auch heute andere, nicht umweltschutzspezifische Tätigkeiten im Vordergrund; die Umweltschutzarbeit machte oft nur einen geringen Teil ihrer Gesamttätigkeit aus. Aus diesem Grund ließen sich diese speziellen Vollzugs- und Kontrollfunktionen nur sehr schwer, zum Teil auch gar nicht, aus ihrem historisch gewachsenen behördlichen und fachlichen Kontext herauslösen, wollte man nicht andere, auch wichtige, Sachzusammenhänge zerreißen.

Auch wenn versucht wird, von einer gesamtökologischen Betrachtungsweise auszugehen, bleibt bestehen, daß die Umweltbehörden aufgrund des übergreifenden Charakters, des Querschnittcharakters ihrer Aufgabe, aber auch aufgrund der historischen Entwicklung und enger fachlicher Bindungen zu anderen administrativen Tätigkeitsfeldern bei der Umsetzung ökologisch und medizinisch begründeter Forderungen in konkrete technische Abhilfe- und Schutzmaßnahmen auf die Kooperation und den technischen Sachverstand von Fachverwaltungen außerhalb des engeren Umweltschutzbereiches angewiesen bleiben.[14]

Aus dieser umweltschutzspezifischen Konstellation ergeben sich die Schwierigkeiten bei der Organisations- und Zuständigkeitsregelung im Umweltschutz. Organisations- und Zuständigkeitsänderungen sind in der

Regel geprägt durch die Verwaltungssituation, die zum Zeitpunkt der Organisationsentscheidung gegeben ist. Da Umweltschutztätigkeiten schon seit langer Zeit verstreut auf mehrere Fachbereiche vorgenommen wurden, konnte es keine »voraussetzungslose« Umweltbehörde geben. Mit keiner der möglichen Zuordnungslösungen, ob Sozialpolitik und Umweltschutz, ob Gesundheitswesen und Umweltschutz, ob Land- und Forstwirtschaft und Umweltschutz, können die außerordentlichen koordinativen Belastungen und Durchsetzungsprobleme umgangen werden. Das trifft auch für die oft als Modellösung bezeichnete Verbindung zwischen Raumordnung/Landesplanung und Umweltschutz zu, die übrigens in der Zwischenzeit, seit der Landtagswahl 1978, auch in Hessen zustande gekommen ist. Das Ressort trägt nun den Namen Hessisches Ministerium für Landesentwicklung, Umwelt, Landwirtschaft und Forsten.

Sicher scheint, daß nur mit Hilfe der Raumplanung der Schritt vom reaktiven zum präventiven Umweltschutz gelingen kann. Vom beiderseitigen Anspruch her ergibt sich eine Wechselbeziehung zwischen Raumordnung und Umweltschutz: Die Frage nach der ökologischen Belastbarkeit der Räume muß ein wesentlicher Bestandteil der Raumordnungspolitik und -planung sein, umgekehrt bildet die Raumplanung ein wesentliches Instrument zur Durchsetzung von Umweltansprüchen. Aber: Dem Umweltschutz gebührt nicht von vornherein Vorrang gegenüber anderen gesellschaftspolitischen Zielsetzungen. Die Planungen für die raumstrukturelle Entwicklung können deshalb nicht identisch mit der Umweltschutzplanung sein, wenn die Verbesserung der Umweltqualität gleichrangig z. B. neben der Verbesserung der Infrastruktur und der regionalen Wirtschaftsstruktur steht. Die Raumplanung kann nicht die einzelnen fachlichen Planungen ersetzen. Sie kann nur auf deren Realisierung hinsteuern. Sie kann also auch nicht die Durchsetzung der umweltpolitischen Ziele garantieren, ihre Aufgabe ist es gerade, die vielfältigen Ansprüche an den Raum zu einem möglichst tragfähigen und alle Seiten befriedigenden Konsens zu bringen. Wichtiger als eine ressortmäßige Vereinigung der Gebiete erscheint deshalb vom Standpunkt des Umweltschutzes aus, daß dem Umweltschutz ordnungspolitisch der Rang einer Rahmenbedingung zuerkannt wird, die bei allen Eingriffen in die natürliche Umwelt des Menschen berücksichtigt werden muß.

Das Fazit der Überlegungen lautet, daß es eine gleichsam »technisch«-einwandfreie Lösung der Zuordnungs- und Zuständigkeitsprobleme im Umweltschutz nicht geben kann. Die »Idealvorstellung von der Umweltschutzbehörde, die für alle umweltschutzwirksamen Planungs- und Vollzugsmaßnahmen zuständig wäre, (läßt sich) wegen der weiten Streuung der Teilbereiche des Umweltschutzes und wegen ihrer erheblichen fachlichen Verschiedenheit nicht verwirklichen . . .«[15]. Durch Zuständigkeitsänderungen ist die komplexe Aufgabe Umweltschutz nicht in allen Fällen aus den verschiedenen Sachbereichen herauszulösen. Auch können die Zielkonflikte, die unabhängig von bestimmten organisatorischen Regelungen bestehen, nicht beseitigt werden. Möglich und notwendig war es, einen Kompetenzschwerpunkt für Umweltschutz einzurichten und Gremien für die Lösung der Koordinationsprobleme zu institutionalisieren. Der Kompetenzschwerpunkt wurde in Hessen mit dem Ministerium für Landwirtschaft und Umwelt geschaffen, mit der Übertragung der Koordinationsfunktion für den gesamten Umweltschutz und mit der Einrichtung des Interministeriellen Koordinierungsausschusses für Umweltfragen wurde den koordinativen Erfordernissen Rechnung getragen.

Mit dieser Feststellung soll jedoch die hessische Regelung nicht gegen jegliche Kritik abgeschirmt werden; Koordination und Informationsfluß müssen immer wieder auf ihre Wirksamkeit hin überprüft werden, in den Bereichen Immissionsschutz und Lebensmittelkontrolle scheinen Verbesserungen durchaus möglich.

4. Die nachgeordneten Behörden

Die organisatorische Verankerung auf der Ministerialebene stellte nur den ersten Schritt dar innerhalb der Bemühungen, den Umweltschutz gemäß der programmatischen Forderungen nach einer geschlossenen Umweltpolitik in das administrative Handeln einzuführen. Angestrebt werden mußte deshalb ». . . die koordinierte Zusammenarbeit der beteiligten Behörden aller Verwaltungsebenen, die Unterstützung der Ministerialebene durch fachkundige und den Umweltaufgaben ausdrücklich verpflichtete nachgeordnete Behörden, eine solide Planungsbasis, die ausreichende und zuverlässige Fachdaten ebenso einschließt wie den wissenschaftlichen Rat von Sachverständigen.«[16]

Für die Fachplanung in den einzelnen Umweltmaterien standen 1971 nur wenig gesicherte Daten zur Verfügung. Die Notwendigkeit einer Einrichtung zur Gewinnung von Daten und Informationen und zur Leistung weiterer Dienste, die die Umsetzung naturwissenschaftlicher und ökologischer Erkenntnisse in legislatives und administratives Handeln ermöglichen sollte, wurde deshalb bei der Diskussion über die Neuorganisation des Umweltschutz-Geschäftsbereichs anerkannt. Anerkannt war auch, daß die übrigen nachgeordneten Behörden des Geschäftsbereichs stärker auf die Umweltschutzaufgaben ausgerichtet und zu einer wirkungsvollen und kontrollierenden Umweltverwaltung gemacht werden müßten.

4.1. *Die Hessische Landesanstalt für Umwelt (HLfU)*

Um dem Informationsdefizit zu begegnen, wurde am 7. 7. 1971 die Hessische Landesanstalt für Umwelt eingerichtet. Sie entstand als Zusammenschluß des Landesamtes für Gewässerkunde und wasserwirtschaftliche Planung, der Landesstelle für Naturschutz und Landschaftspflege und der Amtlichen Flußüberwachungsstelle Kassel.[17] 1973 wurde außerdem die Staatliche Vogelschutzwarte der HLfU angegliedert.

Damit war eine »kleine« Landesanstaltslösung zustande gekommen. Die vom damaligen hessischen Umweltminister Dr. Best betriebene Integration des Landesamtes für Bodenforschung, das dem Geschäftsbereich des Ministers für Wirtschaft und Technik angehörte, und der Abteilung Flußwasseruntersuchung der Chemischen Untersuchungsämter, die dem Geschäftsbereich des Sozialministers angehörten, scheiterte am Widerstand dieser beiden Ministerien. Das im Geschäftsbereich des HMfLU tätige Landeskulturamt wurde wegen der besonderen »Mischung« von hoheitlichen und umweltrelevanten Aufgaben und mit Rücksicht auf die gerade angelaufene Diskussion über die hessische Funktionalreform, deren Kernstück gerade die Umverteilung von Hoheitsaufgaben bilden sollte, nicht in die Landesanstalt übernommen, weil man der Gesamtkonzeption der Verwaltungsreform nicht in einem kleinen Teilbereich vorgreifen wollte. Der Hessischen Landesanstalt für Umwelt als interdisziplinär arbeitender, sowohl die umwelttechnischen als auch die ökologischen Aspekte des Umweltschutzes vereinigender Einrichtung, war eine zentrale Rolle innerhalb der hessischen Umweltpolitik und Umweltverwaltung zugedacht. Die HLfU sollte als selbständige Einrichtung des Landes alle bisherigen Aufgaben der fusionierenden Institutionen und weitere Fachaufgaben aus den Bereichen Gewässeruntersuchung, Abfallbeseitigung und Immissionsschutz übernehmen, also Forschungs-, Kontroll-, Planungsfunktionen und beratende und gutachtliche Tätigkeiten, vor allem aber als Transformationsstelle alle umweltbezogenen wissenschaftlichen Erkenntnisse, auch der außerhalb des HMfLU-Geschäftsbereichs liegenden hessischen Einrichtungen sammeln und koordinieren und wissenschaftliche Entscheidungshilfen für die staatliche Umweltpolitik und das Verwaltungshandeln liefern.

Dieser umfassende Koordinationsauftrag für die HLfU wurde abgeleitet aus der Übertragung der Zuständigkeit für die Gesamtkoordination im Umweltschutzbereich auf das HMfLU. Er sollte sich außer auf die Dienststellen des eigenen Geschäftsbereichs insbesondere auf die 9 Gewerbeaufsichtsämter, die 4 Chemischen Untersuchungsämter, die 8 Medizinaluntersuchungsämter, die Meß- und Prüfstelle für die Gewerbeaufsicht und das Landesamt für Bodenforschung erstrecken. Die Koordinationsfunktion konnte jedoch nicht in der anfänglich projektierten Weise wahrgenommen werden. Die HLfU hatte zunächst genug damit zu tun, selbst zu einer organisatorischen Einheit zusammenzuwachsen. Anfangsschwierigkeiten wie fehlendes Personal, mangelhafte Ausstattung und Unterbringung und das zeitweilige Fehlen einer Anstaltsleitung, das sich negativ auf die notwendige Teamarbeit zwischen den beiden Sachbereichen Umwelttechnik und Landschaft/Ökologie auswirkte, und die Unsicherheiten, die sich aus der Breite der Aufgabenstellung ergaben, behinderten die Arbeit der HLfU. Als entscheidendes Hindernis für die Erfüllung der Koordinationsfunktion erwies sich die komplizierte funktionelle und strukturelle Verflechtung zwischen der HLfU und den verschiedenen Institutionen, mit denen sie zusammenarbeiten sollte. Die Beziehungen zwischen der HLfU und den festgelegten und potentiellen Kooperationspartnern innerhalb und außerhalb des HMfLU-Geschäftsbereichs konnten nicht genügend geklärt werden. Dieses Problem resultierte aus der direkten oder indirekten Verknüpfung des Umweltschutzes mit nahezu allen Disziplinen von Wissenschaft und Forschung, so daß schon von vornherein die für die Aufgabenwahrnehmung der HLfU erforderliche Festlegung des Kreises der Kommunikationspartner Unsicherheitsmomente aufwies.

Die HLfU konnte aber auch deshalb nicht als zentrale Anlauf- und Vermittlungsstelle für umweltrelevante Informationen dienen, weil sie weder eine Weisungsbefugnis gegenüber den Institutionen aus dem Geschäftsbereich des HMfLU selbst noch eine gegenüber denjenigen anderer Geschäftsbereiche besaß. Wenn auch die Beziehungen zu den ersteren von dem gemeinsamen Dienstherrn hätten geregelt werden können, obwohl auch dann, wie die Erfahrung aus ähnlich gelagerten Fällen zeigt, es wegen der auftretenden Fachegoismen kaum ohne Schwierigkeiten abgegangen wäre, so waren doch die Institutionen anderer Geschäftsbereiche der HLfU gegenüber völlig autonom und nur über die Bereitschaft der übrigen Minister in eine verpflichtende Koordinationsregelung einzubinden. Diese Bereitschaft war nicht vorhanden. Die Furcht davor, daß sich die HLfU zu einer Art »Überamt« auswachsen und damit die Handlungsfreiheit der beteiligten Institutionen beeinträchtigen könnte, ist als Grund für dieses Verhalten anzuführen.

Neben dem ungeklärten Verhältnis der HLfU zu anderen Dienststellen störten vor allem aber spezifische ressortinterne Schwierigkeiten die Arbeit der Landesanstalt. Die HLfU blieb noch jahrelang Gegenstand ressortinterner Auseinandersetzungen und dem Vorwurf ausgesetzt, sie arbeite nicht effektiv. Die Vorwürfe richteten sich hauptsächlich gegen den Sachbereich »Landschaft/Ökologie« der Landesanstalt. Am Beispiel des Naturschutzes und der Landschaftspflege kann auf das Spannungsverhältnis zwischen den klassischen Aufgabenbeständen des Ministeriums und den zu ihrer Bewältigung herausgebildeten alten Strukturen und den neuen Erfordernissen zur Lösung der Umweltprobleme eingegangen werden. Die Probleme in diesem Bereich bestanden in dreifacher Hinsicht: Im Verhältnis zwischen den Sachbereichen »Umwelttechnik« und »Landschaft/Ökologie« der Landesanstalt; in der Beziehung zwischen »Landschaft/Ökologie« und dem Ministerium für Landwirtschaft und Umwelt und bei der Aufgabendefinition.

1. Das Hauptinteresse richtete sich in den Jahren 1971 und 1972 – verständlicherweise – auf den Auf- und Ausbau des umwelttechnischen Sachbereichs, für den bis dahin, ausgenommen für die Wasserwirtschaft und Abfallbeseitigung, keinerlei Kapazitäten im Geschäftsbereich des HMfLU vorhanden waren. Das Ministerium mußte möglichst schnell durch den Aufbau umwelttechnischer Kapazitäten den Beweis dafür erbringen, daß es in der Lage war, über seine alten Aufgaben hinaus den gesamten Umweltschutzbereich abzudecken. Legitimiert wurde die anfängliche Konzentration auf den umwelttechnischen Bereich auch durch die Stimmung in der Öffentlichkeit, die damals in erster Linie über Gewässer- und Luftverschmutzungen und die immense Müllawine alarmiert war. Gerade der Tatbestand, daß die Behörden von Naturschutz und Landschaftspflege zum traditionellen Bereich des Ministeriums gehörten, deren Tätigkeiten man zunächst einmal weiterlaufen lassen konnte, wurde im Zusammenhang mit dem Aufbau der HLfU zum Hemmnis für die Weiterentwicklung des Sachbereichs »Landschaft/Ökologie«. Der forcierte Ausbau des Sachbereichs »Umwelttechnik« der HLfU hatte die negative Konsequenz, daß der Sachbereich »Landschaft/Ökologie« zunächst gar nicht – nur das Personal der ehemaligen Landesstelle für Naturschutz und Landschaftspflege wurde übernommen – und später vergleichsweise gering personell besetzt wurde. Durch den ungleichgewichtigen Ausbau wurde der Sachbereich »Landschaft« ins hausinterne Hintertreffen gesetzt, was die Leistungsfähigkeit bei seinem umfassenden Aufgabenkatalog beeinträchtigen mußte.

2. In Hessen waren Naturschutz und Landschaftspflege nicht fächerübergreifend in der Ressortorganisation verankert. Die beiden Gebiete waren zwar seit der Verabschiedung des Reichsnaturschutzgesetzes von 1935 administrativ verortet und gehörten mit zum Kernbestand des Ministeriums für Landwirtschaft und Forsten, dessen Nachfolge als oberste Naturschutzbehörde das Ministerium für Landwirtschaft und Umwelt 1971 angetreten hatte, blieben aber in diesem Ministerium auf die Abteilungen »Landwirtschaft«, »Forsten« und »Landentwicklung« aufgeteilt. Auch zu der Abteilung »Umwelttechnik«, insbesondere zu ihren wasserwirtschaftlichen Aufgaben, bestanden vom landespflegerischen Standpunkt aus enge Verbindungen. Mit dem Sachbereich »Landschaft/Ökologie« der Hessischen Landesanstalt für Umwelt war zwar eine Stelle eingerichtet worden, in der als einziger in Hessen Fragen des Naturschutzes und der Landschaftspflege zusammenhängend und in enger, interdisziplinärer Kooperation mit dem Sachbereich »Umwelttechnik« behandelt werden konnten, die Zersplitterung dieser Aufgabenbereiche im Ministerium jedoch und die daraus folgenden, erst wieder ressortinterne, abteilungsübergreifende Abstimmung verlangenden verschiedenen Anforderungen, die sich aus den landwirtschaftlichen, forstwirtschaftlichen und landeskulturellen Standpunkten ergaben, legten sich quer zu der zwar zentralisierten, aber von Weisungen abhängigen Position des Sachbereichs »Landschaft/Ökologie«. Die notwendige Vorabstimmung innerhalb des Ministeriums funktionierte zumindest während des ersten Jahres der Anstaltstätigkeit nicht. Die Fachegoismen des Ministeriums gingen z. T. so weit, daß nicht nur von verschiedenen Abteilungen, sondern sogar von verschiedenen Referaten unabhängig voneinander der Landesanstalt Aufgaben jeweils »höchster Dringlichkeit« erteilt wurden. Die Folge dieser mangelhaften Koordination innerhalb und zwischen den Abteilungen war, daß die Arbeiten nicht fristgerecht erledigt werden konnten und die praktische Arbeit zusätzlich durch daraus resultierende Unstimmigkeiten zwischen Ministerium und Landesanstalt erschwert wurde.[18]

3. Der Sachbereich »Landschaft/Ökologie« der Landesanstalt sollte für eine Vielzahl von Stellen, die eine weite Palette von Tätigkeiten im Naturschutz und in der Landschaftspflege abdeckten und ängstlich auf die Wahrung ihrer Autonomie bedacht waren, als Anlauf- und Koordinierungsinstanz fungieren. Schon aus der personellen Situation des Sachbereichs heraus mußte sich die Frage stellen, ob der weitgespannte Auftragsrahmen überhaupt fachlich und personell abzudecken sei. Hinzu kam die organisatorische Rückständigkeit der Dienststellen in Naturschutz und Landschaftspflege, die mit der Entwicklung der letzten zwanzig Jahre

nicht Schritt gehalten hatten, sondern z. T. auf dem vom Reichsnaturschutzgesetz konzipierten Stand stehengeblieben waren. Die HLfU war angesichts dieses Entwicklungsstandes mit ihrer Aufgabenstellung überfordert.

Die Besonderheit dieser Probleme lag darin, daß sie mit der Situation derjenigen Umweltschutzaufgaben zu tun hatten, die schon vor der Umbenennung des Ministeriums zu dessen Aufgabenbestand gehörten. Der Versuch, die Fachgebiete Naturschutz und Landschaftspflege zu koordinieren, verwies auf eine Schwierigkeit, die dem Umweltschutz insgesamt zu schaffen machte: Die uneinheitliche Entwicklung der Umweltschutzaufgaben bzw. ihre Verteilung auf verschiedene politische und administrative Zuständigkeiten. Es wurde deutlich, daß nicht nur der Umweltschutz insgesamt von einer Vielzahl von jeweils für die verschiedenen Sparten zuständigen Verwaltungen vertreten wurde, sondern daß auch in einem Fachgebiet, das schon seit Jahren dem einen Geschäftsbereich angehörte, diese geteilten Zuständigkeiten auftraten.

Das konstituierende Element der Umweltpolitik, die Forderung nach einer ganzheitlichen Betrachtungsweise der bis dahin getrennten Umweltmaterien, mußte sich erst auch innerhalb der einzelnen Problemfelder in einer arbeitsteilig strukturierten Organisation durchsetzen. Die Anpassungsprobleme entstanden dadurch, daß eine für die Durchsetzung der neuen Problemsicht konzipierte Anstalt ohne entscheidende Einflußmöglichkeiten den herkömmlichen, wildgewachsenen Verwaltungsstrukturen übergestülpt wurde, so daß es zu Reibungen dieser interdisziplinären Einrichtung mit den Institutionen unterschiedlicher fachlicher Herkunft auch innerhalb eines Fachbereichs kommen mußte.

Da der damalige Zeitdruck keine langen Vorbereitungen vertrug, hätten diese Schwierigkeiten auch nicht durch eine sorgfältige Vorbereitung vermieden werden können. Die Einrichtung einer Landesanstalt für Umwelt war zum damaligen Zeitpunkt dringend notwendig, um eine aktive Umweltpolitik in Hessen in Gang zu bringen. Der verantwortliche Minister war außerdem gezwungen, das »Hoch«, in dem sich der Umweltschutz damals befand, zu nutzen. Andernfalls wäre ihm der Vorwurf der Untätigkeit sicherlich nicht erspart geblieben.

In der Zwischenzeit konnte nicht nur die rechtliche Situation in Naturschutz und Landschaftspflege durch das hessische Landschaftspflegegesetz von 1973 verbessert werden. Zur Ermittlung von Landschaftsschäden wurde ebenfalls 1973 der Landschaftsüberwachungsdienst installiert, der von den Forstämtern zusätzlich zu ihren bisherigen Aufgaben übernommen wurde. Mit der 1978 abgeschlossenen Funktionalreform konnte die

Situation auf dem Gebiet der Landschaftspflege durch den Zusammenschluß organisatorischer Einheiten auf allen Stufen der Verwaltung verbessert werden.[19] Die Hessische Landesanstalt für Umwelt konnte entlastet werden durch den Abschluß von Werks- und Kooperationsverträgen mit wissenschaftlichen Institutionen zur Lösung spezieller wissenschaftlicher Probleme; durch die Einrichtung forstlicher Planungsgruppen, die Grundlagenmaterial an Ort und Stelle erheben, und durch die Einrichtung eines Naturschutzzentrums, das u. a. auch der Koordinierung der wissenschaftlichen Aktivitäten innerhalb der hessischen Naturschutzorganisationen dient.

Auf den Gebieten des Naturschutzes und der Landschaftspflege ist die HLfU damit heute faktisch auf Planungs-, Forschungs- und Entwicklungsaufgaben beschränkt (Mitwirkung bei der Landschaftsrahmenplanung, Ausweisung von regionalen Grünzügen, Planung von Erholungseinrichtungen, Biotopforschung, Untersuchungen zur biologischen Stabilisierung, Mitwirkung bei der Rekultivierung von Landschaftsschäden). Eine sehr wichtige Funktion fällt der HLfU als Trägerin öffentlicher Belange zu. Über die globale Abstimmung der Umweltschutzbelange mit anderen raumbedeutsamen Belangen im Hessischen Raumordnungsprogramm, die präzisere Abstimmung in den Regionalplänen hinaus wird seit Juli 1974 die Bauleitplanung der Kommunen durch die HLfU auf ihre Umweltverträglichkeit geprüft[20], d. h. es wird festgestellt, ob und inwieweit die Gesichtspunkte des Umweltschutzes bei allen Bauleitverfahren nach dem Bundesbaugesetz und dem Städtebauförderungsgesetz beachtet wurden. Die Beteiligung der HLfU wird grundsätzlich für notwendig erachtet. Auf ihre Anhörung kann nur bei geringfügigen Änderungen bestehender Bauleitplanungen verzichtet werden. Die von der HLfU durchzuführende Umweltverträglichkeitsprüfung umfaßt generell die Überprüfung der materiellen Ziele der Bauleitplanung. Die einzelnen Flächennutzungs- und Bebauungspläne der Gemeinden werden von der Landesanstalt auf etwaige Kollisionen mit den Belangen der wasserwirtschaftlichen Planung, der Abfallbeseitigung, des Immissionsschutzes, des Naturschutzes, der Landschaftspflege usw. geprüft. Allerdings verfügt die HLfU über keinerlei Sanktionsmittel, muß sich also bei Meinungsverschiedenheiten gegenüber den Planungsträgern auf die Überzeugungskraft ihrer Argumente oder die Wirksamkeit moralischer Appelle verlassen.

4.2. *Die Diskussion über die Neuorganisation im Geschäftsbereich des Hessischen Ministeriums für Landwirtschaft und Umwelt*

Die Diskussion über die Neuorganisation des HMfLU-Geschäftsbereichs wurde von unterschiedlichen Konzeptionen beherrscht. Gemeinsam war ihnen die Absicht, die Verwaltung an die gegenwärtigen und zukünftigen gesellschaftlichen Anforderungen anzupassen. Hierbei waren auch ihre allgemeinen Begründungen nahezu identisch: Größere Übersichtlichkeit der Verwaltungsorganisation, einfacherer und kostenmindernder Verwaltungsvollzug, Rationalisierung, wirkungsvollere Koordination und Kooperation waren Elemente der gemeinsamen Argumentationsreihe. In ihrer jeweiligen Ausprägung jedoch unterschieden sich die Konzeptionen.

Der damalige Umweltminister strebte den schnellstmöglichen Zusammenschluß der einzelnen Fachverwaltungen in »seinem« Geschäftsbereich an, um den nachgeordneten Bereich auf die Aufgabe des Umweltschutzes ausrichten und somit von Beginn seiner Tätigkeit an über einen effektiven Verwaltungsunterbau verfügen zu können. Im Februar 1971 legte er dem hessischen Kabinett einen Plan »betreffend Neuorganisation im Geschäftsbereich des Ministers für Landwirtschaft und Umwelt« vor. Diese Kabinettvorlage enthielt den Vorschlag, an etwa 20 Standorten Ämter für Landwirtschaft und Umwelt zu errichten, in denen die 22 Landwirtschaftsämter mit Landwirtschaftsschulen, die 6 Tierzuchtämter, die 11 Ämter für Landeskultur, die 7 Wasserwirtschaftsämter, die 16 Veterinäramtsbezirke und die 147 Forstämter zusammengefaßt werden sollten. Diese »Grünen Ämter« sollten, ähnlich wie das Ministerium selbst, in die Abteilungen Landwirtschaft und Tierzucht; Forst, Naturschutz, Landschaftspflege, Jagd; Landentwicklung; Wasser, Abfall, Luft, Lärm, Strahlenschutz; Veterinärwesen, Lebensmittelüberwachung gegliedert sein. Die Konzeption ging von der Auflösung der staatlichen Mittelinstanz aus, also von einem künftigen zweistufigen Verwaltungsaufbau in Hessen, und sah vor, die Aufgaben des Landeskulturamtes Hessen und der Forstabteilungen der Regierungspräsidien sowie deren Wasserwirtschafts- und Veterinärdezernate zum überwiegenden Teil auf die Grünen Ämter, zum Teil auf das Ministerium selbst zu übertragen.

Die Begründung für diesen Vorstoß des Umweltministers lautete, daß mit der Zusammenfassung der verschiedenen Sonderbehörden des Geschäftsbereichs die Schwierigkeiten bei der Durchsetzung der Umweltpolitik, die durch die Existenz gewachsener und relativ eigenständiger Fachverwaltungen mit jeweils spezifischen Arbeitsgebieten zu erwarten seien, überwunden, ein über zwei Verwaltungsstufen sich erstreckendes direktes Regieren ermöglicht und auf diese Weise dem Begriff der Umwelt in einer dann vorwiegend umweltschutzorientierten und nicht isolierten Sonderinteressen verpflichteten Administration Geltung verschafft werden könnte. Auch das Verursacherprinzip als Basis der bundesdeutschen Umweltpolitik verlange eine wirksame Kontroll- und Überwachungsorganisation, die sich in einheitlicher Form über die gesamte Landesfläche erstrecke. Um eine effektive Kontrolle zu gewährleisten und die bis dahin als mangelhaft eingeschätzte Kooperation zwischen den Kreisverwaltungen auf der einen Seite und der Umweltverwaltung auf der anderen Seite zu verbessern, sollte die Deckungsgleichheit bzw. die zahlenmäßige Angleichung der Umweltbehörden mit den durch die Gebietsreform entstehenden neuen Kreisen hergestellt werden.

Ebenfalls für den Zusammenschluß der Sonderverwaltungen im Geschäftsbereich des HMfLU zu Grünen Ämtern votierten eine Reihe von Verbänden.[21] Insbesondere die ÖTV, die DAG, die Gewerkschaft Gartenbau, Landwirtschaft und Forsten und die SPD-Betriebsgruppen Landwirtschaft entwickelten ausführlichere Vorstellungen, die nur geringfügig voneinander abwichen. Im Unterschied zu der Konzeption von Grünen Ämtern auf Kreisebene, wie sie vom Umweltminister vorgeschlagen worden war, setzten sich die genannten Interessengruppen jedoch für die Einrichtung von Schwerpunktämtern ein, die jeweils für mehrere Landkreise zuständig sein sollten. Der Vorschlag, die verschiedenen Sonderbehörden des Geschäftsbereichs in 7 Verwaltungseinheiten zusammenzufassen, stützte sich auf eine detaillierte Aufschlüsselung umwelt- und landnutzungsrelevanter Kriterien wie Aufteilung in landwirtschaftliche Flächen, Wald und sonstige Flächen, Zahl der vorhandenen Forstämter und landwirtschaftlichen Betriebe und ihre Produktion, Anzahl der in Land- und Forstwirtschaft erwerbstätigen Personen usw. Für die mittlere Verwaltungsebene hatte man vorgesehen, das Landesamt für Landwirtschaft, das Landeskulturamt und die Fachabteilungen des HMfLU bei den Regierungspräsidien zu einem Landesamt für Umwelt und Landnutzung zusammenzufassen. Die umwelt- und landnutzungsbezogenen Landesanstalten im Geschäftsbereich des HMfLU sollten zu einer Landesanstalt für Umwelt und Landnutzung vereinigt werden.[22] Die Interessengruppen reagierten mit ihren Vorschlägen auf die Veröffentlichung einer ersten Konzeption zur Funktionalreform, die eine Arbeitsgruppe von Staatssekretären unter dem Vorsitz des Innenministers erarbeitet hatte. Gebiets- und Funktionalreform waren die wesentlichen Elemente der Verwaltungsreform, die in den Koalitionsvereinbarungen zwischen SPD und FDP zu einem herausragenden Arbeitsschwerpunkt erklärt worden waren.

Die Funktionalreform gliederte sich in drei Teilkomplexe auf: Erstens sollte über die Zweckmäßigkeit der beiden hessischen Regierungspräsidien nachgedacht werden; zweitens strebte man eine vereinfachte Aufgabenerledigung durch die Verlagerung von Aufgaben auf untere Verwaltungsebenen an und drittens zielte man auf eine Reform der Sonderverwaltungen ab, visierte also die Änderung der vorhandenen Verwaltungsstrukturen an.[23]

Mit der Reform der Sonderbehörden wollte man erreichen, daß die Verwaltung ihre Aufgaben auf der unteren Verwaltungsebene möglichst geschlossen, fachübergreifend und unter einer Leitung, unter Wahrung des Prinzips der Einheit der Verwaltung, wahrnehmen kann. Um die Verwaltungseinheit zu verwirklichen, sollten die Sonderbehörden in die Behörden der allgemeinen Verwaltung, also in die Kreisverwaltungen, ganz oder teilweise eingegliedert werden. Die Funktionalreform sollte die Gebietsreform ergänzen, durch die vergrößerte Gemeinde- und Kreisgebiete mit höherem Verwaltungspotential geschaffen werden sollten.

Die auf den Geschäftsbereich des Ministeriums für Landwirtschaft und Umwelt bezogene Diskussion stand bis zum Ende des Jahres 1973 unter der Alternative »Eingliederung der Sonderbehörden in die Kreisverwaltungen oder Einrichtung Grüner Ämter?«. Im folgenden sollen die wichtigsten Argumente, die im Verlauf der Diskussion für und gegen die Eingliederung der Sonderverwaltungen aus dem Geschäftsbereich des HMfLU in die Kreisverwaltungen vorgetragen wurden, in zusammengefaßter Form wiedergegeben werden.

Die wesentlichsten Argumente für die Eingliederung der Sonderbehörden in die Behörden der allgemeinen Verwaltung lauteten:[24]

- Die mit der Eingliederung verbundene Auflösung oder wenigstens Abnahme einer Reihe nebeneinander bestehender Sonderverwaltungen mache den Verwaltungsaufbau einfacher und übersichtlicher und den Verwaltungsablauf für den Bürger transparenter.
- Die notwendige fächerübergreifende Abstimmung und Koordination könne dann in einer Behörde stattfinden – zusammenhängende Aufgaben könnten durch die Bündelung des Verwaltungsvollzugs auch zusammenhängend bearbeitet werden. Die Einheit der Verwaltung gewährleiste, daß Entscheidungen im Regelfall in derselben Verwaltungsebene aus einer Gesamtschau aller Belange getroffen werden könnten, wie dies die zunehmende Komplexität der Lebensverhältnisse erfordere. Die Vermeidung zeitraubender und aufwendiger zwischenbehördlicher Abstimmungsprozesse verkürze die Dienstwege, beschleunige den In-

formationsfluß und den Schriftverkehr, sorge damit für wirkungsvollere Verwaltungsabläufe und für eine Verbesserung der Arbeitsergebnisse.

Für die Behörden aus dem Geschäftsbereich des HMfLU, die vor allem von den Eingliederungsplänen betroffen waren, begründete man die Eingliederungsvorschläge einerseits mit den bestehenden funktionellen Verflechtungen zwischen ihnen selbst und andererseits mit den Aufgabenverflechtungen zu den Landräten.

Die Bedenken gegen die Auflösung und die Eingliederung der Sonderbehörden in die Kreisverwaltungen wiesen mehrere Komponenten auf. Die Existenz einer unabhängigen Sonderverwaltung wurde als notwendig und adäquat angesehen für die Bewältigung der verschiedenen Fachaufgaben; der Rationalisierungs- und Kostensenkungseffekt und die angeblich engen Aufgabenverflechtungen zwischen den Sonderbehörden und den Landräten wurde bestritten, verwaltungstechnische und -rechtliche Hindernisse wurden ebenso gegen die Eingliederung angeführt wie das politische Argument, daß die Interessenkonflikte, in die der Landrat unvermeidlich gerate, sich insbesondere bei der Durchsetzung der Umweltschutzbelange restriktiv auswirken müßten. Die Argumente gegen die Auflösung und die Eingliederung der HMfLU-Sonderbehörden in die Kreisverwaltungen lauteten im einzelnen:[25]

- Vielfalt, Struktur und unterschiedliche Zahl der Sonderbehörden seien das Ergebnis der Anpassung an die unterschiedlichen sachlichen Erfordernisse und damit die Voraussetzung für die Leistungsfähigkeit der öffentlichen Verwaltung.
- Die Durchsetzung des Prinzips von der Einheit der Verwaltung führe in letzter Konsequenz zu Mammutbehörden auf Kreisebene; dadurch werde die Verwaltung nicht einfacher, sondern komplizierter.
- Da die Zahl der jeweiligen Sonderbehörden nicht mit der Zahl der Kreise und kreisfreien Städte übereinstimme (z. B. 7 Wasserwirtschaftsämter; 147 Forstämter – 20 Landkreise; 6 kreisfreie Städte), müßten bei der Eingliederung der Sonderbehörden in die Kreisverwaltungen entweder vermehrt entsprechende staatliche Abteilungen geschaffen werden oder aber die staatliche Abteilung eines Kreises müsse für den Bereich mehrerer Kreise zuständig sein oder die Sonderbehörden müßten radikal zerstückelt werden. Bei kreisübergreifenden Lösungen bestehe die Gefahr, daß es zu Kompetenzproblemen zwischen den beteiligten Landräten komme oder daß der mitverwaltete Kreis gegenüber dem eigenen vernachlässigt werde. Auch die Personalzahl der Sonderbehörden, die z. T. 7, z. T. 150 Bedienstete betrage, erlaube keinen schematischen Vollzug der Eingliederung.

- Die notwendige überregionale Planung und Lösung der Umweltprobleme werde durch die Eingliederung behindert, eine landeseinheitliche Behandlung der Umweltprobleme sei nicht mehr gegeben. Probleme der Umwelt und der Agrarstruktur verlangten aber nach großräumigen und landeseinheitlichen, von kreisegoistischen Interessen abgehobenen Lösungen, also nach einer überkreislichen Orientierung, die nur durch eine selbständige und planungsbewußte Fachverwaltung garantiert werden könne. Interessenkollisionen innerhalb der Kreisverwaltungen könnten die Gesamtschau, die angeblich durch die Eingliederung der Sonderbehörden erreicht werden könne, behindern. Die Berücksichtigung aller Belange sei am ehesten gewährleistet, wenn verschiedene unabhängige Stellen am Entscheidungsprozeß beteiligt seien. Die Unabhängigkeit der Umweltverwaltung sei auch für die Vertretung der Umweltschutzbelange deswegen erforderlich, da von den Landräten als kommunalpolitisch abhängigen Wahlbeamten ein striktes Vorgehen gegen die Verursacher von Umweltschäden nicht in allen Fällen erwartet werden könne.

Aber auch das Konzept der Grünen Ämter rief bei verschiedenen Betroffenen Einwände hervor. Trotz der beträchtlichen Anzahl von Befürwortern konnten die Grünen Ämter deshalb weder auf Kreisebene noch als Schwerpunktämter realisiert werden. Widerstand leisteten beispielsweise Kommunalpolitiker, die sich gegen den Abzug eines Landeskulturamtes, Veterinäramtes oder Wasserwirtschaftsamtes aus »ihrer« Stadt wehrten. Auch ein erheblicher Teil der Mitarbeiter aus dem Geschäftsbereich des Umweltministers lehnte die Einrichtung Grüner Ämter ab. Der Widerstand des Personals erwuchs erstens aus Furcht vor Routineverlusten, zweitens aus Furcht vor der Einschränkung des erworbenen Handlungsspielraums im alten Arbeitsgebiet bzw. aus Furcht vor Status- oder Prestigeeinbußen und drittens aus Furcht vor Unbequemlichkeiten, die ein Standort- oder Dienstortwechsel mit sich gebracht hätte.[26]

Außerdem brachten Vertreter der einzelnen Fachsparten des HMfLU, ähnlich wie gegen die beabsichtigte Eingliederung der Sonderbehörden in die Landratsämter, verwaltungstechnische Argumente gegen die Grünen Ämter auf Kreisebene vor: Es sei unmöglich, die verschiedenen nachgeordneten Behörden mit ihrem unterschiedlichen Personalbestand und ihrer unterschiedlichen Anzahl zu zwanzig Ämtern für Landwirtschaft und Umwelt zusammenzufassen, ohne daß es zu einer »Ausdünnung« oder Ungleichwertigkeit der neuen Dienststellen käme. Entweder müßten eingearbeitete Teams auseinandergerissen oder aber erheblich mehr Personal neu eingestellt werden. Diese Argumente konnten allerdings nur

z. T. gegen den Vorschlag verwendet werden, Umwelt-Schwerpunktämter zu installieren. Der schwerwiegendste Einwand gegen diese Form der Grünen Ämter lautete, daß sie nur dann einen Sinn hätten, wenn sie an den sieben ausgewählten Standorten auch gleich unter einem Dach zusammengeschlossen würden. In der Tat war die Organisationsregelung der genannten Verbände langfristig angelegt und sah – schon aus Rücksicht auf das von ihnen vertretene Personal – vor, an den bisherigen Standorten der jeweiligen Ämter für eine Übergangszeit Außenstellen bestehen zu lassen.

Der ausschlaggebende Grund für das Scheitern der Umweltämter-Konzeptionen lag auf einer anderen Ebene. Entscheidend war die Konfrontation mit dem vom Innenminister vertretenen und insbesondere von der FDP gestützten Modell für die Funktionalreform. Nachdem der Beschluß zur Verwaltungsreform gefaßt und in der Koalitionsvereinbarung und der Regierungserklärung fixiert worden war, hatte er solch ein politisches Gewicht erlangt, daß gegen ihn kein Durchkommen war. Die übrigen Minister waren auf von der Regierung in ihrer Gesamtheit abgedeckte und ressortübergreifende organisatorische Änderungen festgelegt und wollten und konnten einen »Alleingang« ihres Kabinettkollegen nicht erlauben. Dahinter stand die Befürchtung, daß durch ein einseitiges, auf einen Geschäftsbereich beschränktes Vorgehen, die gesamte Konzeption für die Funktionalreform »ins Wanken gebracht« werden könnte. Der wesentliche Unterschied zwischen den Reformvorschlägen war somit bereits in ihren Ansatzpunkten angelegt. Er drückte sich darin aus, daß die Innenminister-Vorlage ressortübergreifende Zielsetzungen verfolgte und dabei von allgemeinen Verwaltungsgrundsätzen ausging, denen einzelne fachliche Gesichtspunkte wenigstens z. T. untergeordnet wurden, während die HMfLU-Vorlage und die Vorstellungen der genannten Interessengruppen speziell auf den einen Geschäftsbereich zugeschnitten waren und im Hinblick auf die zu lösenden Umweltprobleme weitaus fachbezogener argumentieren konnten.

Aber nicht nur Koalitionsrücksichten veranlaßten die SPD-Minister und die Mehrheit der SPD-Landtagsfraktion zur Ablehnung der Grünen Ämter. Die Unterstützung der SPD-Fraktion blieb dem Umweltminister hauptsächlich deshalb versagt, weil die Grünen Ämter, auch die Schwerpunktämter, als ein Schritt hin zur Aushöhlung der Regierungspräsidien empfunden wurden, während man selbst darauf vertraute, im Verlauf der Diskussion über die Zukunft der staatlichen Mittelinstanz von der vor allem vom Koalitionspartner geforderten Auflösung der Regierungspräsidien wegzukommen. Einem SPD-Minister konnte man unter diesen

Umständen nicht erlauben, eine »Bresche« in die Regierungspräsidien zu schlagen.

Der Rücktritt des hessischen Umweltministers, der im Zusammenhang mit dem Plaumann-Skandal im Oktober 1973 erfolgte, markierte im wesentlichen auch das Ende der Diskussion über die Einrichtung Grüner Ämter. Ende 1973 hatte sich aber auch herausgestellt, daß die ursprünglichen Zielsetzungen der Funktionalreform wegen der massiven Proteste des Personals und zahlreicher Interessengruppen nicht wie geplant verwirklicht werden konnten. Die Diskussion konzentrierte sich ab 1974 auf die künftige Form der Verwaltungsmittelstufe. Für die Reform der Sonderbehörden entschied man sich nun für das Kriterium der annähernden Zahlengleichheit zwischen Kreisen und Sonderbehörden. Im Geschäftsbereich des HMfLU standen damit nur noch die Veterinärämter und die Landwirtschaftsämter für die Eingliederung in die Kreisverwaltungen an.[27] Die Auseinandersetzung um die Sonderbehörden und die staatliche Mittelinstanz zogen sich noch bis Ende 1977 bzw. Anfang 1978 hin. Auf der Grundlage des Eingliederungsgesetzes[28] konnten dann lediglich die Veterinärämter dem Prinzip von der Einheit der Verwaltung entsprechend in die Kreisverwaltungen eingegliedert werden. Die Landwirtschaftsämter und die Ämter für Landeskultur wurden zu Ämtern für Landwirtschaft und Landentwicklung zusammengeschlossen und an die Kreisverwaltungen *an*gegliedert. Das Personal der landwirtschaftlichen Verwaltung und der landwirtschaftlichen Interessenvertretungen hatte sich erfolgreich gegen die Eingliederung der Landwirtschaftsämter in die Kreisverwaltungen zur Wehr gesetzt. Die endlich gefundene Lösung stellte einen Kompromiß dar, der auch den von verschiedenen Seiten vorgebrachten Forderungen nach einer Zusammenfassung »artverwandter« Behörden Rechnung trug. Aus dem Geschäftsbereich des HMfLU behielten demnach die Wasserwirtschaftsämter und die Tierzuchtämter unverändert ihren alten Status bei.

Das Landesamtsgesetz[29] enthielt die Regelungen für die staatliche Mittelinstanz. Hier entstanden im Geschäftsbereich des HMfLU durch den Zusammenschluß des Landeskulturamtes, des Landesamtes für Landwirtschaft und der Landesstelle für Ernährungswirtschaft das Landesamt für Ernährung, Landwirtschaft und Landentwicklung. Aus den Regierungspräsidien wurden die Forstabteilungen und die Dezernate »Domänen« herausgetrennt und in eigenständige »Bezirksdirektionen für Forsten und Naturschutz« umgewandelt, denen die Forstämter unterstehen.

Diese Ergebnisse sehen im Vergleich mit den ursprünglichen Reformbestrebungen etwa mager aus. Dennoch bedeutet inbesondere der

Zusammenschluß von Landwirtschaft und Landentwicklung auf der unteren, der mittleren und der oberen Verwaltungsebene einen Fortschritt auch vom Standpunkt des Umweltschutzes aus, da nun die Aufgaben der Landespflege gemeinsam wahrgenommen werden können. Auch im Ministerium selbst schloß man konsequenterweise die bis dahin getrennten Abteilungen für Landwirtschaft und Landentwicklung zusammen. Es ist aber in Hessen nicht gelungen, die verschiedenen Fachverwaltungen im Geschäftsbereich des Umweltministeriums in ein einheitliches und im überwiegenden Maße am Umweltschutz ausgerichtetes Behördensystem einzubinden, wie es mit den Konzeptionen für die Grünen Ämter beabsichtigt war. Dem relativ komplikationslosen Einbau des Umweltschutzes in die hessische Ministerialebene standen große Schwierigkeiten bei der Neuorganisation der nachgeordneten Behörden gegenüber. Wie sind diese Schwierigkeiten verwaltungstheoretisch zu erklären?

5. Das Beharrungsvermögen der öffentlichen Verwaltung

Der dargestellte organisationsstrukturelle Anpassungsprozeß ist ein Beispiel für das Beharrungsvermögen der Verwaltungsstrukturen. Inflexibilität und Schwerfälligkeit der öffentlichen Verwaltung sind ein altes Thema der Organisations- und Verwaltungsforschung.[30] Was sind die Gründe für das Beharrungsvermögen? Wie ist der Widerstand gegen Organisationsänderungen innerhalb und außerhalb der Verwaltung zu erklären? Weshalb wird die Verwaltung zum Gegenstand politischer Auseinandersetzungen?

Die öffentliche Verwaltung muß als Ergebnis einer historisch gewachsenen Gesellschaft aufgefaßt werden, deren differenzierte Strukturen sich in den arbeitsteilig organisierten Strukturen des Verwaltungsapparates zum Teil widerspiegeln. In den Vor- und Nachteilen der Verwaltungsgliederung, in der nötigen spezialisierten Problembearbeitung und in den Koordinationsschwierigkeiten, drückt sich die Bindung der jeweiligen Organisationseinheit an das jeweils zugewiesene Verwaltungsobjekt aus. Entsprechend der zunehmenden gesellschaftlichen Arbeitsteilung, Differenzierung und Spezialisierung ist auch innerhalb des Verwaltungsapparates eine wachsende funktionelle und strukturelle Differenzierung zu beobachten. Dieser Prozeß ist unumgänglich, da die Verwaltung nur auf diese Weise in die Lage versetzt werden kann, die ihr übertragenen Aufgaben mit der gebotenen Sachkenntnis zu erledigen. Andererseits trägt die Interdependenz der gesellschaftlichen Problemlagen dazu bei, daß der Bedarf an Koordination und Kooperation steigt. Die funktionelle und strukturelle Differenzierung ist einesteils notwendig und funktional, andernteils wirkt sie aber auch als Barriere für eine an der Gesamtschau orientierten Aufgabenerfüllung. In dem notwendigen Ausgleich zwischen Differenzierung und Spezialisierung einerseits und Integration und Kontrolle andererseits besteht heute ein gravierendes organisatorisches Problem der öffentlichen Verwaltung.[31]

Das Neben- bzw. Übereinander und die regionale Aufteilung der verschiedenen Referate, Referategruppen, Abteilungen und Behörden ist das organisatorische Mittel, um die verschiedenen gesellschaftlichen Sektoren, Interessen, Bedürfnisse und Probleme institutionell zu verankern: Der Aufbau eines bürokratischen Apparates institutionalisiert die Verfolgung eines bestimmten Ziels, die Wahrung eines bestimmten Interesses. Jede institutionalisierte Zuständigkeit bringt eine bestimmte Sichtweise hervor, die einem bestimmten Interesse oder Bedürfnis korrespondiert. Die vorgegebene Zuständigkeit und gestellte Aufgabe hat eine prägende Wirkung für die Aufmerksamkeitsverteilung, Wirklichkeitsinterpretation und Interessenorientierung und führt zu einer Interessenvertretung »sozusagen von Amts wegen.«[32] Die Verwaltungszersplitterung kann demnach als Ausdruck der Interessenrepräsentation innerhalb der Administration bezeichnet werden. Die verschiedenen Behörden und Dienststellen verdanken ihre Existenz der Absicht, unterschiedliche gesellschaftliche Interessenlagen zu institutionalisieren. Der gesellschaftliche Interessenpluralismus spiegelt sich in den differenzierten Verwaltungsstrukturen modifiziert wider. Das hat zur Folge, daß bei innerorganisatorischen Entscheidungsprozessen oft unterschiedliche Rationalitätskriterien aufeinandertreffen und in Einklang gebracht werden müssen. Deren jeweilige Berechtigung kann von den anderen Beteiligten nicht von vornherein bestritten werden. Die öffentliche Verwaltung darf also nicht als ein monolithischer und einheitlich handelnder Block gesehen werden.

Die Verklammerung der Verwaltung nach außen ist zwangsläufig relevant bei einer beabsichtigten Neuorganisation des Verwaltungsapparates. Die einmal eingespielte Korrespondenz zwischen bestimmten gesellschaftlichen Interessen und Verwaltungsteilen ist ein entscheidender Erklärungsfaktor für das strukturelle Beharrungsvermögen der öffentlichen Verwaltung. Dies ist besonders dann der Fall, wenn hinter den in der Verwaltung verankerten Interessen einflußreiche gesellschaftliche Gruppierungen stehen. Dann nämlich verbindet sich das generell bei Organisationen zu verzeichnende Bemühen um die Bestandserhaltung mit dem Interesse von Verbänden, sich ihre Einfluß- und Machtpositionen innerhalb der Verwaltung zu sichern. Die Beziehung zwischen der öffentlichen

Verwaltung und gesellschaftlichen Interessengruppen ist wechselseitig. Verwaltungseinheiten sind auf die Informationslieferung der Verbände angewiesen, suchen sich aber auch gesellschaftliche Klientel, um mit deren Hilfe Vorteile im inneradministrativen Entscheidungsprozeß zu erringen. Die Verbände sind an Einflußpositionen innerhalb des staatlichen Institutionengefüges interessiert, weil sie auf diese Weise ihr spezielles Anliegen in den politisch-administrativen Auseinandersetzungen ständig vertreten wissen.[33] Das Wissen um die Beziehung zwischen Verwaltung und Verbänden ist grundsätzlich zum Verständnis für den Widerstand von Interessengruppen gegen Organisationsänderungen notwendig, von denen sie nachteilige Wirkungen erwarten: »Keine gesellschaftliche Gruppe, die die Wahrnehmung, zumindest die Kenntnisnahme ihrer Interessen in einer organisatorischen Einheit gesichert weiß, wird organisatorische Veränderungen zu ihren Lasten widerspruchslos hinnehmen.«[34]

Änderungen der Verwaltungsstruktur müssen daher gegen das bestehende System von Interessenpositionen durchgesetzt werden. Die Konsensfindung wird damit zu einem entscheidenden Problem bei der Durchführung von Strukturinnovationen. Alle, die mit dem organisatorischen Status quo zufrieden sind, weil sie durch ihn über Einfluß- und Machtpositionen innerhalb der Verwaltung und damit auch in politischen Entscheidungsprozessen verfügen, werden sich gegen die möglichen negativen Auswirkungen einer Neuorganisation wenden. Der in der öffentlichen Verwaltung organisierte Interessenpluralismus erschwert die Veränderung von Verwaltungsstrukturen, weil er auf vielfältige Weise – inner- und außerorganisatorisch – abgestützt ist durch die Bindung von Verwaltungseinheiten an das jeweilige Verwaltungsobjekt, die eingespielten Beziehungen zwischen Verwaltungseinheiten und gesellschaftlichen Interessengruppen, die Verflechtungen der politischen Parteien mit Verbänden und der Administration. Hinzu kommt, daß immer auch Menschen zum Objekt von Organisationsänderungen werden. Aus der Furcht von Organisationsmitgliedern vor Entroutinisierung, Prestige- und Statuseinbußen, Unbequemlichkeiten usw. erwächst ebenfalls Protest gegen geplante Strukturänderungen. Dieser Protest wird getragen von den Personalvertretungen und gewerkschaftlichen Gruppen und kann sich auf diese Weise bis in die Parteien und Parlamentsfraktionen hin fortsetzen.

Die administrative Situation des Umweltschutzes verschärfte noch die Schwierigkeiten, mit denen generell bei organisationsstrukturellen Anpassungsprozessen zu rechnen ist. Die Probleme, die aus der spezifischen Entwicklung des Umweltschutzes resultierten, waren im wesentlichen darin begründet, daß sich das Aufgabenfeld Umweltschutz aus mehreren funktionellen und strukturellen Ausdifferenzierungen zusammensetzte, die bis dahin nebeneinander, z. T. voneinander isoliert, jede einzelne von ihnen aber an schon länger existierende Fachbereiche angehängt gewesen war. Insofern gibt die administrative Organisation des Umweltschutzes ein besonders deutliches Beispiel für das schwierig auszubalancierende Verhältnis zwischen Differenzierung und Spezialisierung einerseits und Integration und Kontrolle andererseits ab. Die Situation im Geschäftsbereich des HMfLU, der mehrere Fachbereiche mit unterschiedlicher Entwicklung einschloß, verdeutlicht dies.

Die neu definierten Aufgaben des Umweltschutzes wurden im wesentlichen auf die alte Verwaltungsstruktur aufgepfropft, die für die Übernahme der neuen Aufgaben nicht vorbereitet und geeignet war. Die Schwierigkeiten bei der Schaffung einer Umweltverwaltung rührten aber auch daher, daß hier Behörden, die mit ihren speziellen Aufgaben in einer engen Verbindung zu einer oder mehreren gesellschaftlichen Interessengruppen standen, zu einer Behörde zusammengefaßt und umgewandelt werden sollten, die dann vornehmlich für ein allgemeines gesellschaftliches Interesse, den Umweltschutz, zuständig sein sollte. Die Anpassung der Verwaltungsstrukturen an die Umwelterfordernisse stellte sich somit auch als Auseinandersetzung zwischen einem nichtorganisierten und allgemeinen Interesse und verschiedenen speziellen, schon institutionalisierten Teilinteressen dar, hinter denen konfliktfähige und organisierte Interessengruppen standen.

Als Fazit läßt sich festhalten: Die Institutionalisierung des Umweltschutzes auf der hessischen Ministerialebene hatte positive Auswirkungen. Durch sie ergab sich fast automatisch die Übernahme einer Initiativ- und Antriebsfunktion für das bisher vernachlässigte Politikfeld. Das zeigt sich an den vielfältigen planerischen und programmatischen Aktivitäten, die vom Hessischen Ministerium für Landwirtschaft und Umwelt ausgingen. Die Zusammenfassung wesentlicher Teilbereiche des Umweltschutzes im Ministerium für Landwirtschaft und Umwelt, verbunden mit dessen Koordinierungsauftrag für den gesamten Bereich des Umweltschutzes, hat zweifellos zu einer Intensivierung der umweltpolitischen Aktivitäten in Hessen beigetragen. Das Ministerium für Landwirtschaft und Umwelt muß daher auch als Vehikel begriffen werden, dem die Aufgabe zufiel und -fällt, die umfassenden Erfordernisse des neuen Politikbereichs zu einer Rahmenbedingung anderer politisch-administrativer Sektoren werden zu lassen. Institutionalisierung und steigende umweltpolitische Aktivitäten sowie die öffentliche Diskussion darüber trugen außerdem zu einer weiteren Verbreitung des Umweltschutzgedankens bei. Das hessische Beispiel veranlaßte deshalb auch andere Landesregierungen zur Nachahmung.

Der Umweltschutz hat ein größeres politisches Gewicht errungen. Den hessischen »Umweltskandalen« stehen Erfolge gegenüber. Hinter den bei solchen »Skandalen« ins Auge springenden Mängel verbirgt sich eine überaus komplexe und differenzierte Verwaltungswirklichkeit. Die öffentliche Verwaltung läßt sich nur schwer bewegen, sie ist in ein schwer aufzubrechendes Interessengeflecht eingebunden. Reformen treffen auf einen Wall von Restriktionen. Im Umweltschutzbereich kamen umweltschutzspezifische Verwaltungsschwierigkeiten hinzu, die in diesem Beitrag am Beispiel Hessens behandelt wurden.

Der »große Sprung« bei der Reform der öffentlichen Verwaltung, den alle Beteiligten Ende der 60er und Anfang der 70er Jahre für überfällig, nötig und durchsetzbar hielten, ist nicht geglückt. Die gesetzten Ziele wurden nicht erreicht. Dennoch wurden – gerade für den Umweltschutzbereich – Zielmarken gesetzt, die nun in wohl weniger spektakulären Aktionen Schritt für Schritt angegangen werden müssen, nicht ressortübergreifend, sondern nach den Erfordernissen der einzelnen Fachbereiche, aber in enger Abstimmung untereinander und mit den betreffenden Personalvertretungen und Verbänden.

1 Vgl. zu den Leistungen der hessischen Umweltpolitik die Umweltberichte der Hessischen Landesregierung von 1973, 1976 und 1979; vgl. zu einer Gesamtbeurteilung der bundesdeutschen Umweltpolitik: Der Rat von Sachverständigen für Umweltfragen, Umweltgutachten 1974, Stuttgart und Mainz 1974; Umweltgutachten 1978, Deutscher Bundestag 8. Wahlperiode, Drucksache 8/1938.

2 Vgl. Umweltgutachten 1978, a.a.O., S. 441; vgl. »Die Zeit«, Nr. 42, 13. 10. 1978, S. 34.

3 Vgl. Brandt, Deutscher Bundestag, 6. Wahlperiode, Stenograph. Bericht, 5. Sitzg., Bonn, 28. 10. 1969, S. 28 f.

4 Vgl. z. B.: Umweltprogramm der Bundesregierung (Reihe »betrifft«: 9), hrsg. v. Bundesministerium des Innern, Bonn o. J. (1971).

5 Vgl. Hessischer Minister für Landwirtschaft und Umwelt (Hg.), Landwirtschaft in Hessen. Zukunftsorientierte Agrarpolitik – Warum, wie und für wen? Wiesbaden o. J., ohne Seitenangaben; vgl. für die Entwicklung der Landwirtschaft in der Bundesrepublik insgesamt: Glaeser, Bernhard, Landwirtschaftspolitik als Umweltpolitik. In: Die Neue Gesellschaft, H. 5, Bonn–Bad Godesberg 1977, S. 416 ff.

6 Vgl. Drucksache 6/2898 (Antrag von FDP-Abgeordneten betreffend Aktivierung der Landschaftspflege); vgl. Drucksache 6/3019 (Große Anfrage von

SPD-Abgeordneten betreffend Landschaftsschutz und Landschaftspflege); vgl. Drucksache 6/3040 (Antrag von CDU-Abgeordneten betreffend den Umweltschutz).

7 Vgl. Osswald, Hessischer Landtag, 7. Wahlperiode, Stenograph. Bericht, 2. Sitzung, 16. 12. 1970, S. 14.

8 Vgl. GVBl. I, Wiesbaden 30. November 1971, Nr. 31, S. 281 ff.; zum Geschäftsbereich des Hessischen Ministers für Landwirtschaft und Umwelt siehe S. 296 ff.

9 Vgl. Umweltbericht der Hessischen Landesregierung von 1973, Anlage 22 a.

10 Diese Aussage stützt sich auf mündliche Befragungen von Ministeriumsmitgliedern.

11 Plaumann, ein mittelständischer Transportunternehmer, wurde beschuldigt, die hochgiftigen Produktionsabfälle aus den Chemiewerken des Rhein-Main-Gebietes auf »Müllkippen« abgelagert, in die Kanalisation oder in Gewässer geleitet zu haben. Dem Umweltministerium war es zwar aufgrund des Hessischen Abfallgesetzes gelungen, die über 2000 »wilden Müllkippen« in Hessen zu schließen, teilweise zu rekultivieren und die Beseitigung des kommunalen Hausmülls auf wenige zentrale Deponien zu konzentrieren. Eine Deponie für die giftigen Sonderabfälle aber stand damals nicht zur Verfügung. Das Problem ist auch heute nur unzureichend gelöst.

12 Vgl. Hessischer Landtag, 7. Wahlperiode, Stenograph. Bericht, 70. und 71. Sitzung, 17. und 18. 10. 1973.

13 Vgl. Umweltgutachten 1974, a.a.O., S. 182; vgl. Eckert, Roland, Umweltschutz und Exekutive. In: Jäger, Wolfgang/Mühleisen, Hans-Otto (Hg.), Umweltschutz als politischer Prozeß. München 1976, S. 77.

14 Vgl. Eckert, Roland, Umweltschutz und Exekutive, a.a.O., S. 86.

15 Umweltgutachten 1974, a.a.O., S. 181.

16 Umweltbericht '76. Fortschreibung des Umweltprogramms der Bundesregierung vom 14. Juli 1976, Stuttgart u. a. 1976, S. 64.

17 Vgl. Erlaß vom 7. 7. 1971, Staatsanzeiger für das Land Hessen, S. 1262.

18 Der Autor dieser Zeilen durfte Einblick in interne Akten des HMfLU nehmen.

19 Zur Funktionalreform in Hessen siehe das folgende Kapitel.

20 Vgl. Erlaß vom 21. 6. 1974, StAnz., S. 1226.

21 Die Verbände legten ihre Standpunkte in Anhörungen und in schriftlichen Stellungnahmen zur Funktionalreform dar.

22 Vgl. z. B. den Vorschlag der ÖTV, Bezirk Hessen, Bezirksabteilung Staatliche Landwirtschaftsverwaltung vom 18. 4. 1972, Frankfurt: Stellungnahme zur Funktionalreform im Geschäftsbereich des Hessischen Ministeriums für Landwirtschaft und Umwelt.

23 Vgl. Bielefeld, Hanns-Heinz, Hessens Gebiets- und Funktionalreform, Warum? o. O., o. J.; vgl. Hessisches Ministerium des Innern (Hg.), Verwaltungsreform. Modelle und Realisierungen, o. O., o. J.

24 Vgl. ebd.; vgl. Reform der Sonderverwaltungen. Überlegungen der Arbeitsgruppe zur Vorbereitung der Gebiets- und Funktionalreform, Stand: 18. Juni 1973.

25 Vgl. z. B. die ÖTV-Stellungnahme, a.a.O.

26 Vgl. z. B. dazu: Ein Jahr Umweltverwaltung des Landes Hessen Bundesrepublik Deutschland. Hrsg. v. Hessischen Minister für Landwirtschaft und Umwelt aus Anlaß der Internationalen Umwelt-Konferenz der Vereinten Nationen in Stockholm im Juni 1972, S. 9.

27 Vgl. Arbeitsgruppe zur Vorbereitung der Gebiets- und Funktionalreform: Bericht der Arbeitsgruppe – Januar 1974.

28 Vgl. GVBl. I, 20. 7. 1977, S. 319 ff. Gesetz zur Eingliederung von Sonderverwaltungen (Eingliederungsgesetz).

29 Vgl. GVBl. I, 7. 2. 1978, S. 106, Gesetz über die Zusammenfassung von Dienststellen zu Landesämtern (Landesamtsgesetz).

30 Vgl. z. B.: Mayntz, Renate (Hg.), Bürokratische Organisation. Köln, Berlin 1968.

31 Vgl. Klages, Helmut: Grenzen der Organisierbarkeit von Verwaltungsorganisationen. In: Die Verwaltung, H. 1, 1977, S. 31 ff.

32 Mayntz, Renate/Scharpf, Fritz W.; Kriterien, Voraussetzungen und Einschränkungen aktiver Politik. In: dies. (Hg.), Planungsorganisation. Die Diskussion um die Reform von Regierung und Verwaltung des Bundes, München 1973, S. 128.

33 Vgl. zur Beziehung zwischen Verwaltung und Verbänden auch: Häußermann, Hartmut, Die Politik der Bürokratie. Einführung in die Soziologie der staatlichen Verwaltung. Frankfurt, New York 1977, S. 65 ff.;
Mayntz, Renate, Soziologie der öffentlichen Verwaltung, Heidelberg, Karlsruhe 1978, S. 202 ff.;
Programmentwicklung in der Ministerialorganisation. Projektbericht erstellt im Auftrag der Projektgruppe für Regierungs- und Verwaltungsreform beim Bundesminister des Innern. Speyer, Konstanz, Juni 1972, S. 117 ff.

34 Siedentopf, Heinrich, Ressortzuschnitt als Gegenstand der vergleichenden Verwaltungswissenschaft. In: Die Verwaltung, H. 1, 1976, S. 4.

2.3.7. Edgar Thielemann: *Zur Akzeptanz hessischer Energiepolitik*

Rund 60 Prozent der hessischen Stromerzeugung beruhen auf Kernenergie. Sie stammen aus den beiden Reaktorblöcken Biblis A und B. Seit Jahren läuft ein Genehmigungsverfahren für Block C. Nach dem Reaktorunfall von Harrisburg im Frühjahr 1979 ergriff die öffentliche Diskussion über die Nutzung der Kernenergie, die zuvor zwar sehr engagiert, aber nur in kleinem Kreise geführt wurde, eine breitere Öffentlichkeit.

Hier soll versucht werden, diese Debatte in ihrem Ablauf zu schildern einschl. ihrer Vermittlung durch die Presse und diese Debatte der Engagierten ins Verhältnis zu setzen zur Meinung der Wähler.

1. Erklärung gegen die Opportunität

Es begann mit dem, was man neudeutsch einen »kommunikativen Paukenschlag« nennen würde. Als sich im Frühjahr 1979 nach dem Reaktorunfall von Harrisburg (USA) die Stellungnahmen häuften, die auf Distanz zur Kernenergie gingen, erklärte der Hessische Ministerpräsident Holger Börner nach Rückkehr von einer Reise nach Großbritannien, wo er Kernenergieanlagen besichtigt hatte: »Ohne Kernkraft ist eine industrielle Weiterentwicklung nicht mehr möglich.«

Diese gegen die allgemeine Tendenz liegende Stellungnahme wurde in der Presse innerhalb der Berichterstattung über die Reaktionen auf den Harrisburg-Unfall wiedergegeben, so zum Beispiel in der *Frankfurter Rundschau* vom 2. April 1979: »Den von Umweltschützern und Jusos geforderten Betriebsstop, auch des hessischen Kernkraftwerkes in Biblis, lehnte der Ministerpräsident kategorisch ab.« Die *Hessische Allgemeine* (Kassel) überschrieb ihren Bericht: »Börner: Ohne Atomstrom keine industrielle Entwicklung«, die *Abendpost/Nachtausgabe* (Frankfurt): »Börner: Kernkraft unentbehrlich – 40 000 Atom-Gegner in Hannover« (beides am 2. April 1979).

Die Kernenergiegegner meldeten sich in der folgenden Zeit immer stärker zu Wort, getrieben von der Sorge, ein Reaktorunfall wie in Harrisburg könne sich in einem deutschen Kraftwerk wiederholen. Hinweise, daß der Sicherheitsstand amerikanischer und deutscher Kernkraftwerke nicht vergleichbar ist, wurden nicht zur Kenntnis genommen. Die Debatte verlagerte sich auf die Ebene, ob politisch verantwortet werden kann, was technisch machbar ist.

Ein langwieriger Konflikt deutete sich an. In internen Gesprächen wies der Ministerpräsident darauf hin, daß es nach seiner Kenntnis der Probleme kein Zurück in der Energiepolitik gebe. Wer die Abhängigkeit vom Öl verringern wolle, müsse die Nutzung der Kernenergie ausweiten, da kein anderer Energieträger den in einer wachsenden Wirtschaft trotz aller Einsparungsbemühungen weiter wachsenden Bedarf decken könne: »Diejenigen, die jetzt so tun, als könnte unsere Industriegesellschaft auf den Einsatz von Kernenergie verzichten, werden ihre voreiligen Worte in einigen Jahren wieder einsammeln müssen!«

Schlagzeilen wie »Jusos kritisieren Börner« (*Darmstädter Echo*, 17. April 1979) thematisierten die Debatte. Die Erklärungen des Ministerpräsidenten wurden als »falsch und kurzsichtig« bezeichnet; neue Verbindungen wurden eingegangen und Fronten aufgebaut: »In diesem Zusammenhang wurde die Forderung von Landrat Willi Blodt nach Stillegung der Blöcke A und B des Kernkraftwerkes Biblis begrüßt«, (a.a.O.)

2. Abriß der Energiesituation in Hessen

Die Diskussion entwickelte sich streckenweise in einem Maße, als sei über die Neueinführung von Kernenergie zu entscheiden. Redliche Wortführer der Kernenergiegegner mußten wiederholt darauf hinweisen, daß die Debatte nicht über einen sofortigen »Ausstieg« geführt werden könne, sondern über den möglichen weiteren Ausbau oder den Stop des Ausbaues.

Die rheinisch-westfälischen Elektrizitätswerke RWE betreiben im hessischen Biblis das gegenwärtig größte Kernkraftwerk der Bundesrepublik, dessen beide Blöcke zusammen fast 2400 MW in das Stromnetz einspeisen. Für einen dritten Block läuft seit vier Jahren das Genehmigungsverfahren. Zu den großen Kernkraftwerken in der Bundesrepublik zählen zu dieser Zeit: Ohu (870 Megawatt/MW), Neckarwestheim (805 MW), Brunsbüttel (770 MW), Würgassen (640 MW) und Stade mit 630 MW. In Gundremmingen sind neben dem 237 MW liefernden bestehenden Reaktor noch zwei weitere Blöcke im Bau, von denen jeder 1244 MW liefern soll, womit Biblis als größtes Kernkraftwerk entthront würde. In Mühlheim-Kärlich ist ein Reaktor mit 1200 MW im Bau. Daneben gibt es in Lingen (255 MW) und Obrigheim (328 MW) noch zwei Reaktoren mittlerer Größe, sowie in Kahl am Main (15 MW), Jülich (15 MW) und Karlsruhe (18 MW) noch drei kleinere Kernkraftwerke, die in erster Linie der Forschung dienen und nicht dauernd in Betrieb sind.

An der Stromerzeugung in Hessen hat dementsprechend die Kernenergie den größten Anteil. Die Nettostromerzeugung der öffentlichen Kernkraftwerke in Hessen betrug im ersten Halbjahr 1976 rund 7266 Mio kWh. Davon stammten 44,8% aus Kernenergie, 44,2% aus Kohle und 11% aus anderen Kraftwerken. Nach Inbetriebnahme des zweiten Blocks in Biblis stieg die Nettostromerzeugung im ersten Halbjahr 1977 auf rund 10 293 Mio kWh, davon 70% aus Kernenergie, 21,5% aus Kohle und 8,5 % aus anderen Kraftwerken. Im ersten Halbjahr 1979 steigerte sich die Nettostromerzeugung weiter auf 11 640 Mio kWh, wobei der Anteil der konventionellen Energieträger wieder ausgeweitet wurde:

Aus Kernenergie	60,4%
aus Braun- und Steinkohle	25,8%
sonstige	13,8%
davon Wasserkraft	1,0%
Heizöl	7,7%
Müllverbrennung	0,5%
Erdgas	4,6%

Der Anteil der Kernenergie mit 60,4% zeigt, daß die Kernenergie in Hessen keine Zukunftsaussicht, sondern praktische Wirklichkeit ist.

Die öffentliche Diskussion spitzte sich in der Folgezeit denn auch auf die Entsorgung der vorhandenen Kraftwerke zu.

3. Hessische SPD wird Forum der Energiediskussion

Teile der hessischen SPD, die sich als Forum wider die Obrigkeit verstehen, übernahmen die Argumente der Kernenergiegegner und verhalfen ihnen damit nicht nur zu zahlenmäßig größerer Stärke, sondern auch zu beträchtlicher öffentlicher Resonanz. Dies zum Teil im bewußten, zum erheblichen Teil sicher im unbewußten Gegensatz zum Godesberger Grundsatzprogramm der SPD von 1959, in dem die friedliche Nutzung der Kernenergie noch als Zukunftsvision beschworen worden war: »Das ist der Widerspruch unserer Zeit, daß der Mensch die Urkraft des Atoms entfesselte und sich jetzt vor den Folgen fürchtet . . . Aber das ist auch die Hoffnung dieser Zeit, daß der Mensch im atomaren Zeitalter sein Leben erleichtern, von Sorgen befreien und Wohlstand für alle schaffen kann, wenn er seine täglich wachsende Macht über die Naturkräfte nur für friedliche Zwecke einsetzt«. (Grundsatzprogramm der SPD, Präambel).

Auf dem SPD-Bezirksparteitag Hessen Süd zur Gesellschaftspolitik am 29. September 1979 kam es zu einer mehrstündigen Grundsatzdebatte, in der der Ministerpräsident seine nach der Englandreise abgegebene Erklärung verteidigen mußte. Die Diskussion dieses Parteitages war ein Vorspiel zum Bundesparteitag, der vom 3.-7. Dezember 1979 in Berlin stattfand. Börner machte sich auf diesem Bundesparteitag zum Sprecher und Befürworter eines schrittweisen Ausbaues der Kernenergie mit dem Co-Referat zu Erhard Eppler in der Arbeitsgruppe III »Energie, Arbeitsplätze, Umwelt« am Nachmittag des 4. Dezember 1979. Besonders betroffen zeigte er sich von dem Vorwurf der Kernenergiegegner, die Befürworter würden aus der Politik die moralisch vertretbaren Maßstäbe ausklammern: »Ich sehe mit großem Respekt, wie sich Erhard Eppler und andere bemühen, auf Fragen einzugehen, die sich in Teilen unserer jungen Generation stellen. Ich nehme diese Fragen ernst, und behaupte nicht, auf alle fertige Antworten zu besitzen. Ich habe bei unserem Landesparteitag in Hessen vor 14 Tagen gesagt: Wir müssen wohl lernen, auf solche Fragen auch da einzugehen, wo sie nach unserer Auffassung nicht ganz richtig gestellt werden ... Zugleich nehme ich aber in Anspruch, ein offenes Ohr zu haben auch für die Fragen, die die Arbeitnehmer an uns stellen, die uns den Auftrag gegeben haben, getreu unserer Tradition für sichere Arbeitsplätze und eine bessere Verteilung von Lebenschancen zu kämpfen. Ich kann und will diese Fragen nicht überhören ... Auch auf ihre Fragen müssen wir Antworten geben. Und sie müssen zu den anderen passen.

Opportunismus ist hier so wenig ein Ausweg wie sonst ... Ich habe deshalb gesagt: Wir haben die Ideologie der heilen Welt bei den Konservativen bekämpft. Wir haben keinen Grund, ihr anheimzufallen, wenn sie nur einen grünen Anstrich erhält. Unsere Wahl liegt nicht zwischen Gut und Böse, sondern zwischen Alternativen, deren Qualität sich erst in der Zukunft abschließend beurteilen lassen wird. Gleichwohl müssen Weichen schon heute gestellt werden.« Der Parteitag entschied sich mit deutlicher Mehrheit, die Option für Kernenergie offenzuhalten.

Damit waren die Debatten über die Nutzung der Kernenergie jedoch keineswegs beendet. Nach der Weigerung der Niedersächsischen Ministerpräsidenten Albrecht, eine integrierte Entsorgungsanlage in Gorleben, bestehend aus Wiederaufarbeitungsanlage und Endlager, zuzulassen (» ... politisch nicht durchsetzbar«), signalisierte der Hessische Ministerpräsident Börner dem Bundeskanzler, daß Hessen bereit sei, für die Entsorgung der vorhandenen Kernkraftwerke einen Teil der Verantwortung zu übernehmen durch den Bau einer Wiederaufarbeitungsanlage, wenn andere Länder entsprechende Standorte für Zwischenlager bereitstellen.

Am 8. Januar 1980 veröffentlichte die »Frankfurter Allgemeine Zeitung« in ihrem Wirtschaftsteil einen Leitartikel des Hessischen Wirtschaftsministers Heinz Herbert Karry (FDP), in dem er öffentlich die Bereitschaft zum Bau einer Wiederaufarbeitungsanlage in Hessen erklärte. Karrys Initiative wurde in Kreisen der Wirtschaft mit großer Zustimmung aufgenommen. In seiner eigenen Partei wurden kaum Stellungnahmen hörbar. Aber in der SPD hatte er die Debatte neu entfacht.

Der SPD-Bezirksparteitag Hessen Süd in Maintal-Bischofsheim am 18./19. April 1980 stand erneut im Zeichen der Kernenergiediskussion, insbesondere zur Frage des Baues einer Wiederaufbereitungsanlage. Der Ministerpräsident nahm in einem Grußwort, das erneut zu einem ausführlichen Referat wurde, noch einmal Stellung für den Einsatz der Kernenergie und für die Notwendigkeit der Entsorgung der vorhandenen Kernkraftwerke. Die Antragsdebatte, an der er wegen eines Regierungstermins nicht teilnahm, endete mit einem Beschluß, den Bau einer Wiederaufarbeitungsanlage für Kernbrennstäbe »wegen der hohen Risiken jetzt nicht weiter zu verfolgen«. Das Wörtchen »jetzt« war zweifellos von einigen Delegierten als Kompromißformel verstanden worden, nachdem ein Antrag, den Ministerpräsidenten wegen seines »Atomkurses« zu tadeln, in einer Kampfabstimmung knapp die Mehrheit verfehlt hatte. Das Presseecho zeigte seine Niederlage:

»SPD Hessen-Süd lehnt Börners Atomkraftpläne rigoros ab« (*Frankfurter Neue Presse* 21. 4. 1980), »Südhessen-SPD auf Distanz zum Energiekurs Börners« (*Darmstädter Echo*), »Absage an Börners Kernenergiekurs« (*Wiesbadener Kurier*).

Es war eine offene Frage, inwieweit die Regierung mit diesem Beschluß würde leben können. In der *Frankfurter Neuen Presse* kommentierte Walter Brand (21. 4. 1980): »Für Börner, der die hessische SPD aus dem tiefsten Tief herausgezogen hat, bleibt als traurige Bilanz, daß ihm nun zu den Sorgen des Regierungsamtes auch der Parteiwind wieder kräftiger um die Ohren bläst«. Im *Darmstädter Echo* Rainer Dinges: »Drei Jahre lang hat Holger Börner daran gearbeitet, der hessischen Sozialdemokratie nach dem absoluten Tief in der Spätphase der Aera Osswald ein neues Selbstbewußtsein zu vermitteln. Der Verlauf des südhessischen Bezirksparteitages am Wochenende hat deutlich gezeigt, daß ihm das gelungen ist. Aber der Ministerpräsident hat kaum Anlaß, sich über den Erfolg seiner Bemühungen zu freuen. Denn Börner bekam deutlicher als je zuvor in seiner Amtszeit die traditionelle Lust seiner Genossen in diesem Bezirk zu spüren, ihren eigenen Spitzenpolitikern das Regieren schwer zu machen.« In der *Hessischen Allgemeinen* (Kassel) Rolf Effenberger: »Landespolitisch wirkt sich der südhessische Antrag jedoch noch nicht aus. Das würde erst geschehen, wenn er von der gesamthessischen SPD auf ihrem Parteitag im Mai unverändert gebilligt würde. Und dann könnte für die FDP die Frage auftauchen, ob bei solchen Gegensätzen zwischen der Partei und den Regierungsmitgliedern der Koalitionspartner SPD überhaupt noch regierungsfähig ist«. Und in der *Frankfurter Rundschau* Dr. Bernd Jasper: »Am 10. Mai bei dem Landesparteitag in Friedberg kommt die Probe auf's Exempel. Zwar soll bei dieser Gelegenheit eigentlich die Kandidatenliste für die Bundestagswahlen verabschiedet werden, aber Börners Stellvertreter im Amt des Landesvorsitzenden, Kultusminister Hans Krollmann, glaubt nach den Erfahrungen von Bischofsheim nicht zögern zu dürfen, auch in der Atomfrage in der Gesamtpartei für Klarheit zu sorgen. So gesehen bleiben die Beschlüsse der Südhessen tatsächlich nur ein wichtiger Hinweis, aber auch in Nordhessen ist die sozialdemokratische Welt längst nicht mehr so heil wie zu jener Zeit, in der Holger Börner hier unter der Anleitung von Georg August Zinn seine ersten politischen Gehversuche machte.«

Bald nach dem Bezirksparteitag Hessen-Süd sprach sich auch der Unterbezirk Kassel-Stadt gegen den Bau einer Wiederaufarbeitungsanlage aus, eine Stellungnahme, die außerhalb Hessens zum Votum der »nordhessischen« SPD hochstilisiert wurde: Sicher nur zum Teil mangelnder Durchblick durch die Organisationsstruktur einer Partei, die ihren eigenen demokratischen Willensbildungsprozeß hinter einer Bürokratensprache vollzieht (»Unter-Bezirk«) und sich damit nur an Insider richtet.

Die beiden Bezirke der SPD in Hessen hatten sich 1977 darauf verständigt, zur Diskussion der Landespolitik einen Landesverband zu bilden und durch die Delegierten der Untergliederungen einen Landesvorstand wählen zu lassen, auch um den Dualismus beider Bezirksparteitage zu überwinden, der sich in gegensätzlichen Parteitagsbeschlüssen zeigte. Börner stand vor der Frage, ob er wegen einer Detailfrage der Landespolitik, dem Bau der Wiederaufarbeitungsanlage, ein Votum des Landesparteitages einholen oder sich zukünftig auf den übergeordneten Beschluß des Bundesparteitages berufen sollte. Beim Vermeiden einer Entscheidung war eine Fortsetzung dieser Diskussion zu erwarten, die die Aktivitäten der Partei in anderen Bereichen blockierte. Aber der Ausgang der Abstimmung war unkalkulierbar. Börner entschied sich – auch gegen den Rat von Kabinettsmitgliedern – dafür, die Entscheidung des Landesparteitags zu suchen. Die *Frankfurter Allgemeine Zeitung* schrieb vor dem Landesparteitag (am 10. Mai 1980): »Eine Niederlage Börners hätte schwere landes- und bundespolitische Folgen«. Und die *Frankfurter Rundschau* kommentierte am 9. 5. 1980: »Für Hessens Ministerpräsident Holger Börner waren Beschlüsse seiner Partei bislang nur wichtige Hinweise, die seinen Regierungskurs nicht maßgeblich beeinflussen konnten. Am morgigen Samstag allerdings, wenn der Landesparteitag der gesamthessischen SPD zusammenkommt, um über den von Börner eingeschlagenen Weg zur Kernenergie zu befinden, wird der Regierungschef kaum noch von Hinweisen sprechen können. Denn der Landesparteitag ist das höchste Gremium der SPD, in dem die Meinungen und Strömungen aller Gliederungen aus dem ganzen Land notiert werden.«

4. Votum des Landesparteitags

Der Landesparteitag debattierte mehrere Stunden. Wie sehr die ganze Sache auf der Kippe stand, bewies ein Zusatzantrag, den der bisherige Umweltminister und neue Bezirksvorsitzende Willi Görlach einbrachte. Er forderte die Landesregierung auf, das »konkrete Projekt (einer Wiederaufbereitungsanlage) nicht weiterzuverfolgen«.

109 Delegierte sprachen sich für diesen Zusatzantrag aus, 139 lehnten ihn ab. Dies war knapp.

In der mehrseitigen abschließenden Entscheidung des Landesparteitages heißt es u. a.:

»*Nukleare Entsorgung*. Die Lösung der Entsorgung ist eine Aufgabe, die aus rechtlichen und technischen Gründen nicht vom Bund oder einem Bundesland allein, sondern nur in gemeinsamer Verantwortung von Bund und Ländern bewältigt werden kann.

Eine Entscheidung über die sicherste Form der Entsorgung und Endlagerung setzt noch vielfältige Prüfungen voraus, die nach gemeinsamer Auffassung von Bund und Ländern frühestens Mitte der 80er Jahre abgeschlossen sein können. Die Bereitschaft der Hessischen Landesregierung, an der Lösung des Problems der Wiederaufbereitung abgebrannter Brennelemente mitzuwirken und auch Hessen als möglichen Standort einer Wiederaufarbeitungsanlage nicht auszuschließen, darf daher nicht zu einer Vorentscheidung für die erst Mitte der 80er Jahre anstehende Festlegung der endgültigen Form der Entsorgung führen.

Sowohl der Hamburger Parteitagsbeschluß von 1977, als auch der Berliner Parteitagsbeschluß von 1979 und das geltende Atomrecht binden die Nutzung der Kernenergie an die Lösung der nuklearen Entsorgung. Eine sichere Entsorgung erfordert eine dauerhafte schadlose Endlagerung für die radioaktiven Abfälle, und zwar nicht nur für die Kerntechnik, sondern auch für die aus Forschung und Medizin.

Die Voraussetzung, die der Beschluß der Regierungschefs von Bund und Ländern am 28. September 1979 bekräftigt hat und die Grundlage für die Entschließung des Hessischen Landtages vom 28. Februar 1980 ist, hat besondere Bedeutung für ein Land wie Hessen, in dem heute ein hoher Anteil des Stromes aus Kernenergie gewonnen wird.«

Schlagzeilen zum Landesparteitag: »Hessische SPD hinter Holger Börner« (*Süddeutsche Zeitung* 12. 5. 80), »Börner setzt seinen Energiekurs durch« (*Frankfurter Neue Presse*), »Kernenergiepolitik knapp gebilligt« (*Frankfurter Rundschau*), »Hessens SPD folgt Börners Energiekurs« (*Handelsblatt*), »Hessens SPD ging nun doch auf Börner-Kurs« (*Welt*), »Börner gewinnt Kraftprobe mit Kernkraftgegnern« (*Darmstädter Echo*), »Börners Energiepolitik fand große Mehrheit« (*Fuldaer Zeitung*) und »Hessens SPD stützt Börners Kurs« (*Wiesbadener Kurier*). Es stellt sich die Frage, ob die Debatte zwischen Mehrheit und Minderheit innerhalb der SPD auch den Diskussionsstand der Wähler widerspiegelt.

5. Dissonanz zwischen Meinungsführern und Öffentlichkeit

Stimmungen in der Öffentlichkeit, wie sie sich in den Meinungsumfragen niederschlagen, müssen vor dem Hintergrund der jeweiligen Ereignisse gesehen werden. Im Laufe des Jahres 1979 führte die internationale Spekulation auf dem Ölmarkt zu einem deutlich stärkeren wirtschaftlichen Pessimismus der Bürger. Während im April 1979 nur 11% der Hessen glaubten, die wirtschaftlichen Verhältnisse in der Bundesrepublik würden sich verschlechtern, stieg dieser Wert im Juni/Juli auf 26% (Infas-Repräsentativerhebung für die Hessische Landesregierung, 822 Befragte im Juni 1979). Diese Verschlechterung des wirtschaftlichen Klimas schlug nicht (!) auf die Vertrauensbasis der Regierungskoalition durch. Das Ansehen der Landesregierung ist weiter gestiegen: im April hatte die Landesregierung bei 45% der Hessen ein gutes Ansehen, im Juni/Juli bei 49%. Nur 7% sagten, sie habe ein schlechtes Ansehen, 42% sagten: »Teils – teils«, 2% »Weiß nicht«.

Zum Bau von Kernkraftwerken war eine wachsende Zustimmung festzustellen, möglicherweise durch die Ölkrise und die damit ausgelöste Energiediskussion. Während im April, also unmittelbar nach dem Störfall in Harrisburg, der Aussage »auch in Hessen müssen Kernkraftwerke gebaut werden, um unsere Energieversorgung in der Zukunft sicherzustellen«, 50% der hessischen Bürger über 18 Jahre zustimmten (bei 33% Ablehnung) stieg dieser positive Wert noch weiter im Juni 1979 auf 61% (Ablehnung 22%).

Im Auftrag der Landesregierung wurde im November/Dezember 1979 bei 1362 Befragten ein differenzierteres Bild zur Energieversorgung eingeholt. Es zeigte sich, daß das Arbeitsplatzargument voll durchschlägt. Auf die Frage: »Man hört häufig die Auffassung, daß unsere Wirtschaft in Schwierigkeiten gerät und Arbeitsplätze gefährdet sind, wenn in den nächsten Jahren nicht mehr Energie zur Verfügung steht. Was ist Ihre Meinung: brauchen wir mehr Energie, damit es uns wirtschaftlich gut geht, oder reicht die heutige Energiemenge aus?« sagten ⅔ der hessischen Bürger (67%!), daß die Energiemenge nicht ausreicht; 23% hielten sie für ausreichend und 10% machten keine Angabe. Für nicht ausreichend hielten sie insbesondere die Gewerkschaftsmitglieder mit 72%.

Auf die Frage: »Es wird zur Zeit vielfach gefordert, den Energieverbrauch in der Bundesrepublik gesetzlich einzuschränken, um so die Energieversorgung für die Zukunft zu sichern. Stimmen Sie dieser Forderung zu, oder sind Sie gegen staatliche Maßnahmen?« erklärten 38% ihre Zustimmung zu gesetzlichen Einschränkungen, aber 48% wollten Einschränkungen nicht zustimmen. Ein unentschiedenes Urteil hatten 13%, keine Angaben machten 1%. Durch die sozialen Gruppen und die Parteipräferenzen ergeben sich keine signifikanten Unterschiede.

Die als Ersatz für Kernkraftwerke in öffentlichen Debatten häufig geforderten Kohlekraftwerke stoßen keineswegs auf begeisterte Zustimmung der Wähler. Auf die Frage »Wodurch wird Ihrer Meinung nach die Umwelt mehr belastet, durch Kernkraftwerke oder Kohlekraftwerke?« nennen 31% Kernkraftwerke und immerhin 40% (!) Kohlekraftwerke (bei 29% weiß nicht). Einzige signifikante Ausnahme bildet hier die Unterscheidung nach dem Lebensalter: unter den jungen Leuten bis 24 Jahre wird mit 45% die Kernkraft für umweltschädlich gehalten. Die öffentliche Debatte wird offensichtlich nicht von Sachkenntnis und dem Suchen nach Alternativen bestimmt, sondern ist geprägt von generationsspezifisch gefüllten Worthülsen.

6. Starke Zustimmung zum Kernkraftwerksbau

Die Zustimmung zum Bau von Kernkraftwerken stieg weiter auf 63%, bei 23% Ablehnung und 14% keine Angaben. Der Zuwachs dieser Zustimmung zwischen Juni und Dezember kam, während der Block der Kernenergiegegner festgefügt blieb, aus dem Kreis der Unentschlossenen.

Bemerkenswert ist besonders, daß das St.-Florians-Prinzip (»Verschon' mein Haus, zünd' andre an«) offenbar eher unter Politikern als unter Wählern verbreitet ist. Jedenfalls wurde dem Bau von Kernkraftwerken auch in der Nähe des Wohnorts mit überragender Mehrheit zugestimmt. Auf die Frage »Nehmen wir einmal an, daß ein Kernkraftwerk in der Nähe Ihres Wohnorts gebaut wird. Würden Sie sich für oder gegen den Bau eines solchen Kernkraftwerkes aussprechen?« erklärten sich immerhin 52% für den Bau und nur 33% gegen den Bau (15% keine Angabe). An die Gegner wurde dann die Zusatzfrage gestellt: »Wenn Ihr persönlicher Energiebedarf nur voll gedeckt werden könnte, wenn das Kernkraftwerk gebaut wird, wären Sie auch dann noch gegen die Bau des Kernkraftwerkes, oder würden Sie unter solchen Umständen dem Bau des Kernkraftwerkes in der Nähe doch zustimmen?«; lediglich ⅔ der Gegner blieben hart.

Als zwischen Mitte Mai und Mitte Juli 1980 im Auftrag der Landesregierung 1410 Personen über 18 Jahre befragt wurden (Infas-Repräsentativerhebung), war die Zustimmung zum Bau von Kernkraftwerken auf 67% gestiegen, bei 19% Ablehnung und 14% weiß nicht. Die Ablehnung der Kernkraftwerke ist ein emotionalisiertes Thema der jungen Generation: für Ablehnung sprachen sich 13% der Bürger im Alter von 65 Jahren und älter aus, 11% der Befragten zwischen 50 und 64 Jahren, 19% der Befragten zwischen 35 und 45 Jahren und 23% der Befragten zwischen 25 und 34 Jahren; bei den 18- bis 24jährigen waren es 41%. Deutlich ist die tendenzielle Homogenität an Einstellungen in der Bevölkerung ab dem 25. Lebensjahr. Arbeitsalltag und der Zwang, sich der Realität der Industriegesellschaft zu stellen, bedingen hier offenbar den Unterschied zwischen Bevölkerung und emotionalisierter Jugendkultur.

Das Arbeitsplatzargument wurde von 63% geteilt, bei 27% Ablehnung und 10% weiß nicht. Die Einschätzung der Umweltbelastung hatte sich deutlich zu Lasten der Kohlekraftwerke verschoben: 26% meinten, Kernkraftwerke stellten eine stärkere Belastung dar, 48% nannten Kohlekraftwerke.

Zum Sonderthema Wiederaufarbeitung von abgebrannten Brennelementen sprachen sich 62% für die Wiederaufarbeitung aus, bei 10% Gegnerschaft und 28% ohne Angabe.

7. Strukturänderung im Sorgenpotential

Für die Einschätzung der Stimmung in der Öffentlichkeit ist sicher wichtig, daß an einer späteren Stelle der Erhebung auf die Frage »Wie ist es mit Engpässen in der Energieversorgung, Benzinknappheit? Macht Ihnen das sehr große, ziemlich große oder gar keine Sorgen?« immerhin 35% der hessischen Bürger erklärten, dies mache ihnen große Sorge und weitere 39% ziemliche Sorgen nannten, während nur 25% erklärten, dies mache ihnen keine Sorgen. Sorgenfrei sind in diesem Fall besonders die 65jährigen und älteren mit 35%. Insgesamt ist festzuhalten, daß dies ein neues Thema im Bewußtsein der Bürger ist.

Die Angst, die Energieversorgung werde gefährdet, verdrängt die andere Angst vor Kernkraftwerken. Da Vergleichszahlen vor dem Unfall von Harrisburg nicht vorliegen, muß offen bleiben, in welchem Ausmaße die durch Ölkrise und Energieverknappung stetig gestiegene Zustimmung zum Bau von Kernkraftwerken unter dem Eindruck eines Unglücks zusammenbrechen würde. Es kann vermutet werden, daß sich im Wechselspiel der Ängste ein breites Betätigungsfeld für Demagogen böte.

Als offen muß die Frage angesehen werden, wie sich die gerade noch vermiedene innerparteiliche Zerreißprobe der SPD ihren Wählern vermittelt. Zweifelt der Gewerkschafter, der sich für Kernenergie ausspricht, an seiner Traditionspartei und ihrem durch die Konflikte deutlich werdenden veränderten Profil? Honoriert der Jungwähler, der sich gegen Kernenergie ausspricht, die Tatsache, daß es sich diese Partei nicht leicht macht?

Die Dissonanz zwischen Meinungsführern und Öffentlichkeit ist unverkennbar. Wir registrieren in der Öffentlichkeit eine Zustimmung zum Bau von Kernkraftwerken, die nach den bekannten Maßstäben von Umfragen nur als überwältigend klassifiziert werden kann, auch wenn dies partiell nur eine Zustimmung zum »kleineren Übel« ist. Demgegenüber erwecken die Stellungnahmen aus Teilen der SPD und ihr breites Echo in den Medien einen anderen Eindruck. Die schweigende Mehrheit gerät in Vergessenheit gegenüber einer lautstarken Minderheit. Es würde den Rahmen dieser Schilderung sprengen, sollte der personalen Struktur dieser Meinungsführer nachgegangen werden. Immerhin wäre die Offenlegung der sozial-strukturellen Unterschiede zwischen einer Öffentlichkeit, die materiell orientiert sein muß, und einer Meinungsführer-Elite, die sich eine post-materielle Orientierung leisten kann, sehr reizvoll.

Und ein weiteres muß angemerkt werden: Da der Gegnerblock in der jungen Generation festgefügt ist, läuft die Landesregierung Gefahr, die Zustimmung unter den Jungwählern zu verlieren. Es ist nicht absehbar, ob dies in den nächsten Wahlen ihre Mehrheit gefährden und damit zu einem Regierungswechsel führen kann. Aber dürfte eine Regierung sich selbst regierungsunfähig machen durch das Ausklammern von Entscheidungen, die sie mittelfristig für unabdingbar halten muß?

3. Kulturelle Lebenswelt

3.1. Dieter Kramer:
Regionalplanung, Kultur und Volksleben[1]

Einleitung

Planungsgremien sind in jüngster Zeit etwas aus dem Tritt geraten. Politische Machtverschiebungen haben in mehrfacher Weise ihre Legitimation erschüttert. Wählerverluste der politischen Parteien lassen sich zum Teil direkt auf Unzufriedenheit mit Planungsentscheidungen und -konzeptionen zurückführen. Dadurch werden die Parteien zur Relativierung der Planungsansätze gezwungen – die einen, um nicht noch mehr Wähler zu verlieren, die anderen im Banne der Versprechungen, mit denen sie die Stimmen gewannen. Die Parteien sind je nach ihrer Nähe zur Macht, und kaum nach ihrer grundsätzlichen Programmatik, unterschiedlich davon betroffen. Mit Recht wird auch die Parteiverdrossenheit und die teilweise Ersetzung der Parteien durch Bürgerinitiativen in vielen Fällen damit in Verbindung gebracht.

Die Planung wird aber auch durch die ökonomische Krise in Frage gestellt, die alle Berechnungen, Grunddaten und Prognosen über den Haufen wirft. Dennoch wird es weiterhin Planung geben. Sie wird auf neuer Stufe, mit einer neuen Generation von Planern und unter Verarbeitung der bisherigen Erfahrungen fortgeführt werden, teilweise mit modifizierten Zahlen, vor allem aber mit einem besseren Instrumentarium zur Durchsetzung ihrer Ziele den Bürgern gegenüber.[2]

Bleibt so Planung als Thema aktuell, muß aber die Frage der Relevanz der Regionalplanung für die Kultur noch offen bleiben. Bezieht sich die Planung überhaupt auf diesen Bereich? Ist Kulturplanung nicht eher Domäne »kollektivistischer« und »totalitärer« Regimes (oder besonderen Bedingungen geschuldet, wie etwa bei dem Flächenstaat Schweden, der zwecks Entwicklung seiner Nationalliteratur angesichts geringer Bevölkerungszahlen eine systematische Planung für die Entwicklung seiner Nationalliteratur betreiben muß)?[3] Ist nach unserem Verständnis Kultur nicht intimster privater Bereich?

Auf den ersten Blick gesehen gibt es anscheinend in der Tat in diesem Bereich nur wenig Planungsinstrumente (abgesehen von dem hier ausgeklammerten Bildungsbereich), trotz in jüngster Zeit leicht zunehmender Tendenz: » . . . der im Jahr 1971 durch übereinstimmende Beschlüsse von Bundesregierung, Deutschem Städtetag und Kultusministerkonferenz gegründete ›gemeinsame Ausschuß für Kulturarbeit‹« hat 1973 »auf Grund verfassungsrechtlicher Bedenken der Ministerpräsidentenkonferenz der Länder seine Tätigkeit wieder eingestellt.«[4] Seine Aufgabe soll der KMK-Ausschuß für Kunst und Erwachsenenbildung wahrnehmen. Auf Bundesebene findet also kaum Kulturplanung statt.

In der Hessischen Landesentwicklungsplanung wird der Sektor Kultur weitgehend ausgefüllt von der Schul- und Hochschulplanung. Daneben tauchen klassische Kulturstätten wie Theater und Museen nur so gering differenziert auf, daß manche Planungsregionen überhaupt keine Mittel zugewiesen bekommen.[5] Von der Planung einer flächendeckenden Versorgung kann daher keine Rede sein. Von den regionalen Entwicklungsplänen gehen manche überhaupt nicht auf Kunst- und Kulturpflege ein, andere bemühen sich wenigstens um Aussagen zu einzelnen Bereichen.

Nicht nur bei der Planung auf dem Kultursektor, sondern auch bei der Freizeit werden auf der ideologischen Ebene häufig heftige Bedenken gegen planerische Betätigungen erhoben. Aber Beteuerungen, daß Freizeit z. B. zu dem ausgeprägtesten Freiheitsbereich des Menschen gehöre und daher auf keinen Fall »verplant« werden dürfe, stehen mit Vorliebe am Anfang oder Ende von Vorträgen oder Kongressen, in denen detailliert aufgezeigt wird, wie man den Strom der Wochenendurlauber oder der Touristen so lenken kann, daß sie sich möglichst günstig verteilen, oder wie man für eine gleichmäßigere Auslastung von Freizeiteinrichtungen sorgen kann, oder wie man Menschen zu bestimmten Verhaltensweisen in der Freizeit führen kann.[6] So wird scheinbar niemandes individuelle Freiheit beschnitten, wohl aber versucht, mit einem entwickelten Instrumentarium von Lenkungsmaßnahmen größere Gruppen von Menschen zu einem bestimmten Verhalten zu bewegen. Alle Parteien sind sich über die Notwendigkeit solcher Planung einig,[7] und viele Indizien deuten darauf hin, daß sie sich in Zukunft nicht nur auf die Infrastruktur beziehen wird, sondern auch Fragen des Inhaltes und der sozialen Bedeutung von Kultur und Freizeit einbeziehen muß.[8]

Und betrachtet man nicht nur die unmittelbaren planenden Aktivitäten, bezogen auf Kultur- und Freizeit-Infrastruktur, sondern geht von der Planung als integralem Prozeß aus, der in seiner Gesamtheit auch dann Folgen für die Entfaltungsmöglichkeiten der Bevölkerung auf dem Kultur- und Freizeitsektor hat, wenn dieser nicht unmittelbar Gegenstand der Planung ist, dann wird deutlich, daß die gegenwärtige Regionalplanung doch ganz erhebliche kulturelle Auswirkungen hat.

Dies soll im folgenden belegt werden. Wir diskutieren das Problem dabei auf der Ebene der Dokumente und der Theorie. Unter »Kultur« sind dabei jenseits von Ausbildung und Beruf all jene Bereiche subsumiert, in denen die Planungskonzepte durch Institutionen und Maßnahmen Einfluß auf die Entwicklung der physischen, intellektuellen, ästhetischen und sozialen Bedürfnisse der Bevölkerung nehmen, also vom Sport bis zur traditionellen ästhetischen Kultur.[9]

Kulturpolitische Prämissen der Planung

Erstaunlich ist auf den ersten Blick, daß Kultur eine direkte Erwähnung in den zentralen Zielformulierungen der Planungsdokumente findet. Bereits die »Grundsätze der Raumordnung« nennen Kultur: »Die räumliche Struktur der Gebiete mit gesunden Lebens- und Arbeitsbedingungen sowie ausgewogenen wirtschaftlichen, sozialen und *kulturellen* Verhältnissen soll gesichert und weiter entwickelt werden.«[10] Analog heißt es zu Beginn der »raumordnungspolitischen Grundsätze« für Hessen: »Die Raumstruktur Hessens soll unter Berücksichtigung der natürlichen Gegebenheiten in den einzelnen Landesteilen sowie der wirtschaftlichen, sozialen und kulturellen Erfordernisse so entwickelt werden, daß überall die freie Entfaltung der Persönlichkeit in der Gemeinschaft und soziale Sicherheit gewährleistet sind.«[11]

Der letzte Satz von § 2 (1), 3 der »Grundsätze der Raumordnung« deutet an, daß »Kultur« nicht im Sinne der gängigen Ressortverteilung mit Bildung zusammengefaßt wird: Hier ist die Rede davon, daß »Gemeinden mit zentralörtlicher Bedeutung einschließlich der zugehörigen Bildungs-, Kultur- und Verwaltungseinrichtungen gefördert werden« sollen.[12] Analog werden Bildungs- und Kultureinrichtungen im Landesentwicklungsplan getrennt genannt.[13] In der Detail-Planung der Planungsgemeinschaften, die in Hessen als entscheidende Träger der Planung eingerichtet wurden,[14] ist dies ohnehin der Fall.

Eine nähere Bestimmung über innere Zusammenhänge bzw. eine Rangfolge innerhalb dieser Bereiche gibt es nicht. Daher stehen die drei Komponenten scheinbar selbständig unverbunden nebeneinander, so daß man annehmen kann, sie könnten auch unabhängig voneinander geplant bzw. entwickelt werden (während in der Praxis eindeutig dem wirtschaftlichen Bereich der Vorrang gegeben wird).[14a]

Offene und verdeckte Gründe für die Kulturplanung

Befragt man die Dokumente, weshalb denn Kultur und Freizeit eine so hohe Bedeutung zugemessen wird, so erhält man eine enttäuschende Antwort. Die in den Texten manifesten Aussagen ordnen sie fremden

Zielen unter. So heißt es in der Begründung des Raumordnungsprogramms: »Es zeigte sich schon in den letzten Jahren, daß die regionale Attraktivität, d. h. der Freizeitwert, das Angebot an hochwertigen Infrastruktureinrichtungen bzw. der landschaftliche Reiz eines Gebietes maßgeblich seine Entwicklungsaussichten bestimmt.«[15] Ähnlich wird an anderer Stelle als einer der Gründe für das Stagnieren größerer Verdichtungsräume die negative oder nur neutrale Bewertung der »Wohn-, Freizeit-, Bildungs- oder Prestigewerte des Standortes«[16] genannt.

An der Oberfläche erscheint so als Motiv für die Planung der »Freizeitwert« der Städte und Regionen. Kultur- und Freizeiteinrichtungen werden mit dem Argument befürwortet, mit ihrer Hilfe könne man den »Freizeitwert« einer Stadt verbessern und qualifizierte Arbeitskräfte, Industrie und Kaufkraft in sie lenken, damit ihre negative Wanderungsbilanz verbessern und die Finanzkraft erhöhen. Kulturplanung wird auf diese Weise reduziert auf die Funktion des Mittels zur Steuerung der Bevölkerungsbewegung und -verteilung.[17]

Der Bereich Kultur und Freizeit wird selbstverständlich auch in die Planung einbezogen, weil aus ihm ein Flächenbedarf erwächst (s. u.). Planung für diesen Bereich auch außerhalb der Bildungsplanung ist ferner notwendig, um die Voraussetzungen für die Reproduktion der Arbeitskraft und die erweiterte Qualifikation der gesellschaftlichen Individuen zu ermöglichen, auch bezogen auf extrafunktionale Qualifikationen (»lebenspraktische Grundqualifikationen«, wie Opaschowski sagt)[18], wie sie im sozialen und administrativen Bereich im alltäglichen Leben notwendig sind.

Neben solchen manifesten Motiven für die Planung in diesem Sektor muß man noch andere, tieferliegende Faktoren bei der Analyse berücksichtigen. Zum einen liegen solche Gründe in der Notwendigkeit eines gesellschaftlichen »Wertmanagements«[19] (zwecks Herstellung von sozial erwünschten und gesellschaftlich nützlichen Verhaltensweisen). Angesichts der eklatanten Diskrepanz zwischen den in verschiedenen Bereichen der Gesellschaft vertretenen Wertorientierungen,[20] angesichts der für den bürgerlichen Staat in seiner strukturellen Finanzkrise notwendig werdenden Lösung sozialer Probleme bei Rand- und benachteiligten Gruppen ohne Hilfe des Staates[21] wird die Förderung sozial erwünschter Verhaltensweisen mit Hilfe des öffentlichen Instrumentariums wichtiger. Und dieser Bereich verlangt schließlich deswegen ein zunehmendes öffentliches Engagement, weil die artikulierten oder erwartbaren Ansprüche der Bevölkerung zunehmen (in Form des berechtigten Anspruchs auf Teilhabe am gemeinsam produzierten gesellschaftlichen Reichtum).

Kultur und Hauptprinzipien der Planung

Gilt es nun, über diese Absichtserklärungen hinaus zu fragen, wo und wie denn Planung sich auf die Kultur und Lebensweise der Bevölkerung in den Regionen auswirkt, so fällt zunächst die in der Planung zum Prinzip erhobene räumliche Orientierung auf »zentrale Orte« ins Auge.[22]

Schwerpunkte der Regionalplanung beziehen sich auf die langfristige Planung der Flächennutzung, die Arbeitsstättenentwicklung und die Verteilung öffentlicher Struktur-Förderungsmittel. Die Notwendigkeit dazu ergab sich weitgehend parallel einerseits aus den sozialen Erosionserscheinungen in den benachteiligten Gebieten, andererseits aus den zunehmend schwieriger werdenden Lebens- und Verkehrsbedingungen in den Ballungszentren (»Verdichtungsgebieten«), und genau diese beiden Raum-Kategorien waren es auch, deren Grenzen in frühen Stadien der Planung bereits offiziell festgelegt wurden.[23] Vor allem in den Verdichtungsgebieten ergeben sich Planungsnotwendigkeiten sehr deutlich bereits aus der Fortschreibung der Status-quo-Bedingungen. In diesem Bereich tritt Planung auch am deutlichsten als Vorbeugungsmittel gegen soziale Spannungen auf.[24]

Gekoppelt mit dieser Orientierung auf Problemgebiete ist die systematische Entwicklung der »zentralen Orte«. Innerhalb von ca. 10 Jahren ist in der Stadt- und Regionalplanung die früher herrschende »Entballungstheorie« vollständig abgelöst worden von der Theorie der »zentralen Orte«.[25] Angesichts dieses raschen Paradigmenwechsels ist der Mut zu bewundern, mit dem in der Raum- und Regionalplanung wichtige langwirkende Entscheidungen zugunsten des Konzepts der zentralen Orte gefällt worden sind. Inzwischen deutet sich freilich auch schon wieder ein erneuter Paradigmenwechsel an.[25a]

Diese Orientierung bedeutet kulturell zunächst, daß mit einer überraschenden Radikalität der Topos von der sozialen und kulturellen Höherwertigkeit des Landlebens,[26] wie er – mindestens als konkurrierender Wert – noch vor 12 Jahren auch in den Sonntagsreden repräsentativer Politiker der Bundesrepublik auftauchen konnte, durch den absoluten Vorrang der urbanen Lebensformen ersetzt wird. »Einer der beiden Hauptgründe für die zu fördernde Verdichtungstendenz ist in den (in) städtischen Zentren in aller Regel am besten befriedigten und grundsätzlich – unter den gegebenen Ressourcen-Restriktionen – am besten zu befriedigenden Versorgungsbedürfnissen der Bevölkerung zu sehen. Dies gilt sowohl für die meisten der öffentlicherseits zur Verfügung zu stellenden Einrichtungen der sog. Punkt-Infrastruktur (Verwaltungen, Gerichte, Schulen, kulturelle Einrichtungen) als auch für den überwiegenden Teil der nur im privaten Bereich zu befriedigenden Dienstleistungswünsche der Bevölkerung.«[27]

Als Mittel zur Verminderung des Unterschiedes zwischen den verschiedenen Regionen der Bundesrepublik Deutschland wird im Bundesraumordnungsprogramm die Verdichtung im ländlichen Raum zwecks Ausgleich der »Mängel der Raum- und Siedlungsstruktur«[28] genannt. Solche Verdichtung versucht »auch im ländlichen Raum ›städtische Lebensformen‹ an bestimmten Standorten zu erreichen. Dadurch sollen, um eine großräumige Abwanderung aus schwach strukturierten Räumen zu verhindern, auch hier in erreichbarer Nähe Voraussetzungen für städtische Lebensformen gewährleistet werden, die den in diesen Gebieten lebenden Menschen ein Verbleiben in der Heimat ermöglichen.«[29] Großräumige Wanderungsbewegungen sollen so in kleinräumige verwandelt werden – eines der zentralen Ziele der gegenwärtigen Regionalplanung.

Diese Orientierung auf urbane Lebensformen ist, soweit man erkennen kann, in der Planung Allgemeingut aller Parteien. Man kann heute schon wieder berechtigte Zweifel an ihrer Gültigkeit anmelden. Wenn bei uns und unseren westlichen Nachbarn junge Menschen angesichts verminderter beruflicher Chancen in den Verdichtungsgebieten die ökonomischen Vorteile des Landlebens wieder zu entdecken beginnen, so stößt sich das mit diesem Postulat der absoluten Priorität urbaner Lebensformen hart im Raum.

Für die Kultur- und Freizeit-Infrastruktur (und damit die kulturelle Entwicklung) sind »Entwicklungszentren und Achsen«[30] von ganz besonderer Bedeutung. »Möglichst viele Bewohner sollen in der Nähe von Infrastruktureinrichtungen wohnen, und diese Einrichtungen sollen umgekehrt viele Bewohner erreichen und damit gut ausgelastet sein.«[31] Für zentrale Orte und Achsen gibt es eine ausgeprägte Hierarchie. Sie gliedern sich in Klein-, Unter-, Mittel- und Oberzentren,[32] sowie in Entwicklungsbänder 3., 2. und 1. Ordnung.[33] Die zentralen Orte verschiedener Zentralitätsstufen unterscheiden sich durch die Einwohnerzahl sowie die Ausstattung (s. u.).

»Zentrale Orte« sind damit wichtigster Bestandteil des Versuches, »wertgleiche Lebensbedingungen« in den verschiedenen Regionen herzustellen. »Ausgewogene wirtschaftliche, soziale und kulturelle Verhältnisse«,[34] »gleichwertige Lebensbedingungen in allen Teilen des Bundesgebiets«[35] sind übergeordnete Ziele der Raumplanung.[36] Das Raumordnungsprogramm präzisiert folgendermaßen: »Die Ziele der Raumordnungspolitik sind Teil des gesellschaftspolitischen Leitzieles ›Verbesserung der Lebensqualität‹ für alle Bürger. Dazu sind alle Teilräume der Bundesrepublik so zu entwickeln, daß ihre räumliche Struktur der freien Entfaltung der Persönlichkeit in der Gemeinschaft am besten dient. Dies setzt gleichwertige Lebensbedingungen in allen Teilräumen als eine wesentliche Grundlage der Chancengleichheit für alle Bürger voraus. Gleichwertige Lebensbedingungen im Sinne dieses Programms sind gegeben, wenn für die Bürger in allen Teilräumen des Bundesgebietes ein quantitativ und qualitativ angemessenes Angebot an Wohnungen, Erwerbsmöglichkeiten und öffentlichen Infrastruktureinrichtungen in zumutbarer Entfernung zur Verfügung steht und eine menschenwürdige Umwelt vorhanden ist; in keinem dieser Bereiche soll ein bestimmtes Niveau unterschritten werden.«[37]

Offen beziehungsweise leerformelhaft sind in diesem Zusammenhang zentrale Begriffe und Attribute: Was ist »angemessen«, »zumutbar«, und wie läßt sich ein »bestimmtes Niveau« bestimmen (oder wer tut dies)? Allein der Hinweis auf gängige Richtwerte[38] vermag das Problem nicht zu lösen, denn auch diese Zahlen beruhen auf dem Ist-Zustand oder unkontrollierbaren Vorentscheidungen.

Wichtiger noch als diese begriffliche Unschärfe ist der unterschiedliche geographische Zuschnitt der Regionen: »Teilregion« ist das, was um ein Zentrum sich gruppiert. Da für die Größe einer solchen Einheit allenfalls Richtzahlen für die Bevölkerungszahl, nicht aber für die Flächengröße maßgebend sind, gibt es unterschiedlich groß zugeschnittene Regionen (und gelegentlich sind sie auch ohne Rücksicht auf traditionelle Bindungen zugeschnitten, wie der Protest der Bürger zeigt). Von einem »flächendeckenden« Angebot im eigentlichen Sinne kann daher nicht die Rede sein. »Wertgleiche Lebensbedingungen«[39] beziehen sich auf den Vergleich der Ausstattung der Zentren, nicht der sie umgebenden Regionen. Und mit Hilfe eines unterschiedlichen Zuschnittes, ggf. durch Verwaltungsreformen, sind Planungsbehörden theoretisch jederzeit in der Lage, »Wertgleichheit« auf dem Papier durch entsprechende Zuordnung zu ausreichend ausgestatteten (oder leicht zu komplettierenden) Zentren herzustellen. Aber für das alltägliche Leben der Bevölkerung in abgelegenen Gebieten ändert sich nicht viel, wenn das zuständige Zentrum eine Ausstattung erhält, die dem bundesdeutschen Standard entspricht. Hier scheint ein offenes (gewiß nicht leichtes, aber viel zu wenig problematisiertes) Problem der Planung zu liegen, das zusammen mit der Tendenz, großräumige Wanderung in kleinräumige zu verwandeln, zu einer Entleerung der Fläche zu führen droht.

Die Verankerung der »Pflichtaufgabe Kultur«

Mit den zentralen Orten und der planvollen Bestimmung ihrer Funktion ist eine interessante Veränderung der Grundlage der öffentlichen (kommunalen) Kulturpolitik verbunden. Bisher rangierten Investitionen für Kultur und Freizeit immer noch im Bereich der kommunalen »Allzuständigkeit«: Für all die Dinge, bei denen weder Bund noch Länder aktiv werden, können die Gemeinden eigene Initiativen entwickeln. Das reicht von der Friedhofsordnung bis zur Verleihung von städtischen Kunstpreisen und zu kommunalen Kinos. Niemand verpflichtet eine Stadt, ein Theater oder eine Jugendmusikschule einzurichten. Im Rahmen der vorgesehenen Mindestausstattung der Zentren aber werden jetzt bestimmte Einrichtungen zur Pflichtausstattung von Kommunen (mit der Konsequenz, daß dann auch für die Finanzierung gesorgt werden muß).

Die Ministerkonferenz für Raumordnung (MKRO) hat z. B. am 15. Juni 1972 einen »Katalog für die anzustrebende Ausstattung von zentralen Orten mittlerer Stufe« (Mittelzentren) beschlossen, der unter Bildungseinrichtungen u. a. aufführt: »d) Einrichtungen der differenzierten Erwachsenenbildung/Volkshochschule; e) Öffentliche Bücherei mit Leseraum (je Einwohner etwa 1 Band)«.[40] Das ist in diesem Bereich zunächst auch alles. Beim Sport wird dagegen wesentlich differenzierter mit (am Leistungssport orientierten) Größenvorstellungen operiert. Die »Diskussionsgrundlage« über die »Mindestausstattung von Verdichtungsschwerpunkten« des »Zielsystems« von 1971 zählte bei den Bildungseinrichtungen noch mehr und präziser auf: »1.5 Volkshochschule mit mindestens einem hauptberuflich tätigen Geschäftsführer und einer gut ausgebauten Fachbibliothek, in eigenem Gebäude (größerem Gebäudeteil). 1.6 Öffentliche Bücherei mit mindestens . . . Bänden und einer voll ausgebildeten Bibliothekarin. 1.7 Mehrzweckbau für größere Veranstaltungen (Konzerte, Theater, große Bälle).«[41] Beim Sport dagegen sind die Aufzählungen dort noch weniger präzis.

In Hessen sind (nach der Verwaltungsreform) »Unterzentren« mit 10-20 000 Einwohnern die Mittelpunkte der auf die Fläche bezogenen »Grundversorgungsbereiche« (mit 20-25 000 Einwohnern)[42] und enthalten deren »Versorgungskern«: »Der Zentrale Ort (Versorgungskern) ist eine Gemeinde oder der Teil einer Gemeinde (Ortsteil) als zentraler Standort für soziale, kulturelle und wirtschaftliche Einrichtungen und Leistungen zur Versorgung der Bevölkerung im Verflechtungsbereich«.[43] In dem Maße, in dem die Zielsysteme und die Planungen Gesetzescharakter erhalten, wird so auch die kulturelle Pflichtausstattung der Gemeinden festgeschrieben.

Beim Volkshochschulwesen ist mit den Volkshochschul- und Erwachsenenbildungsgesetzen[44] des Landes Hessen ein obligates Angebot auf Kreisebene bereits erreicht. In anderen Bereichen gibt es entsprechende Überlegungen, die aus Mangel an Geld noch nicht verwirklicht sind.[45]

Beim Museumswesen gibt es in anderen Bundesländern bereits Museumsentwicklungspläne, die eine »flächendeckende« Ausstattung gewährleisten sollen.[46] In den einschlägigen Dokumenten der RPM wird, um in der Verdichtungsachse »großstädtische Ausstattung« herbeizuführen, empfohlen, »über ein gemeinsames Mittelhessisches Museum eine Konzentration entsprechender Exponate vorzusehen«.[47] Es solle die Schwerpunkte Volkskunde, Volkskunst, Kunst und »weitere differenzierte Spezialabteilungen, z. B. Mineralogie, Münzen, ärztliche Instrumente, Antiken etc.« besitzen.

Mit einem detaillierten Entwurf von Günther Junghans, der als Eingabe während der Offenlegung des Entwurfs eingebracht und offensichtlich über die FDP-Fraktion in der RPM in den Plan Eingang gefunden hat, sind diese Vorstellungen modifiziert und präzisiert worden. Junghans plädiert dafür, als Rückgrat der Museumsstruktur in jeder Region ein Landesmuseum zu schaffen: »Gewissermaßen an der Spitze einer Museumsregion, um oder in einem Oberzentrum sollte ein Landesmuseum mit wissenschaftlicher Leitung, entsprechenden technischen Abteilungen, einschließlich Bibliothek und zugeordneten pädagogischen Mitarbeitern und Museumspflegern stehen. Eine entsprechende Raumausstattung ist Bedingung. Es sollten die landesgeschichtlich wichtigen, aber auch naturkundliche Abteilungen, räumlich orientiert am Gebiet der Region, vorhanden sein.«[48] Für die Museen wird in Entwurf und Planungsgutachten der RPM gleichlautend vom Ziel »Anhebung des Niveaus durch Zusammenfassung und Koordination«[49] gesprochen; der Plan nennt zusätzlich den »Museumsverbund«. Der Entwurf nennt allgemein das anzustrebende Ziel eines Landesmuseums, der Plan präzisiert: »Zentrum eines Museumsverbundes soll ein mittelhessisches Landesmuseum mit Aufgaben für die gesamte Region sein. In diesem Museum sind die Aufgaben der Sammelbereiche und des Denkmalschutzes zusammenzufassen. Der Aufbau einer Sammlung der bildenden Kunst (Gemälde, Skulpturen) ist anzustreben.«[50] Ein zu erwartendes Landes-Museumsgesetz (bis jetzt liegt ein FDP-Entwurf vor, der allerdings keine Aussagen über die regionale Verteilung enthält) wird auch für diesen Bereich öffentliche Pflichtleistungen festlegen.

So setzt sich trotz mancher Rückschläge allmählich, orientiert auf die Zentren, eine kulturelle Pflichtausstattung der Gemeinden durch. Die Kommunen müssen dabei mit Hilfe von Landes- (oder Planungsregions-) Mitteln instand gesetzt werden, diese Aufgabe auch zu erfüllen.

Spartenspezifische Ungleichgewichtigkeiten

Schon das Beispiel der Ausstattungskataloge für zentrale Orte zeigt die unterschiedliche Gewichtung der Bereiche Sport und Kultur. Insgesamt tendiert die Planung (zunächst verständlicherweise) dazu, das Schwergewicht auf flächen- und infrastrukturorientierte Kultur- und Freizeiteinrichtungen zu legen. Fatal wird dies dadurch, daß damit der gängige, eingeengte Freizeit-Begriff bestätigt wird. Menschliche Lebenstätigkeit wird nicht als komplexe Einheit von erwerbsbezogenen und nicht erwerbsbezogenen Betätigungen betrachtet, sondern in verschiedene Teile aufgespalten. Neben »Freizeit« tritt dann womöglich noch »Kultur« als eigenständiger Bereich. F. Lenz-Romeiß spricht in diesem Zusammenhang von der »Infrastrukturfalle«.[51] D. Affeld kritisiert die Freizeitplanung auf ähnliche Weise.[52] Ihre »einseitig raumbezogene Sichtweise« polarisiere Arbeit und Freizeit analog zu der Ideologie von der Freizeitgesellschaft. Dadurch, daß sie die materielle Freizeitinfrastruktur in den Vordergrund stelle, trage sie bei zu einer »Unterbewertung der sozialen und politischen Möglichkeiten von Freizeit sowie vielleicht erforderlicher nicht-materieller Freizeitinfrastruktur«.[53] Sie sei ferner nicht geeignet, soziale Chancenungleichheiten im Freizeitbereich auszugleichen,[54] sorge für eine Überbetonung der regenerativ-kompensatorischen Aspekte von Freizeit und fördere die »gegenseitige Abschottung« der einzelnen Freizeit-Teilbereiche.

Solche Kritik, deren Konsequenzen für die Planung nicht einfach sind (wie z. B. fördert man sozialkontaktorientierte Freizeit?), hat die Regionalplanung noch kaum erreicht. Bei ihr steht entsprechend der vorherrschenden Orientierung auf Freiraum-Freizeit[55] die Sicherung von dafür geeigneten Flächen im Vordergrund. So ist im Raumordnungsplan von der »Sicherung ausreichender Regenerationsflächen einschließlich der infrastrukturellen Ausgestaltung von Räumen für Freizeit und Erholung«[56] die Rede. In den Verdichtungsräumen wird im Rahmen der angestrebten Raumstruktur als besondere Aufgabe »Sicherung und Ausbau von Grün-, Freizeit-, Sport- und Erholungsanlagen«[57] genannt (Kultureinrichtungen im engeren Sinne dagegen nicht).

Der Vorrang der freiraumorientierten Freizeit in der Planung hängt auch damit zusammen, daß die mit dieser Begründung ausgewiesenen Naherholungsflächen mehrere Funktionen gleichzeitig erfüllen (z. B. auch im Rahmen der Verminderung von Umweltbelastungen und der Klimaverbesserung). Und solche Flächen und Einrichtungen bleiben weitgehend auch dann nötig, wenn die einseitige Orientierung ergänzt wird durch ein soziokulturelles, urbanes Angebot. Eine Kritik der einseitigen Orientierung der Freizeit-Diskussion auf grün- und sportgebundene Betätigung wird also nicht als Vorwand dafür gelten können, Investitionen und Raum dafür zu sparen, sondern muß auf der zusätzlichen Bereitstellung von Mitteln beharren. Das allgemeine Niveau des gesellschaftlichen Konsums auf diesem Gebiet muß erhöht werden (wie dies in anderen Staaten, z. B. in Schweden, schon geschehen ist.)[58]

Überlegungen zur Notwendigkeit einer erweiterten Ausstattung von Freizeit- und Erholungsgebieten werden im Zusammenhang mit dem Fremdenverkehr sichtbar. Die »infrastrukturelle Erschließung« dieser Gebiete »bedeutet, daß die bisher meist unterstellte enge Verbindung zwischen den Aufgaben ›Fremdenverkehr‹ und ›Erholung‹ und dem Begriff ›reizvolle Landschaft‹ wesentlich erweitert werden muß auf den Aspekt der spezifischen infrastrukturellen Versorgung. Um diese in ausreichendem Umfange zu schaffen und zu erhalten, gibt es jedoch – gerade bei der Naherholung – in der Regel keine genügenden Gegenleistungen der Erholungsuchenden. Daher wird es erforderlich werden, wirksame Systeme für einen Kosten-Ertrags-Ausgleich zu entwickeln, der die Quellgebiete der Besucher an der Trägerschaft der Erholungsgebiete beteiligt.«[59]

Gerade beim Tourismus bestehen auch die ausgeprägtesten Überlegungen zur Lenkung des Bedarfs (in der RPM z. B. bezogen auf die Regulierung des Baues von Wochenend- und Ferienhäusern, auf die sinnvolle Begrenzung der Zahl der geförderten Fremdenverkehrsgemeinden,[60] auf die Altersstruktur der Gäste[61] und auf die ganzjährige Nutzung).

Im Zusammenhang mit wohnungsnahen Freizeitangeboten gibt es dagegen in den Planungsdokumenten bisher kaum Überlegungen zu einer etwas differenzierteren Ausstattung. In den Verdichtungsgebieten der Bundesrepublik Deutschland besteht ein »Nachholbedarf für den Ausbau von Naherholungsgebieten und -einrichtungen«.[62] »Wichtigste raumordnungspolitische Forderungen für die Freizeit- und Erholungsplanung sind deshalb die Schaffung freizeitgerechter Wohnungen, die Ausweisung ausreichender Erholungsflächen und die Bereitstellung der notwendigen Infrastruktur und der Einrichtungen für die verschiedenen Freizeitaktivitäten in der Nähe der Zentren des Bedarfs«.[63] Repräsentiert diese Forderung nach Nähe zu den Bedarfszentren etwas relativ Neues, so fällt darüber hinaus auch hier auf, daß kulturelle Bedürfnisse nicht artikuliert werden. Die Trennung von Freizeit und Kultur, die schlimmste Hypothek bisheriger Freizeit-Diskussion, wirkt sich auch hier verhängnisvoll aus. Die Infrastruktur wird reduziert auf eindimensionale Spiel- und Sporteinrichtungen bzw. bloße Entspannung. Dabei werden nicht einmal zu erwartende Entwicklungen wie Bildungsurlaub einbezogen. Für die Zukunft ist zu erwarten, daß ein hoher Bedarf an Förderung sozialkontaktorientierter Betätigungsmöglichkeiten entstehen wird (Bürgerbeteiligung und Nutzer-Mitbestimmung eingeschlossen). Auch darauf nimmt die Planung noch keine Rücksicht.

Planung und Markt auf dem Kultur- und Freizeitsektor

Die Planung erhebt zwar den Anspruch, ein umfassendes gesellschaftspolitisches Programm zu entwickeln, bezieht jedoch nicht alle wichtigen Bereiche ein. Zunächst erscheinen solche Lücken als mehr oder weniger zufällig. In Wirklichkeit deuten sie jedoch auf wesentliche strukturelle Mängel hin.

Das private Angebot an Kultur- und Freizeiteinrichtungen wird nur unsystematisch berücksichtigt. Zwar sind z. B. Lichtspielhäuser bei der RPM kartographisch erfaßt.[64] Schon daraus läßt sich eine ungleichmäßige Verteilung erkennen. Die qualitativen Unterschiede, die daraus entstehen, daß Kinos sich in ihren Programmen teilweise auf spezielle Sparten von Filmen konzentrieren, werden nicht berücksichtigt. Die quantitative und qualitative Struktur des Kino-Angebotes wird nicht zum Anlaß für die Entwicklung eines Programms kommunaler Kinos (wie es seit dem Frankfurter Kommunalen Kino denkmöglich gewesen wäre).

Dahinter steht ein für unsere Gesellschaft typisches Dilemma. Der regulierende und planende Eingriff in die ökonomische und gesellschaftliche Entwicklung ist nötig und wird wegen der zunehmenden Komplexität des gesellschaftlichen Lebens in immer mehr Bereichen unumgänglich. Auf der anderen Seite steht die zum ideologischen Fetisch erhobene Maxime möglichst uneingeengter Entfaltung der Privatinitiative, die unternehmerische eingeschlossen (die, indem sie in der Lage ist, riesige anonyme Kapitalmassen in Bewegung zu setzen und damit unbeherrschbare Eigendynamik in Gang zu setzen vermag, schon längst nicht mehr die Entfaltung des privaten *Individuums* ist).

Planender Eingriff ist bereits heute in einigen Aspekten, bei denen privatwirtschaftliche Interessen tangiert werden, unumgänglich. Zunächst muß Planung (mit äußerst geringen Steuerungsmitteln) auf dem Sektor der privaten Wirtschaft tätig werden – nicht nur, was Arbeitsplätze anbetrifft, sondern, für uns interessanter, im Zusammenhang mit der Versorgung der Bevölkerung mit Gütern des täglichen Bedarfs und des Dienstleistungsbedarfes – nicht nur, wie bekannt, in ländlichen Gebieten: »Viele kleine traditionelle zentrale Orte sind nicht mehr in der Lage, eine zeitgemäße Versorgung mit Dienstleistungen und Gütern sicherzustellen. Der Einzelhandel z. B. verschwindet zunehmend aus den kleineren Zentren und konzentriert sich an zentralörtlich höherwertigen Standorten«.[65] Dabei ist ein reziprokes Verhältnis zwischen Zunahme der Konzentration im Einzelhandel und schlechter werdender Nahversorgung festzustellen.[66] Da »Klein- und Mittelbetriebe bei Zuwachsraten von nur 1,5 Prozent mit einer Abnahme ihres Marktanteils von 61,5 Prozent auf 52,5 Prozent im Jahre 1985 rechnen« müssen,[67] wird diese Tendenz anhalten – mit der Konsequenz einer weiteren Begünstigung des stark konzentrierten Versandhandels z. B. (dessen Bestell- und Lieferungssendungen bereits heute den umfangreichsten Teil des Postaufkommens ländlicher Postanstalten ausmachen).

Ist Planung so unter Umständen theoretisch gehalten, kleinunternehmerische Tätigkeiten zuungunsten wirtschaftlicher Konzentration zu unterstützen,[68] so gibt es andererseits Bereiche privater Wirtschaftstätigkeit, die der Planung ausgesprochen feindlich sind. Bei privaten Freizeiteinrichtungen wird zwar davon ausgegangen, daß sie sich in den regionalen Grünzügen dort, wo man ihnen Platz zuweist, ansiedeln. Ihre ungeregelte Vermehrung an anderen Stellen scheint über Bau- und Gewerbegenehmigungen weitgehend kontrollierbar. Aber in den Grünzügen selbst wird durch die Dynamik der Entwicklung des Freizeitmarktes u. U. die vorgesehene Doppelfunktion der Grünzüge für die Luftreinigung, Wasserhaltung und Klimaverbesserung einerseits und Freizeit-Erholung andererseits in einer nicht vorhergesehenen Weise gefährdet. Um Frankfurt/M. z. B. sind die Grünzüge durch den Wunsch nach Reit- und Tennishallen (mit großem Flächenbedarf und starker Beeinträchtigung der Landschaft) einem wachsenden Druck ausgesetzt. Heute müßte man eigentlich auch schon gesicherte Bahnen für Skate-Boards bauen.[69] Und niemand weiß, was die Freizeit-Industrie demnächst noch an flächenbeanspruchenden Innovationen auf den Markt werfen wird (oder welche Bereiche, der Mode folgend, wieder überflüssig werden).

So ist Planung auf diesem Sektor gezwungen, ständig dem Markt und seinen jeweiligen Moden nachzulaufen, ohne selbst auf ihn Einfluß nehmen zu können (und dies im Angesicht des Problems, daß die vom Markt induzierte Wert- und Bedürfnisentwicklung nicht unbedingt diejenige ist, die aus sozialen und gesellschaftlichen Gründen erwünscht wäre).[70]

Überläßt man die Bedürfnisentwicklung auf dem Freizeitsektor dem Markt und seiner Dynamik (was nichts mit »Freiheit« zu tun hat, sondern das Feld in der Perspektive den ökonomisch potentesten Anbietern überläßt), so führt dies auf Dauer mit an Sicherheit grenzender Wahrscheinlichkeit zu gravierenden Widersprüchen analog zu denen bei der Flächennutzung, bei der, wenn man sie sich selbst überläßt, »marktgemäß gesehen ›schwächere‹ Bodennutzungen wie das Wohnen sowie der Freiraum, beide einschließlich Freizeitanlagen, in die peripher zu den Agglomerationen liegenden Stadtumlandgebiete bzw. überwiegend agrar- und forstwirtschaftlich orientierten Teilräume abgedrängt werden«.[71] Bei der Bedürfnisentwicklung werden analog all die Bereiche, bei denen Waren und Markt keine oder nur eine untergeordnete Rolle spielen (z. B. bei sozialkontaktorientierter Freizeit) sowohl geographisch als auch in der Werthierarchie an den Rand gedrängt, während alles, was in den Kapitalverwertungsprozeß einbezogen werden kann (wo Waren und teure Dienstleistungen angeboten werden) hypertroph entwickelt wird.[72] Welch differenzierter planerischer geographischer Instrumente der Markt selbst sich dabei bedient, kann ein Hinweis auf die in der Werbewirtschaft für Werbe- und Verkaufsförderungskampagnen unentbehrliche »Nielsen«-Karte zeigen: Sie kartiert das Gebiet der BRD mit regionsspezifischen Zahlen über »Handelskennziffern, Lebensmitteleinzelhandels-Index, Gesundheits- und Körperpflegemittel-Index, Lebensmittel-Sortiments-Großhandels-Index, Struktur- und Leistungszahlen im Lebensmitteleinzelhandel« usf.[73]

Werden einige der negativen Folgen einseitig nur dem Markt überlassener Bedürfnisstrukturentwicklung nur analytisch bzw. in längerer Perspektive erkennbar, so gibt es andere Bereiche, in denen die Konsumenten unmittelbar betroffen sind. Wenn Markt und öffentliche Hand konkurrierend auftreten, das öffentliche Angebot zudem noch möglichst kostendeckend arbeiten soll, dann hat dies zur Folge, daß die privaten Betriebe, was Attraktivitätswert usf. anbetrifft, den öffentlichen Angeboten den Standard vorschreiben, und daß, was die Versorgung in der Fläche angeht, Gebiete bzw. Gruppen mit weniger kaufkräftiger Nachfrage benachteiligt werden. Kommerzielle Angebote sichern sich die profitabelsten Standorte in den Zentren, öffentliche Einrichtungen in der Peripherie und auf dem platten Land sind vom Standort her bereits benachteiligt und müssen auch noch infolge hoher kostendeckender Preise auf einen Teil ihrer potentiellen Kundschaft verzichten.

Dies mag genügen, um die Probleme anzudeuten, denen Planung infolge des ungehemmten Wirkens privater Anbieter auf dem Kultur- und Freizeitsektor ausgesetzt ist. Bereiche wie kommerzielle populäre Kultur entziehen sich völlig dem gesellschaftlichen Zugriff; in vielen Sektoren ist die Rolle der Planung darauf beschränkt, auf das zu reagieren, was andere, von punktuellen ökonomischen Interessen ausgehend, ihr eingebrockt haben (und die Konkurrenz der Kommunen um den »Freizeitwert« ist eigentlich nur ein Spezialfall davon).

Eine Politik, die dafür sorgt, daß Kultur »weder Ware noch Luxus« ist,[74] sondern die aktive Rolle, die sie im Rahmen der Entwicklung der gesellschaftlichen Beziehungen und Entfaltungsmöglichkeiten der Menschen spielen kann, auch verwirklicht wird, ist unter solchen Bedingungen schwerlich möglich.

Aus den aufgezeigten negativen Folgen der Einwirkung des Marktes auf die Planung ergibt sich nicht automatisch, daß die öffentliche Hand von vornherein immer der bessere Planer wäre. Rechtliche Probleme (vor allem solche des Versicherungsschutzes und der Haftung, die bestimmte Einrichtungen bzw. Nutzungsformen erschweren oder unmöglich machen – z. B. das nächtliche Baden in öffentlichen Badegewässern), eine enge Verquickung zwischen regionalen privatwirtschaftlichen Interessen und öffentlicher Verwaltung sowie den Selbstverwaltungskörperschaften stehen dem oft entgegen.[75]

Nicht unwichtig wäre aus solchen Gründen eine auf möglichst breiter Basis stattfindende Mitwirkung der Bevölkerung bei der Planung. Das Verhältnis zwischen Bevölkerung und Regionalplanung ist aber aus mancherlei Gründen prekär.

In diesen Anmerkungen werden folgende Abkürzungen verwendet:

LEP 71	Großer Hessenplan, Landesentwicklungsplan (Hessen '80). Hrsg. v. Hessischen Ministerpräsidenten, Wiesbaden 1970, Neudruck 1973.
LEP 75 f.	Landesentwicklungsplan. Durchführungsabschnitt für die Jahre 1975-1978. Hrsg. v. Hessischen Ministerpräsidenten, Wiesbaden 1974.
LEP Bilanz	Landesentwicklungsplan. Ergebnisrechnung für die Jahre 1968-1970. Hrsg. v. Hessischen Ministerpräsidenten, Wiesbaden 1972.

ROB '72 Raumordnungsbericht 1972 der Bundesregierung.
Hrsg. v. Presse- und Informationsamt der Bundesregierung, Bonn 1973.

ROP 75 Raumordnungsprogramm 1975 für die großräumige Entwicklung des Bundesgebietes (Bundesraumordnungsprogramm).
Bonn 1975 (Schriftenreihe des Bundesministers für Raumordnung, Bauwesen und Städtebau 06.002).

RPM Raumordnungsplan für die Region Mittelhessen ... einschließlich Landschaftsrahmenplan.
Hrsg.: Regionale Planungsgemeinschaft Mittelhessen, Gießen 1975.

RPM E Raumordnungsplan für die Region Mittelhessen ... einschließlich Landschaftsrahmenplan. Entwurf.
Hrsg.: Regionale Planungsgemeinschaft Mittelhessen, Gießen 1974.

RPM B Raumordnungsbericht für die Region Mittelhessen.
Hrsg.: Regionale Planungsgemeinschaft Mittelhessen, Gießen 1973.

RPM GE Entwurf eines Raumordnungsgutachtens für die Region Mittelhessen.
Hrsg.: Regionale Planungsgemeinschaft Mittelhessen, Gießen 1974.

1 Dieser Aufsatz und die Idee zu dem Heft sind hervorgegangen aus den Vorarbeiten für das Projekt »Kultur- und freizeitorientierte Infrastruktur im Gebiet der Regionalen Planungsgemeinschaft Mittelhessen«, das die Arbeitsgruppe Kultursoziologie und Kommunikationsforschung an der Philipps-Universität Marburg z. Zt. durchführt. Eingegangen sind in ihn auch erste Erfahrungen aus der Tätigkeit des Vf. als wissenschaftlicher Mitarbeiter für Freizeitplanung im Dezernat Kultur und Freizeit der Stadt Frankfurt.

2 Vgl. zu diesem Trend Bernt Armbruster, Rainer Leisner, Bürgerbeteiligung in der Bundesrepublik, Göttingen 1975 (Kommission für wirtschaftlichen und sozialen Wandel 54).

3 Vgl. Reinhard Baumgart, Kultur als Lebensmittel. Süddeutsche Zeitung Nr. 96 vom 26./27. 4. 1975, S. 85.

4 Kulturpolitik der Länder 1973 und 1974. Ständige Konferenz der Kultusminister, Bonn 1975, S. 284; vgl. auch Andreas J. Wiesand, Verlust der Unschuld. Vorwärts Nr. 33 v. 18. 8. 1977, der den Bericht »Musisch-kulturelle Bildung. Ergänzungsplan zum Bildungsgesamtplan, Bund-Länder-Kommission für Bildungsplanung und Forschungsförderung, Stuttgart 1977«, als Beginn kulturpolitischer Planung von Bund und Ländern wertet.

5 Vgl. LEP 71 S. 50-52 und S. 113; LEP-Bilanz S. 30/31; LEP 75 f. S. 63.

6 Einige Hinweise auf solche Fälle vgl. Vf., Sammelrezension: Neuere Literatur zum Thema Freizeit. Demokratische Erziehung 1976 H. 1 S. 104-109, S. 107 und S. 108.

7 Vgl. zum praktischen freizeitplanerischen Konsens Horst W. Opaschowski, Pädagogik der Freizeit, Bad Heilbrunn/Obb. 1976, S. 243 f.

8 Vgl. eine Sammlung von Argumenten in Hans-Friedrich Foltin und Dieter Kramer, Kultur- und Freizeitangebote in Mittelhessen. Ein kultursoziologisches Forschungsprojekt, Hessische Städte- und Gemeinde-Zeitung 1976 Nr. 10 S. 341-343.

9 Zur Diskussion um einen den gegenwärtigen gesellschaftlichen Entwicklungen angemessenenen Kulturbegriff vgl. Kultur der Arbeiterklasse. Reproduktion der Arbeitskraft – Neue Bedürfnisse – Freizeit. Marxismus-Digest Nr. 31, Frankfurt 1977 (H. 3).

10 Bundesraumordnungsgesetz vom 8. 4. 1965, § 2, (1). 1, zitiert nach Karl-Heinz Walper, Planen für die Zukunft. Raumordnung und Raumordnungspolitik, Wiesbaden 1972, S. 75. – Unterstreichung vom Vf.

11 Walper (s. Anm. 10), S. 78 – Die Dreiheit der »wirtschaftlichen, sozialen und kulturellen Verhältnisse« taucht immer wieder auf, vgl. LEP 71 S. 1 u. a.

12 A.a.O. S. 75.

13 LEP 71 S. 1, (2.1).

14 Insgesamt 6, vgl. Hessen-ABC, Wiesbaden 1972, S. 488/489, Walper (s. Anm. 10), S. 83 u. a.

14a Vgl. Walper (s. Anm. 10), S. 10, ROB 72 S. 179 u. a.

15 ROP 75 S. 33, vgl. ROB 72 S. 12.

16 ROB 72 S. 63; vgl. Felizitas Lenz-Romeiß in Wolfgang Pehnt (Hrsg.), Die Stadt in der Bundesrepublik Deutschland, Stuttgart 1974, S. 283.

17 Vgl. zur Kritik an dieser Funktionalisierung u. a. Opaschowski (s. Anm. 7), S. 40/41.

18 A.a.O. S. 124.

19 Vgl. Foltin/Kramer (s. Anm. 8), sowie Hans Heinz Holz, Wertmanagement – eine neue Formierungsideologie, Deutsche Volkszeitung Nr. 15/1977 S. 10; Nr. 16/1977 S. 10.

20 Vgl. R. Grandbois, Neues Wissen – neue Probleme, in: Erziehung und Kultur, Zeitschrift des Rates für kulturelle Zusammenarbeit des Europarates Nr. 27 (1975) S. 16-21.

21 Vgl. den Trend zu billigen, Selbsthilfe der Bürger aktivierenden Freizeiteinrichtungen in Carl J. v. Butler, Modelle im Freizeitbereich, Stuttgart, Berlin u. a. 1976 (Schriftenreihe des Bundesministers für Jugend, Familie und Gesundheit Bd. 112).

22 Vgl. Walper (s. Anm. 10), S. 39.

23 Vgl. ROB 72 S. 78 f.

24 ROP 75 S. 41 werden genannt Ghettobildung und großräumige Disparitäten.

25 Vgl. Walper (s. Anm. 10), S. 8, S. 39, S. 41.

25a Vgl. die Sammelrezension von Michael Krafft in diesem Heft.

26 Lange Zeit mindestens als starke geistesgeschichtliche Nebenströmung seit Ende des 19. Jahrhunderts in Deutschland von großer politischer Bedeutung, vgl. Klaus Bergmann, Agrarromantik und Großstadtfeindschaft, Meisenheim am Glan 1970 (Marburger Abhandlungen zur Politischen Wissenschaft, Bd. 20).

27 ROB 72 S. 156.

28 ROP 75 S. 3.

29 A.a.O.

30 ROP 75 S. 4; über die »Achsen« bzw. Entwicklungsbänder vgl. auch RPM S. 24 a.

31 RPM GE S. 88.

32 LEP 71 S. 11.

33 LEP 71 S. 14/16; vgl. zu den zentralen Orten auch RPM S. 32 a-c und Walper (s. Anm. 10), S. 39 f.

34 ROP 75 S. II.

35 A.a.O. S. III.

36 Vgl. auch ROB 72 S. 75 und a.a.O. S. 15: »gleichwertige Lebenschancen«.

37 ROP 75 S. 1; vgl. die Infrastrukturstudie auf Kreisebene: Bestand und Verteilung von materieller Freizeitinfrastruktur in der Bundesrepublik Deutschland, Stuttgart, Berlin u. a. 1976 (Schriftenreihe des Bundesministers für Jugend, Familie und Gesundheit Bd. 106).

38 Z. B. Daten zur Raumplanung. Hrsg. v. d. Akademie für Raumplanung und Landesforschung, Hannover 1969.

39 LEP 71 S. 1.

40 ROB 72 S. 147.

41 ROB 72 S. 160.

42 RPM GE S. 97.

43 LEP 75 S. 1.

44 Vgl. Hessische Blätter für Volksbildung 1972, Heft 4 u. a.; Hildegard Feidel-Mertz, Erwachsenenbildung seit 1945, Köln 1975, S. 88 f.

45 Vgl. Hans Joachim Vogt, Wie wichtig sind uns Bibliotheken? Überlegungen im Vorfeld einer Büchereigesetzgebung. Hessische Blätter für Volksbildung 1974 H. 1 S. 29-35.

46 Z. B. in Nordrhein-Westfalen, Landschaftsverband Rheinland.

47 RPM GE S. 174.

48 Günther Junghans, Museen und Raumordnung. Hessische Heimat 25. Jg. 1975 H. 2/3 S. 63-67, S. 65.

49 RPM E S. 54, vgl. RPM S. 126.

50 RPM S. 126.

51 Felizitas Lenz-Romeiß, Freizeitpolitik im Wohnungs- und Städtebau oder – »Die Infrastrukturfalle«. In: Freizeitpolitik in Bund, Ländern und Gemeinden, Düsseldorf 1975, S. 149-152.

52 D. Affeld in Freizeit '74. Dritter Freizeitkongreß . . . 1974 in Dortmund, Essen 1974, S. 105-116, S. 105 sowie Joachim Braun, Wolfgang Mathias, Freizeit und regionale Infrastruktur, Göttingen 1975, (Kommission für wirtschaftlichen und sozialen Wandel 103).

53 Affeld a.a.O.

54 Ein zentrales Thema der Freizeitpolitik der Bundesregierung, vgl. zuletzt Opaschowski (s. Anm. 7) S. 76-83, sowie Chancenungleichheit in der Freizeit, Stuttgart, Berlin u. a. 1976 (Schriftenreihe des Bundesministers für Jugend, Familie und Gesundheit Bd. 101).

55 Vgl. Laufer/Görgmaier/Laufer-Heydenreich, Freizeitpolitik von Bund, Ländern und Gemeinden, Göttingen 1976 (Kommission für wirtschaftlichen und sozialen Wandel 118).

56 ROP 75 S. 2.

57 ROP 75 S. 5, vgl. auch »allgemeine Infrastrukturinvestitionen« ROP 75 S. 45 sowie S. 3.

58 Vgl. Wolfgang Nahrstedt (Hrsg.), Freizeit in Schweden, Düsseldorf 1975.

59 ROB 72 S. 93.

60 63 »Berichtsgemeinden«, RPM B S. 109, S. 111/112.

61 RPM GE S. 194.

62 ROB 72 S. 93.

63 A.a.O. S. 93.

64 RPM B, Karte nach S. 98.

65 RPM GE S. 23.

66 Vgl. Hans Rondi, Konzentrationsprozeß und Überkapazitäten im Einzelhandel als Gefährdung der Nahversorgung, Blätter für deutsche und internationale Politik 1977 H. 2 S. 214-228.

67 Nach einer Untersuchung des Rheinisch-Westfälischen Instituts für Wirtschaftsforschung, vgl. Frankfurter Rundschau v. 18. 7. 1977.

68 Ein Blick auf unsere westlichen Nachbarn lehrt uns, daß dies mit der Perspektive eines genossenschaftlichen Zusammenschlusses auch Bestandteil ausgesprochen linker Politik sein kann.

69 Brett ohne Bremse. Zeit Magazin Nr. 23 v. 27. Mai 1977.

70 Vgl. Anm. 19.

71 G. Müller in Freizeit '74 (s. Anm. 52), S. 175.

72 Felizitas Lenz-Romeiß, Freizeit und Alltag, Göttingen 1974 (Kommission für wirtschaftlichen und sozialen Wandel 4).

73 Prospekt des Verlages moderne industrie, München, 1977.

74 So lautet die prägnante Formel im Gemeinsamen Regierungsprogramm der Linken in Frankreich, vgl. Werner Goldschmidt (Hrsg.), Das gemeinsame Regierungsprogramm . . ., Köln 1972, S. 30.

75 Vgl. das in diesem Heft abgedruckte Unterrichtsmodell.

3.2. Brigitte Wormbs: *Frankfurt*

Es, es, es und es – es ist ein harter Schluß,
Weil, weil, weil und weil – weil ich aus Frankfurt muß.

Das Abschiedslied der wandernden Handwerksburschen bei der Annäherung an Frankfurt im Kopf; im Rhythmus der hinauszögernden Wiederholungen dem einst mit so viel Widerstreben verlassenen Ort entgegen, zu Fuß auf der Babenhäuser Landstraße, wo die Autos unaufhörlich stadtein-, stadtauswärts rasen. Darüber dröhnen die Düsenmaschinen in der Einflugschneise zum Airport. Jenseits des Oberwaldes schnellen die Züge auf den Hauptbahnhof zu. Bahnen, Vehikel, Plätze für die wahrscheinlicheren, die zeitgemäßen Ankünfte in dieser Stadt, die, verkehrsgeographisch und verkehrstechnisch gesehen, Zentrum Europas, der Bundesrepublik Deutschland und des Rhein-Main-Gebiets ist.

Schnittpunkt

So gesehen, ist Frankfurt bekannt schon vor dem Kennenlernen: als rot umkreister Schnittpunkt schwarzer Linien auf der Landkarte; als Drehscheibe an den Ausgängen zur Welt.

Es, es, es und es . . .

Es ist anachronistisch vielleicht, aber nicht abwegig auf der Suche nach dem, was an diesem Durchgangsort auch heute noch zum Bleiben einladen könnte, sich dem Zentrum des Zentrums zu Fuß von der Stelle der Peripherie her zu nähern, wo der Rand der heutigen Main-Metropole mit dem äußersten Ring um die alte Reichsstadt – damals weit vor dem Tor – beinahe noch übereinstimmt. Von der Sachsenhäuser Warte, dem Vorposten an der ehemaligen Landwehr gesehen, liegt Frankfurt indes – zeitlich wie räumlich – noch vor und schon hinter mir.

Kehre dich um, von diesen Höhen
Nach der Stadt zurückzusehen.

Fausts Aufforderung folgte der Blick nordwärts bergab zum Affentor.

Aus dem hohlen, finstern Tor
Dringt ein buntes Gewimmel hervor,

drängte hinaus in die Natur, vom Eise befreit; man wähnte hier in der Tragödie erstem Teil des Volkes wahren Himmel;

Zufrieden jauchzet groß und klein;
Hier bin ich Mensch, hier darf ich's sein.

Die auf dem Gelände der literarischen Einbildung ausgebreitete Karte mit der Projektion der historischen Stadt zeigt die Entfaltung, Spaltung und Durchkreuzung einer Idee: Natur, wie sie sich die Aufklärung in den Kopf gesetzt hatte, um daraus Freiheit und Gleichheit anvisierter Demokratie abzuleiten, sollte sich mit der Etablierung des Bürgertums auch in der Ordnung seines Raumes geltend machen.

Auflösung

Als Goethe den Blick vom Sachsenhäuser Berg nach der Stadt zurück beschrieb, begann deren Auflösung in der umgebenden Landschaft. Nachdem auf Napoleons Befehl die alte Stadtbefestigung geschleift worden war, entstand der grüne Gürtel der Wallanlagen, »um die ganze Stadt ein Park. Man glaubt, es sei Feerey – unsere alten Perücken hätten so was bis an den jüngsten Tag nicht zuwegen gebracht«, schrieb Frau Rat Goethe an den Sohn. Natur als Leitidee bürgerlicher Emanzipation von feudal-absolutistischer Obrigkeit zog sichtbar grüne Kreise um die alte Kaiserstadt. Den ersten am Anfang des 19. Jahrhunderts. Der Osterspaziergang aus der Straßen quetschender Enge hinaus ins Freie, der Aufbruch aus der Nacht der alten in den Tag einer neuen Gesellschaft, hatte das Verlangen bestärkt, Natur auch in die Stadt zu holen. Gärten und Parks vor allem in den reichen Bürgervierteln neben dem Kern der alten Stadt verschafften Frankfurt im vorigen Jahrhundert das Ansehen einer der schönsten und wohnlichsten Städte im ganzen Land.

Aber mit zunehmender Spaltung in Material und Ideal verlor Natur wieder an städtischem Terrain. Je mehr das Geschäft blühte, desto weniger wurde das Grün. Als durch die Spekulationen der Gründerjahre auch die erweiterte Stadt schon wieder eng geworden war, umgab man sie mit einem zweiten grünen Anlagenring; neuerlicher Versuch, mit Hilfe von Natur die Ordnung des Sozialen zu korrigieren.

Frankfurt Exit

Heute hat Frankfurt auch diesen Rahmen längst gesprengt. Die alte Kaiserstadt und die Bürgerstadt des 19. Jahrhunderts im Inneren sind zerstört. Frankfurt Exit. Von Süden kamen im März 1945 die Amerikaner in die zerbomte Stadt.

Kehre dich um, von diesen Höhen
Nach der Stadt zurückzusehen.

Hinter mir, an der südöstlichen Gemarkungsgrenze, umschlossen von Autobahn und Zubringerstraßen, liegt ein Hügel, in der Karte als »Monte Scherbelino« eingetragen; großes Hügelgrab hinter den prähistorischen kleinen, mittlerweile schon begrünt, eines Tages vielleicht bewaldet, unter scheinbar natürlicher Wildnis begrabener Schutthaufen von Geschichte – das alte Frankfurt, wo man so gern geblieben wäre. Aus und vorbei. – Doch nicht ganz: gehalten hat sich aus dem schwarzrotgoldenen Zeitalter hiesiger bürgerlicher Liberalität jedenfalls noch die Idee, die Forderung von Natur in der Stadt.

Aber was ist, wo faß ich sie – Natur? Quelle allen Lebens. Das, was von selbst geworden ist, das Geborene, Entstandene, immer wieder Entstehende, Hervorbringende, Gebärende. Schöpfung, alles, was nach eigenen, innewohnenden Gesetzen sich entfaltet und entwickelt im Unterschied zu dem, was Kultur und Technik bewirken. Einerseits das Gewordene, Gewachsene an einem Gegenstand, sein inneres Wesen, seine Eigenart im Gegensatz zum Künstlichen, Gekünstelten. Andererseits zunächst die Gesamtheit aller Lebewesen, aller von selbst, ohne unser Zutun entstehenden, nur den Naturgesetzen unterworfenen Wirklichkeit im Gegensatz zum Menschenwerk, zu den Schöpfungen des menschlichen Geistes, der Kultur, und schließlich dem Geist schlechthin – Geschichte.

Selbstverwirklichung

Das also ist, so faß ich sie – Natur? Gegenstand all dieser Begriffsbestimmungsversuche, die seit der Aufklärung immer wieder gemacht worden sind. Natur im Gegensatz zum Menschenwerk und doch Grundbedingung, Ursprung und Ziel menschlicher Selbstverwirklichung.

Hier bin ich Mensch, hier darf ich's sein.

Wurde Natur in die Stadt geholt, hat sich Stadt ins Land fortgesetzt. Einstweilen bis hier herauf auf den Sachsenhäuser Berg, wo sie vor dem Stadtwald noch haltmacht. Kühruh, Grastränke, Fuchsplatte, Haferacker, Maxwäldchen. Die ehemaligen Fluren beiderseits der zum Autobahnzubringer ausgebauten Babenhäuser Landstraße tragen noch die bäuerlichen Namen, die Natur und Geschichte zusammenfassen.

Hier am Stadtrand mischt sich, scheidet sich, schlägt sich, verträgt sich Gestriges, Vorgestriges und Heutiges; bricht auf, wird abgeschlossen, was bis jetzt noch nicht verfestigt ist. Noch ist zwischen den Bauten und Bahnen aus Stein, Beton und Asphalt offener Boden; erkennbar das tertiäre Sediment, das den Baugrund der Stadt Frankfurt bildet. Die verwitterte Schicht zuoberst – Erde, worauf etwas wachsen, worin etwas verwesen kann. Erde, Humus, human – Gemeinsamkeit in Worten, die hier noch in Tatsachen anschaulich ist: Beerdigung, geborgene Anwesenheit der Nichtmehrlebenden, aus dem Inneren der Stadt hierher an ihren äußersten Rand gedrängt. Vor dem Südfriedhof versammeln sich schwarz gekleidete Männer und Frauen mit Chrysanthemensträußen in den Händen. »Macht den Friedhof schöner«, steht an der Tür des Blumenladens Ecke Mailänder Straße/Darmstädter Landstraße gegenüber. Aber der bergende Erdhügel unter dem Blumenschmuck verbürgt nicht mehr die letzte Ruhe. Es geht noch tiefer runter als das Grab. Im Tunnel einer Südumgehung, wie man sie schon einmal erwogen hat, wird womöglich eines Tages Autoverkehr den Friedhof unterqueren und auftauchen in vorläufig freigehaltenem Gelände, wo heute zwischen Stadt und Stadtwald das Stillhalten der Bauerwartung noch Wiesen, Buschwerk, verwildertes Brachland und Kleingärten gedeihen läßt. Übergangsgegend, die zunehmend überfahren und überbaut werden wird.

Schon staffelt sich gegenüber der Sachsenhäuser Warte hinter der alten Landwehr das gewaltige Terrassenhaus »Sonnenring« hoch über die Bergkuppe, überragt vom Hotel »Holiday Inn«, umrandet von breiten Erschließungsstraßen und unbetretbaren Zonen aus pflegeleichtem und abgashartem Grün, von gelb-rot beschrankten Zufahrten unterbrochen.

Im Schatten des Sonnenrings zwischen den niedrigen Häusern von früher noch die zerzausten Gärten voll Jahreszeit und mit Zierde gemischter Nützlichkeit. Hinter Draht- oder Lattenzäunen lehnen Torfsäcke an den Bretterwänden der Lauben. Zwischen Rosenkohlstrünke und Astern, schwarz von kalter Dezembernässe, fallen vergessene Äpfel aus kahl gewordenen Bäumen. Sonst alles unbewegt, wie abwartend schon in Nachlässigkeit.

»Macht unseren Garten schöner.« Aufreizend rot das Schild am Maschendrahtzaun um die Musterkollektion von antiken Göttinnen, flötenden Putten, Delphinen und Faunen aus Zement, die neben den vorläufigen Kleingärten auf ihren Platz im solideren Arrangement mit domestizierter Natur warten.

Nicht weit von den Schonungen des privaten Idylls die amtlichen Zeichen für das Unheimliche des Umgangs mit Natur in aller Öffentlichkeit. »Achtung, Chlorgasgefahr. Betreten durch Unbefugte verboten. Schutzmaske tragen.« Fast schon wie selbstverständlich das gelbe Schild an dem flachen Klinkerbau gegenüber vom Böhlepark, wo auf dem höchsten Punkt des Geländes der Trinkwasserbehälter Süd II der Stadtwerke Frankfurt steht. Das Wasser ist eben kein Wasser, kein Wasser mehr wie damals, als Frankfurter Bürger die erste Leitung von den Quellen des Vogelsbergs in ihre Stadt legen ließen und der Taunus noch eine Badereise weit weg war.

Vom höchsten Punkt diesseits des Mains ist der Taunus auch heute erst eine blasse Ahnung am Horizont jenseits des Mains, in dunstigem Grau verschwimmend, davor der Fernmeldeturm fern in den Himmel sticht. So weit der Blick reicht von Höhe zu Höhe, so weit gebreitet dazwischen »Diese Stadt – unser Frankfurt heute.« Hier oben muß das Panoramabild fotografiert worden sein, das mit dieser Überschrift die Teilnahme an der Stadt nahelegt.

Aber was geht mich, was geh' ich Frankfurt an? *Es, es, es und es* ... – Es ist nicht fürs Gehen gedacht, hier das asphaltierte Vorfeld der Stadt und der Weg zum Zentrum des Zentrums für Fußgänger nicht eindeutig ausgemacht.

Einpendler

Wind von West bläst Abgase über die Darmstädter Landstraße. Bergab reiht sich Autohaus an Tankstelle an Autohaus. Citroën – Gelb, Total – Rot, Fiat – Weißblau, Esso – Blaurot, Renault – Schwarzgelb, Shell – Rotgelb; buntes Gemisch bis hinunter zum Wendelsplatz. Alles, was in Fahrt halten soll, aber der Verkehr stockt wie jeden Morgen, wenn sich rund 100 000 Einpendler durch Sachsenhausen und über die Mainbrücken den in der City hochgestapelten Arbeitsplätzen zuschieben.

»Wir bauen die neue U-Bahn«, verkündet die Tafel an der Baustelle, wo man mit der Untertunnelung des Mains begonnen hat. Wir – wer ist wir? – »Das neue Frankfurt«, auf Schritt und Tritt und »in jedem Bereich« – nach Ansicht des MERIAN von 1977 – »ein exemplarischer Vorposten moderner Stadtentwicklung«. Wen ginge das nicht an?

Von der Silhouette der alten Topographie blieb noch ein Stich. Vor der Skyline des neuen Frankfurt jenseits des Mains am diesseitigen Ufer noch die altmodische Allee aus gefleckten Platanen, das verschnittene, knorrige Kandelabergeäst wie ein symbolisches Schutzdach aus gemeinsamer Vergangenheit über dem wiederbelebten Urväter-Hausrat, der hier auf dem Flohmarkt ausgebreitet wird. Eiserne Öfen, Petroleumlampen, Waschschüsseln und Wasserkannen aus der Zeit, als Strom noch nicht sowieso ins Haus kam und das Bad nicht einmal in der Küche zu finden war. Unscheinbare Geschichte des Alltags diesseits der Schwelle zur glorifizierten Historie. Im Vorübergehen gewonnener Abstand vom Heute, bevor das hochmoderne Gegenüber zum Ringsherum wird.

Gute Stube

Über den Eisernen Steg, über den die Sachsenhäuser Fischer, Gärtner und Gemüsefrauen früher zum Markt kamen, hinüber zum Römerberg, mitten hinein ins Zentrum der Stadt. Hinein in die gute Stube. Die gute Stube ist befremdend leer und aufgeräumt, abweisend möbliert mit unverrückbaren Bänken zwischen kantigen Hochbeeten, worin immergrüne Gewächse überwintern. Verödet das einstige Zentrum städtischen Lebens. Erinnerung daran noch gerahmt im Historischen Museum; in Bildern und Dokumenten archiviert alles, was nicht einmal mehr »noch« ist, das alte Frankfurt, dessen unverwertbarer Rest da draußen unter dem Grün des Monte Scherbelino begraben liegt.

Nur die westliche Wand der guten Stube, der Römer, das Rathaus, ist wieder aufgebaut, repräsentiert historische Kontinuität von der ersten Kaiserkrönung bis hin zur Wahl der Stadtverordnetenversammlung, der Legislative von heute. Der Platz davor dann plötzlich zum Platzen voll von Volk und Blasmusik und Durst auf Römer-Pils. Wo auf den Barrikaden von 1848 um die Demokratie gekämpft worden ist, feiert man heute den Stand des Erreichten.

Stichwort Demokratie: »griechisch Volksherrschaft, Regierung des Volkes durch das Volk für das Volk . . . Die Verfassung verbürgt die Grundrechte Freiheit und Gleichheit . . . Der Begriff Demokratie ist als politisch-ideologisches Schlagwort und als Bezeichnung für eine bestimmte Lebenshaltung gebräuchlich. Demokratie ist heute in der Theorie auf der ganzen Erde als die dem Menschen würdigste Staatsform anerkannt. Nach den Prinzipien der Demokratie organisieren sich entsprechende Vereine, Verbände, wirtschaftliche Unternehmen, Gemeinden.«

Zum Beispiel diese Stadt – »unser Frankfurt heute«, »Zentrum deutscher Demokratie«.

Die Gewalt ist räumlich sichtbar geteilt: Im modernen Glas-Stahl-Bau des Technischen Rathauses führt die Exekutive des neuen Frankfurt planmäßig die Beschlüsse aus, die gegenüber im Römer gefaßt worden sind. Stadtplanung mit Verkehrsplanung und Freiflächenplanung in den Obergeschossen. Projekte und Prospekte. Im Untergeschoß verteilt das Informationszentrum rote und grüne Broschüren mit Darstellungen der Pläne von oben: rot der Generalverkehrsplan, grün die Ziele und Konzepte der Bundesgartenschau unter dem Motto »Natur in der Stadt«. Zeugnisse vom aktuellen Stand einer Entwicklung, die mit dem Fall der alten Stadtbefestigung am Anfang des vorigen Jahrhunderts begonnen hat: rasanter Fortschritt der Beherrschung von Natur in der Bau-, Verkehrs- und Transporttechnik, begleitet von unentwegtem Vertrauen auf die wohltätige Macht der Natur in Gestalt des Stadtgrüns.

Hand in Hand vereint erschien beides damals noch prospektiv am Horizont einer technisch-industriellen Evolution, von der das Heil mit Ungeduld erwartet wurde. Goethe hatte »in diesen Tagen darüber nachgedacht, wie spät sich ein Zug von Liberalität und Übersicht eben über das städtische Wesen in Frankfurt manifestieren konnte. Was wäre nicht eine Straße, die vom Liebfrauenberg auf die Zeil durchgegangen wäre, für eine Wohltat fürs Publikum gewesen.«

Bürgertum

Geschäftstüchtiges Bürgertum brach sich freie Bahnen durch die Stadt. Über Land zogen von Bäumen flankierte Straßen. Alleen und Chausseen fluchteten in langen Perspektiven auf die Zukunft zu, die sich am Ende kahl in die Weite und in die Höhe erstreckt.

Die Paulskirche versunken unter der Skyline der Banken. Das »Zentrum deutscher Demokratie«, nach der versuchten Revolution von 1848, überschattet vom »Zentrum des Wiederaufstiegs«, wo nach der Reform von 1948 mit der neuen Währung hierzulande das bislang stabilste Mittel der Macht von Menschen über Menschen und über Natur wirksam wurde, so wie es der Faust-Tragödie zweiter Teil beschreibt:

Wenn ich sechs Hengste zahlen kann,
Sind ihre Kräfte nicht die meinen?
Ich renne zu und bin ein rechter Mann,
Als hätt' ich vierundzwanzig Beine.

Über den Roßmarkt, der noch so heißt, rasen in breiten Spuren die Autos. Sind ihre Kräfte noch die unsern? Verwandelt das Geld als Verstärkung menschlicher Macht über die äußere Natur und über die eigene alles Unvermögen in sein Gegenteil? An der Hauptwache, dem Zentrum des 19. Jahrhunderts, zeigt sich der Wiederaufstieg auf verschiedenen Ebenen. Hoch die Kaufhäuser. Tief auf die B-Ebene heruntergekommen die Passagen der Fußgänger. Muß, wer A sagt, nicht auch B sagen? A wie Autoverkehr auf der Erdoberfläche. B wie Biergarten unter der Erde in der »neuen Einkaufszone ohne Wetterprobleme im Herzen der City«. Von Natur also möglichst unbehelligt, was im Durchgang passiert. Rolltreppen aufwärts zu den größeren Geschäften, abwärts zum schnelleren Transport. Eingang – Ausgang. Entrance – Exit. Ziehen – drücken. Rechts gehen – links stehen. Vorgeschriebene Griffe und Standpunkte.

Eingeschränkte Bewegungen des Körpers. Allenthalben Koppelung mit technischen Apparaten bis hin zu »Sport, Spiel, Freizeit, Unterhaltung« an Tasten und Hebeln im Bann von bunt aufflackernden Zahlen und klickernden Münzen: Power Play, Flying Fortress, Hot Land, High Game, Joker Poker, Tipp Topp, Count down. Halbautomat, Halbnatur in der Stadt. »Extra Chancen wachsen. Ohne Mehreinsatz zusätzliche Gewinne«, verspricht die üppige Tulpenpracht im Plakat an der Toto-Lotto-Annahmestelle. »Grün ist Leben«, steht auf der kleinen Kiste mit Primeln am Blumenstand.

Bürgerliche Natur

Unter Neonröhren, auf gesprenkelten Kunststeinplatten, zwischen blaßgrün und blaßblau gekachelten Pfeilern, kreuz und quer in die Richtungen der Wegweiser mit den Namen der Straßen oben im Tageslicht hasten Menschen unter Menschen unter dem Boden des ehemaligen Zentrums der Stadt, auf dem sich so viel Geschichte bürgerlicher Natur zugetragen hat.

Auftauchend das Gutenbergdenkmal vor Augen, auf seiner umgitterten Insel wie festgegossen im fließenden Verkehr. Und rings um den Hirschgraben die Buchläden, daraus schwarz auf weiß nach Haus zu tragen, was Natur hier einmal galt, welche Hoffnungen man in sie setzte, als Frankfurt noch so aussah wie auf den goldgerahmten Bildern im Schaufenster der Kunsthandlung Himmighoffen neben der vom Krieg verschont gebliebenen Börse. Natur, wie sie in den Büchern von Männern steht, die in Frankfurt gelebt und geschrieben haben. Allumfassende Natur des »Hyperion«. Mitleidende Natur des »Werther«. Gespaltene Natur des »Faust«: weiter Raum zu großen Taten – *hier möcht' ich kämpfen, dies möcht' ich besiegen* – und einsame Zuflucht, wo in Wald und Höhle das erinnerte Bild aus dem Inneren dieser Stadt voll Sehnsucht nach draußen aufscheint. Gegenbild zur Enge des bürgerlichen Alltags, ins Medium des Weiblichen hineingeträumt:

Sie steht am Fenster,
sieht die Wolken ziehn
Über die alte Stadtmauer hin.

Das Goethehaus mit Dachgauben und Giebeln, aus rosa Mainsandstein wie Römer und Paulskirche, ein sorgsam rekonstruierter Fremdkörper im betongrauen Hirschgraben zwischen Parkhaus und Verkehrsschneise der Berliner Straße. Davor parkende Busse der City Tours – »lean back and enjoy Frankfurt«, Punkt für Punkt rosa naturgetönt.

Darin die alten Ideallandschaften und Stilleben wie einst auf der Tapete in Sterbensblau – bleumourant. Und blümerant das Gefühl, das sich an den Bruchstellen zwischen Interieur und Außenwelt einschleicht.

Gartenzimmer

Wo Goethe aus dem Gartenzimmer in Dichtung und Wahrheit »sehnsüchtiger Aufenthalt« – über Mauer und Wälle auf Mainebene und Taunus sah, blockieren heute die Hochhäuser der Banken und Konzerne hinter den Topfblumen am Fenster den Blick. Im Hof hoch über Delphinbrunnen und Mauer hinausgewachsen die Linde aus dem Jahr 1825. Ein Schritt durchs Tor, dahinter früher Gärten lagen, führt in den Hinterhof, der an das Haus des Deutschen Buchhandels anschließt. Frankfurt – Zentrum des Buchmarkts. Hauptumschlagplatz von Ideen, Idealen und Illusionen.

Im Goethemuseum lebensgroß das Bild der Bettina aus dem Haus »zum goldenen Kopf«, einst nicht weit von hier, und lebensnah oder vielmehr sterbensnah erscheint ihre Vision: »Es ist am Ende ganz lächerlich, wenn wir alles Schöne und Herrliche, von dem gesprochen wird, im Geist berühren und genießen, und wir sitzen in der Wirklichkeit wie eingefroren. Ich bin begierig, ob wir's nicht dazu bringen in der pappendeckelnen Welt; das ist es eben, daß sie von Pappendeckel ist. Da fällt mir mein Kindertraum ein, wo ich auf einem backsteinernen Fluß auf der Reise war, und die Ruderer vergeblich Wellen schlagen wollten, und nur mit Stechstangen ging's langsam vorwärts, – und das krachte so unangenehm, es pfiff, daß es mir zwischen den Zähnen weh tat. Ach und die Reisegefährten schnitten so fürchterliche Gesichter, – da hab ich recht in natura gesehen, was ein Philister für eine fürchterliche Lebenslarve hat.« Das »Freie Deutsche Hochstift« im Goethehaus hütet die handgeschriebenen Werke, Brief und Dokumente der Klassiker und Romantiker dieser Stadt. Hinter goldenen Wolken schreitet Faust im Glashaus der Städtischen Bühnen noch immer den ganzen Kreis der Schöpfung aus. Verhandlung der res publica Natur vor Publikum. »Aller schönen Dinge sind hier«, steht in großen Buchstaben über der Ladengalerie, die gegenüber vom Theater neben den Goetheterrassen in den unteren Etagen der Bank für Gemeinwirtschaft eingerichtet ist.

»Und so brauchen wir nicht weit umherzuschauen, wenn wir Beispiele suchen, daß Gewerbstätigkeit mit Liebe zu Wissenschaft und Kunst, wie vor alters, so auch in unseren Tagen recht wohl vereinbar seien«, schrieb Goethe fortschrittsfroh. Die seither beteuerte Eintracht wurde indes auch damals schon skeptisch angesehen. »In den Straßen riecht es nach Schacher; sonntags sind die Läden geschlossen. Was steckt denn hinter diesen eisernen Stäben und Gittern? – Schacher, Geld! – Was machen die Leute mit dem Geld? – Ach, sie geben Diners, sie putzen sich und fahren mit zwei Bedienten hinten auf«, schrieb Bettina über das ihr unheimlich werdende Frankfurt.

Autokolonnen

Vor dem Theater neben stockenden Autokolonnen Warten auf Grün, um ins Grüne der Taunusanlagen zu gelangen.

Winkt drüben nicht Hoffnungsglück?

Rauchende Schlote verblassen am Horizont, Bürohäuser türmen sich himmelwärts, bedrohlich gedrängte Kuben, glanzlos das Grau in den Fensterscheiben. Aber mitten hinein in die Schlucht aus Häuserquadern ergießt sich hell und klar, von fernen blauen Bergen herkommend, der Fluß. Schmetterlinge und Vögel flattern in Blütenzweigen. Munter springt die Forelle drunten im kristallklaren Wasser. Oben aus dem Zartblau des Himmels schaut Venus, Göttin des Frühlings, mit holdem, belebendem Blick. »Umweltschutz – das Gesicht der Welt in unserer Hand. Ein Wettbewerb des Naturschutzzentrums Hessen e. V. in Zusammenarbeit mit dem hessischen Kultusminister, gefördert von den hessischen Sparkassen. Schirmherr Holger Börner, hessischer Ministerpräsident.«

Vor dem farbigen Plakat im Schaufenster der Sparkasse von 1822 spiegelt sich dunkel der Neubau der Bank auf der gegenüberliegenden Straßenseite, der im Verein mit anderen Banktürmen die Taunusanlage umringt.

Taunusanlage – der Ort mit dem Anklang an blaue Ferne und himmelweites Jenseits der Stadt – eingeholt von deren mächtigster Repräsentanz.

Auf dem Gelände, wo früher die Stadtmauer war, ist es grün und gepflegt, aber menschenleer. Kaum jemand geht seinen Geschäften zu Fuß durch diese Anlage nach, die sie umgeben. In das unaufhörliche Brausen des Verkehrs fällt der kurze Takt von Spatenstichen. Spätherbst, Stillstand des Wachstums. Zeit zur Wartung der Pflanzendekoration um die Denkmäler der Unsterblichen. Rhododendron, Thuja, Pachysandra – immergrünes Gesträuch, das hier die Jahreszeiten zur Ewigkeit nivelliert.

Ganz vorn mit der Nummer 1 steht Goethe versteinert auf dem Sockel seines Werks und verkleinert vom Maßstab der neuen Bauten. Der hohen, schmalen und niedrigeren breiten Kuben in allen Schattierungen von grau bis schwarz, mit glänzenden Oberflächen wie poliert und blitzenden Inschriften und Zeichen: BfG, Commerzbank, Dresdner Bank, Frankfurter Hypothekenbank, Deutsche Bank, Chase Manhattan Bank . . .

Von weitem sichtbare Himmelslinie des neuen Frankfurt – jetzt zum Umkreis geschlossen. Ein beklemmender Ring aus den hohen Zeichen der Macht toter, in Kapital angehäufter Arbeit über alles Lebendige. Das Herz Frankfurts heute – eine Konzentration von nature morte. Die Geschichte vom armen Juden fällt mir ein, der zu Rothschilds pompösen Grabmal aufschauend seufzt: »Die Leit' leben!«

Zudringlichkeit

Aber diese kostspielige Begräbnisstätte hier läßt nicht in Frieden ruhen. Etwas wie allgegenwärtige Zudringlichkeit treibt rastlos weiter. *Es, es, es und es* . . . Es ist die Drohung »Geld oder Leben«, die an diesem Ort wahrgemacht wird. Was hier an toter Arbeit in Gestalt von Kapital Terrain erobert hat, behält auch die Lage der Lebenden im Griff. Ein Griff, der im Handumdrehen alle Dinge in Geld umwandeln kann; aber dem Wechsel haftet etwas Unwiderrufliches an. Entrance. Exchange. Exit. Drinnen hinter Panzerglasscheiben und in klimatisierten Räumen verwalten von Montag bis Freitag ungefähr 30 000 Menschen rund 300 Milliarden Mark, lenken Spitzenkräfte die Liquiditätsströme des Zirkulationskapitals. Draußen neben den Anlagen in Grün zirkuliert unterdes der Autostrom. Mit der langsamen Tilgung des Daseins vor und hinter den Schaltern kurzgeschlossen die beschleunigte Amortisation ringsumher auf den verkehrsüberlasteten Straßen.

Und abends und sonn- und feiertags das ganze Geviert ausgestorben. Wo der Quadratmeter Boden bis zu 12 000 DM kostet, wohnt niemand mehr. Aber auch in dem weiteren Umkreis, der City heißt, wird das Wohnen nach und nach den Geschäften preisgegeben. Wie die Toten werden auch die Lebenden aus dem Inneren der Stadt an die Peripherie verdrängt. Ungefähr 5000 Innenstadtbewohner sind während des letzten Jahres ins Frankfurter Umland gezogen. In die Flucht geschlagen von Lärm und Gestank und von der endlosen Steigerung des Geldwerts von Frankfurter Grund und Boden, auf dem die Naturbeherrschung in ihrer abstraktesten Form, in Handel und Verwaltung, kulminiert.

Rückstände

Während nach oben steigender Umsatz in mehr und mehr Stockwerken zutage tritt, werden unten unter dem Rasen der Taunusanlage die Rückstände des kommerziellen Aufstiegs fortgespült.

Hier wird die Stadt jährlich von Tausenden von Tonnen giftiger Abwässer und Dünnschlämme voller Cyanide, Nitrite und Chromate entsorgt. Die Kanalisation leitet Gift weiter in den Main. Mein Main, dein Main, unser Main heute. Die Fischer, Frankfurts älteste Zunft, haben hier nichts mehr zu fischen. Die Mainlust ist nur noch ein Straßenname, und von einer Badeanstalt wie zur Zeit des Herrn Kleeblatt spricht schon längst niemand mehr.

»Umweltschutz – das Gesicht der Welt in unserer Hand.« Wessen Welt? Wessen Hand? Rauchende Schlote rücken näher am Horizont. Leblos und trübe rinnt der Fluß zwischen Bürohochhäusern und Fabrikhallen westwärts seinem Ende zu. Unten bei Hoechst treiben tote Fische zwischen wuchernden Schlammpilzrasen. Oben im Chlorgelb des Himmels verblaßt Venus, Göttin des Frühlings, der Gärten; ewig weiblich dargestellte Natur, Gegenstand von Unterwerfung und Idealisierung zugleich.

»Dem Wahren, Schönen, Guten« – die Inschrift ist unversehrt geblieben an der Ruine der alten Oper, mit deren Bau man schon vor hundert Jahren das Wallservitut, die beschlossene Unantastbarkeit der Grünanlagen, durchbrach. Vom neuen Frankfurt zum Konzert- und Kongreßsaal restauriert, behauptet das Monument seinen Platz zwischen den Türmen der Banken, felsenfest im Wandel der Rolle, die das auf seiner Fassade proklamierte Wahre, Schöne, Gute in der Szene des Kapitals spielt: von den scheinbar zeitlosen Idealen der Klassik über die hohlen Parolen der Gründerjahre zu den baren Devisen von heute. »›Unter allen Völkern haben die Griechen den Traum des Lebens am schönsten geträumt.‹ Ein Spruch, von Goethe, natürlich. Und in Frankfurts Goethestraße (im Herzen der City) wird dafür gesorgt, daß die Deutschen »den Traum nachvollziehen. Im Urlaub« annonciert der Emery Reise Service, Generalagent der Greecia Ferries. Mit dem Slogan »Immer schön Mensch bleiben«, empfiehlt sich Amerika in Frankfurt. Des Volkes wahrer Himmel scheint immer weiter in die Ferne zu rücken, die immer schneller zu erreichen ist.

Weil, weil, weil und weil – weil ich aus Frankfurt muß.

Mittagsverkehr

Über die Mainzer Landstraße rollt der Mittagsverkehr. Am Opernplatz rattern die Baumaschinen auf Hochtouren. Über den Baugruben knarren die Kräne. Das neue Frankfurt schießt in die Höhe, bohrt sich in die Tiefe, geht in die Breite, schließt seine letzten Löcher mit Beton und Asphalt. Und malt seinen Insassen Paradiese an die Wand. Da glitzert die See, sie lädt zum Bade: »Bahamas. Nicht mehr nur davon träumen.« »Philippinen: Baden, Staunen, Rundreisen. Die Deutsche Bank gibt Ihnen gern Kredit.«

In Frankfurt, dem Zentrum des Geld- und des Reiseverkehrs, öffnen sich scheinbar auseinanderstrebende, aber im Unendlichen der Akkumulation des Geldes zusammentreffende Wege. »Jederzeit Sicherheit«, verspricht der Werbespot über der großen Uhr am Zürich-Hochhaus. Die Zeiger stehen auf zwölf. Aus den Gleit- und Drehtüren der Banken kommen Männer im grauen Flanell, gehen in Gruppen über die Bockenheimer Landstraße Richtung Freßgaß. »Zurück zum Abenteuer« – Naturburschen locken in die stille Weite Kanadas. Ein Wasserfall stürzt seitlich, fällt flach an der Bretterwand, wo noch vor kurzem Kastanienbäume standen. Sie fielen für den fließenden Verkehr auf und unter der Erde. »Für das Echte gibt es keinen Ersatz«. Reval trumpft mit vielfarbigen Klischees unverfälschter Natur auf. Wo ursprünglich Gewachsenes längst den siegreichen Fabrikaten gewichen ist, breiten sich jetzt – stellvertretend und weil verstellend – die Zeichen, Ersatz des Ersatzes aus.

»Werben lernen in Frankfurt.« Die Fachschule für Verkaufsförderung und Marketing macht Reklame für den nächsten Frühjahrslehrgang. Das Westend der Messestadt Frankfurt ist zum Zentrum der Werbeagenturen geworden. Während vor den Türen der bürgerlichen Villen aus den Gründerjahren die Vorgärten unter Parkplätzen verschwinden und Natur kaum mehr den grauen Dezemberhimmel für sich hat, entsteht im Inneren der Studios eine bunte Welt nach ihrem Bilde. Nach einem schillernden Bild, in dem Motive aus zweihundert Jahren bürgerlicher Geschichte der Natur sich mischen. Im Magazin der Warenwelt ausgewertet das ehemalige Arsenal antifeudaler Waffen und die immer noch aktuellen Inhalte menschlicher Wunschträume.

Urgestein

Vor dem Senckenbergmuseum ragen Basaltsäulen aus dem Miozän in die hektische Gegenwart der Stadt. Kristallines Urgestein, so alt wie der Westerwald. Natur, die vor uns war und ewig bleiben wird – vor zweihun-

dert Jahren noch ein verläßlicher Gedanke, auf den sich die sittlichen und rechtlichen Fundamente einer neuen Gesellschaft gründen ließen. Die Natur unverbrüchlicher Gesetzmäßigkeit unterstützte den Kampf gegen feudale Willkür und ständische Hierarchie, war Leitidee von einer anderen Ordnungskraft, wie sie auch in der Regelmäßigkeit der mineralischen Kristalle sinnfällig in Erscheinung tritt. Als Gegensatz zur Natur erscheint heute, was die naturforschende Gesellschaft dann erfand: die Natur rational faßbarer Gesetzlichkeiten in die Mechanik von laufenden Motoren übersetzt, in die Stromlinienförmigkeit der Karosserien, die Präzision des Räderwerks; eingebaut in das statische Raster der Gebäude hier entlang der Straße, transformiert zum bunten Kunststoff des Mobiliars hinter den verglasten Fronten – all das Verwandlungen von Natur, die in bestimmten Erscheinungsformen als Menschenwerk Unbehagen machen.

Dem antifeudalen Kalkülideal von Naturrecht und -gesetzen, politische und wirtschaftliche Stütze des aufsteigenden Bürgertums, folgte das Stimmungsideal, worin nicht mehr die Natur anorganisch kristalliner Ordnung und mechanischer Regelhaftigkeit, sondern wild wuchernder Urwüchsigkeit die Kontrastvorstellung zur etablierten Welt der Warenwirtschaft wurde. Unter den verschärften Umweltbedingungen von heute bietet sich die eingebürgerte Wildnis der Gründerjahre als »Notausstieg zur Natur« an. Aus der Seitenstraße leuchtet lila die Verheißung von »Frohsinn unter Blumen« im Palmengarten.

Warm entgegenströmender Geruch von humoser, feuchter Erde wie von Organischem schlechthin verschlägt beim Eintritt ins Tropenhaus beinahe den Atem. Grün gefiltertes Licht, vom Glasdach durch die Riesenfächer des wunderlichen Urwalds sickernd, rückt den Ort für Augenblicke aus der tristen grauen Nähe der umgebenden Stadt. Dicht gedrängt entfalten Orchideen und Bromeliengewächse den exotischen Zauber einer paradiesartig geträumten dritten Welt. Da zerreißt die Illusion. Schrill übertönt das Martinshorn den vom Moos gedämpften Fall der Tropfen, schreckt aus der grünen Treibhausdämmerung auf in die Kälte der hiesigen Jahreszeit. Mit einem leise klickenden Ruck gibt das eiserne Drehgatter den Weg aus dem Garten auf die Straße frei.

Nicht weit vom Buon Retiro der Gründerjahre öffnen sich von neuem, diesmal unvergitterte Wege ins Anderswo. Im Grüneburgpark, wo einst die Bankiers Bethmann und Rothschild residierten, dehnt sich heute ein veröffentlichtes Stück Wunschlandschaft weit in die grau verschlossene Stadt. Von Lichtung zu Lichtung schwingen sandige Wege zwischen weich gemuldeten Wiesen, über denen noch oder schon spürbar Sommerlust in der Luft liegt. Asyl und Exil, wohin sich Bedrängtes und Verbanntes rettet. Hier hat auch der klassizistische Pavillon, der 1964 dem Ausbau der Hausener Landstraße zur Schnellstraße weichen mußte, seinen neuen Standort gefunden.

Als Unterbrechung der bislang ausgebauten Dimensionen von unersättlicher Akkumulation und immerfort sich steigernder Geschwindigkeit läßt das Anderswie dieses Parks Zeit und Platz nicht nur für das, was übrigblieb, sondern auch für Gedankengänge in das, was noch nicht ist, aber werden könnte. Für Vorstellungen von umfassender »Humanisierung der Natur, Naturalisierung des Menschen«, wie sie in den sechziger Jahren wiederaufgelebt sind, als Frankfurt Mittelpunkt kritischer Gesellschaftstheorie und initiativer Studentenunruhe war. Mögliche Allianz mit Natur, die an solchen Orten zum Vorschein kommt.

Aber auch dies Anderswo ist keine Insel in einem stillen Ozean. Die Lärmglocke wölbt sich hoch und über alles. Der Verkehrsstrom an den Rändern der Oase reißt nicht ab. Wo die Miquelallee, mittlerweile eine breite, fast baumlose Ausfallstraße, den Weg aus dem Park abschneidet und zum Stehenbleiben zwingt, formiert sich das Jenseits des unablässig rasenden Verkehrs plötzlich zu imposanter Einigkeit. Der Fernmeldeturm, endlich nah und noch immer unendlich fern in seinem überdimensionalen Ausfall nach oben, erhebt sich wie der Campanile zum Langhaus der Deutschen Bundesbank, den Mittelpunkt des deutschen Geldwesens, Zentrum der Zentren, exzentrisch heraushebend aus dem zurückweichenden Vorfeld Stadt. Zusammenschluß zu einer monumentalen Basilika über sämtliche Trennlinien hinweg, die den Raum aller weltlichen Bewegungen und Erfahrungen zu ihren Füßen auseinanderreißen, die Stadt ins Unbegreifbare zerfallen lassen.

Einzelheit stößt an Einzelheit. Zentrum reiht sich an Zentrum, löst Zentren ab, löst Zentren auf. In Auflösung, Zerstückelung, allenthalben ins Abseits sich verfahrend »diese Stadt – unser Frankfurt heute«. Eine Messe dieser Stadt.

Distanz

Die Bundesbank auf Distanz gehalten von unzugänglichem Grün. Auf dem Teich der öffentlichen Anlage diesseits des eisernen Gatters mit Stacheldrahtkrone schwimmen Enten. Aufgeworfene und übergrünte Hügel lassen die tiefe Grube vermuten, die auf dem Diebsgrund jenseits des Zauns das bundesdeutsche Gold umschließt. Über dem magischen und doch handfesten Schatz wird hinter Glas und Stahl auch der Reichtum gesichert, der nur noch als Zahl in Büchern steht oder als Pünktchen über Speicherbänder flimmert. So verändert das Un-Ding Geld, selbst des Scheins eines Scheines noch entkleidet, das Gesicht unserer Welt; als etwas, das es eigentlich nicht gibt, und das doch aus allem, was es gibt, etwas anderes macht. Eine gleichsam immanente, den Dingen dieser Welt innewohnende Übersinnlichkeit. Etwas, das bei aller Unklarheit darüber, was Natur ist, mit Sicherheit nicht Natur ist, sondern deren äußerster Gegensatz.

Neben dem abgeschirmten Bezirk, wo man über die Währung dieses Landes entscheidet, preist die Gastronomie auf dem Turm, von dessen Rekordhöhe die Richtfunkanlage der Bundespost unterdessen diskret Verbindungen mit aller Welt knüpft, »gesellschaftliche Vergnügen auf höchster Ebene« an. Mit dem Lift in wenigen Sekunden durch den schmalen Schaft des Turms auf 235 Meter Höhe geschnellt. Fast lautlos gleiten die metallenen Türen des Aufzugs auseinander, weicher Teppich dämpft die Schritte beim Heraustreten – beinahe absolute Stille herrscht in der Aussichtskanzel himmelhoch über der eben noch lärmerfüllten Stadt, auf die der Blick fällt durch schräg geneigte Fenster; Sicht wie im Flug, während die Welt da unten langsamer, fast statisch erscheint.

Die kleinen, einzelnen und lebhaften Bewegungen sind von hier oben kaum mehr wahrnehmbar. Der Fluß hört auf zu fließen. Die vorhin noch chaotisch wirkende Raserei des Verkehrs beruhigt sich unter der Aufsicht zur gleichmäßig und unaufhörlich weiterbewegten Mechanik von bunten Teilchen auf langezogenen, sich bündelnden, wieder auffasernden, in Schleifen zueinander-, in endlosen Geraden am Horizont auseinanderstrebenden grauen Bändern, gesäumt von weißen Leitplanken und grüngefärbten Lärmschutzwänden, an die hart die Blöcke einer schematischen Behausung stoßen.

Übersichtlich liegt sie da, die rechtwinklig oder in gekrümmte Planimetrien aufgeteilte Stadt, im Netz einer Ordnung, die sich über alle Einzelheiten der durchkreuzten Quartiere rings im Rund hinweg dem Blick erschließt. Wie von quasi-neutraler Position eines Satelliten aufgenommen – Perspektive des Generalverkehrsplans; der geht mit den Richtlinien eines Teilgebiets zielstrebig aufs Ganze: »Der Netzaufbau entspricht weitgehend der bislang in der Straßenverkehrsplanung der Stadt Frankfurt verfolgten Konzeption, ein in sich schlüssiges System von Tangenten, Radialen und Ringen zu schaffen.«

Noch fehlende Stücke im systematischen Zusammenhang ergänzt das Auge von hier oben mühelos. In Bahnen, Kreisen und Radien gedacht, setzt die ausgeführte Idealstadt das liberalistische Postulat der Gleichheit um in die Tat, die alle gleichermaßen als Verkehrsteilnehmer an der Stadt teilhaben läßt. Hier herrscht Demokratie, wie ihr starker Arm es will.

Doch die Exekutive wird in der Unterordnung des vielschichtigen Stadtlebens unter die maßgebliche Abstraktion der Bahnen, die zweidimensional, planmäßig um sich greifen, unversehens zur Exekution. Die Stadtteilentwicklungsplanung an der Basis wurde eingestellt. In den kommenden Jahren will Frankfurt mehr als jede andere Großstadt hierzulande in den weiteren Ausbau von Straßen investieren.

Expansion

Hand in Hand mit der Expansion des Verkehrs geht die Propaganda für die Freiheit in philanthropisch beschlossenen Grünräumen, gleichsam als Verzögerungstaktik eines langgezogenen Schlusses. *Es, es, es und es – es ist ein harter Schluß ...* Die Niddawiesen vor dem Ginnheimer Wäldchen, noch ein unbestimmter Fleck Wirklichkeit, der Natur näher als deren Gegenpol, dem Geld, sind im Plan schon grellgrün zusammengeflossen mit den lärmdurchtosten Zonen um den Miquelknoten, dem Grüneburgpark, dem Palmengarten und der Senckenberganlage zum Terrain einer Gartenschau, die unter dem Motto »Natur in der Stadt« ihr idyllisches Geschäft betreibt. Natur, Utopia des bürgerlichen Aufbruchs, zum trügerischen Arkadien geworden. Etwa ein Drittel des für die Schau vorgesehenen landschaftsgeschützten Geländes im Niddatal soll Parkplätzen zum Opfer fallen. Bleiben wird von der Stadt, der durch sie hindurchgeht – Verkehr, konzentrisch, radial, tangential, schneidend. *Drum schlag' ich Frankfurt aus dem Sinn und wende mich ...* – wohin? Was vom Sachsenhäuser Berg noch als hoffnungsvolle Ahnung offen schien, hier hat es sich zur enttäuschenden Gewißheit zugezogen: Der Taunus, näher gerückt, hat sich zugleich weiter entfernt. Zerfahren die Hänge, die Täler entzogen von der zugkräftig werbenden Immobilienspekulation: »Taunus für Kenner, für alle, die sich stark mit der Natur verbunden fühlen«.

Schöpfungen

Mit einer Natur im Gegensatz zum Menschenwerk, zu den Schöpfungen des menschlichen Geistes, der Kultur und schließlich dem Geist schlechthin – Geschichte. Der Herren eigener Geist, die fixe Idee, so lange in den Kopf gesetzt, bis die Erde da draußen nicht mehr zu erkennen ist. Das Festhalten am illusorischen Gegensatz leistete der grassierenden Gleichförmigkeit Vorschub. Da unten eines Tages kein freier Grund, kein offener Boden, kein Platz für Menschen, kein Platz für Tiere mehr. Aus Frankfurt nur die Wettervorhersage für den nächsten Tag. Morgen, Samstag, den 22. Dezember. Auf dem Kalender geht der Herbst zu Ende, fängt der Winter an.

Über der wetterfest erstarrten Stadt jetzt wieder weiß der Himmel wie unbeschriebene Natur. Unfest und vielleicht doch mit einer künftigen Geschichte vereinbar, wie sie Bettina bei aller Skepsis vorgeschwebt hat? »Am Himmel tragen die Wolken ihre Begebenheiten mir vor, sie ballen und türmen sich und schreiten auseinander und steigen und kreuzen sich und lassen sich nieder, kurz, es ist ein Staatsleben unter ihnen. – Am meisten seh' ich die Revolutionsgeister drin! Wollt' ich prophetisch sein, ich würde mich an die Wolken halten. Nicht, daß sie wirklich Geschichte ausmalen könnten. Aber der Geist kann sich selber ahnen, selber erkennen und sich selbst hinübererzeugen in das, was er sich vorstellen kann. Gewiß kommt einst eine Zeit der Erlösung, wo nicht mehr einer die Wahrheit prophetisch oder ahnungsweise vorträgt, sondern wo die ganze Welt zugleich weiß und empfindet, was ihr Lebensnahrung gibt, und wo sie drin wuchert wie im üppigen Boden die Pflanzen und Früchte wuchern.«

Durch die Fernrohre rings an den Fenstern der Aussichtskanzel öffnet sich die Nähe der einzelnen Stadtteile. Westend, Nordend, Ostend, Sachsenhausen und all die ehemaligen Dörfer tauchen aus dem Raster des Verkehrsnetzes und der Planquadrate auf, brechen durch dies Frankfurt durch, entfalten einen anderen Zusammenhang. Darin bewegt sich was, statt nur bewegt zu werden. Innere Natur sozusagen, die sich äußert in unruhigem Übergang zu einem Anderswie dieser Stadt. Natur, die nicht vor uns war, die mit uns Wir werden könnte, noch unfest, innen und außen neu verbindend. Natur wie der frisch gefallene Schnee auf der Kohlenhalde vor Degussa – weiß auf schwarz und nicht nach Haus zu tragen.

3.3. Helmut Koch: *Remsfeld – Lebensverhältnisse in einem Dorf Nordhessens*

1. Vorbemerkungen

Eine neue Landromantik scheint sich heute um das Dorf zu verbreiten. Ökonomische Krise, verschlechterte Berufsaussichten, zunehmende politische Repression und das Scheitern weitgehender, mit viel Hoffnung verbundener Reformmaßnahmen lassen das Landleben, besonders im Bewußtsein von Studenten und Intellektuellen, wieder attraktiver erscheinen als das Leben in den Metropolen. Zusammen mit oft romantischen und unrealistischen Vorstellungen über das Land, die sich an den Verhältnissen vor 15 oder 20 Jahren orientieren, verstärken diese Faktoren die Tendenzen einer »inneren Emigration«, die Suche nach überschaubaren und intakten Lebenszusammenhängen.

Im folgenden soll versucht werden eine realistischere Betrachtung dadurch zu ermöglichen, daß der Strukturwandel des Dorfes einmal im Detail beschrieben wird, d. h. wie er sich konkret in einem Dorf Nordhessens in der Nachkriegsära vollzog und welche Auswirkungen das auf die Lebensverhältnisse der dort ansässigen Bevölkerung hatte.[1]

Daß es sich dabei nicht um das Problem eines einzelnen Dorfes handelt, sondern die dort festgestellten Erscheinungen nur Ausdruck und Symptom gesamtgesellschaftlicher Entwicklungstendenzen sind, sollte bei einer solchen kleinräumlichen Betrachtung immer mitberücksichtigt werden.

Der Strukturwandel des ländlichen Raumes ist bekanntlich weder das ausschließliche Problem einzelner, isoliert zu betrachtender Regionen oder Dörfer, noch eine typische Erscheinung der letzten zwei oder drei Jahrzehnte – etwa als Folge des Krieges – sondern notwendige Begleiterscheinung der Herausbildung und Ausbreitung des Kapitalismus. Es ist ein Teil des Prozesses, der zunehmenden Unterordnung von immer mehr Bereichen des gesellschaftlichen Lebens unter die Gesetze des Marktes und der Warenproduktion, der sich u. a. in der zunehmenden Vergesellschaftung des ländlichen Raumes äußert.

Vergesellschaftung als verstärkte Integration der ländlichen Regionen in den kapitalistischen Reproduktionsprozeß bedeutet gleichzeitig die Auflösung und Beseitigung historisch älterer Strukturen, Produktionsweisen und Lebensformen in diesen ländlichen Gebieten. Die Konkurrenzfähigkeit der industriellen Zentren war nicht nur durch Eroberung des Weltmarktes, sondern auch des Binnenmarktes zu sichern. Das implizierte die Zerstörung der dort durch Subsistenzwirtschaft, kleiner Warenproduktion und regionalen Handelsbeziehungen teilweise noch bestehenden eigenständigen ökonomischen Basis und damit eine zunehmende Abhängigkeit von den Zentren.

Zur Aufrechterhaltung von Produktion und Reproduktion mußten parallel zur Ausbreitung der »Marktwirtschaft« immer mehr Ressourcen aus den »zurückbleibenden« Regionen abgezogen werden; bekanntestes Beispiel: die Abwanderung von Arbeitskräften in die Ballungsgebiete.

In jüngster Zeit verstärkt sich – nachdem die Integration weitgehend stattgefunden hat – die Tendenz zur Funktionalisierung ländlicher Räume, d. h. die Ausdifferenzierung arbeitsteiliger Regionen, denen nur noch jeweils bestimmte Aufgaben, z. B. Wohnen, Naherholung, intensive landwirtschaftliche Produktion, ökologische Nische, Abfallbeseitigung, Standort für AKW etc. zukommen, und die folglich dann aufgrund ihrer Funktionsverarmung jeweils spezifische Defizite aufweisen (vgl. Funk, A., [4] S. 15 ff.). Insofern kann zumindest heute nicht mehr von »dem« ländlichen Raum gesprochen werden, vielmehr müssen die jeweils vorfindlichen Probleme und Lösungsmöglichkeiten, auch wenn sie sich auf die gleichen Ursachen zurückführen lassen, gesondert analysiert und diskutiert werden.

Die vorliegende kleinräumige Betrachtung eines einzelnen Dorfes beschränkt sich auf die Nachkriegsära, in der sich die bisher stärkste Umstrukturierung ländlicher Regionen in diesem Jahrhundert vollzog.

In den ersten Nachkriegsjahren kam es zunächst zu einer teilweisen »Renaissance der Provinz«, verursacht u. a. durch die Zerstörung vieler Großstädte (Evakuierungen) und der zunächst dezentralen Ansiedlung der Flüchtlingsmassen aus den Ostgebieten. Die Landwirtschaft behielt eine existentielle Bedeutung für die inländische Nahrungsmittelversorgung. Dementsprechend wurde auch die Subsistenzwirtschaft als vielfach einzige Möglichkeit, das Existenzminimum zu sichern, ausgedehnt. Die Möglichkeiten zur Eigenversorgung verminderten die Abhängigkeit von den industriellen Zentren und stärkten für kurze Zeit die eigenständigen ökonomischen Strukturen. Dazu machte das noch weitgehend intakte soziale Gefüge auf dem Lande, den ländlichen Raum zu einem wichtigen gesamtgesellschaftlichen Stabilisierungselement und nicht zuletzt zum Ansatzpunkt kleinbürgerlich-konservativer Restaurationsbestrebungen.

Gleichzeitig entstanden jedoch in dieser Periode, in der die »Krise des ländlichen Raumes« zunächst aufgehoben schien, die Bedingungen für eine noch tiefgreifendere Umstrukturierung und Krise der ländlichen, agrarisch strukturierten Gebiete. Die enorme Expansion der westdeutschen Industrie rief – mit zeitlicher Verzögerung – einen ebenso enormen Strukturwandel auf dem Lande hervor. Beispielhaft dafür ist die abnehmende Bedeutung des landwirtschaftlichen Sektors in der BRD, wie etwa bei der Betrachtung der Zahl der Betriebe und der Beschäftigten in der Landwirtschaft deutlich wird.

2. Das Dorf Remsfeld – Allgemeines

Als exemplarisches Beispiel für die Entwicklung soll Remsfeld (im folgenden abgekürzt R.) dienen, ein Dorf 40 km südlich von Kassel, am Nordrand des Knüllgebirges gelegen, eines Höhenzuges, der sich vom Vogelsberg ausgehend, zwischen west- und osthessischem Bergland nach Norden erstreckt. Das Knüllgebiet gehört zu den unterentwickelten Regionen Hessens und ist u. a. gekennzeichnet durch geringe Bevölkerungsdichte – 60 Einw./qkm (Hessen: 255), hohen Anteil land- und forstwirtschaftlicher Erwerbspersonen – ca. 40% (Hessen: 6%), kleinbäuerliche Agrarstruktur, geringe Infrastrukturausstattung, Bevölkerungsstagnation bzw. -rückgang, Überalterung der Bevölkerung, geringe Wirtschaftskraft (25% geringeres Bruttoinlandprodukt pro Kopf der Bevölkerung als im hessischen Durchschnitt), kaum gewerbliche Arbeitsplätze usw.; also überwiegend Bedingungen, die sich auf das Leben der hier ansässigen Leute erschwerend auswirken (vgl. AVA, [1]).

Die Vorzüge, die dieser Raum bietet, wie die noch relativ intakte Natur mit viel Wald und abwechslungsreicher Landschaft sowie das beschaulichere Leben in den vorwiegend kleinen Dörfern (75% der Ortschaften haben weniger als 500 Einwohner) – von den Einheimischen als Selbstverständlichkeit betrachtet – sind seit den 60er Jahren Anlaß für gezielte Vermarktung durch den Fremdenverkehr.

R., begünstigt durch seine Verkehrslage, entwickelte sich wirtschaftlich und demographisch schneller als die umliegenden Dörfer, was zu einer heute relativ bevorzugten Stellung in dieser Region führte und den Strukturwandel des ländlichen Raumes hier besonders deutlich werden läßt. R. ist seit 1972 Mittelpunktgemeinde mit Sitz der Verwaltung und der Mittelpunktschule.

Die Anbindung an das Eisenbahnnetz (anno 1900), direkter Anschluß an die Autobahn Kassel – Frankfurt (1936) sowie die Nähe zur Kreisstadt Homberg förderten die Entwicklung in diesem Jahrhundert entscheidend und führten schon um die Jahrhundertwende zur Industrieansiedlung (Basaltwerk, Sägewerk). Damit einher ging ein Anstieg der Einwohnerzahl von 449 (anno 1895) auf 760 (1938) und eine Änderung der Sozialstruktur. Zu der ursprünglich fast ausschließlich landwirtschaftlichen Bevölkerung kamen mehr und mehr Arbeiter und in geringerem Umfang Angestellte und Beamte hinzu.

3. Wirtschafts- und Sozialstruktur 1945-1975

Von 1945 bis 1949 stieg die Einwohnerzahl stark an auf 1230, durch den Zustrom von Evakuierten, Flüchtlingen und Vertriebenen. Die damit verbundene Erhöhung der Zahl der Erwerbstätigen gewährleistete ein hohes Potential billiger Arbeitskräfte. Viele waren gezwungen jede sich bietende Beschäftigungsmöglichkeit wahrzunehmen.

Je etwa 200 Arbeiter und Angestellte waren um und nach 1950 im Tonwerk (Produktion von Ziegelsteinen, Tonrohren u. ä.) und in der Stuhlfabrik beschäftigt, davon kam fast die Hälfte von außerhalb.

Außer bei den beiden großen Betrieben gab es nur wenig weitere Arbeitsplätze für Lohnabhängige. Dazu zählten die rd. 10 in der Landwirtschaft und die jeweils 2-3 bei Bahn, Post, Gemeinde sowie die 8-10 im Handwerk und etwa 10 Stellen für Hausangestellte in verschiedenen Familien. Außerdem verfügte die Schule noch über 5 Lehrerstellen (für 227 Schüler im Jahr 1948).

Wegen fehlenden empirischen Daten ist die Gesamtzahl der Arbeitsplätze nicht mehr genau zu bestimmen, sie bewegte sich jedoch um 450. Jedenfalls war die Nachfrage nach Lohnarbeitskräften so groß, daß fast alle lohnabhängigen Remsfelder am Ort arbeiten konnten und darüber hinaus noch rd. 200 Einpendler in R. beschäftigt waren.

Noch in den 50er Jahren kehrte sich die Entwicklung um. Evakuierte kehrten in ihre Heimatstädte zurück, andere zogen fort, weil sie in Ballungsgebieten ihre Arbeitskraft besser verkaufen konnten. Die Einwohnerzahl nahm bis 1960 um rund 100 ab und blieb dann bis in die 70er Jahre hinein konstant.

Nach der ersten Phase der wirtschaftlichen Expansion führten schon Ende der 50er Jahre die verschärfte Wettbewerbssituation und schwierigere Absatzbedingungen zu Umstrukturierungen und Abbau von Arbeitsplätzen. Die Stuhlfabrik stellte ihre Produktion zunehmend auf die marktgängigen Polstermöbel sowie arbeitssparende Technologie um und konnte sich daher auf dem Markt behaupten. Das Tonwerk ging dagegen 1964/65 in Konkurs. Die meisten Arbeiter waren gezwungen, sich auswärtige Arbeitsplätze zu suchen, denn das neu angesiedelte Kalksandsteinwerk bot zwar eine moderne Technologie, aber nur 20 Arbeitsplätze.

Durch diese Entwicklung wurden viele Remsfelder zu Pendlern. Die Motorisierung nahm zwangsläufig zu, denn in der Nähe gab es kaum Arbeitsplätze und die öffentlichen Verkehrsmittel erwiesen sich als zu umständlich. Von großer Bedeutung wurde das neu in Baunatal (bei Kassel) erstellte VW-Werk, wo heute ca. 60 Remsfelder arbeiten. Für die Fahrt dorthin bildeten sich private Fahrgemeinschaften.

Die Zahl der Auspendler übersteigt inzwischen die der Einpendler bei weitem. Dieser Tatsache liegt eine ambivalente Entwicklung zugrunde, denn einerseits waren zwar viele Lohnabhängige gezwungen, außerhalb Arbeit zu suchen, andererseits stieg, besonders bei den Jüngeren, auch die Bereitschaft dazu. Verständlich, wenn man bedenkt, daß z. B. im VW-Werk Baunatal die Löhne für Facharbeiter etwa ein Drittel höher sind als in R.

Die wenigen Arbeitsplätze für Lohnabhängige in der Landwirtschaft fielen ebenfalls der Rationalisierung und Mechanisierung zum Opfer, es besteht bei den Bauern keine kaufkräftige Nachfrage mehr nach einem Landarbeiter oder Dienstmädchen.

Hausangestellte, früher in Familien der gehobenen Mittelklasse zu finden, haben nur noch der Zahnarzt und der katholische Pfarrer. Ganz verschwunden sind die Berufe der Gemeindeschwester und der Hebamme, deren Aufgaben inzwischen von der »Hessenklinik« in Homberg übernommen werden. Außerdem mußte der »Bimmelmann«, der früher einmal wöchentlich mit dem Fahrrad und der »Bimmel« (= Glocke) durchs Dorf fuhr und die Gemeindenachrichten ausrief, dem Mitteilungsblatt der Gemeindeverwaltung weichen. Auch den Dorfgendarmen gibt es heute nicht mehr.

Dafür haben andere Tätigkeiten in anderen Bereichen an Bedeutung gewonnen. Ein Vergleich zeigt sowohl den zahlenmäßigen Rückgang als auch die Umstrukturierung. Den insgesamt rund 450 Arbeitsplätzen für abhängig Beschäftigte am Ort in den frühen 50er Jahren – davon über 90% in den produktiven Sektoren Industrie (400) und Landwirtschaft (10) – stehen heute weniger als 200 gegenüber. Davon entfallen auf die Industrie ca. 100 (im Kalksandsteinwerk 20 und in der Stuhlfabrik 80).

Gewaltig an Bedeutung zugenommen hat der Dienstleistungssektor, auf den eigentlich alle restlichen Arbeitsplätze entfallen: Fremdenverkehr 8-10; Handwerk 25; Gemeinde 24 (davon 12 in der Verwaltung); Handel und Banken 8-10; Wäscherei 3; Post 3; Bahn 1; in Arztpraxen 3 und im Bildungsbereich 21 (Schule 16, Kindergarten 5).

Entsprechend den ökonomischen Veränderungsprozessen wandelte sich auch die Sozialstruktur. Ähnlich wie in der Gesamtentwicklung der

Bundesrepublik nahm bei den Erwerbstätigen der Anteil der Selbständigen von 18 auf 13% und der mithelfenden Familienangehörigen von 15 auf 9% deutlich ab.[2] Der Anteil der Lohnabhängigen erhöhte sich demgemäß von 67 auf 78%; Angestellte und Beamte nahmen zu von 13 auf 25%, wohingegen der Arbeiteranteil fast gleichblieb (54 bzw. 53%).[3]

Laut Gemeindeblatt der Volkszählung verteilten sich die Erwerbstätigen 1970 auf die verschiedenen Wirtschaftsbereiche wie folgt: Land- und Forstwirtschaft 9,5%; produzierendes Gewerbe 57,5%; Handel und Verkehr 11,4%; sonstige Wirtschaftsbereiche 21,6%.

Diese Zahlen machen deutlich, daß die Sozialstruktur von R. heute eher der einer Kleinstadt entspricht als einem Dorf außerhalb des Einzugsgebietes von Ballungsräumen.

Insgesamt sind bei dieser Gegenüberstellung auf der quantitativen Ebene zunächst drei Entwicklungen besonders klar zu erkennen. Einmal der rapide Verlust von Arbeitsplätzen in den lokalen Industriebetrieben und das völlige Verschwinden von Lohnarbeitskräften in der Landwirtschaft; zweitens die Bedeutungszunahme des gesamten Dienstleistungsbereiches in der Arbeitsplatz- und Berufsstruktur und drittens die Verschiebung des Verhältnisses Selbständige – Lohnabhängige in der Sozialstruktur, im wesentlichen verursacht durch die Proletarisierung von kleinen Handwerkern und Bauern.

Es ist im Rahmen dieses Aufsatzes nicht möglich, alle genannten Aspekte ausführlicher zu behandeln und auch nicht notwendig, denn zumindest der Wandel in der industriellen Produktion, der Arbeitsplatzverlust durch Rationalisierungen etc. und die Veränderungen in der Sozialstruktur sind von anderen Autoren schon häufiger beschrieben worden (z. B. Kern, Schuhmann, Tjaden, Kromka, Wurzbacher, Vente). Daher beschränke ich mich hier auf eine exemplarische Betrachtung von Entwicklungen, die vor dem eingangs skizzierten theoretischen Hintergrund des Strukturwandels im ländlichen Raum besonders typisch sind und das Ausmaß des Veränderungsprozesses verdeutlichen.

Zwei Bereiche bieten sich besonders an, nämlich Handwerk und Landwirtschaft, wobei die Beschreibung der Landwirtschaft einen größeren Umfang einnehmen wird, denn der Strukturwandel ist ohne ein Verständnis des Wandels der bäuerlichen Produktions- und Lebensform und dessen Auswirkungen auf das dörfliche Leben nicht zu verstehen.

4. Handwerk

Zunächst sei die Entwicklung und der Wandel im Bereich des Handwerks kurz dargestellt.

Nach 1945 gab es in R. 2 Schuster, 2 Schmiede, 2 Bäcker, 3 Metzger, 2 Maler, 2 Schreiner, 1 Friseur (seit 1947), 1 Sattler und 2 Müller. Viele von ihnen betrieben nebenberuflich (die Schuster, Schmiede, Schreiner, der Sattler und ein Metzger) oder hauptberuflich Landwirtschaft (die Müller). Die beiden anderen Metzger waren außerdem Gastwirte. Daneben gab es noch zwei Stellmacher, die zwar offiziell keinen Betrieb mehr hatten, aber bei Bedarf noch Aufträge ausführten; hauptberuflich waren sie Bauern. Insgesamt waren zu der Zeit also 17 bzw. 19 selbständige Handwerker in R. tätig. Heute sind es noch 11, und zwar 2 Bäcker, 1 Maler, 1 Elektriker, 2 Installateure (Heizungen, sanitäre Anlagen etc., einer ist außerdem Kunstschmied), 2 Metzger, 1 Friseur und 2 Kfz-Mechaniker (Autobahn!). Von diesen Betrieben haben nur sechs schon 1950 bestanden. Nur vier üben heute noch die gleiche berufliche Tätigkeit aus als Metzger, Bäcker bzw. Friseur, wenn auch in veränderter Form.

Schon aus diesen Angaben geht der deutliche Strukturwandel im handwerklichen Sektor hervor; es sind nicht nur erheblich weniger, sondern auch nicht mehr dieselben Betriebe wie früher.

Noch stärker tritt dieser Wandel hervor, wenn man die Veränderung handwerklicher Tätigkeiten mit berücksichtigt. In weit stärkerem Maße als heute waren Handwerker noch selbst Produzenten (kleine Warenproduzenten) und bis auf wenige Ausnahmen (Friseur) nicht ausschließlich Dienstleistungsbetriebe. Außerdem stand die überwiegende Zahl in direkter oder indirekter Verbindung mit der Land- und Forstwirtschaft (Schmiede, Bäcker, Metzger, Müller, Stellmacher, Sattler und z. T. Schreiner). Das heißt, daß z. B. die Schmiede (Hufschmiede) Hufeisen, Eggen, Pflugschare, Ketten o. ä. noch selbst herstellten und Dienstleistungen fast nur für die Landwirtschaft erbrachten. Ähnlich die Stellmacher, die u. a. Wagenräder, Leitern, Rungen und Bremsklötze, und die Schreiner, die Möbel, Türen, Fenster, Särge etc. herstellten. Das Holz dazu kam meist aus den umliegenden Wäldern und wurde auf den regionalen Holzauktionen erstanden. Der Sattler reparierte Kuh- und Pferdegeschirre und stellte auch noch selbst welche her.

Viele Handwerker waren also in den regionalen, von der Land- und Forstwirtschaft bestimmten Produktions- und Reproduktionskreislauf einbezogen, indem sie entweder Vorleistungen oder Dienstleistungen in Form von Reparaturen erbrachten, bzw. Rohstoffe aus Land- und Forstwirtschaft des Dorfes bezogen (Getreide, Holz). Ein Beispiel für einen bis in die 50er Jahre hinein funktionierenden, relativ autonomen wirtschaftlichen Kreislauf und die Verknüpfung verschiedener Bereiche kann man aus der Nahrungsmittelproduktion und -versorgung entnehmen. Der überwiegende Teil der einheimischen Remsfelder Familien bewirtschaftete damals selbst etwas Land und produzierte sein eigenes Brotgetreide, mit geringem industriellen Aufwand an Maschinen, Düngemittel etc. Das Getreide wurde nach der Ernte in die Mühlen gebracht und dort gemahlen (mit Wasserkraft); Kleie und Mehl bekam man zurück. Beides wurde vom Müller bzw. vom Müllerknecht mit dem Pferdegespann im Dorf ausgefahren. Ein Teil des Mehles ging an die Bäckereien, die im übrigen jeweils zu einer der Mühlen gehörten. Die meisten Familien hatten dann Mehl im Haus und einen Mehlvorrat beim Bäcker, bei dem sie sich dafür die entsprechende Menge Brot im Laufe des Jahres holen konnten, gegen Entrichtung des »Backelohnes«. Wer selbst Brot zubereitete, ging, nachdem er sich vorher für einen bestimmten Tag angemeldet hatte, zum Backen in eines der beiden Backhäuser, die noch bis 1953 bestanden. Neben Brot wurde hauptsächlich »Blechkuchen« (Hefekuchen) im Backhaus gebacken.

Mit dem Wandel der landwirtschaftlichen Produktion, der Konzentration und Mechanisierung sowie dem Eindringen der Industrie in Bereiche der Landwirtschaft und des Handwerks, verbunden mit Industrialisierung und Kapitalisierung handwerklicher Zweige (vgl. besonders die Konzentration im Mühlengewerbe), verschwanden ehemals typische dörfliche Handwerksberufe (Schmied, Sattler, Stellmacher, Müller etc.). Damit lösten sich zwangsläufig traditionelle Formen der Selbstversorgung – wie der oben beschriebenen – auf.

Die heutigen Handwerksbetriebe in R. sind überwiegend zu Dienstleistungsbetrieben und zu Verkäufern industrieller Produkte geworden, wobei sich die handwerkliche Tätigkeit meist auf das Aufstellen oder Installieren von Geräten, Anlagen oder Bauteilen beschränkt. Ausnahmen bilden z. T. noch die Bäcker, Metzger und der Kunstschmied.

Als Ausbildungsstellen für Lehrlinge sind die Handwerksbetriebe nach wie vor von Bedeutung; die Zahl der Lehrstellen hat sich kaum geändert (5-7), wohl aber die Branchen, die hauptsächlich ausbilden. In den 50er Jahren bildeten Schreiner und Maler, heute bilden die Kfz-, Elektro- und Installationsbetriebe die meisten Lehrlinge aus. Die Bedeutung als Arbeit»geber« ist allerdings mit der Ausdehnung des Dienstleistungsbereiches größer geworden; den etwa 5 Arbeitsplätzen 1950 (ohne Lehrlinge) stehen heute ca. 25 gegenüber.

Entsprechend gestiegen ist auch die Bedeutung des Handwerks als Wirtschaftsfaktor, trotz dem zahlenmäßigen Rückgang von Handwerksbetrieben. Dies ist in der Region jedoch nur für ganz wenige Dörfer kennzeichnend, u. a. für R., das durch seine Entwicklung zum Kleinzentrum (durch Gebietsreform noch forciert) auch zu einem zentralen Ort für Dienstleistungen wurde. In den meisten der kleineren Nachbardörfer gibt es nur noch vereinzelt selbständige Handwerker.

5. *Landwirtschaft*

Die Landwirtschaft hat in R., wie im gesamten Knüllgebiet, mit relativ schwierigen natürlichen Standortbedingungen zu kämpfen. Bei einer Höhenlage von 260-350 m, einer Bodenklimazahl von ∅ 45, bei durchschnittlicher Jahrestemperatur von 7,8° C, Jahresniederschlägen von ∅ 590 mm und einer Hangneigung von über 10% bei mehr als der Hälfte der landwirtschaftlichen Nutzfläche (LN) ist die Wettbewerbsfähigkeit der landwirtschaftlichen Betriebe in R. gegenüber landwirtschaftlichen Intensivregionen – wie dem nur wenige km entfernten Raum Wabern-Borken – von vornherein eingeschränkt. Hinzu kommen die relative Marktferne und kleinbäuerliche Agrarstruktur als weitere Nachteile.

Bezogen auf die gesamte landwirtschaftlich genutzte Fläche gibt es in R. noch über 40 landwirtschaftliche Betriebe mit einer durchschnittlichen Größe von 7 ha. In diesen Angaben sind allerdings noch Betriebe enthalten mit bis zu 1 ha. LN, die zwar ihr Land bisher weder verpachtet noch verkauft haben, es aber auch nicht mehr selbst bewirtschaften. Das wird heute von größeren Bauern – quasi als Dienstleistung – mit übernommen. Bezieht man nur die Betriebe mit ein, die ihre LN selbst bewirtschaften, dann kommt man auf eine Zahl von 24 und eine Durchschnittsbetriebsgröße von rd. 12 ha. Von diesen 24 sind 5 Haupt- und Zuerwerbsbetriebe und 19 Nebenerwerbsbetriebe.

1950 gab es noch 18 (!) Haupt- und Zuerwerbslandwirte, die ihr Einkommen ausschließlich bzw. überwiegend aus der Landwirtschaft bezogen. Der Zuerwerb bestand früher in der Regel aus Einnahmen vom Holzschleifen für die Stuhlfabrik (5 oder 6 Betriebe). Die beiden größten landwirtschaftlichen Betriebe in R. – »Niedermühle« und »Obermühle« – waren zusätzlich, wie der Name schon sagt, Mühlenbetriebe. Die drei Betriebe, die man heute als Zuerwerbsbetriebe bezeichnen könnte, erhalten ein Zusatzeinkommen aus Mieten, Pachten bzw. Pension.

Bemerkenswert ist der enorme Rückgang der hauptberuflichen Bauern, die sich noch im Wettberwerb um »konkurrenz- und wachstumsfähige«

Betriebe behaupten konnten, auf weniger als ein Drittel der Anzahl von 1950. Was wurde aus den anderen 13?

Bei 7 dieser Betriebe erfolgte ein Übergang vom Haupt- zum Nebenerwerb, und zwar dadurch, daß sich der Sohn bzw. Schwiegersohn ein festes außerlandwirtschaftliches Einkommen als Industrie-, Bau- oder Waldarbeiter verschaffen mußte, denn der landwirtschaftliche Betrieb hätte zwei Generationen nicht mehr ernähren können. Die anderen Betriebe wurden ganz aufgegeben, u. a. wegen Krankheit oder fehlendem Betriebsnachfolger. Gemeinsam ist diesen Betrieben, daß sie im Wettlauf um rentable Betriebsgrößen (für eine hauptberufliche Landwirtschaft) auf der Strecke geblieben sind und jeweils für sich individuelle Lösungen suchen mußten. Trotzdem bewirtschaften heute auch die meisten Nebenerwerbsbetriebe eine größere Fläche wie etwa 1950 oder 1960 (das trifft selbst auf die ehemaligen Haupt- und heutigen Nebenerwerbsbetriebe zu). Das kommt daher, daß schon in den 50er Jahren viele kleine und kleinste Nebenerwerbslandwirtschaften aufgegeben und die frei werdenden Flächen z. T. von größeren Nebenerwerbsbauern übernommen wurden. Eine stärkere Expansion erfolgte jedoch bei den Haupt- und Zuerwerbsbetrieben, deren durchschnittliche LN heute 36 ha. (1950 = 19 ha.) beträgt und die fast zwei Drittel der gesamten LN in R. bewirtschaften. Dominierend sind dabei zwei Großbetriebe (relativ betrachtet), die über mehr als 50 bzw. 60 ha. verfügen. Generell ist zum Flächenwachstum der Betriebe zu sagen, daß sich die schon um 1950 bestehenden Unterschiede fortgesetzt und sogar vergrößert haben, d. h. die »Kleinen« sind zwar auch gewachsen (sofern sie nicht aufgegeben haben), aber nur in geringerem Umfang im Vergleich zu dem überproportionalen Wachstum der beiden »Großen«. Entsprechend groß ist auch der Unterschied in der ökonomischen Potenz; z. B. ist nur den beiden letzteren heute noch möglich, ausreichend Eigenkapital für Neuinvestitionen zu bilden, die anderen zehren entweder von der Substanz oder – wie die meisten Nebenerwerbsbetriebe – bestreiten ihre Investitionen aus den außerlandwirtschaftlichen Einkommen.[4] Wie schon erwähnt sind das heute in der Regel Einkommen aus lohnabhängiger Arbeit in der Industrie. Der Anteil derjenigen Nebenerwerbsbauern, die im Haupterwerb selbständig sind, ist fast Null. Noch vor 20 bis 30 Jahren war das anders, da war die Mehrzahl der Nebenerwerbsbauern, die mehr als 1 ha. LN hatten und diese selbst bewirtschafteten, im Haupterwerb Handwerker, Gastwirte etc., also selbständig. Daraus wird ein deutlicher Strukturwandel auch im Bereich der Nebenerwerbslandwirtschaften ersichtlich, in dessen Verlauf der ehemals ökonomisch relativ unabhängige Handwerker und Bauer zum Lohnabhängigen wird, der sogar noch zur Aufrechterhaltung seiner landwirtschaftlichen Produktion auf industrielle Vorleistungen angewiesen ist.

Bisher war nur die Rede von den Familien, die selbst in irgendeiner Form landwirtschaftliche Produktion betrieben und die dafür notwendigen Maschinen, Geräte, Zugtiere bzw. Zugmaschinen besaßen. Darüber hinaus gab es jedoch andere, die einige Morgen Land hatten, diese aber von einem Landwirt bestellen ließen, bei dem sie dann als Gegenleistung im Tagelohn arbeiteten (meist die Frauen). Fast jede einheimische Familie in R. konnte auf diese Weise Kartoffeln und Brotgetreide anbauen, etwas Vieh halten und zusammen mit dem Anbau von Gemüse im eigenen Garten etc., die eigene Ernährungsgrundlage weitgehend sichern. Einige Angaben über die Viehhaltung verdeutlichen das. Um 1950 gab es 65 Betriebe, die mindestens eine Kuh hielten; zusammen waren das 161 Kühe, davon dienten 99 neben der Milchgewinnung als Zugtiere. Der Rindviehbestand betrug insgesamt 280 Tiere; er beträgt heute 300 Tiere, die jedoch nur in 14 Betrieben gehalten werden. Darunter sind Betriebe, deren Bestand früher im Haupterwerb kleiner war als heute im Nebenerwerb. Wer keine Kuh besaß, hatte wenigstens Ziegen, Schafe und/oder Schweine, was auf die meisten Arbeiterhaushalte zutraf. 1950 gab es z. B. in R. noch 106 Ziegen, heute keine mehr. Auch die Zahl der Schweinehalter ist um mehr als die Hälfte gesunken, die Zahl der Tiere aber von ca. 450 auf 700 gestiegen. Die Form der Nutzviehhaltung war 1950 weit weniger intensiv als heute und diente mehr der Verwertung sowieso vorhandenen Futters und der Selbstversorgung als der Produktion für den Markt, wie das heute der Fall ist.

Ähnliches gilt für den Anbau von Feldfrüchten, bei denen der Anteil der Kartoffeln und des Brotgetreides für den Eigenverbrauch und der Futterpflanzen für das Vieh (bei Getreide ein relativ großer Anteil Hafer für die Pferde) den Anteil der reinen Marktfrüchte bei weitem übertraf. Bedenkt man weiter, daß auch das Vieh entweder direkt zur Selbstversorgung diente, oder zumindest indirekt über die örtlichen Metzger wieder die Verbraucher in R. und der näheren Umgebung erreichte, so ist zu erkennen, daß hier durchaus ein intakter regionaler Versorgungskreislauf in Gang war, in den die meisten Dorfbewohner einbezogen waren.

Heute spielt die Produktion für den Direktverbrauch kaum noch eine Rolle, das Anbauverhältnis der Feldfrüchte hat sich zugunsten von Marktfrüchten wie Weizen und z. T. Zuckerrüben verschoben, ebenso bzw. noch stärker wird in der Viehhaltung für den überregionalen Markt produziert. Der beste Beweis dafür sind das Entstehen und enorme Expandieren von Vermarktungseinrichtungen, wie Viehverwertungsgenossenschaften u. ä. Umgekehrt ist die landwirtschaftliche Produktion heute weitgehend von industriellen Vorleistungen der Futtermittel-, Landmaschinen- und chemischen Industrie abhängig geworden. Mit der Landwirtschaft verbundene Handwerksbetriebe sind dadurch überflüssig geworden. Diese Integration in den gesamtgesellschaftlichen Produktionsprozeß bedingte gleichzeitig die Auflösung der vielfältigen regionalen ökonomischen Beziehungen, Verflechtungen und Abhängigkeiten.

Das trifft auch für den Bereich der Arbeitskräfte in der Landwirtschaft zu. Wie schon erwähnt bestand innerhalb des Dorfes zwischen Bauern und Familien mit nur wenigen Morgen Land eine Form der Gegenleistung: Feldbestellung gegen Arbeit im Tagelohn (eine evtl. Differenz wurde in Bargeld beglichen). Da eine recht große Zahl von Familien auf diese Art ihr Feld bestellen ließen, gab es auf den Bauernhöfen keinen Mangel an Arbeitskräften. Es war nicht selten, daß bei den größeren Bauern 10 Frauen im Tagelohn arbeiteten; manchmal kamen noch einige Männer dazu (oft nach der Arbeit in der Fabrik). wobei die große Zahl der Flüchtlinge zu berücksichtigen ist, die anfangs oft froh waren, wenn sie bei einem Bauern gegen Naturalien arbeiten konnten.

Damals hatten die Bauern eine Schlüsselstellung innerhalb des Dorfes inne und ein großer Teil der Dorfbevölkerung war von ihnen abhängig. Da einige Bauern das z. T. auch bewußt ausnutzten, ist das Entstehen von Ressentiments gegen die Bauern allgemein nicht verwunderlich.

In der Aufschwungphase der 50er Jahre besserte sich dann die Lage der Arbeiter und Angestellten allmählich, so daß zunehmend die Notwendigkeit zur Selbstversorgung schwand. Immer weniger Familien hielten deshalb Vieh oder bewirtschafteten Land. Ein Zeichen von Wohlstand war es, wenn man »es nicht mehr nötig hatte«, selbst Land zu bebauen, bzw. bebauen zu lassen und dafür auf Tagelohn zu gehen. Man war ohne eigenes Vieh und Land »freier« und unabhängiger (z. B. auch von den Bauern), hatte mehr Freizeit und wollte mit Landwirtschaft eigentlich nichts mehr zu tun haben. In dieser Phase sank der soziale Status und die ökonomische Bedeutung der Bauern rapide. Unterstützt wurden diese Tendenzen von der massiven Werbung der Industrie, die die Märkte auf dem Lande stärker erschließen wollte (mußte).

Die Landwirtschaft konnte mit der Entwicklung der Industrie nicht Schritt halten, besonders im Bereich der Löhne für Fremdarbeitskräfte.[5] Die Diskrepanz zwischen dem, was in der Landwirtschaft im Tagelohn und in der Industrie bezahlt wurde, vergrößerte sich rasch. Der industrielle Sektor zog Ressourcen und Arbeitskräfte aus der Landwirtschaft ab, die deshalb insbesondere seit 1960 zu einer starken Rationalisierung und Mechanisierung gezwungen war.

Um 1950 betrug der Arbeitskräftebesatz auf den Haupterwerbsbetrieben in R. noch zwischen 20 und 30 Arbeitskräften (AK) pro 100 ha. LN, heute bewirtschaften 3,5-7 AK die gleiche Fläche. Entsprechend gestiegen ist daher der Maschinenbesatz. Bekanntestes Beispiel dafür ist die Verdrängung des Pferdes als Zugtier durch den Schlepper. Früher gab es in R. 39 Pferde = 39 »PS«, heute 30 Schlepper mit zusammen über 1000 PS. In DM ausgedrückt lag 1950 der Maschinenbesatz insgesamt zwischen 500 und 1000 DM pro ha. LN und liegt heute bei 5-6000 DM/ha. Übertroffen wird dieser Wert allerdings von einigen Nebenerwerbsbetrieben, die nicht selten 8000 DM und mehr je ha. erreichen. Das heißt, daß z. B. ein Betrieb mit 15 ha. LN, Maschinen im Wert von rund 120 000 DM besitzt (jährliche Maschinenfestkosten somit rd. 12 000 DM). Ein fast spektakuläres Beispiel in dieser Hinsicht ist ein Nebenerwerbsbauer, der im Kalksandsteinwerk R. arbeitet, daneben rund 8 ha. Land bewirtschaftet und sich zusätzlich zu einem schon vorhandenen 40 PS-Schlepper in diesem Jahr noch einen Allradschlepper mit 62 PS gekauft hat. Dieses u. ä. Beispiele zeigen m. E., daß hier offensichtlich die frühere ökonomische Unterlegenheit und der damit verbundene geringere Sozialstatus überkompensiert wird, indem man sich heute große Maschinen, die Prestigeobjekte darstellen und von der Industrie u. a. auch als solche angepriesen werden, kauft und das eigene Selbstbewußtsein stärkt. Betriebswirtschaftliches Kalkül spielt in diesen Fällen keine Rolle, gewirtschaftet wird mehr nach dem Gefühl als nach marktwirtschaftlich rationalen Erwägungen. Das trifft vorwiegend auf eine bestimmte Gruppe von Nebenerwerbsbauern zu, auf die mit etwa 7 bis 10 ha. Daneben gibt es eine Reihe von kleineren Betrieben zwischen 3 und 6 ha., die mit relativ geringerem Aufwand arbeiten.

Das außerlandwirtschaftliche Einkommen wird in den größeren Nebenerwerbsbetrieben in der Regel für Maschinenkauf und -unterhaltung und für Gebäudeinstandhaltung verwendet, während man vom Einkommen aus der Landwirtschaft den unmittelbaren Lebensunterhalt bestreitet. Dabei genießt der Betrieb Vorrang vor persönlichen Bedürfnissen. Man leistet sich selbst wenig, am wenigsten Freizeit oder Urlaub. »Arbeit« ist ein Wert an sich; der Mann trägt die Doppelbelastung der außerlandwirtschaftlichen und landwirtschaftlichen Tätigkeit, während die Ehefrau im wahrsten Sinne des Wortes »multifunktional« ist und nicht selten die Hauptlast im Haushalt, Garten, bei der Kindererziehung und auch in der Landwirtschaft trägt. Die Kinder werden meist schon früh zur

Arbeit herangezogen, weil besonders die intensive Viehhaltung vieler Betriebe sehr aufwendig ist und der Vater vor oder nach seinem Acht-Stunden-Tag in der Industrie genug auf dem Feld zu tun hat. So wird beständig »geschafft«, 12 oder 14 Stunden täglich ist durchaus üblich. Erträglich ist die Arbeitsbelastung nur in den Betrieben, wo zwei voll arbeitsfähige Generationen vorhanden sind; Urlaub oder eine mit anderen Berufstätigen vergleichbare Freizeit gibt es aber auch dort nicht.

Vieles von dem bisher Gesagten über die Nebenerwerbsbauern in bezug auf Arbeitsbelastung, Urlaub etc. trifft auf alle Bauern zu, nur der größte bildet eine gewisse Ausnahme. Dessen Betriebsorganisation und moderne Technik ermöglicht es, daß der Betriebsleiter auch einmal vertreten werden kann, z. B. von seinem Lehrling (dieser Betrieb ist der einzige Lehrbetrieb in R. und bildete in den letzten Jahren einige Lehrlinge bzw. Praktikanten aus). Am schlechtesten ist die Situation auf den Betrieben, die nur vom Betriebsleiter und seiner Frau und vielleicht noch vom Opa bewirtschaftet werden und wegen ihrer geringen Größe intensiv Vieh halten müssen, zur Erwirtschaftung eines einigermaßen ausreichenden Einkommens. In diesen typischen kleinbäuerlichen Familienbetrieben führt die ständige Arbeitsüberlastung zu erhöhter Krankheitsanfälligkeit oder zu chronischen Leiden, die – wie in einem Beispiel vor kurzer Zeit geschehen – zur Betriebsaufgabe zwingen können. Gerade in diesen Betrieben (3-4 in R.), die zwischen den gut ausgerüsteten Nebenerwerbs- und den beiden wachstumsfähigen Betrieben stehen, ist die Perspektivlosigkeit und die Angst vor der Zukunft am größten. Die einzigen Alternativen bestehen im Grunde in der Hoffnung, irgendwie über die Runden zu kommen, oder darin, daß der Sohn trotz außerlandwirtschaftlicher Ausbildung den Betrieb im Nebenerwerb weiterführen wird.

Bei einer Gesamtbetrachtung der Entwicklung der bäuerlichen Betriebe in R. läßt sich neben der schon angesprochenen Diskrepanz auf ökonomischer Ebene auch eine Vergrößerung der Unterschiede in der sozialen Lage feststellen. Expansion und intensive Kapitalisierung der großen Betriebe einerseits führten andererseits zu wachsenden Verschlechterungen der wirtschaftlichen und sozialen Situation der kleinbäuerlichen Betriebe.

Daneben wandelte sich jedoch auch die Stellung der Landwirtschaft insgesamt innerhalb des Dorfes. Denn mit dem Verlust der zentralen wirtschaftlichen Bedeutung ging ein Absinken des sozialen Status der Bauern einher, was im wesentlichen mit dem inzwischen gesteigerten Selbstbewußtsein der anderen Teile der Dorfbevölkerung zusammenhängt, besonders derjenigen, die in den ersten Nachkriegsjahren von den

Bauern abhängig waren und z. T. dort arbeiten mußten, um genügend zum Essen zu haben. Das ist verständlich, denn besonders für viele Arbeiterfamilien bedeutet das heute das eigene Haus mit Garten, Auto, Urlaubsreisen usw., gegenüber ihrer damaligen Situation in den Hungerjahren, als sie oft mit 5 oder 6 Personen in zwei Zimmern zur Miete wohnten, ein realer gesellschaftlicher Aufstieg.

Dem steht bei den meisten Bauern keine vergleichbare Entwicklung gegenüber.

Die Veränderungen im sozio-ökonomischen Bereich hatten natürlich auch zur Folge, daß sich allgemein die Lebensbedingungen auf den Bauernhöfen geändert haben. Dazu gehört z. B. die Auflösung traditioneller Formen der Geselligkeit, wie der »Spinnstube«. Dabei kamen in der Regel mehrmals im Winter alle diejenigen bei »ihrem« Bauern zusammen, die dort im Laufe des Jahres – meist im Tagelohn – gearbeitet hatten. Wie der Name schon sagt, wurde ursprünglich in der Spinnstube gesponnen und zwar nicht nur Garn. Die interessantesten Begebenheiten, die sich im Dorf oder bei der Arbeit zugetragen hatten, wurden hier beim Erzählen, phantasievoll ausgeschmückt, zu spannenden Geschichten oder witzigen Anekdoten. Je öfter sie wiederholt wurden, um so spannender und phantasievoller hörten sie sich meist an. Daher rühren wohl auch Redensarten wie: »Das sind doch Hirngespinste«, oder »Du spinnst ja«.

Jedenfalls hatte die Spinnstube neben der unmittelbar »nützlichen« auch eine wichtige kommunikative Funktion.

Nach dem Kriege war das Spinnen nicht mehr üblich, sondern es wurden meist Säcke, Wagentücher u. a. geflickt und später auch mehr und mehr andere Handarbeiten verrichtet, wie Stricken, Häkeln usw. Dieser Übergang zu »feineren« Handarbeiten hing ebenfalls mit der Technisierung der Landwirtschaft zusammen, denn je mehr die Getreideernte durch den Mähdrescher mit Korntank und der Transport der Körner vom Felde mit dem Kippanhänger und auf den Speicher mit dem Körnergebläse erfolgte, desto weniger brauchte man Getreidesäcke (zum Abfüllen an der Dreschmaschine) und Wagentücher (lagen auf den Leiterwagen, um Transportverluste von Körnern zu verhindern).

Änderte sich also durch Technisierung zunächst nur der Charakter der Spinnstube, so kam es im weiteren Verlauf zur fast völligen Auflösung dieser Art von Geselligkeit. Sie verschwand mit dem Fortfall der ökonomischen Voraussetzungen – der gegenseitigen Abhängigkeit von »Tagelöhnern« und Bauern. Da dieses Verhältnis weniger auf gegenseitiger Zuneigung o. ä. beruhte und auch alles andere als gleichberechtigte Partnerschaft war, sondern patriarchalisch bestimmt mit einer klaren Hierarchie, erklärt das wohl auch, warum sich solche Gesellungsformen, bei denen teilweise enge Kontakte über Jahre und Jahrzehnte bestanden hatten, sich nicht weiter erhalten haben.

Ein anderes Beispiel verschwundener Gemütlichkeit ist die »Wurschtesuppe« (Schlachtefest); früher ein Fest, an dem Nachbarschaft und Verwandtschaft teilhatte und bei dem ausgiebig gegessen und getrunken wurde (= freudiger Ausdruck der Gewißheit, daß man in nächster Zeit keinen Mangel erleiden mußte), ist heute eine fast alltägliche Begebenheit, von der kaum Notiz genommen wird.

Auch das ehemals wichtigste Fest der Bauern, das Erntedankfest, spielt kaum noch eine Rolle. Schlagkräftige Maschinen haben heute die Abhängigkeit vom Wetter, besonders in der Heu- und Getreideernte, erheblich verringert, ebenso den psychischen Druck und die Ungewißheit über den Ausgang der Ernte. Technische Rationalität und zunehmende Beeinflussungsmöglichkeit natürlicher Bedingungen haben religiöse Dankgefühle als wesentlichen Inhalt des Erntedankfestes verdrängt. Zudem bedeutete früher, im Gegensatz zu heute, die Freude über eine gute Ernte zugleich die ziemliche Gewißheit, den Bestand des Betriebes wieder für ein Jahr gesichert zu haben. Wie wichtig die Ernte für das gesamte Dorf damals war, zeigt sich u. a. daran, daß Dorffeste wie die Kirmes in der Regel erst nach der Erntesaison stattfanden. Heute ist die Ernte die Angelegenheit der wenigen Bauern, ohne besondere Bedeutung für das Gros der Dorfbewohner. Auch darin drückt sich der Bedeutungsverlust der Landwirtschaft als ökonomischer Faktor und als bestimmender Teil des dörflichen Lebens aus.

Die enge Verknüpfung der Bauern mit den anderen Dorfbewohnern, besonders der Handwerker und Arbeiter, die in den Bereichen Arbeit und Freizeit bestand, hat sich gelöst. Individualisierung und Privatisierung sind Kennzeichen der neueren Entwicklung.

Die Beziehungen, die früher notgedrungen bestanden und die auch unter den Bauern enger waren als heute, bestehen nicht mehr und wenn, dann auf freiwilliger Basis und nicht wegen ökonomischen Notwendigkeiten. Auch die Bauern sind in gewisser Weise unabhängiger geworden, und zwar von Arbeitskräften und handwerklichen Vorleistungen, die das Dorf bot. Privatisierung und Unabhängigkeit bedeutet für die Bauern in diesem Zusammenhang, daß sie heute ihren Betrieb weitgehend auf sich allein gestellt bewirtschaften können bzw. müssen, mit allen damit verbundenen Implikationen, wie erhöhter Arbeitsbelastung, wenig Freizeit etc. Dazu kommt ein erhöhtes ökonomisches Risiko und eine weitgehend gleichmäßig hohe Arbeitsbelastung in allen Jahreszeiten. Der Winter ist keine »ruhige« Zeit mehr in Betrieben mit intensiver Viehhaltung.[6]

Von den Vorgängen des Strukturwandels und seinen Folgen individuell und passiv betroffen zu sein, ist eine gravierende Erfahrung der Bauern. Insbesondere der Prozeß der Abwanderung von Arbeitskräften aus der Landwirtschaft, an derem vorläufigen Ende sie als »auf sich allein Gestellte« stehen, hat ihr schon bestehendes individualistisches Bewußtsein noch verstärkt und teilweise zu Resignation geführt. Das Gefühl, sich entweder individuell dem Strukturwandel anpassen zu müssen oder aufzugeben, trägt wesentlich zur Verhinderung gemeinschaftlicher Aktivitäten bei. So geht z. B. nicht einmal überbetrieblicher Maschineneinsatz über erste Ansätze hinaus, der ist im Gegenteil in den letzten Jahren noch eingeschränkt worden.

Am stärksten trifft das auf Betriebe zu, die früher im Haupterwerb und heute im Nebenerwerb betrieben werden und deren weitere Existenz in den 60er Jahren davon abhing, daß sie ein festes außerlandwirtschaftliches Einkommen erlangten, um die notwendigen Maschineninvestitionen durchführen zu können. Besonders diese Bauern machen ihr individuelles Bemühen zur Überwindung der damaligen Notsituation am stärksten für den relativen Erfolg heute verantwortlich. Dabei dokumentiert u. a. eine perfekte Maschinenausstattung nach außen hin, daß sie auf »niemanden angewiesen« sind.

Das Gefühl, die Entwicklung nicht irgendwie aktiv mitgestalten zu können, verhindert auch ein breiteres politisches Engagement selbst auf kommunaler Ebene oder in der berufsständischen Interessenvertretung. Antworten wie: »Die da oben machen doch was sie wollen« oder »Ich hab' genug mit meinen eigenen Angelegenheiten zu tun«, sind typisch für die vorherrschende Einstellung. Deshalb ist es auch nicht verwunderlich, daß die Bauern von R. im wesentlichen von den beiden Großbauern in der Öffentlichkeit repräsentiert werden, was ihre Sonderstellung auch auf diesem Gebiet unterstreicht. Aufgrund dessen verfügen sie über das entsprechende Bewußtsein der Notwendigkeit eines politischen Engagements und bringen auch am ehesten die Zeit dafür auf. So kommt es fast zwangsläufig zu starken Ämterhäufungen, wie bei dem größten Remsfelder Bauern, der mehr Positionen und Ehrenämter innehat, als alle anderen zusammen und u. a. Vorsitzender des CDU-Ortsverbandes, Mitglied des Gemeindevorstandes, des Kreistages, des Aufsichtsrates der Raiffeisen- und Volksbank, des Schulelternbeirates und Vorsitzender der Vieh- und Fleischvermarktungsgenossenschaft ist.

Insgesamt betrachtet haben jedoch die Bauern innerhalb des Dorfes auch politisch an Bedeutung verloren (z. B. ist im Ortsbeirat von R. bei neun Sitzen nur ein Bauer vertreten).

6. Strukturwandel und staatliche Maßnahmen

In diesem Abschnitt sollen die zwei wesentlichen staatlichen Reaktionen auf die Auswirkungen des Strukturwandels kurz angesprochen werden, nämlich Knüllentwicklungsplan und Gebietsreform.

Obwohl die wirtschaftlichen Daten ländlicher Räume – auch des Knüllgebietes – in der Nachkriegsära absolute Steigerungsraten aufweisen und der Lebensstandard der Bevölkerung gestiegen ist, wurde schon Anfang der 60er Jahre eine zunehmende Diskrepanz in der wirtschaftlichen Entwicklung deutlich, nicht nur zwischen den Ballungsgebieten Südhessens und nordhessischen Mittelgebirgsregionen, sondern auch innerhalb Nordhessens, etwa zwischen dem Knüllgebiet und benachbarten Regionen wie dem Raum Wabern-Borken. Die Situation des Knüllgebietes verschlechterte sich deutlich, in der Relation betrachtet.

Um eine weitere Auseinanderentwicklung zu verhindern und bestehende Defizite zu verringern, verkündete die hessische Landesregierung 1968 das »Programm zur Entwicklung des Knüllgebietes«, das zum Ziel die Verbesserung der Wirtschafts-, Agrar- und Infrastruktur sowie die besondere Förderung des Fremdenverkehrs hatte.

Dieses Programm sieht vor, R. mit seiner günstigen Verkehrslage, vorhandener Industrie etc. zu einem der 5-6 Kleinzentren des Knüllgebietes auszubauen. Schritte dazu waren die Errichtung einer Mittelpunktgrund- und -hauptschule 1971, die von rund 400 Kindern (100 aus R.) aus 18 (!) umliegenden Dörfern besucht wird, und der Bau eines Kindergartens mit 100 Plätzen 1974. Damit in Zusammenhang steht auch die Errichtung des Verwaltungssitzes der 1972-74 im Zuge der Gebietsreform gebildeten Großgemeinde »Knüllwald« (mit 16 Ortsteilen) in R.[7]

Diese Maßnahmen stärken die relativ bevorzugte Stellung von R. weiter. Das bestehende Angebot an Versorgungs-, Dienstleistungs- und Bildungseinrichtungen macht R. als Wohngemeinde attraktiver, die Bautätigkeit steigt und das Fortbestehen des o. g. Angebots bzw. sogar dessen Erweiterung ist möglich (z. B. Neuansiedlung eines Blumenladens und eines Quelle-Shops). Die Verbesserung der Infrastruktur wird praktisch zu einem selbsttätigen Prozeß.

Die Kehrseite dieses Vorgangs ist die entgegengesetzte Entwicklung in den meisten umliegenden Dörfern, d. h. deren gesellschaftliches, kulturelles und politisches Leben verarmt und Ausstattung mit Versorgungs- und Dienstleistungseinrichtungen verringert sich.

Das eigentliche Geschehen spielt sich in der Mittelpunktgemeinde ab, ob das nun die Kommunalpolitik auf unterer Ebene betrifft, oder das

Vereinsleben, das sich allmählich auch dort konzentriert – was u. a. durch Vereinsneugründungen und Mitgliederzuwachs aus umliegenden Dörfern unterstrichen wird – oder auch größere kulturelle Veranstaltungen.

Die Verbesserung der Infrastruktur scheint sich hauptsächlich zugunsten der zentralen Gemeinde auszuwirken.

Andererseits hat R. durch die Maßnahmen zu seiner Entwicklung (und der des Raumes) seinen »dörflichen Charakter« weitgehend verloren, was sich wiederum auf die Entwicklung des Fremdenverkehrs als wichtigen Punkt des Knüllentwicklungsplanes, nachteilig auswirkt. Großzügige Straßenneu- und -ausbauten, erhebliche Ausdehnung der bebauten Fläche durch »moderne« Siedlungen (»Zersiedelung der Landschaft«), Veränderung des Ortsbildes zu einem mehr »städtischen« Aussehen usw., machen R. in Hinblick auf den Fremdenverkehr bestimmt nicht attraktiver. Das bestätigt auch die Tatsache, daß von den 20-25 000 Übernachtungen pro Jahr inzwischen der überwiegende Anteil auf Durchreisende und nicht auf Dauergäste entfällt. Die Zahl der Pensionen ist in R. nicht zuletzt deswegen geringer geworden; heute bestehen noch 10 Betriebe mit etwa 100 Betten.

Zur Verbesserung der ebenfalls im o. g. Programm enthaltenen Agrarstruktur, wurden in den vergangenen Jahren einige Maßnahmen durchgeführt wie Ausbau der Wirtschaftswege, Meliorationen und Öffnen von Gräben. Die weitergehenden Maßnahmen im Rahmen einer Flurbereinigung mit Flächenzusammenlegung, Beseitigung von Nebenwegen, Feldrainen u. a., stehen in Kürze bevor.

Nach der sogenannten »Verkoppelung« 1908, ist das in diesem Jahrhundert der zweite große Versuch, die Flächenstruktur der landwirtschaftlichen Nutzfläche den veränderten ökonomischen Bedingungen und dem »technischen Fortschritt« (= größere, teurere, leistungsfähigere Maschinen) anzupassen und damit zugleich den Trend zu landwirtschaftlichen Großbetrieben (»wachstumsfähige Betriebe«) zu unterstützen.

Insgesamt beschleunigen die staatlichen Maßnahmen im Rahmen des Knüllentwicklungsplanes und der Gebietsreform den Strukturwandel, d. h. die Anpassung der ländlichen Strukturen an die veränderten sozioökonomischen Rahmenbedingungen.

7. *Das gesellschaftliche und politische Leben*

In den vorhergehenden Kapiteln war immer wieder von Veränderungen die Rede, von Veränderungen, die die sozialen und ökonomischen Verhältnisse in R. z. T. grundlegend gewandelt haben. Mit den veränderten sozio-ökonomischen Bedingungen haben sich die Beziehungen der Menschen untereinander gewandelt, ebenso natürlich das gesellschaftliche und politische Leben im Dorf. Die dörfliche Gemeinschaft im ursprünglichen Sinne besteht nicht mehr, allenfalls noch Reste davon in veränderter Form.

Wie sich diese Gemeinschaft realisierte, kam schon in den Kapiteln über Handwerk und Landwirtschaft zum Ausdruck. Der Zusammenhalt der Dorfbewohner stellte sich primär über die notwendige Zusammenarbeit zwischen Handwerkern, Bauern, Arbeitern u. a. zur Sicherung der Subsistenzgrundlage her. Diese ökonomisch bedingten und notwendigen Kontakte stellten selbstverständlich auch private Beziehungen her. Beides war oft nicht voneinander zu trennen, denn auch z. B. nachbarschaftliche und verwandtschaftliche Kontakte bauten sich wesentlich auf gegenseitiger Hilfe auf etwa bei Familienfeiern, beim Schlachten oder wenn eine Kuh kalbte und besonders in Not- und Katastrophenfällen. Nicht zu vergessen die vielen Häuser, die die meisten Arbeiter- und Flüchtlingsfamilien auf der Basis gegenseitiger Hilfe erbauten. Dieses Aufeinanderangewiesensein ist ein wesentlicher Punkt in der Erklärung der dörflichen Gemeinschaft.

Das Eingebettetsein in das Netz von Beziehungen, Abhängigkeiten und gegenseitiger Hilfe vermittelte ein Gefühl der Sicherheit. Enge Kontakte und gutes Kennen untereinander führten aber auch zu recht häufigen privaten Streitereien und nicht zuletzt zu strengerer sozialer Kontrolle; der Zwang zur Anpassung war unwiderstehlich. Soziales Ansehen erwarb man durch Leistung (= Arbeit) und durch Besitz (= irgendwann einmal erbrachte Leistung). Arbeit war ein Wert an sich, wer viel arbeitete (körperlich) war viel »wert«; »Faulenzen« war ein schwerer Makel. War jemand als »arbeitsscheu« bekannt und dazu noch ohne Besitz, gehörte er zu den sozial Verachteten im Dorf und befand sich am Fuße der Hierarchie. Gegen diese Familien richteten sich die Aggressionen der Dorfbewohner, was besonders stark bei den Kindern untereinander zum Ausdruck kam. Die Kinder waren die eigentlichen Leidtragenden (es handelte sich in R. im wesentlichen um zwei kinderreiche Familien), sie haben es deshalb als Erwachsene auch vorgezogen, in Städte abzuwandern.

Letztlich zwang die Nicht-Besitzenden also nicht nur die Notwendigkeit den eigenen Lebensunterhalt zu sichern, zur Arbeit – auch gegen geringen Lohn, sondern auch soziale Normen; zum Vorteil derjenigen, die neben der eigenen auf fremde Arbeitskraft angewiesen waren.

Insofern erfüllt das Bild der dörflichen Gemeinschaft nicht die Vorstellung einer ländlich harmonischen Idylle oder einer idealen Solidargemeinschaft, obwohl es durchaus ein Gemeinschafts- und Zusammengehörigkeitsgefühl gab, aber eher gegenüber Außenstehenden oder anderen Dörfern. Da gab es richtige Dorffehden, die z. B. auf dem Fußballplatz ausgetragen wurden. Innerhalb des Dorfes spielten Konkurrenz, Positionskämpfe und Intrigen schon eine Rolle. Diese Gemeinschaft, die trotz gegenseitiger Hilfe etc. im wesentlichen durch strenge soziale Normen und durch eine durch Besitz definierte hierarchische Gliederung charakterisiert war, konnte keine Gemeinschaft im Sinne einer »freien Assoziation gleichberechtigter Individuen« sein.

Mit der Auflösung der regionalen, noch relativ eigenständigen wirtschaftlichen Strukturen und der zunehmenden Vergesellschaftung, die das Dorf mehr und mehr äußeren Einflüssen unterwarf und die regionale Produktion und Reproduktion immer stärker in die gesamtgesellschaftliche integrierte, kam es auch zur Auflösung der alten ökonomischen und teilweise der privaten und geselligen Beziehungen der Dorfbewohner untereinander, wie an Beispielen schon verdeutlicht wurde.

Heute bestimmen Vereine weit mehr als früher das gesellschaftliche Leben des Dorfes. Sie erfüllen wesentlich die Bedürfnisse nach Zusammengehörigkeit, Kommunikation und Geselligkeit und vermitteln Gemeinschaftsgefühl. Ein großer Teil gemeinschaftlicher Freizeitaktivitäten findet in Vereinen statt, fast alle geselligen Veranstaltungen werden von Vereinen durchgeführt, und neben der sozialen kommt z. B. dem Heimat- und Verkehrsverein bei der Förderung des Fremdenverkehrs auch ökonomische Bedeutung zu. 1953 gegründet, hat dieser, 160 Mitglieder umfassende Verein außerdem die »kulturelle Pflege des Heimatgedankens und die Verschönerung des Dorfbildes« zum Ziel.

Wie groß die Bedeutung der Vereine ist, geht u. a. daraus hervor, daß mehr als zwei Drittel aller Einwohner Mitglied in einem oder mehreren Vereinen sind. Wichtigster und zugleich größter Verein mit rund 400 Mitgliedern ist der Sportverein mit einem breiten Angebot an Sportarten (Fußball steht allerdings im Vordergrund). In den letzten Jahren wurden zwei neue Vereine gegründet, der Anglerverein und der Landfrauenverein (über 100 Mitglieder). Der letztere ist bisher der einzige Verein bzw. die einzige Organisation von Frauen für Frauen; entsprechend groß ist das Interesse und Engagement. Ansonsten ist das Vereinsleben wie das politische und gesellschaftliche Leben überhaupt von Männern bestimmt.

Das Vereinsleben hat, wie gesagt, die Aufgaben, gemeinschaftliche Aktivitäten zu ermöglichen, so etwas wie Gemeinschaftsgeist herzustellen usw. und ist deshalb ein wichtiger Faktor des gesellschaftlichen Lebens in R. (des öffentlichen Teils). Der andere Teil ist der private und individuelle, der mit der Auflösung der alten Beziehungen – ökonomischen wie privaten – und der schwindenden Notwendigkeit zur gegenseitigen Hilfe ebenfalls an Bedeutung zunahm. Ende der 50er Jahre beginnend und sich verstärkend im Laufe der 60er Jahre, fand der »Rückzug ins Private« statt. Fühlten sich die Bauern von Privatisierung und Individualisierung eher negativ betroffen, im Sinne von »Alleingelassensein«, so empfanden es die früher mit den Bauern über die Landbewirtschaftung zwangsverbundenen und teilweise von ihnen abhängigen Arbeiter und Angestellte positiv, sich nun stärker um sich selbst kümmern, sich eine bürgerliche Existenz mit Haus, Garten, Auto etc. aufbauen und in die eigenen vier Wände zurückziehen zu können. Dementsprechend hat sich bürgerlich-individualistisches Bewußtsein auch bei den Arbeitern stärker ausgeprägt. Ebenfalls verstärkt hat sich die Trennung von öffentlichem und privatem Bereich, im Verhalten wie im Bewußtsein.

Die Beziehungen der Menschen untereinander – früher eher von existenziellen Zwängen und strenger sozialer Kontrolle geprägt – sind heute »freier« geworden. Kontakte werden mehr über die Grenzen des Dorfes hinaus und auf freiwilliger Basis hergestellt, und weniger vermittelt durch gesellschaftliche und ökonomische Zwänge.

Auch nachbarschaftliche und verwandtschaftliche Beziehungen werden heute mehr nach den eigenen Bedürfnissen gepflegt und nicht so sehr, weil »es sich so gehört« oder weil man aufeinander angewiesen ist. Das führt z. B. dazu, daß besonders in den Neubauvierteln, die sich schon rein äußerlich kaum von städtischen Vorortsiedlungen unterscheiden, auch die Nachbarschaftsbeziehungen »vorortstädtisch« sind, d. h. kaum oder allenfalls »partykellerhaft« bestehen.

Alle diese Erscheinungen im Bewußtsein und im Verhalten lassen sich jedoch nicht so einfach verallgemeinern; es gibt da vielfach sich überlagernde und teilweise widersprüchliche Entwicklungen oder Phänomene, die sich von früher her erhalten haben. So besteht z. B. bei den Alteingesessenen ein Gemeinschaftsgeist partiell fort. Das kommt manchmal in besonderen Fällen zum Ausdruck, etwa in beachtlichen Gemeinschaftsleistungen wie dem Bau eines Vereinshauses (Sportverein), dem Anlegen einer Parkanlage (Heimat- und Verkehrsverein) oder in Notfällen; so z. B. als vor einigen Jahren zwei Bauernhöfe zum Teil abbrannten und 30-40 Leute tagelang unentgeltlich bei den Aufräumungs- und Abrißarbeiten halfen. Es ließen sich noch einige kleinere Beispiele für ein ähnliches Engagement nennen.

Ein solches Verhalten ist jedoch nicht mehr typisch. Das Sich-verantwortlich-Fühlen für gemeinschaftliche Belange ist geringer geworden;

Verantwortung wird mehr und mehr von Institutionen übernommen und an sie delegiert (z. B. an die Gemeinde).

Auf diesem Hintergrund scheint es nicht verwunderlich, daß auch politisches Engagement recht selten vorkommt. Eine kleine Gruppe von Leuten ist politisch in der Gemeindevertretung, im Ortsbeirat oder/und in Parteien tätig, weitere politische Aktivitäten gibt es kaum. Daneben läßt sich auch im Bereich der politischen Organisationen eine zunehmende Vergesellschaftung feststellen. Kleine regional begrenzte Organisationen haben keine Bedeutung mehr (oder noch nicht wieder) gegenüber den drei Bundestagsparteien, die heute auch auf unterster Ebene die Politik bestimmen. Dementsprechend geraten auch des öfteren sachliche Probleme gegenüber Parteiquerelen in den Hintergrund.

Die SPD ist die einzige politische Organisation in R. mit einer längeren Tradition, ihr Ortsverein bestand schon in der Weimarer Republik. Sie konnte auch nach der Periode des Faschismus 1945 als erste wieder Fuß fassen und bei den ersten Gemeindewahlen nach dem Krieg 1948 rund 40% der Stimmen erringen. Stärkste Fraktion (rd. 47%) wurde damals eine überparteiliche Wählergruppe; daneben gab es noch die sogenannte »Liste Ullrich«, auf der Bauern kandidierten (Spitzenkandidat war der größte Bauer), und die rund 13% der Stimmen erringen konnte. Bei der folgenden Gemeindewahl 1952 trat zusätzlich die BHE (Block der Heimatvertriebenen und Entrechteten) an, konnte 2 der 9 Sitze erringen und hielt diese auch bis zu seiner Auflösung 1964. Die »Bauernliste« konnte bei dieser Wahl ihre Stimmenzahl fast verdoppeln, verlor aber in den darauffolgenden Jahren immer mehr an Bedeutung und wurde schließlich aufgelöst.

Verfolgt man die Entwicklung bei den Gemeindewahlen weiter, so ist ab 1956 ein Trend zur Konzentration auf die drei im Bundestag vertretenen Parteien erkennbar. Konnten zunächst CDU und FDP bzw. LPD überhaupt keine Stimmen erringen, so steigerte in der Folgezeit insbesondere die CDU ihren Anteil von 42 Stimmen (1956) auf 260 (1972), wobei sich das Verhältnis zwischen FDP und CDU umkehrte. War anfangs die FDP als Partei der Handwerker und Bauern viel stärker als die CDU, so erreichte sie seit Ende der 50er Jahre oft nicht einmal mehr die 5% Hürde. Dagegen hatte die SPD schon immer ihren festen Wählerstamm bei allen Wahlen, den sie im Laufe der Zeit kontinuierlich vergrößern konnte; heute erreicht sie bei Wahlen regelmäßig 50-60% und hat auch im Gemeindeparlament die absolute Mehrheit. Von den Mitgliederzahlen her gesehen, ist die SPD ebenfalls stärkste Partei mit knapp 100 Mitgliedern gegenüber 25-30 (geschätzt) der CDU. 1972 haben CDU und FDP dieser

Entwicklung Rechnung getragen und eigene Ortsvereine gegründet. Eine interessante Tatsache am Rande ist, daß in der Nachkriegszeit die KPD immerhin 20-25 Stimmen erringen konnte, während heute die DKP vielleicht 2 oder 3 erhält.

Gewählte Repräsentanten der Gemeinde waren früher überwiegend Selbständige (Handwerker und Bauern) auch Angehörige freier Berufe oder Beamte, aber kaum Angestellte oder Arbeiter, die heute im Gemeindeparlament der Großgemeinde und im Ortsbeirat von R. die Mehrheit bilden. Frauen waren noch nie Mitglied dort und sind auch in wichtigen Positionen der Parteien kaum vertreten.

Aktive politische Jugendverbände bestehen ebenfalls nicht, es gab bisher nur einige zaghafte Ansätze der Jusos.

1 Da es sich bei dem vorliegenden Aufsatz um die Beschreibung eines ganz bestimmten Dorfes handelt, war es nur in sehr beschränktem Umfang möglich, auf entsprechende Literatur zurückzugreifen; das gleiche gilt für empirisches Material. Die vorhandenen lückenhaften Angaben über Remsfeld – etwa in Unterlagen der Gemeinde wie Viehzählungen, Bodennutzungserhebungen und Wahlergebnisse – mußten durch Informationen aus persönlichen Gesprächen sowie durch eigene Kenntnisse und Erfahrungen ergänzt werden. Insofern lassen sich teilweise Ungenauigkeiten nicht ganz vermeiden. Die inhaltlichen Aussagen verändern sich jedoch dadurch nicht.

2 Im wesentlichen läßt sich das zurückführen auf einen Rückgang der Handwerksbetriebe um knapp die Hälfte und der landwirtschaftlichen Betriebe um rd. 70%.

3 Die Zahlen sind aus dem Jahre 1971; die darin deutlich werdende Tendenz hat sich in den folgenden Jahren fortgesetzt.

4 Diese Tatsache macht Arbeiter-Bauern zu idealen »Partnern« der Industrie, die daraus zweifachen Nutzen zieht. Einmal aus der Anwendung der Arbeitskraft dieser Bauern und zum zweiten aus deren Investitionen, denn viele Nebenerwerbsbetriebe investieren ihren gesamten außerlandwirtschaftlich erworbenen Lohn wieder in Maschinen, Geräte und Baumaßnahmen.

5 Ein Dienstmädchen verdiente 1952 monatlich 55,- DM bei freier Kost und Logis, hinzu kamen jährlich 2 Ztr. Weizen (etwa 40,- DM). Die Frauen im Tagelohn erhielten 1952 0,25 DM und 1965 0,85 DM pro Stunde. Zum Vergleich: weibliche Industriearbeiter erhielten 1950 0,86 DM und 1965 3,09 DM (brutto) im Durchschnitt – Männer 4,54 DM (nach F. Neumann, Daten zu Wirtschaft, Gesellschaft, Kultur. Baden-Baden 1976). (Die Daten aus der Landwirtschaft entstammen eigenen Unterlagen).

6 Diese Punkte treffen selbstverständlich nicht auf alle Betriebe gleichermaßen zu.

7 Die im folgenden genannten positiven Auswirkungen lassen sich auf Knüllentwicklungsplan und Gebietsreform zurückführen. Die insgesamt sehr gravierenden negativen Folgen der Gebietsreform für den ländlichen Raum im Allgemeinen und für viele Dörfer im Besonderen, sind am Beispiel von R. kaum aufzuzei-

gen. R. hat als der zentrale Ort zunächst hauptsächlich Vorteile, obwohl es natürlich auch Nachteile gibt, die in R. selbst spürbar sind, etwa die Aufblähung der Verwaltung mit geringerer Durchschaubarkeit und »Bürgernähe«, oder die auch äußerlich sichtbare Zerstörung älterer dörflicher Strukturen.

Literaturverzeichnis

1 Agrarstrukturelle Vorplanung für das Knüllgebiet. Analyse. Hrsg.: AVA – Arbeitsgemeinschaft zur Verbesserung der Agrarstruktur in Hessen e.V., Wiesbaden 1971

2 Bellmann, D./Hein, W./Trapp, W./Zang, G., »Provinz« als politisches Problem, In: Kursbuch 39, Berlin 1975

3 Entwicklung der Demokratie im Kreis Fritzlar–Homberg. Hrsg.: Kultur- und Volksbildungswerk – Volkshochschule Fritzlar–Homberg, Fritzlar 1973

4 Funk, Albrecht, Abschied von der Provinz, Strukturwandel des ländlichen Raumes und staatliche Politik, Plakat-Bauernverlag, Offenbach 1977

5 Ide, Werner, Remsfeld – Geschichte und Entwicklung einer hessischen Gemeinde, Hrsg.: Heimat- und Verkehrsverein Remsfeld, Homberg 1955

Quellenhinweise

Wolf-Heino Struck: Zur ideenpolitischen Vorbereitung des Bundeslandes Hessen seit dem 19. Jahrhundert. Aus: Hessisches Jahrbuch für Landesgeschichte, Bd. 20, 1970. S. 282–324.

Wolf-Arno Kropat: Hessen zwischen Kapitulation und Währungsreform (1945–1948). Aus: Nassauische Annalen 1979. S. 156–167.

Walter Jellinek: Die Verfassung des Landes Hessen. Aus: Deutsche Rechts-Zeitschrift, 1. und 2. Jg., 1946/47. S. 4–8.

Thilo Ramm: Die soziale Ordnung in der Hessischen Verfassung. Aus: Erwin Stein (Hg.), 30 Jahre Hessische Verfassung 1946–1976, Wiesbaden 1976. S. 204–229.

Horst-Dieter Rönsch: Die hessische Landtagswahl vom 8. 10. 1978: Beginn eines neuen Trends? Aus: Zeitschrift für Parlamentsfragen, Heft 1, 1979. S. 34–49.

Werner Wolf: Die Entstehung des Slogans der hessischen CDU zur Landtagswahl 1974. Aus: Zeitschrift für Parlamentsfragen, Heft 3, 1978. S. 307–316.

Konrad Schacht: Politische Kultur und Bürgerbewußtsein in Hessen. Erstveröffentlichung.

Regina Bohne: Zehn Jahre »Soziale Aufrüstung des Dorfes«. Aus: Frankfurter Hefte, 16. Jg., 1961 S. 323–330.

Tassilo Tröscher: Die künftigen Aufgaben bei der Verbesserung der Agrarstruktur in Hessen. Aus: AVA-Jahrestagung 1966, Heft 21, 1966. S. 159–175.

Jörg Ziegenspeck: Von der Förderstufe zur Orientierungsstufe. Aus: Bernd Frommelt (Hg.), Beispiel Förderstufe. Probleme einer strukturverändernden Reform und ihrer wissenschaftlichen Begleitung, Frankfurt/Main 1980. S. 10–30.

Hans Werner Kilz (Hg.): Das Beispiel Hessen. Die Gesamtschule als Pflichtschule. Aus: Gesamtschule. Modell oder Reformruine? Herausgegeben von Hans Werner Kilz. Spiegel-Buch. Rowohlt Verlag Reinbek bei Hamburg 1980. S. 27–40.

Jochen Schulz zur Wiesch: Entstehungsbedingungen und Motive der hessischen Planungspolitik. Aus: Regionalplanung in Hessen. Kohlhammer Verlag Stuttgart 1977. S. 29–64.

Hans Zinnkann: Entstehung und Entwicklung der hessichen Umweltverwaltung. Erstveröffentlichung.

Edgar Thielemann: Zur Akzeptanz hessischer Energiepolitik. Erstveröffentlichung.

Dieter Kramer: Regionalplanung, Kultur und Volksleben. Aus: Hessische Blätter für Volks- und Kulturforschung, N. F. 5, 1977 (Volkskultur und Regionalforschung). S. 6–18.

Brigitte Wormbs: Frankfurt. Aus: Frankfurter Rundschau, 15. Juli 1980.

Helmut Koch: Remsfeld – Lebensverhältnisse in einem Dorf Nordhessens. Aus: Onno Poppinga (Hg.), Produktion und Lebensverhältnisse auf dem Lande, Opladen 1979, Leviathan-Sonderheft 2, 1979. S. 215–235.